Statistik

Günter Lehmann

Statistik

Einführung in die mathematischen Grundlagen
für Psychologen, Wirtschafts- und Sozialwissenschaftler

Spektrum Akademischer Verlag Heidelberg · Berlin

Autor:
Prof. Dr. G. Lehmann
Universität BUGH Wuppertal, FB 3
Gaußstr. 20
42097 Wuppertal

Die Deutsche Bibliothek – CIP-Einheitsaufnahme

Lehmann, Günter :
Statistik : Einführung in die mathematischen Grundlagen für Psychologen, Wirtschafts- und Sozialwissenschaftler / Günter Lehmann.
– Heidelberg ; Berlin : Spektrum, Akad. Verl., 2002
ISBN 3-8274-1300-1

Lektorat: Katharina Neuser-von Oettingen, Ulrike Finck
Umschlaggestaltung: Spieszdesign, Ulm
Druck und Verarbeitung: Ebner & Spiegel, Ulm

Inhalt

Vorwort

Diese Einführung in die Statistik soll Grundlagen für die allgemeine experimentelle Anwendung der Statistik und für eigene Modellentwicklungen datenverarbeitender Wissenschaften liefern. Ein größerer Teil der Stoffe entstammt aus Ausarbeitungen für Lehrveranstaltungen der Statistik und der psychologischen Forschungsmethodik, vor allem auch aus weiterführenden Seminaren über probabilistische Modellbildung und Systemtheorie (Kap. IV, V und VII). Da psychologische Daten besonders grundlegende Skalierungsproblematiken und erhebliche Meßfehlerstreuungen aufweisen, führt der Bezug gerade auf diese Daten auch zu einer für andere Wissenschaften fruchtbaren Vertiefung der Probleme der Datenanalyse.
Der Stoff wurde so konzipiert, daß neben der Pragmatik der Datenanalyse auch der Aufbau der Theorie der Statistik als Teilgebiet der Mathematik vermittelt wird. Daher werden auch notwendige Weiterbildungen in der Mathematik parallel in die Darstellung der Statistik eingearbeitet. Die mathematische Strukturierung soll auch Zusammenhänge zwischen möglichen Prüfungsstoffen verdeutlichen und das Nachschlagen erleichtern. Gleichzeitig sollen die Querbeziehungen zu anderen Gebieten mathematischer Modellbildungen, z.B. zur Systemtheorie und zu Prozeßanalysen ausgearbeitet werden. Im Gegensatz zu der isolierteren und flacheren "Rezeptstatistik" soll so auch der verbreitete Eindruck überwunden werden, als bestehe die empirisch orientierte Statistik nur aus einer Ansammlung von Signifikanztests. Die individuelle Qualifikation in der statistischen Methodik verläuft von der Anwendung deskriptiver statistischer Untersuchungsverfahren über das Erlernen, umgangssprachliche Hypothesen in testbare statistische Nullhypothesen zu übersetzen, bis hin zur Fähigkeit, selbständig Modelle zu entwickeln und diese mittels geeigneter Daten zu überprüfen. Die Organisation des Stoffes orientierte sich daher an den Strukturen von Grundlagen- und gleichzeitig Modell-orientierten Werken, wie z.B. von Feller, Fisz, Renyi, Kendall & Stuart u.a. Es wurde jedoch darauf geachtet, daß alle Ableitungen nur von den mathematischen Kenntnissen des Abiturs bzw. von jeweils vorangehenden Stoffen ausgehen und keine Zusatzkenntnisse erfordern.
Den verteilungsfreien oder *nichtparametrischen* Methoden, besonders den Randomisierungstests, wird aufgrund gewachsener Computerkapazitäten mehr Bedeutung zugemessen als den aus der Zeit der geringen Rechenkapazitäten herrührenden parametrischen *small sample statistics* mit ihren durchweg spekulativen Normalverteilungsannahmen (Kap. VI). Daher wird auch auf die Methoden der linearen und nichtlinearen Exploration großer Datensätze (z.B. Kap. III) mit polynomialen Approximationen detaillierter eingegangen als auf die konventionellen parametrischen Signifikanztests der sog. "Rezeptstatistik", die in Kapitel VI anhand *möglicher* Datenanordnungen bzw. *Datentypen* dargestellt sind. Eine derartige Anordnung resultiert daher, daß der typische Benutzer von Signifikanztests oft noch keine Übung darin besitzt, seine umgangssprachlichen Fragestellungen in exakte statistische Hypothesen zu übersetzen. Gelingt es ihm daher, seinen Datentyp richtig einzuordnen, dann werden ihm an entsprechender Stelle eine Reihe möglicher Untersuchungsverfahren bzw. Signifikanztests mit entsprechenden Nullhypothesen vorgeschlagen, wobei er entscheiden kann, welche am ehesten seinen Hypothesen entsprechen.
Die Basisverteilungen der auf das Prüfen einfacher Nullhypothesen orientierten

parametrischen Signifikanztests sind die "Prüfverteilungen", insbesondere die "parametrischen" bzw. die in irgendeiner Form aus der Normalverteilung hergeleiteten Verteilungen, wie die t-, die chi^2- oder die F-Verteilungen. Diese Verteilungen erfordern bereits recht komplizierte Herleitungen, die in Kapitel IV bzw. V dargestellt sind. Diese Herleitungen sind jedoch für das Verständnis der pragmatischen Signifikanztests in Kap. VI nicht erforderlich.
Für Anfangssemester in Statistik I und II wird ein Leseplan angeboten, der es ermöglicht, die für Praktika und einfachere Forschungsprobleme relevanten Gebiete unter weitgehender Bewahrung des Stoffaufbaus bzw. des Ableitungszusammenhangs herauszufiltern. Auch im Falle weiterführender Studien ist es nicht notwendig, alle dargestellten Stoffe in ihrer Breite zu erarbeiten. Vielmehr werden dem an der Modellbildung interessierten Forscher eine Vielfalt von Verzweigungsmöglichkeiten zur Entscheidung angeboten.

Inhalte der Kapitel I-VIII

Die Kapitel I, II und Teile von Kapitel III enthalten die Basisstoffe für das 1. Semester Statistik für Psychologen, Sozialwissenschaftler, Biologen und alle anderen datenverarbeitenden Wissenschaften. Der Rest von Kapitel III, Anfänge von Kapitel IV sowie Teile der Stichprobentheorie und die Signifikanztests von Kapitel VI sind Stoffe für das 2. Semester. Die dargestellten Verfahren sollen zunächst auf die Exploration von Datensätzen hinlenken, bevor dann die explorierten Erkenntnisse in Hypothesentests verdichtet werden. Eine spätere Fortsetzung der Stoffe in höheren Semestern kann neben einer Vertiefung der Stichprobentheorie und der Parameterschätzungen von Kapitel VI auch die Entwicklung in Richtung selbständiger probabilistischer Modellbildung im Sinne der Kapitel IV-V umfassen oder aber den Einstieg in die Prozeßtheorien in Kapitel VII.

In **Kapitel I** werden Definitionen aus der *Mengenlehre*, darauf aufbauend Elemente der *abstrakten Algebra* bis zu den *Homomorphismen*, Elemente der *Kombinatorik* sowie Grundbegriffe aus der Theorie der *Skalenniveaus* eingeführt.

In **Kapitel II** wird eine Einführung der *Wahrscheinlichkeitsrechnung* aus einer Axiomatik der Ereignisalgebra (nach Kolmogoroff) hergeleitet und bis zur Ableitung einer Methode der Bayesschen Klassifikation dargestellt.

In **Kapitel III** werden *Zufallsvariablen und deren Algebra* (Addition, Subtraktion, Multiplikation usw.) als nächste Stufe nach der Wahrscheinlichkeitsalgebra eingeführt. Zunächst werden Theoreme über Zufallsvariablen abgeleitet, die unabhängig von spezifischen Wahrscheinlichkeitsverteilungen, insbesondere der Normalverteilung, gelten. Hierdurch soll die in einigen Publikationen unklar vermischte Darstellung von Zufallsvariablen, Normalverteilung und Signifikanztests für den Leser deutlicher getrennt werden. Einige *grundlegende Verteilungen* (Binomial-, Bernoulli-, Poisson-, Normal- und geometrische Verteilung) werden in Vorwegnahme von Kapitel IV eingeführt. Die Dimensionalität der Zufallsvariablen wird als Ordnung der Kapitelteile verwendet, um Generalisierungen von *Momenten* und Operationen auf höhere Dimensionen zu verdeutlichen. Ab dem 4-dimensionalen Fall (*Regressionsanalyse* von drei Variablen auf eine vierte) wird dann die Einführung matrixalgebraischer Darstellungen erforderlich (vgl. Kap. VII). Die *Kovarianz* und die *Korrelation* werden als 2-dimensionale Momente sowie als Beziehungen zwischen "erwarteten Produkten" und "Produkten von Erwartungswerten" behandelt. Ein Ansatz zu *nichtlinaren Analysen* wird durch die *polynomiale Regression* geliefert.

In **Kapitel IV** werden *Wahrscheinlichkeitsverteilungen* ausgehend hauptsächlich von der Bernoulli- bzw. der Binomialverteilung abgeleitet. Grundlegend für jede Verteilung ist ihre Operationalisierung durch ein *Versuchsschema* (Experiment), die Kennzeichung der eigentlichen *Zufallsvariablen* in dem Schema sowie der Ansatz ihrer *Ableitung* aus der Axiomatik des Versuchsschemas. Für fortgeschrittenere Leser wird später allerdings gezeigt, daß man exakte Verteilungen mit zunächst noch unbekannten Versuchsschemata definieren kann, so im Falle seltener *stabiler* Verteilungen (vgl. Kapitel V). Ein gewisse Schwierigkeitsschwelle bieten in Kapitel IV die auf Exponentialfunktionen beruhenden Verteilungen, z.B. die *Gamma-Verteilungen*, von denen auch die verallgemeinerte Form wegen ihrer tieferen experimentellen Bedeutung z.B. bei Reaktionszeiten behandelt wird. Über die *Betaverteilungen* werden dann die wichtigen *Rangverteilungen* auch zur Vorbereitung der späteren *Extremwertverteilungen* abgeleitet.
Da einige Verteilungen, wie z.B. die *Levy-Verteilung* oder aber die Extremwertverteilungen, so stark mit der *Algebra von Verteilungen* verknüpft sind, werden sie erst in Kapitel V eingeführt.

Kapitel V enthält die für *mathematische Modellentwicklungen* wichtige *Algebra der Verteilungen*, d.h. die Methodik, mit der man aus gegebenen Verteilungen durch einstellige Operationen *(Transformationen)* bzw. durch die elementaren zweistelligen Operationen der *Addition, Subtraktion (Faltung), Multiplikation* oder *Division* neue Verteilungen entwickelt. Hierzu werden drei Methoden dargestellt, zunächst eine allgemeine, die sich ausgehend von den *Transformationen in affinen Räumen* ableiten läßt, eine weitere, die über die *Umstellung von Ungleichungen* zunächst die kumulative Dichte der resultierenden Verteilung bestimmt und daraus durch Differentiation die gesuchte Dichte ableitet. Ein dritter Ansatz verwendet die *charakteristischen Funktionen.* Anwendungsbeispiele für die Algebra der Wahrscheinlichkeitsverteilungen bieten u.a. auch die *bekannten Prüfverteilungen* (F, t oder chi^2 usw.).
Danach werden über den Begriff der *stabilen* Verteilung Vorbereitungen zur Herleitung der *Extremwertverteilungen* geschaffen. Diese Verteilungen werden aus exemplarischen Anwendungen von Funktionalgleichungen hergeleitet. Als Grundlage dienten hier neben den Darstellungen von Galambos (1978) und Leadbetter (1983) vor allem die eleganten modernen Beweisführungen von Resnick (1987).

In **Kapitel VI** wird schließlich als Teilgebiet der Wahrscheinlichkeitstheorie die *Stichprobentheorie* eingeführt, d.h. das Schließen von Stichproben auf *Grundgesamtheiten* (*Populationen*). Es wird zunächst der Begriff der *Stichprobenfunktion* inklusive ihrer Parameter behandelt. Anschließend folgen Methoden des *Schätzens*, und zwar neben z.B. der *jack-knife Methode* vor allem die *Maximum-Likelihood-*

Methode sowie die *Gütekriterien* von Schätzungen, wie z.B. die *Erwartungstreue.* Auch die Begriffe der *Konfidenz-* und der *Toleranzintervalle* gehören zur Schätztheorie. Auf dieser Grundlage folgen schließlich die *Signifikanztests*, in denen es nicht mehr um das Schätzen von Parametern geht, sondern um die Prüfung von *Hypothesen* über eine Population mittels Stichproben aus dieser Population. Meist handelt es sich jedoch um schlichte Hypothesen über einfache "größer-" oder "gleich-" Relationen zwischen Parametern, z.B. in der Form für gegebenes c: "der Mittelwert von X ist kleiner als c".

Die in der Stichprobentheorie auf der Grundlage der Wahrscheinlichkeitstheorie behandelten Beziehungen zwischen Stichproben und Populationen werden in der Logik in einem wesentlich allgemeineren Ansatz behandelt, und zwar als die Analyse von endlichen oder unendlichen *Strukturen* mittels ihrer *Substrukturen*. Hierbei hat die Unterscheidung zwischen endlichen und unendlichen (Sub-) Strukturen eine grundlegende Bedeutung. In der Statistik werden die Populationen als unendlich, in Sonderfällen auch als endlich, betrachtet. Die Stichproben werden dagegen aufgrund der Endlichkeit jedes realen Datenerhebungsprozesses grundsätzlich als endlich behandelt. Das entsprechende Gebiet ist in der Logik eng mit der *Präfixtheorie*, d.h. der Beziehung der Syntax der Präfixe (aus All- und Existenzoperatorfolgen bei Formeln oder Sätzen) zur Semantik, verknüpft. Wir bilden so als Hypothesen *reine* All- oder Existenzsätze. "Alle *a* aus *A* sind grün" bzw. "Es gibt mindestens ein grünes *a* in *A*", aber auch Sätze mit *gemischtem* Präfix, z.B. die Hypothese über die Existenz eines kleinsten Elementes in einer geordneten Menge *X*: *Es gibt mindestens ein x* in *X*, so daß *alle* anderen Elemente in *X* größer als dieses *x* sind.
Eng verwandt sind die Hypothesentests auch mit Fragen der (schwachen oder starken) Beweisbarkeit bzw. Widerlegbarkeit von Formeln mit All-, Existenz- und gemischten Präfixen. Dies wird in eher populärer Form (außerdem auch noch nicht für gemischte Präfixe) bei Popper diskutiert. Grundlegender wird dieses Gebiet in den Standardwerken der Logik (siehe Monk, Bell und Machover u.ä.) behandelt. Hier erweist es sich, daß Sätze mit gemischtem Präfix zumeist nicht mehr anhand endlicher Substrukturen endscheidbar bzw. in Stichproben prüfbar sind.
In der Stichprobentheorie bestehen daher die Hypothesen zumeist aus schlichten Behauptungen über die Gleichheit zweier Parameter. Andere Hypothesen werden, sofern möglich, dahingehend umgeformt, daß die Gleichheit zweier Größen bzw. Parameter behauptet wird bzw. daß ihre Differenz gleich 0 ist, daher auch der Begriff der "Nullhypothese".
Da die Nullhypothesen der Statistik fast immer den gleichen formalen Aufbau besitzen (Gleichheit von Erwartungswerten bzw. Varianzen, d.h. die Gleichheit von erwarteten Stichprobenstatistiken) und die "inhaltliche" bzw. umgangssprachliche Unterscheidung zu unpräzise ist, wurden die Signifikanztests nach *Typen von Datensätzen* geordnet, da diese das Konkreteste sind, was in der Empirie vorliegt.

In **Kapitel VII** werden nach einer vorbereitenden Zusammenfassung der *Matrixalgebra* einige *Prozeßmodelle*, wie z.B. eine Kurzdarstellung des Konzepts der *Markowprozesse* eingeführt. Als Beispiele für probabilistische lineare diskrete Prozesse werden die *Arima-Modelle* mit einigen Anwendungen im EEG-Bereich behandelt. Im Anschluß an die Arima-Modelle wird die Theorie der linearen *kontinuierlichen*

Prozesse mit einem psychologischen Anwendungsbeispiel eingeführt. Die anschließend eingeführte *Systemtheorie* ist zwar deterministisch. Sie stellt jedoch den Ausgangspunkt für viele Verzweigungen auch der probabilistischen Systemtheorie dar.

In **Kapitel VIII** werden die wichtigsten multivariaten Verfahren, die Faktorenanalyse, die Diskriminanzanalyse, die kanonische Analyse und die Kausal-Dominanzanalyse (CDA) mathematisch abgeleitet. Anschließend werden diese Verfahren anhand von Datenanalysen in ihrer Anwendung dargestellt.

Zur Kennzeichnung der Stoffe

In den ersten drei Kapiteln sind Basisformeln, die später ohne weiteren Hinweis als bekannt vorausgesetzt werden, *umrahmt.* Die *kleingeschriebenen* Teile enthalten erläuternde Hinweise, Ergänzungen oder Beispiele, die für das Verständnis der anschließenden Stoffe nicht ausschlaggebend sind. Stoffvertiefungen, die ein eigenes Gewicht besitzen, die aber zunächst überschlagen werden können, sind jeweils in der Überschrift durch einen Stern * gekennzeichnet.
An einigen Stellen sind die Abschlüsse von Beweisen durch die Raute # gekennzeichnet worden.

Für wichtige Hinweise danke ich Herrn Dettmar, Frau Kolleker, Frau Hasche, Herrn Krajewski, Frau Marfels, Frau Weimann, Herrn Horenburg, Frau Popp, Frau Hille und vielen anderen Studenten und Mitarbeitern.

Leseplan

Dieser Leseplan enthält eine in sich abgestimmte reduzierte Stoffauswahl für zweisemestrige Statistikkurse. Die Reihenfolge der Lernziele entspricht zumindest im ersten Semester weitgehend der Reihenfolge der Kapitel I-III. Die eingerahmten Formeln der ersten drei Kapitel sollten immer präsent sein. Für die Multivariaten Methoden in Kapitel VIII wird ein drittes Semester empfohlen.

1. Semester

Kapitel I: Mengenlehre, alle Mengenoperationen sowie einige Grundformeln der Kombinatorik, Abstrakte Algebra: Relationen, Funktionen, Operationen, Strukturen, Modelle, Homomorphismen; Grundlagen der Meßtheorie, Datentypen bzw. Skalen, erlaubte sowie sinnvolle Operationen innerhalb von Skalen.

Kapitel II: Grundlagen der Wahrscheinlichkeitsrechnung; Herleitung der Formeln für die Addition, Subtraktion, Multiplikation und Division von Wahrscheinlichkeiten und ihre Anwendung; Definitionen von Unabhängigkeit und bedingter Wahrscheinlichkeit sowie Einführung in das Bayessche Schließen.

Kapitel III: Kenntnis der Begriffe der Zufallsvariablen und der Verteilungsparameter (Erwartungswert bzw Mittelwert, Varianz, Streuung, Schiefe, Median, Quartile, Perzentile usw.), Plots von Datenverteilungen, Typen von Verteilungen in Beispielen: elementare theoretische Verteilungen, insbesondere Binomial-, geometrische, Poisson-, Exponential-, und Normalverteilung; Korrelationen, Kovarianzen; Auswirkungen monotoner Transformationen, vor allem linearer Transformationen auf Verteilungsformen, Varianzen, Kovarianzen, Korrelationen usw.

Kapitel VI: Grundbegriffe der Inferenzstatistik: Der Signifikanzbegriff, α- und β-Fehler, Power von Tests; erste Beispiele für Signifikanztests (F-Test, t-Test, chi^2-Test bei Kontingenztabellen) z.B. als Einstieg in die Experimentalpraktika.

2. Semester

Die Reihenfolge der folgenden Stoffauswahlen kann variiert werden:

Kapitel III: Aufbauend auf der Korrelationsrechnung: Regressionsrechnung, graphische und analytische Exploration linearer und nichtlinearer Trends; polynomiale Näherungen von Trends, multiple Regression und multiple Korrelation, Partialkorrelationen

Kapitel IV: Vertiefung einiger Wahrscheinlichkeitsverteilungen, Übergänge von der Poisson- zur Exponentialverteilung, von der Binomial- einerseits zur Poisson- und andererseits zur Normalverteilung; eventuell: Einstieg in die Gammaverteilungen.

Kapitel VI: Stichprobenfunktionen; Parameterschätzungen: Vergleich von kleinste-Quadrate- und Maximum-Likelihood-Methoden, parametrische (u.a. Varianzanalysen) sowie nichtparametrische Signifikanztests; insbesondere Randomisierungstests.

Kapitel I. Grundlagen der Datenanalyse

1.1 Einführung: Ereignisse, Daten

Die Theorie der Daten- bzw. der Ereignismengen wird aus der *Mengenlehre* entwickelt. Sie ist Mengenlehre bzw. Mathematik, insbesondere auch Statistik, angewandt auf Ereignisse der "Welt", d.h. auf Ereignisse in Raum, Zeit und Materie, die aber auch in Gedankenexperimenten stattfinden könnten. Der Begriff *Ereignismenge* umfaßt zumeist eine Menge *möglicher* Daten, z.B. die unterschiedlichen Einzelergebnisse (*Elementarereignisse*, siehe unten) des Wurfs eines Würfels, des Ziehens einer Spielkarte usw. *Reale* Daten bzw. Datenmengen sind dagegen vorliegende Würfelergebnisse, gezogene Spielkarten, aber auch gemessene Daten der Naturwissenschaft, Wirtschaft, Gesellschaft oder auch psychologische Testdaten.
Da eine Menge nicht zwei gleiche Elemente enthalten kann, führt man zur Unterscheidung möglicher gleicher Meßwerte innerhalb der realen Daten einer Untersuchung eine gegebenenfalls beliebige Nummerierung aller erhaltenen Meßwerte ein und nennt daher solche Daten auch *Datenfolgen* statt Datenmengen.

Der den Datenanalysen zugrundegelegte Begriff des *Messens* wird in der Meßtheorie, siehe Pfanzagl, J. (1971) und Krantz, D.H., Luce, R., Suppes, P. & Tversky, A. (1971, 1995, 1999) aus sehr allgemeinen mengentheoretischen Grundlagen bis hin zu den numerischen Formen des Messens entwickelt: Schon das Registrieren bzw. die Entscheidung zwischen "vorhanden" und "nicht vorhanden" stellt einen Meßvorgang dar, unabhängig davon ob man hierbei Zahlen oder nichtnumerische Symbole wie z.B. die binären oder dichotomen Kodierungen + oder - usw. verwendet (vgl. Kap. I, Teil 1.4).
Die Definition einer Ereignismenge erfolgt in der Regel durch ein *Versuchsschema.* Ein Versuchsschema umfaßt idealerweise die Angabe der *notwendigen und hinreichenden Bedingungen*, unter denen eine bestimmte Ereignismenge möglich wird. Die Angabe dieser Bedingungen kann sich auf die Ursachen oder Auslöser von Ereignissen (Phänomenen, Erscheinungen usw.) beziehen oder aber einfach auf die Symptome, anhand derer diese erkennbar sind. In der Psychologie nennt man die Angabe dieser Bedingungen auch *Operationalisierungen.* In vielen Fällen kann man allerdings *nur* notwendige oder aber *nur* hinreichende Bedingungen für das Auftauchen bestimmter Phänomene angeben: Notwendig, aber nicht hinreichend für das Auftauchen z.B. bestimmter Krankheiten sind offenbar genetische Dispositionen. Hinreichend, aber nicht notwendig für das Vorliegen z.B. einer "Aggression" sind bestimmte Formen der Gewalt. Solche Teiloperationalisierungen heißen gemäß einer entsprechenden Unterscheidung in der Logik auch *schwache Definitionen* im Gegensatz zu *starken Definitionen* mittels hinreichender *und* notwendiger Bedingungen.

1.1.1 Reale vs. theoretische Daten

Klassische Beispiele für Versuchsschemata in realen oder in Gedankenexperimenten sind das Würfeln, das Ziehen einer Spielkarte, das Ziehen einer Kugel aus einer Urne, der Wurf einer Münze, einer Roulettekugel usw. Wir unterscheiden zwischen den Ergebnissen eines *idealen* bzw. *theoretischen* Würfels, bei dem alle Punktwerte gleich wahrscheinlich sind, und andererseits den zu erwartenden Daten eines bestimmten *realen* (materiellen) Würfels. Letzterer kann die theoretischen Forderungen, z.B. Gleichwahrscheinlichkeit aller sechs Ergebnisse, schon aufgrund der Inhomogenität seines Materials nie perfekt erfüllen. Ähnliches gilt für Kartenspiele, Roulettespiele usw., bei denen Materialeigenheiten zu Abweichungen von der theoretischen Wahrscheinlichkeitsstruktur führen.

1.1.2 Experimentelle vs. empirische Daten

Wir unterscheiden außerdem zwischen den Ergebnissen einer empirischen Untersuchung und den Ergebnissen eines Experimentes als besonderer Form einer empirischen Untersuchung. Obwohl diese Unterscheidung in Grenzfällen nicht immer eindeutig möglich ist, können *experimentelle* Daten dadurch gekennzeichnet werden, daß in ihnen zwei Variablenklassen, die *unabhängigen* und die *abhängigen* Variablen, unterscheidbar sind. Es gibt im Experiment einen zumeist personifizierten Versuchsleiter, der die unabhängigen Variablen (Test- bzw. Laborbedingungen) variiert und dadurch Veränderungen der davon abhängigen Variablen verursacht.
Eine rein empirische Untersuchung liefert dagegen Datenfolgen, so z.B. Fragebogendaten oder auch historische Daten, deren Zustandekommen wie im Experiment zwar wohldefiniert (reproduzierbar, nachvollziehbar) sein muß, die aber, wie z.B. im Falle von Daten in Form vorliegender Biographien von Personen, nicht experimentell variiert werden kann. Aus der Frage nach der Identität eines "Versuchsleiters" als Person, die mathematisch irrelevant ist, resultiert eine unscharfe Grenzziehung zwischen "empirisch" und "experimentell". Auch in manchen Vorgängen der Natur oder bei einigen gesellschaftlichen Vorgängen lassen sich abhängige und unabhängige Variablen unterscheiden, ohne daß ein "Versuchsleiter" vorhanden sein muß. Zumindest im ersteren Fall spricht man daher auch von "Naturexperimenten".

Als "unabhängige" Einflüsse können z.B. Einwirkungen von Vulkanausbrüchen, Überschwemmungen usw. auf die umgebende Landschaft und deren Klima angesehen werden oder aber im Falle gesellschaftlicher Variablen die sozialen Auswirkungen der plötzlichen Entdeckung von Bodenschätzen in einer bestimmten Region usw.

Eine Weiterführung dieser Gedanken führt aufgrund der Unterscheidung zwischen *Ursache* und *Wirkung* zur Theorie *kausaler Prozesse* bzw. zur *Systemtheorie* (siehe Kap. VII). Hierbei ist mittels der Einführung von *feedback- (Rückkoppelungs-, Wechselwirkungs-) Relationen* sogar eine graduelle Aufhebung der Dichotomie zwischen *unabhängigen* und *abhängigen Variablen* möglich, und zwar in Richtung einer Unterscheidung zwischen *dominanten* und *reaktiven (subdominanten) Variablen* als Bestandteile von feedback-Systemen (siehe Kap. VII, 7.5, Kap. VIII, 8.5→ *Kausaldominanzanalyse*).

1.1.3 Reproduzierbarkeit von Daten

Grundlage der wissenschaftlichen Methodik ist die Reproduzierbarkeit. Wissenschaftlich relevante Aussagen können nur aus logisch nachvollziehbaren (herleitbaren, reproduzierbaren) Aussagen (Überlegungen, Gedanken) bzw. aus *reproduzierbaren Daten* gewonnen werden, d.h. aus Vorgängen, die auch für andere nachvollziehbar und daher *objektiv* sind. Die Forderung der Reproduzierbarkeit bezieht sich im Falle von Ereignissen nicht auf deren Reproduzierbarkeit zu jedem beliebigen Zeitpunkt, sondern nur auf den entsprechenden Meßvorgang. So können z.B. historische Ereignisse nicht nochmals reproduziert werden, sie sollten aber möglichst durch *mehrere* unabhängige Beobachter (Registrierende, Messende) bzw. durch mehrere unabhängige Quellenangaben belegbar (objektivierbar, meßbar) sein.

Die Durchsetzung dieser wissenschaftlichen Prinzipien in der Psychologie führte gerade dort zu dem Vorwurf, die Vernachlässigung des Subjektiven unterdrückte die *Introspektion* bzw. die Erkenntnisse durch inneres *Erleben*. Dieser Vorwurf beruht jedoch auf einer Verwechslung: Denkprozesse, die ohnehin teilweise unbewußt ablaufen, dürfen beliebig suchend, kreativ, "unlogisch" bzw. chaotisch sein. Objektivierbar muß nur das Ergebnis sein, sei es durch eine nachträgliche logische Herleitung oder durch die Angabe eines entsprechenden Meßvorgangs. Die Prozesse des Denkens oder des Erlebens sind dagegen selbst der Gegenstand experimenteller psychologischer Forschung.

1.2 Grundbegriffe der Mengenlehre

Die Mengenlehre als Basis der Mathematik bzw. der Statistik als Teilgebiet der Mathematik kann hier nur in einigen Grundzügen dargestellt werden. Einige Verzweigungen und Feinheiten können jedoch zumindest angedeutet werden. Ausgehend von der Mengenlehre erfolgt zunächst ein kurzer Abriß der *Abstrakten Algebra*, aus der nachfolgend eine algebraische Strukturierung der meisten Stoffe bzw. der einzelnen Kapitel dieses Buches entwickelt wird. Dies ermöglicht z.B. auch die spätere mengentheoretische Fundierung des Wahrscheinlichkeitsbegriffs in der Kolmogorovschen Axiomatik. Die abstrakte Algebra beginnt mit den exakten Definitionen von Relationen, Funktionen usw. und schließt hier mit den Homomorphismen. Letztere dienen u.a. der Darstellung der Meßtheorie auf der Basis der Werke von Pfanzagl (1971) und Krantz et al. (1971). Deren Skalen besitzen wiederum Bedeutung für viele Verteilungen, für Verteilungsparameter, für Korrelationen sowie auch für die Einteilung der Signifikanztests in Kap. VI.

1.2.1 Mengen und Mengenoperationen

Definitionen von Mengen

Die Begriffe "Menge" und "Element" können nur gemeinsam definiert werden. *Mengen* bestehen aus wohl unterscheidbaren *Elementen*, die durch gemeinsame prüfbare,

"entscheidbare" Eigenschaften oder durch die gemeinsame Art ihrer Entstehung oder Herstellung definiert werden. Mengen werden zumeist durch Großbuchstaben A,B,...,X,Y,Z gekennzeichnet, ihre Elemente dagegen durch entsprechende Kleinbuchstaben a,b,...,x,y,z. (weiterführendes zum Mengenbegriff, vgl. Fraenkel, A. A. (1973)).
Wir unterscheiden zwei Methoden der Definition einer Menge: Die erste Methode besteht in dem einfachen *Aufzählen* ihrer Elemente, geschrieben in beliebiger Reihenfolge innerhalb geschwungener Klammern, z.B. die Menge der Vokale V={a,e,i,o,u}. Im Falle unendlicher Mengen gibt man bei dieser Methode eine *Regel des Aufzählens* (des Entwickelns) an, z.B. die Menge A aller Ableitungen beliebiger Ordnung der Funktion log(x) nach x, d.h. $A=\{1/x, -x^{-2}, 2x^{-3}...\}$. Die zweite Methode besteht in der *Angabe der Eigenschaften* ihrer Elemente, z.B. die "Menge aller Dreiecke mit einem rechten Winkel". Letztere Mengen heißen auch *entscheidbar*, da die Zugehörigkeit eines Elementes zu seiner Menge mittels endlich vieler logischer Schritte entschieden werden kann. Es gibt Mengen, die zwar aufzählbar, nicht aber entscheidbar sind (z.B. die Theoreme "komplexer" Theorien, vgl. z.B. Monk, J. D. (1976)).
Die Elemente von Mengen können ihrerseits wieder Mengen sein, d.h. man kann auch Mengen bestimmter Mengen bilden, z.B. die Menge aller Familien in einem Wohngebäude, wobei man jede Familie wiederum als eine Menge von Personen auffassen kann.

Die "Menge *aller* Mengen" stellt dagegen eine widersprüchliche Definition dar. Zur Eliminierung dieses *Mengenparadoxes* durch die Unterscheidung zwischen *Mengen* und *Klassen* (siehe Russell, B., (1910-13)).

Beziehungen zwischen Mengen und zwischen Mengen und Elementen.

Wir unterscheiden hier zwischen "Beziehungen", bei deren Überprüfung nur *wahr* oder *falsch* resultieren kann, z.B. x=y oder u>v, und "Funktionen" oder "Operationen", zu denen eindeutige Ergebnisse aus Mengen gehören, die reichhaltiger sein können als die Menge der Ergebnisse {wahr, falsch}. Beispiele für Funktionen sind die Zuordnung einer Farbe zu einem Farbnamen oder im Falle von Zahlen: $\sqrt{4}=2$ oder $3/2=1.5$. Operationen sind Sonderfälle von Funktionen. Sie sind Funktionen, bei denen das Resultat aus der Menge der Elemente stammt, aus denen die Funktion gebildet wurde, so z.B. das Erzeugen einer Farbe durch die Mischung zweier Farben. Bevor eine formalisierte Definition dieser Begriffe folgt, seien die folgenden grundlegenden Beziehungen zwischen Mengen und Elementen sowie zwischen Mengen angegeben:

$a \in A$	a ist Element von A.
$A \subset B$	A ist in B *enthalten*, d.h. jedes Element der Menge A ist auch Element der Menge B. A ist *Untermenge* (*Teilmenge*) von B. B ist *Obermenge* von A. Hiernach ist auch A Teilmenge von A, d.h. $A \subset A$. A heißt auch *unechte Teilmenge* von A. Wichtig ist die Unterscheidung zwischen $\in$ und $\subset$.
$A = B$	Jedes Element von A ist auch Element von B und umgekehrt, d.h. es gilt $A \subset B$ *und* $B \subset A$ als Definition der *Gleichheit* der Mengen A und B. Anders formuliert: Zwei Mengen sind gleich, wenn sie die gleichen Elemente enthalten.

Fortsetzung:

Hieraus folgt: {a,b}={b,a}. Wenn {a,b}={c}, dann a=c und b=c und daher a=b, d.h.:

Die Elemente in einer Menge müssen unterschiedlich sein.

$A \subseteq B$ "schwache" Inklusion: d.h. es gilt entweder $A \subset B$ *oder* $A = B$. Wenn nicht weiter verabredet, hat jedoch das Zeichen $\subset$ schon diese Bedeutung. Gilt eine dieser Relationen nicht, so wird dies durch $\not\subset$, $\notin$, $\neq$, bzw. $\not\subseteq$ ausgedrückt.

Disjunktheit: Zwei Mengen A und B sind *disjunkt*, wenn sie kein Element gemeinsam haben. Die Einteilung einer Menge A in paarweise disjunkte Untermengen heißt *Partition* (oder *Überdeckung*) *von* A.

Funktionen und Operationen heißen *n-stellig*, wenn jeweils n Elemente miteinander verknüpft werden, um das jeweils eindeutige Resultat zu erzeugen. So ist z.B. die Erzeugung einer Farbe durch die Mischung zweier Farben eine 2-stellige Operation ebenso wie im numerischen Bereich z.B. die Addition zweier ganzer Zahlen zur Erzeugung einer ganzen Zahl. Die Zuordnung von Farben zu Farbnamen, man sagt auch die "Abbildung" von Farben auf Farbnamen, ist dagegen ein Beispiel für eine 1-stellige Funktion.
Wir betrachten nun Funktionen und Operationen an Mengen. Die folgenden Verknüpfungen zweier Mengen stellen *zweistellige* Operationen an Mengen dar, da aus jeder dieser Verknüpfungen wieder eine Menge resultiert:

$A \cup B = C$	Die *Vereinigungsmenge* C ist die Menge aller Elemente, die zu A *oder* zu B (oder zu beiden Mengen A und B) gehören.
$A \cap B = D$	Die *Schnittmenge* D ist die Menge aller Elemente, die zu A *und* zu B gehören.
$A - B = M$	Die *Mengendifferenz* M ist die Menge aller Elemente, die zu A, aber nicht zu B gehören. Es gilt demnach $A-B = A \cap \overline{B}$.

Ein Beispiel für eine *einstellige Operation* stellt die Komplementbildung dar:
$\overline{A}$ als *Komplement* zu A ($\overline{A}$ umfaßt alle Elemente, die nicht in A enthalten sind, A und $\overline{A}$ sind daher immer disjunkt). Die Bildung von $\overline{A}$ aus A ist nur sinnvoll in Bezug auf eine gemeinsame *Obermenge* Ω (Omega) von A und $\overline{A}$, d.h. $A \cup \overline{A} = \Omega$. So seien A und $\overline{A}$ z.B. die geraden bzw. die ungeraden ganzen Zahlen, wobei hier die ganzen Zahlen die Obermenge Ω bilden.

$|A|$ bezeichnet den *Betrag* oder die *Mächtigkeit* von A.
D.h. jeder Menge A wird ein Betrag eindeutig zugeordnet, der im Falle endlicher Mengen als Zahl (Anzahl der Elemente von A) verstanden wird. In der Mengenlehre ist dieser Begriff jedoch allgemeiner und nicht notwendig an Zahlen gebunden (vgl. Monk, (1976)). Für unendliche Mengen gilt $|A| = \infty$, wobei unendliche Mengen unterschiedlicher Mächtigkeit unterscheidbar sind (→ *Potenzmenge*, siehe unten). Es gilt: Zwei Mengen A, B sind von gleicher Mächtigkeit, d.h. $|A| = |B|$, wenn beide *umkehrbar eindeutig* (d.h. *bijektiv*, siehe unten) aufeinander abbildbar sind.

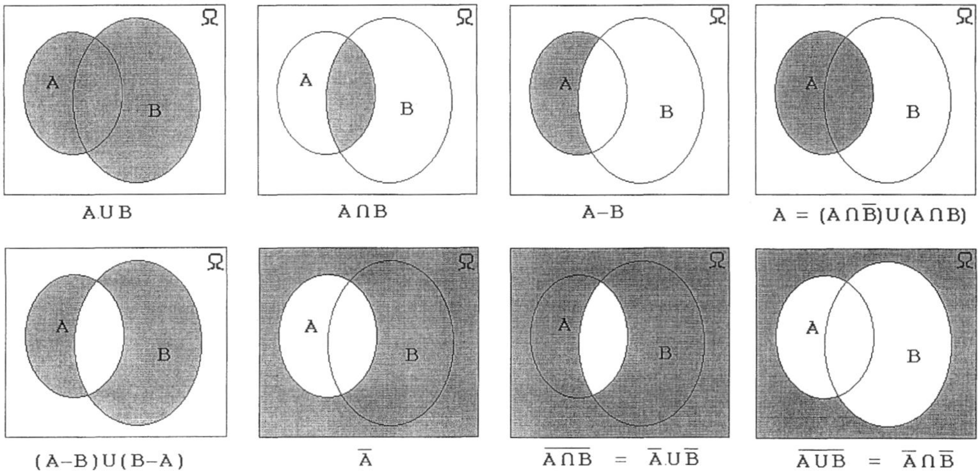

Abb. 1.1 Mengenoperationen dargestellt durch Venn-Diagramme. Darstellung von zweistelligen Operationen und von Komplementbildungen durch von Linien umgrenzte Punktmengen innerhalb einer Fläche (Punktmenge) Ω. Die schraffierten Flächen entsprechen den jeweils resultierenden Mengen.

Die folgende Zuordnung können wir als eine *einstellige Funktion* ansehen, da hier einer Menge A ein Element zu geordnet wird, welches selbst keine Menge ist:

Besondere Mengen

$\emptyset$ = *leere Menge* (die Menge ohne Elemente). Sie ist Teilmenge jeder Menge. Formal läßt sie sich durch zwei Bedingungen definieren: Für eine beliebige Menge A gilt $A\cup\emptyset = A$ und $A\cap\emptyset = \emptyset$; daher gilt $\emptyset\subset A$, d.h. $\emptyset$ ist Teilmenge jeder Menge, auch ihrer selbst: $\emptyset\subset\emptyset$. Die Disjunktheit von A und B ist gleichbedeutend mit $A\cap B=\emptyset$. Insbesondere gilt auch $A\cap\overline{A}=\emptyset$, $\overline{\Omega}=\emptyset$ und $\overline{\emptyset}=\Omega$.

$\mathcal{P}(A)$ = *Potenzmenge* von A (die Menge aller Untermengen aus A, miteinbezogen $\emptyset$ und A selbst). Beispiel für Potenzmengenbildung: Ein Item aus einem Test entspreche einem Versuchsschema mit zwei Antwortmöglichkeiten: "ja" oder "nein" bzw. "richtig" oder "falsch". Diese (Elementar-) Ereignisse kann man durch die Elemente der Menge {0,1} entsprechend kodieren. Die Potenzmenge der Menge der Antwortmöglichkeiten ergibt dann

$$\mathcal{P}(\{1,0\}) = \left\{ \{1\}, \{0\}, \{1,0\}, \emptyset \right\}.$$

Da eine endliche Menge A mit m Elementen genau 2^m Untermengen besitzt (siehe unten: Kombinatorik), schreibt man wegen $m=|A|$ anstatt $\mathcal{P}(A)$ gegebenenfalls $2^{|A|}$, auch wenn A unendlich ist. Für endliche und auch für unendliche Mengen gilt $|\mathcal{P}(A)| > |A|$, d.h. die Potenzmenge einer Menge A ist immer mächtiger als A (Beweis, siehe Anhang). Als Standardbeispiel für die Potenzmengenbildung an unendlichen Mengen gilt die Potenzmenge der *natürlichen Zahlen*, die die Menge der *reellen Zahlen* ergibt.

Wir unterscheiden daher hauptsächlich zwei Klassen von unendlichen Mengen:
Mengen mit *abzählbar unendlich* vielen Elementen und
Mengen mit *überabzählbar (unendlich)* vielen Elementen.

Obwohl letztere Begriffe in der Mengenlehre allgemeiner ohne Bezug auf Zahlen definierbar sind, seien sie hier nur durch die beiden Zahlenbeispiele "ganze Zahlen" $\boldsymbol{I}$ sowie "reelle Zahlen" $\boldsymbol{R}$ verdeutlicht. Die Menge der reellen Zahlen ist mächtiger als die Menge der ganzen Zahlen: $|\boldsymbol{R}| > |\boldsymbol{I}|$, wobei $|\boldsymbol{R}| = |\mathcal{P}(\boldsymbol{I})|$. Die *endlichen* und die *abzählbar unendlichen* Mengen werden gemeinsam *abzählbar* genannt. Mengen mit abzählbar vielen Elementen sind gleichmächtig den natürlichen Zahlen. Mengen mit überabzählbar vielen Mengen sind gleichmächtig den reellen Zahlen.

Ergänzung: Man kann beweisen, daß im Falle unendlicher Mengen eine Obermenge A gleichmächtig jeder unendlich großen Untermenge B aus A ist: Wir nehmen als Beispiel die positiven natürlichen Zahlen I^+ mit den Elementen $x_1 = 1$, $x_2 = 2$,... usw. und bilden sie durch die Operation $y_i = x_i * 2$ eindeutig auf die positiven geraden Zahlen G^+: $y_1 = 2, y_2 = 4$,... usw. ab. Nun machen wir diese Abbildung wieder rückgängig und bilden G^+ durch die Operation $x_i = y_i/2$ wieder eindeutig auf die natürlichen Zahlen I^+ ab. Man sieht, daß I^+ (bzw. A) und G^+ (bzw. B) sich umkehrbar eindeutig aufeinander abbilden lassen und daher gleichmächtig sind, obwohl G^+ eine echte Untermenge von I^+ darstellt. Da nur die unendlichen Mengen die Eigenschaft besitzen, gleichmächtig zu echten unendlichen Teilmengen ihrer selbst zu sein, verwendet man diese Eigenschaft auch zur Definition des Begriffs der *unendlichen Menge*.

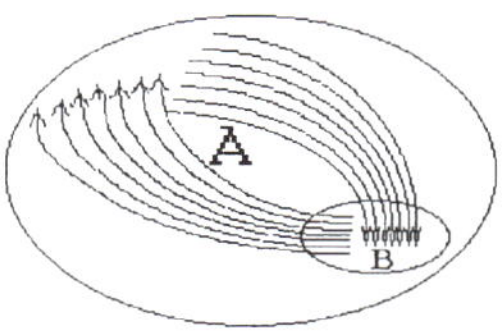

Wir können die Regeln der Komplementbildung gemeinsam mit Eigenschaften der leeren Menge folgendermaßen zusammenfassen:

$$\overline{\Omega} = \emptyset, \quad \overline{\emptyset} = \Omega, \quad \overline{A} = \Omega - A, \quad A \cup \overline{A} = \Omega, \quad A \cap \overline{A} = \emptyset, \quad A \cap \emptyset = \emptyset, \quad A \cup \emptyset = A$$

Eigenschaften der Mengenoperationen ∪ und ∩

$A \cup B = B \cup A$	*Kommutativität*
$A \cap B = B \cap A$	"
$A \cup (B \cup C) = (A \cup B) \cup C = A \cup B \cup C$	*Assoziativität*
$A \cap (B \cap C) = (A \cap B) \cap C = A \cap B \cap C$	"
$A \cup (B \cap C) = (A \cup B) \cap (A \cup C)$	*Distributivität von links*
$A \cap (B \cup C) = (A \cap B) \cup (A \cap C)$	"
$(A \cap B) \cup C = (A \cup C) \cap (B \cup C)$	*Distributivität von rechts*
$(A \cup B) \cap C = (A \cap C) \cup (B \cap C)$	"

Regeln des Hineinziehens des Komplement-Zeichens in eine Klammer

$\overline{A \cup B} = \overline{A} \cap \overline{B}$ sowie $\overline{A \cap B} = \overline{A} \cup \overline{B}$ *Morgansche Regeln* (vgl. Abb. 1.1)

Weitere Beziehungen

$(A\cap B)\cup(A\cap\bar{B}) = A\cap(B\cup\bar{B}) = A\cap\Omega = A$
$(A\cup B)\cap(A\cup\bar{B}) = A\cup(B\cap\bar{B}) = A\cup\emptyset = A$

Zusammfassung der Verwendung von {...}, $\in$, $\notin$, $\subset$, usw. sowie $\emptyset$ und $\mathcal{P}(...)$

Zur leeren Menge:
$\emptyset\cup A=A$, $\emptyset\cap A=\emptyset$; $A\subset A$, $A\notin A$, $a\notin a$; $\emptyset\subset A$, $A\not\subset\emptyset$; $\emptyset\notin A$, $\emptyset\subset\emptyset$, $\emptyset\notin\emptyset$; $\emptyset\subset\{\emptyset\}$ und $\emptyset\in\{\emptyset\}$ sowie $\emptyset\neq\{\emptyset\}$, letzteres verdeutlicht die Unterscheidung: $\emptyset$ ist die leere Menge, $\{\emptyset\}$ ist dagegen eine 1-elementige Menge mit dem Element $\emptyset$.

$\{a\}$ ist eine Menge, die nur *ein* Element a enthält, dabei gilt $a \in \{ a \}$.

$\{\emptyset\}$ ist die Menge, die die leere Menge $\emptyset$ als Element enthält. Sie kann daher auch durch die gleichzeitige Gültigkeit von $\emptyset \in\{\emptyset\}$ **und** $\emptyset \subset \{\emptyset\}$ definiert werden.

Zu Potenzmengen:
$\mathcal{P}(\emptyset)=\{\emptyset\}$, $\mathcal{P}(\{\emptyset\})=\{\emptyset,\{\emptyset\}\}$ usw. Daraus folgt auch: Für A gilt $\emptyset\subset A$ und $\emptyset\notin A$, für die Potenzmenge $\mathcal{P}(A)$ gilt dagegen sowohl $\emptyset\subset\mathcal{P}(A)$ als auch $\emptyset\in\mathcal{P}(A)$.

1.2.2 Formalisierung von Relationen, Funktionen, Operationen

Im Folgenden wird gezeigt, wie auf der Grundlage der eingeführten Mengenlehre der umgangssprachliche Begriff der "Beziehung" durch den Begriff der "Relation" formal definiert wird. Die bisher zunächst pragmatisch eingeführten Begriffe der "Funktion" und der "Operation" lassen sich dann wiederum als Sonderfälle von Relationen formalisieren. Dabei wird gezeigt, daß diese Begriffe so allgemein sind, daß sie zunächst auch ohne einen numerischen Bezug allein aus der Mengenlehre entwickelt werden können. Zur Vorbereitung der Definition von Relationen muß jedoch zunächst als weitere Operation an Mengen der Begriff des "kartesischen Produktes" eingeführt werden. Das kartesische Produkt $\times$ stellt nach den bisher behandelten Mengenoperationen $\cup,\cap,-$ eine weitere zweistellige Mengenoperation dar.

Das kartesische Produkt zweier Mengen

Gegeben seien zwei Mengen $A = \{a_1, a_2, ...\}$ und $B = \{b_1, b_2, ...\}$. Das *kartesische Produkt* $A\times B$ ist definiert als die Menge aller Paare in der Reihenfolge a vor b, die sich aus A und B bilden lassen. A ist *Vorbereich* und B *Nachbereich* des Produktes

$A\times B = \{ (a_1,b_1), (a_1,b_2), ... , (a_2,b_1), (a_2,b_2), ... \}$

Jedes Paar (a_i,b_j) besteht aus zwei *Komponenten* a_i und b_j. Die runden Klammern um durch Kommata getrennte Elemente symbolisieren im Gegensatz zu geschwungenen Klammern, daß z.B. $(a_i,b_j)\neq(b_j,a_i)$ ist. Das Produkt $\times$ ist demnach nicht kommutativ:

$A\times B \neq B\times A$ bzw. $(a_i,b_j) \neq (b_j,a_i)$,

wohl aber assoziativ:

$A\times(B\times C) = (A\times B)\times C = A\times B\times C.$

Mittels des kartesischen Produktes lassen sich auch Potenzen bilden:

$A \times A = A^2 = \{ (a_1,a_1), (a_1,a_2), \ldots \}$ usw.

Eine Teilmenge R des kartesischen Produktes A×B nennen wir eine *(2stellige) Relation* (Davis, M. (1977)).

Häufig wird der Begriff der Relation auf Beziehungen innerhalb einer gegebenen Menge A eingeschränkt, d.h. auf $R \subseteq A \times A$, während der Fall $R \subseteq A \times B$ mit $A \neq B$ auch als *Korrespondenz* bezeichnet wird. Wir halten uns hier an den vereinfachten Gebrauch, wie z.B. bei Davis (1977), und bezeichnen in den Fällen, in denen eine genauere Unterscheidung nicht erforderlich ist, auch Korrespondenzen als Relationen.

Ergänzung: Eine Teilmenge aus A×B×C heißt 3-stellige Relation usw. Eine Teilmenge aus einer Menge A ist somit eine 1-stellige Relation. Die aus drei Komponenten bestehenden Elemente (a_i,b_j,c_k) aus A×B×C heißen "Tripel". Elemente $(a_i,b_j,c_k,\ldots)$ aus n-stelligen kartesischen Produkten heißen "n-Tupel". Gehören zu einer Relation alle Tupel des entsprechenden kartesischen Produktes, so heißt sie *Allrelation,* gehört dazu kein Tupel, ist die Relation also leer, so heißt sie *Nullrelation.*

Eine Teilmenge aus A×B heißt auch *Abbildung von A in B.* Man kann die Abbildung der Elemente von A zu Elementen von B auch durch entsprechende Pfeile verdeutlichen:

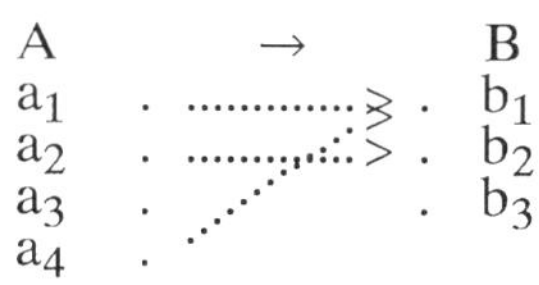

Im Folgenden behandeln wir wichtige *Eigenschaften* von Relationen: Eine Abbildung ist *linkstotal*, wenn *alle Elemente von* A *in* B *abgebildet* werden bzw. wenn von jedem a_i ein Pfeil ausgeht. Die Abbildung heißt *rechtseindeutig*, wenn von jedem a_i höchstens *ein* Pfeil ausgeht. Entsprechend kann man die Eigenschaften *rechtstotal* bzw. *linkseindeutig* definieren: Eine Abbildung ist rechtstotal, wenn auf jedes Element von B mindestens ein Pfeil zeigt, und linkseindeutig, wenn auf jedes b_j höchsten ein Pfeil zeigt.

Eine Abbildung von A in B, die sowohl rechtseindeutig als auch linkstotal ist, heißt *Funktion*, geschrieben $b=f(a)$. Durch $a=f^{-1}(b)$ kann man die *Umkehrfunktion* von B zu A bezeichnen, falls f linkseindeutig und rechtstotal ist. Enthält eine Funktion f einen Pfeil von a_i zu b_j, so heißt a_i *Urbild* zu b_j, und b_j heißt *Bild* zu a_i. *Urbild-* und *Bildmenge* (im oberen Beispiel $\{a_1,a_2,a_4\}$ bzw. $\{b_1,b_2\}$) einer Funktion heißen auch *Definitionsbereich* bzw. *Wertebereich*. Gegeben sei z.B. eine *numerische Funktion* $Y=f(X)$, z.B. $y=x^2$. Der Definitonsbereich dieser Funktion ist die Menge ***R*** aller reellen Zahlen und ihr Wertebereich die Menge aller nichtnegativen reellen Zahlen ***R*** ≥ 0. Das Urbild von z.B. $y=x^2=4$ ist demnach die Wertemenge $U=\{-2,+2\} \subset X$.

Eine rechtstotale Funktion heißt *surjektiv*, eine linkseindeutige Funktion heißt *injektiv,* eine linkseindeutige und rechtstotale Funktion heißt *bijektiv* oder *umkehrbar eindeutig*. Allgemein spricht man von einer Funktion von A *in* B. Will man ausdrücken, daß eine Funktion rechtstotal ist, dann spricht man von einer Funktion A *auf* B. Die Funktion und ihre Sonderfälle lassen sich mittels Punkten und Pfeilen durch folgendes Schema verdeutlichen:

Typen von Funktionen

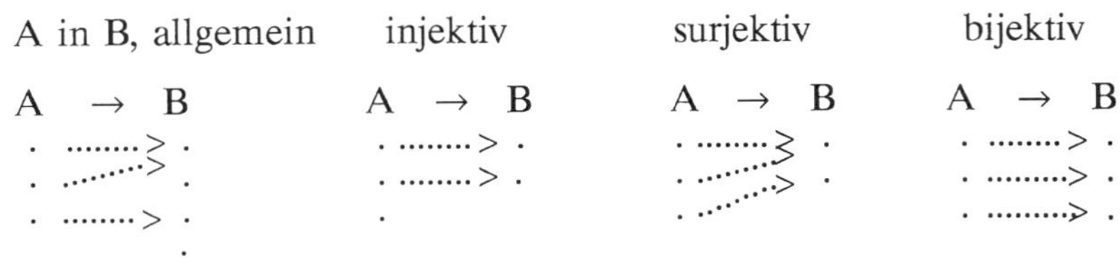

Man kann diese Funktionen so wie jede zweistellige Relation auch als Menge von Paaren auffassen und dabei, falls man A und B im Bild von oben nach unten nummeriert, z.B. die erste Funktion folgendermaßen schreiben:

$$f = \{ (a_1,b_1), (a_2,b_1), (a_3,b_3) \} .$$

Ist die Bildmenge einer Funktion echte oder unechte Teilmenge der Urbildmenge, wird also A in sich selbst abgebildet, dann nennt man Funktion auch gleichzeitig eine *Operation.*

Bestehen die linken Komponenten der Paare ihrerseits wieder aus Paaren, die linkstotal und rechtseindeutig auf B abgebildet werden, dann spricht man von einer 2-stelligen Funktion oder Operation $A \times B \rightarrow C$ bzw. $A \times A \rightarrow A$.

Bezeichnet man z.B. die Menge aller Farben mit C, dann stellt die paarweise Mischung aller Farben $C \times C \rightarrow C$ eine 2-stellige Operation dar, die Mischung von je drei Farben $C \times C \times C \rightarrow C$ eine 3-stellige Operation usw., da durch das Mischen von Farben wieder Farben entstehen. Die Operationen $x \cdot y$ oder $x+y$ bilden z.B. Zahlenpaare in Zahlen ab. Sie können daher bei Beschränkung auf die ganzen Zahlen als 2-stellige numerische Operationen aufgefaßt werden. Durch die (linkstotale und rechtseindeutige) Zuordnung von Farben C z.B. zu Farbnamen F, d.h. $C \rightarrow F$, führt man dagegen eine (1-stellige) Funktion ein. Diese Funktion ist z.B. nicht linkseindeutig, da nicht jeder Farbe ein Farbname entspricht bzw. mehrere Farben, z.B. unterschiedliche Arten von Rot, u.U. nur einem Farbenamen "Rot" zugewiesen werden.

Man erkennt an der Verknüpfung dieser Mengen auch, daß eine n-stellige Operation (Funktion) eine $n+1$-stellige Relation darstellt.

Relationen, Funktionen und Operationen sind demnach Mengen (aus Tupeln, siehe oben). Hebt man bei einer Funktion (Operation) die Eigenschaft der Linkstotalität auf, so heißt sie *partiell.*

Im Folgenden werden wichtige Unterscheidungen von Funktionstypen sowie eine grundlegende Anwendung im Falle von (Reihen-) Folgen eingeführt.

Monotone Funktionen

Eine Funktion u heißt *monoton wachsend,* wenn aus $a < b$ folgt $u(a) < u(b)$. Sie heißt *monoton abnehmend*, wenn aus $a < b$ folgt $u(a) > u(b)$ (Statt "wachsend" bzw. "abnehmend" sagt man auch *positiv* bzw. *negativ monoton*). Eine Funktion heißt *monoton*, wenn sie entweder positiv oder negativ monoton ist. Die entsprechenden

Kurven heißen *schwach* monoton, wenn wir die oben angegebene Ungleichung $u(a) < u(b)$ durch $u(a) \leq u(b)$ ersetzen. Andernfalls heißen sie *streng* (oder auch *strikt*) monoton.

Wichtige Beispiele für streng monotone Funktionen sind die linearen Funktionen $y=ax+b$ (bei $a < 0$ abnehmend), aber auch die Potenzfunktionen x^a und die Exponentialfunktionen e^{ax} mit $a \neq 0$, die im Falle $a > 0$ monoton ansteigen und im Falle $a < 0$ monoton abfallen, vgl. Abb. 1.2. Die hier eingeführte *(Eulersche) Zahl* e wird als Grenzwert definiert (zu Bedeutung von ! siehe unten (1.1)):

$$e = \lim_{x \to \infty} (1+1/x)^x = 1/0! + 1/1! + 1/2! + \ldots = \Sigma_{x=0}^{\infty} 1/x! = 2.71828 \quad (1.0)$$

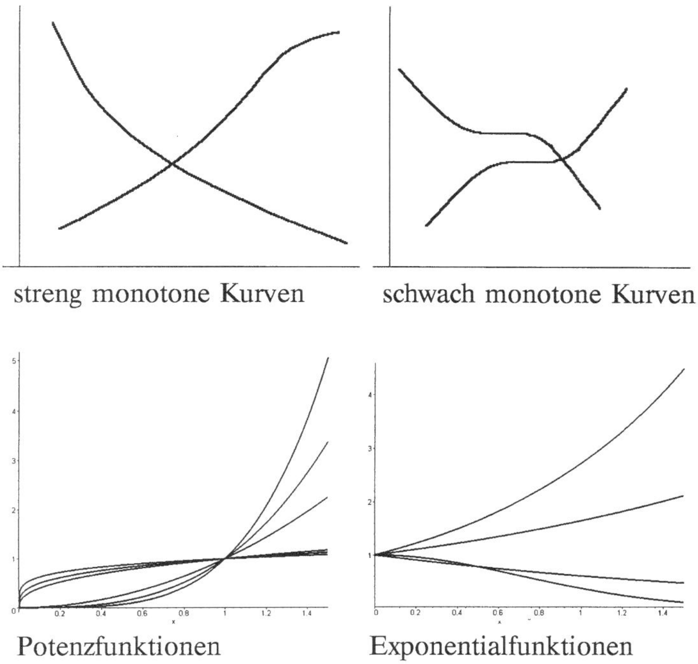

Abb. 1.2 Kurven monoton steigender und fallender Funktionen. Die Kurven oben links sowie die Kurven in den unteren Bildern sind streng monoton. Die Kurven rechts oben enthalten dagegen horizontal verlaufende Bereiche. Sie sind daher nur schwach monoton. Unten links werden Potenzfunktionen x^a dargestellt mit $x \geq 0$ und $a=2,3,4,.2,.3,.4$, die sich bei $x=1$ schneiden. Mit steigendem Exponenten steigt die Steilheit der Kurven. Das flachere Kurvenbündel resultiert bei $a < 1$, wobei die obere der flacheren Kurven links von $x=1$ dem Exponenten $a=.2$ und die unterste dem Exponenten $a=.4$ entspricht. Die Kurven unten rechts sind Exponentialfunktionen $e^{ax}=\exp(ax)$, die von oben nach unten die Parameter $a=1,.5,-.5,-1$ besitzen.

Konvexe und konkave Funktionen

Im Falle numerischer Funktionen können wir unterschiedliche Krümmungstypen der Funktionsverläufe unterscheiden:

Definitionen: a) Eine Funktion f(x) heißt *konvex* im Definitionsbereich *D*, wenn für alle x $\in D$ gilt: $f[(x_1+x_2)/2] \leq [f(x_1)+f(x_2)]/2$ (vgl. Feller, W., Band I (1971); Falmagne, J. (1985)).
b) Eine Funktion heißt *konkav*, wenn −f(x) konvex ist.

Allgemeiner sind die Kriterien:

f(x) ist *konvex* genau dann, wenn für $x_1 < x < x_2$ und $x_1 < y < x_2$, $0 < t < 1$ und $D=[x_2,x_1]$ gilt:

$f[tx+(1-t)y] \leq tf(x)+(1-t)f(y)$, (für t=1/2 resultiert die obige Definition als Spezialfall).

f(x) ist *konvex* genau dann, wenn für die 2. Ableitung gilt: $d^2f(x)/dx^2 \geq 0$ (falls die 2-te Ableitung existiert).

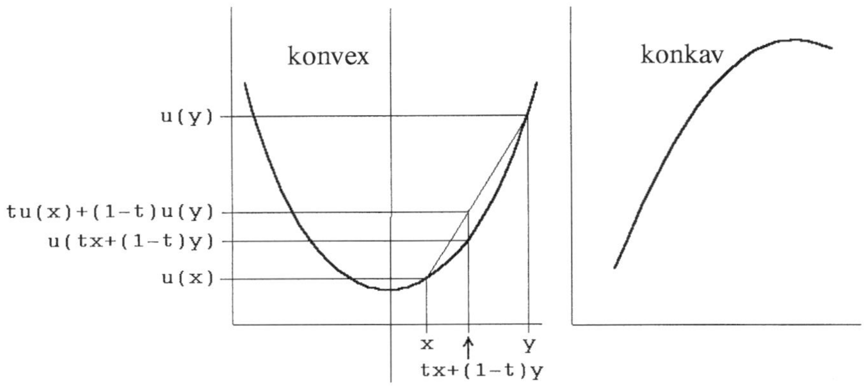

Abb. 1.3 Kurven einer konvexen bzw. einer konkaven Funktion u(x). In der Abbildung links wird ein mit t (0<t<1) gewichtetes Mittel tx+(1−t)y aus x und y in u(tx+(1−t)y) abgebildet (bei t=1/2 entspräche dies der normalen Mittelung). Dieser Funktionswert liegt gemäß der Ungleichung tiefer als das gewichtetete Mittel tu(x)+(1−t)u(y) aus den beiden Funktionswerten u(x) und u(y). Klappt man die entsprechende Skizze um die senkrechte mittlere Achse, so erhält man dieselbe Ungleichung. Die Konvexität gilt somit für den fallenden als auch für den steigenden Ast der Kurve und somit auch für nicht monotone Kurven, sofern sie bildlich zumindest einen Teilbereich aus einer U-Form repräsentieren. Die konkave rechte Kurve entspricht der Umkehrung der Ungleichung und damit dem Ausschnitt aus einer umgekehrten U-Form.

Konvex sind z.B. Potenzfunktionen x^a (mit $x \geq 0$ und $a>1$ und a="ungerade" oder mit $-\infty < x < +\infty$ und $a>1$ und a="gerade") oder Exponentialfunktionen $\exp(a \cdot x)=e^{a \cdot x}$ mit $a>0$, vgl. Abb. 1.3. Bei Potenzfunktionen mit $a > 1$ entsteht im Falle gerader Werte von a, so z.B. im Falle quadratischer Funktionen, die charakteristische konvexe U-Funktion. Konkav sind dagegen – außer den mit negativem Vorzeichen versehenen konvexen Funktionen – Logarithmen oder Wurzelfunktionen bzw. die Potenzfunktionen x^a mit $0<a<1$ sowie die Exponentialfunktionen mit $a < 0$.

Definitionen von Folgen

Als wichtige Beispiele der Funktionsbildung zwischen einer gegebenen Menge A und den natürlichen Zahlen unterscheiden wir drei unterschiedliche Fälle: das *Ordnen* und

das *Durchnummerieren (Indizieren, Zählen)* der Elemente von A sowie die Bildung von *Folgen* aus Elementen der Menge A.
Gegeben sei eine endliche Menge A mit m Elementen. Wir wählen nun die ersten n natürlichen Zahlen 1...n mit $n \leq m$ und bezeichnen diese Menge mit N_n. Nun untersuchen wir drei Beispiele für Funktionen in der Richtung A zu N_n und umgekehrt.
Als erstes Beispiel wählen wir die Mengen $V=\{a,e,i,o,u\}$ und $N_4=\{1,2,3,4\}$ mit $m=5$ und $n=4$, d.h. $n<m$. Wir bilden eine Funktion von V *auf* N_4 und erhalten z.B.

$a \rightarrow 1, \quad e \rightarrow 2, \quad i \rightarrow 2, \quad o \rightarrow 3, \quad u \rightarrow 4.$

Das Beispiel verdeutlicht, daß man durch die Abbildung in die Zahlen eine gewisse Rangfolge *(Ordnung)* zwischen den Elementen von V einführen kann, allerdings erhalten bei $n<m$ mehrere Elemente, im Beispiel die Vokale e und i, den gleichen Rangplatz.

Diese Abbildung kann auch als Beispiel einer *schwachen Ordnung* aufgefaßt werden (siehe unten die Ordinalskalen). Einen Platz mit mehreren Elementen nennt man englisch *tie* (zur Behandlung von *ties* bei bestimmten statistischen Hypothesentests siehe Kap. VI). Ein Beispiel für eine Rangfolge mit *ties* stellt eine Warteschlange vor einem Schalter dar, bei der befreundete Personen den gleichen Rangplatz einnehmen.

Als zweites Beispiel wählen wir den Sonderfall $n=m$, d.h. hier $n=5$, und bilden eine bijektive Funktion zwischen V und N_5, z.B. durch

$a \rightarrow 1, \quad e \rightarrow 2, \quad i \rightarrow 3, \quad o \rightarrow 4, \quad u \rightarrow 5.$

Wir erreichen hier eine Durchnummerierung bzw. Indizierung von V. Die Zahlen N_5 bilden dann die Indizes der Elemente von $V = \{v_1,...,v_5\}$ mit $v_1=a$ usw.

Dies stellt auch ein Beispiel für eine *totale* oder auch *strikte Ordnung* (siehe unten die entsprechenden Skalen ab 1.4).

Als drittes Beispiel bilden wir für ein beliebiges n eine allgemeine Funktion von N_n in V und wählen z.B. für $n=7$ folgende Abbildung:

$1 \rightarrow a, \quad 2 \rightarrow a, \quad 3 \rightarrow u, \quad 4 \rightarrow i, \quad 5 \rightarrow a, \quad 6 \rightarrow i, \quad 7 \rightarrow u$

Das Beispiel zeigt, daß durch die Funktion in der Richtung $N_n \rightarrow V$ eine *Folge* von Elementen aus V resultiert. Eine Folge wird häufig in spitzen Klammern geschrieben, d.h. in unserem Beispiel als <a,a,u,i,a,i,u>. Im Falle der Bildung von Paaren oder Tupeln werden jedoch auch einfache runde Klammern verwendet, siehe oben. Die Zahlen N_n bilden dann eine Nummerierung bzw. eine fortlaufende Indizierung der Objekte der Folge. Sollen in dieser Folge alle Elemente aus V vorkommen, dann müssen wir eine Abbildung von N *auf* V bilden.
Der Begriff der Folge dient zur formalisierten Darstellung von Ansammlungen von Objekten (Elementen), in denen einige Objekte mehrmals vorkommen können, da der Mengenbegriff es ausschließt, daß eine Menge zwei gleiche Elemente enthält. So werden z.B. auch Stichproben allgemein als Folgen dargestellt, vgl. Kap. VI.

1.2.3 Strukturen, Homomorphismen

Darstellung von Relationen durch charakteristische Funktionen

Wir weisen den ausgewählten Tupeln eines kartesischen Produktes, die eine Relation (Funktion, Operation) charakterisieren sollen, Einsen zu, den nicht ausgewählten dagegen Nullen. Die Tupel werden damit (linkstotal und rechts-) eindeutig auf die Menge {0,1} abgebildet. Diese Abbildung heißt *charakteristische Funktion* der entsprechenden Relation.
Gegeben sei z.B. eine 3-stellige Relation R als Teilmenge des kartesischen Produktes $P=A\times B\times C$ mit den Tripeln $(a_i,b_j,c_k)\in P$, wobei i, j und k die variablen Indizes der Elemente aus A, B und C darstellen. Gilt für ein Tripel mit gegebenen Indizes f, g, h und $a_f\in A$, $b_g\in B$ und $c_h\in C$ die Relation $(a_f,b_g,c_h)\in P$, dann schreiben wir:

$$R(a_f,b_g,c_h) = 1, \quad \text{andernfalls} \quad R(a_f,b_g,c_h) = 0.$$

Man erhält so die charakteristische Funktion $R(a_i,b_j,c_k)$ der obigen Relation R.

Definition: Eine (Träger-) Menge A sowie $n\geq 1$ darauf definierte Relationen (oder Funktionen usw.) $R_1,\ldots,R_n$, heißt *Struktur A*, geschrieben $\mathcal{A}=\langle A;R_1,\ldots,R_n\rangle$.

Beispiele: a) Eine Klasseneinteilung $\mathcal{A}$ ist eine Struktur auf einer Trägermenge A mit der 2-stelligen Relation R_A (geschrieben als Symbol $\approx$) der *Äquivalenzrelation* (z.B. die Nominalskala, siehe unten. Die Relation $\approx$ gilt für alle diejenigen Paare von Elementen aus A, die jeweils in einer gemeinsamen Klasse liegen.
b) Eine Rangordnung $\boldsymbol{O}$ ist eine Struktur auf einer Trägermenge O mit der 2-stelligen *Ordnungsrelation* R_o, geschrieben auch als Symbol <, (z.B. die Ordinalskala, siehe unten), die für alle Paare aus der Trägermenge O angibt, ob zwischen ihnen < gilt oder nicht. Eine Struktur $\boldsymbol{A}$ mit einer oder mehreren darauf definierten Operationen heißt *Algebra.* **Beispiel hierzu:** Die Menge aller Farben und die 2-stellige Operation des Mischens zweier Farben bilden zusammen eine Algebra (der Farbmischung). Eine Struktur, die nur Relationen und keine Operationen enthält, heißt auch *Relativ*.

Definition: Eine Struktur heißt *Modell* zu einer bestimmten Theorie *T*, wenn in dieser Struktur die *Axiome* (Annahmen) der Theorie *T* gelten (vgl. Lehmann (1985)).

Definition: Die Abbildung einer Struktur $\boldsymbol{A}=\langle A;\ R_1,R_2,\ldots R_m\rangle$ durch eine Funktion f in eine Struktur $\boldsymbol{B}=\langle B;\ S_1,S_2,\ldots S_n\rangle$ derart, daß f eine Funktion der Trägermenge A in die Trägermenge B darstellt (B=f(A)), die gleichzeitig auch alle Relationen R_i (i=1,m) von $\boldsymbol{A}$ in die Relationen S_j (j=1,n) von $\boldsymbol{B}$ abbildet, heißt *Homomorphismus* von $\boldsymbol{A}$ *in* $\boldsymbol{B}$ (bzw. *auf* $\boldsymbol{B}$, wenn f surjektiv ist). Eine n_g-stellige Relation R_g gilt als *abgebildet* von $\boldsymbol{A}$ in $\boldsymbol{B}$, wenn für die charakteristischen Funktion dieser Relation und der entsprechenden n_g- stelligen Relation S_g aus $\boldsymbol{B}$ die Gleichheit gilt:

$$R_g(a_{i_1},a_{i_2},\ldots,a_{i_{n_g}}) = S_g(f(a_{i_1}),f(a_{i_2}),\ldots,f(a_{i_{n_g}})).$$

Es gibt auch "schwächere" Homomorphismen, bei denen nur die logische Beziehung $R_g(\ldots)=1$ impliziert $S_g(\ldots)=1$ verlangt wird (siehe unten *algebraischer Homommorphismus* nach Pfanzagl, J. (1971)), d.h. die charakteristischen Funktionen müssen nicht gleich sein, es muß jedoch für jedes

n_g-Tupel der Fall "$R_g(...)=1$ und gleichzeitig $S_g(...)=0$" ausgeschlossen sein.

Psychologisches Beispiel für die Abbildung einer Ordnung: Stichwort *Synästhesie* (siehe *cross- modality*, Formalisierung bei Pfanzagl (1971), S. 127): Schätze den Unterschied der Helligkeit zweier Lichter durch zwei Gewichte: Wähle zwei Gewichte a, b, die nach Deiner Meinung sich zueinander verhalten wie die wahrgenommenen Helligkeiten der beiden Sterne Capella und Sirius. Dies stellt eine Abbildung der Struktur ⟨{Capella,Sirius}; subjektiver Helligkeitsunterschied $<_1$⟩ auf die Struktur ⟨{a,b}; subjektiver Gewichtsunterschied $<_2$⟩ dar.
Sonderfälle: a) Ist bei einem Homomorphismus $\boldsymbol{A}\to\boldsymbol{B}$ die Funktion f bijektiv, dann heißt er auch *Isomorphismus*. Gilt bei einem Homomorphismus $\boldsymbol{A}\to\boldsymbol{B}$ die Gleichheit der Trägermengen, d.h. A=B, dann stellt er auch einen *Endomorphismus* dar. Ist zusätzlich zur Gleichheit der Trägermengen A=B die Abbildung $\boldsymbol{A}\to\boldsymbol{B}$ bijektiv, dann handelt es sich sich um einen *Automorphismus* (siehe Pfanzagl (1971); Beispiele: Lehmann, G. (1985)).
b) *Algebraischer* Homomorphismus: Gegeben sei eine homomorphe Abbildung der Algebra $\boldsymbol{A}=<\{a,b,c\};o>$ durch die Funktion f mit x=f(a), y=f(b), z=f(c) in die Algebra $\boldsymbol{B}=<\{x,y,z\};*>$, wobei o und * 2-stellige Operationen sind: aob=c und x*y=z. Durch Einsetzen dieser Gleichungen erhält man nun f(aob)=f(c)=z=x*y=f(a)*f(b) und daraus einen algebraischen Homomorphismus in der Form f(aob)=f(a)*f(b).
Als bekannte numerische Beispiele seien genannt $\log(u\cdot v)=\log(u)+\log(v)$, $\exp(u+v)=\exp(u)*\exp(v)$ oder für den Fall der Identität o = * die (lineare) Maßstabstransformation $a(g+h)=ag+ah$.

1.3 Kombinatorik

Die Kombinatorik ist u.a. die Grundlage vieler elementarer experimenteller Anordnungen, in denen es um unterschiedliche Zusammenstellungen (z.B. *Kombinationen*) von Elementen bzw. Bedingungen oder um deren Vertauschungen (*Permutationen*) usw. geht. Dies gilt in elementaren Würfelexperimenten, in Kartenspielen aber auch bei komplexeren experimentellen Versuchsplänen für statistische Untersuchungen. Vor allem tauchen kombinatorische Ausdrücke in den Formeln der meisten später zu behandelnden Wahrscheinlichkeitsverteilungen auf.

1.3.1 Permutationen

Unter einer *Permutation* von n Elementen versteht man eine Anordnung dieser Elemente, z.B. eine Durchindizierung (siehe oben: Folgen) bzw. eine Reihenfolge. Wir verwenden daher vorwiegend den Begriff "Reihenfolge" oder "Rangfolge" anstelle des Begriffs "Permutation". Wir führen grundlegende Definitionen ein und leiten aus ihnen einige wichtige Theoreme ab:

Definitionen

a) $n! = n\cdot(n-1)\cdot(n-2)\cdot\ \dots\ \cdot 2\cdot 1$ (in Worten: *n-Fakultät*) (1.1)

Beispiel: $5! = 5\cdot 4\cdot 3\cdot 2\cdot 1 = 120$

b) $0! = 1$

Für große n kann n! auch durch die *Stirlingsche Formel* genähert werden, die wir hier nicht beweisen:

$$n! \approx \sqrt{2\pi} \cdot n^{n+1/2}e^{-n} \text{ (nach Feller I (1971)).} \tag{1.1a}$$

Die Stirlingsche Formel ermöglicht es, die durch n! definierte diskrete Funktion durch eine kontinuierliche Kurve anzunähern bzw. zu interpolieren. Problemstellungen dieser Art ergeben sich bei den später zu behandelnden Betaverteilungen, insbesondere aber bei den Gammaverteilungen, mit denen z.B. Zusammenhänge zwischen den Verteilungen von Reaktionszeiten bzw. Lösungszeiten bei Intelligenzaufgaben und hypothetischen Denk- bzw. Problemlöseprozessen modelliert werden.

Theorem 1.1a. Die Anzahl der Reihenfolgen, in der n unterschiedliche Elemente geordnet werden können, ist gleich n!

Beweis: Zur Besetzung des 1. Platzes hat man n Elemente zur Auswahl, zur Besetzung des 2. Platzes nach Besetzung des 1. Platzes dagegen nur noch $n-1$ Elemente. Dies ergibt $n \cdot (n-1)$ Möglichkeiten für die ersten beiden Plätze. Setzt man diese Überlegung für die folgenden Plätze fort, so erhält man $n \cdot (n-1) \cdot (n-2) \cdot ... \cdot 1$ mögliche Reihenfolgen über alle n Plätze.

Will man die Produktbildung bei n! nach k Gliedern abbrechen, so erreicht man dies durch den Ausdruck $n \cdot (n-1) \cdot ... \cdot (n-k+1)$ bzw. mittels Fakultäten durch

$$n(n-1) \cdot ... \cdot (n-k+1) = \frac{n!}{(n-k)!}. \tag{1.1b}$$

Beispiel: $7 \cdot 6 \cdot 5$ läßt sich ausdrücken durch $7!/(7-3)! = 7!/4! = 7 \cdot 6 \cdot 5$.

Theorem 1.1b. Die Anzahl der Reihenfolgen (auch *Variationen* genannt), in denen man n unterschiedliche Elemente auf k Plätzen ordnen kann, ist gleich $n!/(n-k)!$

Beweis: siehe Theorem 1.1a und das dazugehörige Beispiel.

Wir behandeln nun Reihenfolgen mit teilweise nicht unterschiedlichen Elementen:

Theorem 1.2. Wir partitionieren eine Menge A in r Klassen A_i. Jede Klasse A_i enthalte k_i Elemente, so daß die Menge A die Anzahl von $n=k_1+...+k_r$ Elementen umfaßt. Die Anzahl der möglichen Partitionen von n Elementen in r Klassen mit den Klassengrößen k_1 bis k_r ist dann gleich

$$\frac{n!}{k_1!\, k_2! \cdot ... \cdot k_r!} \tag{1.1c}$$

Beispiel: Wir bringen alle Elemente von A in eine Reihenfolge und formulieren danach die Partitionsaufgabe folgendermaßen: Gegeben sei eine Perlenkette mit $a=10$ schwarzen, $b=20$ roten, $c=25$ weißen Perlen. Die Anzahl der unterschiedlichen Farbreihenfolgen, in der man die Perlen anordnen kann, ist dann $(10+20+25)!/(10! \cdot 20! \cdot 25!)$.

Beweis am Beispiel: Angenommen, die n Perlen der Kette seien durchindiziert. Es seien a Perlen von gleicher Farbe. Dann können diese untereinander a! mal vertauscht werden, ohne daß sich die Farbfolge der Kette ändert. Von den n! Reihenfolgen aller Indizes der Kette sind daher nur n!/a! farblich unterscheidbar. Dieselbe Überlegung wird nun für b weitere Perlen fortgeführt, und man erhält (n!/a!)/b! = n!/(a!b!) usw. Die Äquivalenz der Partitionsaufgabe und des Perlenkettenbeispiels ergibt sich folgendermaßen: Die Zuordnung eines Elementes zu einer Klasse entspricht der Zuordnung einer Position in der Kette zu einer Farbe usw.

Theorem 1.3. Eine Menge X umfasse m Elemente, und eine Menge Y umfasse n Elemente. Die Anzahl der Funktionen (linkstotale und rechtseindeutige Abbildungen) von X in Y beträgt

$$n^m = |Y|^{|X|} . \tag{1.1d}$$

Beweis: Das Element x_1 aus X kann auf n unterschiedliche Elemente auf Y abgebildet werden. Dasselbe gilt für x_2, unabhängig von der Abbildung von x_1 auf Y. Dies ergibt $n \cdot n$ Abbildungsmöglichkeiten für die beiden ersten Elemente von X. Nimmt man x_3 aus X hinzu, dann entstehen n^3 Abbildungsmöglichkeiten. Führt man dies fort, dann erhält man nach Hinzunahme von x_m genau n^m Abbildungsmöglichkeiten aller Elemente von X in Y.

Beispiele: a) Ein Test X umfasse m = 10 Items. Auf jedes Item kann mit einer der n = 3 Antworten "ja" (+), "nein" (-) oder "weiß nicht" (0) geantwortet werden, so daß Y = {+,-,0}. Dann gibt es $n^m = 3^{10}$ unterschiedliche Antwortfolgen ("Antwort-Muster", "Test-Profile") für den Test bzw. 3^{10} Funktionen von X in Y.
b) Kann auf jedes der m Items von X nur dichotom, d.h. mit "ja" (1) oder "nein" (0) geantwortet werden, dann sind wegen Y = {0,1} und n = 2 insgesamt $n^m = 2^m$ bzw. 2^{10} *binäre Testprofile* über die m = 10 Items von X möglich (→ Testtheorie).

1.3.2 Kombinationen und Reihenentwicklungen

Eine *Kombination von n Elementen zur k-ten Klasse* ist eine Untermenge von k Elementen aus einer Menge von n Elementen. Eine Folge von n Elementen möge aus k Elementen α und n−k Elementen β bestehen. Dann ist die Anzahl der Reihenfolgen, in der die n Elemente angeordnet werden können, nach Theorem 1.2 gleich n!/[k!(n−k)!]. Dieser Ausdruck wird abgekürzt durch "n über k" = $\binom{n}{k}$.

Definition und Sonderfälle von "n über k"

$$\binom{n}{k} = \frac{n!}{k!(n-k)!} = \frac{n(n-1)\ldots(n-k+1)}{k!},$$

wobei $\binom{n}{0} = \binom{0}{0} = 1$. Es gilt $\binom{n}{k} = 0$, wenn $k < 0$ oder ($n > 0$ und $n < k$).

Aus (1.2) folgt: $\binom{n}{k} = \binom{n}{n-k}$. (1.2)

Beispiel: $$\binom{7}{3} = \frac{7\cdot 6\cdot 5\cdot \overbrace{4\cdot 3\cdot 2\cdot 1}}{3\cdot 2\cdot 1\cdot \underbrace{4\cdot 3\cdot 2\cdot 1}_{\text{Kürzung}}} = \frac{7\cdot 6\cdot 5}{1\cdot 2\cdot 3} = \binom{7}{7-3} = \binom{7}{4} = \frac{7\cdot 6\cdot 5\cdot 4}{4\cdot 3\cdot 2\cdot 1}$$

Als Vereinfachung zur Berechnung von "n über k" folgt: Bilde zunächst den Nenner $1 \cdot 2 \cdot ... \cdot k$ und setze parallel darüber im Zähler die Reihe $n \cdot (n-1) \cdot ... \cdot (n-k+1)$.

Ergänzung: Binomialausdrücke vom Typ "n über k" lassen sich auch auf reelle oder negative Zähler (wobei $0 < q < 1$) verallgemeinern, indem man die fortlaufende Verminderung des Zählers um 1 auch hier anwendet, wie die folgenden Beispiele zeigen. Dies ist anwendbar z.B. bei den später behandelten negativen Binomialverteilungen.

$$\binom{7.4}{3} = \frac{7.4\ (7.4-1)(7.4-2)}{1 \cdot 2 \cdot 3}, \qquad \binom{-1}{2} = \frac{(-1)(-2)}{1 \cdot 2} = 1, \qquad \binom{-1}{3} = \frac{(-1)(-2)(-3)}{1 \cdot 2 \cdot 3} = -1$$

$$\binom{-1}{k} = (-1)^k, \quad \binom{-4}{3} = \frac{(-4)(-5)(-6)}{1 \cdot 2 \cdot 3} = -20$$

$$\binom{-r}{k} = (-1)^k \binom{r+k-1}{k}, \quad \sum_{k=0}^{\infty} \binom{-r}{k} (-q)^k = (1-q)^{-r} \tag{1.3a}$$

Man kann auch *binomiale Operationen* einführen. Wie man am Beispiel überprüft, gilt

$$\binom{n}{k-1} + \binom{n}{k} = \binom{n+1}{k} \quad \text{und} \quad \binom{n}{k} \cdot \frac{n-k}{k+1} = \binom{n}{k+1}. \tag{1.3b}$$

Theorem 1.4. Die Anzahl der Untermengen (Kombinationen) von k Elementen aus n Elementen ist gleich $\binom{n}{k}$.

Beweis: Es muß gezeigt werden, daß die "Anzahl der Kombinationen vom Umfang k aus n Elementen" gleichbedeutend ist mit der "Anzahl der Reihenfolgen von n Elementen, die aus 2 Klassen gleicher Elemente vom Umfang k und N-k" bestehen: Gegeben sei ein Test aus n Items, die man nur falsch (0) oder richtig (1) beantworten kann. Nach Beantwortung des Tests habe eine Person eine Folge aus k Einsen und n-k Nullen erzeugt. Die Anzahl aller möglichen Folgen mit je k Einsen und n-k Nullen ist gleich der Anzahl der Kombinationen von k mit 1 beantworteten Items, also $n!/[k!(n-k)!]$, siehe Formel (1.1.c) für nur 2 Klassen bzw. das Perlenkettenbeispiel von Theorem 1.2 für *zwei* Farben.

Beispiel: Die Anzahl der Paare, die aus einer Menge von n Elementen gebildet werden können, ist gleich $\binom{n}{2} = n(n-1)/2$. Dies entspricht z.B. auch der Anzahl der Korrelationen zwischen n Variablen (siehe unten).

Theorem 1.5. Die Anzahl aller Untermengen einer Menge von n Elementen ist gleich 2^n.

Beweis: (siehe auch Beispiel b) von Theorem 1.3). Ein Test X aus 3 binären Items ermöglicht folgende $2^3 = 8$ Antwortmuster:

$$\{ (0,0,0),\ (0,0,1),\ (0,1,0),\ (0,1,1),\ (1,0,0),\ (1,0,1),\ (1,1,0),\ (1,1,1) \}.$$

Die Verteilungen von "Einsen" in jedem Muster stellen gleichzeitig auch alle Untermengen auswählbarer Elemente aus X dar. Das Muster (0,0,0) entspricht dann der leeren Menge $\emptyset$.

Theorem 1.6. Der *binomische Satz*: Die n-te Potenz einer Summe aus 2 Elementen a,b läßt sich in folgender Form als Summe von kombinatorischen Gliedern mit den Indizes k=0 bis n entwickeln:

$$(a+b)^n = \sum_{k=0}^{n} \binom{n}{k} a^k b^{n-k} = \sum_{k=0}^{n} \frac{n!}{k!(n-k)!} a^k b^{n-k} . \tag{1.4}$$

Beweis: Die rechte Gleichung entsteht aus der Definition von $\binom{n}{k}$, siehe oben. Für die linke Gleichung überprüfe man folgende Beweisschritte: Beim Ausmultiplizieren der Klammer $(a+b)^n$ entsteht eine Summe von Produkten aus n Faktoren a und b in allen zwischen den Faktoren möglichen Reihenfolgen. Für $k=0$ bis n gilt: Es werden alle Produkte gebildet, die aus k Faktoren a und $n-k$ Faktoren b zusammengesetzt sind. Dabei entspricht für festes k die Anzahl dieser Produkte der Anzahl aller unterschiedlichen Anordnungen der a und b auf n Plätzen (=Faktoren). Das sind nach Theorem 1.2 genau $\binom{n}{k}$ (siehe das obige Perlenkettenbeispiel für eine Kette der Länge n mit 2 Klassen zu k und n-k Elementen). Faßt man in den Produkten gleiche Faktoren zu Potenzen zusammen, z.B. $a \cdot a = a^2$ usw., dann folgt (1.4).

Die Anzahl der Summanden entspricht damit der Anzahl der Untermengen bzw. der Mächtigkeit der Potenzmenge einer Menge von n Elementen (siehe Teil 1.2.3).
Da k von 0 bis n läuft, werden unter der Summe alle Kombinationen und damit alle Untermengen der Größe 0 bis n einer Menge von n Elementen erfaßt. Die Untermenge mit 0 Elementen entspricht der leeren Menge, von der es in jeder Menge *eine* gibt, daher auch $\binom{n}{0}=1$.
Wichtig sind folgende 4 Spezialfälle des binomischen Satzes (vgl. auch die Theoreme 1.3, 1.5 und 1.6):

$$(a-b)^n = [a+(-b)]^n = \sum_{k=0}^{n} \binom{n}{k} a^k(-b)^{n-k} = \sum_{k=0}^{n} \binom{n}{k}(-1)^{n-k} a^k b^{n-k} \tag{1.4a}$$

$$(1+b)^n = \sum_{k=0}^{n} \binom{n}{k} b^{n-k}, \quad (1-b)^n = \sum_{k=0}^{n} \binom{n}{k}(-1)^{n-k} b^{n-k}, \quad 2^n = (1+1)^n = \sum_{k=0}^{n} \binom{n}{k}. \tag{1.4b}$$

Der binomische Satz ist verallgemeinerbar auf $(a+b+c)^n$ usw. Für $m=3$ Elemente in der Klammer lautet er z.B.:

$$(a+b+c)^n = \sum_{j=0}^{n} \sum_{k=0}^{n-j} \frac{n!}{j!\,k!\,(n-j-k)!} a^j b^k c^{n-j-k} . \tag{1.5}$$

Es folgen ohne Beweis Grenzwerte für *geometrische Reihen* (z.B. für die geometrische Verteilung, die negative Binomialverteilung usw., siehe unten). Für $0<q<1$ gilt:

$$\sum_{n=0}^{\infty} q^n = \frac{1}{1-q} , \tag{1.6a}$$

$$\sum_{n=0}^{\infty} q^n \cdot n = \frac{q}{(1-q)^2} , \tag{1.6b}$$

$$\sum_{n=0}^{\infty} q^n \cdot n^2 = \frac{q(q+1)}{(1-q)^3} . \tag{1.6c}$$

1.4 Skalenniveaus

In den datenverarbeitenden Wissenschaften sind erhobene Datenmengen, besser *Datenfolgen*, jeweils endlich. Sie stellen zumeist endliche Stichproben aus größeren endlichen oder aus als unendlich angesehenen Grundgesamtheiten dar. Berücksichtigt man über die Datenelemente hinaus einige der zwischen den Datenelementen bestehenden Relationen, dann spricht man von *Datenstrukturen* bzw. von entsprechenden empirischen bzw. experimentellen Strukturen. Je nach den in ihnen nachweisbaren Relationen werden die Daten in drei grobe Skalenniveaus unterschiedlichen Komplexitätsgrades (*Nominal-, Ordinal- und Intervallskalen*) eingeteilt. Daten sind nicht primär Zahlen, sondern zunächst Folgen (Serien) registrierter Ereignisse (Beobachtungen, Erfahrungen). Die Kodierung von Datenelementen durch Zahlen bzw. ihre *homomorphe Abbildung in Zahlen* nennt man "Messen". Dies gilt auch für den einfachsten Fall, d.h. bei der Verwendung von Zahlen als Namen, wie z.B. im Falle von Nummern für die Spieler einer Mannschaft oder für Paßnummern. In den Fällen, in denen Zahlen als Namen verwendet werden, sollte man beachten, daß man eigentlich keine echten *Zahlen*, sondern nur *Zahlworte* verwendet, an denen keine numerische Rechenoperationen sinnvoll durchgeführt werden können.
Mit steigendem Skalenniveau werden zunehmend die Eigenschaften bzw. die Verwendungsmöglichkeiten der zur Kodierung der Daten gewählten Zahlen erweitert. Ausgehend von der Verwendung von *Zahlnamen* (Nominalskala) über durch Zahlen ausgedrückte *Ränge* (Ordinalskala) steigern sie sich bis hin zur Bildung von *Differenzen* (Intervallskala), z.B. im Falle von Temperaturen. Ist bei einer Intervallskala ein *Nullpunkt*, der bekanntlich bei Temperaturen noch willkürlich festgesetzt wird, auf natürliche Art vorgegeben, dann liegt eine *Verhältnisskala* vor. Dies gilt z.B. für die elementaren physikalischen Maße von Raum, Zeit und Materie, d.h. bei Gewichten, Strecken (Flächen, Räume) oder (Reaktions-) Zeiten usw. In diesem Fall können über die Differenzen hinaus auch *Verhältnisse* (Quotienten) von Zahlen gebildet werden. So können z.B. zwischen Strecken unabhängig von ihrer Messung im cm oder mm Quotienten gebildet werden. Ist für eine Verhältnisskala zusätzlich eine *Maßeinheit* vorgegeben, die im Falle von Gewichten, Strecken und Zeiten noch nicht auf natürliche Art vorliegt, dann sprechen wir von einer *Absolutskala*. An dieser Skala können sämtliche numerische Operationen durchgeführt werden. Letztere liegt z.B. im Falle von zählbaren Anzahlen von Objekten oder im Falle von Prozenten oder von Wahrscheinlichkeiten (siehe unten) vor.
Fehler begeht man daher, wenn man auf einem zu niedrigen Skalenniveau zu anspruchsvolle Berechnungen durchführt, die nur für höhere Skalenniveaus zulässig sind. Dies gilt z.B. dann, wenn man über Schulzensuren, die eigentlich nur als Ränge angesehen werden können, Mittelwerte berechnet und sie damit als Intervallskalen interpretiert, so als sei man sicher, daß etwa die (Leistungs-) Differenz von "sehr gut" (1) zu "gut" (2) ebenso groß ist wie diejenige von "befriedigend" (3) zu "ausreichend" (4). Es gibt hier jedoch im einzelnen zahlreiche mathematisch zulässige Ausnahmen: Während man z.B. bei Werten einer Intervallskala ohne Nullpunkt keine sinnvollen Verhältnisse (Quotienten) bilden kann, lassen sich jedoch Verhältnisse zwischen deren Differenzen (Intervallen) bilden, da Differenzen einen "natürlichen" Nullpunkt

besitzen, nämlich die Differenz 0. Oder: Bei einer Intervallskala ohne Nullpunkt sind keine Additionen von Werten möglich. Dennoch kann man hier sinnvolle Mittelwerte berechnen, obwohl hierzu vorherige Additionen erfolgen. Die Systematik der zulässigen Beziehungen und Operationen an Skalen werden unter dem Begriff *sinnvolle* Relationen (und Operationen) bzw. unter dem englischen Stichwort *meaningful relations* in der Meßtheorie (z.B. Pfanzagl (1971)) behandelt, siehe unten. Es folgt eine Einteilung der Skalen mittels ihrer Homomorphismen.

1.4.1 Messen

Eine Datenmenge läßt sich durch eine Funktion f so in die Menge der reellen Zahlen ***R*** abbilden, daß dabei gleichzeitig auch bestimmte wohldefinierte Relationen R_1, R_2,... zwischen den Datenelementen durch entsprechende Relationen S_1, S_2,... zwischen den Zahlen repräsentiert werden ("auf entsprechende Relationen zwischen den Zahlen abgebildet werden"). Die *Skalen-Niveaus* geben an, welche der möglichen Relationen zwischen den Datenelementen durch f in ***R*** abgebildet werden.

Beispiel: So können wir z.B. die 3 Farben E = {Rot, Grün, Blau}, die als Ergebnisse eines Versuchsschemas denkbar wären, durch die 3 Zahlen G = {1,2,3} repräsentieren, so daß Rot auf 1, Grün auf 2 usw. abgebildet wird. Hierdurch definieren wir eine Funktion f von E in ***R***. Außerdem können wir die entsprechenden Farben als *Klasseneinteilung* K ansehen, indem wir sie entweder als 3 Klassen mit nur je *einem* Mitglied auffassen oder aber als das Resultat einer bereits vollzogenen Zusammenfassung vieler Farben in mehrere Klassen von Farben, z.B. Orange, Weinrot, Karminrot zur Klasse "Rot" usw. Durch die von uns eingeführte Abbildung f: $E \rightarrow G$ erreichen wir außerdem, daß die Größenfolge S: $1<2<3$ die Rangfolge der 3 Farben im Spektrum, d.h eine Relation S zwischen den 3 Farben, widerspiegelt. Daher handelt es sich bei diesem Beispiel um eine Abbildung von 2 Relationen (K und S) in die Zahlen, nämlich einer Klasseneinteilung K *und* einer Rangfolge S von Farben. f stellt somit einen Homomorphismus dar, der im Bereich der Meßtheorie auch *Repräsentation* genannt wird.

Definition: Das *Messen* stellt einen Homomorphismus einer Struktur *A* in die Struktur der reellen Zahlen *R* dar.

Im Folgenden werden die wichtigsten Skalen von der einfachsten bis zur reichhaltigsten dargestellt. Die "höheren", d.h. reichhaltigeren Skalen übernehmen dabei grundsätzlich die Eigenschaften der "tieferen" Skalen. Sind umgekehrt bei einer Datenstruktur die Bedingungen für ein bestimmtes angenommenes Skalenniveau nicht erfüllt, dann sind sie auch für alle "höheren" für diese Daten angenommenen Skalenniveaus nicht erfüllt.

1.4.2 Skalen

Nominalskalen

Werden die Elemente einer Menge A in Klassen partitioniert und diese Klassen z.B. durch eine Nummerierung injektiv in die Zahlen ***R*** abgebildet, dann entspricht dies einer *Nominalskala*. Da die Klassen dieser Partitionierung auch 1-elementig sein können, stellt z.B. auch jede injektive Abbildung der einzelnen Elemente einer Menge A in die Zahlen $\boldsymbol{R}$ eine Nominalskala dar, z.B. die Nummerierung von Farben durch Zahlen, die Benennung von Würfelflächen durch die Zahlen 1 bis 6 oder die Zuordnung von Paßnummern zu Personen. Die Existenz einer Nominalskala erfordert demnach eine eindeutigen "Benennbarkeit" von Elementen. Wir sprechen daher auch dann schon von einer Nominalskala, wenn eindeutig definierte Elemente vorliegen und durch beliebige Namen benannt oder klassifiziert werden. Eine Nominalskala ist dann nicht gegeben, wenn Klasseneinteilungen oder aber Einzelidentifikationen von Elementen nicht oder nur ungenau möglich sind, wenn wie z.B. bei schwierigen Diagnosen von bestimmten Krankheiten die Zuordnungen von Patienten zu Krankheiten mehrdeutig sind. Das eindeutig reproduzierbare *Registrieren* von Ereignissen bzw. von *Sachverhalten* ist dagegen bereits ein Meßvorgang mindestens auf Nominalskalenniveau.

Rangskalen (Ordinalskalen)

Die Klassen einer Nominalskala können nach einem beliebigen Prinzip in eine Rangfolge gebracht werden, so daß die Klassen durch eine Zahlenreihenfolge nummeriert werden. Als Beispiel einer Partition mit teilweise mehrelementigen Klassen kann man die Warteschlange vor einem Schalter betrachten, wobei an einzelnen Stellen der Rangreihe sich mehrere Personen einen Rangplatz teilen können. Das obige Farbbeispiel entspricht dagegen einer Klassenreihenfolge mit je *einem* Element pro Klasse. Berücksichtigt man jedoch, daß es bei beliebig feiner Unterscheidung von Wellenlängen unendlich viele Arten von Rot, Blau usw. gibt, dann kann das obige Beispiel auch als geordnete Partition unendlich vieler Farben aufgefaßt werden, wobei auch innerhalb jeder Klasse unendlich viele Farben liegen.
Enthält mindestens eine der geordneten Klassen mehrere Elemente, dann spricht man von einer *schwachen Ordnung*. Zwischen den Elementen der Ordnung besteht dann die 2-stellige Relation $\leq$. Gibt es pro Rangplatz nur *ein* Element, dann spricht man von einer *starken Ordnung* mit der 2-stelligen Relation $<$. Entspricht die Ordnung den rationalen Zahlen (Brüchen) oder hat sie sogar überabzählbar viele Elemente wie z.B. die reelle Zahlengerade, dann spricht man von einer *dichten Ordnung*. Eine dichte Ordnung ist dadurch gekennzeichnet, daß man zwischen je zwei Werte einen dritten Wert interpolieren kann. Dies gilt bekanntlich schon für die rationalen Zahlen.

Intervallskalen

Besteht zwischen den Elementen einer Skala eine eindimensionale Metrik, dann existieren Distanzen (Intervalle) zwischen den Elementen, und wir sprechen von einer *Intervallskala.*

Definition: Eine *Metrik* über einer Menge A wird als zweistellige Relation mit folgenden Eigenschaften definiert: a) jedes Paar $(a_i,a_j) \in A \times A$ werde auf eine nicht negative Zahl $d_{ij} \in \boldsymbol{R}^+$ abgebildet, b) $d_{ij}=d_{ji}$ (Symmetrie) für alle Paare (i,j), c) $d_{ii}=0$ (für alle i) d) $d_{ij}+d_{jk} \geq d_{ik}$ (*Dreiecksungleichung* für alle (i,j,k)). Eine *eindimensionale Metrik*, d.h. eine Intervallskala, ist dann gegeben, wenn Bedingung d) in den Sonderfall $d_{ij}+d_{jk}=d_{ik}$ übergeht.

Innerhalb der Intervallskalen unterscheidet man zwischen Skalen *ohne* Nullpunkt und *ohne* feste Einheit, Skalen *mit* Nullpunkt und *ohne* feste Einheit (*Verhältnisskalen*) und Skalen *mit* Nullpunkt und *mit* fester Einheit (*Absolutskalen*). Intervallskalen *ohne Nullpunkt* bzw. mit beliebig definierbarem Nullpunkt sind z.B. die Temperaturskala oder die IQ-Skalen der Intelligenztests. Der Nullpunkt der Celsiusskala wurde z.B. gleich der Gefriertemperatur gesetzt, der 273° über dem "absoluten Nullpunkt" der Weltraumtemperatur liegt. Verhältnisskalen sind dagegen z.B. die c-g-s-Systeme (cm, gramm, sec.). Beispiele für Absolutskalen sind Anzahlen von Objekten, Häufigkeiten und Wahrscheinlichkeiten.

1.4.3 Erlaubte Transformationen

Alle Skalen können auf für sie typische Arten transformiert werden, wobei jeweils bestimmte für sie ebenfalls typische Relationen *invariant* bleiben:

1) *Nominalskalen* können durch Umbenennungen in andere Nominalskalen transformiert werden, sofern diese Umbenennungen *umkehrbar eindeutig* bzw. *bijektiv* sind. Invariant bleibt die gegebene *Klasseneinteilung.*

2) *Rangskalen* oder Rangfolgen, z.B. die geordneten Elemente 1, 2, 3, können bijektiv in andere Rangfolgen, z.B. 1.2, 5, 27 transformiert werden, solange die paarweisen Beziehungen > bzw. ≥ erhalten bleiben, d.h. die *Rangplätze,* wie im obigen Beispiel: (1 → 1.2), (2 → 5) und (3 → 27). Transformationen, unter denen die Relation > invariant bleibt, heißen *streng monoton steigend.* Transformationen, unter denen die Relation ≥ ("größer oder gleich") invariant bleibt, heißen *monoton steigend*, z.B. (2 → 5), (3 → 5), (4 → 6).

3) *Intervallskalen ohne Nullpunkt* können *positiv linear*, d.h. durch $y=ax+b$ $(a>0)$ transformiert werden. Unter diesen Transformationen bleiben die *Verhältnisse der Intervalle* zwischen Punktpaaren invariant. Wir zeigen dies an zwei Intervallen x_2-x_1 und x_4-x_3, mit deren Begrenzungen vier x-Werte gegeben sind. Transformiert man diese x-Werte positiv linear in entsprechende y-Werte, dann bleibt das folgende Intervallverhältnis Q invariant, da sich a und b, wie man überprüfen kann, wegkürzen:

$$Q = \frac{x_2 - x_1}{x_4 - x_3} = \frac{ax_2+b - (ax_1+b)}{ax_4+b - (ax_3+b)} = \frac{y_2 - y_1}{y_4 - y_3} = \text{const.}$$

Die Transformationen müssen positiv $(a>0)$ sein, da bei $a<0$ eine Vertauschung der Rangfolge aller Werte eintritt, d.h. die Relation < in die Relation > verwandelt wird, und bei $a=0$ wegen des resultierenden $y=0$ jede Rangfolge sogar verloren geht.
Die positive lineare Transformation $ax+b$ $(a>0)$ besteht aus einer Skalen-Verschiebung (*Translation*) b nach rechts $(b>0)$ oder links $(b<0)$ und einer Multiplikation mit a, d.h. einer *Maßstabs-* oder *Ähnlichkeitstransformation*, unter der z.B. cm in mm, Sekunden in Stunden usw. (oder in umgekehrter Richtung) umgewandelt werden.

3a) *Verhältnisskalen:* Während bei Intervallskalen ohne Nullpunkt die *additive Konstante* b der oben angegebenen Transformation $ax+b$ beliebig ist, muß sie bei Intervallskalen *mit Nullpunkt*, bei den Verhältnisskalen, gleich 0 sein. Bei letzteren Skalen, wie z.B. bei Strecken, Gewichten oder Zeiten, sind daher nur die Transformation $y=ax$ $(a>0)$ zulässig (*Maßstabstransformationen, Ähnlichkeitstrans-*

formationen) Invariant bleiben hier nicht nur die *Verhältnisse zwischen Intervallen*, sondern zusätzlich die *Verhältnisse zwischen Skalenwerten:*

$$Q = x_1/x_2 = (ax_1)/(ax_2) = y_1/y_2 = \text{const.}$$

3b) *Absolutskalen:* Bei diesen Intervallskalen, die einen Nullpunkt und eine feste Einheit besitzen, wie z.B. Häufigkeiten und Wahrscheinlichkeiten, sind auch Maßstabstransformationen unzulässig. Die erlaubte Transformation ist nur die *Identitätstransformation* $y=x$. Invariant bleiben hier *alle Relationen*.

Mit aufsteigender Skalenhöhe (von der Nominal- zur Absolutskala) nimmt die strukturelle Reichhaltigkeit der erlaubten Transformationen ab, die Invarianzen unter diesen Transformationen nehmen dementsprechend zu. Da die höheren Skalen in der behandelten Reihenfolge jeweils die Invarianzen aller tieferen Skalen enthalten, kann man jede Intervallskala als Rangskala oder gar als Nominalskala behandeln, aber nicht umgekehrt.

Entscheidet man zur Interpretation vorliegender Daten zwischen einem der obigen Skalenmodelle, dann muß man Folgendes abwägen: Bei der Wahl einer tieferen Skala kann man durch Verzicht auf einige noch nicht geprüfte (eventuell nicht prüfbare) Bedingungen der Skala einerseits zwar eine höhere Stabilität der Ergebnisse erwarten, andererseits verzichtet man möglicherweise unnötig auf in den Daten enthaltene Information.

Die erlaubten Transformationen stellen Homomorphismen innerhalb der Struktur der reellen Zahlen ***R*** dar, d.h. Endomorphismen. Geht man von einer endlichen Anzahl skalierter Daten aus, die durch den Homomorphismus des Messens in ***R*** abgebildet wurden, dann stellt jede Transformation innerhalb von ***R*** einen *partiellen Endomorphismus* dar, da das Urbild der Abbildung nur eine Teilmenge von ***R*** ist.

Die *erlaubten Transformationen* und die *invarianten Relationen* der Skalen lauten zusammengefaßt:

Skalen	**Transformationen**	**Invariante Relationen**
Nominalskala	bijektive Abbildungen	Klassen
Ordinalskala	monot. steigende Abb.	Ränge
Allgemeine Intervallskala	$y=ax+b \ (a>0)$	Verhältnisse von Differenzen
Intervallskala mit Nullpunkt	$y=ax \ (a>0)$	Verhältnisse
Absolutskala	$y=x$	alle Relationen

1.4.4 Sinnvolle Relationen

Zusätzlich zu den oben angegebenen invarianten Relationen können wir weitere Relationen bzw. Operationen (Kennwerte, Koeffizienten) an gegebenen Skalenwerten berechnen, z.B. Summen, Differenzen, Mittelwerte usw. Einige dieser Werte sind "sinnvoll" *(meaningful)*, andere dagegen nicht. Gegeben seien z.B. die Fachsemesteranzahlen $\{6,8\} \subset S$ zweier Studenten, deren Semester-Skala durch folgende gestrichelte Linie dargestellt sei:

$x \in S$: 0-----6-8-------- (Semester S)
Summe: 14
Differenz: 2
Mittel: 7

Hier liegt eine Intervallskala S: $y=ax+b$ vor, deren Einheit a wir als invariant ansehen können. Wir relativieren jedoch ihren Nullpunkt, indem wir uns nur für die Fachsemester im zweiten Studienabschnitt interessieren, also z.B. nach dem 4. Semester. Wir erhalten so eine Verschiebung des Nullpunktes um +4 bzw. die Verschiebekonstante $b=-4$. Nach der entsprechend erforderlichen Transformation der Skalenwerte $y=x-4$ lautet das neue Wertepaar (6-4,8-4) = (2,4) mit dem neuen Nullpunkt $0'=0+4$. Dies läßt sich folgendermaßen darstellen:

$y \in S'$: (−4)----0'-2-4------- (Semester S')
Summe: 6
Differenz: 2
Mittel: 3

Die Summe $6+8=14$ bzw. $2+4=6$ ist unter diesen Skalenbedingungen schon rein intuitiv eine "sinnlose" Operation: Sie ist weder invariant noch rücktransformierbar, denn die Rücktransformation $y+4=6+4$ ergibt 10 (statt wie vorher 14). Die Differenz ist dagegen invariant gleich 2 und damit sinnvoll. Das Gleiche gilt für den Mittelwert, der nach der Rücktransformation $y+4=3+4$ wieder gleich 7 wird. Wir können aus dieser Überlegung folgende Regel ableiten:

Definition: Gegeben seien zwei Skalen S und $S'=m(S)$ bzw. $S=m^{-1}(S')$, wobei $m \in M$ eine der erlaubten Transformationen M des jeweiligen Skalentyps von S sei. Relationen (in unserem Falle Koeffizienten bzw. Funktionen oder Operationen) $f(x_1,...,x_n)$, sind sinnvoll *(meaningful)*, wenn sie
a) invariant unter jeder der erlaubten Skalentransformationen $m \in M$ sind oder
b) wenn ihre unter S und unter S' berechneten Werte $f(x_1,...,x_n)$ bzw. $f(m(x_1),...,m(x_n))$ im Falle fehlender Invarianz sich im Sinne der erlaubten Transformationen umkehrbar eindeutig (bzw. im Sinne eines algebraischen Homomorphismus, siehe oben) mittransformieren. Zusammengefaßt:

a) $f(x_1,...x_n) = f(m(x_1),...,m(x_n))$ oder
b) $m(f(x_1,...x_n)) = f(m(x_1),...,m(x_n))$
$f(x_1,...,x_n) = m^{-1}(f(m(x_1),...,m(x_n)))$.

Die invarianten Relationen einer Skala sind daher eine Teilmenge der sinnvollen Relationen. Allgemeinere Darstellungen zum Thema *meaningfulness* von Relationen innerhalb der Skalen findet man bei Pfanzagl (1971) und bei Krantz, Luce, Suppes, Tversky (Band I bis III, 1971, 1998, 1990).

Faßt man die wichtigsten sinnvollen Relationen (bzw. Operationen) der Skalen zusammen, so muß man berücksichtigen, daß die höheren Skalen jeweils die sinnvollen Relationen der tieferen (einfacheren) Skalen übernehmen:

Skalen	**sinnvolle Relationen (Operationen)**
Nominalskala	: Modalwerte
Ordinalskala	: Quantile (Median, Quartile usw.)
allgemeine Intervallskala $y=ax+b$ $(a>0)$	: Mittelwerte, Streuungen, Differenzen
Intervallskala mit Nullpunkt $y=ax$ $(a>0)$	: Summen
Absolutskala $y=x$	: alle Operationen und alle Relationen

Die Zusammenstellung enthält somit überwiegend die später noch zu behandelnden statistisch sinnvollen Relationen. Bei der Nominalskala wird besonders deutlich, daß man wie bei den höheren Skalen zwischen dem jeweiligen Skalenwert und seiner auf Absolutskalenniveau meßbaren Häufigkeit in einem bestimmten Zusammenhang bzw. in einem Experiment unterscheiden muß, so z.B. wenn man die Häufigkeit (absolut) einer bestimmten Farbe (nominal) in einem Bild oder die Häufigkeit des Intelligenzquotienten 110 (intervall) in einer Studentengruppe auszählt.
Erweitert man den Begriff der sinnvollen Relation auf alle Relationen, die durch die erlaubten Transformationen homomorph (partiell endomorph) mitabgebildet werden, also z.B. auch auf nichtlineare Homomorphismen, so kann man bei der allgemeinen Intervallskala z.B. auch die Varianzen als sinnvolle Relationen ansehen, da sie bei Translationen invariant bleiben und bei Maßstabsänderungen mit a umkehrbar eindeutig mit a^2 mittransformiert werden. Umkehrbare Homomorphismen, die als Folge des Meßhomomorphismus zusätzlich entstehen, heißen bei Pfanzagl *enrichments* (Pfanzagl (1971), S. 34).

Kapitel II. Wahrscheinlichkeitsalgebra

Für die Wahrscheinlichkeitsrechnung wird zunächst eine selbständige *Ereignisalgebra* entwickelt und danach auf dieser eine *Wahrscheinlichkeitsalgebra* definiert. Die Ereignisalgebra wird dadurch eingeführt, daß man den Mengenbegriff auf Ereignismengen anwendet. Ereignismengen bestehen entsprechend aus "Elementarereignissen". Die Definitionen von Ereignismengen erfolgen (bis auf bestimmte Ausnahmen bei speziellen Wahrscheinlichkeitsverteilungen) durch Versuchsschemata. Selbst die leere Menge erhält dann eine Interpretation: Sie repräsentiert die im Rahmen eines gegebenen Versuchsschemas unmöglichen Ereignisse.

In der folgenden Einführung der Wahrscheinlichkeitsalgebra nach Renyi(1973), Fisz(1976) u.a. werden gleichzeitig mehrere methodisch bedeutsame Entwicklungen exemplarisch dargestellt. So wird anhand der Einführung der Wahrscheinlichkeitstheorie gezeigt, wie aus wenigen Grundannahmen *(Axiomen)* systematisch eine bestimmte *Theorie* als eine Menge von Folgerungen *(Theoremen)* entwickelt (hergeleitet) wird. Die *Struktur*, auf die die Theorie angewendet wird bzw. das *Modell* zu dieser Theorie stellt die Wahrscheinlichkeitsalgebra dar (vgl. Teil 1.2.3). Gleichzeitig wird gezeigt, wie aus rein mengentheoretischen Axiomen mittels etwa sieben Theoremen numerische Relationen und sogar Wahrscheinlichkeiten als reelle Zahlen herleitbar sind, obwohl in der Axiomatik als einzige Zahl nur die 1 auftaucht.

Erläuterung: Schema der Entwicklung der Wahrscheinlichkeitsalgebra aus der Mengenlehre:

Ereignistheorie (Modell: Ereignisalgebra)

Einführung (nichtnumerischer) Axiome I-VII über Ereignismengen.

↓

Wahrscheinlichkeitstheorie (Modell: Wahrscheinlichkeitsalgebra)

1. Axiome der Abbildung der Ereignisse in das reelle Intervall [0,1]

Kolmogorovsche Axiome I-V → Definition der Wahrscheinlichkeit P=1.

↓

2. Theoreme der Wahrscheinlichkeitstheorie

a) Herleitung der Wahrscheinlichkeit P=0.

b) Herleitung einer Regel bzw. eines Versuchsschemas zur Einführung aller rationalen Wahrscheinlichkeiten aus dem Interval [0,1] als Quotienten ganzer Zahlen:
Wahrscheinlichkeit P = (Anzahl der "günstigen" Ereignisse)/(Anzahl der möglichen Ereignisse).

(Die Einführung von nicht rationalen reellen Wahrscheinlichkeiten erfolgt später mittels des Begriffs der *Dichte*, so z.B. durch Versuchsschemata mit folgenden Quotienten:
P = ("günstige" Fläche)/(mögliche Fläche)).

c) Herleitung der vier Grundrechenarten für Wahrscheinlichkeiten in folgender Reihenfolge:
1. Addition von Wahrscheinlichkeiten
2. Subtraktion von Wahrscheinlichkeiten
3. Zwischenschritt: Division von Häufigkeiten
4. Division von Wahrscheinlichkeiten → bedingte Wahrscheinlichkeiten
5. Multiplikation von Wahrscheinlichkeiten → Begriff der Unabhängigkeit
→ Unterscheidung zwischen abhängigen und unabhängigen Ereignissen
→ "Umkehrung" bedingter Wahrscheinlichkeiten: Bayessches Schließen.

Die Stringenz der Herleitungen der Theoreme aus den anfänglichen Axiomen wird auch dadurch deutlich, daß selbst die Tatsache, daß unmögliche Ereignisse eine Wahrscheinlichkeit von 0 besitzen, nicht aus einer Intuition ad hoc begründet wird, sondern aus der Axiomatik der Theorie hergeleitet wird.
Die Ableitung der Theoreme zeigt darüber hinaus, daß scheinbar relativ globale oder "abstrakte" Aussagen, wie z.B. die *Kolmogoroffschen* Axiome, eine erhebliche "Stärke" bzw. weitreichende Folgen haben können und hier in der Folge zu präzisen numerischen Aussagen über die Wahrscheinlichkeiten von Ereignissen innerhalb fast aller denkbaren Versuchsschemata führen.
Schließlich ist die Entwicklung numerischer Wahrscheinlichkeiten auch aus der Sicht der vor allem im Rahmen der Psychologie entwickelten mathematischen Meßtheorie interessant. Es wird gezeigt, wie aus konkreten Versuchsanordnungen schließlich eindeutig reelle Zahlen entstehen und nicht ad hoc als willkürliche Skalenwerte den Ereignissen zugewiesen werden. Aufgabenstellungen dieser Art stellt sich gerade die Meßtheorie im Rahmen der Probleme der *Fundierung* des Messens. Ansätze zur Skalierung bzw. zum Entwickeln von Skalen für objetive Wahrscheinlichkeiten in geeigneten psychologischen Experimenten, findet man z.B. bei Krantz, Luce et al. (Band, II, (1998)) sowie bei Narens, L. (1974, 1985).

2.1 Algebra der Ereignisse

Die Darstellung von Ereignissen durch Mengen sei am Beispiel der Menge der möglichen Ergebnisse eines einzelnen Würfelvorgangs verdeutlicht:
Das *Versuchsschema* sei das einmalige Würfeln eines idealen Würfels. Die Menge der *Elementarereignisse* besteht dann aus den möglichen Ergebnissen

$E = \{1,2,3,4,5,6\}.$

Es gibt jedoch z.B. auch das Ergebnis "gerade Zahl". Dieses Ergebnis umfaßt die Menge der Elementarereignisse {2,4,6}. Somit wird ein mögliches Ereignis auch durch eine Teilmenge aus E repäsentiert. Auch das Ergebnis "ungerade Zahl" = {1,3,5} stellt eine Teilmenge aus E dar. Alle Teilmengen aus E können als Ergebnisse oder Ereignisse betrachtet werden, so auch die namenlosen Teilmengen, die nur durch Aufzählen ihrer Elemente definiert sind: Die Teilmenge {1,2,4,6} entspricht z.B dem Ereignis, bei einmaligen Würfeln "eine 1 oder eine 2 oder eine 4 oder eine 6" zu erhalten. Ereignisse können wie Teilmengen einander enthalten, z.B. enthält das Ereignis "gerade Zahl" das Würfelergebnis "4 oder 6". Sie können wie alle Mengen Vereinigungs- oder Schnittmengen bilden, es kann ihr Komplement gebildet werden usw.

Beispiel: Beim Würfelschema gilt:

{"ungerade Zahl" oder "sechs"} = {"ungerade Zahl"} $\cup$ {6} ={1,3,5,6}.

Dies läßt sich in folgendem System von Definitionen bzw. Regeln zu einer Algebra der Ereignisse zusammenfassen:

2.1.1 Axiome der Ereignisalgebra

I. Die Menge aller *(zufälligen) Ereignisse* eines Versuchsschemas entspricht der Menge aller Teilmengen aus der Menge der Elementarereignisse E, d.h. der Potenzmenge $\mathcal{P}$ (E).
II. Die 1-elementigen Teilmengen heißen *Elementarereignisse*.
III. Die mehr-elementigen Teilmengen heißen *zusammengesetzte Ereignisse.*
IV. Die Menge E, die wegen E $\subset$ E (siehe oben) gleichzeitig auch Teilmenge von E ist, repäsentiert das *sichere Ereignis*. (Es ist "sicher", daß beim Würfeln mindestens eines der Elemente aus E eintritt).
V. Die null-elementige leere Menge $\emptyset$ repäsentiert das *unmögliche Ereignis* (es ist "unmöglich", daß beim Würfeln kein Ereignis aus E eintritt, z.B. die 7).
VI. Operationen (und Relationen) entsprechen denjenigen der Mengenlehre, siehe oben.
VII. Für unendliche Mengen benötigen wir noch folgendes Zusatzaxiom:
Wenn A_i $(i=1,2,...\infty)$ Teilmengen aus E sind, dann gilt dies auch für ihre Vereinigung:

$$\bigcup_{i=1}^{\infty} A_i \subset E.$$

Ergänzung: Aufgrund des letzten Axioms VII. stellt die so definierte Ereignis-Algebra eine *σ-Algebra* oder *Borelsche Algebra* dar.

Aus diesen Axiomen einer Algebra lassen sich folgende Theoreme für Ereignisse (Teilmengen) ableiten:

1) $\overline{E} = \emptyset$ und $\overline{\emptyset} = E$;

2) Wenn A und B Ereignisse aus E sind, dann sind auch die Ergebnisse der Operationen $\overline{A}$, $\overline{B}$, $A \cup B$, $A \cap B$, $A-B$, $B-A$ Ereignisse aus E.

Beispiele und Erläuterungen

Als Beispiel für ein Schema mit *abzählbar unendlich* vielen Elementarereignissen kann man die "Menge der Versuche bis zum ersten Gewinn bei einem Lottospiel" wählen. Die Anzahl der vergeblichen Versuche kann gleich 0 bis theoretisch unendlich sein. Eine Teilmenge hieraus wäre z.B. das aus 100 Elementarereignissen bestehende Ereignis, "bis spätestens beim 100sten Versuch" zu gewinnen.
Als Beispiel für ein *überabzählbar unendliches Schema* kann man sich eine Zielscheibe aus konzentrischen Kreisen vorstellen, auf die ein Pfeil geschossen wird. Dabei beschränkt man sich zur Vereinfachung auf die Fälle, in denen zumindest die Scheibe getroffen wird. Alle Punkte der Scheibe bilden dann die Menge E. Sieht man die Spitze des Pfeils als einen Punkt ohne Ausdehnung an, dann bietet die Zielscheibe überabzählbar viele Zielpunkte (Elementarereignisse). Anschauliche Beispiele für Teilmengen wären Flächen innerhalb der für eine Zielscheibe typischen konzentrischen Ringe.
Man kann leicht überprüfen, daß die Axiome der Ereignisalgebra auch für eine endliche Menge E mit nur zwei Elementarereignissen gelten, z.B. auf die Ergebnisse eines binären Items aus einem Fragebogen- oder einem Leistungstest:

E = {ja, nein} bzw. E = {richtig, falsch} oder E = {+,-} oder E = {1,0}.

Die Potenzmenge entspricht dann z.B. für die Darstellung E={+,-} der Menge

$$\mathscr{P}(E) = \{\emptyset, \{+\}, \{-\}, \{+,-\}\}.$$

Die Ereignisse + und - repräsentieren demnach die gemäß Test-Instruktion zulässigen Antworten + bzw. -. Das Ereignis $\emptyset$ wäre das nach Test-Instruktion unzulässige bzw. "unmögliche" Ereignis "keine oder irrelevante Antwort". Das Ereignis E={+,-} entspräche dem nach Test-Instruktion "sicheren Ereignis", d.h. einer "relevanten Antwort". Dieses Beispiel verdeutlicht stärker als das Würfelschema die definitorischen Freiheiten bei der Bildung der Axiome. Sind in einem realen Test irrelevante Antworten der Versuchsperson trotz adäquater Test-Instruktion nicht zu vermeiden (nicht "unmöglich"), dann kann man die Antworten z.B. auch durch eine 3-elementige Algebra mit E = {+,0,-} repräsentieren.
Das letzte Beispiel verdeutlicht, daß diese Axiome auch dann auf ein Würfelschema anwendbar sind, wenn man allein die Ergebnisse "gerade Zahl" und "ungerade Zahl" als Elementarereignisse definiert. Eine gegebene Menge von Elementarereignissen kann demnach auf unterschiedliche Art zu einer neuen Menge von Elementarereignissen zusammengefaßt werden, wenn nur die oberen Axiome ihre Gültigkeit behalten. Dies ist im allgemeinen dann gesichert, wenn die neue Einteilung eine Partition (siehe oben) der ursprünglichen Elementarereignisse darstellt. Anschaulich wird dies auch am Beispiel der Zielscheibe, die man auf unendlich viele Arten in sich nicht überlappende Teilflächen zerlegen kann, so daß deren Vereinigung die Scheibe "überdeckt". Das Treffen einer Fläche aus der Menge dieser Teilflächen wird dann selbst zu einem neuen Elementarereignis.

2.1.2 Kombinatorische Überlegungen

Die Mächtigkeit $\mathscr{P}(E)$ einer Menge E schreibt man auch im Falle unendlicher Mengen

$$2^{|E|}.$$

Dies entspricht im endlichen Fall der *Anzahl* der Untermengen.
Weiter gelten folgende kombinatorischen Beziehungen: Im Falle des Würfels umfaßt die Potenzmenge $2^6=64$ Ereignisse, und zwar

$\binom{6}{0} = 1$ (ein 0-elementiges Ereignis: $\emptyset$),

$\binom{6}{1} = 6$ (sechs 1-elementige Ereignisse: {1} , {2} , ... , {6}),

$\binom{6}{2} = \frac{6 \cdot 5}{2} = 15$ (2-elementige Ereignisse: {1,2} , { 1,3} , ... , {2,3} , {2,4} , ... , {5,6}),

. . . .

$\binom{6}{6} = 1$ (ein 6-elementiges Ereignis: {1,2,3,4,5,6}).

Zur Vereinfachung können in der Wahrscheinlichkeitsrechnung die 1-elementigen

Mengen {1} usw. mit Elementarereignissen gleichgesetzt und daher ohne Klammern geschrieben werden.

2.2 Axiomatik der Wahrscheinlichkeiten

Die Zuordnung von Wahrscheinlichkeiten zu Ereignissen geschieht nach folgenden, von Kolmogorov um 1933 entwickelten Axiomen:
Gegeben sei ein Versuchsschema, durch welches eine Menge E möglicher Elementarereignisse und eine entsprechende Ereignisalgebra definiert wird.

I. Jedem Ereignis A aus E wird eine Zahl P(A) zugeordnet, wobei $0 \leq P(A) \leq 1$.
II. Die Wahrscheinlichkeit des sicheren Ereignisses E ist gleich 1.
III. Die Wahrscheinlichkeit eines zufälligen Ereignisses, welches aus einer Vereinigung (endlich oder abzählbar vieler) zufälliger paarweise disjunkter Ereignisse $A_1 \cup A_2 \cup \ldots$ besteht, ist gleich der Summe der Wahrscheinlichkeiten dieser Ereignisse $P(A_1) + P(A_2) + \ldots$, d.h.

$$P(A_1 \cup A_2 \cup \ldots) = P(A_1) + P(A_2) + \ldots$$

Aus diesen Axiomen läßt sich die Wahrscheinlichkeitsrechnung entwickeln. Es lassen sich numerische Wahrscheinlichkeiten für bestimmte Ereignisse herleiten und Regeln für die Anwendung der vier Grundrechenarten +, −, · und / für eine Algebra der Wahrscheinlichkeiten herleiten.
Im Folgenden kürzen wir in eindeutigen Fällen die "Wahrscheinlichkeit" auch durch WS ab und den entsprechenden Plural durch WSS.

Es folgen nun sieben Theoreme, die u.a. die Wahrscheinlichkeit 0, die Ordnungsrelation ≤ zwischen Wahrscheinlichkeiten sowie die Subtraktion − zwischen Wahrscheinlichkeiten einführen. Die Theoreme 1.6 und 1.7 ermöglichen die numerische Bestimmung von Wahrscheinlichkeiten einzelner Ereignisse.
Die Beweise der Theoreme sind als Übungen des vorangehenden Stoffes geeignet:

Theorem 2.1. Die Summe der Wahrscheinlichkeiten zweier zueinander komplementärer Ereignisse A und $\overline{A}$ ist gleich 1:

$$P(A) + P(\overline{A}) = 1.$$

Beweis:
1. $A \cap \overline{A} = \emptyset$ (Disjunktheit),
2. $A \cup \overline{A} = E$ (Komplementarität),
3. $P(A \cup \overline{A}) = P(E) = 1$ (aus 2. und Axiom I und II),
4. $P(A \cup \overline{A}) = P(A) + P(\overline{A}) = 1$ (Axiom III).

Beispiel: Die Wahrscheinlichkeit, daß es regnet **oder** daß es nicht regnet, ist gleich 1 ("sicher").

Theorem 2.2. Die Wahrscheinlichkeit des unmöglichen Ereignisses ist gleich 0:

$P(\emptyset) = 0$

Beweis:
1. $E \cap \emptyset = \emptyset$ und $E \cup \emptyset = E$ (Eigenschaften von $\emptyset$),
2. $P(E \cup \emptyset) = P(E) = 1$ (Axiom II),
3. $P(E) + P(\emptyset) = P(E)$ (Axiom III),
4. $P(\emptyset) = 0$ (aus 2., da $P(E) = 1$ nach Axiom II).

Beispiel: Die Wahrscheinlichkeit, daß man bei einmaligem Würfeln eine 7 (oder eine 0 oder eine 8 oder eine Zahl > 6) würfelt, ist gleich 0.

Theorem 2.3. Die Inklusionsrelation zwischen zwei Ereignissen induziert eine Ordnungsrelation zwischen deren Wahrscheinlichkeiten:

Aus $B \subseteq A$ folgt $P(B) \leq P(A)$

Beweis:
1. $A = B \cup (A - B) = B \cup (A \cap \overline{B})$ (Voraussetzung),
2. $P(A) = P(B) + P(A \cap \overline{B})$ (Axiom III),
3. $P(A) \geq P(B)$ (aus 2.).

Beispiel: Das Ereignis, eine 6 zu würfeln (B), ist mengentheoretisch enthalten in dem Ereignis, eine gerade Zahl zu würfeln (A). Daher ist P(gerade Zahl) $\geq$ P(6).

Theorem 2.3a. Die Wahrscheinlichkeit, daß **A und nicht B** eintritt, ist

$P(A-B) = P(A) - P(A \cap B)$

Beweis:
1. $P(A) = P((A - A \cap B) \cup A \cap B) = P(A - A \cap B) + P(A \cap B)$ (Axiom III),
2. $P(A-B) = P(A - A \cap B) = P(A) - P(A \cap B)$ (Umstellung von 1.).

Theorem 2.4. Die Wahrscheinlichkeit eines Ereignisses, welches aus der Vereinigung zweier Ereignisse A,B besteht, ist

$P(A \cup B) = P(A) + P(B) - P(A \cap B)$.

Beweis:

1. Schritt: allgemeine mengentheoretische Beziehungen:
   a) $(A \cap B) \cup (A \cap \overline{B}) = A$, b) $(A \cap B)$, $(\overline{A} \cap B)$, $(A \cap \overline{B})$ sind paarweise disjunkt,
   c) $A \cup B = (A \cap B) \cup (\overline{A} \cap B) \cup (A \cap \overline{B})$.
2. Schritt: Anwendungen von Axiom III :
   α) $P(A) = P(A \cap B) + P(A \cap \overline{B})$ (aus a),
   β) $P(B) = P(A \cap B) + P(\overline{A} \cap B)$ (aus a),
   γ) $P(A \cup B) = P(A \cap B) + P(\overline{A} \cap B) + P(A \cap \overline{B})$ (aus b und c),

$$= \underbrace{P(A \cap B) + P(\overline{A} \cap B)}_{P(B)} + \underbrace{P(A \cap \overline{B}) + P(A \cap B)}_{P(A)} - P(A \cap B),$$

$$= P(B) + P(A) - P(A \cap B).$$

Beispiel: Die Wahrscheinlichkeit, daß es regnet (A) *oder* stürmt (B) (d.h. daß mindestens eines dieser Ereignisse eintritt), ist gleich $P(A) + P(B) - P(A \cap B)$.

Theorem 2.4 enthält als Spezialfall das Axiom III genau dann, wenn $P(A \cap B) = 0$. Aus

Theorem 2.4 folgt durch einfache Umstellung:

Theorem 2.5. Für die Schnittmenge zweier Ereignisse gilt:

$P(A \cap B) = P(A) + P(B) - P(A \cup B).$

2 Theoreme zur Herleitung numerischer Wahrscheinlichkeiten als Quotienten

Theorem 2.6. Gegeben sei eine Partition von E in n gleichwahrscheinliche disjunkte Ereignisse A_i mit $P(A_i) = P(A)$ $(i=1,n)$. Die Wahrscheinlichkeit P(A) jedes einzelnen Ereignisses ist dann gleich 1/n.

Beweis: 1. $E = A_1 \cup A_2 \cup \ldots \cup A_n$ und wegen Axiom III:

$P(E) = P(A_1) + P(A_2) + \ldots + P(A_n) = 1.$

2. Aus der Voraussetzung $P(A) = P(A_1) = P(A_2) = \ldots = P(A_n)$ folgt

$n \cdot P(A) = P(E) = 1$ und daraus durch Umstellung: $P(A) = 1/n$.

Beispiel: Bei einem Würfel sind alle 6 Ergebnisse gleichwahrscheinlich. Die Wahrscheinlichkeit, eine bestimmte Zahl, z.B. die 2 zu würfeln, ist gleich 1/6.

Theorem 2.7. Gegeben sei eine Partition von E in n gleichwahrscheinliche Ereignisse A_i. Die Wahrscheinlichkeit der Vereinigung von m Ereignissen

$A_{i_1}, A_{i_2}, \ldots, A_{i_m}$ aus der Partition $\{A_1, A_2, \ldots, A_n\}$ ist gleich m/n:

$P(A_{i_1} \cup \ldots \cup A_{i_m}) = m/n.$

Beweis: Nach Axiom III und wegen der Gleichwahrscheinlichkeit gilt:

$P(A_{i_1} \cup \ldots \cup A_{i_m}) = P(A_{i_1}) + \ldots + P(A_{i_m}) = 1/n + \ldots + 1/n = m/n.$

Beispiel: Die Wahrscheinlichkeit, bei einmaligem Würfeln eine gerade Zahl zu erhalten, ist

$$P(2)+P(4)+P(6) = 3 \cdot (1/6) = 3/6 = 1/2.$$

Die letztere Regel begründet das bekannte Prinzip zur Bestimmung der Wahrscheinlichkeit eines Ereignisses als Quotient der Anzahl der im Sinne einer Definition des jeweiligen Ereignisses "günstigen" Fälle durch die Anzahl der möglichen Fälle, d.h. als Quotient zweier Beträge von Mengen A, B, für die gilt $A \subset B$:

$$\frac{\text{Anzahl der "günstigen" Fälle}}{\text{Anzahl der möglichen Fälle}} = \frac{|A|}{|B|}.$$

Wahrscheinlichkeiten, die nach diesem Quotienten berechnet werden, bezeichnet man auch als *relative Häufigkeiten.* Diese Regel gilt jedoch nur bei Gleichwahrscheinlichkeit aller Elemente in B, und falls n oder m nicht unendlich groß sind. Im obigen Zielscheiben-Beispiel gibt es dagegen ohne die Partitionierung der Fläche überabzählbar viele Ereignisse (zu treffende Punkte). Man kann zur Vereinfachung annehmen, daß alle Punkte E der Scheibe die gleiche Trefferwahrscheinlichkeit besitzen, dennoch kann man zur Bestimmung der Wahrscheinlichkeit, z.B. einen Ring dieser Scheibe zu treffen, wegen des dabei resultierenden Quotienten ∞/∞ nicht die

Punktzahl des Ringes durch die Punktzahl der Scheibe dividieren. Man kann aber die *Fläche* eines "günstigen" wohlumrandeten Bereiches $|A|$ durch die Fläche der Scheibe $|E|$ dividieren, um die Trefferwahrscheinlichkeit $p(A)=|A|/|E|$ dieses Bereiches zu errechnen.

2.3 Algebra der bedingten Wahrscheinlichkeiten

Nach der Einführung der Operationen + und - auf Wahrscheinlichkeiten werden zur Vervollständigung der Wahrscheinlichkeitsalgebra die Operationen · und / eingeführt. Dazu benötigen wir zunächst den Begriff des *bedingten Ereignisses.*

Beispiel: In dem obigen Zielscheiben-Schema wurde die vereinfachende Bedingung gewählt, daß bei jedem Versuch die Scheibe getroffen wird, so daß ihre Punkte das sichere Ereignis E bilden. Das Ereignis, einen Ring auf dieser Scheibe zu treffen, ist daher ein bedingtes Ereignis. Die Wahrscheinlichkeit, einen (flächigen) Ring dieser Scheibe zu treffen, ist somit genau die *bedingte Wahrscheinlichkeit*, geschrieben P(Ring|Scheibe), d.h. die Wahrscheinlichkeit, einen Ring zu treffen unter der Bedingung, daß man überhaupt die Scheibe trifft.

2.3.1 Bedingte Wahrscheinlichkeiten

Definition: Die Wahrscheinlichkeit des Ereignisses A unter der Bedingung, daß B eintritt, kann man aus $P(A \cap B)$ und $P(B)$ berechnen:

$$P(A|B) = \frac{P(A \cap B)}{P(B)} \tag{2.1}$$

Beispiele: Für ein endliches Schema mit gleichwahrscheinlichen Elementarereignissen läßt sich dieser Quotient wieder auf das Verhältnis von günstigen zu möglichen Fällen zurückführen: Gegeben seien die möglichen Würfelergebnisse:

E	=	sicheres Ereignis	=	{1,2,3,4,5,6}	$\|E\|$	=	6
A	=	"Zahl kleiner 6"	=	{1,2,3,4,5}	$\|A\|$	=	5
B	=	"gerade Zahl"	=	{2,4,6}	$\|B\|$	=	3
$A \cap B$	=	Schnittmenge	=	{2,4}	$\|A \cap B\|$	=	2

sowie die Wahrscheinlichkeiten:

$$P(A) = |A|/|E| = 5/6,\ P(B) = |B|/|E| = 3/6,\ P(A \cap B) = |A \cap B|/|E| = 2/6.$$

Angenommen, ein Würfelergebnis sei eingetreten. Wir bekommen mitgeteilt, es sei B={gerade Zahl}. Wie groß ist unter dieser Bedingung die Wahrscheinlichkeit $P(A|B)$, daß das Ereignis A={Zahl kleiner 6} vorliegt?
Das sicheres Ereignis ist in diesem Falle B. Nach der Regel der "Günstigen durch die Möglichen" (Theorem 2.7) erhält man als Quotienten ganzzahliger Häufigkeiten:

$$P(A|B) = \frac{|A \cap B|}{|B|} = \frac{2}{3} = \frac{|A \cap B| \;/\; |E|}{|B| \;/\; |E|} = \frac{2/6}{3/6} = \frac{P(A \cap B)}{P(B)} .$$

Dies zeigt, wie man von der bekannten Regel des Dividierens von Häufigkeiten durch Erweiterung des Quotienten um $|E|$ zur *Division von Wahrscheinlichkeiten* (rechts) gelangt.

In besonderen Fällen liegt A vollständig innerhalb von B so, daß $A \cap B = A$. Hier vereinfacht sich das Ergebnis zu $P(A|B) = P(A)/P(B)$.

Diese Regel ist jedoch als Sonderfall in (2.1) enthalten. Daher bleibt (2.1) grundsätzlich richtig.

Beispiele: a) Die WS, eine 6 zu würfeln unter der Bedingung, eine gerade Zahl zu würfeln, ist gleich p(6)/p(gerade Zahl) = (1/6)/(1/2) = 1/3.

b) Im Falle des eingeführten Zielscheiben-Schemas lag jeder denkbare Flächenanteil A innerhalb der Scheibe E, daher gilt: $P(A)=P(A)/P(E)$.

Zur Bildung eines allgemeineren Schemas für Ereignisse aus überabzählbaren Mengen kann man zwei sich nur teilweise überlappende Bereiche A, B der Scheibe umranden und nach der WS $P(A|B)$ fragen, daß A getroffen wurde, wenn der Pfeil B traf. Dann wird gemäß (2.1) - unter Fortführung der Gleichwahrscheinlichkeitsbedingung für die Punkte auf der Scheibe - zur Berechnung der WS $P(A|B)$ die Fläche $|A \cap B|$ durch die Fläche $|B|$ dividiert. Durch Umformung von (2.1) folgt außerdem:

Theorem 2.8. Die Wahrscheinlichkeit $P(A \cap B)$ des gemeinsamen Auftretens von A und B ist gleich der Wahrscheinlichkeit von A unter der Bedingung B, multipliziert mit der Wahrscheinlichkeit von B:

$$P(A \cap B) = P(A|B) \cdot P(B) = P(B|A) \cdot P(A). \qquad (2.2)$$

Die zweite Gleichung in (2.2) folgt durch Vertauschung von A und B in (2.1).

Beispiel: Eine mögliche Interpretation der Ereignisse A und B ist folgende: In einem Leistungstest sind zwei Aufgaben A und B zu lösen. Die Ergebnisse seien durch + bzw. − symbolisiert. 5 Personen erzielen in ihren Prüfungsarbeiten folgende Muster:

A	B
+	+
+	+
−	−
+	−
+	−

Innerhalb dieses Schemas bzw. "unter der Bedingung dieses Schemas" gilt dann Folgendes: Nach der Regel "Günstige durch Mögliche" sind die Lösungswahrscheinlichkeiten der Aufgaben: $P(A)= 4/5$ und $P(B)= 2/5$. Die bedingte Wahrscheinlichkeit, Aufgabe A zu lösen, wenn B gelöst wird, ist $P(A|B)= 2/2 =1$. Weiter folgt z.B. $P(B|A) = 2/4$, $P(A \cap B)= 2/5$, $P(A|\overline{B})= 2/3$, $P(B|\overline{A})= 0$, $P(\overline{B}|A)=2/4$. Aufgabentypen: Bestimme aus diesen Wahrscheinlichkeiten mittels der vorangegangenen Rechenregeln für Wahrscheinlichkeiten: $P(A \cap \overline{B})$, $P(\overline{A} \cap B)$ usw.

2.3.2 Unabhängigkeit

Die bedingte WS $P(A|B)$ gibt die (eventuelle) Veränderung der WS $P(A)$ für den Fall an, daß das Ereignis B vorliegt. Verändert sich $P(A)$ nicht, wenn B vorliegt, dann sind A und B voneinander "unabhängig".
Die abgeleitete Beziehung $P(A|B)=P(A \cap B)/P(B)$ ermöglicht die Formalisierung des Begriffs der Unabhängigkeit: Ereignis A ist *unabhängig* von Ereignis B, wenn die Wahrscheinlichkeit von A durch das Eintreten von B nicht verändert wird:

$$P(A|B) = P(A). \tag{2.3}$$

Beispiel: Aus einem Skatspiel mit 32 Karten wird eine rote Karte (B) gezogen. Die WS, daß diese Karte ein As (A) ist, beträgt $P(A|B)=2/16=1/8$ (Anzahl der roten Asse dividiert durch Anzahl der roten Karten: $P(A|B)=|A \cap B|/|B|$). Die WS, aus allen 32 Karten ein As zu ziehen, ist $P(A)=4/32=1/8$ (Anzahl der Asse durch Anzahl der Karten: $P(A)=|A|/|E|$). Die Ereignisse "rote Karte" B und "As" A sind unabhängig, da hier $P(A|B) = P(A) = 1/8$ ist.

Durch Einsetzen von (2.2) in (2.3) folgt nun das wichtige

Theorem 2.9. Das Ereignis A ist unabhängig von Ereignis B genau dann, wenn die Wahrscheinlichkeit des gemeinsamen Auftretens von A und B gleich dem Produkt der Wahrscheinlichkeiten von A und B ist:

$$P(A \cap B) = P(A) \cdot P(B). \tag{2.4}$$

Die Symmetrie der Gleichung in A und B beweist auch die Symmetrie der Relation "Unabhängigkeit": Aus der Unabhängigkeit von A gegenüber B folgt die Unabhängigkeit von B gegenüber A. Aus der Unabhängigkeit von A und B folgt auch

$$P(A) = P(A|B) = P(A|\overline{B}) \tag{2.5}$$

Beweis: Bei Unabhängigkeit gilt $P(A)=P(A|B)$ nach (2.3). Aus $(A \cap B) \cap (A \cap \overline{B}) = 0$ und $(A \cap B) \cup (A \cap \overline{B}) = A$ folgt durch Anwendung von Axiom III: $P(A \cap B)+P(A \cap \overline{B}) = P(A)$. Daraus und aus der Unabhängigkeit von A, B folgt

$$P(A) \cdot P(B) + P(A \cap \overline{B}) = P(A).$$

Dies ergibt durch Umstellung und Umformungen:

$$P(A \cap \overline{B}) = P(A)-P(A) \cdot P(B) = P(A) \cdot (1-P(B)) = P(A) \cdot P(\overline{B}).$$

Daraus folgt

$$P(A|\overline{B}) = P(A \cap \overline{B})/P(\overline{B}) = P(A) \cdot P(\overline{B})/P(\overline{B}) = P(A).$$

Unabhängige Ereignisse A, B können - sofern sie möglich sind (d.h. $P(A), P(B) > 0$) - sich *nicht* gegenseitig ausschließen. Denn aus $P(A) \cdot P(B)=P(A \cap B)$ folgt, daß $P(A \cap B)$ größer 0 sein muß. Notwendig (aber nicht hinreichend) für die Unabhängigkeit von Ereignissen ist daher, daß ihre Mengen sich teilweise überschneiden, d.h. daß diese Ereignisse auch gemeinsam auftauchen können. Elementarereignisse können daher z.B. nicht voneinander unabhängig sein(!).

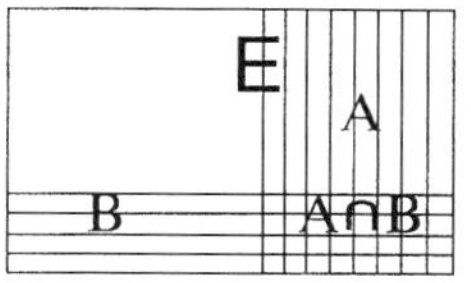

Abb. 2.1 Eine Mengendarstellung der Relation "Unabhängigkeit". Die Wahrscheinlichkeiten $P(E) = 1$, $P(A)$, $P(B)$ und $P(A \cap B)$ eines Versuchsschemas seien gleich den entsprechenden Flächen des dargestellten Schemas. Dann gilt "$P(A \cap B)$ verhält sich zu $P(B)$ wie $P(A)$ zu $P(E)=1$", d.h. $P(A \cap B)/P(B) = P(A)/P(E)$ bzw. $P(A|B) = P(A \cap B)/P(B) = P(A)$ und $P(B|A) = P(A \cap B)/P(A) = P(B)$.

Theorem 2.10. Unabhängigkeit und Disjunktheit schließen sich aus. Notwendig, aber nicht hinreichend für die Unabhängigkeit von A und B ist: $P(A-B)>0$, $P(B-A)>0$ und $P(A \cap B)>0$.

Beispiel: Die Eigenschaften "weiblich" und "männlich" sind disjunkte und daher extrem abhängige *Ereignisse*: Das Vorhandensein des eines Ereignisses schließt das Vorhandensein des anderen Ereignisses aus.

2.3.3 Ereignisfolgen

Jede Serie aus mehreren Versuchen kann auch als ein Elementarereignis aufgefaßt werden. Der einzelne Versuch einer Serie liefert dann eine Komponente innerhalb der Menge der Elementarereignisse $E=\{\text{Serien}\}$. Die Komponenten innerhalb einer Serie stellen nun Eigenschaften einzelner Serien dar. Die Komponenten können voneinander abhängig oder aber unabhängig sein.

Beispiele: Würfelergebnisse bei mehrmaligem Würfeln. *Unabhängige* Ereignisse resultieren aus Serien von mehrmaligen Versuchen, bei denen nach jedem Versuch der Ausgangszustand wieder hergestellt wird: Spielkarte ziehen *mit* Zurücklegen, Kugeln aus einer Urne ziehen mit Zurücklegen usw. Beispiele für *abhängige* Ereignisse sind Kartenspiele, aus denen man Karten *ohne* Zurücklegen zieht oder Urnen, aus denen man Kugeln *ohne* Zurücklegen zieht usw. Da man nicht zurücklegt, ändert sich nach jedem Zug die Zusammensetzung des Spiels bzw. der Urne.

2.4 Anwendungen der Wahrscheinlichkeitsalgebra

2.4.1 Bayessches Schließen

Häufig ergibt sich das Problem, aus der bedingten Wahrscheinlichkeit $P(A|B)$ die bedingte Wahrscheinlichkeit $P(B|A)$ zu erschließen. Verdeutlichen läßt sich dieses Prinzip an einer Klassifikationsaufgabe, die zugleich ein Diagnoseproblem darstellt:
In einer Klinik seien die Häufigkeiten zweier disjunkter Krankheiten B_1 und B_2 registriert worden. Ein bestimmtes Symptom A tauche nur bei den Patientengruppen

B_1 und B_2, aber auch bei gesunden Personen B_3 auf (vgl. das Mengenschema in Abb. 2.2). Aus den Klinikunterlagen seien folgende Wahrscheinlichkeiten als relative Häufigkeiten erschließbar:
1) die *absoluten* Wahrscheinlichkeiten $P(B_1)$, $P(B_2)$, $P(B_3)$,
2) die *bedingten* Wahrscheinlichkeiten $P(A|B_1)$, $P(A|B_2)$, $P(A|B_3)$.

Da bei anderen Patientengruppen B_i $(i>3)$ das Symptom offenbar nicht auftaucht, gilt

$$P(A|B_i) = 0 \quad \text{bzw.} \quad = P(A \cap B_i) \quad \text{für } i>3.$$

Gegeben sei eine Person, die das Symptom A aufweist. Mit welcher Wahrscheinlichkeit gehört sie zur Gruppe B_1, B_2 bzw. B_3? Hierzu muß für jede der $n=3$ Gruppen B_i $(i=1,n)$ die bedingte Wahrscheinlichkeit $P(B_i|A)$ bestimmt werden:

$$P(B_i|A) = \frac{P(A \cap B_i)}{P(A)}.$$

Definieren wir $B=B_1 \cup B_2 \cup B_3$, dann gilt offensichtlich $A \subset B$ (vgl. Abb. 2.2) und daher wegen der Disjunktheit der B_i: $P(A)= P(A \cap B_1)+P(A \cap B_2)+P(A \cap B_3)$. Hieraus folgt

$$P(B_i|A) = \frac{P(A \cap B_i)}{P(A \cap B_1)+P(A \cap B_2)+P(A \cap B_3)}.$$

Wendet man in dem letzten Ausdruck die Beziehung $P(A \cap B_i)=P(A|B_i) \cdot P(B_i)$ (siehe Formel (2.2)) an, dann folgt schließlich die Bayessche Formel:

$$P(B_i|A) = \frac{P(A|B_i)P(B_i)}{P(A|B_1)P(B_1) + P(A|B_2)P(B_2)+ \,.\,.\, + P(A|B_n)P(B_n)} \tag{2.6}$$

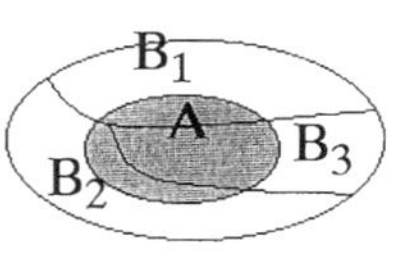

B_1, B_2 und B_3 seien disjunkte Mengen registrierter Patienten, A sei die Menge der Patienten mit dem Symptom (bzw. dem Syndrom) A, wobei $A = (A \cap B_1) \cup (A \cap B_2) \cup (A \cap B_3)$ und $P(A) = P(A \cap B_1)+P(A \cap B_2)+P(A \cap B_3)$.

Abb. 2.2 Mengenschema zur Bayesschen Klassifikation mit $n=3$.

Die Gleichung (2.6) setzt voraus, daß alle Gruppen B_i paarweise disjunkt sind. Dies ist bei $n>2$ Krankheiten jedoch nicht realistisch. Zur Vermeidung dieser Vereinfachung kann man eine Menge $B=B_1 \cup ... \cup B_n$ sich überschneidender Mengen B_1 bis B_n in eine geeignete Partition aus Mengendifferenzen und Durchschnitten aufgliedern.

Beispiel: So lassen sich auch im Falle von z.B. drei Gruppen B_1 (Krankheit 1), B_2 (Krankheit 2) und B_3 (Gesund) bei einer gegebenen Überlappung $B_1 \cap B_2 \neq \emptyset$ folgende 4 *disjunkte* Mengen neu definieren:

$$B_1 \cap B_2, \qquad B_1 - B_2 \ (=B_1 \cap \overline{B}_2), \qquad B_2 - B_1 \ (=B_2 \cap \overline{B}_1) \quad \text{und} \quad B_3.$$

Dadurch entsteht ein Fall mit einer Klassifikation nach $n=4$ disjunkten Gruppen. Wir setzen voraus, die vorliegenden Unterlagen über Krankheits- und Symptomhäufigkeiten, etwa einer

Klinik, seien ausreichend für die Berechnung der erforderlichen bedingten und unbedingten Wahrscheinlichkeiten $P(A|B_1-B_2)$, $P(B_1-B_2)$ usw. Dann sind aus Gleichung (2.6) wieder für einzelne Personen Wahrscheinlichkeiten der Gruppenzugehörigkeiten, d.h. Diagnosen, bestimmbar. Außerdem kann man die berechneten Wahrscheinlichkeiten wieder zusammenfassen:

$$P(B_1|A) = P(B_1 \cap B_2|A) + P(B_1 - B_2|A). \tag{2.6a}$$

2.4.2 Wahrscheinlichkeiten von Ereigniskombinationen*

Wir betrachten nun drei Fälle von Wahrscheinlichkeitsberechnungen an nicht notwendig disjunkten (d.h. sich möglicherweise überschneidenden) Mengen von Ereignissen A_1 bis A_n aus einer Ereignismenge A_1 bis A_N ($n \leq N$), wobei

$$P(A_1 \cup A_2 \cup ... \cup A_N) = 1.$$

Beispiel: Gegeben sei ein Intelligenztest mit N Items $i=1,N$. A_i sei das Ereignis, Item i zu lösen und $P(A_i)$ sei die WS, das Item i zu lösen, $P(A_i \cap A_j)$ sei die WS Item i *und* Item j zu lösen, $P(A_i \cup A_j)$ die WS Item i *oder* Item j zu lösen (d.h. mindestens eins der beiden Items zu lösen) usw. Von diesem Intelligenztest seien n Items Aufgaben mit numerischen Berechnungen. Ohne Einschränkung der Allgemeinheit nehmen wir zur Vereinfachung der Indizierung an, es handele sich um die ersten Items 1 bis n ($n \leq N$).
Die Allgemeingültigkeit der folgenden Herleitungen besteht darin, daß die A_i ($i=1,N$) im Gegensatz etwa zu vorangehenden Versuchsschemata, z.B. der Binomialverteilung, keine Elementarereignisse darstellen, sich also nicht gegenseitig ausschließen müssen, so daß beliebige Überschneidungen bzw. Abhängigkeiten zwischen den Eeignissen A_1 bis A_n möglich sind.

Die Ereignismengen der folgenden Fälle werden durch graphische Beispiele in Abb. 2.3 a) bis e) verdeutlicht:

I. Disjunktion: die WS, daß mindestens ein Ereignis aus A_1 bis A_n eintritt: a),
II. Konjunktion: die WS, daß alle Ereignisse A_1 bis A_n gemeinsam eintreten: b),
III. Differenzenbildung: die WS, daß genau eins der Ereignisse A_1 bis A_n eintritt: c).

Fall III kann als Sonderfall $m=1$ für folgende Aufgabenstellung angesehen werden: die WS, daß *genau* m der Ereignisse A_1 bis A_n eintreten ($m \leq n$): d) und e).

Beispiele: In Anknüpfung an das vorangehende Item-Beispiel gilt:

I. $P(A_1 \cup ... \cup A_n)$ ist gleich der WS, daß mindestens eins der n numerischen Items gelöst wird.
II. $P(A_1 \cap ... \cap A_n)$ ist gleich der WS, daß alle n numerischen Items gelöst werden.
III. $P[m]$ ist gleich der WS, daß genau m ($m \leq n$) der n numerischen Items gelöst werden.
$P[A_i]$ ist gleich der WS, daß genau das Item i ($i \leq n$) und kein anderes gelöst wird.
$P[A_i \cap A_j]$ ist gleich der WS, daß genau Item i und j ($i,j \leq n$) und keine anderen gelöst werden, usw.

Die Disjunktion von n Ereignissen

Verallgemeinert man die Formel für die Disjunktion $P(A \cup B) = P(A) + P(B) - P(A \cap B)$ des Theorems 2.4 von zwei auf n Ereignisse A_i ($i=1,n$), dann erhält man die Formel von *Poincare´*. Sie gibt die WS an, daß *mindestens eins* der n Ereignisse A_1 bis A_n

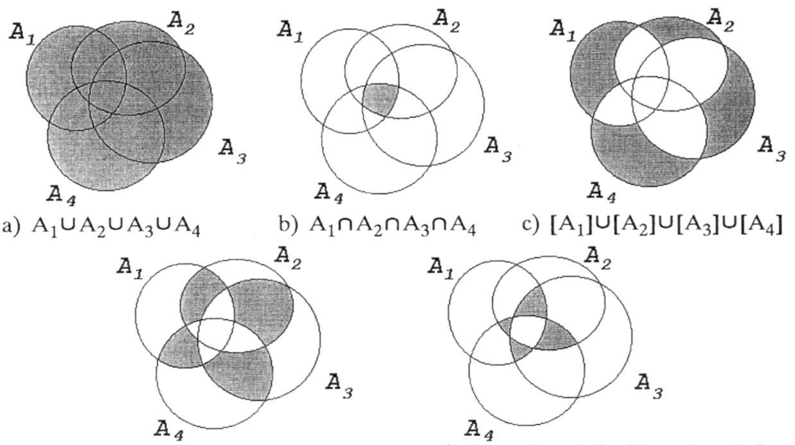

a) $A_1 \cup A_2 \cup A_3 \cup A_4$ b) $A_1 \cap A_2 \cap A_3 \cap A_4$ c) $[A_1] \cup [A_2] \cup [A_3] \cup [A_4]$

d) $[A_1 \cap A_2] \cup [A_1 \cap A_4] \cup [A_2 \cap A_3] \cup [A_3 \cap A_4]$, e) $[A_1 \cap A_2 \cap A_3] \cup [A_1 \cap A_2 \cap A_4]$ $\cup [A_1 \cap A_3 \cap A_4] \cup [A_2 \cap A_3 \cap A_4]$

Abb. 2.3 Darstellungen unterschiedlicher Ereignismengen durch Schraffierungen in Venn-Diagrammen (zu den Ereignissen in eckigen Klammern [...], siehe Text)

---

aus einer Menge von Ereignissen $A_1 ... A_N$ $(n \leq N)$ eintritt:

$$P(A_1 \cup \ldots \cup A_n) = + \sum_{i=1}^{n} P(A_i) - \sum_{i_1 < }^{n} \sum_{i_2}^{n} P(A_{i_1} \cap A_{i_2}) + \sum_{i_1}^{n} \sum_{< i_2}^{n} \sum_{< i_3}^{n} P(A_{i_1} \cap A_{i_2} \cap A_{i_3}) \; \ldots\ldots\ldots\ldots \; + (-1)^{n-1} P(A_1 \cap \ldots \cap A_n) \qquad (2.7)$$

Erläuterung: Bei der erforderlichen Verwendung vieler Indizes werden anstatt i, j, k usw. indizierte Indizes verwendet, also i_1, i_2,..., i_n usw. Um bei der Summierung das mehrfache Auftreten derselben Schnittmengen zu vermeiden, werden nur die Schnittmengen der Indizes mit monoton wachsender Indizierungsfolge $i_1 < i_2 < i_3 ...$ summiert bzw. subtrahiert. Bei der Summierung werden die Summanden mit einer ungeraden Anzahl von Schnittmengen addiert und diejenigen mit einer geraden Anzahl subtrahiert.

Beispiele:

$$P(A_1 \cup A_2) = P(A_1) + P(A_2) - P(A_1 \cap A_2)$$

$$P(A_1 \cup A_2 \cup A_3) = P(A_1) + P(A_2) + P(A_3) - \big(P(A_1 \cap A_2) + P(A_1 \cap A_3) + P(A_2 \cap A_3)\big) + P(A_1 \cap A_2 \cap A_3)$$

Zur Vereinfachung bezeichnen wir die k-te Zeilensumme der Poincare´-Formel, d.h. eine WS-Summe von $\binom{n}{k}$ konjunktiv verknüpften k-Tupeln (vgl. Abb. 2.2(b)), mit

$$S_k = \sum_{i_1<\ldots<i_k}^{n} \ldots \sum^{n} P(A_{i_1} \cap \ldots \cap A_{i_k}) \qquad | \; 1 \le k \le n. \tag{2.7a}$$

Die Poincare´-Formel (2.7) lautet dann unter Verwendung der Abkürzungen S_k

$$P(A_1 \cup \ldots \cup A_n) \;=\; S_1 - S_2 + \ldots + (-1)^{n-1} S_n \;=\; \sum_{k=1}^{n} (-1)^{k-1} S_n. \tag{2.7b}$$

Die Konjunktion von n Ereignissen

Eine entsprechende Verallgemeinerung auf die Schnittmenge $P(A_1 \cap \ldots \cap A_n)$ erhält man aus der Poincare´-Formel durch Vertauschung von $\cup$ und $\cap$ rechts und links vom Gleichheitszeichen.

Beispiele: Löst man in den beiden Beispielen unter Formel (2.7) die Gleichungen nach $P(A_1 \cap A_2)$ bzw. nach $P(A_1 \cap A_2 \cap A_3)$ auf, so erhält man, wenn man im zweiten Beispiel den Ausdruck $P(A_1 \cap A_2)$ durch $P(A_1)+P(A_2)-P(A_1 \cup A_2)$ ersetzt und entsprechend auch $P(A_1 \cap A_3)$ und $P(A_2 \cap A_3)$ ersetzt, die entsprechenden Gleichungen für von Schnittmengenwahrscheinlichkeiten:

$$\begin{aligned} P(A_1 \cap A_2) &= P(A_1)+P(A_2)-P(A_1 \cup A_2) \\ P(A_1 \cap A_2 \cap A_3) &= P(A_1)+P(A_2)+P(A_3) \\ &\quad -(P(A_1 \cup A_2)+P(A_1 \cup A_3)+P(A_2 \cup A_3)) \\ &\quad +P(A_1 \cup A_2 \cup A_3) \end{aligned}$$

Differenzen von Konjunktionen von n Ereignissen

Mit den folgenden Schritten α) und β) leiten wir nun die WS $P_{[1]}$ dafür ab, daß *genau eins* der Ereignisse A_1 bis A_n eintritt:

α) Fall $P[A_j]$: Zunächst muß die WS $P[A_j]$, daß *genau* das bestimmte Ereignis A_j (und kein anderes $A_i \neq A_j$) eintritt, berechnet werden:

$$\begin{aligned} P[A_j] &= P(A_j - (\text{Oder-Vereinigung aller anderen Ereignisse } A_i \; (i=1 \ldots n, \text{ wobei } i \neq j))) \\ &= P(A_j - (\cup_{i \neq j}^{n} A_i)) = P(A_j - A_j \cap (\cup_{i \neq j}^{n} A_i)) \qquad \text{(Theorem 2.3a)} \\ &= P(A_j) - P(A_j \cap (\cup_{i \neq j}^{n} A_i)) = P(A_j) - P(\cup_{i=1}^{n} (A_j \cap A_i)) \qquad \text{(Distributivgesetze)} \end{aligned}$$

Der letzte Ausdruck wählt innerhalb der Poincare´-Formel in jeder Zeile S_k genau diejenigen Summanden (k-Tupel) aus, die den Ausdruck A_j enthalten.

Beispiel für n=4 und j=1: Es wird behauptet, die aus der vollständigen Poincare´-Formel für n=4 entnommene Teilsumme der Ausdrücke mit A_1 (unterstrichen) ist gleich $P[A_1]$:

$$\begin{aligned} &P(A_1 \cup A_2 \cup A_3 \cup A_4) = \underline{P(A_1)} + P(A_2) + P(A_3) + P(A_4) \\ &\underline{-P(A_1 \cap A_2) - P(A_1 \cap A_3) - P(A_1 \cap A_4)} - P(A_2 \cap A_3) - P(A_2 \cap A_4) - P(A_3 \cap A_4) \\ &\underline{+P(A_1 \cap A_2 \cap A_3) + P(A_1 \cap A_2 \cap A_4) + P(A_1 \cap A_3 \cap A_4)} + P(A_2 \cap A_3 \cap A_4) \; \underline{-\; P(A_1 \cap A_2 \cap A_3 \cap A_4)} \end{aligned}$$

Zwischenrechnung unter Verwendung der Poincaré-Formel und der Distributivgesetze:

$$P(A_2 \cup A_3 \cup A_4) = P(A_2)+P(A_3)+P(A_4)-P(A_2 \cap A_3)-P(A_2 \cap A_4)-P(A_3 \cap A_4)+P(A_2 \cap A_3 \cap A_4)$$

$$P(A_1 \cap (A_2 \cup A_3 \cup A_4)) = P((A_1 \cap A_2) \cup (A_1 \cap A_3) \cup (A_1 \cap A_4)) = P(A_1 \cap A_2)+P(A_1 \cap A_3)$$
$$+P(A_1 \cap A_4)-P(A_1 \cap A_2 \cap A_3)-P(A_1 \cap A_2 \cap A_4)-P(A_1 \cap A_3 \cap A_4)+P(A_1 \cap A_2 \cap A_3 \cap A_4)$$

Einsetzen dieser Zwischenergebnisse in die letzte Formel unter α) ergibt eine Summe, die mit der unterstrichenen Teilsumme oben übereinstimmt:

$$\begin{aligned} P[A_1] &= P(A_1)-P((A_1 \cap A_2) \cup (A_1 \cap A_3) \cup (A_1 \cap A_4)) \\ &= \underline{P(A_1)-P(A_1 \cap A_2)-P(A_1 \cap A_3)-P(A_1 \cap A_4)} \\ &\quad \underline{+P(A_1 \cap A_2 \cap A_3)+P(A_1 \cap A_2 \cap A_4)+P(A_1 \cap A_3 \cap A_4)-P(A_1 \cap A_2 \cap A_3 \cap A_4)} \end{aligned}$$

Durch diese Festlegung eines Ereignisses A_j werden aus den ursprünglichen Zeilensummen S_k $(k=1, n)$ der Formel (2.7b) verminderte Zeilensummen $S_{k(j)}$, die jeweils nur noch $\binom{n}{k-1}$ der $\binom{n}{k}$ ursprünglichen k-Tupel erhalten.

β) Fall $P_{[1]}$: Die Summe *aller* $P[A_j]$ $(j=1, n)$ ergibt nun die WS $P_{[1]}$ dafür, daß *genau eines* (irgend eines) der Ereignisse A_j $(j=1, n)$ ohne jeweils eines der anderen Ereignisse, eintritt, d.h. die WS der Disjunktion aller überlappungsfreien Anteile der Ereignisse A_j $(j=1, n)$:

$$P_{[1]} = \sum_{j=1}^{n} P[A_j].$$

Sonderfall: Der Fall $P_{[0]}$, d.h. die WS, daß *keines* der Ereignisse A_1 bis A_n eintritt, ergibt sich einfach als Komplement zur WS $P(A_1 \cup ... \cup A_n)$ aus (2.7b), daß mindestens eins dieser Ereignisse eintritt

$$P_{[0]} = 1 - \sum_{k=1}^{n} (-1)^{k-1} S_k. \tag{2.7c}$$

γ) Fall $P_{[m]}$: Die WS $P_{[1]}$ stellt einen Sonderfall des allgemeineren Falles $P_{[m]}$ $(1 \leq m \leq n)$ dar. Die Formel $P_{[m]}$ für die Fälle m $(1 \leq m \leq n)$ leiten wir analog zu $P[A_j]$ in den Schritten α) bis β) ab, d.h. als die WS, daß *genau* m der Ereignisse A_1 bis A_n gemeinsam auftreten:

Entsprechend α) wird zunächst die WS $P[A_{i_1} \cap ... \cap A_{i_m}]$ für das Auftreten *eines bestimmten* m-Tupels $A_{i_1} \cap ... \cap A_{i_m} (i_1 < ... < i_m)$ aus A_1 bis A_n ohne Überschneidungen mit anderen Ereignissen aus A_1 bis A_n abgeleitet. Hierzu müssen wiederum diejenigen Summanden, aus der Poincaré-Formel ausgewählt werden, in denen dieses m-Tupel überhaupt vorkommt. Auf diese Weise fallen in der Poincaré-Formel zunächst alle Zeilensummen S_k mit $k<m$, d.h. alle S_k deren Tupelgröße kleiner m ist, weg. Aus den restlichen Zeilensummen S_k mit $k \geq m$ werden nur diejenigen Summanden $S_{k(i_1 ... i_m)}$ gewählt, die das bestimmte Tupel $A_{i_1} \cap ... \cap A_{i_m}$ enthalten.

Summieren wir nun analog zu β) die WS aller dieser (sich mit anderen Ereignissen außerhalb des jeweiligen Tupels nicht überlappenden) m-Tupel $A_{i_1} \cap ... \cap A_{i_m}$ auf, dann entspricht dies dem Ausdruck (beachte die oben eingeführte Bedeutung der eckigen Klammern):

$$P_{[m]} = \sum_{i_1<\ldots<i_m}^{n} \sum^{n} P[A_{i_1} \cap \ldots \cap A_{i_m}].$$

Beispiel: Für den Fall n=4 und m=2 erhält man die WS $P_{[2]}$, daß genau m=2 der n=4 Ereignisse A_1 bis A_4 eintreten, indem man die folgenden Zeilen links bzw. rechts vom Gleichheitszeichen getrennt aufsummiert (zur Abkürzung wurden in den folgenden Zeilen die Symbole $\cap$ in den Ausdrücken $P[A_i \cap A_j]$, $P(A_i \cap A_j)$, $P(A_i \cap A_j \cap A_k)$ usw. ausgelassen):

$$\begin{array}{lcllll}
P[A_1A_2] & = & P(A_1A_2) & -P(A_1A_2A_3)-P(A_1A_2A_4) & + & P(A_1A_2A_3A_4) \\
+P[A_1A_3] & = & P(A_1A_3) & -P(A_1A_2A_3)-P(A_1A_3A_4) & + & P(A_1A_2A_3A_4) \\
+P[A_1A_4] & = & P(A_1A_4) & -P(A_1A_2A_4)-P(A_1A_3A_4) & + & P(A_1A_2A_3A_4) \\
+P[A_2A_3] & = & P(A_2A_3) & -P(A_1A_2A_3)-P(A_2A_3A_4) & + & P(A_1A_2A_3A_4) \\
+P[A_2A_4] & = & P(A_2A_4) & -P(A_1A_2A_4)-P(A_2A_3A_4) & + & P(A_1A_2A_3A_4) \\
+P[A_3A_4] & = & \underbrace{P(A_3A_4)} & \underbrace{-P(A_1A_3A_4)-P(A_2A_3A_4)} & + & \underbrace{P(A_1A_2A_3A_4)} \\
\sum_{i_1<i_2}^{n} \sum^{n} P[A_{i_1}A_{i_2}] & = & 1 \cdot S_2 & - \quad 2 \cdot S_3 & + & 6 \cdot S_4 \\
= P_{[2]} & = & \binom{m+0}{m} \cdot S_2 & - \quad \binom{m+1}{m} \cdot S_3 & + & \binom{m+2}{m} \cdot S_4
\end{array}$$

Das obige Schema zeigt, daß in der Gesamtsumme $P_{[2]}$ die S_k-Ausdrücke (2.7b) der ursprünglichen Poincaré-Formel für k>m mehrfach auftauchen. Der für diese mehrfache Summierung erforderliche Faktor $\binom{k}{m} = \binom{m+g}{m} = \binom{m+g}{g} = \frac{(m+g)!}{m!\ g!}$ ergibt sich kombinatorisch für jedes S_k als die *Anzahl der Untermengen von g Elementen aus einer Menge von k Elementen* (wobei g = k−m bzw. m = g+k).

Formuliert man mittels der Summenausdrücke S_k (2.7b) die WS dafür, daß *genau m aus den Ereignissen* $A_1,\ldots,A_n$ $(1 \le m \le n \le N)$ gemeinsam eintreten, dann erhält man die Beziehung (Feller I (1971)):

$$P_{[m]} = S_m - \binom{m+1}{m} S_{m+1} + \binom{m+2}{m} S_{m+2} \ \ldots \ \pm \binom{n}{m} S_n \tag{2.8a}$$

bzw. in ausführlicherer Schreibweise unter Abwandlung der Poincaré-Formel:

$$P_{[m]} = \sum_{k=m}^{n} (-1)^{k-m} \binom{k}{m} \Big(\sum_{i_1 < \ldots < i_k}^{n} \sum^{n} P(A_{i_1} \cap \ldots \cap A_{i_k}) \Big). \tag{2.8b}$$

2.4.3 Berechnungen zufälliger Koinzidenzen*

Im Folgenden werden Wahrscheinlichkeiten für die Übereinstimmungen von bestimmten Kartenpositionen in einem Kartenspiel trotz zufälliger Mischungen der Karten abgeleitet. Zunächst seien einige Reihenentwicklungen um die Eulersche Zahl e eingeführt:

$$e^x = x^0/0! + x^1/1! + x^2/2! + x^3/3! \ \ldots = \Sigma_{k=0}^{\infty} x^k/k! \tag{2.9}$$

Hieraus folgen die Spezialfälle:

$$e^{-x} = x^0/0! - x^1/1! + x^2/2! - x^3/3! \ldots = \Sigma_{k=0}^{\infty} (-1)^k x^k/k! \tag{2.9a}$$

$$e^{-1} = 1 - 1 + 1/2! - 1/3! \ldots = \Sigma_{k=0}^{\infty} (-1)^k/k! \tag{2.9b}$$

Die Anzahl der möglichen Reihenfolgen eine Stapels von N Karten ist N!. Die WS einer bestimmten Mischungsreihenfolge ist daher 1/N!. Behält eine bestimmte Karte k in der Originalreihenfolge der Karten den Platz k bei, so sind nur (N−1)! unterschiedliche Mischungen der Karten möglich. Nach dem Prinzip "günstige"/"mögliche" ist daher die WS des Ereignisses, daß die Karte k ihren Platz nach einer Mischung beibehält, d.h. die WS der *Koinzidenz* k, gleich $P(k)=(N-1)!/N!=1/N$. Die WS, daß 2 bestimmte Karten j und k ihren Platz nach einer Mischung beibehalten, ist demnach $P(j \cap k)=(N-2)!/N!$, und allgemein die WS der Koinzidenz eines *bestimmten* m-Tupels von $m \leq N$ Karten $k_1,\ldots,k_m$ gleich $P(k_1 \cap \ldots \cap k_m)=(N-m)!/N!$. Da die Wahrscheinlichkeiten $P(k_1 \cap \ldots \cap k_m)$ der unterschiedlichen m-fachen Koinzidenzen (m-Tupel) gleich groß sind und da man aus N Karten $\binom{N}{m}$ unterschiedliche m-Tupel bilden kann, gilt für die Summe S_m der Wahrscheinlichkeiten *aller unterschiedlichen* m-Tupel der N Karten:

$$\text{(i)} \quad S_m = \sum^{N} \sum^{N} \sum^{N}_{k_1<k_2<\ldots<k_m} P(k_1 \cap k_2 \cap \ldots \cap k_m) = \binom{N}{m} P(k_1 \cap \ldots \cap k_m) = \left(\frac{N!}{(N-m)!m!}\right)(N-m)!/N! = \frac{1}{m!}.$$

Hiernach ist $S_1=1$. Die WS, daß nicht eine bestimmte, sondern *irgendeine* einzelne der N Karten ihren Platz beibehält, ist gleich der WS, daß die 1te oder die 2te oder die 3te ... oder die Nte Karte ihren Platz beibehalten. Dies entspricht der WS P_1, daß *mindestens eine* Karte ihren Platz beibehält bzw. der WS der Disjunktion (Oder-Verknüpfung):

$$P_1 = P(k_1 \cup k_2 \cup k_3 \cup \ldots \cup k_N).$$

Da die Koinzidenzen j, k usw. nicht paarweise disjunkt sind, muß die obige WS nach der Formel des Poincare'schen Satzes (2.7b) für $n=N$ entwickelt werden:

$$\text{(ii)} \quad P_1 = P(k_1 \cup \ldots \cup k_N) = S_1 - S_2 + S_3 - S_4 + \ldots + (-1)^{N-1} S_N.$$

Hieraus folgt unter Verwendung der Formel (i) für S_m $(m=1,N)$:

$$\text{(iii)} \quad P_1 = P(k_1 \cup \ldots \cup k_N) = 1 - 1/2! + 1/3! - 1/4! + \ldots + (-1)^{N-1}/N!.$$

Aus (iii) folgt unter Berücksichtigung von (2.9b):

Mit wachsender Kartenzahl $N \to \infty$ konvergiert die WS, daß *mindestens eine* Karte nach dem zufälligen Mischen eines Kartenspiels ihren ursprünglichen Platz beibehält sehr schnell zu dem Wert $p=.632$:

$$\text{(iv)} \quad P(k_1 \cup \ldots \cup k_N) = 1-e^{-1} \cong .632 \mid N \to \infty.$$

Die WS mindestens einer Koinzidenz nähert sich demnach trotz wachsender Größe N eines Kartenspiels sehr schnell der Konstanten $1-e^{-1}$. Während die WS $P(k_1 \cup \ldots \cup k_N)$ bei $N=3$ Karten noch $.6\overline{6}$ beträgt, erreicht sie bei $N=7$ Karten schon die 3 Stellen des Wertes .632.

Wir berechnen nun nach der Formel (2.8a) die WS $P_{[m]}$, daß *genau* m der N Karten ihren Platz nach zufälliger Mischung beibehalten. Dabei setzen wir für S_k jeweils den für die N Karten abgeleiteten Ausdruck (i) ein:

$$P_{[m]} = \sum_{k=m}^{N} (-1)^{k-m} \binom{k}{m} \cdot S_k = \sum_{k=m}^{N} (-1)^{k-m} \frac{k!}{m!(m-k)!} \cdot \frac{1}{k!} = \frac{1}{m!} \sum_{k=m}^{N} \frac{(-1)^{k-m}}{(m-k)!}. \tag{2.9}$$

$$P_{[m]} = \frac{1}{m!} \sum_{k=1}^{N-m} \frac{(-1)^k}{k!} \to \frac{1}{m!} e^{-1} \mid N \to \infty. \tag{2.10}$$

Die letzte Herleitung ergibt eine Formel für endliches N sowie einen Grenzwert für $N \to \infty$ (siehe die Verwendung von (2.9)). Die für den Fall $N \to \infty$ resultierende Formel entspricht der Poisson-Verteilung mit dem Parameter $\lambda = 1$ (vgl. Kap. IV).

2.5 Übersicht: Regeln der Wahrscheinlichkeitsalgebra

1) $P(\bar{A}) = 1 - P(A)$
2) $P(A \cup B) = P(A) + P(B) - P(A \cap B)$
   $P(A \cap B) = P(A) + P(B) - P(A \cup B)$
3) $P(A - B) = P(A \cap \bar{B}) = P(A) - P(A \cap B)$
4) $P((A \cap B) \cup (A \cap \bar{B})) = P((A \cup B) \cap (A \cup \bar{B})) = P(A)$
5) $P(A|B) = P(A \cap B)/P(B)$
6) Bei Unabhängigkeit zwischen A und B gelten die beiden Regeln a) und b):
   $P(A|B) = P(A|\bar{B}) = P(A)$
   $P(A \cap B) = P(A) \cdot P(B)$
7) $P(\bar{A}|B) = 1 - P(A|B)$
   $P(A|\bar{B}) = P(\bar{B}|A) \cdot P(A)/P(\bar{B})$
   $P(A \cup B|C) = P(A|C) + P(B|C) - P(A \cap B|C)$
9) $P(A \cap B \cap C) = P(A|B \cap C) \cdot P(B \cap C) = P(A|B \cap C) \cdot P(B|C) \cdot P(C)$
   Beachte bei 9a) $P(A \cap B \cap C) = P(B \cap A \cap C) = \ldots$ usw. für alle 6 Reihenfolgen von A, B, C die möglichen Vertauschungen rechts vom Gleichheitszeichen.
   Verallgemeinerungen:
   $P(A \cap B \cap C \cap D) = P(A|B \cap C \cap D) \cdot P(B|C \cap D) \cdot P(C|D) \cdot P(D)$ usw.
10) *Morgansche Regeln* über Komplementbildung bei Klammern:
   $P(\overline{A \cup B}) = P(\bar{A} \cap \bar{B})$
   $P(\overline{A \cap B}) = P(\bar{A} \cup \bar{B})$
11) Eine häufig verwendete Distributivitätsregel:
   Es sei A in die (disjunkten) Mengen A_i $(i = 1,..,n)$ partitioniert. Dann gilt
   $P(B \cap A) = P[B \cap (A_1 \cup \ldots \cup A_m)] = P(B \cap A_1) + \ldots + P(B \cap A_m)$.

"Und-Oder-Regel": Die mengentheoretischen bzw. logischen Verknüpfungen *oder* $(\cup, \vee)$ und *und* $(\cap, \wedge)$ repräsentieren unter bestimmten Nebenbedingungen die *Addition* bzw. die *Multiplikation* von Wahrscheinlichkeiten:

Die WS, daß A *oder* B eintritt: $P(A \cup B) = P(A) + P(B) - P(A \cap B)$
" *und* " : $P(A \cap B) = P(A|B) \cdot P(B) = P(B|A) \cdot P(A)$

Sonderfälle:
$P(A \cup B) = P(A) + P(B)$ | A, B *disjunkt:* $A \cap B = \emptyset$
$P(A \cap B) = P(A) \cdot P(B)$ | A, B *unabhängig:* $P(A|B) = P(A)$, $P(B|A) = P(B)$

Unabhängigkeit und *Disjunktheit* schließen sich gegenseitig aus.

Kapitel III. Algebra der Zufallsvariablen

3.1 Definition und Klassifikation von Zufallsvariablen

3.1.1 Von Ereignisalgebren zu Zufallsvariablen

Auf der Grundlage des Wahrscheinlichkeitsbegriffs läßt sich der Begriff einer "Zufallsvariablen" entwickeln. Vor einer genaueren Definition (siehe unten) können wir Zufallsvariable vorläufig als "zufällige numerische Ereignisse" bezeichnen. Zufallsvariablen nehmen im allgemeinen zufällige reelle Werte (auf Intervallskalenniveau) an, wobei jede Zufallsvariable ihr eigenes Versuchsschema besitzt.
Empirische Zufallsvariablen sind z.B. " *life data*" (d.h. *demographische* Daten) wie Lebensalter, Körpergewicht usw. von zufällig ausgewählten Personen. *Experimentelle* Zufallsvariablen sind dagegen z.B. Reaktions- oder Bearbeitungszeiten, intervallskalierte Schätzungen *(Ratings)* von Versuchspersonen, Punktsummen bei Tests usw.
Theoretische Zufallsvariablen sind z.B. theoretische Punktwerte idealer Versuchsschemata, etwa die Punktzahlen, die man bei verschiedenen Gedankenexperimenten mit idealen Würfeln, Kartenspielen oder Urnen erhält, sowie die unten behandelten *Zufallsverteilungen* (Binomial-, geometrische, Normal-, Exponential-Verteilung usw.). Letzteres sind Zufallsvariablen, deren Wahrscheinlichkeiten sich im allgemeinen nach expliziten mathematischen Formeln errechnen lassen.

Theoretische Verteilungen dienen auch der *Modellierung* empirischer oder experimenteller Verteilungen. Dabei wird angenommen, daß die Annahmen über die Versuchsschemata, nach denen die Daten der letzteren erhoben werden, genügend mit denjenigen der Versuchsschemata der entsprechenden theoretischen Verteilung übereinstimmen.
Sind Variablen nicht zufällig, so z.B. die Variablen x und y beim Plot der Funktion $y=\sin(x)$, dann heißen sie *deterministisch.*
Die *Realisation* einer Zufallsvariablen, z.B. die Feststellung des Lebensalters einer zufällig ausgewählten Person, ist ein *zufälliges Ereignis* im Sinne der Wahrscheinlichkeitstheorie. Die gleichzeitige (simultane) oder sukzessive n-fache Realisation der gleichen Zufallsvariablen ist eine *Stichprobe* der Größe n (n = 1, 2, ...). Die Zufallsvariable (genauer die *Verteilung*, siehe unten, aus der die Stichprobe entstammt, nennt man auch *Population.*
Zufallsvariablen verschiedener Art können vielfältige Relationen zueinander bzw. funktionale Abhängigkeiten voneinander besitzen. Die Realisation von zwei Zufallsvariablen, z.B. die Registrierung von Lebensalter L *und* Körpergewicht G einer zufällig ausgewählten Person, definiert eine *zweidimensionale* Zufallsvariable (L,G) mit den beiden *Komponenten* Alter L und Gewicht G, vgl. Kap. III, Teil 6).
Die zufälligen Resultate der m Items eines Tests können zunächst isoliert als m Zufallsvariable angesehen werden. Betrachtet man diese Testergebnisse jedoch in ihren wechselseitigen Abhängigkeiten, dann stellen die Resultate der m Items eines Tests bei einer zufällig ausgewählten Versuchsperson die Realisation einer *m-dimensionalen*

Zufallsvariablen dar (Zur Theorie von m- bzw. n-dimensionalen Zufallsvariablen, siehe Kap. III, Teil 9). Die Registrierung der Testergebnisse von N Personen über m Items bildet somit eine Stichprobe mit N Realisationen (m-Tupeln) einer m-dimensionalen Zufallsvariablen.
Zufallvariablen lassen sich in der Form von *Häufigkeitsverteilungen* oder *Wahrscheinlichkeitsverteilungen* als *Säulendiagramme* graphisch darstellen (vgl. Abb. 3.1, 3.3-6). Die Darstellung der Wahrscheinlichkeiten als Funktion der Werte einer Zufallsvariable heißt auch *Wahrscheinlichkeitsfunktion.* In diesem Falle liegt eine diskrete Klasseneinteilung der Abszisse vor, wobei die Ordinate die Häufigkeiten oder aber die hierzu proportionalen Wahrscheinlichkeiten (oft als *relative Häufigkeiten*) der Abszissenklassen angibt. Diese Abszisseneinteilung ist im Falle empirischer oder experimenteller Zufallsvariablen jeweils zu definieren (Abb. 3.6), während sie bei diskreten theoretischen Zufallsvariablen (Binomial- oder geometrische Verteilung usw.) gegeben ist. Sind Zufallsvariablen durch stetige Funktionen definiert, wie z.B. die Normal- oder die Exponentialverteilungen, dann heißen ihre Verteilungen *Dichten* (vgl. Abb. 3.6, 3.7).

Die Höhen der Ordinaten von Dichten stellen keine Wahrscheinlichkeiten dar, da Dichten z.B. auch Ordinaten größer 1 haben können. Wahrscheinlichkeiten erhält man im Falle von Dichten erst wieder dadurch, daß man z.B. die Abszisse unter einer solchen stetigen Kurve in Klassen einteilt. Die Fläche unter der Kurve vom linken zum rechten Rand einer gegebenen Klasse stellt dann die WS dar, daß ein Wert aus dieser Klasse eintritt.

Zufallsvariablen werden wie Mengen häufig mit *Großbuchstaben* wie X,Y,Z usw. bezeichnet. Als Mengen sieht man hier die *unterschiedlichen möglichen Werte* an, die eine Zufallsvariable annehmen kann (da eine Menge nicht zwei gleiche Elemente enthalten kann, siehe Kap. I, Teil 1.2.1). Vorliegende Realisationen von Zufallsvariablen werden dagegen durch Indizierungen als *(Werte-) Folgen* (vgl. hierzu Kap.I., Teil 1.2) gekennzeichnet.

Erläuterung: So können z.B. die Münzen einer Währung je nach Realisation durch ein wohldefiniertes Versuchsschema (etwa ein Kartenspiel), das ihnen Wahrscheinlichkeiten zuweist, als Zufallsvariable gekennzeichnet werden, z.B.:

$$M = \{1, 2, 5, 10, 50, 100, 200, 500\}.$$

Dagegen müssen die n Münzen, die man zufällig im Portemonaie hat, wegen der Möglichkeit gleicher Münzen als *Folge* dargestellt werden, z.B.:

$$U = <1, 1, 2, 5, 5, 10, 10, 50, 200>.$$

Dies geschieht durch die Einführung einer Reihenfolge (genauer durch eine *funktionale Abbildung* F der Werte M in eine deterministische *Indexvariable* I, vgl. Kap. I). Die resultierenden Wertepaare sind nun unterschiedlich und können als indizierte Menge geschrieben werden:

$$U = F \subset M \times I = \{1_1, 1_2, 2_3, 5_4, 5_5, 10_6, 10_7, 50_8, 200_9\}.$$

Die Menge U kann nun als *Stichprobe* aufgefaßt werden, wobei die Indizes als *Merkmalsträger* und die in sie abgebildeten Werte als *Merkmale* angesehen werden können. Man kann diese Folge andererseits auch als eine Population von Merkmalsträgern definieren etwa für

Experimente, bei denen man eine zufällige Stichprobe von n (n=1,...) Werten (z.B. *mit Zurücklegen)* aus einer endlichen Population entnimmt.
Als Folgen müssen somit immer solche Darstellungen von Werten gekennzeichnet werden, bei denen gleiche Werte vorkommen können. Dies gilt insbesondere für Stichproben, aber auch für (endliche) "Populationen" im biologischen oder soziologischen Sinne, da dort verschiedene Merkmalsträger gleiche Werte haben können. Da bei rein mathematisch eingeführten diskreten und stetigen Verteilungen meist keine Unterscheidungen zwischen Merkmalsträgern und Merkmalen vorliegen, bezeichnet man, wie oben eingeführt, die unten noch genauer zu definierende jeweilige *Wahrscheinlichkeitsverteilung* bzw. *Dichte* einer Zufallsvariable selbst als Population, und zwar meist nur zur Unterscheidung von einer Stichprobe.

Zur genaueren Definition einer bestimmten Zufallsvariablen wird - bis auf sehr seltene Ausnahmen (vgl. Kap. V, Teil 5.4.2) - ein *Versuchsschema* benötigt. Zusätzlich sind hier Regeln erforderlich, die die Abbildung der zufälligen Ereignisse des Versuchsschemas in die reellen Zahlen angeben, wie in den unten folgenden elementaren Beispielen gezeigt wird.

Erläuterung: In den einfachsten Fällen kann zwischen dem Versuchsschema einer Ereignisalgebra (Kap. II) und demjenigen einer Zufallsvariablen kaum unterschieden werden. Stellen wir uns einen Würfel mit Symbolen (Punktgruppen, Dreiecke, Kreise usw., oder aber "Zahlennamen" bzw. nominal skalierte Ereignisse 1 bis 6) anstelle der reellen Zahlen 1 bis 6 vor, dann stellt das Resultat eines einzelnen Würfelvorgangs ein Elementarereignis aus einer *Ereignisalgebra* dar. Betrachten wir jedoch diese Symbole zusätzlich als bijektiv abgebildet in die Zahlen 1 bis 6, dann führt das genannte Versuchsschema eine *Zufallsvariable* $W=\{1,2,3,4,5,6\}$ ein. Diese besitzt solche neuen Merkmale bzw. Kennziffern (*Momente*), wie einen *Mittelwert*

$$M(W) = (1+2+3+4+5+6)/6=3.5$$

oder eine *Streuung* Sigma = σ = "Wurzel (mittleres Quadrat minus quadratisches Mittel)", siehe unten (3.0b),

$$\sigma(W) = \sqrt{(1^2+2^2+3^2+4^2+5^2+6^2/6-M(W)^2} = 1.71$$

usw.
Besteht unser Würfelvorgang dagegen z.B. aus dem Ereignis "zweimal Würfeln", dann erhält man als Elementarereignisse dieser Ereignisalgebra die 36 möglichen Paare

$$WxW = \{(1,1),(1,2),(1,3),...,(2,1),(2,2),...,(6,5),(6,6)\}.$$

Je nach Wahl einer Abbildung (genauer einer *Funktion*, siehe Kap. I, Teil 1.2.2) in die reellen Zahlen kann man unterschiedliche Zufallsvariablen über der gleichen Ereignisalgebra einführen: Addiert man z.B. beide Komponenten jedes der im letzten Versuchsschema erhaltenen Paares bzw. bildet man das Paar in seine numerische Summe S ab ($WxW \rightarrow S$), dann erhält man eine Zufallsvariable S mit der Menge der möglichen Werte $S=\{2,3,4,...,12\}$, dem Mittelwert 7 und der Streuung 2.42. Bildet man dagegen die Differenz D der ersten minus der zweiten Komponente, dann erhält man die Zufallsvariable $D=\{-5,-4,-3,-2,-1,0,1,2,3,4,5\}$ mit dem Mittelwert 0 und der gleichen Streuung wie im Falle der Summenbildung S. Durch Produkt- oder Quotientenbildung können weitere Zufallsvariablen P bzw. Q über dem gleichen Versuchsschema mit eigenen Mittelwerten und Streuungen definiert werden.
Bei weiterer Analyse, z.B. im Falle der Variablen S, wird man finden, daß die einzelnen

Summen nicht mehr gleiche Wahrscheinlichkeiten besitzen, so gilt z.B. $P(S=2)=P((1,1))=1/36$, aber $P(S=5)=P((1,4)\cup(2,3)\cup(3,2)\cup(4,1))=4/36=1/8$. Zur Berechnung des Mittelwertes kann man also nicht einfach die unterschiedlichen Werte der Menge S mitteln, sondern man muß die *unterschiedlichen Häufigkeiten* der Werte in S als Gewichtungen in die Mittelung einbeziehen.
Aufwendigere Definitionen für Zufallsvariablen werden erforderlich, wenn diese unendlich viele Werte annehmen können, wie z.B. im Falle der *abzählbar* unendlich vielen Werte der geometrischen Verteilung (siehe unten bzw. auch Kap. IV) oder bei Zufallsvariablen mit *überabzählbar* vielen Werten wie z.B. im Falle der Normalverteilung, siehe unten. Hier kann man die Mittelwertberechnung nicht mehr nach dem obigen einfachen Schema (Summe/Anzahl) vollziehen, da man durch ∞ teilen müßte. Diese Beispiele zeigen, daß wir eine aufwendigere Definition des Begriffs "Zufallsvariable" benötigen sowie einen verallgemeinerten Begriff des "Mittelwertes", d.h. den "Erwartungswert" (siehe unten). Ähnliches gilt auch für die Varianz, die aus einer Mittelwert- bzw. Erwartungswertberechnung quadrierter Zufallswerte herleitbar ist: Sie ist definiert als die "mittlere" quadratische Abweichung der entsprechdenden Zufallsvariablen von ihrem Mittelwert.
Im Folgenden werden Zufallsvariablen überwiegend als intervallskaliert aufgefaßt, obwohl man gemäß der mathematischen psychologischen Skalentheorie auch nominal skalierte und ordinal skalierte Zufallsvariablen einführen könnte, vgl. auch die später behandelten *Rangvariablen.* In bestimmten Fällen konzentriert man sich nur auf die Rangeigenschaften intervallskalierter Variablen, so z.B. im Falle der Berechnung von *Medianen* oder generell von *Quantilen*, oder sogar nur auf die Nominalskalen-Aspekte, so z.B. bei der Bestimmung des häufigsten Wertes einer Variablen, des *Modalwertes.*
Die mathematisch exakte Definition einer Zufallsvariablen nach Fisz, M. (1976), die jedoch für die Methodik der Darstellung der anschließenden Stoffe selten erforderlich ist, lautet:

Definition (für intervallskalierte Zufallsvariablen): Gegeben sei eine Ereignis-Algebra als σ-Algebra (siehe Kap. II, 2.1.1 Axiom VII) auf Elementarereignissen E. Eine Funktion X(e) der Elemente e aus E in die reellen Zahlen *R* heißt Zufallsvariable, wenn das Urbild A eines jeden Intervalls der Form $(-\infty, x)$ ein zufälliges Ereignis $A \subset E$ ist .
Diese Definition bezieht sich auf endliche, abzählbar und überabzählbar unendliche Ereignismengen.

Die folgenden Beispiele zeigen einige der möglichen Abbildungstypen für endliche Ereignismengen. In den Beispielen 2 bis 4 gehen wir zur Vereinfachung von gleichwahrscheinlichen Elementarereignissen aus, obwohl auch Mengen nicht gleichwahrscheinlicher Elementarereignisse verwendet werden könnten:

Beispiel 1: Lösen einer Aufgabe

E $\quad$ $\mathbf{X} \subset R$
richtig -------> 1
falsch -------> 0

$\mathbf{X}=\{0,1\}$

Beispiel 2: a) Würfeln b) Würfeln einer 6

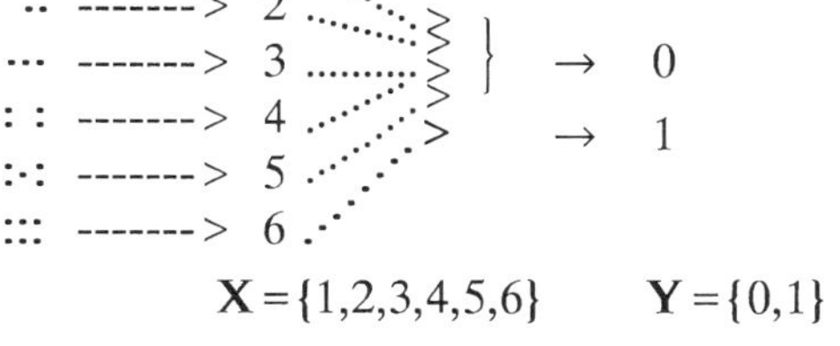

Beispiel 3: Spielkarten

E		$X \subset \mathbf{R}$
7,8,9	⋯>	5
10	⋯>	5
Bube	⋯>	10
Dame	⋯>	10
König	⋯>	10
As	⋯>	11

$\mathbf{X} = \{5, 10, 11\}$

Beispiel 4: Schuhgrößen einer Familie von 6 Personen

E = Schuhgrößen		$X \subset \mathbf{R}$		$Y \subset \mathbf{R}$
Person 1: 1	⋯>	1	----->	39
Person 2: 2	⋯>	2	----->	41
Person 3: 2	⋯>	2	----->	41
Person 4: 2	⋯>	2	----->	41
Person 5: 3	⋯>	3	----->	43
Person 6: 3	⋯>	3	----->	43

$\mathbf{X} = \{1,2,3\}$ $\mathbf{Y} = \{39,41,43\}$

Die oben dargestellten Beispiele 1 bis 4 enthalten gleichwahrscheinliche Elementarereignisse, die teilweise noch nicht numerisch sind. Nach der Abbildung in die reellen Zahlen *R* erhält man die numerische Variable **X**, deren Charakterisierung als Zufallsvariable wir in vielen Zusammenhängen auch durch die fette Schreibweise **X** ausdrücken.
Nach der Abbildung in ***R*** können die möglichen Werte der Zufallsvariablen **X** selbst wiederum als neue Elementarereignisse aufgefaßt werden und weiter in eine andere Zufallsvariable **Y** abgebildet werden, usw. (vgl. Beispiel 4).

Definition: Die Abbildung der Zufallsvariablen **X** als Funktion P(x) in die Wahrscheinlichkeiten P heißt (*Wahrscheinlichkeits-*) *Verteilung* (oder auch *Wahrscheinlichkeitsfunktion*) von **X**. Die Summe aller Wahrscheinlichkeiten P(x) einer Verteilung ist gleich 1. (Denn die Wahrscheinlichkeit, im entsprechenden Versuchsschema überhaupt einen Wert aus **X** zu erhalten, ist gleich dem sicheren Ereignis E).
Gegeben sei z.B. eine Folge von 6 Werten:

$$U = \langle 1, 2, 2, 2, 3, 3 \rangle$$

Wir führen nun folgendes Versuchsschema ein: Wir betrachten die Werte dieser Folge als (in diesem Falle endliche) *Population* und entnehmen ihr zufällig mit gleicher WS einen der 6 Werte. Hierdurch wird eine *Zufallsvariable*

$$X = \{1,2,3\}$$

definiert. Die Zufallsvariable X wird nach Berechnung der *relativen Häufigkeiten* durch folgende *Funktion* in die *Wahrscheinlichkeiten* P abgebildet, wobei $\Sigma P = 1$:

X →	P
1	1/6
2	3/6
3	2/6

Graphisch können die Wahrscheinlichkeiten der Zahlen X durch entsprechend hohe Säulen gleicher Breite angegeben werden (Histogramm oder Säulendiagramm, siehe Abb. 3.1). Die Ränder der Säulen fallen allgemein auf die Intervallgrenzen, so z.B. auf .5, 1.5, 2.5 usw., wenn die Säulenbreite gleich 1 gewählt wird. Die Zahlen 1, 2, 3 entsprechen dann den Mittelpunkten der Intervalle. Die Summe der Säulenhöhen und damit die Gesamtfläche aller Säulen ist gleich 1, da die Fläche unter einer Verteilungsfunktion bzw. einer Verteilungskurve gleich 1 ist.

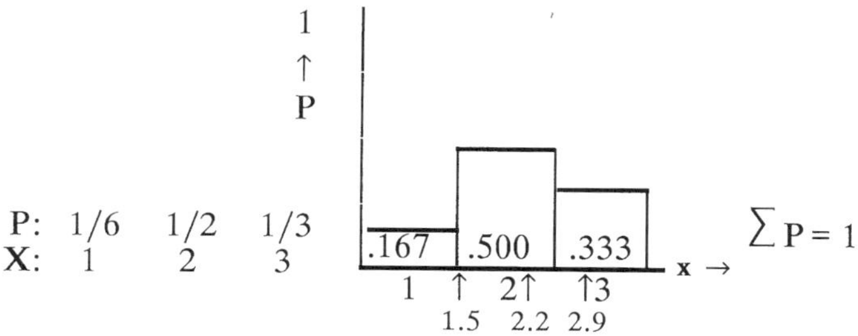

Abb. 3.1 Darstellung einer Wahrscheinlichkeitsfunktion P(x)

Erste Verteilungsparameter

Verteilungen werden durch ihre *Parameter* gekennzeichnet, von denen die wichtigsten der *Erwartungswert* und die *Varianz* (bzw. *Streuung*$=\sqrt{\text{Varianz}}$) sind.
Der Erwartungswert einer Zufallsvariablen bzw. einer Verteilung X wird hier zunächst für diskrete Zufallsvariablen definiert als Summe der mit ihren Wahrscheinlichkeiten gewichteten unterschiedlichen Werte $x_i \in X$:

$$E(X) = \sum_i P(x_i) \cdot x_i. \tag{3.0a}$$

Resultiert X aus einem Versuchsschema, bei dem aus einer *endlichen* Wertefolge, z.B. aus $<1,2,2,2,3,3>$, mit gleicher Wahrscheinlichkeit ein Wert entnommen wird, dann ist E(X) gleich dem Mittelwert $\overline{X}$ dieser Folge von X-Werten. Wir schreiben dann $M(X)=\overline{X}$ und erhalten $M(X)=E(X) \cong 2.2$ (vgl. den mittleren Pfeil in Abb. 3.1).

Herleitung von E(X)=M(X) am numerischen Beispiel: man bezeichnet die Häufigkeit der Zahl x_i mit h_i und setzt $m=h_1+h_2+\ldots$ und $P(x_i)=h_i/m$ sowie $x_1=1$, $x_2=2$ und $x_3=3$, dann folgt $\Sigma_i h_i=m$ (hier gleich 6) sowie:

$$\begin{aligned} M(X) &= (1+2+2+2+3+3)/6 = (1\cdot 1+3\cdot 2+2\cdot 3)/6 = (h_1\cdot 1+h_2\cdot 2+h_3\cdot 3)/m \\ &= (1/6)\cdot 1 + (3/6)\cdot 2 + (2/6)\cdot 3 \\ &= h_1/m\cdot 1 + h_2/m\cdot 2 + h_3/m\cdot 3 \\ &= P(x_1)\cdot x_1 + P(x_2)\cdot x_2 + P(x_3)\cdot x_3 = E(X) = 2.167 \end{aligned}$$

Transformiert man in einem weiteren Schritt die Zufallsvariable X z.B. durch die häufig erforderliche Transformation $Y=X^2$ in die neue Zufallsvariable Y, dann lautet deren Erwartungswert (bzw. Mittelwert):

$$E(Y) = E(X^2) = (1^2+2^2+2^2+2^2+3^2+3^2)/6 = 1/6\cdot 1+3/6\cdot 2^2+2/6\cdot 3^2 = 5.167\ ,$$

wobei zwischen $E(X)^2$ und $E(X^2)$ (oder auch $\overline{X}^2$ und $\overline{X^2}$) unterschieden werden muß, z.B.

$$E(X)^2 = \overline{X}^2 = (13/6)^2 = 2.167^2 = 4.69 \qquad \text{und} \qquad E(X^2) = \overline{X^2} = 31/6 = 5.167).$$

Die *Varianz* einer Zufallsvariablen bzw. einer Verteilung X, geschrieben Var(X) oder $\sigma^2(\mathbf{X})$ wird als *mittlere (erwartete) quadratische Abweichung* der X-Werte von ihrem *Mittelwert (Erwartungswert)* definiert.

$$\sigma^2(X) = \sum_i P(x_i)\cdot(x_i - E(X))^2 = E[(X - E(X))^2] = E(X^2) - E(X)^2 \tag{3.0b}$$

Die *Streuung* von X ist gleich $\sqrt{Var(X)} = \sigma(X)$. Die Streuung mißt anschaulich die Breite einer Verteilung (vgl. den rechten und linken senkrechten Pfeil in Abb. 3.1).

Beispiel: Im obigen Beispiel war $E(X)=2.167$ und $E(X^2)=5.167$. Somit ergibt sich für X:

$Var(X)=\sigma^2(X)=5.167-2.167^2 = 5.167-4.69= .47$ und $\sigma(X)= \sqrt{.47} =.69$ (siehe Abb. 3.1).

Eine graphische Darstellung von Varianz und Streuung zeigt die folgende Abbildung:

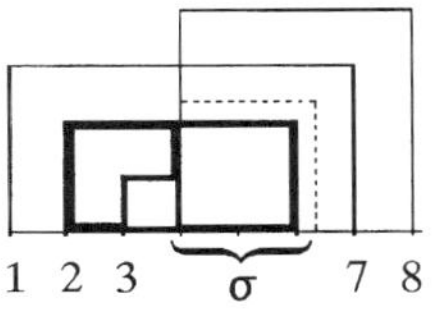

Abb. 3.2 Die Varianz der 12 Werte <1,2,2,2,2,3,3,6,6,6,7,8> als mittleres (gestricheltes) Quadrat der Abweichungen der 12 Werte von $E(X)=4$, $Var(X) = E(X^2)-E(X)^2 = 256/12-4^2=5.333$, Streuung $\sigma = \sqrt{5.333} = 2.31$. Die Quadrate für die Werte 2, 3 und 6 sind entsprechend den Häufigkeiten dieser Werte mit unterschiedlichen Strichdicken dargestellt worden.

Beweis der letzten Gleichung in (3.0b):

$$\begin{aligned}\sum_i P(x_i)\cdot(x_i-E(X))^2 &= \sum_i h_i/m\cdot(x_i-\bar{X})^2 = \sum_i h_i/m\cdot(x_i^2 - 2x_i\bar{X} + \bar{X}^2)\\ &= \sum_i h_i x_i^2/m - 2\sum_i h_i x_i/m\cdot\bar{X} + \underbrace{\sum_i h_i/m}_{=1}\cdot\bar{X}^2\\ &= \overline{X^2} - 2\bar{X}\cdot\bar{X} + \bar{X}^2 = \overline{X^2} - \bar{X}^2 = E(X^2)-E(X)^2\end{aligned}$$

Beispiel: Durch eine Folge U = <1, 3, 4, 4, 6, 6> sei eine Zufallsvariable X = {1,3,4,6} definiert:

1. Berechnung der Varianz als *mittlere quadratische Abweichung vom Mittelwert:* Nach Formel (3.0b) ergibt sich für die Varianz und die Streuung von U: M(U) = E(X) = 4.

$$\begin{aligned}Var(U) &= [(1-4)^2 + (3-4)^2 + (4-4)^2 + (4-4)^2 + (6-4)^2 + (6-4)^2]/6\\ &= [\;9 + 1 + 0 + 0 + 4 + 4\;]/6\\ &= 18/6 = 3.\end{aligned}$$

2. Berechnung der Varianz als *erwartete quadratische Abweichung vom Erwartungswert*, wobei Var(U) = Var(X):

$$Var(X) = \frac{1}{6}(1-4)^2 + \frac{1}{6}(3-4)^2 + \frac{2}{6}(4-4)^2 + \frac{2}{6}(6-4)^2 = 3,$$

Streuung: $\sigma(X) = \sigma(U) = \sqrt{3}$.

3. Berechnung der Varianz nach der Formel $E(X^2)-E(X)^2$:

$$E(X^2) = (1^2+3^2+2\cdot 4^2+2\cdot 6^2)/6 = 114/6 = 19.$$

$$Var(X) = \sigma^2(X) = E(X^2)-E(X)^2 = 19-4^2 = 3, \qquad \sigma(X)=\sqrt{3}.$$

Typen von Wahrscheinlichkeitsverteilungen

Man kann die Wahrscheinlichkeitsverteilungen nach folgenden Kriterien einteilen:

a) diskret vs. stetig,

b) beschränkter vs. unbeschränkter Definitionsbereich,

c) theoretisch (mathematisch durch ein idealisiertes Versuchsschema) definiert vs. empirisch bzw. experimentell definiert.

Zu c): Bei den theoretischen Verteilungen (Kap. IV), von denen im Folgenden einige zunächst kurz skizziert werden, ergeben sich die Wahrscheinlichkeiten der Zufallsvariablen eindeutig aus Formeln bzw. Rechenvorschriften. Die numerischen Werte der Wahrscheinlichkeiten ergeben sich aus diesen Formeln, sofern die für die Berechnung eventuell erforderlichen Parameter der Verteilungen bekannt sind. Diese Rechenformeln werden logisch bzw. mathematisch aus jeweils angenommenen Axiomen, d.h. aus einer entsprechenden Theorie, hergeleitet. Aus diesen Axiomen folgen auch die möglichen Versuchsschemata der jeweiligen Verteilung. Bei rein empirischen Verteilungen, z.B. bei Verteilungen biologischer, soziologischer oder psychologischer Maße, wie etwa bei Altersverteilungen oder Testwertverteilungen (siehe unten), muß ebenfalls ein Versuchsschema angegeben werden, und zwar schon aufgrund des fundamentalen Wissenschafts-kriteriums der Reproduzierbarkeit von Ergebnissen (Kap. I). Die Wahrscheinlichkeiten der zufälligen Meßwerte werden jedoch durch diese empirischen Schemata nicht eindeutig festgelegt. Sie ergeben sich als Schätzungen aus den jeweils erhaltenen relativen Häufigkeiten und stellen somit selbst zufällige Ereignisse dar.

Die Beispiele 1 bis 4 in Teil 1.1 entsprechen *endlichen* (und damit *beschränkten*) Verteilungen. Die Beispiele 1 bis 3 stellen theoretische Verteilungen dar (ideale Münzen, Würfel, Kartenspiele). Beispiel 4 kann als empirische Verteilung aufgefaßt werden, da jede einzelne Häufigkeit einer Schuhgröße im Beispiel empirisch vorgegeben ist.

3.1.2 Diskrete Verteilungen

Beispiel a) Die (diskrete) Gleichverteilung

Diese Verteilung ist rechts und links *beschränkt*. Als Beispiel sei hier die Verteilung des Würfelschemas genannt, deren 6 Säulen ein Rechteck ergeben. Die Würfelverteilung ist eine *theoretische Verteilung*, denn ihre einfache Formel $P(X=k) = 1/6$, d.h. die WS, daß die Zufallsvariable X einen der Werte $k=1$ bis 6 mit gleicher WS annimmt, ergibt sich aus theoretischen Überlegungen zur Gleichartigkeit aller 6 Würfelseiten. Der empirische Würfel kann dagegen nur annähernd gleiche Wahrscheinlichkeiten pro Würfelseite aufweisen, da infinitesimale Materialinhomogenitäten, aufgrund derer die Würfelseiten z.B. unterschiedlich schwer sind, unvermeidbar sind. Erwartungswert, Varianz und Streuung der idealen Würfelverteilung betragen:

$$\begin{aligned} E(X) &= M(X) = 3.5 \\ \sigma^2(X) &= E(X^2)-E(X)^2 = 2.92 \\ &= (1^2+2^2+3^2+4^2+5^2+6^2)/6-3.5^2 = 15.17-12.25 = 2.92 \text{ bzw.} \\ \sigma(X) &= \sqrt{2.92} = 1.71 \end{aligned}$$

Beispiel b) Die Binomialverteilung

Aus dieser Verteilung werden später durch bestimmte Änderungen des Versuchsschemas ein großer Anteil der restlichen Verteilungen hergeleitet (siehe Kap. IV). Die Binomialverteilung ist eine *theoretische, diskrete* und *beschränkte* Verteilung mit den Parametern p und n und der Zufallsvariablen X, die im Falle der Binomialverteilung häufig mit k bezeichnet wird.

Herleitung am Beispiel: Gegeben sei eine Urne mit $p=1/3$ weißen Kugeln und $q=1-p=2/3$ schwarzen Kugeln. Es werden $n=3$ Kugeln mit Zurücklegen gezogen. Wie groß ist die WS, daß davon z.B. $\mathbf{X}=k=2$ Kugeln weiß sind? Jede der $2^3 = 2^n=8$ möglichen Reihenfolgen der Kugeln kann hier als Elementarereignis aufgefaßt werden: E = {www,wws,wsw,wss,sww,sws,ssw,sss}. Genau $3=\binom{n}{k}$ dieser Reihenfolgen enthalten die gewünschten 2 weißen Kugeln: {wws,wsw,sww}. Die Wahrscheinlichkeiten dieser 3 Elementarereignisse (3 Ereignisketten) sind gleich groß:

$$ppq=pqp=qpp = p^2q^1 = p^kq^{n-k} = (1/3)^2(2/3).$$

Die WS, daß 2 weiße Kugeln auftauchen, ist somit gleich dem zusammengesetzten Ereignis, daß {wws *oder* wsw *oder* sww} auftaucht, d.h. gleich der Summe der WS: $P(wws)+P(wsw)+P(sww)=3 \cdot p^2q^1$.
Aus diesen Überlegungen folgt für die allgemeinen Größen n, k und p wegen $3=\binom{n}{k}$ die Bildung der Formel für die Binomialverteilung:

$$\boxed{P(X=k \mid n \text{ und } p \text{ gegeben}) = \binom{n}{k}p^kq^{n-k}} \tag{3.1}$$

Wie bei jeder Wahrscheinlichkeitsverteilung muß die Summe dieser Wahrscheinlichkeiten für $k=0$ bis n gleich 1 sein. Dies läßt sich hier unter Anwendung des binomischen Satzes (vgl. Kap. I, Formel (1.4)) auf $(p+q)$ zeigen:

$$\sum_{k=0}^{n} \binom{n}{k}p^kq^{n-k} = (p+q)^n = 1^n = 1.$$

Der Erwartungswert und die Varianz der Binomialverteilung betragen (wobei $x_k=k$):

$$E(X) = \sum_{k=0}^{n} \binom{n}{k}p^kq^{n-k} \cdot x_k = np \tag{3.1a}$$

$$\sigma^2(X) = \sum_{k=0}^{n} \binom{n}{k}p^kq^{n-k} \cdot (x_k-np)^2 = npq \tag{3.1b}$$

Diese beiden Gleichungen lassen sich später (siehe (3.47)) direkt aus den Sätzen über die Addition unabhängiger Verteilungen (hier Bernoulli-Verteilungen, siehe unten) herleiten.

α) β)

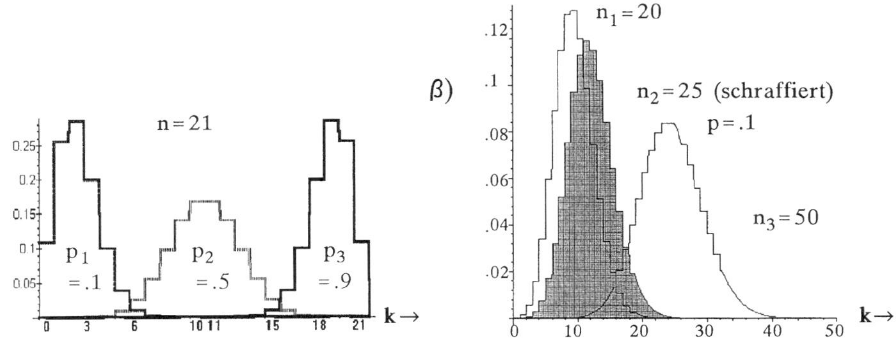

Abb. 3.3 Binomialverteilungen: α) mit konstantem $n=21$ und unterschiedlichen p (= .1, .5 bzw. .9)
β) mit konstantem $p=.1$ und unterschiedlichen n (=20, 25 bzw. 50). Bild α) zeigt, daß die Binomialverteilung für $p=p_2=.5$ symmetrisch ist. Mit zunehmender positiver (negativer) Differenz p - .5 wird sie links- (rechts-) schief. Bild β) zeigt, daß auch bei einem kleinen $p=.1$ für wachsendes n die Binomialverteilung symmetrischer wird und sich einer Normalverteilung annähert, vgl. auch den *zentralen Grenzwertsatz* in Kapitel IV, Teil 4.10 (Theorem 4.2).

Beispiel c) Die Bernoulli-Verteilung

Für den Sonderfall $n=1$ (d.h. 1 Versuch) und $k=0$ oder 1 vereinfacht sich die Binomialverteilung (3.1) wegen $\binom{1}{1}=\binom{1}{0}=1$ zur *Bernoulli*-Verteilung mit den beiden Wahrscheinlichkeiten $p^1q^{1-1}=pq^0=p$ bzw. zu $p^0q^{1-0}=q$. Ihre Zufallsvariable $X=\{0,1\}$ umfaßt hier nur zwei Werte, die sie mit den WSS $P(1)=p$ und $P(0)=1-p=q$ annimmt. Aus (3.1a) und (3.1b) ergeben sich für $n=1$ die Parameter $E(X)=p$ und $\sigma^2(X)=pq = p(1-p)=p-p^2$. Als Standardbeispiel einer empirischen Bernoulli-Verteilung kann man ein einzelnes binäres Item mit den Anwortmöglichkeiten $\{0,1\}$ aus einem psychologischen Test ansehen. $p=P(X=1)$ entspricht dann der WS einer als bejahend bzw. - im Falle eines Leistungstests - als korrekt definierten Antwort und $q=P(x=0)$ dem Komplement.

Beispiel d) Die geometrische Verteilung.

Diese Verteilung stellt ein Beispiel für eine *unendliche diskrete* Verteilung dar (vgl. Abb. 3.4α). Ihre Elementarereignisse entstehen aus einem Versuchsschema, bei dem man die Anzahl der Mißerfolge $n-1$ bis zum ersten Erfolg zählt: Gegeben sei eine Urne, aus der man mit der konstanten Wahrscheinlichkeit p *(mit Zurücklegen)* eine weiße Kugel (definiert als "Erfolg") zieht und mit $q=1-p$ eine schwarze Kugel ("Mißerfolg"). Die Zufallsvariable ist gleich der Nummer n des Versuchs, bei dem der erste Erfolg eintrat.
Die Elementarereignisse entsprechen hier den abzählbar unendlich vielen möglichen Ketten (Folgen) aus Mißerfolgen e_0 bis zum ersten Erfolg $\mathbf{e_1}$:

$$E = \{\mathbf{e_1},\ e_0\mathbf{e_1},\ e_0e_0\mathbf{e_1},\ e_0e_0e_0\mathbf{e_1},\ \ldots\ ,\ e_0e_0\ldots e_0e_0\mathbf{e_1}\}.$$

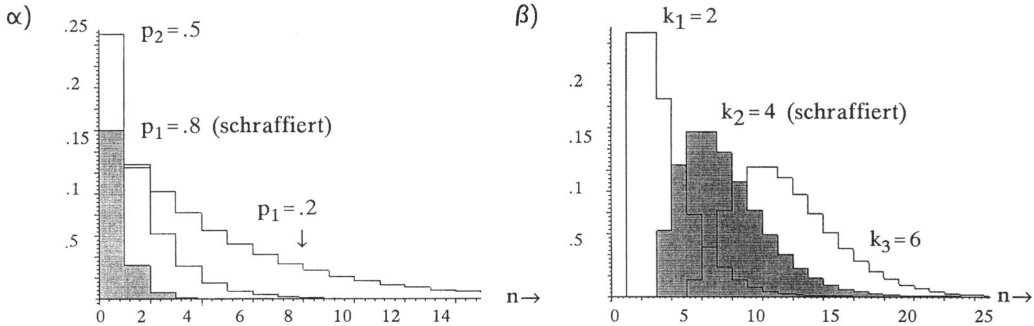

Abb. 3.4 α) Geometrische Verteilungen und β) negative Binomialverteilungen (Pascal-Verteilungen). Bild α) zeigt 3 geometrische Verteilungen mit den Parametern p_1=.2, p_2=.5, p_3=.8. Bild β) stellt 3 Pascalsche Verteilungen dar mit p=.5 und den Erfolgshäufigkeiten $k_1=2$, $k_2=4$, $k_3=6$. Das Maximum der Verteilung wandert mit zunehmendem k nach rechts. (Unterschiedliche Graustufen sollen die Verteilungen gegeneinander abgrenzen)

Die Ketten besitzen wegen der vorausgesetzten Unabhängigkeit der einzelnen Kugelziehungen die Wahrscheinlichkeiten qp, q^2p, q^3p, q^4p, ... usw., die mit zunehmender Potenz kleiner werden. Die Wahrscheinlichkeiten der Elementarereignisse sind somit nicht empirisch gegeben, sondern über die mathematisch hergeleitete Formel:

$$\boxed{\text{P(erste weiße Kugel beim n-ten Versuch)} = q^{n-1}p} \tag{3.2}$$

Diese Wahrscheinlichkeiten summieren sich nach dem Prinzip einer *geometrischen Reihe* zu 1 auf: Allgemein gilt für geometrische Reihen über q (mit $0<q<1$):

$$\sum_{i=0}^{\infty} q^i = 1/(1-q)$$

(vgl. Kap. I, Formel (1.6a)). Hieraus folgt für die Summe aller Wahrscheinlichkeiten einer geometrischen Verteilung:

$$\sum_{i=0}^{\infty} q^i p = p\sum_{i=0}^{\infty} q^i = p/(1-q) = p/p = 1.$$

Demnach handelt es sich hier um eine *theoretische Verteilung*, die nach rechts *unbeschränkt* ist. Der Erwartungswert und die Varianz der geometrischen Verteilung bzw. der Zufallsvariablen n ergeben sich aus:

$$E(X) = E(n) = \sum_{n=1}^{\infty} P(n)\cdot n = \sum_{n=1}^{\infty} q^{n-1}p\cdot n = 1/p, \tag{3.2a}$$

$$\sigma^2(X) = \sigma^2(n) = q/p^2. \tag{3.2b}$$

Beispiel: Die mittlere Anzahl der Würfelversuche bis zur ersten Sechs ist E(n) = 1/p = 1/(1/6) = 6, die Varianz von n ist gleich $(1-1/6)/(1/6^2)=(5/6)\cdot 6^2=30$.

Herleitungen: a) Der *Erwartungswert* der geometrischen Verteilung läßt sich wie folgt herleiten:

$$E(n)=\Sigma_{n=1}^{\infty} q^{n-1}p\cdot n = p\Sigma_{n=0}^{\infty} q^n(n+1) = p[\Sigma_{n=0}^{\infty} q^n n + \Sigma_{n=0}^{\infty} q^n].$$

Setzt man in den letzten Ausdruck die Grenzwerte von (1.6a) und (1.6b) ein, so folgt:

$p[q/(1-q)^2 + 1/(1-q)] = p[(q+(1-q))/(1-q)^2] = p[1/(1-q)^2] = p/p^2 = 1/p.$

b) Zur Herleitung der Formel der *Varianz* der geometrischen Verteilung: $Var(n)=E(n^2)-E(n)^2 = E(n^2)-(1/p)^2$, braucht nur noch der Ausdruck für $E(n^2)$ abgeleitet zu werden:

$E(n^2) = \Sigma_{n=1}^{\infty} q^{n-1}pn^2 = p\Sigma_{n=0}^{\infty} q^n(n+1)^2 = p\Sigma_{n=0}^{\infty} q^n(n^2+2n+1)$

$= p[\Sigma_{n=0}^{\infty}q^n n^2+2\Sigma_{n=0}^{\infty}q^n n+\Sigma_{n=0}^{\infty}q^n]$. Einsetzen der Grenzwerte nach (1.6a-c), Kap. I, ergibt:

$p[(p^2-3p+2)/(1-q)^3+2q/(1-q)^2+1/(1-q)] = p[(p^2-3p+2+2qp+p^2)/(1-q)^3]$

$= p[(p^2-3p+2+2p-2p^2+p^2)/p^3] = [2-p]/p^2 = [1+q]/p^2.$

Somit folgt

$Var(n) = E(n^2) - E(n)^2 = (q+1)/p^2-1/p^2 = q/p^2.$

Der Vergleich der geometrischen Verteilung mit der Binomialverteilung zeigt, daß zwei sehr unterschiedliche Verteilungen resultieren, je nachdem ob man in dem gemeinsamen Versuchsschema (Urnenschema) die "Anzahl der Erfolge k" oder aber die "Anzahl der Versuche n bis zum ersten Erfolg" als Zufallsvariable definiert.

Beispiel e) Die negative Binomialverteilung (Pascal-Verteilung)

Verwenden wir das gleiche Versuchsschema wie bei der geometrischen Verteilung, allerdings mit der Zufallsvariablen "Anzahl der Versuche n bis zum k-ten Erfolg", dann erhält man eine sogenannte *negative Binomialverteilung (=Pascal-Verteilung)* (vgl. Abb. 3.4), deren Spezialfall für k=1 wieder die geometrische Verteilung ergibt. Die Wahrscheinlichkeiten dieser Verteilung ergeben sich aus folgender Formel:

$$P(n|p,k) = \binom{n-1}{k-1} p^k q^{n-k}. \qquad (3.3)$$

Erwartungswert und Varianz betragen $E(n)=k/p$ bzw. $Var(n)=kq/p^2$.

Die Herleitung von (3.3) sowie des Erwartungswertes dieser Verteilung erfolgt in Kap. IV, Teil 4.5.1.

Beispiel f) Die Poisson-Verteilung

Die Wahrscheinlichkeiten einer Poisson-verteilten Zufallsvariablen k ergeben sich aus der Form

$$P(k) = \frac{\lambda^k}{k!} e^{-\lambda} . \qquad (3.4)$$

Erwartungswert und Varianz dieser Verteilung sind gleich:

$$E(k) = \lambda \quad \text{sowie} \quad Var(k) = \lambda. \qquad (3.4a)$$

Die Herleitung der Formeln (3.4) und (3.4a) sowie graphische Darstellungen der Poisson-Verteilung findet man in Kap. IV, Teil 4.7.

Der Parameter λ wird auch als *Intensität* bezeichnet. Er entspricht der durchschnittlichen Anzahl von Ereignissen, die in einem bestimmten beobachteten (Zeit-) Raum zu erwarten sind. Wir geben zur Poisson-Verteilung mehrere formal äquivalente

Versuchsschemata an:

1. Die durchschnittliche Anzahl der registrierten *Unfälle* pro Tag in einer bestimmten Stadt sei mit $\lambda=8$ ermittelt worden. An einem zufällig gewählten Tag werde die Anzahl k der Unfälle gezählt. Wie groß ist die WS dafür, daß an diesem Tag die Anzahl der beobachteten Unfälle den Wert k annimmt (k=0, 1, 2 usw.)?
Für k=0 und k=1 vereinfacht sich die Formel (3.4) in folgender Form:

$$P(k=0) = \lambda^0/0! \cdot e^{-\lambda} = e^{-\lambda}, \qquad (3.4b)$$

$$P(k=1) = \lambda^1/1! \cdot e^{-\lambda} = \lambda e^{-\lambda}.$$

2. Zwei Analogien zum *Unfallschema*: Die durchschnittliche Anzahl der Entladungen a) einer Nervenzelle bzw. b) einer radioaktiven Substanz in einer bestimmten Zeiteinheit t sei λ. Mit welcher WS treffen in einer zufällig ausgewählten Zeiteinheit der Größe t genau k Entladungen ein?

3. Drei *räumliche* Beispiele: a) In einem Kuchenteig von 1000 g werden 400 Rosinen verrührt. Aus dem Teig werden mit einer Kuchenform 100 Plätzchen zu 10 g gebildet, so daß die durchschnittliche Anzahl der *Rosinen* pro Plätzchen λ = 400/100= 4 ist. Wie groß ist die WS, daß man ein Plätzchen mit k=0, k=1, k=8 usw. Rosinen findet?
b) Die Anzahl von Bakterien eines bestimmten zu untersuchenden Typs pro Raumeinheit einer untersuchten Blutprobe genügen ebenfalls dem Poissonschema.
c) Werden aus dem Weltraum gleich große Raumeinheiten "herausgeschnitten", dann sollen die Anzahlen der in diesen Einheiten enthaltenen *Sterne* Poisson-verteilt sein.

Das Gemeinsame dieser Versuchsanordnungen ist ein metrischer Raum (Zeit, physikalischer Raum usw.), in dem mit konstanter Intensität λ eine zufällige Anzahl bestimmter Ereignisse eintreten.

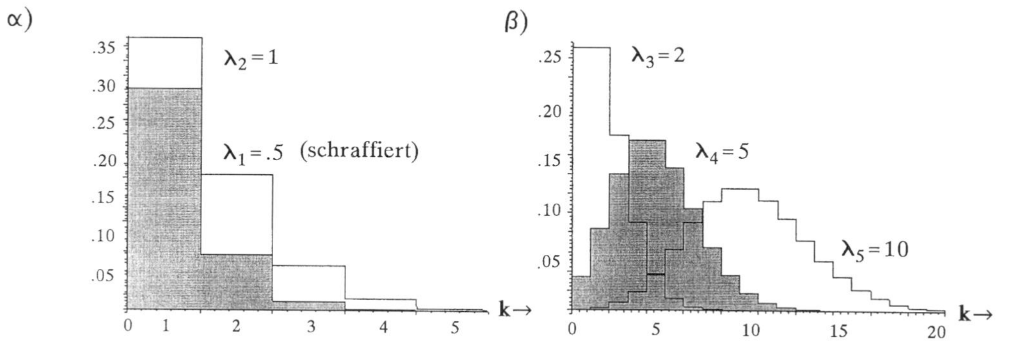

Abb. 3.5 Poisson-Verteilungen für unterschiedliche Parameter λ: Der Vergleich der beiden Abbildungen α) und β) zeigt, daß bei wachsendem Paramter λ das Maximum der Verteilungen nach rechts wandert. Dabei werden die Verteilungen zunehmend symmetrischer. (Die Graustufen dienen der Unterscheidung der Verteilungen.)

4. *Zufällige Ränge:* Analog zu dem Medium "Raum" läßt sich jedoch offenbar auch aus einer Folge, z.B. einer Folge von Spielkarten, eine Poisson-Verteilung herleiten:

Die WS, daß nach zufälliger Mischung von N Karten genau k der Karten ihre ursprüngliche Position beibehalten (k *Koinzidenzen* der neuen mit der alten Reihenfolge), ist für wachsendes N Poisson-verteilt mit $\lambda = 1$ (siehe Kap. II, Teil 2.4.3).

Beispiel g) Die hypergeometrische Verteilung

Das Versuchsschema dieser Verteilung entspricht demjenigen der Binomialverteilung, allerdings *ohne Zurücklegen* der aus der Urne gezogenen Kugeln. Infolgedessen verändert sich mit jeder gezogenen Kugel die Zusammensetzung der Urne und damit die Wahrscheinlichkeiten p (=P(weiße Kugel)) und q (=P(schwarze Kugel)). Gegeben sei eine Urne mit N Kugeln, von denen W Kugeln weiß und S Kugeln schwarz sind. Es werden n Kugeln gezogen, von denen sich k ($0 \le k \le n$) Kugeln als weiß erweisen. Die Zufallsvariable ist k. Für $n=5$ und $k=2$ seien die Kugeln z.B. in der Reihenfolge WSSWS gezogen worden. Dann errechnet sich die Wahrscheinlichkeit dieses Ergebnisses aus

$$P(WSSWS) = P(W) \cdot P(S|W) \cdot P(S|W \cap S) \cdot P(W|W \cap S \cap S) \cdot P(S|W \cap S \cap S \cap W)$$

$$= \frac{W}{N} \cdot \frac{S}{N-1} \cdot \frac{S-1}{N-2} \cdot \frac{W-1}{N-3} \cdot \frac{S-2}{N-4} \; .$$

Die hypergeometrische Verteilung kann zur Modellierung von Wahrscheinlichkeiten des *Ratens* oder der Produktion von *Gedächtnisinhalten* verwendet werden: $P(W)=W/(N-3)$ sei z.B. die WS, ein Objekt W zum ersten Mal zu nennen, nachdem man bereits drei andere Objekte genannt hat. Eine andere Anwendung betrifft die *Qualitätskontrolle* von Produkten gleicher Art: Zu berechnen sei die WS, k defekte Objekte in einer Menge von N Objekten zu finden, wenn jedes entnommene Produkt entweder verkauft oder, falls defekt, eliminiert wird.

Beispiel h) Empirische Verteilung: z.B. Altersverteilung

Eine diskrete Verteilung kann auch aus einer entsprechenden Abbildung einer stetigen Zufallsvariablen entstehen, d.h. wenn man eine ursprünglich *kontinuierliche Zufallsvariable* in *Klassen* einteilt. Als Beispiel sei eine Altersverteilung einer Gruppe von 50 Studenten in ganzen Zahlen von z.B. 19 bis 25 Jahren angegeben. Hier werden die ursprünglich beliebig genauen und individuell verschiedenen momentanen Lebenszeiten U in die Zufallsvariable "Altersklassen" (Lebensjahre) *abgebildet*, z.B.

$$X = \text{"Lebensjahre"} = \{19, 20, 21, 22, 23, 24, 25\}$$

Obwohl man mit gleicher Wahrscheinlichkeit jeden beliebigen Studenten auswählen kann, resultiert hier eine diskrete Variable X (Alter) mit unterschiedlichen Wahrscheinlichkeiten. Im Gegensatz zu einer echten diskreten Verteilung kann man hier die jeweilige Klasseneinteilung in unterschiedlichen Verfeinerungsgraden wählen, z.B. in Monaten oder Tagen und erhält damit neue Klasseneinteilungen mit anderen Wahrscheinlichkeiten und damit jeweils neue diskrete Zufallsvariablen Y (Monate) oder Z (Tage) usw.

Empirische Verteilungen stetiger Merkmale entstehen im allgemeinen nicht nach einer bekannten Formel und können daher erst nach Wahl einer Klasseneinteilung graphisch erfaßt werden.

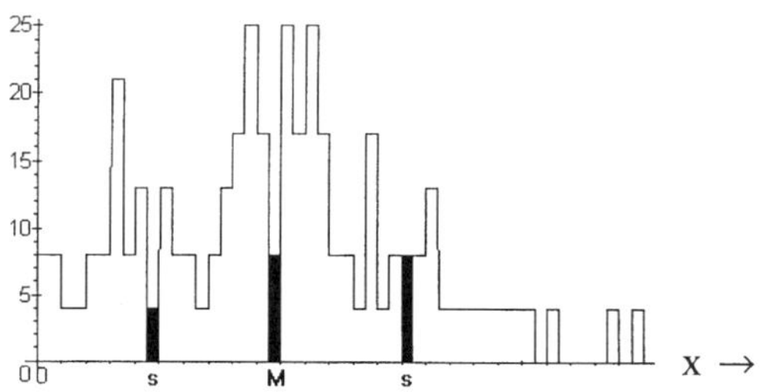

<——— Wohlbefinden, Optimismus, 0, Befindlichkeitsstörungen ———>

Abb. 3.6a Verteilung der Werte einer Skala allgemeiner Befindlichkeitstörungen (n= 100 Personen). Die Punktwerte entstammen einer Fragebogenuntersuchung an 100 Personen (Faktorscores des 1. Hauptachsenfaktors einer Faktorenanalyse über eine FPI-Form mit $M \equiv E(X) = 0$ und $s \equiv \sigma(X) = 1$, vgl. Kap. VIII, Teil 8.6.2, Ein Design mit 2 Gruppen)

Beispiel k) Empirische und experimentelle Verteilungen des Verhaltens

Ein weiteres Beispiel empirischer Verteilungen stellt die durch Einteilung in 50 Klassen gebildete Verteilung der Häufigkeiten h_k $(k = 1,50)$ einer aus Fragebogendaten berechneten Skala eines *Persönlichkeitstests* in Abb. 3.6a dar. Die Latenzzeitverteilung in Abb. 3.6b entstammt aus einem *Intelligenztest.*

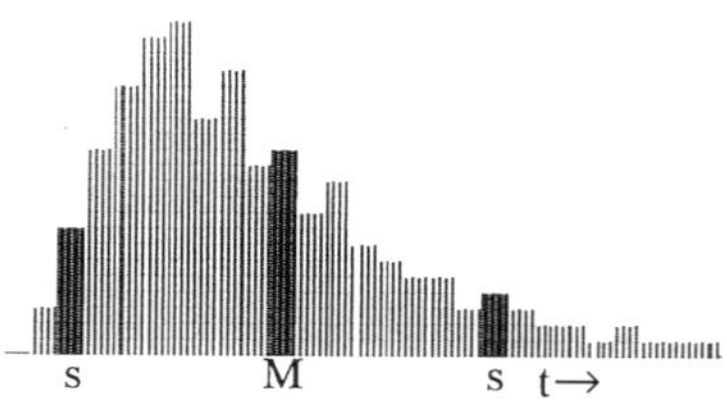

Abb.3.6b Verteilung der Latenzzeiten von Kopfrechenaufgaben. Die Verteilung wurde aus 4850 Bearbeitungszeiten $t \in T$ (Latenzzeiten) zusammengestellt. Sie entstammen einem Experiment mit 25 etwa gleich schwierigen Aufgaben (Addieren von je zwei dreistelligen Zahlen), die 194 Personen zur Bearbeitung an einem Bildschirm dargeboten wurden. Jede Person gab das errechnete Resultat per Taste ein bzw. sollte bei Abbrechen der Aufgabe eine bestimmte hierfür vorgebene Taste drücken (Parameter: $M \equiv E(T) = .703$ sec., $s \equiv \sigma(T) = .335$ sec.).

3.1.3 Dichten

Analog zur Wahrscheinlichkeitsfunktion P(x) der diskreten Zufallsvariablen besitzt eine kontinuierliche Zufallsvariable X eine *Dichte* f(x). Anstelle der Summation bei der Bildung von Erwartungswerten erfolgt hier eine entsprechende Integration:

$$E(X) \quad = \quad \int_{-\infty}^{\infty} f(x) \cdot x \cdot dx. \tag{3.5a}$$

In ähnlicher Form wird auch die Varianz über eine entsprechende Integration als erwartete quadratische Abweichung vom Erwartungswert definiert:

$$\mathrm{Var}(X) = \int_{-\infty}^{\infty} f(x)(x-E(X))^2 dx \tag{3.5b}$$

$$= E(X^2)-E(X)^2 = \int_{-\infty}^{\infty} f(x)\cdot x^2 \cdot dx - \left(\int_{-\infty}^{\infty} f(x)\cdot x \cdot dx\right)^2.$$

Erläuterungen: a) Die Zufallsvariable x wird hier klein geschrieben, da sie das Argument einer Dichte f(x) darstellt. b) Die Grenzen der Integration sind hier ohne Einschränkung der Allgemeinheit $-\infty$ bis $+\infty$ angegeben, da die Dichte außerhalb des Definitionsbereiches einer Zufallsvariablen ohnehin gleich 0 ist.

Beispiel a) Die Exponentialverteilung

Wir gehen von dem Versuchsschema einer zeitlichen Poisson-Verteilung aus (siehe oben) und setzen einen Zeitpunkt t_0 fest, von dem an die zufälligen Ereignisse dieser Verteilung beobachtet werden sollen. Die *Verteilung der Zeit* t von t_0 bis zum Eintreffen des ersten Ereignisses hat dann eine "Exponentialverteilung" bzw. die *Exponentialdichte* (vgl. Abb 3.7)

$$f(t) = \lambda e^{-\lambda t}. \tag{3.6}$$

Die Zufallsvariable T (mit $t \in T$) ist hier nur für $t \geq 0$ definiert. Das Integral der Dichte f(t) zwischen den Grenzen $-\infty$ bis $+\infty$ ist dann gleich dem entsprechenden Integral von 0 bis $+\infty$. Da das unbestimmte Integral von $\exp(-a\cdot x)$ gleich $-1/a\cdot\exp(-a\cdot x)$ ist, folgt wie für die WS-Verteilung P(x), daß die Fläche unter der Funktion f(x) gleich 1 ist:

$$\int_{-\infty}^{+\infty} f(t)dt = [-e^{-\lambda t}-(-e^{-\lambda t})]_{-\infty}^{\infty} = -e^{-\lambda\infty}+e^{-\lambda 0} = -1/e^{\lambda\infty}+1 = 1. \tag{3.6a}$$

Den Parameter λ bezeichnet man als *Intensität*. Diese "Intensität" entspricht der durchschnittlichen Anzahl von Poisson-Ereignissen pro Zeiteinheit $t=1$ (vgl. die Definition von λ in der Poisson-Verteilung). Bedingung für die Gültigkeit der Exponentialverteilung ist die Konstanz der Intensität λ während der Zeit, d.h. $\lambda(t)=\lambda=\text{const}$.

$$E(t) = 1/\lambda, \quad \mathrm{Var}(t)=1/\lambda^2. \tag{3.6b}$$

Herleitungen: a) Da das unbestimmte Integral von $\exp(-\lambda t)\cdot t$ nach dt gleich

$$-1/\lambda^2[\lambda t\exp(-\lambda t)-\exp(-\lambda t)]$$

ist, ergibt sich der *Erwartungswert* der Exponentialverteilung aus folgender Herleitung:

$$\int_0^{\infty} \lambda e^{-\lambda t} t\,dt = \lambda[-\underbrace{[\lambda t\exp(-\lambda t) + \exp(-\lambda t)]}_{\to 0|t\to\infty \text{ bzw. } \to 1|t\to 0}/\lambda^2]_0^{\infty} = [-(0-1)/\lambda] = E(t) = 1/\lambda.$$

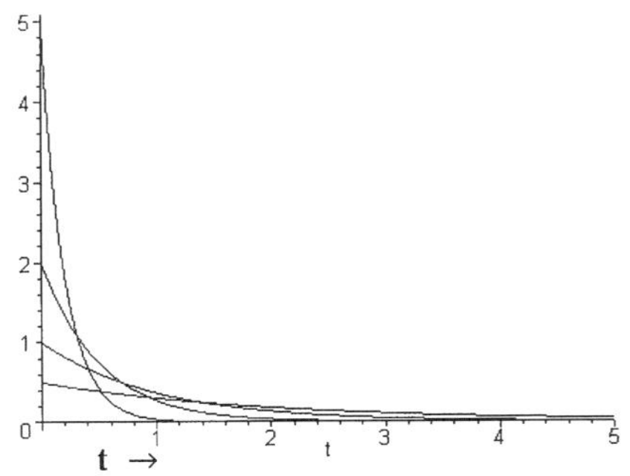

Abb. 3.7 Exponentialverteilungen mit 4 Intensitätsparamtern λ_1 bis λ_4.
Mit zunehmender Intensität λ setzen die Verteilungen (genauer die Dichten) höher an der Ordinate an.

---

b) Zur Herleitung der *Varianz* der Exponentialverteilung aus $E(T^2)-E(T)^2$ muß zunächst das Integral $E(T^2)$ bestimmt werden. Da das unbestimmte Integral von $\exp(-\lambda t)t^2$ gleich $-1/\lambda^3[\exp(-t\lambda)\lambda^2t^2+2\lambda t\exp(-\lambda t)+2\exp(-\lambda t)]$ ist, folgt

$$E(T^2) = \int_0^\infty \lambda e^{(-\lambda t)}t^2dt = \lambda[-[\lambda^2t^2e^{(-\lambda t)} + 2\lambda te^{(-\lambda t)}+2e^{(-\lambda t)}]/\lambda^3]_0^\infty = [-(0-2)/\lambda^2] = 2/\lambda^2.$$

Hieraus folgt $Var(T) = \sigma^2(T) = E(T^2) - E(T)^2 = 2/\lambda^2 - 1/\lambda^2 = 1/\lambda^2$.

Die Exponentialverteilung gilt daher auch als die klassische *Reaktionszeitverteilung* zumindest für kurze Reaktionszeiten bzw. für elementare Vorgänge, die sich nicht aus mehreren parallel überlagerten oder seriell gekoppelten Prozessen zusammensetzen.
Die WS, daß ein ab t_0 erwartetes Ereignis nach einer *Latenzzeit* t zwischen den beiden Zeitpunkten t_1 und t_2 eintritt, entspricht der WS $P(t_1 < t \leq t_2)$. Diese WS ist gleich der Fläche der Dichte f(t) zwischen den beiden Abszissenpunkten t_1 und t_2. Da die Exponentialverteilung eine Dichte darstellt, ergibt sich diese WS aus dem Integral von f(t) (3.6a) zwischen t_1 und t_2, wobei das unbestimmte Integral der Verteilung gleich $\int f(t)dt = -e^{-\lambda t}$ ist:

$$P(t_1 < t \leq t_2) = \int_{t_1}^{t_2} f(t)dt = \int_{t_1}^{t_2} \lambda e^{-\lambda t}dt = (-e^{-\lambda t_2}-(-e^{-\lambda t_1})) = e^{-\lambda t_1} - e^{-\lambda t_2}. \quad (3.6c)$$

Nach dieser Berechnung ist die WS gleich 0, daß das Ereignis genau zu einem Zeitpunkt $t=t_1=t_2$, d.h. in einem Intervall der Größe 0 eintritt. Diese Herleitung zeigt, daß in jeder Dichte für die WS eines bestimmten Wertes t der Zufallsvariablen die Beziehung $P(t)=0$ gilt, obwohl für die Dichte $f(t) \geq 0$ gilt. Im Unterschied zur Wahrscheinlichkeitsverteilung kann eine Dichte auch Werte größer 1 annehmen, so z.B. im Falle der Exponentialverteilungen in Abb. 3.7.

Beispiel b) Die Normalverteilung

Diese Verteilung stellt ein Beispiel *für theoretische stetige (kontinuierliche) Verteilungen* (bzw. *Dichten*) dar, deren Zufallsvariablen *überabzählbar* viele Werte annehmen können und deren Verteilungsformen sich aus Formeln bzw. aus jeweils einem theoretischen Ansatz ergeben, vgl. Abb 3.8. Dasselbe gilt z.B. auch für *die t-, die F-Verteilung, die Exponential-, die Gammaverteilung* usw. Unter ihnen ist die *Normalverteilung* neben der Gammaverteilung eine der grundlegenden Verteilungen in der Wahrscheinlichkeitstheorie, aus der viele andere Verteilungen abgeleitet werden können.

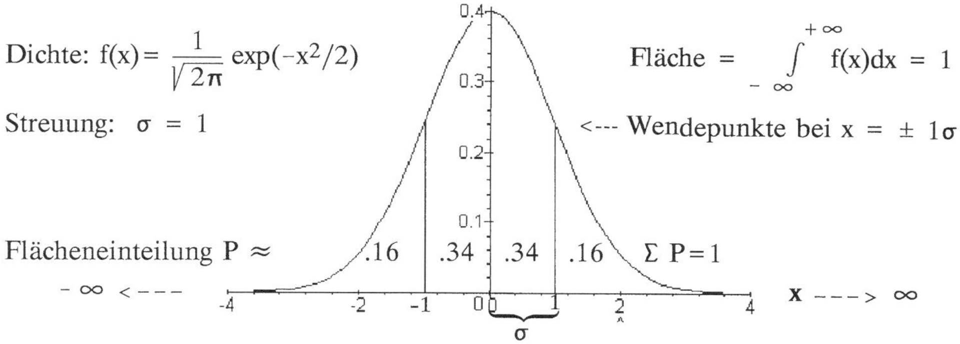

Abb. 3.8 Standardnormalverteilung N(0,1). Als Standardnormalverteilung bezeichnet man die Normalverteilung mit dem Mittelwert m=0 und der Streuung $\sigma=1$, siehe unten. Sie wird daher auch durch N(0,1) symbolisiert. Andere (nicht-Standard-) Normalverteilungen mit $\sigma^2 \neq 1$ oder $E(x)=\mu \neq 0$ werden durch die allgemeinere Formel $f(x)=1/\sqrt{2\pi\sigma^2}\exp[-(x-\mu)^2/(2\sigma^2)]$ beschrieben. Das Versuchsschema der Normalverteilung wird durch den sog. *zentralen Grenzwertsatz* (siehe auch Kap. IV, Teil 4.10, Theorem 4.2) definiert.

Die Ordinate einer stetigen Verteilung stellt keine Wahrscheinlichkeit dar. Die WS jedes Wertes der Zufallsvariablen X ist gleich 0. Dies wird folgendermaßen verdeutlicht: Die WS, daß X einen Wert aus dem Intervall $[x_1,x_2]$ annimmt, ergibt sich bei Verallgemeinerung der entsprechenden Summenbildung einer diskreten Verteilung, z.B. (3.0a) durch das Integral

$$P(x_1 \leq X \leq x_2) = \int_{x_1}^{x_2} f(x)dx. \tag{3.7}$$

Diese WS entspricht daher der Fläche der Kurve f(x) zwischen den Grenzen x_1, x_2. Bei der Standardnormalverteilung ergibt sich aus diesem Integral z.B. für die Grenzen $x_1=-\infty$, $x_2=-1$ die WS .16, für die Grenzen $x_1=-1$, $x_2=0$ die WS .34 usw., siehe Abb. 3.8.

Um die WS eines einzelnen Wertes x_0 zu berechnen, muß man demnach die Fläche zwischen den Grenzen x_0,x_0 berechnen. Diese Fläche ist gleich 0. Die Kurve bzw. die Dichte f(x) besitzt somit eine andere Bedeutung als die Wahrscheinlichkeitsfunktion.

Tabelle 2.1 Zusammenfassung einiger Verteilungen

Name	Verteilung, Dichte	Variable	E(...)	σ^2(...)
Rechteck- (Würfel)	$1/n$	$k=1...n$	$(n+1)/2$	$\Sigma(k^2)/n-(\Sigma k/n)^2$
Binomial- (Urnenschema)	$\binom{n}{k}p^k q^{n-k}$	$k=0...n$	np	npq
Bernoulli- (Item-Response)	p	$k=0,1$	p	pq
geometrische (erster Erfolg)	$q^{n-1}p$	$n=1...\infty$	$1/p$	q/p^2
Pascal- (k-ter Erfolg)	$\binom{n-1}{k-1}p^k q^{n-k}$	$n=1...\infty$	k/p	kq/p^2
Poisson- (Unfälle)	$(\lambda^k/k!)e^{-\lambda}$	$k=0...\infty$	λ	λ
hypergeom. (Gedächtnis)	$\binom{W}{k}\binom{N-W}{n-k}/\binom{N}{n}$	$k=0...n$	Np	$npq(N-n)/(N-1)$
Exponential- (Reaktionszeit)	$\lambda e^{-\lambda t}$	$t=0...\infty$	$1/\lambda$	$1/\lambda^2$
Normal- (Biologie)	$1/\sqrt{2\pi\sigma^2}\, e^{-(X-\mu)^2/2\sigma^2}$	$X=-\infty...+\infty$	μ	σ^2

Zu den Verteilungen: *Binomial*: n=Anzahl der Versuche, p=Erfolgs-WS pro Versuch; *geometrische, Pascal-*: n=Anzahl der Versuche bis zum n-ten Erfolg; *hypergeom.*: n=Anzahl der Versuche, k=Anzahl der gezogenen weißen Kugeln, N=ursprüngliche Anzahl aller Kugeln in der Urne, W=ursprüngliche Anzahl der weißen Kugeln in der Urne; p=W/N; q=1-p.

3.2 Kumulative Verteilungen

Die *kumulative Verteilung* F einer diskreten Zufallsvariablen X bis zur Klasse k ist gleich der Wahrscheinlichkeit, daß X einen Wert kleiner oder gleich k annimmt. Dieses ergibt bei diskreten Zufallsvariablen die Wahrscheinlichkeit

$$P(X \leq k) \quad = \quad F(k) \quad = \quad \sum_{i=0}^{k} p_i. \tag{3.7a}$$

Bei stetigen Zufallsvariablen bzw. bei Dichten f(x) muß das entsprechende Integral gebildet werden: Die kumulative Verteilung der Funktion f(x) ist dann gleich der Fläche von links bis zu dem Punkt x=t:

$$P(X \leq t) \quad = \quad F(t) \quad = \quad \int_{-\infty}^{t} f(x)dx. \tag{3.7b}$$

Bei Zufallsvariablen mit nur positiven Werten schränkt die Grenze $-\infty$ nicht die

Allgemeingültigkeit der Formel ein, da dann die entsprechende Fläche im negativen x-Bereich gleich 0 ist.

$$F(x) = \frac{1}{\sqrt{2\pi}} \int_{-\infty}^{x} e^{-t^2/2}\, dt$$

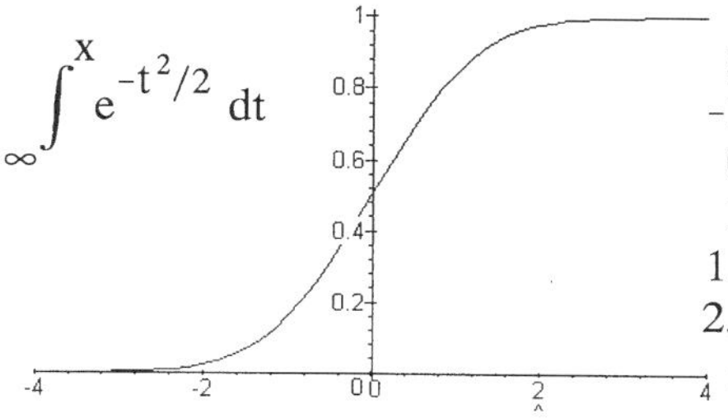

x	P(X≤x) = F(x)
-1	.16
0 (Median)	.50
1	.84
1.96	.975 = 1-.025
2.57	.995 = 1-.005

a) Integral der Standardnormalverteilung N(0,1) *(Ogive)*

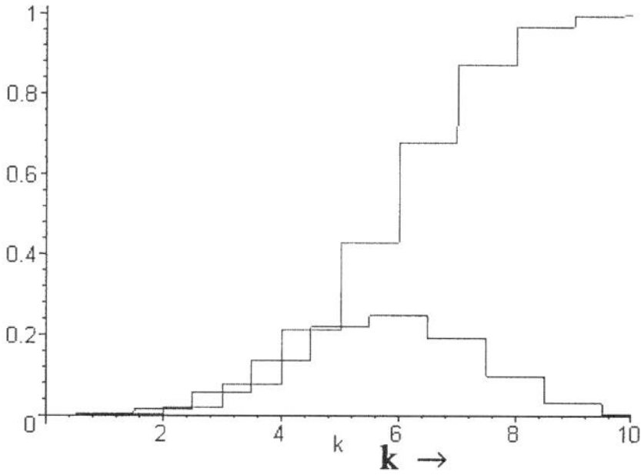

b) Binomialverteilung und ihre kumulative Summe (Parameter n=10 und p=.575)

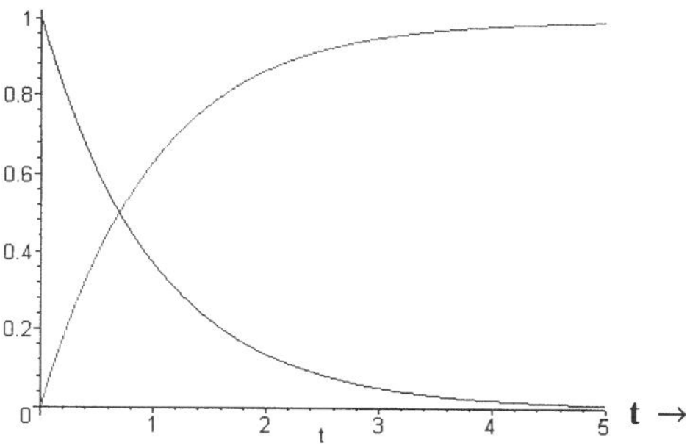

c) Exponentialdichte $\lambda e^{-\lambda t}$ und ihr Integral $_0\int^{\infty} \lambda e^{-\lambda t} dt = 1-e^{-\lambda t}$ (Intensität $\lambda = 1$).

Abb. 3.9 Beispiele kumulierter Verteilungen

Definition: Die Funktionen F(k) bzw. F(t) heißen *Verteilungsfunktionen* der jeweiligen (Wahrscheinlichkeits-) Verteilung.

Ist eine Verteilungsfunktion F(x) bzw. F(k) gegeben, dann ergibt sich die entsprechende Dichte f(x) durch Differentiation $dF(x)/dx = F'(x) = f(x)$ bzw. im diskreten Fall die entsprechende Wahrscheinlichkeitsfunktion P(k) durch Differenzenbildung $P(k) = F(k) - F(k-1)$.
Aus (3.2a) und (3.2b) folgt für die entsprechenden komplementären Wahrscheinlichkeiten

$$P(X > k) = 1 - F(k) \quad \text{und} \quad P(X > t) = 1 - F(t). \qquad (3.7c)$$

Die WS, daß eine Zufallsvariable X einen Wert aus dem Intervall $[t_1,t_2]$ annimmt, entspricht dann der entsprechenden Differenz der Integrale:

$$P(t_1 \leq X \leq t_2) \quad = \quad F(t_2) - F(t_1). \tag{3.7d}$$

Für die Normalverteilung N(0,1) läßt sich das Integral F(x) nicht durch eine geschlossene Formel berechnen. F(x) muß daher genähert werden, vgl. Spalte 2 der Standardnormalverteilung im Teil Tabellen I, siehe unten. Die Näherungen der Integrale von N(0,1) findet man dort ebenfalls. Beispiele kumulierter Verteilungen zeigt Abb. 3.9.

3.3 Verteilungsparameter

Verteilungsparameter, wie z.B. der Mittelwert, die Streuung (siehe unten) usw., beschreiben die Formen von Verteilungen. Dazu gehören die Maße der zentralen Tendenz, der Breite (Streuung), der Schiefe (Abweichung von der Symmetrie), der Kurtosis (Schlankheit: *Exzess*) usw. Die Parameter werden je nach den Skalenniveaus, die sie bei den Zufallsvariablen voraussetzen, in zwei große Klassen eingeteilt, die

Lageparameter (Rangskala) und die *Momente* (Intervallskala).

Auf dem Niveau der Nominalskala gibt es nur den relativ trivialen und im Falle einer mehrhügeligen Verteilung nicht immer eindeutigen *Modalwert*. Er entspricht demjenigen Wert der Zufallsvariablen X, der die größte Wahrscheinlichkeit bzw. Dichte besitzt.

Ein wichtiges Verteilungsmaß, welches bei diskreten Zufallsvariablen nur ein Nominalskalenniveau voraussetzt, ist die *Entropie* einer Verteilung. Für eine Verteilung mit n Klassen lautet die Definition der Entropie

$$H_n(P) \quad = \quad -\sum_{i=1}^{n} p_i \cdot \log(p_i), \qquad \text{wobei} \sum_{i=1}^{n} p_i = 1. \tag{3.8}$$

Dieses Maß stammt aus der *Informationstheorie*. Es mißt u.a. die Ähnlichkeit einer Verteilung mit einer Gleichverteilung (Rechtecksverteilung). Im Falle einer Gleichverteilung hat die Funktion $H_n(P)$ ihr Maximum, und es gilt $H_n(P) = \log(n)$. Dies läßt sich folgendermaßen herleiten: Bei einer diskreten Gleichverteilung haben alle Werte die Wahrscheinlichkeit $p = 1/n$. Da $\log(p) =$

$$\log(1/n) \quad = \quad -\log(n) \text{ ist, folgt aus } p_1 = p_2 = \ldots = p_n$$

$$H_n(P) \quad = \quad -(p_1 \log p_1 + \ldots + p_n \log p_n) = -(n \cdot p \cdot \log(p)) = -n \cdot 1/n \cdot (-\log(n)) = \log(n).$$

Da bei maximaler Entropie alle Werte einer Zufallsvariablen die gleiche Wahrscheinlichkeit besitzen, besteht bei Gleichverteilung maximale *Unsicherheit* darüber, welcher Wert (welches Elementarereignis) bei Ausführung des Versuchsschemas eintritt. Beim Eintritt des Ereignisses wird diese Unsicherheit reduziert. Reduktion von Unsicherheit heißt *Information*. Daher ist die Entropie ein Maß der "Unsicherheit" bzw. des Informationsgehaltes von Ereignissen einer gegebenen Wahrscheinlichkeitsverteilung.

Ein von n unabhängiges Maß zum Vergleich der Entropie von Verteilungen mit unterschiedlichem n stellt der Quotient $H_n(P)/\log(n) = H_n(P)/H_{n,max}$ dar.

Verallgemeinerungen der Entropie auf kontinuierliche Variablen mit Intervallskalenniveau ergeben sich durch den Übergang von der Summation bei diskreten Verteilungen zur Integration bei Dichten f(x):

$$H(P) = -\int f(x) \cdot \log(f(x)) \cdot dx. \quad (3.8a)$$

3.3.1 Lageparameter (Quantile)

Die Parameter auf Rangniveau geben jeweils den Wert t an, unterhalb dessen für eine gegebene Wahrscheinlichkeit p ein Wert x einer Zufallsvariable X liegt. Die *zentrale Tendenz* wird auf Rangniveau durch den Median gemessen:

Definiton: Der *Median* (Mdn) ist derjenige Wert t der Verteilung, unterhalb (bzw. oberhalb) dessen ein Wert aus X mit einer Wahrscheinlichkeit von p=.5 liegt:

$$P(X \leq \text{Median}) = .5 = \int_{-\infty}^{\text{Median}} f(x)dx = F[\text{Median}] \quad (3.8b)$$

Eine genaue Interpolation des Mdn erhält man somit, wenn man den Wert t auf der Abszisse einer Verteilung bestimmt, der die Fläche der Verteilung halbiert.
Weitere Maße auf Rangniveau stellen die drei *Quartile* einer Verteilung dar, d.h. diejenigen Werte Q_1, Q_2, Q_3, unterhalb derer mit einer Wahrscheinlichkeit von .25, .50 bzw. .75 ein Wert x aus X liegt. Die Quartile entsprechen somit den Punkten, durch die die Fläche der Verteilung in vier gleich große Bereiche aufgeteilt wird, wobei Q_2 gleich dem Median ist. Die Breite einer Verteilung wird auf Rangskalenniveau in grober Form durch den *Interquartilen Abstand*, d.h. durch den Abstand zwischen den beiden Quartilen Q_1 und Q_3 erfaßt.
Der Wert t, unterhalb dessen ein gegebener Anteil P einer Verteilung liegt, heißt *Quantil.* Median und Quartile sind daher Sonderfälle von Quantilen.

Eine seltenere Einteilung der Fläche einer Verteilung in 100 Teile ergibt die sog. *Perzentile.*

Die Quantile lassen sich bei stetigen Verteilungen mittels der Integrationsformel (3.8c) berechnen:

$$P[X \leq t(p)] = p = \int_{-\infty}^{t(p)} f(x)dx = F[t(p)], \quad \text{(Gegeben sei p, bestimme t(p)).} \quad (3.8c)$$

Die Formel teilt die Fläche Abszissenpunkt t(p) in zwei Teilflächen der Größe p links und 1-p rechts. In Abb. 3.11 wird die Unterteilung einer Verteilungsfläche in 10 gleich große Teilflächen bzw. in 10 gleiche Quantile dargestellt.
Die Formel (3.8c) gilt auch für die Säulendiagramme diskreter Verteilungen. In diesem Falle wird die durch die Säulen dargestellte Fläche als Verteilung angesehen, die durch einen geeigneten senkrechten Schnitt im Verhältnis p zu 1-p aufgeteilt werden soll. Die Bestimmung des Punktes t(p) entspricht hier der rein geometrischen Aufgabe einer Flächenunterteilung. t(p) stellt dann natürlich nur eine Schätzung eines intervallskalierten Quantils innerhalb einer gegebenen Klasse dar.

Gegeben p, gesucht t(p)
k = Klasse (Säule) mit t(p)
p' = Σp vor k
u = untere Grenze von k
p_k = WS der Klasse k
B = Klassenbreite

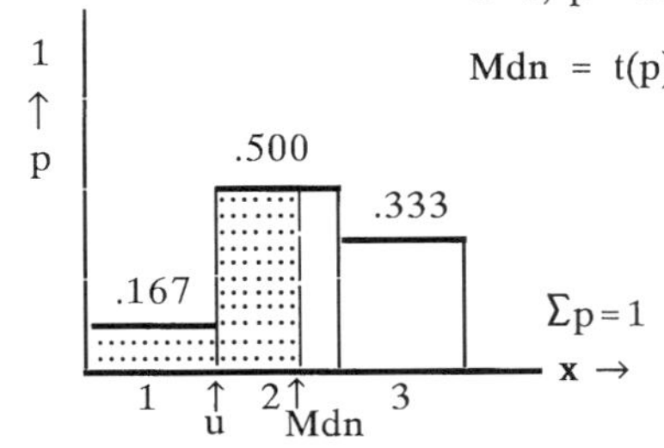

in Zahlen: Gegeben p=.5
k=2, p'=.167 u=1.5 p_k=.500 B=1

$$\text{Mdn} = t(p) = 1.5 + \frac{.5-.167}{.500} \cdot 1$$
$$= 1.5 + .666 = 2.17$$

Abb. 3.10 Berechnung von Quantilen am Beispiel des Median. Sind die p-Werte als relative Häufigkeiten h/n gegeben, z.B. bei endlichen Populationen oder Stichproben der Größe n, dann können die p-Werte auch durch die entsprechenden Häufigkeiten h (h=P · n) ersetzt werden.

Beispiel: Berechnung des Median (Mdn) am Säulendiagramm

Da die "Kurve" eines Säulendiagramms wegen ihres unstetigen Verlaufs oder in Ermangelung einer Verlaufsformel nicht explizit integrierbar ist, kann man hier t(p) für gegebenes p folgendermaßen berechnen (vgl. Abb 3.10 mit p=.5): Jede Klasse (Säule) habe die Breite B. Nun summiert man die Flächen der Säulen einzeln auf, bis man die untere Grenze u derjenigen Säule k erreicht, innerhalb derer der gesuchte Wert t(p) liegt. Die Säulen unterhalb von u haben gemeinsam den Flächenanteil p'. Die Säule k habe den Flächenanteil p_k. Dann resultiert folgende Formel:

$$t(p) = u + \frac{p-p'}{p_k} \cdot B. \tag{3.8d}$$

Für andere Werte von p (mit $0<p<1$) erfolgt die Berechnung von t(p) analog.

Einige wichtige Beziehungen zwischen den Parametern auf Nominal- und Rangniveau sowie dem Mittelwert lassen sich wie folgt zusammenfassen:

Maße der zentralen Tendenz

Hierzu gibt es in den drei Skalenebenen Nominal- bis Intervallskala folgende Maße, wobei die Maße der tieferen Skalen jeweils auch für die höheren Skalen sinnvoll sind:

Intervallskala:	Mittelwert bzw. Erwartungswert (siehe unten),
Rangskala:	Median,
Nominalskala:	Modalwert.

Bei symmetrischen Verteilungen fallen alle drei zentralen Maße zusammen. Eine Verteilung bzw. Dichte f ist symmetrisch, wenn bezüglich ihres Mittelwertes M gilt $f(M+x) = f(M-x)$. Andernfalls ist eine Verteilung asymmetrisch bzw. *schief*. Als *rechtsschief* bezeichnet man asymmetrische Verteilungen, bei denen der "Schweif" mit den Extremwerten auf der rechten Seite liegt (siehe z.B. die geometrische Verteilung). Im umgekehrten Fall spricht man von *linksschiefen* Verteilungen. Weiter gilt: Hat die Verteilung auf *einer* Seite relativ extreme Werte, dann liegt der Mittelwert näher den Extremwerten als der Median. Bei einhügeligen Verteilungen ergibt sich somit folgende Rangfolge der drei Maße (vgl. auch Abb. 3.11)

Rechtsschiefe:	Modalwert	<	Median	<	Mittelwert,
Linksschiefe:	Mittelwert	<	Median	<	Modalwert.

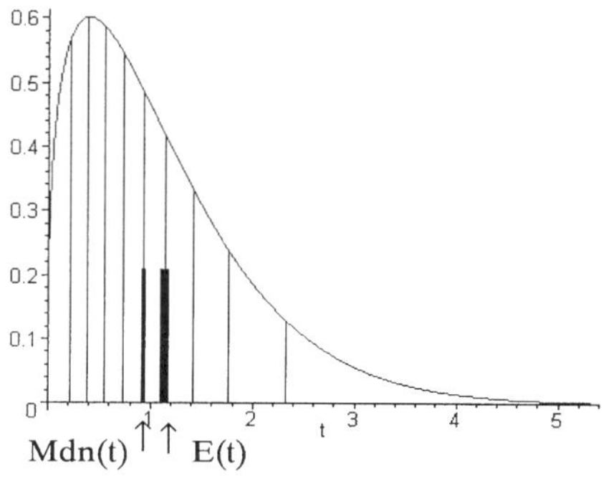

Abb. 3.11 Unterteilung einer rechtsschiefen Verteilung in 10 Quantile mit gleichen Abständen. Die Flächen zwischen den Senkrechten betragen jeweils 1/10 der Gesamtfläche. Die Darstellung zeigt, daß bei einer rechtsschiefen Verteilung der Erwartungswert größer als der Median ist. Der Modalwert (der Wert unterhalb des Maximums) liegt links von beiden Werten. Die Formel dieser Verteilung hat hier nur technische Bedeutung. Sie entspricht einer Exponentialverteilung mit variabler Intensität (vgl. Kap. IV, Teil 4.9.1), die man z.B. zur Näherung von Reaktionszeitverteilungen verwenden kann:

$$f(t)=t^{0.3}\exp(-\int_0^t x^{0.3}dx).$$

Die 9 endlichen Quantile (Abszissenpunkte ($t_1 \ldots t_9$) der 9 Linien) ergeben sich durch Auflösung der Gleichungen $\int_0^{t_i} f(t)t\ dt = p_i$ nach t_i für jedes p_i ($p_i = i/10$, $i=1\ldots9$).

$$Mdn(t)=.92;\quad E(t) = \int_0^{\infty} f(t)t dt = 1.13.$$

Die Maße der Schiefe und anderer Verteilungsmerkmale folgen bei der Behandlung der zentralen Momente der Verteilungen (siehe unten).

3.3.2 Allgemeine Momente

Momente sind Verteilungsparameter, die mindestens das Intervallskalenniveau der Zufallsvariablen voraussetzen. Alle Momente basieren auf dem Begriff des "Erwartungswertes" einer Variablen (siehe oben).
Durch die Angabe aller Momente k-ter Ordnung (k=1,...) einer Zufallsvariablen läßt sich die Verteilungsform einer Variablen eindeutig beschreiben:

Definitionen: Als k-tes *Moment* einer Zufallsvariablen X bezeichnet man den Erwartungswert der k-ten Potenz von X (wobei i ohne Einschränkung der Allgemeinheit nach ∞ laufen kann):

$$E(X^k) = \sum_{i=1}^{\infty} p_i\, x_i^k \quad (x \text{ diskret}) \qquad \text{bzw.} = \int_{-\infty}^{+\infty} f(x)x^k dx \quad (x \text{ kontinuierlich}) \tag{3.9a}$$

Wie man leicht herleiten kann, gilt z.B. die Beziehung $E((aX)^k) = a^k E(X^k)$.

3.3.3 Zentrale Momente

Als k-tes *zentrales Moment* einer Zufallsvariablen bezeichnet man den Erwartungswert der k-ten Potenz der Abweichung der Variablen X von ihrem Erwartungswert

$$\mu_k = E\{[X-E(X)]^k\} = \sum_{i=1}^{\infty} p_i[x_i-E(X)]^k \quad \text{bzw.} = \int_{-\infty}^{+\infty} f(x)[x-E(X)]^k dx. \tag{3.9b}$$

Die oben behandelten Parameter μ und σ^2 stellen demnach Momente dar: μ ist das *erste (absolute)* Moment der Zufallsvariablen X und σ^2 ihr *zweites zentrales* Moment. Wichtig ist die Unterscheidung zwischen geraden und ungeraden zentralen Momenten: Bei ungeradem k bleiben die Vorzeichen der Abweichungen $x=X-E(X)$ erhalten. Bei geradem k gehen dagegen nur die Beträge dieser Abweichungen in das Moment ein.

Die Varianz

Die Varianz von X ist das 2. zentrale Moment von X. Die Beziehung

$$\text{Var}(X) \;=\; \sigma^2(X) \;=\; E[(X-E(X))^2] \;=\; E(X^2) - E(X)^2 \tag{3.9c}$$

ist bereits in (3.0b) (für diskrete Werte) abgeleitet und in (3.5b) zusammenfassend dargestellt worden. Folgendes ist zu ergänzen:

a) Konvergiert für eine Zufallsvariable X mit der Dichte f(x) das Integral (3.5b) nicht, dann hat X keine Varianz, z.B. die Cauchy- und die Lévy-Verteilung (siehe Kap. IV).
b) Gelegentlich wird bei positiven Zufallswerten die Streuung in ihrem Verhältnis zum Erwartungswert angegeben. Man erhält dann den *Variationskoeffizienten* $\sigma_x/E(X)$.
c) Eine elementare Form einer *Varianzzerlegung* resultiert aus folgender Beziehung:

$$E[(X-c)^2] \;=\; \text{Var}(X) + (E(X) - c)^2. \tag{3.10}$$

Herleitung: (unter Verwendung der Beziehung (3.20) unten für den E-Operator)

$$E[(X-c)^2] = E[(X-E(X)+E(X)-c)^2] = E[(X-E(X))^2 + 2(E(X)-c)\cdot \underbrace{E(X-E(X))}_{=\,0} + (E(X)-c)^2] \Rightarrow (3.10)$$

Der Erwartungswert E(X) (bzw. der Mittelwert einer Folge U) ist also diejenige Größe c_0, zu der die erwartete quadratische Abweichung (die Summe der quadratischen Abweichungen der u-Werte) ein Minimum besitzt. Es folgt $c_0 = E(X)$.

Die Schiefe

Die Schiefe einer Verteilung entspricht ihrer Abweichung von der Symmetrie. Bei symmetrischen Verteilungen sind die Wahrscheinlichkeiten bzw. die Dichten der positiven gleich denjenigen der negativen Abweichungen vom Mittelwert. Daher

werden alle ungeraden zentralen Momente gleich 0. Ungerade zentrale Momente eignen sich somit zur Messung der Symmetrieabweichungen von Verteilungen.
Da das erste zentrale Moment, die Summe aller Abweichungen vom Mittelwert, bei allen Verteilungsformen gleich 0 ist, wird als nächsthöheres Maß, das vom Vorzeichen der Differenz X-E(X) abhängt, das dritte zentrale Moment μ_3 gewählt. Hierfür gibt es eine vereinfachende Berechnungsformel

$$\mu_3 \quad = \quad E[(X-E(X))^3] \quad = \quad E(X^3) - 3E(X)E(X^2) + 2E(X)^3. \qquad (3.10a)$$

Beweis: Hierbei wird nach (3.20) der E-Operator in die Klammern gezogen:

$$\begin{aligned} E[(X-E(X))^3] &= E\{[X^2-2XE(X)+E(X)^2][X-E(X)]\} \\ &= E\{X^3-2X^2E(X)+E(X)^2X-E(X)X^2+2XE(X)^2-E(X)^3\} \\ &= E(X^3)-\underline{2E(X^2)E(X)}+\underset{\cdots}{E(X)^3}-\underline{E(X^2)E(X)}+\underset{\cdots\cdots}{2E(X)^3-E(X)^3} \end{aligned}$$

Danach folgt die Zusammenfassung bzw. die Aufhebung gleichartig unterstrichener Glieder. (Die Verwendung von E als Operator wird unten ab Formel (3.20) behandelt).

Mittels einer Division durch σ^3 wird nun eine Invarianz von μ_3 gegenüber Maßstabsänderungen von X erreicht, und man erhält als *Maß der Schiefe* einer Verteilung:

$$\beta_1 = \mu_3/\sigma^3 = E[(X - E(X))^3]/[Var(X) \cdot \sqrt{Var(X)}\,]. \qquad (3.10b)$$

Ist β_1 positiv, dann ist die Verteilung *rechtsschief*, d.h. sie hat einen Schweif nach rechts und ist nach links eher gestutzt. Es gibt dann einige besonders große positive Abweichungen in der Verteilung. Das Umgekehrte gilt bei negativem β_1, d.h. bei *linksschiefer* Verteilung. Bei symmetrischen Verteilungen, wie z.B. bei der Rechtecksverteilung oder der Normalverteilung (siehe unten) ist $\beta_1 = 0$.

Beispiele: a) Es sei X={0,2,3} und p(0)=p(2)=p(3)=1/3. Dann folgt zunächst
$E(X)=(0+2+3)/3=5/3$, $E(X^2) = (0+4+9)/3 = 13/3$ und $E(X^3) = (0+8+27)/3=35/3$.
Hieraus ergibt sich durch Einsetzen in (3.10b) ein negatives drittes zentrales Moment:
$\mu_3=35/3 - 3 \cdot 5/3 \cdot 13/3 + 2(5/3)^3 = -.741$.
b) die Variable X aus Beispiel a) hat die Varianz
$Var(X) = (0+2 \cdot 2+3 \cdot 3)/3-((0+2+3)/3)^2 = 13/3-(5/3)(5/3)=1.556$.
Hieraus errechnet sich die Schiefe $-.741/(1.556 \cdot \sqrt{1.556}) = -.382$.
c) β_1 von U=<1,3,4,4,6,6> ist gleich $\{[(1-4)^3+(3-4)^3+(4-4)^3+(4-4)^3+(6-4)^3+(6-4)^3]/6\}/(3 \cdot \sqrt{3})$ $= -.385$.
Demnach ist sowohl die Verteilung von X (siehe oben) als auch diejenige von U linksschief.

Die Kurtosis

Neben der Varianz stellt das vierte zentrale Moment μ_4 mit entsprechender Maßstabskorrektur durch σ^4 ein weiteres Maß für die Breite einer Verteilung dar. Anders als die Varianz mißt es nicht die "Ausdehnung" einer Verteilung, sondern ihre "Schlankheit" im Gegensatz zu ihrer "Flachheit". Sie wird bezeichnet als *Kurtosis:*

$$\beta_2 = \mu_4/\sigma^4 = E\{[X - E(X)]^4\}/Var(X)^2. \qquad (3.11)$$

Für das vierte zentrale Moment läßt sich unter Verwendung absoluter Momenten ähnlich wie für das dritte zentrale Moment (3.10a) eine vereinfachende Berechnungsformel herleiten:

$$E[(X-E(X))^4] = E(X^4) - 4E(X)E(X^3) + 6E(X)^2E(X^2) - 3E(X)^4. \qquad (3.11a)$$

Eine Verteilung, bei der $\beta_2=3$ ist, heißt *mesokurtisch*, wie z.B. die Normalverteilung. Bei $\beta_2>3$ ist sie *leptokurtisch* (schlank), bei $\beta_2< 3$ *platykurtisch* (flach).

Beispiel: β_2 von $U=<1,3,4,4,6,6>$ ist gleich

$$[(1-4)^4+(3-4)^4+(4-4)^4+(4-4)^4+(6-4)^4+(6-4)^4]/6]/(3\cdot 3) = 2.11.$$

Die Verteilung von U bzw. X ist demnach platykurtisch.

3.3.4 Die Tschebyscheffsche Ungleichung

Trotz sehr unterschiedlicher Formen von Verteilungen gibt es in Abhängigkeit von der Streuung $\sigma(X)$ Beschränkungen für die Wahrscheinlichkeiten bestimmter extremer Werte von X, die folgende Ungleichung erfüllen:

$$P[\ |x-E(X)|/\sigma(X) \geq h] \leq \frac{1}{h^2} \quad \text{für } h > 0. \qquad (3.12)$$

Die Wahrscheinlichkeit, daß die absolute standardisierte Mittelwertsabweichung eines Wertes x aus X das h-fache der Streuung überschreitet, ist kleiner-gleich $1/h^2$.

Beispiel: Die WS, daß man aus einer Verteilung mit $E(X)=0$ und $\sigma=1$ einen Wert vom Betrag größer als 2.57 erhält, ist demnach $P[|x - 0| \geq 2.57\cdot 1] \leq 1/2.57^2$, d.h. $\leq .15$. Bei der Standardnormalverteilung N(0,1) ist diese WS sogar $\leq .01$.

3.3.5 Weitere Ungleichungen*

Gegeben seien zwei Zufallsvariablen X und Y sowie die Zufallsvariable $Z=X\cdot Y$ (über die Produktbildung von Zufallsvariablen, siehe unten Teil 3.6.6 ff). Für das Produkt zweier Zufallsvariablen X und Y folgt:

Die Höldersche Ungleichung

Für $p > 1$, $q > 1$, $1/p+1/q=1$, $X \geq 0$ und $Y \geq 0$ gilt:

$$E(X\cdot Y) \leq [E(X^p)]^{1/p}\cdot [E(Y^q)]^{1/q}. \qquad (3.12a)$$

Beispiel: $(a\cdot d + b\cdot e + c\cdot f) \leq (a^p+b^p+c^p)^{1/p}\cdot (d^q+e^q+f^q)^{1/q}$ (für $a,b,c,d,e,f \geq 0$ und p,q wie oben).

Beweis: (nach Feller I (1971)): Da diese Ungleichung auch gilt, wenn X und Y mit Maßstabskonstanten aX bzw. bY transformiert werden, können wir a und b so wählen, daß $E(X^p)=E(Y^q)=1$ gilt und somit nur noch die Ungleichung $E(X\cdot Y) \leq 1$ zu beweisen ist. Der Ansatz lautet: Die Funktion $u=\log(x)$ ist konkav, d.h. sie erfüllt die Konvexitäts-Ungleichung (vgl.

Kap. I, Teil 1.2.2) in vertauschter Richtung:

$(1-t)u(x_1)+tu(x_2) \leq u((1-t)x_1+tx_2)$.

Die antilogarithmische (exponentielle) Transformation dieser Ungleichung sowie eine anschließende Substitution von Zufallsvariablen $x_1=X^p$ und $x_2=Y^q$ stellt sich in folgenden beiden Ungleichungen dar:

$x_1^{1-t}x_2^{t} \leq (1-t)x_1 + tx_2$ bzw. $(X^p)^{1-t}\cdot(Y^q)^t \leq (1-t)X^p + tY^q$.

Bildet man auf beiden Seiten der letzten Ungleichung Erwartungswerte, setzt $1-t=1/p$ und $t=1/q$ (da nach Voraussetzung $1/p+1/q=1$ gilt) und berücksichtigt die vorausgesetzte Normierung $E(X^p)=E(Y^q)=1$, dann führt dies nacheinander zu folgenden drei Ungleichungen, von denen die letzte die zu beweisende ist:

$E[(X^p)^{1-t}\cdot(Y^q)^t] \leq (1-t)E(X^p) + tE(Y^q)$ bzw. $E[(X^p)^{1/p}\cdot(Y^q)^{1/q}] \leq 1/pE(X^p)+1/qE(Y)^q$

bzw. $E(X\cdot Y) \leq 1/p\cdot 1 + 1/q\cdot 1 = 1$, d.h. $E(XY) \leq 1 \mid E(X^p)=E(Y^p)=1$.

Die Schwarzsche Ungleichung

Diese Ungleichung folgt für $p=q=1/2$ aus der Hölderschen Ungleichungen:

$$E(X\cdot Y)^2 \leq E(X^2)\cdot E(Y^2). \qquad (3.12b)$$

Die Momentenungleichung

Für eine beliebige Zufallsvariable X, die einen Erwartungswert E(X) hat, gilt für das t-te Moment des Betrags von X:

$u(t) = \log E(|X|^t)$ ist eine *konvexe* Funktion (siehe Teil 1.2.2 in Kap. I). (3.12c)

Beweis: Setzt man $x_1=t-h$ und $x_2=t+h$, dann gilt $t=x_1+x_2$. Daraus folgt zunächst

$E[|X|^t] = E[|X|^{x_1+x_2}] = E[(|X|^{(x_1+x_2)/2}\cdot|X|^{(x_1+x_2)/2}]$,

und hieraus nach der Schwarzschen Ungleichung (siehe oben)

$E[|X|^{(x_1+x_2)/2}\cdot|X|^{(x_1+x_2)/2}]^2 \leq E[(|X|^{(x_1+x_2)/2})^2]\cdot E[(|Y|^{(x_1+x_2)/2})^2]$.

Nach Logarithmierung der obigen Gleichung gilt dann für die in (3.12c) definierte Funktion u(t) die Konvexitätsbedingung (vgl. Kap. I, Teil 1.2.2), d.h. $u[(x_1+x_2)/2] \leq [u(x_1)+u(x_2)]/2$.

Aus der vorletzten Ungleichung des letzten Beweises folgt auch die Ungleichung

$$(E[(|X|^t)])^2 \leq E(|X|^{t+h})\cdot E(|X|^{t-h}) \mid 0 \leq h \leq t. \qquad (3.12d)$$

3.4 Bedingte Verteilungen und Hazardfunktionen

In Kap. II, Teil 2.3 erwähnten wir den Sonderfall einer bedingten Wahrscheinlichkeit $P(A|B)$, bei dem das Ereignis A in B enthalten ist:

$$P(A|B) = P(A)/P(B) \quad (\text{wobei } A \subset B). \tag{3.13}$$

Beispiel: die Wahrscheinlichkeit, einen Ring A auf einer Zielscheibe B zu treffen, unter der Bedingung, daß man die Zielscheibe überhaupt trifft.

Angewandt auf die Verteilung einer einzelnen Zufallsvariablen X führt dies zu folgender Fragestellung: Durch einen Schnitt t entstehen zwei Teilbereiche der Verteilung, deren kumulative Verteilung bzw. Fläche unterhalb von t der Wahrscheinlichkeit F(t) und oberhalb 1−F(t) entspricht. Angenommen, X nehme einen Wert aus dem unteren Bereich an, wie groß ist dann die Wahrscheinlichkeit dafür, daß X dort in einem durch t_1 und t_2 begrenzten Teilbereich liegt? Eine entsprechende Aufgabe kann man auch für den oberen Bereich formulieren.
Als Lösung ergeben sich nach dem Prinzip "günstige durch mögliche" (Theorem 2.7) für den unteren bzw. für den oberen Bereich die bedingten Wahrscheinlichkeiten

$$P(t_1 \le X \le t_2 \mid X \le t \text{ und } t_1,t_2 \le t) = \frac{P(t_1 \le X \le t_2)}{F(t)}, \tag{3.14a}$$

$$P(t_1 \le X \le t_2 \mid X \ge t \text{ und } t_1,t_2 > t) = \frac{P(t_1 \le X \le t_2)}{1 - F(t)}. \tag{3.14b}$$

Beispiel: Die WS, eine 6 zu würfeln unter der Bedingung, eine Zahl größer gleich 5 zu würfeln, entspricht Fall b): Sie ist $P(6) \ / \ (P(5)+P(6)) = 1/2$; unter Berücksichtigung der formalen Klassengrenzen .5, 1.5, 2.5 ... usw. gilt $t=4.5$, $t_1=5.5$, $t_2=6.5$; daraus folgt $F(t) = P(1)+P(2)+P(3)+P(4)$ und $1-F(t) = P(5)+P(6)$.

Für solche *gekürzte* oder *gestutzte* Verteilungen lassen sich auch entsprechende bedingte Verteilungsparameter berechnen, z.B. der *Erwartungswert* der diskreten Variablen X *unter einer Bedingung* A. Hier sei A das Ereignis "$j \le X \le k$" , d.h., daß X im geschlossenen diskreten Intervall von j bis k liegt:

$$E(X|A) = \sum_{i=1}^{m} P(x_i|A) \cdot x_i \quad \text{bzw.} \quad E(X|X \le k) = \frac{\sum_{i=1}^{k} P(x_i) \cdot x_i}{\sum_{i=1}^{k} P(x_i)}. \tag{3.15}$$

Beispiel a) Die erwartete Würfelzahl unter der Bedingung, einen Wert kleiner gleich 4 zu würfeln, ist

$$E(X|X \le 4) = [\, P(1)\cdot 1 + P(2)\cdot 2 + P(3)\cdot 3 + P(4)\cdot 4 \,] \ / \ [P(1) + P(2) + P(3) + P(4)] = 2.5.$$

Beispiel b) In einem obigen Beispiel enthielten 6 Spielkarten folgende Beträge U=<1,3,4,4,6,6>. Bei der Wahl einer beliebigen Karte hat dann die Zufallsvariable X="Beträge" folgende Wahrscheinlichkeiten: $P(X=1)=1/6$, $P(X=3)=1/6$, $P(X=4)=1/3$ und $P(X=6)=1/3$. Unter der Bedingung, daß man *nicht* die Karte mit dem Betrag=1 erhält, hat eine beliebig herausgegriffene Karte den Erwartungswert

$$E(X|X>1) = [P(3)\cdot 3 + P(4)\cdot 4 + P(6)\cdot 6] \ / \ [P(3)+P(4)+P(6)]$$
$$= [1/6\cdot 3 + 1/3\cdot 4 + 1/3\cdot 6] \ / \ [1/6 + 1/3 + 1/3] = 4.6.$$

Wichtige Beispiele hierfür sind Fragestellungen bei Verteilungen von zeitlichen Intervallen (Lebensdauern, Reaktionszeiten, Zerfallsdauern von radioaktiven Elementen). Gegeben sei die Zufallsvariable X = Zeitdauer mit der Dichte f(x) und der kumulativen Verteilung F(x). Dann entspricht $P(X \leq t) = F(t)$ der Wahrscheinlichkeit, daß ein Intervall ("Lebenszeit", "Latenzzeit bis zur Reaktion" oder "Dauer bis zum Zerfall" usw.) *vor* dem Zeitpunkt t oder *zum* Zeitpunkt t endet. 1-F(t) entspricht der komplementären Wahrscheinlichkeit, daß es *nach* t endet.

Definition: Die Wahrscheinlichkeit $P(X>t) = 1-F(t)$ wird bei zeitlichen Zufallsvariablen auch *Survivorfunktion* ("Überlebensfunktion") S(t) genannt.

Wir können in Annäherung an eine Dichte die hier erforderliche Integration auch unter der Kurve bilden, die den oberen Rand eines Histogramms mit möglichst feiner Einteilung der Abszisse darstellt.
Eine typische Fragestellung lautet nun: Angenommen, ein bestimmtes Ereignis sei bis jetzt (Zeitpunkt t) noch nicht eingetreten. Mit welcher Wahrscheinlichkeit tritt es in Zukunft zwischen den vorgegebenen Zeitpunkten t_1 und t_2 ein? Wenn F(t) die kumulative Verteilung der Dichte f(t) der Zeitintervalle t ist, dann folgt das Ergebnis aus Formel (3.14b) oben.
Wichtig ist der Sonderfall mit $t=t_1=t_2$: Der Abszissenbereich für das Ereignis "Intervall-Ende" hat nun wegen $t_1=t_2$ die Breite 0, und die entsprechende Wahrscheinlichkeit ist auch gleich 0. Hier wird nach der *bedingten Dichte* der Zufallsvariablen "X=Intervall-Länge zum Zeitpunkt t" gefragt, und zwar unter der Bedingung, daß das zu beobachtende Ereignis bis t noch nicht eingetreten ist. Dies ergibt die Formel der Hazardfunktion:

Definition: Die *bedingte Dichte* $\lambda(t)$

$$\lambda(t) = f(X=t \mid X \geq t) = \frac{f(t)}{1 - F(t)} \qquad (3.16)$$

heißt *Hazardfunktion* oder *Intensität* der Dichte f(t) zum Zeitpunkt t. Die Funktion $\lambda(t)$ bezeichnet anschaulich die "Intensität", mit der zu jedem Zeitpunkt t das Ereignis "Intervall-Ende" eintreten kann.
Die Hazardfunktionen spielen in der Erforschung von empirischen Verteilungen eine große Rolle, da ihre extrem unterschiedlichen Formen oft besser zur Unterscheidung der Typen empirischer Verteilungsfunktionen geeignet sind, als die ursprünglichen Verteilungsformen (vgl. Luce (1986), vgl. Kapitel IV: Exponentialverteilungen).

3.5 Operationen an Zufallsvariablen

Funktionen von einer oder von mehreren Zufallsvariablen ergeben - zumindest wenn sie stetig sind - wieder neue Zufallsvariablen. Diese Funktionen sind daher Operationen und bilden somit eine Algebra der Zufallsvariablen. Diese Algebra enthält zwei Problembereiche:
a) Die Bestimmung der Parameter der Bildvariablen aus den Parametern der Urbildvariablen.
b) Die Herleitung der Wahrscheinlichkeitsverteilungen der Bildvariablen aus denjenigen der Urbildvariablen. Dieses Problem wird wegen seiner Schwierigkeit erst in Kap. V behandelt.

3.5.1 Transformationen von Zufallsvariablen

Die bisher eingeführten Bezeichnungen M(X), E(X), Var(X) usw. symbolisieren Funktionen, die Wertemengen in eine einzige Zahl abbilden. Die Symbole M( ), E( ) und Var( ) stellen spezielle *Operatoren* dar, deren Eigenschaften unter 1-stelligen Operationen an Verteilungen untersucht werden sollen.
Transformationen von Zufallsvariablen sind Funktionen von Zufallsvariablen in andere Zufallsvariablen. Sie können daher als 1-stellige Operationen aufgefaßt werden. Die bekanntesten Transformationen von Zufallsvariablen sind:

Lineare: $Y = aX+b, \quad x = X-E(X), \quad z=[X-E(X)]/\sigma(X);$ (3.17a)

Nichtlineare, z.B.: $Y = X^2, \quad Y=\sqrt{X}, \quad Y=\log(X), \quad Y=\exp(X).$ (3.17b)

Die Funktion log( ) bezeichnet, wenn nicht anders vereinbart, den natürlichen Logarithmus. Die *mittelwertsnormierte* Variable, hier x, wird kursiv geschrieben. Die *mittelwerts- und streuungsnormierte* Variable wird durch kursives z gekennzeichnet, wobei mehrere solcher Variablen durch Indizes, z.B. z_x, z_y, unterschieden werden. Die Kleinschreibung von x und z hat sich historisch als Konvention entwickelt. Wir bezeichnen die großgeschriebenen Variablen X,Y usw. daher auch als *Rohwerte*. Alle hier angegebenen *nichtlinearen* Transformationen sind *monoton steigend*.
Aus linearen x- und z-Transformationen folgt, wie später in Herleitung (3.21) gezeigt wird:

$$E(x) = 0, \quad Var(x) = Var(X);$$

$$E(z) = 0, \quad Var(z) = \sigma(z) = 1. \qquad (3.18a)$$

Aus den angegebenen nichtlinearen Transformationen bzw. aus den Eigenschaften konvexer und konkaver Funktionen folgt:

$$E(X^2) > E(X)^2, \qquad E(\sqrt{X}) < \sqrt{E(X)}, \qquad E(\log X) < \log[E(X)]. \qquad (3.18b)$$

3.5.2 Lineare Transformationen

Die allgemeine Form der linearen Transformation einer Zufallsvariablen X lautet

$$Y = aX+b. \tag{3.19}$$

Die Konstante a hat längs der Abszisse folgenden Effekt auf die Verteilung:

$0 < a < 1$: Stauchung,
$a > 1$: Dehnung,
$a < 0$: Stauchung bzw. Dehnung und Spiegelung um die Ordinate.

Die Konstante b verschiebt die Verteilung nach links ($b<0$) bzw. nach rechts ($b>0$). Der E-Operator E(X) hat bei linearen Transformationen $Y=aX+b$ folgende Eigenschaften, und zwar für diskrete und für stetige Zufallsvariablen X:

$$\begin{aligned} E(b) &= b \\ E(aX) &= aE(X) \\ E(aX+b) &= aE(X) + b \end{aligned} \tag{3.20}$$

Für lineare Transformationen gilt somit zusammengefaßt: "Der Erwartungswert der Transformierten ist gleich der Transformierten des Erwartungswertes".

Beweis: $E(aX+b) = \sum_{i=1}^{n} p_i(ax_i+b) = \sum_{i=1}^{n} p_i ax_i + \sum_{i=1}^{n} p_i b = E(aX) + E(b)$

$= a\sum_{i=1}^{n} p_i x_i + b\sum_{i=1}^{n} p_i = aE(X) + b$, da $\sum_{i=1}^{n} p_i = 1$ und $a,b=$ const.

Der Beweis für stetige Variablen folgt aus der entsprechenden Verwendung des Integrals anstelle des Summenzeichens.
Da E(X) eine Konstante ist, folgt das für spätere Herleitungen wichtige Ergebnis

$$E[E(X)] = E(X). \tag{3.20a}$$

Für den Mittelwertsoperator M(X) gelten die gleichen Eigenschaften: Haben alle x_i die gleiche Wahrscheinlichkeit p, dann kann man in den oberen Gleichungen den Operator E durch den Operator M ersetzen. Die Korrektheit der Gleichungen folgt dann aus den Regeln der Verwendung von Summen von n Werten, wenn man für den Operator M den Ausdruck $\frac{1}{n}\sum$ einsetzt.

Häufige lineare Transformationen von Zufallsvariablen

Die *Mittelwertstransformation* $x = X-E(X)$ entspricht einer linearen Transformation

$x=aX+b$, in der $a=1$ und $b=-E(X)$ gesetzt wird.

Es folgt

$$E(x) = E[X - E(X)] = E(X) - E[E(X)] = E(X) - E(X) = 0. \tag{3.21}$$

Die *z-Transformation* $z = aX+b$ ist ebenfalls linear mit $a=1/\sigma$, $b=-E(X)/\sigma$:

$$z = (X-E(X))/\sigma = \frac{1}{\sigma}X - \frac{1}{\sigma}E(X). \quad (3.22)$$

$$E(z) = E[X-E(X)]/\sigma = [E(X)-E(X)]/\sigma = 0.$$

Wir bezeichnen x auch als *mittelwertsnormiert* und entsprechend z_x als *mittelwerts- und streuungsnormiert*.

Beispiel: Gegeben sei eine *Gleichverteilung* in Form der gleichwahrscheinlichen Würfelergebnisse $X=\{1,2,3,4,5,6\}$. Ihre Abweichungen vom Mittelwert $E(X)=3.5$ lauten $x=\{-2.5, -1.5, -0.5, 0.5, 1.5, 2.5\}$. Das mittlere (bzw. erwartete) x ist gleich 0. Die Varianz ist

$$\sigma^2(x) = [(-2.5)^2+(-1.5)^2+(-0.5)^2+.5^2+1.5^2+2.5^2]/6 = 2.92$$

und die Streuung $\sigma=\sqrt{2.92} = 1.71$. Die z-transformierten Werte ergeben sich aus den Quotienten der Abweichungswerte durch σ: $-2.5/1.71$, $-1.5/1.71$ usw. D.h. $z=\{-1.46, -0.88, -0.29, 0.29, 0.88, 1.46\}$. Das mittlere z ist gleich 0. Die Streuung beträgt $\sigma(z) = 1$.

3.5.3 Nichtlineare Transformationen

Von allgemeiner Bedeutung sind hier nur die *monotonen* nichtlinearen Transformationen für $x>0$, d.h. die *konvexen* (2. Ableitung positiv, z.B. $y=\exp(x)$ und $y=x^2$) und die *konkaven* (2. Ableitung negativ, z.B. $y=\log(x)$ und $y=|\sqrt{x}|$ für $x>0$). Bei einer Transformation g(...) einer Zufallsvariablen X können je nach Zusammenhang die beiden Schreibweisen g(x) und g(X) verwendet werden.
Monotone nichtlineare Transformationen haben deutliche Auswirkungen auf die ungeraden Momente "Erwartungswert" und "Schiefe" einer Variablen. Die Erwartungswerte untransformierter Variablen E(X) stehen in folgender Beziehung zu den Erwartungswerten E[g(X)] linear bzw. nichtlinear transformierter Variablen g(X):

g(x) konvex:	$E[g(X)] > g[E(X)]$	$X > 0$
g(x) konkav:	$E[g(X)] < g[E(X)]$	$X > 0$
g(x) linear:	$E[g(X)] = g[E(X)]$	$-\infty < X < +\infty$

Beispiel a) Die Zufallsvariable X der Würfelergebnisse und ihre nichtlinearen Transformationen g(X) lautet

X	= { 1,	2,	3,	4,	5,	6 },	$E[X]$	= 3.5
X^2	= { 1,	4,	9,	16,	25,	36 },	$E[X^2]$	= 15.17
$\log(X)$	= { 0,	.69,	1.09,	1.39,	1.61,	1.79 },	$E[\log(X)]$	= 1.10
$\sqrt{X}$	= { 1,	1.41,	1.73,	2,	2.24,	2.44 },	$E[\sqrt{X}]$	= 1.80

Relationen zwischen den Erwartungswerten

konvex	konkav	konkav
$E[X^2] > E[X]^2$	$E[\log(X)] < \log[E(X)]$	$E[\sqrt{X}] < \sqrt{E(X)}$
$15.17 > 3.5^2(=12.25)$	$1.10 < 1.25$	$1.80 < 1.87$

Beispiel b) Herleitung von $Var(X) = E(X^2)-E(X)^2$ als Erwartungswert $E(y)$ der Verkoppelung zweier Transformationen in der Reihenfolge $x=X-E(X)$ und $y=x^2$:

$$E(y) = E(x^2) = Var(X) \text{ (laut Def.)} = E[(X-E(X))^2] = E[X^2-2E(X)X+E(X)^2]$$
$$= E(X^2)-2E(X)E(X)+E(X)^2 = E(X^2)-2E(X)^2+E(X)^2 = E(X^2)-E(X)^2.$$

Die Veränderungen von Verteilungsformen durch nichtlineare Funktionen werden besonders anschaulich bei Transformationen *symmetrischer* Verteilungen:

konvex: symmetrisch ----------> rechtsschief,
konkav: symmetrisch ----------> linksschief.

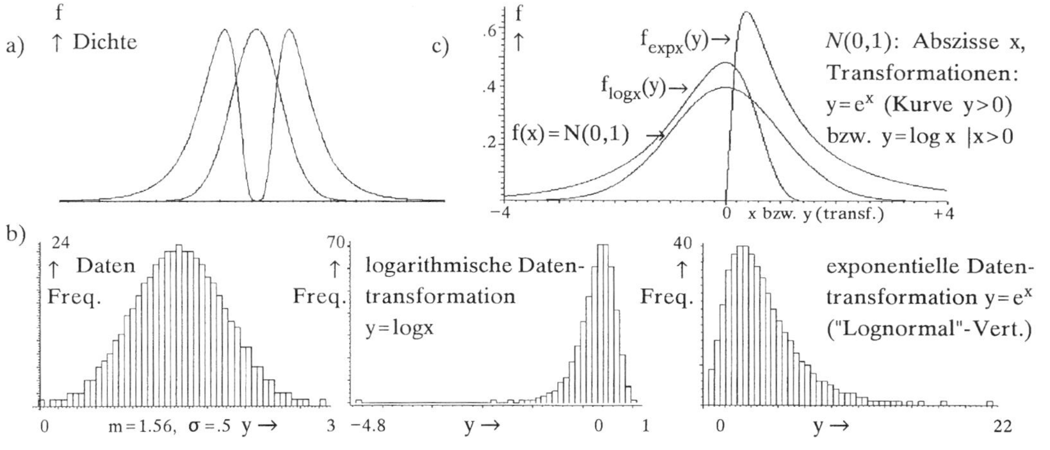

Abb. 3.12 Linkschiefe und rechtschiefe Transformationen von Normalverteilungen a) rechts: exponentielle Transformation der Dichte, links: deren Spiegelung um die Ordinate. b) links: Häufigkeitsverteilung diskreter normalverteilter Werte (untransformiert), Mitte: logarithmisch transformierte Daten, rechts: exponentiell transformierte Daten. c) (siehe unten).

Die diskrete Verteilung in b) links stellt eine repräsentative Stichprobe $<x_i, i=1,500>$ aus einer Normaldichte $f(x)=N(m=1.56,\sigma=.5)$ dar, die durch Berechnung der x_i aus $\int_{-\infty}^{x_i} f(x)dx = (i-.5)/500$ für $i=1$ bis 500 gewonnen wurde. Die gegebenen x_i-Werte wurden dann logarithmisch und exponentiell transformiert und in je 50 Klassen (Frequenzen Freq.) gesammelt (b) Mitte bzw. rechts). Transformiert man dagegen in einer durch eine Formel gegebenen Verteilungsfunktion $f(x)$ die Variable x in $y=g(x)$, dann folgt die neue Verteilungsfunktion $f_1(y)$ aus $f(h(y)) \cdot |h'(y)|$, wobei $h'(y)$ die Ableitung der Umkehrfunktion $x = h(y) = g^{-1}(y)$ nach y ist (vgl. Kap. V Algebra der Wahrscheinlichkeitsverteilungen, Formel (5.2)). Bei exponentieller Transformation $y=g(x) = \exp((x-\gamma)/\delta)$ der Normaldichte $f(x)=N(m,\sigma)$ erhält man so mit der Umkehrfunktion $x=h(y)=\delta \log y+\gamma$ die sog. logarithmische Normalverteilung (dargestellt in a) rechts und für $m=\gamma=0$, $\sigma=\delta=1$ in c)):

$$f_{expx}(y) = 1/\sqrt{2\pi\sigma^2}\exp[-(\delta \log y+\gamma-m)^2/(2\sigma^2)] \cdot |\delta/y| \qquad | \; y > 0$$

Die log. Transformation $y=g(x)=\delta \log x+\gamma$ von $N(m,\sigma)$ ergibt für $x>0$ die bedingte Dichte

$$f_{logx}(y) = 1/\sqrt{2\pi\sigma^2}\exp[-(\exp((y-\gamma)/\delta)-m)^2/(2\sigma^2)] \cdot |\exp((y-\gamma)/\delta)/\delta|/P(x>0),$$

mit $x=h(y)=\exp(y-\gamma)/\delta$, dargestellt für $N(0,1)$, $P(x>0)=1/2$, $\gamma=0$, $\sigma=1$ in c). Dieselben Transformationen an diskreten positiven Daten, allerdings mit $m\neq 0$, $\sigma\neq 1$, zeigen b) Mitte bzw. b) rechts.

Aufgrund ihrer Auswirkungen auf die Schiefe werden die nichtlinearen Transformationen gelegentlich verwendet, um eine empirische Verteilung entgegengesetzt zu dem obigen Schema in eine ungefähre symmetrische Verteilung zu transformieren, damit sie einer Normalverteilung ähnlicher erscheint. Denn viele der Testverfahren für empirische Daten setzen die Normalverteilung der Testwerte voraus. Diese Umwandlung geschieht in der "Rezeptstatistik" oft leider unreflektiert, da Versuchsschemata für Normalverteilungen bzw. für Lognormalverteilungen usw. zumeist nicht vorliegen.

3.6 Zweidimensionale Zufallsvariablen und Korrelationen

3.6.1 Definitionen

Es werden nun Versuchsschemata eingeführt, bei denen *Paare von Elementarereignissen* $\{(e_i,e_j) \in AxB\}$ aus zwei nicht notwendig verschiedenen Mengen A und B auftreten. Die Paare können ihrerseits wieder als Elementarereignisse aufgefaßt werden. Diese werden analog zu dem Schema der eindimensionalen Zufallsvariablen (siehe oben, III., Teil 3.1) durch eine Funktion auf Zahlenpaare $(x_i,y_j) \in RxR$ abgebildet und bilden so eine zweidimensionale Zufallsvariable (X,Y), die in Verbindung mit den Wahrscheinlichkeiten $p_{ij}=P(x_i,y_j)$ der Zahlenpaare eine 2-dimensionale Wahrscheinlichkeitsverteilung darstellt.

Definition: Eine *zweidimensionale* (oder *bivariate*) *Zufallsveränderliche* (X,Y) - im Gegensatz zu zwei eindimensionalen Zufallsveränderlichen X und Y - ist gegeben, wenn für alle Paare (x_i,y_j) des kartesischen Produktes $X \times Y$ die Wahrscheinlichkeitsfunktion $P(x_i \cap y_j)=P(x_i,y_j)$ bzw. die Dichte f(x,y) definiert ist.

Wir verwenden folgende unterschiedliche Schreibweisen:

$$p(x_i,y_j) \quad = \quad P(X=x_i \cap Y=y_j) \quad = \quad P(x_i \cap y_j) \quad = p_{ij}.$$

Wie für alle Verteilungen gilt auch hier

$$\sum_i \sum_j p_{ij} = 1 \qquad \text{bzw.} \qquad \int_{-\infty}^{+\infty} \int_{-\infty}^{+\infty} f(x,y)dxdy = 1. \tag{3.23}$$

Die Komponenten X und Y heißen *Randvariablen.* Die Wahrscheinlichkeiten ihrer Werte, d.h. die *Randwahrscheinlichkeiten*, ergeben sich aus den paarweisen Wahrscheinlichkeiten, wobei vereinfachende Schreibweisen lauten:

$$p_{i*} \quad = \quad p(x_i) \quad = \quad \sum_{j=1}^{n} p_{ij} \qquad \text{und} \qquad p_{*j} \quad = \quad p(y_j) \quad = \quad \sum_{i=1}^{m} p_{ij} \tag{3.24}$$

Die *Randdichten* von kontinuierlichen 2-dimensionalen Zufallsvariablen ergeben sich, wenn man die Summenzeichen in (3.24) durch entsprechende Integrale ersetzt:

$$f(x,*) = \int_{-\infty}^{+\infty} f(x,y)dy \quad \text{bzw.} \quad f(*,y) = \int_{-\infty}^{+\infty} f(x,y)dx. \qquad (3.25)$$

Der Erwartungswert jeder Randvariablen wird analog zu Formel (3.5a) gebildet durch

$$E(X) = \sum_i p_{i*} \cdot x_i \; E(Y) = \sum_j p_{*j} \cdot y_j. \qquad (3.26)$$

Für stetige 2-dimensionale Veränderliche wird er analog zu (3.5a) gebildet, indem man in (3.26) die Summierung durch die entsprechende Integration ersetzt.

E(X) wird auch als *Randerwartungswert* von X (im Schema (X,Y)) bezeichnet.

Im Folgenden zeigen wir, wie durch eine endliche Population von Wertepaaren das Versuchsschema für eine 2-dimensionale diskrete Zufallsvariable inklusive der Wahrscheinlichkeiten ihrer Wertepaare eingeführt wird. Wir gehen daher von einem Versuchsschema aus, das uns eine Folge von Paaren von Ereignissen $\langle (u_i,v_i), i=1,m \rangle$ liefert, die wir zur Vereinfachung bereits als numerisch gegeben, d.h. als reelle Wertepaare, annehmen.

Beispiel: Gegeben sei ein Test mit zwei Aufgaben A und B. Bei A kann man 0 oder 1 Punkte erzielen, bei B dagegen 0 bis 2 Punkte. 12 Personen nahmen an dem Test teil. Ihre Leistungen bei den Aufgaben A und B ergaben folgende 12 Punktpaare, die sich als zwei Folgen U, V einander zugeordneter Wertepaare (u_i,v_i) darstellen lassen:

Person Nr.	1	2	3	4	5	6	7	8	9	10	11	12
U	0	0	0	0	0	0	0	1	1	1	1	1
V	0	0	1	1	2	2	2	0	0	0	2	2

Wir bilden die Menge der Elementarereignisse des Tests U in die Klassen 0 und 1 ab und erhalten dadurch die Zufallsvariable X = {0,1}, entsprechend bilden wir die Elementarereignisse von V in die Zufallsvariable Y ab. Die Zuordnung zu den neuen Zufallsvariablen X, Y lautet:

$$U \longrightarrow X = \{0,1\} \qquad m = |X| = 2$$
$$V \longrightarrow Y = \{0,1,2\} \qquad n = |Y| = 3.$$

X und Y bilden die Komponenten einer 2-dimensionalen Zufallsvariablen (X,Y), die folgende 6 Wertepaare mit unterschiedlichen Wahrscheinlichkeiten annehmen kann:

$$(X,Y) = \{(0,0), (0,1), (0,2), (1,0), (1,1), (1,2)\}.$$

Zur Berechnung der Wahrscheinlichkeiten der Zufallsvariablen (X,Y) sammeln wir zunächst die Häufigkeiten der oben vorkommenden 12 Wertepaare und stellen sie mittels der ihnen zugeordneten X,Y-Werte in einem zweidimensionalen Schema dar. Dieses Schema aus Häufigkeiten wird auch als *Kontingenztabelle* bezeichnet:

	Y → 0	1	2	Zeilensummen X
X 0	2	2	3	7
↓ 1	3	0	2	5
Spaltensummen Y:	5	2	5	12 (Total)

In jeder der 6 Zellen stehen die Häufigkeiten der entsprechenden Paare von (X,Y). Die Randsummen des Schemas ergeben die Häufigkeiten der Werte der beiden eindimensionalen Randzufallsvariablen **X** und **Y**. Nun verwandelt man dieses Schema durch Division aller Zahlen durch die Totalsumme 12 nach dem Prinzip "günstige durch mögliche" in eine 2-dimensionale *Wahrscheinlichkeitsverteilung*:

	Y → 0	1	2	Rand-WS(X)
X 0	2/12	2/12	3/12	7/12
↓ 1	3/12	0	2/12	5/12
Rand-WS(**Y**):	5/12	2/12	5/12	12/12=1

Indizierung der Wahrsch.:

p_{11}	p_{12}	p_{13}	p_{1*}
p_{21}	p_{22}	p_{23}	p_{2*}
p_{*1}	p_{*2}	p_{*3}	$p_{**}=1$

3.6.2 Randverteilungen

Die Tabelle enthält die 6 Wahrscheinlichkeiten für die Paare von (X,Y). An den Rändern der Tabelle stehen die 2 bzw. 3 Randwahrscheinlichkeiten der Zufallsvariablen (X,Y). Diese Wahrscheinlichkeiten gehören zu den Verteilungen der Zufallsvariablen X und Y, den Randverteilungen.
Das rechte Schema verdeutlicht die Doppel-Indizierung der Wahrscheinlichkeiten p_{ij}.

Der erste Index gibt die Zeile, der zweite die Spalte an, in der jedes p_{ij} steht. Der Stern rechts oder links symbolisiert, daß die entsprechende Randwahrscheinlichkeit aus der Summation einer Spalte der Tabelle bzw. einer Zeile hervorgeht.

3.6.3 Bedingte Verteilungen

Der Wert p_{ij} des Paares x_iy_j gibt die Wahrscheinlichkeit des gemeinsamen Auftretens des Wertes x_i und des Wertes y_j an. Er kann unterschiedlich geschrieben werden:

$$p_{ij} = P[(X=x_i) \cap (Y=y_j)] = P(x_i \cap y_j) = P(x_i,y_j). \tag{3.28}$$

Die bedingte Wahrscheinlichkeit eines Wertes y_j für gegebenes x_i lautet dann

$$P(y_j|x_i) = p_{ij}/p_{i*} \text{ und } P(x_i|y_j) = p_{ij}/p_{*j}. \tag{3.29a}$$

Beispiele: Die Wahrscheinlichkeit von Y=2 unter der Bedingung X=0 ist

$P(Y=2|X=0) = P(X=0 \cap Y=2)/P(X=0) = p_{1,3}/p_{1,*} = (3/12)/(7/12) = 3/7.$

(Die Indizes bezeichnen die Zeilen bzw. Spalten der letzten Kontingenztabelle). Die Wahrscheinlichkeit von $x=0$ unter der Bedingung $y=2$ ist

$P(X=0|Y=2) = p_{1,3}/p_{*,3} = (3/12)/(5/12) = 3/5.$

Für jeden Wert $x_i \in X$ gibt es eine *bedingte Verteilung für* Y, und für jeden Wert von $y_j \in Y$ gibt es eine *bedingte Verteilung für* X.
Wandelt man z.B. die erste Zeile der Tabelle gemäß (3.29a) in die bedingten Wahrscheinlichkeiten $P(y_j|x_i)$ um, dann enthält diese Zeile die bedingte Verteilung von Y für $X=0$, d.h. $P(Y|X=0)$. Entsprechend kann man durch die Formel für $P(x_i|y_j)$ eine Spalte umwandeln und erhält die bedingte Verteilung von X unter der Bedingung, daß Y den Wert y_j annimmt, d.h. $P(X|Y=y_j)$.
Entsprechende Überlegungen gelten für Dichten. Wir kennzeichnen für eine 2-dimensionale Variable (X, Y) die Dichte von Y unter der Bedingung, daß X einen konstanten Wert x besitzt durch

$$f(y|x) = f(x,y)/f(x,*). \qquad (3.29b)$$

3.6.4 Bedingte Erwartungswerte

Bei einer 2-dimensionalen Variablen heißen die Erwartungswerte der bedingten Verteilungen *bedingte Erwartungswerte*:

$$E(Y|X=x_i) = \frac{\sum_{j=1}^{n} p_{ij}\, y_j}{p_{i*}} \quad \text{bzw.} \quad E(X|Y=y_j) = \frac{\sum_{i=1}^{m} p_{ij}\, x_i}{p_{*j}}. \qquad (3.30)$$

Geht man von der oben eingeführten Folge von Wertepaaren aus, dann kann man die bedingten Erwartungswerte als arithmetische Mittel der ersten bzw. der zweiten Komponenten entsprechender Paare der Folge berechnen: Der Wert $E(Y|X=x_i)$ ist dann gleich dem Mittelwert der Y-Werte aller derjenigen Paare, bei denen $X=x_i$ ist. Geht man dagegen von dem oben gebildeten 2-dimensionalen Tabellenschema für (X, Y) aus, dann kann man die gleichen Erwartungswerte auch nach den Formeln (3.30) berechnen.

Beispiel: $E(Y|X=1)$ ist der Erwartungswert der bedingten Verteilung in der 2. Zeile der Tabelle. Er ergibt sich als Mittelwert der zweiten Komponenten in den ausgewählten Paaren $\{(1,0),(1,0),(1,0),(1,2),(1,2)\}$ mit $X=1$. Daher ist $E(Y|X=1) = (0+0+0+2+2)/5 = 4/5$.
Nach der Tabelle und nach der ersten Formel bei (3.30) ergibt sich die alternative Berechnungsform:

$E(Y|X=1) = [(3/12) \cdot (Y=0) + 0 \cdot (Y=1) + (2/12) \cdot (Y=2)] \,/\, (5/12) = (4/12)/(5/12) = 4/5.$

Die angegebenen Berechnungen lassen sich von diskreten 2-dimensionalen Wahrscheinlichkeitsverteilungen auf *2-dimensionale Dichten* f(x,y) übertragen. Hierbei müssen die

Summen in geeigneter Form durch Integrale ersetzt werden.

3.6.5 Unabhängigkeit von Zufallsvariablen

Die paarweise Unabhängigkeit ist eine 2-stellige Relation. Gegeben seien zwei Zufallsvariablen X und Y, die durch ein gemeinsames Versuchsschema Komponenten einer 2-dimensionalen Verteilung (X,Y) darstellen.

Definition: a) X und Y sind voneinander *unabhängig*, wenn für alle Paare (x_i,y_j) gilt:

$$P[(X=x_i) \cap (Y=y_j)] = P(X=x_i) \cdot P(Y=y_j). \tag{3.31}$$

b) X und Y sind voneinander *abhängig*, wenn für mindestens ein Wertepaar (x_i,y_j) gilt:

$$P[(X=x_i) \cap (Y=y_j)] \neq P(X=x_i) \cdot P(Y=y_j). \tag{3.32}$$

Beispiel: Die Wahrscheinlichkeiten der letzten Tabelle müßten sich bei Unabhängigkeit von X,Y aus den Produkten der entsprechenden Randwahrscheinlichkeiten errechnen lassen:

$$\begin{aligned} P(x_i,y_j) &= P(x_i) \cdot P(y_j) \\ = p_{ij} &= p_{i*} \cdot p_{*j} \end{aligned}$$

Sie weichen jedoch davon ab. So müßte im Falle der Unabhängigkeit in Zelle 1,2 für das Muster (0,1) anstelle der Wahrscheinlichkeit 2/12=.17 die Wahrscheinlichkeit (7/12)·(2/12) = .09 stehen, usw.

Es gibt vielfältige Maße für die globale Abhängigkeit zweier Zufallsvariablen X,Y über alle Paare (x_i,y_j), wie z.B. die Korrelation, die Transinformation usw.

3.6.6 Zweistellige Operationen an Zufallsvariablen

(Im Folgenden werden Zufallsvariablen nur fett geschrieben, wenn dies zur Unterscheidung von anderen Variablen erforderlich ist).
Gegeben sei eine 2-stellige Zufallsvariable (X,Y), deren Wertepaare die Wahrscheinlichkeiten $p_{ij} = P(x_i,y_j)$ haben.
Wir bilden nun die Wertepaare (x_i,y_j) durch eine Operation o in die reellen Zahlen R ab:

$$X \circ Y \to Z, \quad \text{wobei} \quad Z \subset R.$$

und erhalten eine neue Zufallsvariable Z. Die Aufgabe besteht darin, die Verteilung von Z aus den Verteilungen von X und Y sowie der verwendeten Operation o herzuleiten. Für die Operation o können wir z.B. die 2-stelligen elementaren Rechenarten +, −, · oder / einsetzen.
Wir beschränken uns hier zunächst auf einfache, aber grundlegende Beispiele für die Berechnung von Wahrscheinlichkeiten und von Erwartungswerten der resultierenden

Variablen. Es handelt sich dabei um die häufig verwendeten Fälle, in denen die abgeleiteten Beziehungen unabhängig von den speziellen Verteilungsformen (Kap. IV) der Zufallsvariablen X und Y sind.

Die allgemeine Methode der Herleitung der Wahrscheinlichkeitsverteilungen von Funktionen Z von Zufallsvariablen X,Y ist kompliziert und wird in Kap. V behandelt. Unter den 4 elementaren Operationen +,−,· und / werden zunächst gewichtete Summen $Z=aX+bY$ von Zufallsvariablen behandelt. "Ungewichtete" Summen sind hierin als Spezialfälle mit $a=b=1$ enthalten. Auch die Differenzenbildung ist hierin mit den Gewichten $a=1$, $b=-1$ enthalten. Anschließend folgen die Ergebnisse der Produktbildung $Z=X \cdot Y$, hierbei vor allem Kovarianzen und Korrelationen als Erwartungswerte von Produkten. Für die Operation der Division lassen sich außer einer Ungleichung kaum verteilungsunabhängige Regeln angeben.

Beispiel: Die Berechnung der Wahrscheinlichkeitsverteilung von Z aus einem Versuchsschema für (X,Y). Die Variablen X und Y sind hier diskret und unabhängig: Es wird 2 mal eine Münze geworfen. Jeder Münzwurf ergibt mit gleicher Wahrscheinlichkeit $p=.5$ entweder 0 oder 1 (Gleichverteilung).
Die Zufallsvariable des ersten Münzwurfs heißt X, die des zweiten Y. Wir bilden die Summe $Z=X+Y$ und die Differenz $D=X-Y$ und berechnen die Verteilungen der beiden Zufallsvariablen Z und D. Die 2-dimensionale Zufallsvariable (X,Y) kann die 4 Zahlenpaare

$$(X,Y) = \{(0,0),\ (0,1),\ (1,0),\ (1,1)\}$$

annehmen. Da die Würfe voneinander unabhängig sind, ist die Wahrscheinlichkeit jedes Zahlenpaares $P(X \cap Y)=P(X) \cdot P(Y) = .5 \cdot .5 = .25$. Man erhält somit als Summe bzw. als Differenz zweier Gleichverteilungen jeweils zwei unterschiedliche sogenannte *Dreiecksverteilungen* Z und D,

X Y	Z=X+Y	D=X−Y	P
0 0	0	0	.25
0 1	1	−1	.25
1 0	1	1	.25
1 1	2	0	.25

Die resultierenden Zufallsvariablen haben hier die Werte $Z=\{0,1,2\}$ bzw. $D=\{-1,0,1\}$. Das Ergebnis $Z=1$ kann durch die Muster (0,1) *oder* (1,0) zustande kommen. Seine Wahrscheinlichkeit beträgt daher

$$P(Z=1) = P(X=1) \cdot P(Y=0) + P(X=0) \cdot P(Y=1) = .5 \cdot .5 + .5 \cdot .5.$$

Das Ergebnis $D = 0$ kann durch die Muster (0,0) *oder* (1,1) zustande kommen. Seine Wahrscheinlichkeit beträgt daher

$$P(D=0) = P(X=0) \cdot P(Y=0) + P(X=1) \cdot P(Y=1) = .5 \cdot .5 + .5 \cdot .5$$

Die beiden Zufallsvariablen Z und D haben also folgende Wahrscheinlichkeitsverteilungen, die symmetrischen Histogrammen mit jeweils 3 Säulen entsprechen:

P:	.25	.5	.25	P:	.25	.5	.25
Z:	0	1	2	D:	-1	0	1

Diese Wahrscheinlichkeitsverteilungen bilden symmetrische Dreiecke.

3.6.7 Erwartungswerte linearer Funktionen

Die Erwartungswerte von Zufallsvariablen, die durch die linearen Operationen der Addition oder der Subtraktion entstehen, können aus einem allgemeinen Ergebnis über lineare Funktionen von Zufallsvariablen abgeleitet werden:
Der Erwartungswert einer linearen Funktion von Zufallsvariablen ist gleich der linearen Funktion der Erwartungswerte dieser Zufallsvariablen:

$$\boxed{E(aX + bY + c) = aE(X) + bE(Y) + c} \tag{3.33}$$

Beweis: $E(aX+bY+c) = \sum_{i=1}^{m}\sum_{j=1}^{n} P(x_i,y_j) \cdot (ax_i + by_j + c)$

$$= a\sum_{i=1}^{m}\sum_{j=1}^{n} P(x_i,y_j)x_i + b\sum_{i=1}^{m}\sum_{j=1}^{n} P(x_i,y_j)y_j + \sum_{i=1}^{m}\sum_{j=1}^{n} P(x_i,y_j)c$$

$$= a\sum_{i=1}^{m} p_{i*}x_i + b\sum_{j=1}^{n} p_{*j}y_j + 1 \cdot c = aE(X) + bE(Y) + c.$$

Wie die Herleitung zeigt, gilt diese Beziehung sowohl für unabhängige als auch für abhängige Variablen X,Y. Die Herleitung zeigt, daß der E-Operator wie ein Summenzeichen in eine Klammer, die nur Additionen und Subtraktionen enthält, hineingezogen werden kann. Aus dieser Beziehung ergeben sich folgende Sonderfälle:

$$E(X+Y) = E(X) + E(Y) \mid a=1,\ b=1,\ c=0,$$
$$E(X-Y) = E(X) - E(Y) \mid a=1,\ b=-1,\ c=0. \tag{3.34}$$

Beispiel: In einer Urne mit einem Anteil von P(w) weißen und P(s) = 1 - P(w) schwarzen Kugeln werden N Kugeln mit Zurücklegen gezogen. Jede gezogene weiße Kugel wird mit 1 und jede gezogene schwarze Kugel mit 0 bewertet (Versuchsschema der Binomialverteilung). Jedes Ziehen einer Kugel stellt ein Bernoullisches Versuchsschema mit der Zufallsvariablen $X_{Bern.} = \{0,1\}$, $P(X=1) = P(w)$, $P(X=0) = 1 - P(1)$ und dem Erwartungswert $E(X_{Bern.}) = P(w) = p$ dar. Die zufällige Anzahl k aller bei den N Versuchen gezogenen weißen Kugeln resultiert aus der Summe N gleichartiger Bernoulli-Verteilungen $X_{Binom.} = \sum_{i=1,N} X_{Bern.,i}$. Wir erhalten nach (3.34) den Erwartungswert $E(X_{Binom}) = E(X_{Bern.,1}) + E(X_{Bern.;2}) + \ldots + E(X_{Bern.;N}) = N \cdot E(X_{Bern.}) = N \cdot p$. Der Erwartungswert der Binomialverteilung beträgt daher $E(X_{Binom.}) = N \cdot p$.

3.6.8. Erwartungswerte von Produkten (Kovarianzen, Korrelationen)

Das erwartete Produkt E(X · Y) (abgekürzt E(XY)) zweier Zufallvariablen X,Y ist

$$E(XY) = \sum_i \sum_j p_{ij} x_i y_j. \tag{3.35}$$

Im Falle einer endlichen Folge von N Wertepaaren ($u_i v_i$, $i=1,N$) kann das erwartete Produkt auch als das mittlere Produkt

$$M(UV) = \sum_{i=1}^{N} u_i v_i / N \tag{3.36}$$

berechnet werden. Teilt man Werte U und V in Klassen X bzw. Y ein, dann gilt die Äquivalenz der Berechnungsmethoden M(UV) = E(XY).
Allgemein gilt $E(XY) \neq E(X) \cdot E(Y)$, außer bei linearer Unabhängigkeit:

Theorem 3.1. a) Sind zwei Variablen X, Y voneinander unabhängig, dann ist das erwartete Produkt gleich dem Produkt der Erwartungswerte:

$$E(XY) = E(X) \cdot E(Y) \quad | \text{ X,Y voneinander unabhängig.} \tag{3.37}$$

b) Die Umkehrung gilt nicht: Im Falle $E(XY)=E(X) \cdot E(Y)$ kann nur auf lineare Unabhängigkeit zwischen X und Y geschlossen werden. Dennoch kann eine nichtlineare Abhängigkeit zwischen X und Y bestehen.

Beweis zu a) Aus der Unabhängigkeitsbedingung $p_{ij} = p_{i*} p_{*j}$ folgt:

$$E(XY) = \sum_{i=1}^{m} \sum_{j=1}^{n} p_{ij} \cdot x_i \cdot y_j = \sum_{i=1}^{m} \sum_{j=1}^{n} p_{i*} p_{*j} x_i y_j = \sum_{i=1}^{m} p_{i*} x_i \sum_{j=1}^{n} p_{*j} y_j = E(X)E(Y).$$

Kovarianzen

Definition: Die *Kovarianz* Cov(XY) = E(x · y) ist das erwartete Produkt zweier mittelwertsnormierter Variablen x und y, wobei

$$x = X - E(X) \quad \text{und} \quad y = Y - E(Y).$$

Sie bildet ein Maß des linearen Zusammenhangs zwischen X und Y:

$$\boxed{E(x \cdot y) = Cov(XY) = E(X \cdot Y) - E(X) \cdot E(Y)} \tag{3.38}$$

Beweis:
$$\begin{aligned} E(x \cdot y) &= E\{ [X-E(X)] [Y-E(Y)] \} \\ &= E[XY - XE(Y) - E(X)Y + E(X)E(Y)] \\ &= E(XY) - E(X)E(Y) - E(X)E(Y) + E(X)E(Y) \\ &= E(XY) - E(X)E(Y) \end{aligned}$$

Erläuterung: Die 2. Zeile ergibt 3 Zufallsvariablen, nämlich das Produkt $X \cdot Y$ zweier Zufallsvariablen, das Produkt $X \cdot E(Y)$ von X mit der Konstanten E(Y), und entsprechend $Y \cdot E(X)$, sowie die Konstante $E(X) \cdot E(Y)$. Das Hineinziehen des E-Operators in die Klammer ergibt nach (3.33) und (3.35) die 3. Zeile, aus der unmittelbar die 4. Zeile folgt.

Für mittelwertsnormierte Variablen x und y folgt hieraus wegen $E(x)=E(y)=0$

$$E(x \cdot y) = \mathrm{Cov}(x, y) = \mathrm{Cov}(X,Y). \tag{3.39}$$

Bei Unabhängigkeit von X,Y folgt wegen $E(XY)=E(X)E(Y)$ nach (3.37) die Beziehung $\mathrm{Cov}(XY)=0$.
Die Kovarianz variiert zwischen folgenden Grenzen:

$$-\sigma_x\sigma_y \leq \mathrm{Cov}(XY) \leq +\sigma_x\sigma_y \quad \text{(Herleitung siehe unten bei der Korrelation).} \tag{3.40}$$

Berechnungsformeln für die Kovarianz

Für eine endliche Folge von Wertepaaren $(u_iv_i, i=1,N)$, die man in Klassen X und Y einteilt, ergibt die Mittelwertsformel $M_2(uv)=M_2(UV)$ die Berechnungsformel für die Kovarianz:

$$\begin{aligned} M_2(UV) &= M(UV) - M(U)M(V) = \mathrm{Cov}(XY) \\ &= \Sigma u_iv_i/N - \Sigma u_i \Sigma v_i/N^2 \text{ (alle Summen über } i=1,N). \end{aligned} \tag{3.41}$$

Die Kovarianz einer Variablen X mit sich selbst ergibt die Varianz von X:

$$\begin{aligned} E(xx) &= E(x^2) = \mathrm{Cov}(XX) = \mathrm{Cov}(xx) = E(XX) - E(X)E(X) = E(X^2) - E(X)^2 \\ &= \mathrm{Var}(X). \end{aligned} \tag{3.42}$$

Kovarianzen gewichteter Summen

Eine sehr allgemeine Beziehung, aus der viele Herleitungen über Zufallsvariablen folgen, stellt die Kovarianz zweier linearer Funktionen von X und Y, d.h. zweier gewichteter Summen, dar:

Theorem 3.2. Die *Kovarianz zweier gewichteter Summen* ist gleich der Summe aller gewichteten Kovarianzen zwischen den Summanden:

$$\boxed{\begin{aligned} &\text{Es sei } Z = aX+bY+c \quad \text{und} \quad W=dU+eV+f, \quad \text{dann folgt} \\ &\mathrm{Cov}(ZW) = ad\mathrm{Cov}(XU) + ae\mathrm{Cov}(XV) + bd\mathrm{Cov}(YU) + be\mathrm{Cov}(YV) \end{aligned}} \tag{3.43}$$

Beweis: $\mathrm{Cov}[\,(aX+Yb+c)(dU+eV+f)\,] = \mathrm{Cov}[\,(aX+bY)(dU+eV)\,]$

$$\begin{aligned} &= E[\,(aX+bY)\cdot(dU+eV)\,] - E(aX+bY)\cdot E(dU+eV) \\ &= E(adXU+aeXV + bdYU+beYV) - [aE(X)+bE(Y)][dE(U)+eE(V)] \\ &= \quad adE(XU) \quad + aeE(XV) \quad + bdE(YU) \quad + beE(YV) \\ &\quad -[adE(X)E(U) + aeE(X)E(V) + bdE(Y)E(U) + beE(Y)E(V)] \end{aligned}$$

Erläuterungen: a) Beachtet man bei der Differenzenbildung beider Zeilen, daß die jeweils übereinanderstehenden Ausdrücke Kovarianzen ergeben, z.B.

$$adE(XY) - adE(X)E(Y) = adCov(XY)$$

usw., dann folgt die rechte Seite von Cov(ZW), wie zu beweisen war.
b) In der ersten Zeile verschwinden die Konstanten c und f, da sie wegen der Mittelwertstransformation in der Definition $Cov(XY) = Cov(xy) = E(xy)$ (siehe oben) keine Rolle spielen.

Aus (3.43) folgt, daß die Kovarianz abhängig ist von Maßstabstransformationen a oder c ihrer Variablen, aber unabhängig von Translationen b oder d:

$$Cov(aX+b, cY+d) = acCov(XY) \tag{3.44}$$

Da die Kovarianz einer Variablen mit sich selbst gleich ihrer Varianz ist, folgt: Die Varianz einer gewichteten Summe mehrerer Variablen, z.B. X,Y und Z, ist gleich der Summe aller gewichteten Kovarianzen ihrer Summanden.

$$\begin{aligned} Var(aX+bY+cZ+d) &= a^2Var(X)+b^2Var(Y)+c^2Var(Z) \\ &+ 2abCov(XY)+2acCov(XZ)+2bcCov(YZ) \end{aligned} \tag{3.45a}$$

Beweis: Wir ersetzen oben in Cov(ZW) die Funktion W durch $Z = aX+bY+c$ und erhalten $Cov(ZZ) = Cov[(aX+bY+c)(aX+bY+c)] = Var(aX+bY+cZ)$ usw.

Sind die Gewichte a, b, c gleich 1, so kann man die gewichtete Summe $Var(X+Y+Z)$ auch als *Summe der Kovarianzmatrix* C dieser Variablen ausdrücken, wobei $Cov(XX) = Var(X)$, $Cov(XY) = Cov(YX)$ usw.:

$$C = \begin{matrix} Var(X) & Cov(XY) & Cov(XZ) \\ Cov(YX) & Var(Y) & Cov(YZ) \\ Cov(ZX) & Cov(ZY) & Var(Z) \end{matrix} \quad .$$

Ergänzung: Im Falle der gewichteten Summe wie bei (3.45a) ist die Summendarstellung matrixalgebraisch (siehe Kap. VII) durch die *quadratische Form* u'Cu möglich, wobei u gleich dem Gewichtungsvektor (a,b,c) ist.

Dies läßt sich zusammenfassen:

Theorem 3.3. Die *Varianz einer gewichteten Summe* (von Zufallsvariablen) ist gleich der Summe aller gewichteten Kovarianzen zwischen den Summanden (den Zufallsvariablen).

Beispiele: a) Eine binomialverteilte Zufallsvariable $X_{Binom.}$ kann als Summe von n gleichartigen unabhängigen Bernoulli-verteilten Zufallsvariablen $X_{Bern.} = \{0,1\}$ mit den Wahrscheinlichkeiten $P(1) = p$ und $P(0) = q = 1-p$ aufgefaßt werden. Da die *Varianz der Bernoulli-Verteilung* pq entspricht, ergibt sich die *Varianz der Binomialverteilung* als $Var(X_{Binom.}) = npq$.
b) Die *Varianz des Mittelwertes* von n unabhängigen Zufallsvariablen gleicher Verteilung (siehe Stichprobenmittelwert, Kap. VI, Formeln (6.2),(6.3) ff):

$$Var(\sum X/n) = Var(\tfrac{1}{n}\sum X) = (\tfrac{1}{n})^2 \sum Var(X) = (\tfrac{1}{n})^2 \cdot n \cdot Var(X) = Var(X)/n.$$

Als Sonderfälle ergeben sich weiter:

$$\begin{aligned}
Var(aX+b) &= a^2Var(X) && && (3.45b)\\
\sigma(aX+b) &= a\sigma(X) && \mid a \geq 0 \\
Var(X+Y) &= Var(X) + Var(Y) + 2Cov(XY) && \mid a=1,\ b=\ 1,\ c=0 \\
Var(X-Y) &= Var(X) + Var(Y) - 2Cov(XY) && \mid a=1,\ b=-1,\ c=0.
\end{aligned}$$

Insbesondere gilt bei Unabhängigkeit zwischen X und Y wegen $Cov(XY)=0$

$$Var(X+Y) = Var(X-Y) = Var(X) + Var(Y). \qquad (3.46)$$

Die Regel (3.45a) läßt sich verallgemeinern:
Die Varianz einer Summe von n gewichteten Variablen ist gleich der Summe der gewichteten Kovarianzen aller Variablen untereinander (wobei die Kovarianz einer Variablen X_i mit sich selbst gleich der Varianz $Var(X_i)$ ist):

$$Var(\sum_{i=1}^{n} a_iX_i) = \sum_{i=1}^{n}\sum_{j=1}^{n} a_ia_jCov(X_i,X_j) = \sum_{i=1}^{n} a_i^2Var(X_i) + \sum_{i=1}^{n}\sum_{\substack{j=1\\ i\neq j}}^{n} a_ia_jCov(X_i,X_j). \qquad (3.47)$$

Korrelationen

Definition: Die Korrelation (=*Pearson*-Korrelation = *Produkt-Moment*-Korrelation)

$$\boxed{r_{xy} = r\,(X,Y) = E(z_x \cdot z_y)} \qquad (3.49)$$

ist das erwartete Produkt der zwei z-transformierten Variablen z_x, z_y:

$$z_x = [X-E(X)]/\sigma_x \qquad \text{und} \qquad z_y = [Y-E(Y)]/\sigma_y.$$

Sie stellt ein Maß des linearen Zusammenhangs zwischen X und Y dar. Die Korrelation r_{xy} variiert im geschlossenen Intervall $[-1,1]$:

$$-1 \leq r_{xy} \leq +1. \qquad (3.49a)$$

Eine Begründung dieser Intervallgrenzen folgt aus der Schwarzschen Ungleichung (Kap. I, (3.12b) oder aus der Interpretation der Korrelation als Kosinus, siehe unten Formel (3.73) bis (3.75).

Durch Einsetzen ergibt sich eine Anzahl äquivalenter Formeln für die Korrelation

$$\boxed{\begin{aligned} r_{xy} &= E(z_xz_y) = \frac{E[\,(X-E(X))(Y-E(Y))\,]}{\sigma_x \cdot \sigma_y} = \frac{E(x\,y)}{\sqrt{E(x^2)E(y^2)}} \\ &= \frac{Cov(XY)}{\sqrt{Var(X)Var(Y)}} = \frac{E(XY) - E(X)E(Y)}{\sqrt{[E(X^2)-E(X)^2][E(Y^2)-E(Y)^2]}} \end{aligned}} \qquad (3.50)$$

Wird die Korrelation an einer endlichen Folge von N Wertepaaren $U*V$ =

$((u_1,v_1),(u_2,v_2),...(u_Nv_N))$ berechnet, dann ergeben sich die in (3.50) angegebenen Erwartungswerte als einfache arithmetische Mittelwerte.
Weitere Interpretationen der Korrelation, siehe *lineare Regression* (siehe unten Teil 3.6.9 ff).

Berechnungsformeln für die Korrelation

Für eine endliche Folge von N Wertepaaren $((u_iv_i),i=1,N)$ ergeben sich hinsichtlich Rechenzeit und Vermeidung von Rundungsfehlern optimale Berechnungsformeln für die Korrelation: Man ersetzt in der letzten Formel die Erwartungswerte durch die entsprechenden Mittelwerte und erhält nach Wegkürzen der meisten N nur noch Summen, geschrieben ohne Indizes:

$$r_{uv} = \frac{N\sum u_iv_i - \sum u_i\sum v_i}{\sqrt{[N\sum u_i^2-(\sum u_i)^2][N\sum v_i^2-(\sum v_i)^2]}} \quad \text{(alle Summen: } i=1,N) \tag{3.51}$$

Für die Berechnung einer Korrelation aus einer Folge von N Wertepaaren sind daher folgende 5 Summen erforderlich:

$$\sum u\,, \quad \sum v\,, \quad \sum u^2\,, \quad \sum v^2\,, \quad \sum uv \tag{3.52}$$

Die Summe $\sum uv$ heißt auch das *Skalarprodukt* (oder *Kreuzprodukt*) von U,V.

Beispiel: Gegeben seien Testergebnisse von 5 Personen bei 2 Aufgaben U,V:

U	V
1	1
2	5
4	3
4	3
5	7

N=5

$\Sigma u = 16$ $\quad \Sigma v = 19$ $\quad Var(U) = 2.16$

$\Sigma u^2 = 62$ $\quad \Sigma v^2 = 93$ $\quad Var(V) = 4.16$

$\Sigma uv = 70$

$$r_{uv} = \frac{5\cdot 70-16\cdot 19}{\sqrt{[5\cdot 62-16^2][5\cdot 93-19^2]}} = .61$$

Beziehung der Korrelation zur Kovarianz

Aus den vorangehenden Formeln (3.50) ergibt sich durch einfache Umstellung die Beziehung

$$Cov(XY) = r_{xy}\sigma_x\sigma_y \tag{3.53}$$

Hieraus folgt, daß die Korrelation 0 ist genau dann, wenn die Kovarianz 0 ist. Bei maximalem linearen Zusammenhang $r_{xy}=+1$ bzw. $r_{xy}=-1$ beträgt die Kovarianz $Cov(XY)=+\sigma_x\sigma_y$ bzw. $-\sigma_x\sigma_y$. Da *z*-transformierte Variablen die Streung $\sigma_x=\sigma_y=1$ haben, kann man die Korrelation r_{xy} auch als die Kovarianz der beiden *z*-transformierten Variablen X,Y auffassen.

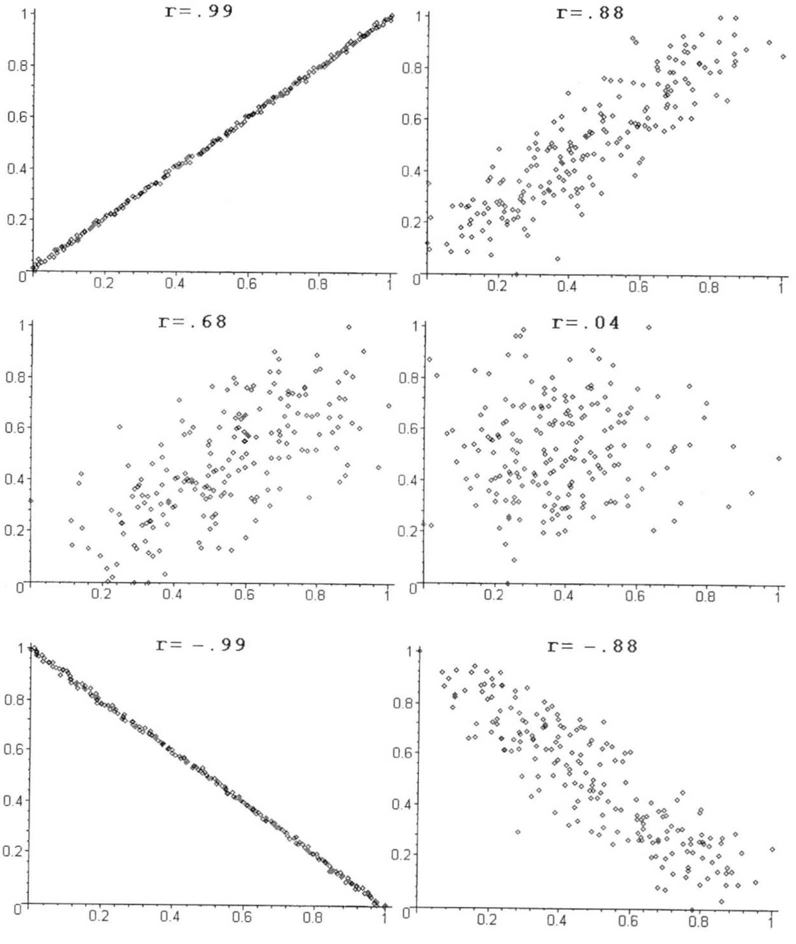

Abb. 3.13a Zusammenhänge zwischen Formen von Punkteschwärmen und den entsprechenden Korrelationen r_{xy}. Wir stellen in einem Koordinatensystem ein gegebenes Wertepaar (x_i,y_i) aus einer Folge von N Wertepaaren durch einen Punkt mit dem Absizzenwert x_i und dem Ordinatenwert y_i dar. In den Abbildungen (*Plots*) wurden von etwa N=200 Wertepaaren zweier Zufallsvariablen X und Y mit einer latenten linearen Beziehung und mit jeweils darauf addierten normal verteilten Meßfehlern (Regressionsfehlern, siehe unten) unterschiedlicher Streuung die Y-Werte als Funktion der X-Werte *geplottet* (dargestellt). Die entsprechenden Korrelationen zwischen X und Y werden angegeben. Man sieht, daß sich mit zunehmendem Abweichen eines Punkteschwarmes von einer Geraden der Betrag der Korrelation senkt und daß fallende Punkteschwärme negativen Korrelationen entsprechen.
Die Korrelationen würden sich bei beliebigen Verschiebungen der Punkteschwärme nicht ändern, da sie nach Formel (3.55) invariant gegenüber additiven Konstanten (Translationen) der Zufallsvariablen sind. Ebenso würden sich die Korrelationen nicht ändern, wenn die Koordinaten unterschiedlich gedehnt oder gestaucht würden, da die Korrelationen nach (3.55) invariant gegenüber Maßstabstransformationen der Variablen sind.

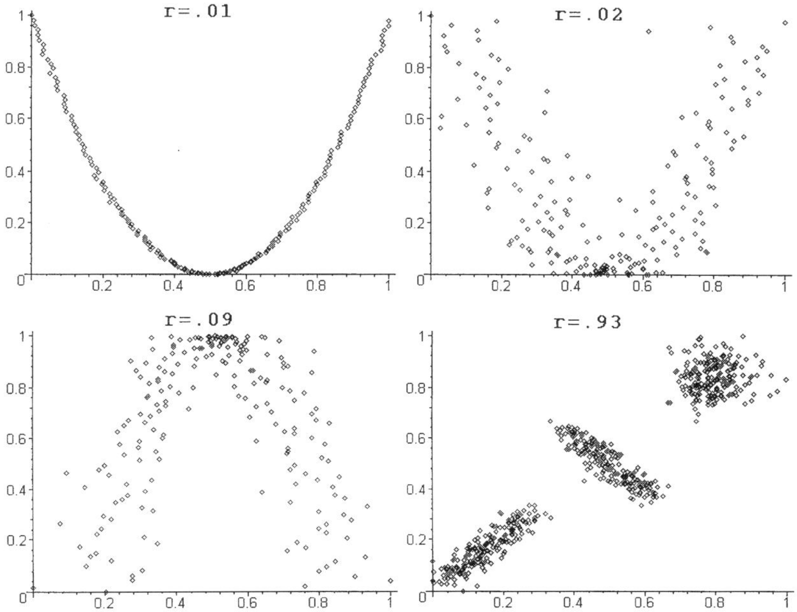

Abb. 3.13b Darstellung von Punkteschwärmen mit unterschiedlich korrellierenden Teilbereichen (vgl. Abb. 3.13a). Die ersten drei Bilder (oben links, oben rechts, unten links) zeigen, daß bei Fehlen einer globalen linearen Tendenz die Korrelationen auch deutlich nichtlinearer (hier quadratischer) Zusammenhänge nahe bei 0 bleiben. Die Korrelation mißt nicht den Zusammenhang an sich, sondern nur den *linearen* Zusammenhang zweier Variablen. Das Bild rechts unten zeigt, daß zwei Variablen in Teilbereichen positiv, negativ oder sogar 0 korrelieren können, bei ihrer Zusammenfassung jedoch eine beliebige neue Korrelation, hier eine stark positive, bekommen können. Ähnlich kann man auch die drei nichtlinearen Plots als in Teilbereichen stark positive bzw. negative Zusammenhänge sehen, die jedoch hier bei ihrer Zusammenfassung sich zu etwa 0 aufheben.
Ein klassisches Beispiel für den Plot links unten wäre die Fehlerzahl Y (beim Lösen von Aufgaben) als Funktion der Intensität des Streß X (z.B. Lärm): Die Fehlerzahl steigt bei zu hohem, aber auch bei zu geringem Streß. Es gibt für eine gegebene Aufgabe ein optimales Streßniveau.

Korrelationen gewichteter Summen

Aus den Herleitungen für die Kovarianz zweier gewichteter Summen folgt für die Korrelation zweier gewichteter Summen

$$Z = aX + bY + c \qquad \text{und} \qquad W = dU + eV + f: \tag{3.54a}$$

Die Korrelation zweier gewichteter Summen r(Z,W) besteht aus der Summe der gewichteten *Zwischenkovarianzen* dividiert duch die Wurzel aus dem Produkt der gewichteten *Binnenkovarianzen*, s Formel

$$r_{ZW} = r(Z,W) = Cov(ZW)/\sqrt{[Var(Z) \cdot Var(W)]} \tag{3.54b}$$

$$= \frac{adCov(XU)+aeCov(XV)+bdCov(YU)+beCov(YV)}{\sqrt{[a^2Var(\mathbf{X})+b^2Var(\mathbf{Y})+2abCov(\mathbf{XY})][d^2Var(\mathbf{U})+e^2Var(\mathbf{V})+2deCov(\mathbf{UV})]}}.$$

Die Invarianz der Korrelation gegenüber linearen Transformationen der Variablen X,Y

Setzt man in (3.45a) und (3.45b) in Z und W die Konstanzten b=e=0, dann erhält man durch Kürzen von a und d (bei $a \cdot d > 0$): $r(aX+c, dU+f) = r(aX,dU) = r(X,U)$:

$$r_{xy} = r_{ax+c,dy+f} = r(ax+c,dy+f) = r(X,Y) \quad | \; a \cdot d > 0 \tag{3.55}$$

Dies bedeutet: Die Korrelation r_{xy} ist invariant gegenüber den erlaubten Transformationen der Intervallskala, d.h. auch gegenüber Mittelwerts- und *z*-Transformationen, da diese lineare Transformationen sind (vgl. Formel (3.22)).

Ergänzung: Die Bedingung $(a \cdot d > 0)$ erlaubt darüber hinaus auch lineare Transformationen, bei denen a *und* d negativ sind.

3.6.9 Lineare Regression

Gegeben sei eine zweidimensionale diskrete Zufallsvariable (X,Y) mit den Wahrscheinlichkeiten

$$p_{ij} = P(x_i,y_j) = P[(X=x_i) \cap (Y=y_j)]. \tag{3.56}$$

Die Berechnung des bedingten erwarteten Y-Wertes $E(Y|X=x_i)$ für gegebene x_i (vgl. hierzu Teil 3.6.3 bis 3.6.5) nennt man die (statistische) *Vorhersage* (*Schätzung*) von X zu Y (X→Y) oder "von Y aus X". Hierbei heißt X die *Prädiktorvariable* und Y die *Kriteriumsvariable*. Berechnet man für jedes x_i den dazugehörigen erwarteten Y-Wert, so nennt man die dabei resultierenden Wertepaare $\{[E(Y|X=x_i),x_i]$ über alle $i\}$ auch die *Regression von Y auf X*. Sie wird später allgemein behandelt in Teil 3.7.
Das Ausgangsproblem der *linearen Regression* lautet nun: Die *Kriteriumsvariable* Y soll linear aus der *Prädiktorvariablen* X mit einem zu minimierenden Fehler $\varepsilon_{ij}=\varepsilon(x_i,y_j)$ vorhergesagt (geschätzt) werden:

$$y_j = ax_i + b + \varepsilon_{ij}. \tag{3.57}$$

Der Vorhersagefehler, d.h. der lineare *Regressionsfehler*, ist demnach

$$\varepsilon_{ij} = y_j - (ax_i + b). \tag{3.58}$$

Die Parameter a (Steigung) und b (Ordinatenabschnitt) sollen nach dem *kleinste-Quadrate-Prinzip* bestimmt werden, d.h., so daß die Fehlerquadratsumme $\Sigma\varepsilon^2$ und damit auch das mittlere Fehlerquadrat, ausgedrückt durch $E(\varepsilon^2)$, minimal wird:

$$E(\varepsilon^2) = \sum_i\sum_j p_{ij}\,\varepsilon_{ij}^2 = \sum_i\sum_j p_{ij}(y_j-ax_i-b)^2 = E[(Y-aX-b)^2] \rightarrow \text{Minimum}. \tag{3.59}$$

Partielle Differentiation von E[Y-aX-b] nach b und a ergibt

$$\frac{\partial E(\varepsilon^2)}{\partial b} = 2E[(Y - aX - b)(-1)] = 0 = -E(Y) + aE(X) + b,$$

$$b = E(Y) - aE(X).$$

$$\frac{\partial E(\varepsilon^2)}{\partial a} = 2E[(Y - aX - b)(-X)] = 0 = -E(XY) + aE(X^2) + bE(X),$$

$$E(XY) = aE(X^2) + [E(Y) - aE(X)]E(X) = a[E(X^2) - E(X)^2] + E(X)E(Y),$$

$$\frac{E(XY)-E(X)E(Y)}{E(X^2)-E(X)^2} = a = \frac{Cov(XY)}{Var(X)}$$ (wobei a genauer mit a_{yx} bezeichnet wird).

Durch Vertauschung aller X- und Y-Werte bei der Formulierung und Herleitung des Problems erhält man die entsprechende lineare Vorhersage in der entgegengesetzten Richtung, nämlich von Y auf X.
Die kleinste-Quadrate-Lösung ergibt für a die Kovarianz dividiert durch die Varianz der Prädiktorvariablen. Da dieser Ausdruck asymmetrisch in X und Y ist, werden die Koeffizienten a und b für beide Vorhersagerichtungen $X \rightarrow Y$ und $Y \rightarrow X$ unterschiedlich indiziert:

$X \rightarrow Y$:	$a_{yx} = Cov(XY)/Var(X)$	$b_{yx} = E(Y) - a_{yx}E(X)$	(3.60)
$Y \rightarrow X$:	$a_{xy} = Cov(XY)/Var(Y)$	$b_{xy} = E(X) - a_{xy}E(Y)$	

Die linear geschätzten Werte heißen $\hat{Y}$ und $\hat{X}$. Die beiden linearen *Regressionsgleichungen* lauten also:

$$\hat{Y} = a_{yx} X + b_{yx} \quad \text{und} \quad \hat{X} = a_{xy} Y + b_{xy}. \tag{3.61}$$

Aus (3.60) folgt, daß das Vorzeichen der a-Werte gleich dem Vorzeichen der Kovarianz Cov(XY) und damit auch der Korrelation r_{xy} ist. Beide a-Werte können daher keine unterschiedlichen Vorzeichen haben.
Weiter gilt, wie man durch Einsetzen von (3.60) in (3.61a) überprüfen kann

$$r_{xy}^2 = a_{yx} \cdot a_{xy} \tag{3.61a}$$

Da hier nur wieder Mittelwerte, Varianzen, Kovarianzen usw. verwendet werden, gehen wir bei der Regressions- wie bei der Korrelationsrechnung von N gegebenen Wertepaaren $((x_i,y_i), i=1,N)$ aus, für die wir nur *einen* laufenden Index benötigen.

Die graphische Darstellung der Regression

Die Abbildungen 314a und 3.14b enthalten die Plots für unterschiedliche Folgen gegebener Wertepaare (X,Y). Die daraus jeweils geschätzten lineare Funktion von X zu Y ergibt graphisch die *erste Regressionsgerade* und die entsprechende Funktion von Y zu X die *zweite Regressionsgerade*. Die Parameter a_{yx} und b_{yx} repräsentieren die Steigung bzw. den Ordinatenabschnitt der ersten Regressionsgeraden.

Wegen der schematischen X-Y-Vertauschung ist bei graphischer Darstellung beider Regressionsgeraden in *einem* Koordinatensystem die Steigung der zweiten Geraden gleich $1/a_{xy}$, und ihr *Abszissenabschnitt* ist gleich b_{xy}.

Da laut Formel (3.60) das Vorzeichen der Steigungen a_{yx} und a_{xy} gleich demjenigen der Korrelation ist, sind beide Regressionsgeraden gemeinsam steigend oder fallend. Die Regressionsfehler $\varepsilon_{yx} = Y - \hat{Y}$ entsprechen den *senkrechten Abweichungen* von der ersten Regressionsgeraden und die Regressionsfehler $\varepsilon_{xy} = \hat{X} - X$ den *waagerechten Abweichungen* von der zweiten Regressionsgeraden.

Im Folgenden wird hauptsächlich die Vorhersagerichtung $X \rightarrow Y$ genauer untersucht. Die entsprechenden Ergebnisse für die Richtung $Y \rightarrow X$ erhält man durch Vertauschung von X und Y. Außerdem gilt weiter $\mathrm{Var}(X) = \sigma_x^2$ und $\mathrm{Var}(Y) = \sigma_y^2$.

Die Vorhersage zwischen Rohwerten

Setzt man (3.60) in (3.61) ein, dann resultiert für die Schätzung $\hat{Y}$ von Y aus X

$$\hat{Y} = \frac{\mathrm{Cov}(XY)}{\mathrm{Var}(X)} X + b_{yx} = \frac{\mathrm{Cov}(XY)}{\sigma_x \sigma_y} \cdot \frac{\sigma_y}{\sigma_x} X + b_{yx}. \tag{3.62}$$

Wegen $r_{xy} = \mathrm{Cov}(XY)/(\sigma_x\sigma_y)$ läßt sich die vorangehende Gleichung umformen zu:

$$\hat{Y} = r_{xy} (\sigma_y/\sigma_x) X + b_{yx}, \qquad \text{d.h. } a_{yx} = r_{xy}\sigma_y/\sigma_x . \tag{3.63}$$

Die Vorhersage zwischen mittelwerts- und zwischen *z*-transformierten Werten

Nach der Mittelwertstransformation $x = X - E(Y)$ und $y = Y - E(Y)$ gilt $E(x) = E(y) = 0$. Die additive Konstante $b_{yx} = E(y) - a_{yx}E(x)$ wird daher ebenfalls 0. Wegen (3.55) bleiben jedoch σ_x, σ_y und r_{xy} und damit a_{yx} unverändert. Aus (3.63) folgt daher:

$$\hat{y} = a_{yx} \cdot x = r_{yx}\sigma_y/\sigma_x \cdot x. \tag{3.64}$$

Aufgrund der z-Transformation $z_x = x/\sigma_x$ und $z_y = y/\sigma_y$ gilt $\sigma(z_x) = \sigma(z_y) = 1$. Da die Korrelation r_{xy} aber wegen (3.55) weiterhin unverändert bleibt, folgt aus (3.64)

$$\hat{z}_y = r_{xy} \cdot z_x, \qquad \text{wobei}$$
$$\sigma(z_x) = \sigma(z_y) = 1, \quad \text{aber } \sigma(\hat{z}_y) \leq 1, \text{ da}$$
$$\sigma^2(\hat{z}_y) = r_{xy}^2 \qquad \text{(vgl. unten die Formeln (3.72))}. \tag{3.66}$$

Numerisches Beispiel für lineare Vorhersagen

Gegeben seien 5 Paare von Testwerten:

$$(X,Y) = \langle (1,1), (2,5), (4,3), (4,3), (5,4) \rangle$$

Mittelwerte, Streuungen und Varianzen ergeben:

$E(X) = 3.2$, $\mathrm{Var}(X) = 2.16$, $\sigma(X) = 1.47$, $E(Y) = 3.2$, $\mathrm{Var}(Y) = 1.76$, $\sigma(Y) = 1.33$
$\mathrm{Cov}(XY) = .76$, $r_{xy} = .39$, $a_{yx} = .35$, $b_{yx} = 2.07$, $a_{xy} = .43$, $b_{xy} = 1.82$

Numerische Werte der Vorhersage X → Y:

X	→ Y	$\hat{Y}$	$Y-\hat{Y}=\varepsilon_{yx}$	z_y	$\hat{z}_y$	$z_y-\hat{z}_y=\varepsilon_{z(yx)}$
1	1	2.43	-1.43	-1.66	-.58	-1.07
2	5	2.78	2.22	1.36	.32	1.68
4	3	3.48	-.48	-.15	-.21	-.36
4	3	3.48	-.48	-.15	-.21	-.36
5	4	3.83	.17	.60	.48	.13
Mittelwerte:	3.20	3.20	0	0	0	0
Var(Y)=	1.76 =	.27 +	1.49	Var(z_y) = 1	= .15	+ .85

Numerische Werte der Vorhersage Y → X:

Y	→ X	$\hat{X}$	$X-\hat{X}=\varepsilon_{xy}$	z_x	$\hat{z}_x$	$z_x-\hat{z}_x=\varepsilon_{z(xy)}$
1	1	2.25	-1.25	-1.50	-.65	-.85
5	2	3.98	-1.98	-.82	.53	-1.35
3	4	3.11	.89	.54	-.06	.60
3	4	3.11	.89	.54	-.06	.60
4	5	3.55	1.45	1.22	.24	.99
Mittelwerte	3.20	3.20	0	0	0	0
Var(X)	= 2.16 =	.81 +	1.35	Var(z_x) = 1	= .15	+ .85

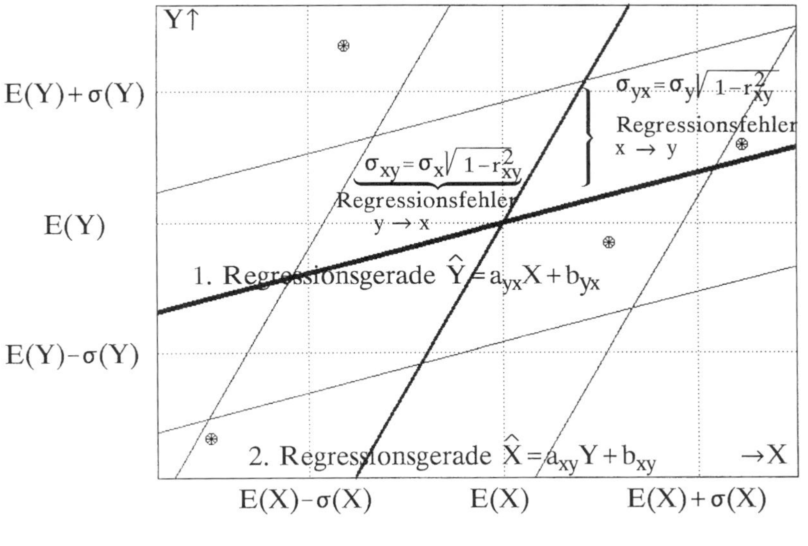

Abb. 3.14a Plot der Y-Werte der fünf Punktpaare als Funktion der X-Werte (Wertepaare 3 und 4 fallen in einem Punkt zusammen). Die Streuungen der X- und der Y-Werte sind durch waagerechte bzw. senkrechte gestrichelte Linien markiert. Den beiden Regressionsgeraden sind zwei weitere Geraden parallel zugeordnet, die die jeweilige Regressionsfehlerstreuung angeben.

In den Abbildungen (3.14a) und (3.14b) werden Wertepaare (X,Y) für zwei Variablen X und Y geplottet. Beim Plot größerer Mengen von Wertepaaren, wie z.B. in Abb. 3.14b, entstehen visuelle Kluster bzw. Verlaufsformen, die als stetige funktionale Zusammenhänge interpretiert werden. Die Regressionsgeraden filtern dann nach dem Prinzip der kleinsten Quadrate eine unter Meß- bzw. Regressionsfehlern latent angenommene lineare Abhängigkeit heraus.

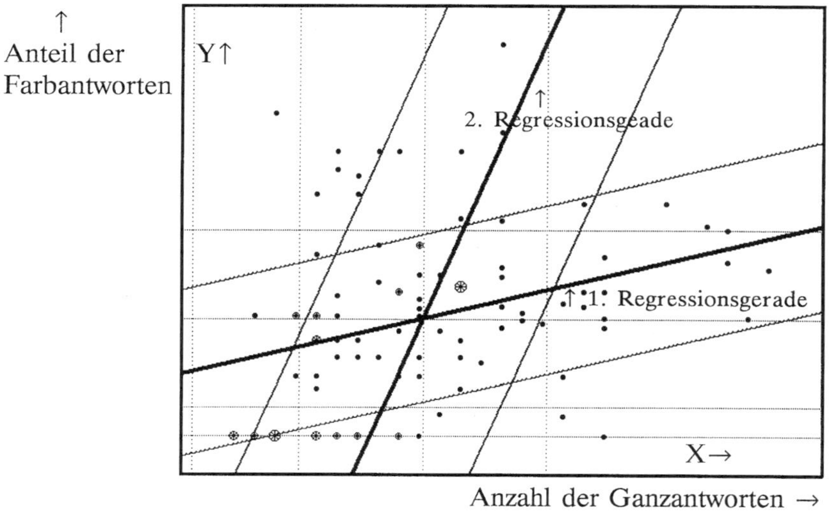

Abb. 3.14b Plot des Anteils der Farbantworten Y (bei der Interpretation der ersten beiden farbigen Bilder des Rorschachtests) als Funktion der Anzahl der Ganzantworten X (im Gegensatz zu Detailantworten) von 100 Personen. Wenn Wertepaare mehrfach auf gleiche Punkte fallen, sind die entsprechenden Punkte dicker gezeichnet. Der Anteil der Farbantworten wächst leicht mit der Anzahl der Ganzantworten (r_{xy}=.32) (Daten: Hausarbeit von Kornek & Marfels, 1994).

Zusammenfassung der Beziehungen zwischen Korrelation und Regression

Die Regressionsgleichungen (3.62) bis (3.66) lassen sich somit zusammenfassen:

1. Rohwerte	$\hat{Y}$	=	$a_{yx}\,X + b_{yx}$
2. Abweichungswerte	$\hat{y}$	=	$a_{yx}\,x$
3. z-transformierte Werte	$\hat{z}_y$	=	$r_{xy}\,z_x$

(3.67)

Bei der Vorhersage zwischen Abweichungswerten (x,y) verschwindet der Ordinatenabschnitt. Graphisch entspricht dies einer Verlagerung der Koordinaten X,Y in die Geraden, die in Abb. 3.14a durch die Mittelwerte E(X) und E(Y) verlaufen.
Bei der Vorhersage zwischen z-Werten entsteht die einfachste Beziehung: Dort ist die Steigung gleich der Korrelation r_{xy}, d.h. $\hat{z}_y = r_{xy} z_x$. Beim Übergang zu z-Werten erhält man zwei Regressionsgeraden, die symmetrisch um die 45°-Gerade liegen.
Die Vorhersage ist perfekt, d.h. $\hat{Y} = Y$ (sowie $\hat{X} = X$) genau dann, wenn $r_{xy} = \pm 1$. Die Korrelation mißt somit den *Grad der linearen Abhängigkeit* zwischen X und Y, siehe

auch Abb. 3.13a:
Bei $r_{xy}=0$ besteht keine lineare Abhängigkeit. Die beiden Regressionsgeraden stehen in diesem Fall senkrecht zueinander, wobei die 1. Regressionsgerade waagerecht liegt, d.h. $a_{yx}=0$ und $a_{xy}=\infty$.
Trotz einer Korrelation von $r_{xy}=0$ kann eine *nichtlineare Abhängigkeit* zwischen X und Y bestehen, vgl. Abb. 3.13b. So können z.B. nichtlineare Funktionen $Y=f(X)$ Wertepaare ergeben, die graphisch zwar im Sinne einer Kurve y(x) voneinander abhängig sind, deren mittlere Steigung bzw. deren Korrelation zwischen bestimmten Grenzen $[x_0,x_1]$ jedoch gleich 0 ist, z.B. die Funktionen $y=x^2$ oder cos(x) zwischen zwei Grenzen $-t$ und $+t$. Zusammenfassend folgt: Wenn X und Y vollständig unabhängig sind, dann sind sie auch linear unabhängig, die Umkehrung gilt nicht.

Erwartungswerte der Variablen $\hat{Y}$, ε_{yx}, $\varepsilon_{z(yx)}$

Bei der Regression von X zu Y ("von Y auf X") entstehen je nach der Normierung (Mittelwerts-, bzw. z-Transformation) zwei unterschiedliche Regressionsfehlervariablen:

1. Für Roh- und Abweichungswerte $\varepsilon_{yx} = Y - \hat{Y} = y - \hat{y}$,
2. Für z-transformierten Werte $\varepsilon_{z(yx)} = z_y - \hat{z}_y. \neq \varepsilon_{yx}$.

Die folgenden Beziehungen lassen sich mittels des E-Operators (vgl. 3.20) ableiten:

$$E(\hat{Y}) = E(a_{yx}X+b_{yx}) = a_{yx}E(X)+b_{yx} = a_{yx}E(X)+E(Y)-a_{yx}E(X) = E(Y),$$

$$\varepsilon_{yx} = Y - \hat{Y} = Y-E(Y) - (\hat{Y}-E(\hat{Y})) = y - \hat{y}\text{, da } E(Y) = E(\hat{Y}). \qquad (3.68)$$

Aus den Beziehungen $E(\hat{Y}) = E(Y)$ und $\varepsilon_{yx} = Y - \hat{Y} = y - \hat{y}$ folgt

$$E(\varepsilon_{yx}) = E(Y-\hat{Y}) = E(Y) - E(\hat{Y}) = 0 \quad \text{sowie} \quad E(\varepsilon_{z(yx)}) = 0. \qquad (3.68a)$$

Varianzen und Kovarianzen der Variablen $\hat{Y}$, ε_{yx}, $\varepsilon_{z(yx)}$

Für die wichtigsten Varianzen und Kovarianzen dieser Variablen gilt unter Berücksichtigung der Formeln (3.45a), (3.45b) für gewichteten (Ko-) Varianzen sowie von $r_{xy} = Cov(XY)/\sqrt{Var(X)Var(Y)}$ (Formel (3.50)) und von $a_{yx} = Cov(XY)/Var(X)$ (Formel (3.60)):

$$Var(\hat{Y}) = Var(a_{yx}X+b_{yx}) = a_{yx}^2Var(X) = Cov(XY)^2/Var(X) = r_{xy}^2Var(Y), \qquad (3.68b)$$

$$Cov(Y\hat{Y}) = Cov(Y,a_{yx}X) = a_{yx}Cov(XY) = Cov(XY)^2/Var(X) = r_{xy}^2Var(Y) = Var(\hat{Y}),$$

$$Var(\varepsilon_{yx}) = Var(Y-\hat{Y}) = Var(Y)+Var(\hat{Y})-2Cov(Y\hat{Y}) = Var(Y)-Var(\hat{Y})$$

$$= Var(Y) - r_{xy}^2Var(Y) = Var(Y)(1-r_{xy}^2).$$

Laut der vorletzten Zeile gilt $Var(\varepsilon_{yx})=Var(Y)-Var(\hat{Y})$. Es folgt

$$Var(Y) = Var(\hat{Y}) + Var(\varepsilon_{yx})$$

und hieraus wegen des fehlenden Kovarianzterms $Cov(\varepsilon_{yx},\hat{Y})$:

$$Cov(\varepsilon_{yx},\hat{Y}) = 0.$$

Hierzu seien folgende Ergänzungen angegeben (Beweise in den Formeln (3.71) unten):

$$\mathrm{Cov}(\varepsilon_{yx},X) = 0, \quad \mathrm{Cov}(\varepsilon_{yx},Y) = \mathrm{Var}(\varepsilon_{yx}), \quad \mathrm{Cov}(\varepsilon_z, \hat{z}_y) = \mathrm{Var}(\varepsilon_z). \tag{3.68c}$$

Aus Cov(...)=0 folgt, daß auch die jeweils entsprechende Korrelation gleich 0 ist. Weitere Herleitungen findet man unter den Formeln (3.71) unten.
Für die Varianzen der Regressionsfehler $\mathrm{Var}(\varepsilon_{yx})=\sigma^2_{yx}$ von Rohwerten X,Y und von mittelwertstransformierten Werte x,y gilt somit die Asymmetrie

$$\mathrm{Var}(\varepsilon_{yx}) \neq \mathrm{Var}(\varepsilon_{xy}), \text{ bzw. } \sigma^2_{yx} = \sigma^2_y(1-r^2_{xy}) \quad \neq \quad \sigma^2_{xy} = \sigma^2_x(1-r^2_{xy}).$$

Die Regressionsfehlervarianzen der z-transformierten Werte sind dagegen in beiden Vorhersagerichtungen gleich groß:

$$\mathrm{Var}(\varepsilon_{z(yx)}) = \mathrm{Var}(\varepsilon_{z(xy)}) = 1-r^2_{xy}.$$

Als erstes wichtiges Ergebnis zur linearen Regression erhalten wir somit die additive Zerlegbarkeit der Varianz Var(Y) in die durch X vorhergesagte ("erklärte") Varianz $\mathrm{Var}(\hat{Y})$ und die Regressionsfehlervarianz $\mathrm{Var}(\varepsilon_{yx})$ der Richtung X→Y:

$$\boxed{\mathrm{Var}(Y) = \mathrm{Var}(\hat{Y}) + \mathrm{Var}(\varepsilon_{yx})} \tag{3.69a}$$

Eine entsprechende Varianzzerlegung in "wahre" und Fehlervarianz findet man in der klassischen Testtheorie, wie im Anschluß an die Formeln (3.72) unten erläutert wird.
Als weiteres wichtiges Ergebnis erhalten wir:

$$\boxed{\mathrm{Var}(\varepsilon_{yx}) = \mathrm{Var}(Y)(1-r^2_{xy}) \qquad \text{für } z\text{-Werte gilt:} \quad \mathrm{Var}(\varepsilon_z) = 1-r^2_{xy}} \tag{3.69b}$$

Die Formeln zeigen folgende Abhängigkeit der Regressionsfehlervarianz von r_{yx}:

$r_{xy} \to 0$ impliziert $\mathrm{Var}(\varepsilon_{yx}) \to \mathrm{Var}(Y)$ und

$r_{xy} \to 1$ impliziert $\mathrm{Var}(\varepsilon_{yx}) \to 0$.

Aus (3.68b) und (3.68c) ergeben sich die Kovarianzen:

$$\boxed{\mathrm{Cov}(Y,\hat{Y}) = \mathrm{Var}(\hat{Y}), \ \mathrm{Cov}(Y,\varepsilon_{yx}) = \mathrm{Var}(\varepsilon_{yx}), \ \mathrm{Cov}(X,\varepsilon_{yx}) = \mathrm{Cov}(\hat{Y},\varepsilon_{yx}) = 0} \tag{3.69c}$$

Der Determinationskoeffizient

Die quadratische Korrelation, der *Determinationskoeffizient*, ist gleich dem Anteil der Varianz der vorhergesagten Werte an der Varianz der beobachteten Werte:

$$\boxed{r^2_{xy} = \frac{\mathrm{Var}(\hat{Y})}{\mathrm{Var}(Y)} = \frac{\mathrm{Var}(\hat{X})}{\mathrm{Var}(X)} = \frac{\mathrm{Var}(\hat{z}_y)}{\mathrm{Var}(z_y)} = \frac{r^2_{xy}}{1} = \frac{\mathrm{Var}(\hat{z}_x)}{\mathrm{Var}(z_x)}} \tag{3.70}$$

Die Beziehung $r^2_{xy}=\mathrm{Var}(\hat{Y})/\mathrm{Var}(Y)$ folgt aus $\mathrm{Var}(\hat{Y})=r^2_{xy}\mathrm{Var}(Y)$ (Formel (3.68b)). Weitere Beziehungen in (3.70) folgen durch Vertauschen von X und Y.

Herleitungen für Rohwerte X,Y

Zwischen den Regressionsvariablen X, Y, $\hat{X}$, $\hat{Y}$, ε_{yx}, ε_{xy} werden im Folgenden als Übung weitere Beziehungen als mit den drei Operatoren E(...), Var(...) und Cov(...) (unter Verwendung der Formeln (3.33), (3.43), (3.45a,b)) abgeleitet. Dabei entstehen Formeln, die teilweise auch auf nichtlineare oder höherdimensionale Regressionsanalysen übertragbar sind (siehe unten):

$$
\begin{aligned}
E(\hat{Y}) &= E[a_{yx}X+b_{yx}] = E[a_{yx}X+E(Y)-a_{yx}E(X)] = E(Y) \quad (3.71)\\
\varepsilon_{yx} &= Y-\hat{Y} = Y-E(Y) - (\hat{Y}-E(\hat{Y}) = y-\hat{y}\\
\varepsilon_{yx} &= \varepsilon \ \textit{(Definition)}\\
E(\varepsilon) &= E(Y-\hat{Y}) = E(Y)-E(\hat{Y}) = 0\\
Var(\hat{Y}) &= Var(a_{yx}X+b_{yx}) = a_{yx}^2 Var(X) = Cov(XY)^2/Var(X) = r_{xy}^2 \cdot Var(Y)\\
Var(\hat{Y})/Var(Y) &= Cov(XY)^2/(Var(X)\cdot Var(Y)) = r_{xy}{}^2\\
Cov(\hat{Y}X) &= Cov(a_{yx}X+b_{yx}\ ,\ X) = a_{yx}Var(X) = Cov(YX) = Cov(XY) = Cov(\hat{X}Y)\\
Cov(\hat{Y}Y) &= Cov(a_{yx}X+b_{yx}\ ,\ Y) = a_{yx}Cov(XY) = Cov(XY)^2/Var(X) = Var(\hat{Y})\\
r_{\hat{y}x} &= r(a_{yx}X+b_{yx}\ ,\ X) = r(X,X) = 1\\
r_{\hat{y}y} &= r(a_{yx}X+b_{yx}\ ,\ Y) = r_{xy}, \text{ denn } r_{xy} = r_{ax+b,cy+d} \text{ (siehe oben)}\\
Var(\varepsilon) &= Var(Y-\hat{Y}) = Var(Y)+Var(\hat{Y})-2Cov(Y\hat{Y}) = Var(Y)+Var(\hat{Y})-2Var(\hat{Y})\\
&= Var(Y)-Var(\hat{Y}) = Var(Y)-Cov(XY)^2/Var(X)\\
&= Var(Y)[1-Cov(XY)^2/(Var(X)Var(Y))] = Var(Y)(1-r_{xy}^2)\\
1-r_{xy}^2 &= Var(\varepsilon)/Var(Y) = [Var(Y)-Var(\hat{Y})]/Var(Y)\\
r_{xy}^2 &= Var(\hat{Y})/Var(Y)\ (=Var(\hat{X})/Var(X) \text{ wegen } r_{xy}= r_{yx})\\
Var(Y) &= Var(\hat{Y})+[Var(Y)-Var(\hat{Y})] = Var(\hat{Y}) + Var(\varepsilon\ )\\
Cov(\varepsilon X) &= Cov(Y-\hat{Y}\ ,\ X) = Cov(YX)-Cov(\hat{Y}X) = 0\\
Cov(\varepsilon\hat{Y}) &= Cov(Y-\hat{Y}\ ,\ \hat{Y}) = Cov(Y\hat{Y})-Cov(\hat{Y}\hat{Y}) = Var(\hat{Y})-Var(\hat{Y}) = 0\\
Cov(\varepsilon Y) &= Cov(Y-\hat{Y}\ ,\ Y) = Cov(YY)-Cov(\hat{Y}Y) = Var(Y)-Var(\hat{Y}) = Var(\varepsilon)\\
r_{\varepsilon y}^2 &= Cov(\varepsilon Y)^2/[Var(\varepsilon)Var(Y)] = Var(\varepsilon)^2/[Var(\varepsilon)Var(Y)] = Var(\varepsilon)/Var(Y)\\
&= 1- r_{xy}^2\\
Cov[\varepsilon_{yx},\varepsilon_{xy}] &= Cov(Y-\hat{Y}\ ,\ X-\hat{X}) = Cov(YX)-Cov(Y\hat{X})-Cov(\hat{Y}X)+Cov(\hat{Y}\hat{X})\\
&= Cov(\hat{Y}\hat{X})-Cov(Y\hat{X}) = Cov(a_{yx}X+b_{yx}\ ,\ a_{xy}Y+b_{xy})-Cov(Y\hat{X})\\
&= a_{xy}a_{yx}Cov(XY)-Cov(YX) = (r_{xy}^2 - 1)Cov(XY) = (r_{xy}^3-r_{xy})\sigma_x\sigma_y\\
r[\varepsilon_{yx},\varepsilon_{xy}] &= (r_{xy}^3 - r_{xy})/(1-r_{xy}^2) = - r_{xy}
\end{aligned}
$$

Herleitungen für die entsprechenden z-transformierten Werte z_x,z_y

Sie ergeben sich aus den obigen allgemeinen Formeln und unter Berücksichtigung der folgenden 5 Vereinfachungen für Abweichungs- und *z*-Werte:

$$
\begin{aligned}
&1.\ E(\hat{y}\ ) &&= E(a_{yx}x) = a_{yx}E(x) = 0 = E(z_y) \quad (3.72)\\
&2.\ Var(\hat{y}\ ) &&= Var(\hat{Y})\\
&3.\ Var(z_y) &&= Var(z_x) = 1\\
&4.\ Var(\hat{z}_y\ ) &&= Var(r_{xy}\, z_x) = r_{xy}^2 Var(z_x) = r_{xy}^2\\
&5.\ Cov(z_x z_y) &&= r_{xy}\sigma_x\sigma_y = r_{xy}
\end{aligned}
$$

Aus (3.72ff) folgt:

$$
\begin{aligned}
Cov(z_y\hat{z}_y) &= Cov(z_y\ ,\ r_{xy}\, z_x) = r_{xy}Cov(z_x\, z_y) = r_{xy}^2\\
\varepsilon_{z(y,x)} &= z_y-\hat{z}_y = \varepsilon_z \ \textit{(Definition)}
\end{aligned}
$$

$$
\begin{aligned}
E(\varepsilon_z) &= E(z_y-\hat{z}_y) = E(z_y) - E(\hat{z}_y) = E(z)-E(r_{xy}z_y) = E(z_y)-r_{xy}E(z_y) = 0\\
Var(\varepsilon_z) &= Var(z_y - \hat{z}_y) = Var(z_y)+Var(\hat{z}_y) - 2Cov(z_y\hat{z}_y) = 1+r_{xy}^2-2r_{xy}^2 = 1-r_{xy}^2\\
r_{xy}^2 &= 1-Var(\varepsilon_z)\\
Var[\varepsilon_{z(x,y)}] &= Var[\varepsilon_{z(y,x)}] \text{ wegen } r_{xy}= r_{yx}\\
Var[\varepsilon_{y,x}] &= Var(Y)(1-r_{xy}^2) = Var(Y)Var[\varepsilon_{z(y,x)}]\\
Cov(\varepsilon_z\, z_x) &= Cov(\varepsilon_z\, \hat{z}_y) = 0\\
Cov(\hat{z}_y\, z_x) &= Cov(r_{xy}z_x\, ,\, z_x) = r_{xy}Cov(z_x\, z_x) = r_{xy}\\
Cov(\varepsilon_z\, z_y) &= Cov(z_y-\hat{z}_y\, ,\, z_x) = Cov(z_y\, z_x) - Cov(\hat{z}_y\, z_x) = 1-r_{xy}^2 = Var(\varepsilon_z)\\
r(\varepsilon_z\, z_y)^2 &= Cov(\varepsilon_z z_y)^2/[Var(\varepsilon_z)Var(z_y)] = (1-r_{xy}^2)^2/(1-r_{xy}^2) = 1-r_{xy}^2 = Var(\varepsilon_z)
\end{aligned}
$$

Varianzzerlegung in der Regressionsanalyse und in der klassischen Testtheorie
Grundsätzlich fällt die Zerlegung einer Variablen Y in einen vorhergesagten Teil $\hat{Y}$ und einen Fehleranteil ε_{yx} in Abhängigkeit von der Wahl der Prädiktorvariablen X jeweils unterschiedlich aus. Die Idee eines nur von Y abhängigen invarianten "wahren" Anteils innerhalb jeder Variablen Y entwickelte die *klassische Testtheorie* (vgl. Lehmann (1981b)):
Wir definieren $Y=T+E$ und betrachten die Vorhersage $T \rightarrow Y$. E sei eine zufällige (Meßfehler-) Variable, die nicht mit T korreliert, sodaß $Cov(ET)=0$ und $Var(Y)=Var(T)+Var(E)$ gilt (vgl. (3.46)). Da der "wahre" Anteil $Var(\hat{Y})$ an $Var(Y)$ hier gleich $Var(T)$ ist, erhalten wir für den Determinationskoeffizienten $r(Y,T)^2$

$$Var(\hat{Y})/Var(Y) = r(Y,T)^2 = Var(\hat{Y})/(Var(T)+Var(E)) = Var(T)/(Var(T)+Var(E))$$

Als nächstes gehen wir von zwei unabhängigen (Meßfehler-) Variablen E und E' mit gleicher Varianz Var(E) aus, die ebenfalls nicht mit T korrelieren. Wir definieren die beiden Variablen $Y=T+E$ und $Y'=T+E'$. Es gilt somit $Var(Y) = Var(Y') = Var(T)+Var(E)$ und

$$Cov(E,E') = Cov(E,T) = Cov(E',T) = 0.$$

Beispiel: Zwei Lehrer erheben gleichzeitig mit ihren ungenauen Stoppuhren Wertepaare ($Y_i=T_i+E_i$ und $Y'_i=T_i+E'_i$; $i=1,N$) der Leistungen einer Klasse von N Schülern im Hundertmeterlauf, deren "wahre" Leistungen, gemessen durch Lichtschranken, gleich T_i ($i=1,N$) seien. Aus der Korrelation $r(Y,Y') = Cov(Y,Y')/\sqrt{Var(Y)Var(Y')}$ folgt die Umformung (vgl. (3.43)):

$$
\begin{aligned}
r(Y,Y') &= [Cov(T+E),(T+E')]/Var(Y) = [Cov(T,T)+Cov(T,E)+Cov(T,E')+Cov(E,E')]/Var(Y)\\
&= Cov(T,T)/Var(Y) = Var(T)/[Var(T)+Var(E)]. \qquad \text{(Beachte } Cov(T,T)=Var(T)\text{)}.
\end{aligned}
$$

Die Ergebnisse lauten in der Terminologie der Testtheorie: Die unabhängigen *Meßwiederholungen* Y und Y' haben die Korrelation (*Reliabilität*) $r(Y,Y')=Var(T)/[Var(T)+Var(E)]$. Diese ist gleich dem Quadrat der Korrelation $r(Y,T)$ (bzw. gleich dem Quadrat des *Reliabilitätsindex*).

Die Interpretation der Korrelation als Kosinus*

Man kann eine indizierte Wertefolge $U = \langle u_i, i=1,N \rangle$ als die Komponenten eines Vektors u bzw. als dessen Projektionen auf die n orthogonalen Achsen eines euklidischen Raumes auffassen. Die Länge des Vektors u ergibt sich dann nach dem verallgemeinerten Pythagoras als *Betrag* |u| des Vektors u:

$$|u| = \sqrt{\sum_{i=1}^{N} u_i^2}\ . \tag{3.73}$$

Hieraus ergibt sich als zusätzliche mögliche Normierung die *Einheitsnormierung* der

Komponenten U: Jedes u_i wird in u_i^* transformiert, indem man es durch $|u|$ dividiert:

$$u_i^* = u_i/|u|, \quad \text{so daß} \sum_{i=1}^{N} u_i^{*2} = 1 \qquad \left(= \sum_{i=1}^{N} u_i^2 \Big/ \left(\sqrt{\sum_{j=1}^{N} u_j^2}\right)^2 = 1\right). \tag{3.74}$$

Die Summe aller quadrierten u_i^*-Werte ist gleich 1. Weiter gilt:

Theorem 3.4. Das Skalarprodukt zweier einheitsnormierter Vektoren u^* und v^* ist gleich dem Kosinus des Winkels zwischen den Vektoren u, v bzw. u^*, v^*:

$$\cos(u,v) = \sum_{i=1}^{N} u_i^* v_i^* . \tag{3.75}$$

Diesen Kosinussatz übernehmen wir ohne Beweis aus der Geometrie.

Drückt man nun die Korrelation von N Wertepaaren $u_i v_i$ durch ihre Abweichungswerte $u_i = u_i - M(u)$ und $v_i = v_i - M(v)$ aus, dann erhält man folgende Beziehung (wobei alle Summierungen von 1 bis N laufen):

$$r_{uv} = \frac{M(uv)}{\sqrt{M(u^2)M(v^2)}} = \frac{\Sigma\, u_i v_i/N}{\sqrt{\Sigma u_i^2/N}\sqrt{\Sigma v_i^2/N}} = \sum_{i=1}^{N} \frac{u_i}{|u|} \cdot \frac{v_i}{|v|} = \sum_{i=1}^{N} u_i^* v_i^* \tag{3.76}$$

Bei dem Übergang zur Gleichung mit den Beträgen wurden alle 1/N weggekürzt.

Diese Herleitung zeigt, daß die Korrelation r_{uv} als das Skalarprodukt zwischen N mittelwerts- und danach einheitsnormierten Wertepaaren $(u_i, v_i, i = 1, N)$ aufgefaßt werden kann. Die Begrenzung der Variationsbreite von r_{uv} bzw. r_{xy} ergibt sich damit aus den Grenzen -1 und $+1$ der Variationsbreite des Kosinus. Für den Winkel zwischen u und v gilt daher die Regel:

$r > 0$: spitz, $\quad r = 0$: orthogonal, $\quad r < 0$: stumpf.

Der Kosinus zwischen den Regressionsgeraden*

Der Kosinus zwischen den Regressionsgeraden ist bei den Rohwerten X, Y der gleiche wie bei den Abweichungswerten *x*, *y*, aber er ist anders bei den *z*-Werten.
Aus den Steigungen a_{yx} und a_{xy} kann man zwei Vektoren bilden, die mit den Regressionsgeraden zusammenfallen. Allerdings muß man beachten, daß in Vertauschung zu $a_{yx} = \Delta y/\Delta x$ die Steigung a_{xy} der Zunahme $\Delta x/\Delta y$ für x entspricht, wenn man auf der Y-Achse eine Einheit vorangeht. Für die beiden Koordinatenachsen der Rohwerte X und Y bzw. für *z*-transformierte Werte ergeben sich daher je zwei Vektoren, $x = (1, a_{yx})$ und $y = (a_{xy}, 1)$ bzw. $z_x = (1, r_{xy})$ und $z_y = (r_{xy}, 1)$:

Vektor	Koordinaten		Vektor	Koordinaten	
	X	Y		Z_x	Z_y
x	1	a_{yx}	z_x	1	r_{xy}
y	a_{xy}	1	z_y	r_{xy}	1

Nach der Kosinus-Formel resultiert für Cos(x,y) bzgl. der beiden Vektoren x und y

$$\mathrm{Cos}(x,y) \quad = \quad (1 \cdot a_{xy} + a_{yx} \cdot 1)/[(1+a_{xy}^2)(1+a_{yx}^2)]^{1/2}.$$

Die entsprechende Formel für die z-Werte lautet:

$$\mathrm{Cos}(z_x, z_y) \quad = \quad (1 \cdot r_{xy} + r_{xy} \cdot 1)/[(1+r_{xy}^2)(1+r_{xy}^2)]^{1/2} \quad = \quad \frac{2r_{xy}}{1+r_{xy}^2}. \qquad (3.77)$$

Der Kosinus zwischen den Regressionsgeraden ist demnach nicht gleich der Korrelation, er entspricht ihr aber im Vorzeichen sowie in den Sonderfällen (−1,0,+1).

3.6.10 Erwartungswerte von Quotienten

Als Ergänzung zu den Erwartungswerten von Summen, Differenzen und Produkten sei ein verteilungsunabhängiges Ergebnis zu den Erwartungswerten von Quotienten angegeben. Im Gegensatz zur den Operationen +, − und · gibt es bei der Division von Zufallsvariablen nur wenige verteilungsunabhängige Ergebnisse, z.B.: Wenn **X** den Variationsbereich $0 < X < \infty$ hat und $E(X) \cdot E(1/X) > 1$ gilt, dann gilt für Quotienten:

$$E\left(\frac{Y}{X}\right) \geq \frac{E(Y)}{E(X)}. \qquad \text{(Gleichheit nur bei X=const., vgl. Kendall I (1970), S. 242)}$$

3.7 Die Varianzzerlegung eines Trends Y(X)

In diesem Kapitel wird die *allgemeine Regression* (nichtlinear oder linear) der Form Y(X) als Zerlegung der Varianz von Y in Varianzanteile behandelt.

3.7.1 Bedingte Erwartungwerte und Varianzen

Gegeben sei eine diskrete 2-dimensionale Zufallsvariable (X,Y). Die Wahrscheinlichkeiten ihrer Wertepaare seien $p_{ij} = P(x_i, y_j) = P(x_i \cap y_j)$ für alle i, j.
Wir betrachten zunächst die bedingte Zufallsvariable Y für ein festes x_i, geschrieben als $Y|(X=x_i)$ oder einfach $Y|x_i$.
Der *bedingte Erwartungswert* von Y unter der Bedingung $X=x_i$ lautet nach (3.30):

$$E(Y|x_i) \quad = \quad \sum_j \frac{P(x_i \cap y_j)}{p(x_i)} \cdot y_j \quad = \quad \sum_j \frac{p_{ij}}{p_{i*}} \cdot y_j\,, \qquad \text{wobei } p_{i*} = \sum_j p_{ij}\,.$$

Die Varianz der Verteilung von Y unter der Bedingung $X=x_i$, d.h. die *bedingte Varianz* für festes i, beträgt

$$\mathrm{Var}(Y|x_i) \quad = \quad E[\,(\,Y|x_i - E(Y|x_i)\,)^2\,] \quad = \quad E(Y^2|x_i) - E(Y|x_i)^2. \tag{3.78}$$

Bei graphischer Darstellung des bedingten Erwartungswertes $E(Y|x_i)$ als Funktion von x_i erhält man die Regressionskurve von Y als Funktion von X.
Plottet man die bedingte Varianz $\mathrm{Var}(Y|x_i)$ als Funktion von x_i, dann erhält man die *scedastische Kurve* dieser Varianz. Ist die bedingte Varianz für alle x_i konstant, dann ist die Regression Y(X) *homoscedastisch,* andernfalls ist sie *heteroscedastisch.*

Da die bedingten Größen $E(Y|x_i)$ und $\mathrm{Var}(Y|x_i)$ im allgemeinen mit den Werten $x_i \in X$ variieren, stellen sie selbst Zufallsvariable dar, deren Erwartungswerte und Varianzen bei Variation über den Index i wir als $E_i[E(Y|x_i)]$ bzw. $Var_i[E(Y|x_i)]$ usw. schreiben.

Theorem 3.5a. Der Erwartungswert $E_i(E(Y|x_i))$ ist gleich E(Y):

$$E_i(E(Y|x_i)) = E(Y). \tag{3.79}$$

Beweis:

$$E_i[E(Y|x_i)] = \sum_i P[E(Y|x_i)] = \sum_i p_{i*}\,[\sum_j \frac{p_{ij}}{p_{i*}}\,y_j\,] = \sum_i\sum_j p_{ij}\,y_j = \sum_j p_{*j}\,y_j = E(Y).$$

Definitionen

a) Die *Varianz der bedingten Erwartungswerte* heißt auch *Zwischenvarianz von* Y:

$$Var_i[E(Y|x_i)] \quad = \quad \Sigma_i p_{i*}[E(Y|x_i)-E(Y)]^2 \tag{3.80a}$$

b) Der *Erwartungswert der bedingten Varianzen* heißt auch *Binnenvarianz von* Y:

$$E_i[\mathrm{Var}(Y|x_i)] \quad = \quad \Sigma_i p_{i*}\; E[(Y|x_i-E(Y|x_i))^2] \tag{3.80b}$$

Theorem 3.5b. Die Summe von Zwischen- und Binnenvarianz der Variablen Y ergibt die (totale) Varianz Var(Y) von Y (Theorem der Varianzzerlegung):

$$\mathrm{Var}(Y) \quad = \quad Var_i[E(Y|x_i)] + E_i[\mathrm{Var}(Y|x_i)]. \tag{3.81}$$

Beweis:

$$Var_i[E(Y|x_i)] + E_i[\mathrm{Var}(Y|x_i)] = \sum{}_i p_{i*}\,\{[E(Y|x_i)-E(Y)]^2 + E[(Y|x_i-E(Y|x_i))^2]\}$$

$$= \sum{}_i p_{i*}\{(E(Y|x_i))^2 + (E(Y))^2 - 2E(Y|x_i)\cdot E(Y) \;+\; E((Y|x_i)^2) + E((E(Y|x_i))^2) - 2E(Y|x_i)\cdot E(Y|x_i)\}$$

$$= E_i((E(Y|x_i))^2) + \underbrace{E_i(E(Y))^2 - 2E_i(E(Y|x_i))\cdot E(Y)}_{} + \underbrace{E_i(E((Y|x_i)^2))}_{} + E_i((E(Y|x_i))^2) - 2E_i((E(Y|x_i))^2)$$

$$= \qquad - (E(Y))^2 \qquad + \qquad E(Y^2) \quad = \quad \mathrm{Var}(Y)$$

Die Teile ohne unterlegte Klammern heben sich gegenseitig auf.

Die obige Analyse läßt sich auch auf kontinuierliche Zufallsvariablen verallgemeinern, wenn man die Wahrscheinlichkeiten durch entsprechende *Dichten* ersetzt.

3.7.2 Varianzzerlegung nichtlinearer Trends

Im Folgenden schreiben wir die bedingten Variablen $E(Y|x_i)$ und $Var(Y|x_i)$ $(i=1...)$ der Regression Y(X) auch in der Form $E(Y|x)$ bzw. $Var(Y|x)$, wobei der Plot von $E(Y|x)$ als Funktion von x die Regressionskurve und der entsprechende Plot von $Var(Y|x)$ die *scedastische* Kurve von Y(X) darstellt.
Beispiel: Untersuchung eines Trends Y(X) an N=8 (X,Y)-Wertepaaren:

X	Y	
1	2	
1	3	$E(Y) = 2.88$
1	2	$E(Y^2) = 9.88$
2	4	$\sigma^2(Y) = 1.61$
2	4	$r_{xy} = -.14$
2	5	$\eta_{xy} = \sqrt{.86} = .93$
3	1	
3	2	

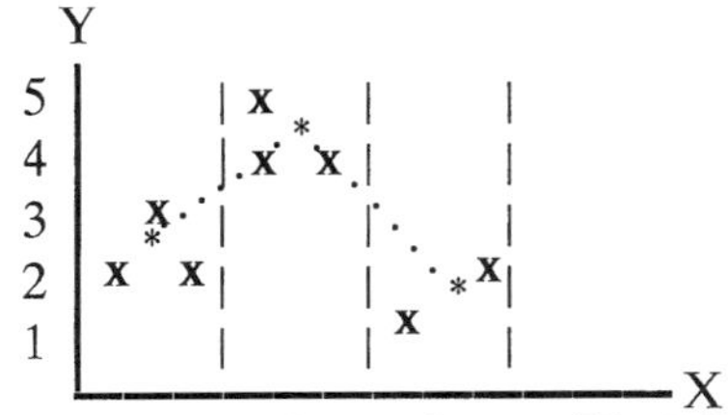

Klasseneinteilung in X: 1 2 3 (K=3 Klassen)

$*$ = Klassenmittelwerte $E(Y|x_i)$, die die punktierte "Regressionskurve" von Y(X) bilden.

Klassenwahrscheinlichkeiten: p_{i*} : 3/8 3/8 2/8
Klassenerwartungswerte: $E(Y|x_i)$: 2.33 4.33 1.50 (Klassenmittelwerte)
Klassenvarianzen: $Var(Y|x_i)$: .22 .22 .25

Zwischenvarianz: $Var_i[E(Y|x_i)] = \sum_{i=1,3} p_{i*} \cdot [E(Y|x_i)-E(Y)]^2$

$$= 3/8 \cdot (2.33-2.88)^2 + 3/8 \cdot (4.33-2.88)^2 + 2/8 \cdot (1.5-2.88)^2 = 1.38$$

Binnenvarianz: $E_i[Var(Y|x_i)] = 3/8 \cdot .22 + 3/8 \cdot .22 + 2/8 \cdot .25 = .23$

Varianz: $Var(Y) = E(Y^2)-E(Y)^2 = 9.875 - 2.875^2 = \text{Summe} = 1.61$

$r_{xy} = -.14; \; r_{xy}^2 = .02$

$eta_{yx}^2 = \eta_{yx}^2 = \text{Zwischenvarianz/totale Varianz} = 1.38/1.61 = .86 \quad (eta_{xy}^2 = .45)$

Wie die obigen Formeln und das Beispiel zeigen, gehen die X-Werte nicht in die Formeln der Varianzzerlegung der Y-Werte ein. Sie dienen lediglich zur Einführung einer Klasseneinteilung bzw. einer Partitionierung der Folge der Y-Werte. Die oben angegebene Zerlegung einer *totalen Varianz* in eine *Zwischen-* und eine *Binnenvarianz* gilt daher für jede beliebige Partitionierung einer Folge von Zahlen $<y_1,...,y_n>$. Diese *additive Varianzzerlegung* stellt einen der möglichen Ansätze zur Herleitung der Varianzanalyse (Kap. VI) dar.

Ergänzungen: 1) Im Falle eines *Signifikanztests* (vgl. die Beschreibung der *generellen Regressionstests* des nichtlinearen Trends in Kap. VI, Teil 6.5.4 (II.,V.)) wird im Sinne einer *eindimensionalen Varianzanalyse* ein F-Quotient F=Zwischenvarianz*/Binnenvarianz* berechnet. Der Stern * symbolisiert *erwartungstreu* aus den Daten geschätzte Populationsvarianzen. Zur deren Berechnung muß die ursprüngliche Zwischenvarianz mit dem Faktor N/(K−1) und die ursprüngliche Binnenvarianz mit dem Faktor N/(N−K) "korrigiert" (multipliziert) werden. Dies ergibt im obigen Beispiel $F= (1.38 \cdot 8/2)/(.23 \cdot 8/(8-3)) = 15.1$ mit $df_1=K-1=2$ und $df_2= N-K=5$.
2) Bei endlichen Folgen von Wertepaaren $<(x_i,y_i),i=1,N>$ kann man die obige Varianzzerlegung

(3.81) auch als *Quadratsummenzerlegung* ausdrücken, indem man die in den Ausdrücken vorkommenden Wahrscheinlichkeiten durch die entsprechenden relativen Häufigkeiten ausdrückt. Hieraus folgen bestimmte *Berechnungsformeln* zur Minimierung von Rundungsfehlern der gesuchten geschätzten Varianzen: Indiziert man die K Klassen mit j=1,K, und bezeichnet die Klassengrößen mit n_j und den i-ten y-Wert innerhalb der j-ten Klasse mit y_{ij}, dann erhält man:

Zwischenquadratsumme $= \sum_j(\sum_i y_{ij})^2/n_j - (\sum_i\sum_j y_{ij})^2/N,$

Binnenquadratsumme $= \sum_j\sum_i y_{ij}^2 - (\sum_j\sum_i y_{ij})^2/N.$

Bei einer Interpretation der Variablen (X,Y) als endliche Population müssen diese beiden Quadratsummen durch N dividiert werden. Zur Verwendung der Varianzen für F-Werte, d.h. als erwartungstreue Schätzer, muß dagegen die erste der Quadratsummen durch K-1, die zweite durch N-K dividiert werden.

Die Ähnlichkeiten in den Formeln für lineare und nichtlineare Regressionen Y(X) werden für die Richtung X → Y im Folgenden zusammengefaßt:

	allgemeine Regression	lineare Regression
vorhergesagte Variable:	$\hat{Y} = E(Y\|x)$	$\hat{Y} = a_{yx}X+b_{yx}$
Regressionsfehler:	$\varepsilon_{yx} = Y-\hat{Y} = Y- E(Y\|x)$	$\varepsilon_{yx} = Y-\hat{Y} = Y - a_{yx}X - b_{yx}$

Hierbei ist E(Y|x) die Schreibweise für die Variable "Mittelwert von Y für gegebenes x, wobei x variable Werte annimmt".

Zusammenfassung von Regressionsergebnissen

1. Der erwartete Regressionsfehler ist gleich 0:

$$E(\varepsilon_{yx}) = 0 \quad \text{(linear sowie nichtlinear).} \tag{3.82a}$$

2. Das erwartete vorhergesagte (bedingte) Y ist gleich dem erwarteten Y:

$$E[E(Y|x)] = E(Y)\,, \qquad \text{linear: } E(\hat{Y}) = E(Y) \quad \text{(siehe oben (3.68)).} \tag{3.82b}$$

3. Allgemeine *Varianzzerlegung:* Die Varianz der Variablen Y läßt sich zerlegen in die aus X vorhergesagte Varianz von Y und die Varianz des entsprechenden Regressionsfehlers:

$$\mathrm{Var}(Y) = \mathit{Var}[E(Y|x)] + E(\mathrm{Var}(Y|x)]\,,$$

$$\textit{linear: } \mathrm{Var}(Y) = \mathrm{Var}(\hat{Y})+\mathrm{Var}(\varepsilon_{yx}), \qquad \text{vgl. (3.81) und (3.69a).} \tag{3.82c}$$

4. Die Fehlervariable und die vorhergesagte Variable sind voneinander linear unabhängig, d.h.

$$\mathrm{Cov}[E(Y|x),\, Y-E(Y|x)] = 0, \qquad \text{linear: } \mathrm{Cov}[\hat{Y},\varepsilon_{yx}] = 0. \tag{3.82d}$$

5. Es gibt einen *nichtlinearen Korrelationskoeffizienten* bzw. ein *Korrelations-*

verhältnis als *Anteil der vorhergesagten Varianz an der Gesamtvarianz:*

$$\text{eta}_{yx}^2 = \eta_{yx}^2 = Var[E(Y|x)]/Var(Y), \qquad \text{linear: } r_{xy}^2 = Var(\hat{Y})/Var(Y). \tag{3.82e}$$

Im Gegensatz zu r_{xy} ist jedoch $\text{eta}_{yx}^2 = \eta_{yx}^2$ *asymmetrisch:*

$$\eta_{yx}^2 \neq \eta_{xy}^2. \tag{3.82f}$$

Die lineare Korrelation ist dagegen symmetrisch: $r_{xy} = r_{yx}$. D.h. bei Umkehrung der Vorhersage von $Y \rightarrow X$, d.h. bei Vertauschung aller X,Y in den Formeln, ergeben sich im Bereich der bedingten Variablen andere numerische Abhängigkeiten. Man kann daher durch Vergleich von eta_{yx} mit eta_{xy} gerichtete Abhängigkeiten, z.B. hypothetische *kausale Beeinflussungen* zwischen X und Y schätzen.

Die Bedeutung verschiedener möglicher Relationen zwischen r_{xy} und η_{yx}

$0 \leq r_{xy}^2 \leq \eta_{yx}^2 \leq 1$: Allgemeine Relation zwischen r_{xy}, η_{xy}, 0 und 1. (3.82g)

$r_{xy}^2 < \eta_{yx}^2 = 1$: E(Y|x) hängt perfekt nichtlinear von X ab

$r_{yx}^2 = \eta_{yx}^2$: Es gilt E(Y|x)=ax+b: Die Funktion Y(X) ist rein linear, obwohl im Falle $r_{yx} < 1$ eine Fehlerstreuung um die Regressionsgerade besteht.

$0 < r_{yx}^2 < \eta_{yx}^2 < 1$: Der Trend Y(X) hat mehr nichtlineare als lineare Anteile.

Theorem 3.6. Die Varianz des nichtlinearen Regressionsfehlers (Binnenvarianz) in der Vorhersagerichtung Y(X) beträgt:

$$E[Var(Y|x)] = Var(Y)(1-\eta_{yx}^2), \qquad \text{linear: } E[e_{yx}^2] = Var(Y)(1-r_{xy}^2). \tag{3.82h}$$

Dies folgt unmittelbar aus der Varianzzerlegung (3.81), wenn man die Gleichung (3.81) durch Var(Y) dividiert:

$$\frac{Var(Y)}{Var(Y)} = \frac{\text{Vorherges. Var.}}{Var(Y)} + \frac{\text{Fehler-Var.}}{Var(Y)} = 1 = \eta_{yx}{}^2 + \frac{\text{Fehler-Var.}}{Var(Y)}. \tag{3.82i}$$

Macht man aus der rechten Seite die Fehler-Varianz explizit, dann folgt allgemein:

$$\sigma_{yx}^2 = Var(Y)(1-\eta_{xy}^2) \qquad | \text{ linearer und nichtlinearer Fall,}$$

$$\sigma_{yx}^2 = Var(Y)(1-r_{xy}^2). \qquad | \text{ linearer Fall.} \tag{3.82k}$$

3.8 Dreidimensionale Zufallsvariablen, multiple Regressionsanalyse I

Gegeben sei eine dreidimensionale Zufallsvariable (X,Y,Z) mit den Wahrscheinlichkeiten $p_{ijk} = P(X=x_i \cap Y=y_j \cap Z=z_k)$ für jedes Werte-Tripel (x_i,y_j,z_k). Wir gehen von einer Gruppe von Merkmalsträgern aus, von denen jeder einzelne eine bestimmte Ausprägung (x_i,y_j,z_k) in allen drei Variablen besitzt. Nimmt man in einem Versuchsschema an, daß jedes Gruppenmitglied mit gleicher Wahrscheinlichkeit ausgewählt werden kann, dann bestimmt die Häufigkeitsverteilung in der Gruppe die Tripelwahrscheinlichkeiten. Hieraus können alle Parameter der bedingten Verteilungen durch Verallgemeinerung des ein- und des zweidimensionalen Falls berechnet werden.

3.8.1 Regression zwischen Rohwerten

Ein Standardproblem besteht in der Vorhersage von Z aus X und Y nach dem kleinste-Quadrate-Prinzip mit einem zufälligen Fehler ε:

$$Z = b_0 + b_1 X + b_2 Y + \varepsilon. \tag{3.83}$$

Die vorherzusagende Variable Z ist die *Kriteriumsvariable*, die vorhersagenden Variablen X,Y sind die *Prädiktorvariablen*, die Größen b_k die *Regressionsgewichte*; zu ihnen gehört das *additive Glied* b_0. Die Variable ε heißt *Regressionsfehler*.

Die Gewichte b_0, b_1, b_2 sollen so genähert werden, daß die Fehlerquadratsumme minimal wird:

$$\begin{aligned} E(\varepsilon^2) &= \sum_{i,j,k} p_{ijk}\varepsilon_{ijk}^2 = \sum_{i,j,k} p_{ijk}(z_{ijk} - b_0 - b_1 x_i - b_2 y_j)^2 && \rightarrow \text{Minimum,} \\ &= E[(Z - b_0 - b_1 X - b_2 Y)^2] && \rightarrow \text{Minimum.} \end{aligned} \tag{3.84}$$

Nullsetzen der partiellen Ableitungen der Quadratsumme nach den 3 Parametern b_k ergibt:

$$\begin{aligned} \partial E(\varepsilon^2)/\partial b_0 &= 2\,E(Z-b_0-b_1X-b_2Y)(-1) = 0 \\ \partial E(\varepsilon^2)/\partial b_1 &= 2\,E(Z-b_0-b_1X-b_2Y)(-X) = 0 \\ \partial E(\varepsilon^2)/\partial b_2 &= 2\,E(Z-b_0-b_1X-b_2Y)(-Y) = 0 \end{aligned} \tag{3.85}$$

Nach Division beider Seiten durch −2, Hereinziehen der Erwartungsoperatoren E (siehe Regel (3.20)) und der rechten Klammerausdrücke und Umstellung der Gleichungen erhält man die Standardform:

$$\begin{aligned} E(\ Z) &= b_0 + b_1E(X) + b_2E(Y) \\ E(XZ) &= b_0E(X) + b_1E(XX) + b_2E(YX) \\ E(YZ) &= b_0E(Y) + b_1E(XY) + b_2E(YY) \end{aligned} \tag{3.86}$$

Die drei Parameter b_k lassen sich durch Auflösen dieser drei linearen Gleichungen explizit machen und als Funktion der Erwartungswerte und der erwarteten Produkte der Zufallsvariablen darstellen. Im Folgenden wird dies für die z-transformierte Version der Daten verdeutlicht. Dabei resultiert auch eine einfache Lösung für (3.84).

3.8.2 Regression zwischen *z*-transformierten Werte und multiple Korrelation

Sind die Variablen eines Regressionsproblems Intervallskalen ohne festen Maßstab und Nullpunkt, dann kann man von den vorliegenden Rohwertvariablen X,Y,Z zu den mittelwertsnormierten Variablen x,y,z und schließlich zu den z-transformierten Variablen z_x,z_y,z_z (mit Indizes: z_{ix}, z_{jy}, z_{ijkz}) übergehen. Bei diesen Übergängen handelt es sich um lineare Transformationen (vgl. (3.21) und (3.22)). Für z-Werte lautet der Minimierungsansatz analog zu (3.84):

$$E(\varepsilon_Z^2) = \sum_{ijk} p_{ijk}\, \varepsilon_{z_{ijk}}^2 = \sum_{ijk} p_{ijk}(z_{ijkz} - \beta_1 z_{ix} - \beta_2 z_{iy})^2 \rightarrow \text{Minimum.} \tag{3.87}$$

Die β_k dieses Ansatzes unterscheiden sich von den b_k des Rohwert-Ansatzes.
Das Ergebnis der Differentiation erhält man aus den beiden letzten Gleichungen des Systems für Rohwerte (3.85), (3.86), allerdings mit folgenden Änderungen: Die Erwartungswerte $E(z_x)$, $E(z_y)$, $E(z_z)$ sind entsprechend der Definition der z-Transformation gleich 0, und die erwarteten Produkte werden zu Korrelationen, da z.B. $E(z_x z_y) = r_{xy}$ usw. (siehe Teil 3.6.8 oben). Somit entsteht aus dem System (3.86):

$$\begin{aligned} r_{xz} &= \beta_1 \cdot 1 + \beta_2 \cdot r_{xy}, \\ r_{yz} &= \beta_1 \cdot r_{xy} + \beta_2 \cdot 1. \end{aligned}$$

Hieraus lassen sich die beiden Parameter β_k durch wenige Umformungen explizit machen, und man erhält

$$\beta_1 = \frac{r_{xz} - r_{yz}r_{xy}}{1 - r_{xy}^2}, \qquad \beta_2 = \frac{r_{yz} - r_{xz}r_{xy}}{1 - r_{xy}^2}. \tag{3.88}$$

Mit diesen Parametern ergibt sich die Regressionsgleichung für z-Werte:

$$\hat{z}_z = \beta_1 z_x + \beta_2 z_y. \tag{3.89}$$

Berücksichtigt man die Normierungsformeln der z-Werte (3.22) und setzt diese in die erhaltene Regressionsgleichung ein, dann folgt die Beziehung

$$\frac{\hat{Z} - E(Z)}{\sigma_z} = \beta_1 \frac{X - E(X)}{\sigma_x} + \beta_2 \frac{Y - E(Y)}{\sigma_y}, \tag{3.90}$$

die man folgendermaßen umformen kann:

$$\hat{Z} = \underbrace{\beta_1 \frac{\sigma_z}{\sigma_x}}_{b_1} X + \underbrace{\beta_2 \frac{\sigma_z}{\sigma_y}}_{b_2} Y + \underbrace{E(Z) - \beta_1 \frac{\sigma_z}{\sigma_x} E(X) - \beta_2 \frac{\sigma_z}{\sigma_y} E(Y)}_{b_0} \quad (3.91)$$

Dies zeigt, daß sich über den Umweg der ß-Werte auch die 3 Parameter b_k der Rohwertlösung ergeben. Dabei resultieren Formeln für die b_k-Werte $b_1 = \beta_1 \sigma_z/\sigma_x$ usw.
Es folgen einige wichtige Beziehungen bezüglich der Varianzzerlegung. Sie entsprechen zum Teil denjenigen, die schon bei der linearen Regression von X zu Y resultierten. Sie werden hier für die z-transformierten Werte formuliert:

1. Die vorhergesagte Variable $\hat{z}_z = \beta_1 z_x + \beta_2 z_y$ und die Variable des Regressionsfehlers

   $z_z - \hat{z}_z = \varepsilon(z, x_1 ... x_2)$ sind voneinander linear unabhängig:

   $Cov(\hat{z}_z, z_z - \hat{z}_z) = 0.$

2. Die Varianz der Kriteriumsvariablen z_z läßt sich in die Varianz der vorhergesagten Variablen $\hat{z}_z$ und in die Varianz des Regressionsfehlers $z_z - \hat{z}_z$ zerlegen:

$$Var(z_z) = Var(\hat{z}_z) + Var(z_z - \hat{z}_z), \quad \text{wobei}$$
$$Var(z_z - \hat{z}_z) = 1 - (\beta_1 r_{xz} + \beta_2 r_{xz}).$$

Herleitung:

$$\begin{aligned} Var(z_z - \hat{z}_z) &= Var(z_z) + Var(\hat{z}_z) - 2Cov(z_z \hat{z}_z) && \text{nach (3.45a)} \\ &= 1 + Var(\beta_1 z_x + \beta_2 z_y) - 2Cov(z_z, \beta_1 z_x + \beta_2 z_y) \\ &= 1 + \beta_1^2 + \beta_2^2 + 2\beta_1\beta_2 r_{xy} - 2(\beta_1 r_{xz} + \beta_2 r_{yz}) \\ &= 1 - (\beta_1 r_{xz} + \beta_2 r_{yz}) \end{aligned}$$

Die letzte Gleichung folgt nach Einsetzen von (3.88) und elementaren Umformungen der erhaltenen Ausdrücke.

3. Die Korrelation zwischen der Kriteriumsvariablen z_z und ihrer linearen Vorhersage $\hat{z}_z$ heißt *multiple Korrelation* $r_{z.xy}$, wobei $0 \leq r_{z.xy} \leq 1$. Ihr Quadrat ergibt:

$$r(z_z, \hat{z}_z)^2 = R^2_{z.xy} = \frac{r_{xz}^2 + r_{yz}^2 - 2r_{xy}r_{xz}r_{yz}}{1 - r_{xy}^2} = 1 - \frac{Var(\hat{z}_z)}{Var(z_z)} = \beta_1 r_{xz} + \beta_2 r_{yz}. \quad (3.92)$$

Sie ist ein Maß für den Grad der linearen Vorhersagbarkeit von Z aus X und Y.

Herleitungen:

$$\begin{aligned} Cov(z_z, \hat{z}_z) &= Cov(z_z, \beta_1 z_x + \beta_2 z_y) = \beta_1 r_{xz} + \beta_2 r_{yz} && \text{nach (3.43),} \\ Var(\hat{z}_z) &= Var(\beta_1 z_x + \beta_2 z_y) = \beta_1^2 + \beta_2^2 + 2\beta_1\beta_2 r_{xy} && \text{nach (3.45a).} \end{aligned} \quad (3.93)$$

Drückt man, wie oben abgeleitet, β_1 und β_2 durch Korrelationen (3.88) aus, dann folgt nach elementaren Umformungen (siehe oben unter 2.) $Cov(z_z, \hat{z}_z) = Var(\hat{z}_z)$ und daher

$$Cov(\hat{z}_z, z_z - \hat{z}_z) = Cov(\hat{z}_z\, z_z) - Cov(\hat{z}_z\, \hat{z}_z) = Cov(\hat{z}_z, z_z) - Var(\hat{z}_z) = 0 \quad (3.94)$$

Die multiple Korrelation

$$R_{z.xy} = r(z_z, \hat{z}_z) = \mathrm{Cov}(z_z, \hat{z}_z)/[\mathrm{Var}(z_z)\mathrm{Var}(\hat{z}_z)]^{1/2} \tag{3.95}$$

läßt sich entsprechend mittels der β_k-Werte ausdrücken. Drückt man die β_k-Werte mittels der Korrelationen aus, dann ergibt sich $r_{z.xy}$ als Funktion der 3 Korrelationen zwischen X, Y und Z, siehe oben (3.92).
Durch den kleinste-Quadrate-Ansatz wird nicht nur die Quadratsumme der Regressionsfehler $\Sigma\varepsilon^2$ minimiert, sondern auch die multiple *Korrelation maximiert* (**!**).

Die entsprechende Korrelation zwischen den Rohwerten(!) X,Y,Z bzw. zwischen den Abweichungswerten *x, y, z*

$$R^*_{z.xy} = \mathrm{Cov}(Z,\hat{Z})/[\mathrm{Var}(Z)\mathrm{Var}(\hat{Z})]^{1/2} = \mathrm{Cov}(Z\ ,\ b_0+b_1X+b_2Y)/[\mathrm{Var}(Z)[\mathrm{Var}(b_0+b_1X+b_2Y)]^{1/2}$$

wird dagegen nicht maximiert. Dennoch ist sie als ungefähres Maß der Anpassung (*Anpassungskorrelation*) verwendbar. Drückt man die b_k-Werte gemäß den obigen Herleitungen durch Streuungen und Korrelationen aus und wendet die Regeln zur Berechnung gewichteter (Ko-) Varianzen an, dann erhält man folgende Beziehung:

$$R^*_{z.xy} = [2r_{xy}r_{xz}r_{yz} - r^2_{xz} - r^2_{yz}]\sigma_z \,/\, [\sigma^2_z(r^2_{xz} - 4r_{xy}r_{xz}r_{yz} + r^2_{xy}r^2_{yz} + r^2_{yz} + r^2_{xy}r^2_{xz}) + 2(r_{xy} - 2r^3_{xy} + r^5_{xy})\sigma_x\sigma_y]^{1/2} \tag{3.96}$$

3.9 n-dimensionale Zufallsvariablen, multiple Regressionsanalyse II

3.9.1 Allgemeine lineare Regression und multiple Korrelation

Gegeben sei eine n+1-dimensionale Zufallsvariable mit den Komponenten X_1 bis X_n und der Komponente Y: $(X_1,...,X_n,Y)$. Die Variable Y soll linear aus X_1 bis X_n vorhergesagt werden. Die Regressionsgleichung lautet:

$$Y = b_0 + \sum_{k=1}^{n} b_k X_k + \varepsilon. \tag{3.97}$$

Beispiel: Gegeben seien N (N > n+1) Merkmalsträger (i=1,N), z.B. Personen, die an einem Test mit n Items teilnehmen. Der Merkmalsträger i habe in Aufgabe k das quantitative Ergebnis x_{ik}. Außerdem habe er hinsichtlich einer anderen Variablen Y (z.B. Alter, Verdienst oder Resultat eines anderen Tests) das Ergebnis y_i.
Die Häufigkeitsverteilung dieser Ergebnisse über die N Merkmalsträger bestimmt die Wahrscheinlichkeiten der möglichen n+1-Tupel von Ergebnissen aus x- und y-Werten für jeden zufällig ausgewählten Merkmalsträger i.

Ohne Einschränkung der Allgemeinheit können wir eine "Variable" X_0 einführen, die bei allen Realisationen nur den Wert 1 annimmt, d.h. X_0 ($x_i = 1$, i = 1,...). Das Gewicht dieser Variablen sei die additive Konstante b_0. Die obige Gleichung vereinfacht sich dadurch zu

$$Y = \sum_{k=0}^{n} b_k X_k + \varepsilon \qquad | \; X_0 = 1 \text{ (d.h., alle Werte von } X_0 \text{ seien gleich 1).} \qquad (3.97a)$$

Der kleinste-Quadrate-Ansatz lautet: Wähle die Gewichte b_k ($k=0,n$) so, daß die Fehlerquadratesumme minimal wird:

$$E(\varepsilon^2) = E[(Y - \sum_{k=0}^{n} b_k X_k)^2] \quad \to \quad \text{Minimum.} \qquad (3.98)$$

Partielle Differentiation nach jedem der $n+1$ gesuchten Gewichte b_k ergibt $n+1$ Gleichungen, die gleich 0 gesetzt werden:

$$\frac{\partial E(\varepsilon^2)}{\partial b_g} = 2E[Y - \sum_{k=0}^{n} b_k X_k](-X_g) = 0 \qquad \text{(wobei } g=0,n\text{).}$$

Multipliziert man alle Gleichungen mit -2, setzt den E-Operator vor die Variablen und bringt die Summanden mit den b-Gewichten auf die andere Seite der Gleichung, dann erhält man folgende $n+1$ lineare Gleichungen für die zu bestimmenden b_k ($k=0,n$):

$$\begin{aligned} b_0E(X_0X_0) + b_1E(X_1X_0) + \ldots + b_nE(X_nX_0) &= E(X_0Y) \\ b_0E(X_0X_1) + b_1E(X_1X_1) + \ldots + b_nE(X_nX_1) &= E(X_1Y) \\ \ldots \qquad &\qquad \ldots \\ b_0E(X_0X_n) + b_1E(X_1X_n) + \ldots + b_nE(X_nX_n) &= E(X_nY). \end{aligned} \qquad (3.99)$$

Dieses Gleichungssystem enthält die erwarteten Produkte $E(X_kX_h)$ bzw. $E(X_kY)$ aller Paare von Zufallsvariablen (X_k, X_h) sowie des Paares (X_k, Y), wobei $k=0,n$ und $h=0,n$. Die Auflösung eines solchen Gleichungssystems nach den b_k wird *matrixalgebraisch* durchgeführt:

Das Gleichungssystem (3.99) läßt sich folgendermaßen darstellen: Die quadratische Matrix E(X'X) von Erwartungwerten, multipliziert mit dem Vektor b sowie dem resultierenden Vektor aus Erwartungswerten E(X'Y) ergibt

$$E(X'X)b = E(X'Y). \qquad (3.100)$$

Die Lösung für den Vektor b ist gleich dem Produkt aus der inversen Matrix $E(X'X)^{-1}$ mit dem Vektor E(X'Y)

$$b = E(X'X)^{-1}E(X'Y). \qquad (3.101)$$

Die rechnerische Lösung bei einer vorgegebenen Datenmatrix X und einem Kriteriumsvektor y ergibt dementsprechend die *Gaußsche Form:*

$$b = (X'X)^{-1}X'y. \qquad (3.101a)$$

Häufig bestimmt man die kleinste-Quadrate-Lösung nicht aus den Rohwerten der

Variablen, sondern aus deren z-transformierten Werten. In diesem Falle verwandeln sich die Produkte des Gleichungssystems in entsprechende Korrelationen, und die additive Konstante b_0 verschwindet. Es bleiben daher nur noch n Gleichungen für die n Regressionsgewichte übrig, die jetzt nicht mehr gleich den b_k sind, sondern andere Werte β_k (k=1,n) annehmen. Nennt man die Matrix der n x n Korrelationen innerhalb der X-Variablen R(X',X) und den Vektor der Korrelationen zwischen den X- und Y-Variablen r(X'Y), dann ergibt sich für den Vektor β die kleinste-Quadrate-Lösung

$$\beta = R(X'X)^{-1}r(X'Y),$$ wobei R(X'X): Matrix der *Binnenkorrelation*
und r(X'Y): Vektor der *Zwischenkorrelationen*. (3.101b)

Im Bereich der z-transformierten Werte stellt dann die *multiple Korrelation* (siehe oben)

$$R_{y.\,x_1 \ldots x_n} = R(y,x_1..x_n) = r(z_y, \hat{z}_y) \tag{3.102}$$

ein Maß für den Grad der linearen Vorhersagbarkeit der Kriteriumsvariablen aus den Prädiktorvariablen dar. Hier entspricht z_y der z-transformierten Kriteriumsvariablen Y und $\hat{z}_y$ der entsprechenden vorhergesagten Variablen

$$\hat{z}_y = \beta_1 z_1 + \ldots + \beta_n z_n = \hat{z}_{y,x_1 \ldots x_n}. \tag{3.103}$$

Die Variablen z_1 bis z_n sind die z-transformierten X-Variablen X_1 bis X_n.

Bemerkung zu (3.101b): Die Gleichung $\beta = R(X'X)^{-1}r(X'Y)$ entspricht dem Produkt aus der inversen Korrelationsmatrix der Prädiktorvariablen mit dem Vektor der Korrelationen zwischen Prädiktor- und Kriteriumsvariablen, vereinfacht geschrieben: $\beta = R_{xx}{}^{-1}r_{xy}$. Aus dieser Matrixgleichung folgt $R_{xx}\beta = r_{xy}$. D.h., das Skalarprodukt der i-ten Zeile von R_{xx} mit dem Vektor β ergibt die Korrelation r_{xy} der i-ten Prädiktorvariablen X_i mit der Kriteriumsvariablen Y.

Auch für den generellen Fall der n-fachen Regressionsanalyse gilt:

1. Die z-transformierte Kriteriumsvariable z_y wird in zwei voneinander linear unabhängige Variable zerlegt, hier geschrieben mit voller Indizierung:

$$z_y = \hat{z}_{y,x_1 \ldots x_n} + \varepsilon_z(y,x_1 \ldots x_n) \qquad \text{(analog den Rohwerten):} \quad Y = \hat{Y}_{x_1 \ldots x_n} + \varepsilon(y,x_1 \ldots x_n)).$$

2. Zwischen z-transformierten Variablen kann die multiple Korrelation auch als Varianz der vorhergesagten Variablen aufgefaßt werden:

$$R_{y.x_1 \ldots x_n} = \mathrm{Var}(\hat{z}_{y.x_1 \ldots x_n}). \tag{3.104}$$

3.9.2 Geometrische Interpretation der multiplen Korrelation

Wir gehen von dem einfachsten Fall, d.h. von zwei Prädiktorvariablen, aus:
Die Variablen z_x, z_y, und z_z bilden ausgehend von einem gemeinsamen Nullpunkt drei

Vektoren der Länge 1, deren Cosinūs untereinander ihren Korrelationen entsprechen. Nun legt man eine Ebene durch die beiden Prädiktor-Vektoren z_x, z_y, und projiziert den Kriteriumsvektor z_z (senkrecht) auf diese Ebene. Dann ist die Länge der Projektion gleich dem Kosinus R des Winkels von z_z zur Ebene und das Lot ε gleich dem Sinus dieses Winkels. z_z, R und ε bilden ein rechtwinkliges Dreieck, wobei R gleich der multiplen Korrelation ist und ε gleich der Streuung der Regessionsfehler-variablen.
Bei mehr als zwei Prädiktorvariablen bildet man die Projektion R der Kriteriums-variablen auf die n-1-*dimensionale Hyperebene der Prädiktorvariablen* ab und erhält ein entsprechendes Dreieck aus Kriteriumsvektor, R und Lot ε.

3.9.3 Suppressoreffekte

In der Regressionstheorie gibt es folgendes Phänomen, das sich bei geometrischer Interpretation leicht erklären läßt: Eine Prädiktorvariable X korreliere mit der Kriteriumsvariablen Z mit $r_{zx} > 0$ (Winkel $< 90^0$). Durch die Hinzunahme einer scheinbar irrelevanten zweiten Prädiktorvariablen Y, die mit der Kriteriumsvariablen um $r_{yz} \approx 0$ korreliert (Winkel $= 90^0$), kann die multiple Korrelation stark erhöht werden: $R >> r_{zx}, r_{yx}$. Geometrisch erklärt sich dies so, daß Y mit X eine Ebene definieren kann, auf der Z eine große Projektion R besitzt, insbesondere bei $r_{xy} < 0$. Vergleichbare Phänomene gibt es auch bei Regressionen mit $n>2$. Der Effekt, daß scheinbar irrelevante Variablen, die mit dem Kriterium nicht korrelieren, zur Verbesserung der Vorhersage beitragen können, wurde auch in nichtgeometrischer Form erklärt: Demnach bewirken diese Variablen, daß "irrelevante Varianz" innerhalb der anderen Prädiktorvariablen "unterdrückt" wird (→suppression).
Die geometrische Interpretation der multiplen Korrelation verdeutlicht auch, daß zwei Prädiktorvariablen, die miteinander 0 korrelieren, ein größeres R ergeben können als solche, die miteinander um r_{xy} nahe 1 korrelieren. Hieraus folgt eine generelle Regel:

Theorem 3.7. Prädiktorvariablen haben eine *höhere* erwartete multiple Korrelation mit einer Kriteriumsvariablen, wenn sie *geringer* untereinander korrelieren. (Geometrische Erläuterung dieses Sachverhaltes in Lehmann (1981b), S. 440).

3.9.4 Variablenselektion

Bei der Verminderung der Anzahl der Prädiktorvariablen eines Regressionsproblems stößt man auf Schwierigkeiten, da man den Beitrag einer Variablen zur multiplen Korrelation weder aus ihren Interkorrelationen mit den anderen Variablen, noch aus ihrer Korrelation mit dem Kriterium, noch aus ihrem ß-Gewicht eindeutig erschließen kann (siehe oben). Das Kriterium der Auswahl einer geeigneten Untermenge von Prädiktorvariablen kann eine vorgegebene minimal zulässige multiple Korrelation R_{min} sein oder aber eine maximal zulässige Anzahl p von Prädiktorvariablen. Man verwendet hauptsächlich zwei Auswahlverfahren: Bei den *absteigenden Verfahren* wird schrittweise diejenige Variable ausgesucht und entfernt, deren Elimination den geringsten Effekt auf R ausübt. Bei den *aufsteigenden* Verfahren wird ausgehend von

einem Kern von mindestens einer Variablen jeweils diejenige hinzugenommen, die zur maximalen Erhöhung von R führt. Beide Verfahren finden nicht notwendig die optimale Lösung und führen meist zu unterschiedlichen Ergebnissen. Die bisher einzige eindeutige Methode besteht darin, sämtliche in Frage kommenden Untermengen von Prädiktorvariablen hinsichtlich ihres R-Wertes zu vergleichen.
Ist die Fragestellung nicht pragmatisch auf die pure Variablenreduktion gerichtet, sondern auf die Herausfilterung eines wesentlichen Kernes von Prädiktoren, dann eignet sich folgende matrixalgebraisch beschreibbare Methode der Orthogonalisierung der Matrix X der Prädiktorvariablen (siehe unten Faktorenanalyse):

1. Berechnung von r Faktoren der Hauptachsenlösung für X'X bis zur Ausschöpfung der gemeinsamen Varianz.
2. Korrelation von y mit den r entsprechenden Faktorscore-Variablen.
3. Elimination derjenigen Faktoren, deren Scores "gering" mit y korrelieren.
4. Berechnung der Kommunalitäten der Variablen auf den nichteliminierten Faktoren.

Da die Faktorscores eine *orthogonale Zerlegung* der Prädiktorvariablen darstellen, bieten die so gewonnenen Kommunalitäten eine Gewichtung der Prädiktorvariablen für eine relativ optimale Einschätzung ihres Vorhersagebeitrags zu y.

3.10 Bedingte Korrelationen, Partialkorrelationen

Gegeben sei die gemeinsame Verteilung dreier Zufallsvariablen (X,Y,Z). Als bedingte Korrelation $r(X,Y|Z=z)$ oder einfacher $r(X,Y|z)$ bezeichnen wir die Korrelation von X und Y für festes Z=z. Diese Korrelation variiert mit verschiedenen Werten von z und stellt daher selbst eine Zufallsvariable dar.

3.10.1 Partialkorrelationen

Definition: Der Erwartungswert von $r(X,Y|Z=z)$ für alle $z \in \mathbf{Z}$ heißt die *Partialkorrelation* von X,Y "für konstantes Z":

$$E[r(X,Y|Z)] = r_{xy.z} = \frac{r_{xy} - r_{xz}r_{yz}}{\sqrt{(1-r_{xz}^2)(1-r_{yz}^2)}} \tag{3.105}$$

Z heißt die *auspartialisierte* Variable.
Zur Erklärung dieser Formel, aber auch zum besseren Verständnis der Partialkorrelation, gibt es folgenden Regressionsansatz:
Bei der linearen Vorhersagerichtung Z→X zerlegt sich X in eine vorhergesagte Variable $\hat{X}_z$ und eine (Regressions-) Fehlervariable $\varepsilon(xz)$. Das gleiche gilt bei Z→Y für die Variable Y (vgl. auch die Regressionsbeziehungen (3.67)):

$$\begin{aligned} X &= \hat{X}_z + \varepsilon(xz), \quad &\text{wobei } \hat{X}_z &= a_{xz}Z + b_{xz}, \\ Y &= \hat{Y}_z + \varepsilon(yz), \quad &\text{"} \quad \hat{Y}_z &= a_{yz}Z + b_{yz}. \end{aligned} \tag{3.106}$$

Die beiden Fehlervariablen $\varepsilon(xz)=\varepsilon_{xz}$ und $\varepsilon(yz)=\varepsilon_{yz}$ stellen jeweils die *Residualvariablen* von Y und X dar, nachdem aus ihnen der lineare Anteil von Z abgezogen (herausgefiltert) wurde:

$$\varepsilon(xz) = X-\hat{X}_z \quad \text{und} \quad \varepsilon(yz) = Y-\hat{Y}_z. \tag{3.107}$$

Die Korrelation zwischen den Residuen entspricht dann der obigen Partialkorrelation:

$$r_{xy.z} = r[\varepsilon(xz),\varepsilon(yz)]. \tag{3.108}$$

Zur Herleitung der Formel gehen wir von Rohwerten zu z-transformierten Werten über. Dies ist eine *erlaubte* (lineare) Intervallskalentransformation, unter der sich keine Korrelation ändert. Dann folgt für die Zerlegung der z-transformierten Variablen in eine aus z_z vorhergesagte Komponente $\hat{z}(...)$ einerseits und den entsprechenden Regressionsfehler $\varepsilon(...)$ andererseits:

$$z_x = \hat{z}(xz) + \varepsilon_z(xz), \quad \text{wobei} \quad \hat{z}(xz) = r_{xz}\, z_z,$$
$$z_y = \hat{z}(yz) + \varepsilon_z(yz), \quad \text{wobei} \quad \hat{z}(yz) = r_{yz}\, z_z.$$

Die Kovarianz der Fehler bzw. die "Partialkovarianz" ergibt

$$\begin{aligned} \mathrm{Cov}[\varepsilon_z(xz), \varepsilon_z(yz)] &= \mathrm{Cov}[z_x-\hat{z}(xz), z_y-\hat{z}(yz)] = \mathrm{Cov}(z_x-r_{xz}z_z, z_y-r_{yz}z_z) \\ &= \mathrm{Cov}(z_x z_y) - r_{yz}\mathrm{Cov}(z_x z_z) - r_{xz}\mathrm{Cov}(z_z\, z_y) + r_{xz}r_{yz}\mathrm{Cov}(z_z z_z) \\ &= r_{xy} - r_{yz}r_{xz} - r_{xz}r_{yz} + r_{xz}r_{yz}\cdot 1 = r_{xy} - r_{xz}r_{yz} \end{aligned}$$

Die Varianzen der Regressionsfehlervariablen betragen $1-r_{xz}^2$ bzw. $1-r_{yz}^2$ (vgl. (3.69b)). Somit ergibt sich die Partialkorrelation abgeleitet als Korrelation linearer Residuen:

$$r_{xy.z} = \frac{\mathrm{Cov}[\varepsilon_z(xz),\varepsilon_z(yz)]}{\sqrt{\mathrm{Var}[\varepsilon(xz)]\,\mathrm{Var}[\varepsilon(yz)]}} = \frac{r_{xy} - r_{xz}r_{yz}}{\sqrt{(1-r_{xz}^2)(1-r_{yz}^2)}}. \tag{3.109}$$

Auspartialisierung mehrerer Variablen

Die Partialkorrelation läßt sich auf mehrere auszupartialisierende Variablen verallgemeinern. So läßt sich aus $r_{xy.z}$ die Formel zur Auspartialisierung von Z und T aus X und Y gewinnen, indem man in der Formel für $r_{xy.z}$ bei jeder Korrelation den Index t hinter dem Punkt hinzufügt:

$$r_{xy.zt} = \frac{r_{xy.t} - r_{xz.t}r_{yz.t}}{\sqrt{(1-r_{xz.t}^2)(1-r_{yz.t}^2)}}, \quad \text{wobei} \quad r_{xy.zt} = r_{xy.tz}. \tag{3.110}$$

Durch eine Fortsetzung dieses Verfahrens könnte man auch mehr als zwei Variablen auspartialisieren. Da dies zu umständlich wird, empfiehlt sich folgende Methode:
Die Aufgabe lautet: Aus der Korrelation r_{xy} soll eine Variablenmenge Z_1 bis Z_n auspartialisiert werden. Es wird eine Regressionsanalyse zur Vorhersage von X aus Z_1 bis Z_n sowie eine entsprechende Analyse zur Vorhersage von Y aus Z_1 bis Z_n durchgeführt. Die in beiden Fällen resultierenden Regressionsfehlervariablen $\varepsilon(x,z_1...z_n)$

und $\varepsilon(y,z_1..z_n)$ stellen die gesuchten Residualvariablen dar. Sie werden miteinander korreliert und ergeben die gesuchte Partialkorrelation.

3.10.2 Partkorrelationen

Die Methode, mit Residualvariablen zu arbeiten, braucht bei r_{xy} nicht auf beide Variablen X und Y angewandt zu werden, sondern z.B. nur auf X. Für solche Korrelationen wurde der Name *Partkorrelation* vorgeschlagen. Die "Partkovarianz" beträgt dann $Cov[z_x - r_{xz} \cdot z_z , z_y] = Cov(z_x z_y) - r_{xz}Cov(z_z,z_y) = r_{xy} - r_{xz}r_{yz}$. Die Varianzen sind nun $Var[\varepsilon_z(xz)] = 1 - r_{xz}^2$ und $Var(z_y) = 1$. Daraus folgt die Partkorrelation

$$r_{x.z,y} = \frac{\text{Partkovarianz}(x.z,y)}{\sqrt{Var[\varepsilon_z(xz)]\,Var(z_y)}} = \frac{r_{xy} - r_{xz}r_{yz}}{\sqrt{1 - r_{xz}^2}}. \tag{3.111}$$

Auch die Partkorrelation läßt sich auf mehr als 2 auszupartialisierende Variablen ausdehnen. Der methodische Ansatz ist hier sogar allgemeiner: So kann man aus einer Variablen X eine Variablengruppe U_1 bis U_m auspartialisieren und aus einer Variablen Y eine Gruppe V_1 bis V_m. Beide Variablengruppen können teilweise identische Variablen besitzen. Sind alle U und V identisch, dann handelt es sich wieder um eine Partialkorrelation. "Auspartialisieren aus einer Variablen" heißt dabei, wie oben behandelt, z.B. X aus U_1 bis U_2 linear vorherzusagen und danach die Residualvariable von X, d.h. die Regressionsfehlervariable, anstelle von X zur Korrelation mit anderen Variablen zu verwenden.

Geometrische Interpretation

Die z-transformierten Variablen z_x, z_y, und z_z von $r_{xy.z}$ bilden ausgehend von einem gemeinsamen Nullpunkt 3 Vektoren, deren Cosinus untereinander ihren Korrelationen entsprechen. Projiziert man z_x und z_y auf eine Fläche senkrecht zu z_z, dann ist die Partialkorrelation $r_{xy.z}$ gleich dem Kosinus des Winkels zwischen den Projektionen von z_x und z_y.
Die Partkorrelation $r_{x.z,y}$ entspricht dem Kosinus zwischen dem auf die Ebene projizierten z_x und dem unprojizierten z_y.

3.11 Polynomiale Regression

3.11.1 Eindimensionale Polynome

Die Parameternäherung der Regressionsanalyse kann dahingehend verallgemeinert werden, daß man von den n Prädiktorvariablen oder von der Kriteriumsvariablen unterschiedliche Funktionen h_1 bis h_n bzw. f bildet und von diesen Funktionen lineare Vorhersagen auf Y herleitet:

$$f(Y) = b_0 + b_1h_1(X_1) + b_2h_2(X_2) + .. + b_nh_n(X_n) + \varepsilon. \qquad (3.112)$$

Beispiele: Gegeben seien zwei Zufallsvariablen (X,Y). Anstelle der Beziehung $Y=aX+b$ nähert man je nach der vermuteten Funktion $Y=a\cdot\log(X)+b$, $Y=a\cdot X^r+b$, $\log(Y)=a\cdot\log(X)+b$, $Y^s=aX^r+b$ usw. Die jeweils nichtlinear transformierten Variablen werden dann anstelle von X und Y in die entsprechenden Formeln zur kleinste-Quadrate-Lösung von a und b eingesetzt.

Eine Standardform zur Approximation einer kontinuierlichen nichtlinearen Funktion Y(X) ist das *Newtonsche Polynom* g-ten Grades mit den Potenzen 0 bis g von X:

$$Y = b_0X^0+b_1X^1+ .. + b_gX^g + \varepsilon \qquad (X^0 = \text{const}=1). \qquad (3.113)$$

Ein Polynom g-ten Grades eignet sich zur Vorhersage einer nichtlinearen Funktion Y(X) mit g-1 Extremwerten bzw. g-2 Wendepunkten, wobei ε die (Regressions-) Fehlervariable um die Kurve Y(X) darstellt. Die Parameter b_0 bis b_g werden dabei nach der Methode der linearen Regression (3.83) genähert, da sich die potenzierten Variablen X^k als nichtlinear transformierte selbständige Prädiktorvariablen $h_k(X)$ auffassen lassen, deren lineare Vorhersagefähigkeit bezüglich Y überprüft wird.
Im quadratischen Fall erhält man daher z.B. aus den Gleichungen (3.113) für

$$Y = b_0X^0 + b_1X^1 + b_2X^2 + \varepsilon \qquad (X^0=1)$$

das nach (3.83) gebildete Gleichungssystem für die Koeffizienten b_0 bis b_2:

$$\begin{aligned} b_0E(X^0X^0) + b_1E(X^0X^1) + b_2E(X^0X^2) &= E(X^0Y),\\ b_0E(X^1X^0) + b_1E(X^1X^1) + b_2E(X^1X^2) &= E(X^1Y),\\ b_0E(X^2X^0) + b_1E(X^2X^1) + b_2E(X^2X^2) &= E(X^2Y). \end{aligned}$$

Da die Produkte in den Klammern ausgerechnet werden können, erhält man folgendes System mit Erwartungswerten bis zur 4-ten Potenz der Variablen X:

$$\begin{aligned} b_0 \quad + b_1E(X^1) + b_2E(X^2) &= E(Y),\\ b_0E(X^1) + b_1E(X^2) + b_2E(X^3) &= E(XY),\\ b_0E(X^2) + b_1E(X^3) + b_2E(X^4) &= E(X^2Y). \end{aligned}$$

Plotten wir eine Folge von (X,Y)-Werten in einem Koordinatensystem, dann kommt es in den meisten Fällen nur auf die Form des zu approximierenden Punkteschwarms an. Man kann ihn dann auf der X-Achse verschieben, bis $E(X)=0$ gilt (Mittelwertsnormierung). Wir nehmen nun die neue Lage des Punktschwarmes bei $E(X)=0$ an und erhalten nach dieser Nullsetzung ein einfaches, elementar lösbares Gleichungssystem für neue Gewichte b_0^*, b_1^* und b_2^*, die wir vereinfacht wieder b_0,b_1 und b_2 nennen:

$$\begin{aligned} b_0 \qquad\qquad + b_2E(X^2) &= E(Y),\\ b_1E(X^2) + b_2E(X^3) &= E(XY),\\ b_0\,E(X^2) + b_1E(X^3) + b_2E(X^4) &= E(X^2Y). \end{aligned}$$

Beispiele: Näherung eines Punkteschwarms durch eine quadratische Kurve jeweils in beiden Richtungen Y(X) und X(Y), siehe Abb. 3.15 a,b,c.

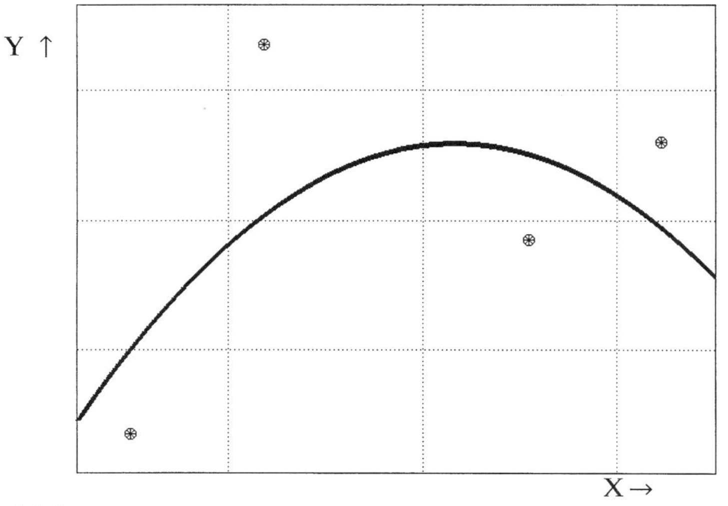

Abb.3.15a Näherung eines quadratischen Polynoms an die Daten von Abb.3.14a in der üblichen Vorhersagerichtung Y(X)

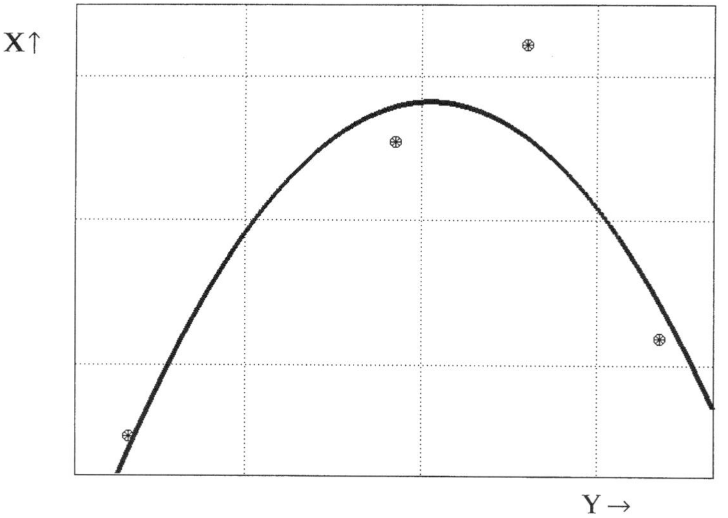

Abb. 3.15b Vertauschung der Vorhersagerichtung Y(X) in X(Y) bzw. der Achsen X und Y relativ zur Abbildung 3.15a. Man beachte die Vertauschung der Koordinaten (X,Y).

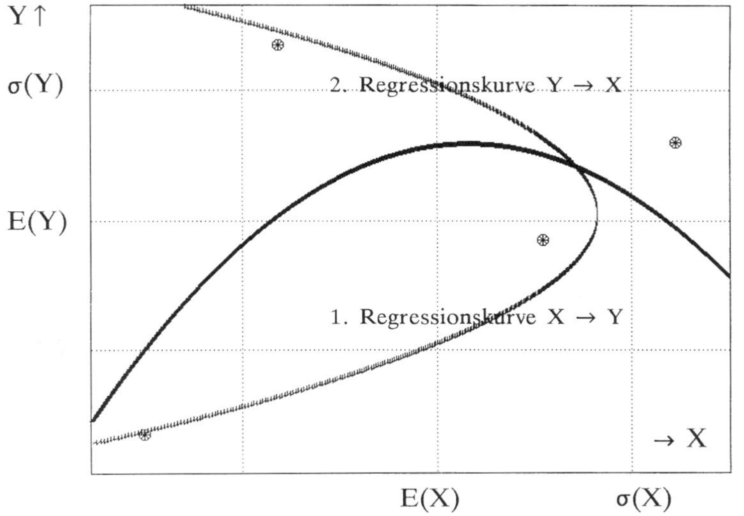

Abb. 3.15c Vereinigung der Plots 3.15a und 3.15b zur Verdeutlichung des Verlaufs der beiden Regressionskurven. Man beachte, daß für die Übertragung des Bildes 3.15b X(Y) die Koordinaten graphisch vertauscht werden mußten.

In Abb. 3.16 ist ein Plot mit wesentlich mehr und vor allem empirisch gewonnenen Wertepaaren zwischen den Variablen *Ganzantworten* (X) und *Anteil an Farbantworten* (Y) in einem Test dargestellt. Man sieht, daß die Polynome bestimmte Trends visuell verdeutlichen, die man bei bloßem Betrachten der Datenpunkte nicht unbedingt erkennen könnte.

Die Annäherung der quadratische Kurven in Abb. 3.16 läßt vermuten, daß es für einen *maximalen* Anteil von Farbantworten (Y) eine *optimale* Anzahl von Ganzantworten gibt. Entsprechendes scheint auch für die umgekehrte Richtung Y→X zu gelten. Da quadratische Kurven maximal nur *einen* Extremwert aufweisen, könnte das Auftauchen dieser Optima in beiden Vorhersagerichtungen jedoch auch eine Folge der Wahl zu einfacher Polynome sein.

Aufgrund der noch relativ geringen Flexibilität quadratischer Kurven nähern wir denselben Datensatz in beiden Vorhersagerichtungen durch Polynome 3-ten Grades an, was ab etwa 100 Wertepaaren schon sinnvoll ist. Wir filtern damit noch feinere Information über eventuelle latente "kurvilineare", d.h. nichtlineare Trends aus den Daten heraus. Ein hochgradiges Polynom kann immer relativ genau die Form einfacherer Polynome, hier also des quadratischen Polynoms, annehmen. Umgekehrtes gilt dagegen nicht. Abb. 3.17 zeigt nun, daß in Richtung *Farbe* Y → *Ganzantworten* X weiterhin ein Optimum bestehen bleibt. Die Abhängigkeit der Farbantworten von der Anzahl der Ganzantworten scheint dagegen trotz eines sattelförmigen Trends im mittleren Bereich (d.h. im Bereich "mittlere Anzahl der Ganzantworten") monoton zu wachsen. Die Sattelform in der Mitte der 1. Regressionskurve (Abb. 3.17) wurde somit vom quadratischen Polynom (Abb. 3.16) relativ vereinfachend als eine Funktion mit Maximum genähert

Die explorative Generierung solcher zunächst deskriptiver Aussagen durch Dateninspektion entspricht einer Hypothesengewinnung ex post facto. Geeignete Signifikanz-

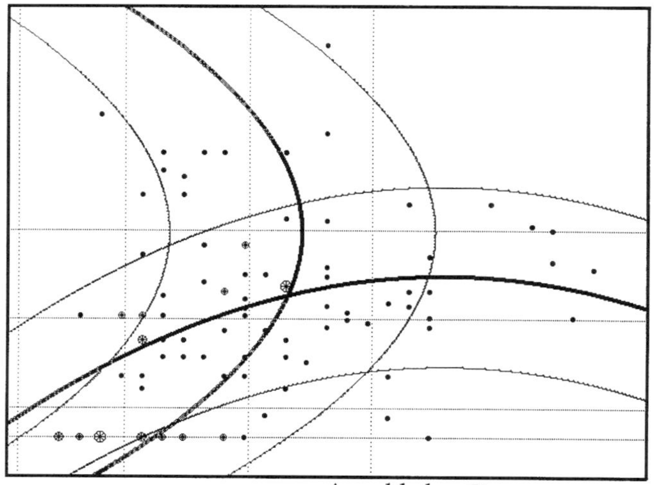

Abb. 3.16 Quadratische Approximation der Rorschach-Variablen "Anteil der Farbantworten Y als Funktion des Anteils der Ganzantworten (siehe Abb 3.14b). Die beiden fett geplotteten Hauptregressionskurven werden von dünn geplotteten parallel verschobenen Kurven gleicher Form begleitet. Diese markieren den Regressionsfehler um die Regressionskurve, d.h. die Streuung der Abweichungen der polynomial vorhergesagten Werte von den entsprechenden beobachteten Werten.

tests *(Randomisierungstests)* für solche Hypothesen sowie einige grundsätzliche Überlegungen über "Zufälligkeit" vs. "wechselseitige Ableitbarkeit" im Falle neu gewonnener Aussagensysteme findet man in Kapitel VI, Teil 6.5.11).

3.11.2 Homoscedastizität

Man beachte, daß in Abb. 3.16 und 3.17 die senkrechten Abstände der Regressionsfehlerkurven zur ersten Regressionskurve (X→Y) überall gleich sind. Dasselbe gilt für die waagerechten Abstände der entsprechenden Regressionsfehlerkurven zur zweiten Regressionskurve (Y→X). Die tatsächliche Streuung der Vorhersagefehler ist jedoch nicht in allen Bereichen der genäherten Regressionskurve gleich groß. Die in den obigen Abbildungen angegebenen Regressionsfehlerkurven kennzeichnen daher nur grob die mittlere Streuung des Vorhersagefehlers um die gesamte Kurve. Ist diese Streuung bzw. die Varianz an allen Stellen einer Regressionskurve bzw. einer Regressionsgeraden gleich groß (siehe hierzu die *Homogenität* von Varianzen, Kap. VI, Teil, 6.5.4), dann besteht *Homoscedastizität* in der entsprechenden Vorhersagerichtung (siehe auch Kap. III, Teil 3.7.1).

Wir bilden nun Regressionsfehlerkurven, die die empirischen lokal unterschiedlichen Regressionsfehler um die Regressionskurve angeben, vgl. die lokal an die Daten angepaßten Kurven bei linearer Regression in Abb. 3.18. Eine differenziertere Analyse der Regressionsfehler im Verhältnis zu nichtlinearen Vorhersagen bzw. hier zu Polynomen zweiten Grades zeigt die Abb. 3.18a.

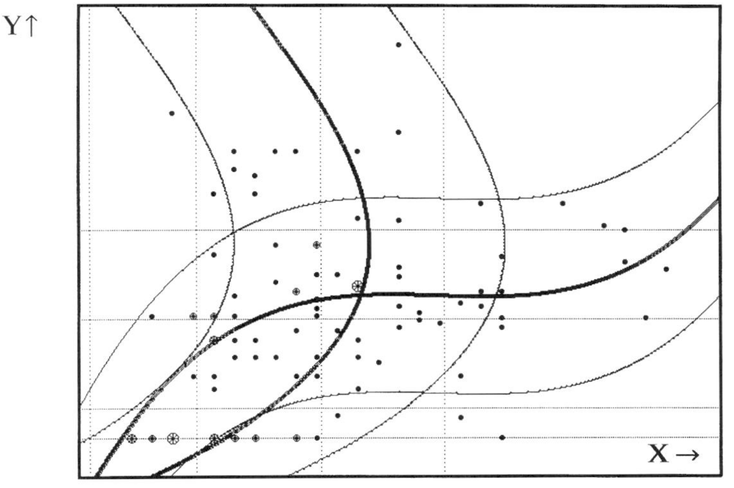

Abb. 3.17 Approximation der Daten von Abb. 3.14b durch Polynome 3-ten Grades. Die fett gezeichneten Regressionskurven besitzen parallel verschobene Regressionsfehlerkurven (siehe Abb. 3.16).

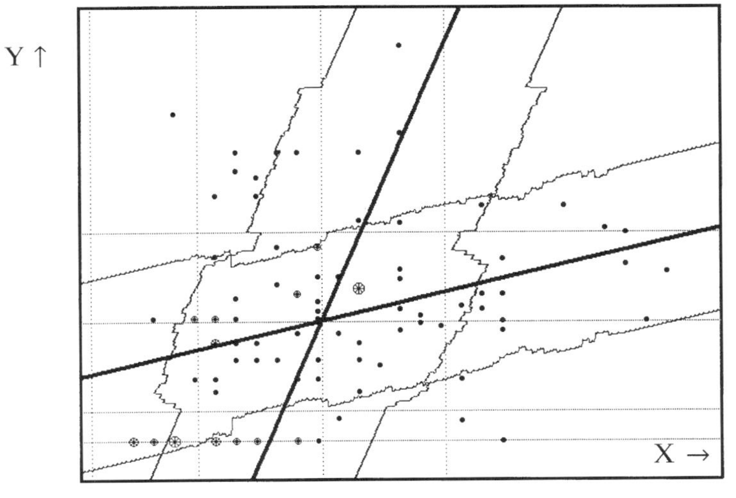

Abb. 3.18 Kurven lokal unterschiedlicher empirischer Regressionsfehler in den beiden Vorhersagerichtungen bei linearer Vorhersage (Anteil der Farbantworten (Y) als Funktion des Anteils von Ganzantworten (X), siehe Abb 3.14b). Die Regressionsfehlerkurven entsprechen den lokal gegebenen Streuungen um die Regressionsgerade (mit Interpolationen fehlender Werte).

Die graphische Analyse der Homoscedastizität zeigt somit bei diesen Daten für unterschiedliche Polynomgrade keine extremen lokalen Abweichungen.

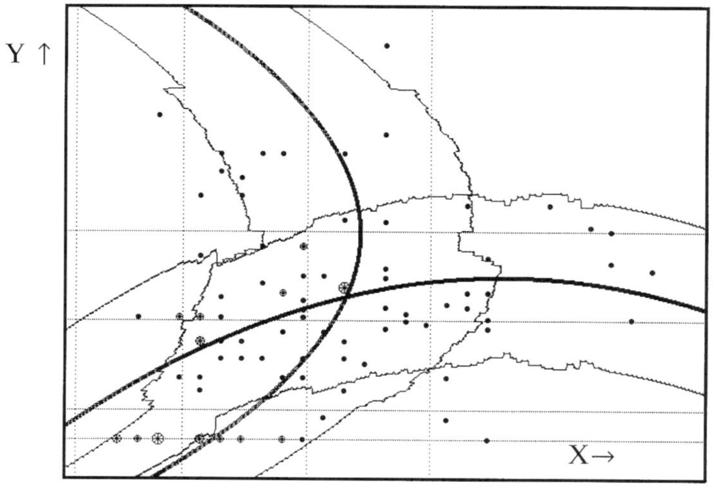

Abb. 3.18a Plot lokal geschätzter Regressionsfehlerkurven bei quadratischer Vorhersage (vgl. Abb. 3.18)

Die Varianzen der mittleren Regressionsfehler $\sigma^2(\varepsilon_{yx})$, $\sigma^2(\varepsilon_{xy})$ für die beiden Richtungen Y(X) und X(Y) in den Abbildungen 3.15 bis 3.17a sind jeweils unterschiedlich groß. Das Verhältnis $\sigma^2(\varepsilon_{yx})/\sigma^2(\varepsilon_{xy})$ hängt allerdings im Falle der linearen Vorhersage (siehe oben) wegen der Kürzbarkeit des entsprechenden Quotienten $[\sigma_y^2(1-r_{xy}^2)]/[\sigma_x^2(1-r_{xy}^2)]$ nur von σ_y^2/σ_x^2 ab und wird nach einer *z*-Transformation beider Variablen gleich 1. Bei der nichtlinearen Regression ist dagegen das Verhältnis $\sigma^2(\varepsilon_{yx})/\sigma^2(\varepsilon_{xy})$ *nicht kürzbar*. Es drückt daher aus, in welcher der beiden Richtungen X→Y bzw. Y→X die Vorhersagbarkeit größer ist. Die Verwendung der nichtlinearen Vorhersagbarkeit als Maß einer geschätzen Kausalität wird weiter ausgeführt in der Kausaldominanzanalyse in Kap. VIII, vgl. Lehmann, G. (1980), (1985)).

3.11.3 Mehrdimensionale (Newton-) Polynome: $Y = f_{nonlin}(X_1,...,X_m)$

Eine noch allgemeinere Vorhersageform erhält man, wenn jede der Funktionen $h_1, h_2, ...$ von mehreren der ursprünglichen Prädiktorvariablen abhängt, wie am Beispiel des folgenden Polynoms gezeigt wird:
Die Verallgemeinerung eines Polynoms auf 2 Prädiktoren X,Y zur nichtlinearen Vorhersage einer Variaben Z, d.h. Z(X,Y) hat z.B. im Falle des Grades g=3 folgende Form, wobei die oberen Indizes gleichzeitig Potenzen darstellen:

$$\begin{aligned} Z = \; & b_{00}X^0Y^0 + b_{01}X^0Y^1 + b_{02}X^0Y^2 + b_{03}X^0Y^3 \\ & + b_{10}X^1Y^0 + b_{11}X^1Y^1 + b_{12}X^1Y^2 \\ & + b_{20}X^2Y^0 + b_{21}X^2Y^1 \\ & + b_{30}X^3Y^0 \qquad + \varepsilon \,. \end{aligned} \qquad (3.114)$$

Die Produkte der Variablen werden hier als neue Zufallsvariablen behandelt. Somit entspricht die Bestimmung der (doppelt indizierten) b-Parameter einem üblichen linearen Regressionsproblem mit 10 Parametern.
Bei der Wahl eines Polynoms g-ten Grades kann man entsprechend der jeweiligen Hypothese über den Zusammenhang auch einzelne Polynomglieder weglassen.

Beispiel: Eine intellektuelle Leistung Y wird als abhängig angesehen von zwei Begabungen X_1, X_2, und zwar in folgender Form eines unvollständigen Polynoms 2-ten Grades:

$$Y = b + aX_1X_2 + \varepsilon. \qquad (3.115)$$

Es wird demnach angenommen, daß beim Ausfall einer der beiden Begabungen (d.h. bei $X_i = 0$, $i = 1$ oder 2) die andere Begabung, und sei sie noch stark ausgeprägt, die Leistung Y nicht über ein konstantes Niveau b heben kann. Modelle, in denen sich Begabungen gegenseitig *kompensieren* können, haben dagegen Formen, in denen Glieder ohne Produkte vorhanden sind, z.B.

$$\hat{Y} = b_{00} + b_{10}X_1 + b_{01}X_2 + b_{11}X_1X_2, \text{ bzw. einfacher } \hat{Y} = b_0 + b_1X_1 + b_2X_2, \qquad (3.116)$$

usw.

Ein Polynom g-ten *Grades* m-ter *Ordnung* (m = Anzahl der gegebenen Prädiktoren) wird folgendermaßen entwickelt: Man bildet als neue Prädiktorvariablen alle Produkte aus allen Potenzen der Prädiktoren X_1 bis X_m unter der Bedingung, daß die Summe der Potenzen innerhalb jedes Produktes kleiner oder gleich g ist:

$$Y = \sum_{i_1=0}^{g} \sum_{i_2=0}^{g-i_1} \sum_{i_3=0}^{g-i_1-i_2} \cdots \sum_{i_m=0}^{g-i_1-\ldots-i_{m-1}} b_{i_1 \ldots i_m} \cdot X^{i_1} \cdot \ldots \cdot X^{i_m} + \varepsilon. \qquad (3.117)$$

Beispiel: Kongreßbeitrag: Lehmann, (1995): 26th European Mathematical Psychological Group Meeting, Regensburg; (vgl. Lehmann, (1981a)): Auf einer ebenen visuellen Vorlage werde eine 10 cm lange Gerade G in zufälliger Lage der Vp dargeboten. Wir definieren ein rechtwinkliges Koordinatensystem X,Y, so daß die Gerade G darin mit ihren 4 Koordinaten $x_{g1}, = -5, y_{g1} = 0, x_{g2} = +5, y_{g2} = 0$ symmetrisch zu Y liegt. Auf derselben Vorlage sei eine weitere Gerade S_i mit zufälliger Lage und Länge sichtbar, die durch die 4 Koordinaten ihrer 4 Endpunkte $x_{i1}, y_{i1}, x_{i2}, y_{i2}$ im selben Koordinatensystem definiert ist. Die Vp soll die Gerade S_i (ohne die Gerade G) Längen- und Lage-getreu auf einer anderen Vorlage reproduzieren. Wir registrierten den dabei erwartungsgemäß auftauchenden Längenfehler (θ_i = reproduzierte Länge minus objektiver Länge von S_i). Dieser Versuch wurde mit etwa 400 zufällig wechselnden Geradenpaaren (S_i, G) $(i = 1{,}400)$ auf unterschiedliche Personen verteilt durchgeführt, wobei auch G zufällig zum Gesichtsfeld gedreht wurde, aber konstant 10 cm lang blieb.

Die Abb. 3.19a zeigt in verkleinerter Form eine Teilmenge der 400 zufälligen S-Geraden, die jeweils einzeln mit dem hier waagerecht gezeigten G dargeboten wurden. Abb. 3.19b zeigt entsprechende winkelförmige Anordnungen von S und G.
Wir betrachten nun die gemessenen Längentäuschungen θ_i $(i = 1{,}400)$ als Funktion f der relativ zu G variierenden Koordinaten $x_{i1}, y_{i1}, x_{i2}, y_{i2}$ der 400 reproduzierten S-Geraden:

$$\theta_i = f_{polynom}(x_{i1}, y_{i1}, x_{i2}, y_{i2}), \ (i = 1{,}400)$$

Wir nähern diese Abhängigkeit nach dem kleinste-Quadrate-Prinzip durch ein Polynom 4-ter *Ordnung* (4 Koordiaten bzw. unabhängige Variablen) und beschränken uns bei dieser Ordnung auf ein Polynom 2-ten *Grades*. Ein vollständiges Polynom 2-ten Grades von 4 Variablen im Sinne von (3.117) besteht aus einer gewichteten Summe von 15 Gliedern

$$\theta_i = b_{0000} \cdot x_{i1}^0 y_{i1}^0 x_{i2}^0 y_{i2}^0 + \ldots + b_{2000} \cdot x_{i1}^2 y_{i1}^0 x_{i2}^0 y_{i2}^0 + \ldots + b_{0002} \cdot x_{i1}^0 y_{i1}^0 x_{i2}^0 y_{i2}^2,$$

die durch die unterschiedlichen Potenzmuster der Produkte $x_{i1}y_{i1}x_{i2}y_{i2}$ entstehen. Diese Produkte bilden die Elemente einer 400 x 15-Matrix X, aus der mittels des Vektors b der Vektor θ mit den Elementen θ_i (i=1,400) vorhergesagt werden soll: $Xb=\theta$. Die kleinste-Quadrate-Lösung für den Vektor b folgt nach (3.90a) aus der Gaußschen Form

$$b = (X'X)^{-1}X'\theta.$$

Indiziert man den Vektor b wie oben nach den Potenzmustern der zugeordneten Produkte, dann lassen sich die aus den Daten bestimmten numerischen b-Gewichte in folgender Zuordnung darstellen:

b_{0000}	b_{0001}	b_{0002}	b_{0010}	b_{0011}	b_{0020}	b_{0100}	b_{0101}	b_{0110}	b_{0200}	b_{1000}	b_{1001}	b_{1010}	b_{1100}	b_{2000}
.015	911.83	-911.81	815.00	.00	-815.00	46.02	.00	.01	-46.03	189.75	.00	.00	-.01	-189.8

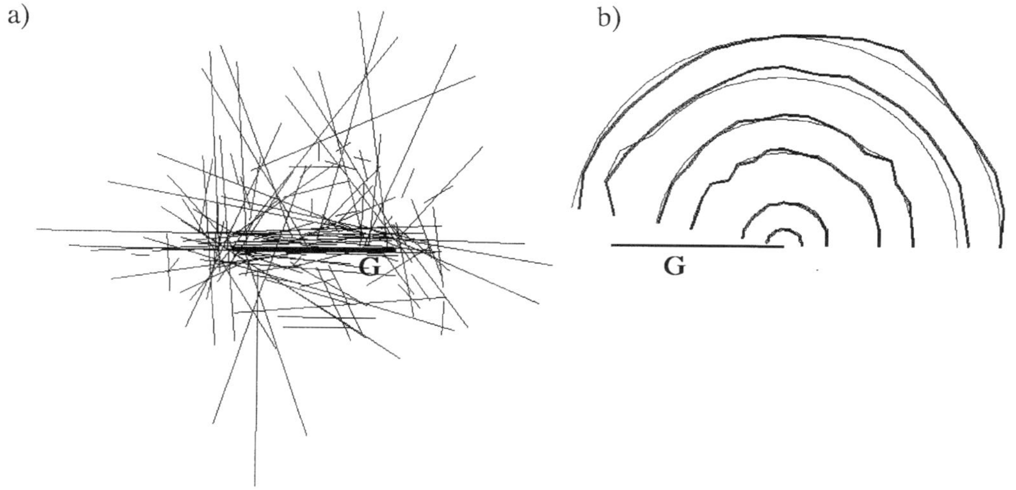

Abb. 3.19 (siehe Text): Darstellung aller zu schätzenden Stimulusgeraden S_i (i=1,N), die einzeln mit der Generatorgeraden G als Linienpaar kombiniert geschätzt wurden: a) enthält zufällige S-Geraden b) zeigt den Verlauf der Längentäuschungen interpoliert aus den Reproduktionen von unterschiedlich langen Geraden S (markiert durch die Halbkreise) in variablem Winkel zu G, die an einem Endpunkt von G ansetzen und als Stimuli je eine Winkelfigur (W-Figur) bildeten:

a) Zufällige S-Geraden um G, b) W-Täuschungen aus S und G.

Wir prüften nun die Validität des entsprechenden Polynoms (und damit indirekt die Signifikanz seiner Datenanpassung) durch eine Vorhersage spezieller Täuschungen, die bei unterschiedlich geneigten Winkelschenkeln S_i von völlig neuen Figuren, hier von W-Figuren (siehe den rechten Teil der obigen Abbildung), entstehen. Die Kreise der rechten Abbildung symbolisieren die

objektiven Längen der Längsbalken S_i, die vom rechten Endpunkt der G-Linie der W-Figuren ausgehen. Die Kurven, die die Kreise begleiten, entsprechen je nachdem, ob sie unterhalb oder oberhalb ihres Kreises liegen, den durch das Polynom vorhergesagten Täuschungen, in diesem Falle den subjektiven Längungen bzw. Kürzungen. Die hier erkennbaren Täuschungen der Winkelschenkel sind aus der Literatur über geometrisch-optische Täuschungen bekannt. Das hier vorhergesagte Phänomen lautet: *Die Schenkel spitzer Winkel werden subjektiv gekürzt. Die Schenkel stumpfer Winkel werden subjektiv gelängt* (Coren, S. et al. (1976) zitiert in Lehmann, (1981a)).
Die hier demonstrierte Vorhersagbarkeit dieser W-Täuschungen weist diese als Sonderfälle allgemeinerer Längstäuschungen einer Geraden S in der Umgebung einer anderen Geraden G aus (hier signifikant nach Randomisierungstest).

3.12 Basisergebnisse aus Kapitel III

Erwartungswerte, Varianzen, Kovarianzen

$$E(X) = \sum_i p_i x_i \quad | \quad \sum_i p_i = 1,\ p_i \geq 0; \qquad \sigma^2(X) = \mathrm{Var}(X) = E(X^2) - E(X)^2$$

$$E(aX+bY+c) = aE(X)+bE(Y)+c \quad \Rightarrow \quad E(X \pm Y) = E(X) \pm E(Y)$$

$$\mathrm{Var}(aX+b) = a^2\mathrm{Var}(X), \qquad \sigma(aX+b) = |a|\sigma(X)$$

Binomialverteilung

$$P(k|\ n,p) = \binom{n}{k} p^k q^{n-k} \ |E(k) = np;\ \sigma^2(k) = npq\ (q = 1-p),$$

(vgl. Bernoulli-, Normal-, geometrische Verteilung)

$$\mathrm{Cov}(X,Y) = E[(X-E(X)) \cdot (Y-E(Y))] = E(x \cdot y) = E(X \cdot Y) - E(X) \cdot E(Y)$$

$$\mathrm{Cov}(aX+bY+c, dU+eV+f)$$

$$= ad\mathrm{Cov}(XU) + ae\mathrm{Cov}(XV) + bd\mathrm{Cov}(YU) + be\mathrm{Cov}(YV)$$

$$\Rightarrow \mathrm{Var}(aX+bY+c) = a^2\mathrm{Var}(X) + b^2\mathrm{Var}(Y) + 2ab\mathrm{Cov}(XY)$$

$$\Rightarrow \mathrm{Var}(X \pm Y) = \mathrm{Var}(X) + \mathrm{Var}(Y) \pm 2\mathrm{Cov}(XY)$$

Korrelationen, lineare Regression, kleinste-Quadrate-Näherung für a und b:

$$x = X - E(X), \quad z_x = x/\sigma_x, \quad r_{xy} = E(z_x \cdot z_y) = \mathrm{Cov}(XY)/(\sigma_x \cdot \sigma_y)$$

$$r_{xy} = (N\sum XY - \sum X \sum Y)/\sqrt{[(N\sum X^2 - (\sum X)^2)(N\sum Y^2 - (\sum Y)^2)]}$$

$$r_{xy} = r_{ax+b,cy+d} |\ a \cdot c > 0, \quad r_{xy} = r_{yx}$$

$$\hat{Y} = a_{yx}X + b_{yx}, \quad \hat{y} = a_{yx}x, \quad \hat{z}_y = r_{xy}\, z_x, \quad \varepsilon_{yx} = Y - \hat{Y}$$

$$\sigma^2_{\hat{y}x} = \sigma^2_{\varepsilon yx} = \sigma^2(1 - r^2_{xy}), \quad a_{yx} = \Delta y/\Delta x = \mathrm{Cov}(XY)/\mathrm{Var}(x), \quad b_{yx} = E(Y) - a_{yx}E(X)$$

$$r(\hat{Y},\varepsilon_{yx})=0, \quad Var(Y) = Var(\hat{Y}) + Var(\varepsilon_{yx}), \quad (Var(\varepsilon_{yx})=\sigma^2_{yx})$$

$$r^2_{xy} = Var(\hat{Y})/Var(Y) = Var(\hat{X})/Var(X) \quad | \; \hat{X} = a_{xy}Y+b_{xy}$$

$$= Var(\hat{z}_y)/Var(z_y) = Var(\hat{z}_x)/Var(z_x) = Var(\hat{z}_y) = Var(\hat{z}_x).$$

Trendzerlegung, nichtlineare Regression

$eta^2_{yx} = \eta^2_{yx}$ = Zwischenvarianz(y)/Totale Varianz(y) = $Var(E(Y|x))/Var(Y)$

$\eta_{yx} \neq \eta_{xy} =$ „ .

erwartete Binnenvarianz = $E[Var(Y|x)] = Var(Y)(1-\eta^2_{yx})$.

Multiple Regression (Gaußsche Form, kleinste-Quadrate-Näherung für b)

$\hat{y}_i = \sum_{j=1m} b_j x_{ij}$, $\quad \hat{b} = (X'X)^{-1}X'y$, $\quad \hat{y}=X\hat{b}$, $\quad r_{y\hat{y}}$ = multiple Korrelation,

$r_{y\hat{y}}$ wird unter der kleinste-Quadrate-Lösung für b maximiert, falls alle Prädiktor- und die Kriteriumsvariable z-transformiert sind (b wird dann β geschrieben, wobei $\beta \neq b$).

Polynomiale Regression

$\hat{y}_i = \sum_{j=0,g} b_j x^j$, (LS-Lösung nach b mittels Gaußscher Form)

Partialkorrelation, (Herleitung aus der Regression, vgl. Partkorrelation)

$$r_{xy.z} = (r_{xy} - r_{xz}r_{yz})/\sqrt{(1-r^2_{xz})(1-r^2_{yz})}.$$

Kapitel IV. Wahrscheinlichkeitsverteilungen

In diesem Kapitel wird eine Systematik der wichtigsten Verteilungen eingeführt. Die meisten der bekannten Verteilungen lassen sich durch Abwandlungen ihrer Versuchsschemata und durch entsprechende Grenzübergänge ineinander überführen. Sie bilden daher ein in weiten Bereichen zusammenhängendes Netz, welches ausgehend von den einfacheren Versuchsschemata der endlichen diskreten Verteilungen, wie z.B. der Binomialverteilung, entwickelt werden kann. Aus den diskreten Verteilungen ergeben sich teilweise auch mehrere alternative Übergänge zu den kontinuierlichen Verteilungen, insbesondere zur Normalverteilung sowie über die Exponentialverteilungen zu den Gammaverteilungen. Beide Verteilungsarten sind zumeist über verschiedene Formen von Summationen von Zufallsvariablen entwickelbar.
Als hiervon zunächst wegführender Zweig wird die für die häufig erforderlichen Rangbildungen wichtige Klasse der Betaverteilungen eingeführt. Auch exotische, scheinbar randständige Verteilungen, wie z.B. die Cauchy-Verteilung, werden berücksichtigt, da sie weitere Entwicklungswege des Systems der Verteilungen aufweisen und Schlüsselideen für die Analyse und die Modellierung komplizierterer Prozesse liefern können.
Weitere interessante Verteilungen, wie z.B. die Lévy-Verteilungen oder die Extremwertverteilungen, die z.B. für Reaktionszeitanalysen Verwendung finden, werden erst im nachfolgenden Kapitel behandelt, da sie eine Vertiefung der Kenntnisse in den "Operationen" an Verteilungen voraussetzen.
Im ersten Teil dieses Kapitels wird somit mit Verteilungen begonnen, deren Versuchsschemata und Verteilungsformen auf der Basis ganzzahliger Urnenschemata entwickelt werden. Später folgen Verteilungen, deren Versuchsschemata bereits reellwertige Variablen voraussetzen.
Ein Standardschema zur Erzeugung von *Zufallsvariablen* (zur Definition vgl. Kap. III, Teil 3.1) besteht darin, daß zunächst eine Urne mit einer bestimmten Anzahl verschiedenfarbiger Kugeln als gegeben angenommen wird. Als *Versuch* gilt das Ziehen einer endlichen Anzahl von $m \geq 1$ Kugeln *mit* bzw. *ohne Zurücklegen*, wobei jede Kugel, die im Moment des Ziehens in der Urne liegt, mit der gleichen WS gezogen werden kann. Hierdurch entsteht als *zufälliges Ereignis* (siehe Kap. II, Teil 1.2.1) eine zufällige *Folge* von m Kugeln. Diese Folge wird nach einem der jeweiligen Zufallsvariablen entsprechenden Regelsystem eindeutig in die reellen Zahlen abgebildet. Der so erhaltene reelle Funktionswert entspricht dann der *Realisation* eines Wertes der entsprechenden Zufallsvariablen.
Da zufällige Ereignisse *zusammengesetzt* bzw. zerlegbar sein können, kann man auch das Ziehen jeder einzelnen Kugel einer Folge als Zufallsereignis ansehen. Durch das Ziehen *mit* oder *ohne* Zurücklegen entstehen damit Folgen *abhängiger* bzw. *unabhängiger* Ereignisse.
Ähnliche Schemata kann man auch durch Spielkarten *mit* oder *ohne* Zurücklegen (mit Mischung der Karten) definieren. Folgen unabhängiger Ereignisse erhält man außerdem durch Würfeln oder beim Roulettespiel usw..
Urnenschemata definieren *endliche diskrete Verteilungen.* Sie können jedoch durch

vielfältige Formen von Limesbildungen auf *unendliche diskrete* und auch auf stetige Verteilungen *(Dichten)* verallgemeinert werden, wie z.B. im Falle der Normalverteilung (siehe die Grenzwertsätze).
Versuchsschemata sollten möglichst die *hinreichenden und notwendigen* Bedingungen für das Entstehen einer Verteilung angeben. Diese sind jedoch bei Verteilungen mit dem Allgemeinheitsgrad der Normal-, der Gamma- oder der Beta-Verteilung sehr abstrakt. Wir geben daher bei derartigen Verteilungen als Schemata hauptsächlich *hinreichende* Bedingungen, d.h. Beispiele an.
Im Folgenden wird "Wahrscheinlichkeit" oft durch WS und der Plural durch WSS abgekürzt.

4.1 Die Bernoulli-Verteilung

Versuchsschema: Gegeben sei eine diskrete Zufallsvariable X mit den Werten 0 und 1. Die WS, daß eine 0 eintritt, ist $p(0)=q$. Die WS, daß eine 1 eintritt, ist $p(1)=p$, so daß $p+q=1$ bzw. $q=1-p$, zusammengefaßt:

$$X = \{0,1\}\ ,\ p(0) = q,\ p(1)=p.$$

Hieraus folgen die Parameter der Verteilung:

Momente von X

Erwartungswert: $E(X) = q\cdot(X=0) + p\cdot(X=1) = q\cdot 0 + p\cdot 1 = p$

$E(X^2) = q\cdot 0^2 + p\cdot 1^2 = p$

Varianz: $\sigma^2(X) = E(X^2) - E(X)^2 = p - p^2 = p(1-p) = pq$

$E[X-E(X)]^3 = E(X^3)-3E(X)E(X^2)+2E(X)^3 = p-3p^2+2p^3 = p(1-p)(1-2p)$

Schiefe: $E[X-E(X)]^3/\sigma^3(X) = p(1-p)(1-2p)/[p(1-p)]^{3/2} = (q-p)/\sqrt{pq}$

Kurtosis (Exzess): $E[X-E(X)]^4/\sigma^4(X)-3 = (1-6pq)/(pq)$

(4.1)

Die Schiefe (vgl. auch (3.10a,b)) ist dann gleich 0, wenn $p=.5$ ist. Sie ist positiv bei $p<.5$ und negativ bei $p>.5$. Für die Kurtosis wurde $E(x^4)/\sigma^4$ um 3 vermindert, um ein Maß zu erhalten, das positiv bzw. negativ auf die Abweichung von der Normalverteilung reagiert.

Mittelwertsnormierung: $x = X-E(X) = X-p$

z-Transformation: $z_x = [X-E(X)]/\sigma_x = x/\sigma_x = (X-p)/\sqrt{pq}$

Beispiele: a) Eine Urne mit einem Anteil p von weißen und $q=1-p$ schwarzen Kugeln. Das Ziehen einer weißen Kugel erhält den Wert 1.
b) Psychol. Tests: Item gelöst (1), nicht gelöst (0) bzw. Frage bejaht (1), verneint (0).
c) Würfeln einer 6 (1), sonst (0).

Besonderheiten: a) Erwartungswert und Varianz der Verteilung lassen sich umkehrbar eindeutig auseinander berechnen.
b) Die Bernoulli-Verteilung ist eine Binomialverteilung mit $n=k=1$.

4.2 Die Binomialverteilung

Versuchsschema: Bei n unabhängigen Versuchen kann X-mal das Ereignis A auftreten, dessen WS bei jedem Versuch konstant gleich P(A) = p ist. Die WS, daß **X** den Wert k für gegebenes n und p annimmt, lautet

$$P(X=k|\ n,p) \quad = \quad \binom{n}{k} p^k q^{n-k}, \text{ wobei } q=1-p. \tag{4.2}$$

Herleitung der Verteilungsformel am Beispiel: Die WS, bei einmaligem Würfeln eine 6 ("günstiges Ereignis" A) zu würfeln ist $p(A)=p=1/6$. Die komplementäre WS ist $p(\bar{A})=q=5/6$. Zu berechnen ist z.B. die WS, bei n=3-maligem Würfeln k=2 mal eine 6 zu erhalten. Das Ereignis "6 kommt 2 mal vor" ist somit das Ergebnis aller "günstigen" Versuchsfolgen, innerhalb derer genau k=2 mal die 6 vorkommt. Es gibt

$\binom{n}{k} = \binom{3}{2} = n!/[k!(n-k)!] = 3!/(2!1!) = 3$ solcher günstiger Folgen:

günstige Folgen	WS jeder günstigen Folge	
$AA\bar{A}$	$p\cdot p\cdot(1-p) = p^2q$	(Produktbildung der WS wegen der
$A\bar{A}A$	$p\cdot(1-p)\cdot p = p^2q$	angenommenen Unabhängigkeit
$\bar{A}AA$	$(1-p)\cdot p\cdot p = p^2q$	der Ereignisse in der Folge)

Die WS, eine "günstige Folge" zu würfeln, ist gleich der WS, "die erste Folge *oder* die zweite Folge *oder* die dritte Folge zu würfeln". Daher werden diese WSS addiert:

$$P(AA\bar{A} \cup A\bar{A}A \cup \bar{A}AA) = P(AA\bar{A}) + P(A\bar{A}A) + P(\bar{A}AA) = p^2q + p^2q + p^2q.$$

Da die WSS der günstigen Folgen gleich groß sind, kann die Addition dieser WSS ersetzt werden durch die Multiplikation der WS *einer* günstigen Folge mit der Anzahl der günstigen Folgen, d.h. im Beispiel

$$\binom{n}{k} p^k q^{n-k} = \binom{3}{2} p^2 q^1 = 3\cdot(1/6)^2(1-1/6) = .069.$$

Momente von X

$E(X) = np$

$\sigma^2(X) = npq$

$E[X-E(X)]^3 = np(1-p)(1-2p) = npq(q-p)$

Schiefe: $E[X-E(X)]^3/\sigma^3(X) = np(1-p)(1-2p)/[npq)]^{3/2} = (q-p)/\sqrt{npq}$

Kurtosis (Exzess): $E[X-E(X)]^4/\sigma^4(X) - 3 = (1-6pq)/(npq)$

Herleitung von Erwartungswert und Varianz: Die Zufallsvariable X stellt die Summe von n unabhängigen Bernoulli-Variablen $X_1+X_2+...+X_n$ mit gleichem Parameter p dar. Daher gilt nach Kapitel III, Formel (3.33) und (3.47):

$$E(X) = E(X_1+...+X_n) = E(X_1)+...+E(X_n) = n \cdot E(X) = np$$
$$\sigma^2(X) = \sigma^2(X_1+...+X_n) = \sigma^2(X_1)+...+\sigma^2(X_n) = n \cdot \sigma^2(X) = npq$$

Zur Herleitung von $\sigma^2(X)$ kann man (3.47) in Kapitel III anwenden, wobei hier alle Gewichte der X_i gleich 1 sind. Wegen der vorausgesetzten Unabhängigkeit der Summandenvariablen X_1 bis X_n sind alle Kovarianzen gleich 0. Die Verteilungsfunktion F(k) lautet:

$$P(X \leq k) = \sum_{i=0}^{k} \binom{n}{i} p^i q^{n-i}.$$

Besonderheiten: a) Häufige Sonderfälle der Binomialverteilung lauten:
1. Die WS, daß bei n Versuchen kein "Erfolg" A eintritt, ist wegen $k=0$ gleich

$$P(X=0) = \binom{n}{0} p^0 q^n = q^n.$$

2. Die hierzu komplementäre WS, daß bei n Versuchen *mindestens ein* A eintritt, ist

$$1 - P(X=0) = 1-q^n.$$

b) **X** ist gleich der Summe von n gleichen Bernoulli-Verteilungen.
c) Man erhält einen Übergang zur Normalverteilung, wenn man Variable **X** z-transformiert und danach n nach ∞ streben läßt:

$$z_X = \frac{X-E(X)}{\sigma(X)} = \frac{X-np}{\sqrt{npq}}, \qquad n \to \infty. \tag{4.3}$$

Nach diesem Grenzübergang ist z_X normalverteilt mit $E(z_X)=0$ und $\sigma(z_X)=1$. Dieses Ergebnis folgt aus Theorem 3.1, siehe unten.

4.3 Die verallgemeinerte Binomialverteilung

Versuchsschema: Gegeben seien n unabhängige Zufallsvariablen $X_1,...,X_n$, von denen jede eine Bernoullische Verteilung besitzt. Demnach kann jede mit einer WS p_i den Wert 1 und mit der komplementären WS $q_i=1-p_i$ den Wert 0 annehmen. Bestimme die WS dafür, daß k von diesen Variablen den Wert 1 annehmen. Anders formuliert: Bestimme die WS dafür, daß die Summe aller Zufallsvariablen

$$X = X_1 + \ldots + X_n$$

den Wert k annimmt: $P(X=k)$ = Summe der Wahrscheinlichkeiten aller Folgen von X_i, bei denen jeweils k Variablen X_i den Wert 1 annahmen ("günstige" Folgen).

Herleitung: Wegen der angenommenen Unabhängigkeit der Variablen ist die WS jeder Folge gleich dem Produkt der WSS der entsprechenden Einzelereignisse, z.B. für n=3 und k=2:

$$p(\mathbf{X}=2) \quad = \quad p_1p_2q_3 + p_1q_2p_3 + q_1p_2p_3.$$

Anders als bei der einfachen Binomialverteilung sind hier die Wahrscheinlichkeiten der 3 günstigen Folgen allgemein ungleich.

Momente von X

$$E(X) = \sum_{i=1}^{n} E(X_i) = \sum_{i=1}^{n} p_i, \qquad \sigma^2(X) = \sum_{i=1}^{n} p_i(1-p_i) = \sum_{i=1}^{n} p_iq_i. \tag{4.4}$$

Besonderheiten: a) X ist gleich der Summe von n unabhängigen Bernoulli-Variablen X_1 bis X_n.
b) Sind alle Variablen bzw. alle p_i (i=1,n) gleich, dann erhält man die einfache Binomialverteilung.
c) Hebt man die Unabhängigkeitsbedingung für die Summandenvariablen X_i (i=1,n) auf, dann bleibt wegen (3.33) die Formel für den Erwartungswert E(X) erhalten, zur Formel für die Varianz $\sigma^2(X)$ muß allerdings wegen (3.47) noch die "ungewichtete" Summe (Summandengewichte hier gleich 1) aller Kovarianzen der X_i addiert werden:

$$\sigma^2(X) = \sum_{i=1}^{n} p_iq_i + \sum_{\substack{i=1 \\ i\neq j}}^{n} \sum_{j=1}^{n} \mathrm{Cov}(X_iX_j). \tag{4.5}$$

Theorem 4.1. a) Gegeben sei eine verallgemeinerte Binomialverteilung als Summe voneinander unabhängiger Bernoulli-Verteilungen $X=X_1+...+X_n$. Die Varianz von X

$$\sigma^2(X) = \sum_{i=1}^{n} p_iq_i = \sum_{i=1}^{n} \sigma^2(X_i)$$

divergiere für wachsendes n. Dann ist X für wachsendes n asymptotisch normalverteilt.
b) Dieser Satz gilt auch für die Summation nicht binomial verteilter Variablen, sofern die Divergenzbedingung erfüllt ist (*Satz von Lindeberg-Feller*).

Die Mittelwerte bzw. die Varianzen der aufsummierten X_i brauchen demnach nicht gleich zu sein. Allerdings dürfen die p_i bei wachsendem n nicht gegen 0 oder gegen 1 streben, da dann die Varianzen $p_iq_i=p_i(1-p_i)$ nach 0 streben, also konvergieren. Letzteres wäre z.B. annähernd der Fall, wenn X der Punktsummenwert einer Person ist, die einen Test mit 0-1-Items ausfüllt und dabei einen Lernprozeß mitmacht derart, daß sie bei wachsender Anzahl i der von ihr bearbeiteten Items mit zunehmender WS $p_i \to 1$ ("richtig") antwortet, vgl. Beispiel b) unten.

Beispiele: a) Gegeben seien n Urnen mit möglicherweise unterschiedlichen Anteilen schwarzer und weißer Kugeln, wobei "schwarz" auf 0 und "weiß" auf 1 abgebildet werde. Zieht man aus jeder Urne eine Kugel, dann entspricht die Anzahl X der gezogenen weißen Kugeln der Summe von n unterschiedlichen voneinander

unabhängigen Bernoulli-Verteilungen gemäß (4.4) und (4.5), d.h. $Cov(X_i,X_j)=0$ für alle $i \neq j$.
b) Gegeben sei ein Test mit n binären Items (Anwortmöglichkeiten {0,1}). Eine Versuchsperson bearbeite den Test, wobei ihre Antworten zur Vereinfachung als voneinander unabhängig angesehen werden sollen. Ihre "Punktsumme" X, d.h. die Summe aller ihrer mit 1 kodifizierten Antworten, besitzt eine verallgemeinerte Binomialverteilung als Summe voneinander *abhängiger* Bernoulli-Verteilungen mit unterschiedlichen p_i $(i=1,n)$ und $Cov(X_i,X_j)$, d.h. z.B. die Varianz errechnet sich nach (4.5).

4.4 Die Multinomialverteilung

Versuchsschema: Eine Menge von r Elementarereignissen A_1 bis A_r habe die WSS p_1 bis p_r so, daß $p_1+p_2+...+p_r=1$. Es werden n voneinander unabhängige Versuche durchgeführt. Dabei taucht X_1 mal das Ereignis A_1 auf, X_2 mal das Ereignis A_2, usw. und X_r mal das Ereignis A_r. Dann sind X_1 bis X_r diskrete Zufallsvariablen, deren Summe das vorgegebene n ergibt:

$$X_1+X_2+...+X_r = n.$$

Die WS, daß die Zufallsvariablen X_1 bis X_r bei den n Versuchen die Werte k_1 bis k_r annehmen, beträgt dann

$$P(X_1=k_1 \cap X_2=k_2 \cap ... \cap X_r=k_r) = \frac{n!}{k_1!k_2! \cdot ... \cdot k_r!} p_1^{k_1} p_2^{k_2} ... p_r^{k_r}. \tag{4.6}$$

Beweis: In einer Versuchsfolge ist die WS einer einzelnen (im Sinne der gegebenen k-Werte) "günstigen" Ergebnisfolge unabhängig von der Reihenfolge der entsprechenden A_i. Sie ist gleich dem Produkt der potenzierten WSS in (4.6) rechts. Die Menge aller möglichen Reihenfolgen, deren jeweils gleiche WSS aufsummiert werden müssen, ergibt sich nach dem kombinatorischen Theorem 1.2 in Kapitel I (Perlenkettenbeispiel).

Beispiele: a) Die *Trinomialverteilung* (r=3): Eine Urne enthalte einen Anteil von $p_1=.5$ an weißen Kugeln, einen Anteil von $p_2=.3$ an schwarzen und einen Anteil von $p_3=.2$ an roten Kugeln. Dann ist r=3 und $p_1+p_2+p_3 = .5+.3+.2 = 1$. Es werde z.B. n=8 mal mit Zurücklegen eine Kugel aus der Urne gegriffen. Die WS z.B. genau $k_1=3$ weiße, $k_2=1$ schwarze und $k_3=4$ rote Kugeln zu ziehen (wobei $k_1+k_2+k_3= n =8$), beträgt dann

$$P(\mathbf{X}_1=3 \cap \mathbf{X}_2=1 \cap \mathbf{X}_3=4)$$

$$= \frac{8!}{3!\,1!4!} .5^3 \cdot .3^1 \cdot .2^4 = \frac{8 \cdot 7 \cdot 6 \cdot 5 \cdot 4 \cdot 3 \cdot 2}{3 \cdot 2 \quad \cdot \quad 4 \cdot 3 \cdot 2} \cdot .0015 = .42 .$$

b) In einem Multiple-Choice-Test hat ein Item r=4 alternative Antworten A_1 bis A_4, die aufgrund der Ergebnisse einer Voruntersuchung mit den WSS p_1 bis p_4 gewählt werden. Von $n=7$ danach getesteten Personen antworten unabhängig voneinander $k_1=2$ mit A_1, $k_2=3$ mit A_2, $k_3=2$ mit A_3 und $k_4=0$ mit A_4. Die WS für dieses Ergebnis folgt dann aus

$$P(X_1=2 \cap X_2=3 \cap X_3=2 \cap X_4=0) = \frac{7!}{2!\,3!\,2!\,0!} p_1^2 \cdot p_2^3 \cdot p_3^2 \cdot p_4^0 \quad \Big| \quad 0!=1,\ p_4^0=1.$$

c) Es wird $n=5$ mal gewürfelt. Die WS, $k_1=2$ mal eine 6, $k_2=1$ mal eine 5 und $k_3=2$ mal eine 1 zu würfeln, beträgt in dieser Trinomialverteilung:

$$P(X_1=2 \cap X_2=1 \cap X_3=2)$$
$$= \frac{5!}{2!\,1!\,2!}(1/6)^2(1/6)^1(1/6)^2 = \frac{5\cdot 4\cdot 3\cdot 2}{2\cdot 2}(1/6)^5 = 30\cdot(1/7776) = .004\,.$$

Momente der X_1 bis X_n

$$E(X_i) = np_i \qquad \sigma^2(X_i) = np_i(1-p_i) = np_iq_i$$
$$Cov(X_i,X_j) = -np_ip_j \qquad r_{ij} = Cov(X_i,X_j)/(\sigma(X_i)\sigma(X_j)) = -\sqrt{p_ip_j/(q_iq_j)}$$

Aufgrund der Bedingung, daß die Variablen X_i sich zu n aufsummieren, sind sie voneinander negativ abhängig, siehe die obigen Kovarianzen bzw. Korrelationen.

4.5 Negative Binomialverteilungen

4.5.1 Die Pascalsche Verteilung

Versuchsschema: Eine Urne enthalte einen Anteil p weißer Kugeln und einen Anteil $q=1-p$ schwarzer Kugeln. Es werden fortlaufend Kugeln *mit* Zurücklegen gezogen. Die Anzahl der Versuche, bis zum k-ten mal ein "Erfolg" (weiße Kugel) erscheint, ist die Zufallsvariable X. Häufig wird auch die Anzahl F der erfolglosen Versuche (schwarze Kugeln) vor dem abschließenden Erfolg als Zufallsvariable gewählt, wobei $X=F+k$.

Es handelt sich um annähernd dasselbe Schema wie bei der Binomialverteilung, allerdings mit einem Wechsel der Zufallsvariablen von der "Anzahl der weißen Kugeln" zur "Anzahl der Versuche".

Die Wahrscheinlichkeit für X gleich n bzw. für F gleich $n-k$ ist

$$P(X=n|\,k,p) = P(F=n-k\,|k,p) = \binom{n-1}{k-1} p^k q^{n-k} = \binom{F+k-1}{k-1} p^k q^F. \tag{4.7}$$

Beweis: Wenn beim n-ten Versuch der k-te Erfolg (weiße Kugel) eintritt, dann sind beim n-1-ten Versuch erst k-1 Erfolge eingetreten, und zwar in beliebiger Reihenfolge, gemischt mit eventuellen n-(k-1) Mißerfolgen. Bis hierher entspricht die WS, bei n-1 Versuchen k-1 Erfolge zu haben, dem Binomialschema

$$\binom{n-1}{k-1}p^{k-1}q^{n-1-(k-1)} = \binom{n-1}{k-1}p^{k-1}q^{n-k}.$$

Diese WS wird mit der WS p des davon unabhängigen Ereignisses multipliziert, daß bei einem n-ten Versuch ein Erfolg (d.h. der k-te Erfolg) eintritt. Somit resultiert (4.7).

Momente von X

X und F haben bis auf den Erwartungswert die gleichen Momente:

$$E(X) = k/p, \qquad E(F) = k/p-k = kq/p, \qquad \sigma^2(X)=kq/p^2$$

Schiefe: $E[X-E(X)]^3/\sigma^3(X) \quad = \quad [kq(1+q)/p^3]/[kq/p^2]^{3/2}$

Der Name "negative" Binomialverteilung ist entstanden, da der Ausdruck (4.7) auch in der Form $\binom{-k}{F} p^k(-q)^F$ geschrieben werden kann. Über negative Binomialkoeffizienten, siehe Kap. I, Formel (1.3a).

Herleitung von Erwartunsgwert und Varianz

Erwartungswert: Da die Summe aller WSS der Verteilung gleich 1 ist, folgt aus (4.7)

$\sum_{F=0}^{\infty} \binom{F+k-1}{k-1} q^F p^k = 1$; setzt man g=k-1, dann folgt $\sum_{F=0}^{\infty} \binom{F+g}{g} q^{g+1} p^k = 1$

$$E(N) \quad = \quad E(F+k) \quad = \sum_{F=0}^{\infty} \binom{F+k-1}{k-1} p^k q^F (F+k); \qquad \text{aus} \quad \frac{F+k}{k}\binom{F+k-1}{k-1} = \binom{F+k}{k} \quad \text{folgt}$$

$$E(N) \quad = \quad \frac{k}{p} \underbrace{\sum_{F=0}^{\infty} \binom{F+k}{k} p^{k+1} q^F}_{=1} \quad = \frac{k}{p}$$

Varianz: Bestimmung aus $E((F+k)^2)-E(F+k)^2$ mittels der charakteristischen Funktion für das 2-te absolute Moment (vgl. Kap. V).

4.5.2 Die geometrische Verteilung

Versuchsschema: Sonderfall der negativen Binomialverteilung mit k=1: Bei einem einzelnen Versuch sei die WS für einen "Erfolg" (weiße Kugel) konstant gleich p. Die Anzahl von unabhängigen Versuchen bis zum ersten Erfolg ist die Zufallsvariable X. Die Anzahl der vorherigen Mißerfolge ist die Zufallsvariable F, wobei X=F+1. Die Wahrscheinlichkeiten für X bzw. F errechnen sich nach

$$P(X=n \mid k=1,p) = P(F=n-1 \mid k=1,p) = q^{n-1}p. \qquad (4.8)$$

Momente von X und F

$$E(X) = 1/p, \qquad E(F) = 1/p-1 = q/p, \qquad \sigma^2(X) = q/p^2.$$

Beispiele: a) Die erwartete Anzahl der Würfelversuche E(X) bis zur ersten sechs ist = 1/(1/6)= 6.

b) Gegeben sei ein Kartenspiel mit 32 Karten und 4 Assen. p(As) = 4/32 = 1/8. Die erwartete Anzahl der gezogenen Karten bis zum ersten As ist gleich 1/p(As) = 8.

4.6 Endliche diskrete Verteilungen abhängiger Ereignisse

4.6.1 Die hypergeometrische Verteilung

Versuchsschema: Gegeben sei eine Urne mit W weißen (w) und S schwarzen (s) Kugeln, wobei $W+S=N$. Es werden n Kugeln *ohne Zurücklegen* gezogen. Die WS, k weiße Kugeln zu ziehen, ergibt sich dann zunächst nach Formel (4.6) der Multinomialverteilung, allerdings mit voneinander abhängigen Ereignisfolgen. Für den Fall $n=4$ und $k=2$ entwickelt man z.B. die Wahrscheinlichkeiten der 8 möglichen Folgen {wwss, wsws, swws usw.} nach dem Schema:

$$P(w\,w\,s\,s) = \frac{W}{N} \cdot \frac{W-1}{N-1} \cdot \frac{S}{N-2} \cdot \frac{S-1}{N-3}$$

$$P(w\,s\,w\,s) = \frac{W}{N} \cdot \frac{S}{N-1} \cdot \frac{W-1}{N-2} \cdot \frac{S-1}{N-3}$$

$$P(s\,w\,w\,s) = \frac{S}{N} \cdot \frac{W}{N-1} \cdot \frac{W-1}{N-2} \cdot \frac{S-1}{N-3}$$

. . . . . usw. . . . . .

Nach dem Prinzip "günstige/mögliche" vermindert sich hier bei jedem Versuch die Anzahl der möglichen Kugeln gleichmäßig um 1: N, N−1, N−2, N−3. Die Anzahl der günstigen Kugeln vermindert sich bedingt, nämlich nur nachdem eine günstige derselben Farbe gezogen wurde.
Die Zufallsvariable sei bei diesem Schema die Anzahl X der gezogenen weißen Kugeln. Dann gilt

$$P(X=k) = \frac{\binom{W}{k}\binom{N-W}{n-k}}{\binom{N}{n}}. \tag{4.9}$$

Herleitung: Die Anzahl unterschiedlicher Stichproben (Kombinationen) der Größe n, die man aus einer Menge der Größe N entnehmen kann, ist gleich $\binom{N}{n}$. Nach dem gleichen kombinatorischen Prinzip kann man aus W weißen Kugeln die Anzahl von $\binom{W}{k}$ Stichproben der Größe k und aus N−W schwarzen Kugeln genau $\binom{N-W}{n-k}$ Stichproben der Größe n−k entnehmen. Für festes k und n ergibt dann die Anzahl der möglichen weißen Stichproben mal der Anzahl der möglichen schwarzen Stichproben, geteilt durch die Gesamtzahl der möglichen Stichproben vom Umfang n, den Quotienten (4.9).

Momente von X

Es sei $p=W/N$ und $q=1-p$

$$E(X) = Np \qquad \text{(wie bei der Binomialverteilung)}$$

$$\sigma^2(X) = npq\frac{N-n}{N-1}$$

$$\text{Schiefe} = \quad npq(q-p)\frac{(N-n)(N-2n)}{(N-1)(N-2)} \Big/ \left(npq\frac{N-n}{N-1}\right)^{3/2}$$

Beispiel: a) Einige Gedächtnismodelle verwenden hypergeometrische Verteilungen: Eine Person soll eine Klasse *W* von Begriffen eines bestimmten Typs erraten. Ihr Begriffsvorrat *N*, innerhalb dessen sie rät, umfaßt N Begriffe. Nennt sie einen Begriff, dann vermindert sich ihr Begriffsvorrat *N* um 1. Nennt sie einen Begriff aus *W*, dann vermindert sich *W* um 1. Die WS, daß sie bei n Nennungen k Begriffe aus *W* nennt, kann dann durch (4.7) approximiert werden.
b) Kartenspiele: Beobachtet man die aus dem Stapel entnommenen Karten, so kann man die jeweilige WS für das Ziehen bestimmter weiterer Karten schätzen.

4.6.2 Die multihypergeometrische Verteilung

Versuchsschema: Gegeben sei eine Urne mit N_1 Kugeln der Farbe 1, N_2 Kugeln der Farbe 2 usw. bis N_r Kugeln der Farbe r, wobei $N_1+N_2+...+N_r=N$. Es wird n mal *ohne Zurücklegen* eine Kugel zufällig herausgegriffen. Die n gegriffenen Kugeln bestehen aus X_1 bis X_n Kugeln der Farben 1 bis r. X_i (i=1,r) kann von 0 bis n variieren, wobei für die Zufallsvariablen gilt: $X_1+...+X_r = n$ (vgl. auch Renyi, A. (1973)).

Der Übergang von der hypergeometrischen zur multihypergeometrischen Verteilung entspricht dem Übergang von der binomialen zur multinomialen Verteilung mit dem Unterschied, daß hier *ohne Zurücklegen* gegriffen wird.

Die WS, daß man bei n Versuchen k_1 mal die Farbe 1 usw. bis k_r mal die Farbe r erhält, beträgt dann in Verallgemeinerung der Formel (4.7) auf r Klassen (Farben):

$$P(X_1=k_1 \cap X_2=k_2 \cap ... \cap X_r=k_r) \quad = \quad \frac{\binom{N_1}{k_1}\binom{N_2}{k_2} \cdot ... \cdot \binom{N_r}{k_r}}{\binom{N}{n}}. \tag{4.10}$$

Herleitung: Die Herleitung der hypergeometrischen Verteilung (siehe oben) wird auf r Farben erweitert.

Momente der X_1 bis X_n

Setzt man $p_i = N_i/N$, dann folgt aus der Varianz der hypergeometrischen Verteilung

$$E(X_i) = np_i$$

$$\sigma^2(X_i) = np_iq_i\frac{N-n}{N-1} = n\frac{N_i(1-N_i)(N-n)}{N \cdot N \cdot (N-1)}.$$

4.6.3 Die Polyasche Verteilung

Versuchsschema: Gegeben sei eine Urne mit W weißen und S schwarzen Kugeln, wobei $W+S=N$. Ein Versuch bestehe darin, daß jede Kugel *mit Zurücklegen* gegriffen wird. Nach dem Zurücklegen werden zusätzlich h Kugeln der gleichen Farbe in die Urne gelegt. Für $h<0$ bedeutet dies, daß entsprechende h Kugeln aus der Urne herausgenommen werden. Dieser Versuch wird n mal wiederholt. Die Zufallsvariable **X** besteht in der Anzahl der bei den n Versuchen gegriffenen weißen Kugeln.

Bei $h=0$ geschieht außer dem Zurücklegen der gegriffenen Kugel nichts, und man erhält als Sonderfall die Binomialverteilung. Bei $h = -1$ resultiert die hypergeometrische Verteilung.

Die WS, daß X den Wert k annimmt, lautet:

$$P(X=k) = \frac{\binom{k-1+W/h}{k}\binom{n-k-1+S/h}{k-1}}{\binom{n-1+N/h}{n}} \quad . \tag{4.11}$$

(zu Binomialausdrücken mit nicht ganzzahligen Koeffizienten siehe Kap. I, Formel (1.3a)).

Beispiele: Die Polynomialverteilung stellt ein Paradigma für die Ausbreitung von Epidemien, Gerüchten u.ä. dar. Das Herausgreifen einer Kugel entspricht einem "Kontakt" (auch einem Zeitpunkt). Das Herausgreifen einer weißen Kugel kann der Übertragung eines Gerüchtes bzw. einer Krankheit auf h Personen entsprechen. Eine schwarze Kugel könnte das "Löschen" eines Gerüchtes darstellen. Zur Anpassung dieses Modells an Krankheitsausbreitungen wäre allerdings eine Verallgemeinerung erforderlich, nach der h für verschiedene Farben unterschiedlich groß gewählt werden kann, z.B. h(weiß) > 0 und h(schwarz) = 0. Die WS $P(X=k)$ ist dann die WS dafür, daß nach n Kontakten (oder Zeitpunkten) k mal h Personen angesteckt wurden.
Die Entwicklung einer Polya-Verteilung über Zeitpunkte heißt auch *Polya-Prozeß*.

Momente von X: Man definiert $p=W/N$, $q=S/N$ und $\alpha=h/N$. Dann gilt

$$E(X) = np \quad \text{(wie bei der Binomialverteilung)},$$

$$E(X^2) = np \cdot \frac{np+q+n\alpha}{1+\alpha},$$

$$\sigma^2(X) = npq \cdot \frac{1+n\alpha}{1+\alpha} \, .$$

4.7 Die Poisson-Verteilung

Obwohl die Poisson-Verteilung oft auf die WSS der Anzahlen zeitlicher Ereignisse angewandt wird, führen wir hier zunächst ein räumliches Versuchsschema ein:

Versuchsschema: Zunächst ein Beispiel: Gegeben sei ein Behälter mit Teig, in den N Mohnkörner hineingerührt werden, so daß jedes Korn mit gleicher WS an jeden Ort im Teig gelangen kann. Aus dem gesamten Teig werden mit der gleichen Backform n gleich große Formen gebildet. Die mittlere Anzahl von Mohnkörnern pro Form ist dann (Lambda=) $\lambda = N/n$. In einer zufällig ausgewählten Form befinden sich **X**=0,1,2,...N Körner. Die WS, daß die Zufallsvariable X den Wert k annimmt, ergibt dann (annähernd) eine Poisson-Verteilung:

$$P(X=k) = \frac{\lambda^k}{k!} e^{-\lambda} \qquad | \; k = 0,1,2\ldots \qquad (4.12)$$

Die Poisson-Verteilung ist hiernach eine unendliche diskrete Verteilung.

Momente von X

$$E(X) = \lambda, \qquad \sigma^2(X) = \lambda, \qquad E[(X-E(X))^3] = \lambda, \qquad E[(X-E(X))^4] = \lambda+3\lambda^2.$$

Das ideale Schema würde erfordern, daß die Mohnkörner ohne Ausdehnung sind, so daß einige beliebig dicht nebeneinander liegen können. Außerdem darf keine obere Grenze N für die Anzahl der Körner k pro Form existieren. X variiert im idealen Modell von 0 bis ∞. Ein genaues Schema stellt der Grenzübergang von der Binomial- zur Poisson-Verteilung dar, siehe unten.

Beispiele: Unter der Annahme, daß alle ausdehnungsfreien Punkte ("Ereignisse" A) in jedem Punkt eines Raumes bzw. eines Zeitraumes T mit gleicher *Intensität* λ (vgl. die Exponentialverteilungen) und voneinander unabhängig auftreten, gelten folgende Zufallsvariablen als Standardbeispiele für Poisson-Verteilungen:
a) Die Anzahl der Unfälle in einer Stadt oder Fabrik usw. pro T.
b) Die Anzahl von radioaktiv zerfallenden Teilchen pro T und Materialmenge.
c) Die Anzahl der Reaktionen eines Verbandes bestimmter Nervenzellen pro T.
d) Die Anzahl der Sterne pro Kubiklichtjahr im Weltraum usw.

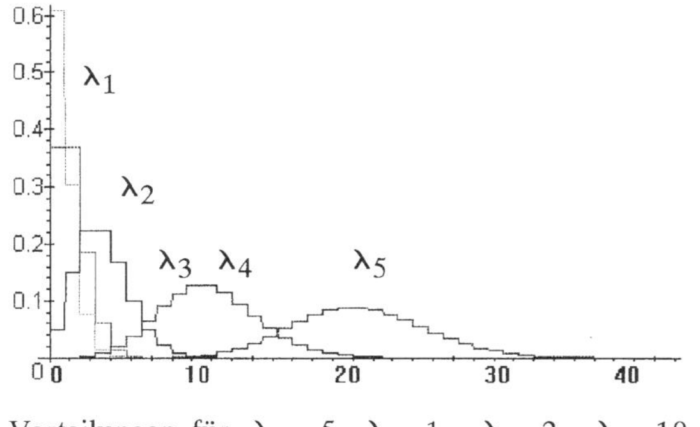

Abb. 4.1 Poisson-Verteilungen für λ_1=.5, λ_2=1, λ_3=2, λ_4=10, λ_5=20.

Besonderheiten: a) Bei zeitlicher Interpretation kommt häufig der Fall k=0 vor. Angenommen, im Zeitintervall T sei die mittlere (bzw. erwartete) Anzahl λ der Poisson-verteilten Ereignisse A bekannt. Dann folgt aus (4.12):

1. Die WS, daß in T *kein* Ereignis A stattfindet, ist wegen k=0 gleich

$$P(X=0) = (\lambda^0/0!) \cdot e^{-\lambda} = e^{-\lambda}. \qquad (4.12a)$$

2. Das Komplement hierzu, die WS für *mindestens ein* Ereignis A in T, ist gleich

$$1-P(X=0) \quad = \quad 1-e^{-\lambda}. \tag{4.12b}$$

b) Die Poisson-Verteilung ist *additiv*. Es seien X_1 und X_2 Poisson-verteilt mit $E(X_1)=\lambda_1$ und $E(X_2)=\lambda_2$, dann ist die Zufallsvariable $X=X_1+X_2$ ebenfalls Poisson-verteilt mit $E(X_1+X_2) = \lambda = \lambda_1+\lambda_2$. Die Umkehrung gilt auch: Ist X_1+X_2 Poisson-verteilt, dann sind auch X_1 und X_2 Poisson-verteilt.
c) Die Binomialverteilung strebt unter folgenden Bedingungen als Grenzverteilung zur Poisson-Verteilung: Der binomiale Erwartungswert np wird gleich λ gesetzt. Die Anzahl n der Versuche nehme zu, die WS p(A) des günstigen Ereignisse A pro Versuch werde proportional kleiner, und zwar so, daß $\lambda=np = const.$:

$$\left.\begin{matrix} n \to \infty \\ p \to 0 \end{matrix}\right| \; \lambda = np = \text{const.} \tag{4.13}$$

Herleitung von (4.12): Aus (4.12) folgt $p = \lambda/n$. Eingesetzt in die Binomialformel (4.2) ergibt dies:

$$P(X=k) = \frac{n!}{k!(n-k)!}\left(\frac{\lambda}{n}\right)^k\left(1-\frac{\lambda}{n}\right)^{n-k} = \frac{\lambda^k}{k!}\left(1-\frac{\lambda}{n}\right)^n \cdot \frac{1 \quad \cdot \quad n(n-1)\cdot\ldots\cdot(n-k+1)}{\left(1-\frac{\lambda}{n}\right)^k \quad \cdot \quad n^k}$$

$$= \underbrace{\frac{\lambda^k}{k!}\left(1-\frac{\lambda}{n}\right)^n}_{e^{-\lambda}} \cdot \underbrace{\frac{1\cdot\left(1-\frac{1}{n}\right)\cdot\ldots\cdot\left(1-\frac{k-1}{n}\right)}{\left(1-\frac{\lambda}{n}\right)^k}}_{\to 1}$$

bei $n \to \infty$ Limes $\to$ $e^{-\lambda}$ $\to 1$

Die Poisson-Verteilung wird irrtümlicherweise oft als "Verteilung der seltenen Ereignisse" bezeichnet, offenbar weil das nach 0 strebende p der Binomialverteilung mit dem $P(X=k)$ der Poisson-Verteilung verwechselt wird. Tatsächlich kann $P(X=k)$ in (4.12) z.B. in einer Stadt mit Hunderten von Unfällen pro Tag sehr groß werden.

4.8 Die Gleichverteilung (Rechtecksverteilung)

Gegeben sei eine stetige Zufallsvariable X mit dem Mittelwert bzw. dem Erwartungswert $E(X)=m$, die zwischen den Grenzen $m-b$ und $m+b$ variiere und deren Dichte konstant sei. Da die Dichte dann die Form eines Rechtecks mit der Fläche 1 besitzt, hat sie die Breite $2b=1$ und die Höhe $1/(2b)$, d.h.:

$$\begin{aligned}(X=x) = f(x) &= 1/(2b) \quad | \; m-b \leq x \leq m+b \\ &= 0 \qquad\quad \text{sonst}\end{aligned} \tag{4.14a}$$

Ihre *kumulative* Verteilung (genauer eigentlich kumulative Dichte) lautet

$$F(x) = \int_{m-b}^{x} \frac{1}{2b}\, dx = \frac{x-(m-b)}{2b}. \qquad (4.14b)$$

Momente: $E(X) = m$, $\quad E(X^2) = \frac{1}{2b}\int_{m-b}^{m+b} x^2 dx = 3m^2+b^2$, $\quad \sigma^2(X) = b^2/3.$

Beispiele: Eine diskrete Rechtecksverteilung resultiert aus dem Würfelschema. Hier gilt

$$E(X)=m=3.5 \;\; \sigma^2(X)=\Sigma_{i=1}^{6} i^2/6-3.5^2 = 91/6-12.25 = 2.917.$$

Für eine stetige Rechtecksverteilung gilt dagegen

$$E(X) = m=3.0, \quad b=3 \;\text{ und }\; \sigma^2(X) = 3^2/3 = 3.$$

Besonderheiten: Die Rechtecksverteilung ist nicht additiv. Die Summe von zwei gleichen Rechtecksverteilungen ergibt eine *Dreiecksverteilung*. Dies läßt sich veranschaulichen, indem man die Verteilung der Summe zweier Würfelergebnisse, die von 2 bis 12 variiert, graphisch darstellt (siehe auch Kap. III, Teil 3.6.6).

4.9 Exponentialverteilungen

4.9.1 Exponentialverteilungen mit variabler Intensität

Versuchsschema: In Kap. III, Teil 3.4 war die Intensitätsfunktion (Hazardfunktion) $\lambda(t)$ einer Verteilung als bedingte Dichte $f(t)/(1-F(t))$ dargestellt worden (3.16). Ist die Intensitätsfunktion $\lambda(t)$ gegeben, mit der zu jedem Zeitpunkt t ein Ereignis A zum ersten Mal eintreffen kann, dann läßt sich hieraus eine Exponentialdichte f(t) *mit variabler Intensität* für die Zufallsvariable der *Latenzzeit* **T** (von t=0 bis zum ersten Eintreffen von A) herleiten (vgl. auch Luce (1985)):

$$f(T=t) = f(t) = \lambda(t)\, e^{-\int_0^t \lambda(x)dx} \quad | \; \lambda(x) > 0. \qquad (4.15)$$

Herleitung: Ist F(t) die Verteilungsfunktion und $f(t) = dF(t)/dt$ die Dichte, dann folgt

$$\lambda(t) = \frac{f(t)}{1-F(t)} = \frac{dF(t)/dt}{1-F(t)} = -\frac{d\log[1-F(t)]}{dt}.$$

Bringt man das Minus nach links und integriert die linke und die rechte Seite der Gleichung von $-\infty$ bis t, dann folgt

$$-\int_{-\infty}^{t} \lambda(x)dx = \log[1-F(t)] \quad \text{und daraus} \quad e^{-\left(\int_{-\infty}^{t} \lambda(x)dx\right)} = 1 - F(t)$$

$$\text{bzw.} \quad F(t) = 1 - e^{-\left(\int_{-\infty}^{t} \lambda(x)dx\right)}$$

Leitet man aus der rechten Verteilungsfunktion F(t) die Dichte f(t) durch die Differentiation dF(t)/dt = f(t) ab und integriert im Exponenten ab 0 (da x nur im positiven Bereich variiert), dann ergibt sich (4.15).

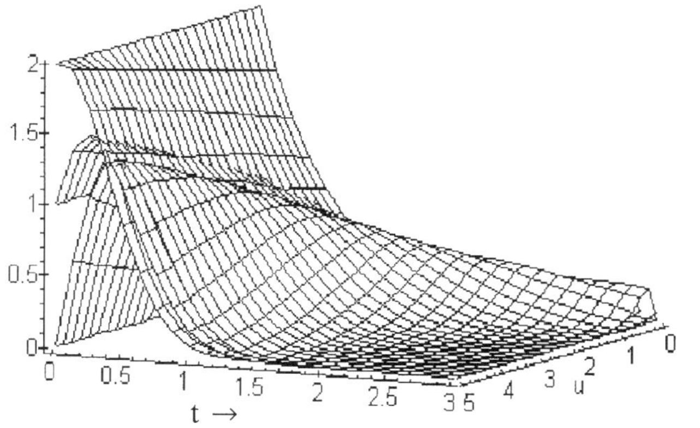

Abb. 4.2 Exponentialdichten mit linear zunehmender Intensität: $\lambda(x)=ux+v$. Das Bild zeigt 3 Kurvenscharen in der Form von Flächen für v=0, 1 und 2. Die unterste Fläche entspricht der Kurvenschar für v=0. Innerhalb jeder Fläche verlaufen die Kurven für die Parameter u=0 bis 5 (Tiefenachse des Bildes).

4.9.2 Die Exponentialverteilung mit konstanter Intensität

Versuchsschema I: Wählt man bei der obigen Exponentialfunktion (4.15) eine konstante Intensität $\lambda(t) = \lambda$, dann erhält man eine einfachere Dichtefunktion für entsprechende Latenzzeiten T:

$$f(T=t) = \lambda e^{-\lambda t}. \tag{4.16}$$

Herleitung: Das Integral im Exponenten von (4.15) wird

$$-\int_{0}^{t} \lambda dx = -[\lambda x]_{x=0}^{x=t} = -\lambda t .$$

Versuchsschema II: Die Exponentialdichte (4.16) stellt die Dichte von zufälligen Latenzzeiten T von Ereignissen dar, die zu jedem Zeitpunkt t mit gleicher Intensität λ

eintreten können. Da diese Bedingung auch für das Poisson-Schema gilt, kann man als Versuchsschema bzw. als Beispiel für (4.16) auch die Verteilung der Zeit von einem festen Zeitpunkt t_0 bis zum ersten beobachteten Ereignis einer Poisson-Verteilung oder der Distanzen vom Nullpunkt zu Poisson-verteilten Punkten in einem ein- bzw. mehrdimensionalen Raum ansehen. Auch die Verteilung von physiologischen Reaktionszeiten wird häufig durch eine Exponentialverteilung genähert.
Die kumulative Dichte der Exponentialverteilung, d.h. die WS dafür, daß das Ende der zufälligen Latenzzeit T zum Zeitpunkt t oder vorher eintritt, ergibt sich dann durch Integration der Exponentialdichte (4.16) von 0 bis t:

$$F(t) = \int_0^t f(x)dx = \int_0^t \lambda e^{-\lambda x}dx = [-e^{-\lambda x}]_{x=0}^{x=t} = -[e^{-\lambda \cdot t} - e^{-\lambda \cdot 0}] = 1-e^{-\lambda t}. \quad (4.17)$$

Momente: $E(T) = 1/\lambda$, allgemein $E(T^m) = (m-1)!/\lambda^m$
$\sigma^2(T) = 1/\lambda^2$, " $E[(T-E(T))^m] = (m-1)/\lambda^m$

(vgl. die Herleitung der beiden ersten Momente in Kap. III, Beispiele zu (3.5b), (3.6b)).

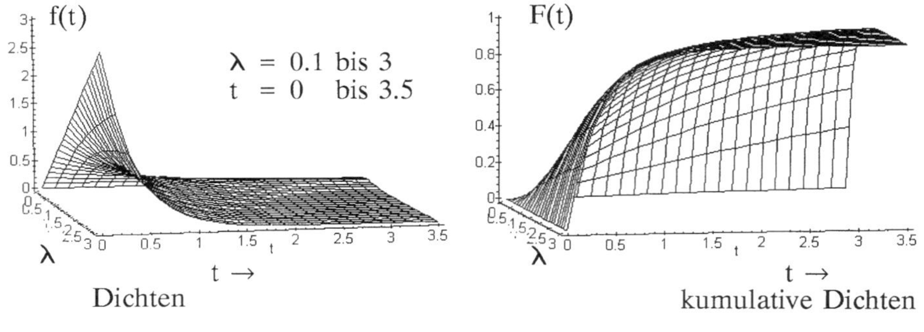

Abb. 4.3 Einfache Exponentialverteilungen mit $\lambda(x)$=const. Die Bilder zeigen Kurvenscharen für λ = .1 bis 3 (Tiefenachse) und von t=0 bis 3.5 (Abszisse).

Besonderheiten: a) Die Exponentialverteilung (4.16) läßt sich auch aus der Poisson-Verteilung herleiten: Die WS, daß ein Poisson-verteiltes Ereignis A in einem Zeitintervall T, das gleich 1 gesetzt sei, nicht auftritt, ist nach (4.12a) gleich

$$P(X=0 \mid \text{Intervall gleich } 1) = e^{-\lambda}.$$

Die WS, daß in zwei Zeitintervallen T_1 und T_2 der gleichen Länge das Ereignis A nicht auftritt, ist wegen der Unabhängigkeit der Poisson-verteilten Ereignisse gleich dem Produkt der entsprechenden WSS:

$$P((X_1=0)\cap(X_2=0) \mid \text{Intervall}_1=1 \text{ und } \text{Intervall}_2=1) = e^{-\lambda} \cdot e^{-\lambda} = e^{-2\lambda}.$$

Sind T_1 und T_2 benachbart, dann ist $e^{-2\lambda}$ gleich der WS dafür, daß A in einem Intervall der Länge 2 nicht eintritt. Dies kann man verallgemeinern auf die WS P(t) für ein Intervall der Länge t, nämlich

$$P(X=0 \mid \text{Intervall} = t) = e^{-t\cdot\lambda} = e^{-\lambda t}.$$

Das Komplement hierzu, die WS, daß A im Intervall t eintritt, ist gleich

$$P(X \neq 0 \mid \text{Intervall} = t) = 1 - e^{-\lambda t}.$$

Genau dies ist die Definition der kumulativen Dichte (4.17). Durch Differentiation von F(t) nach t ergibt sich dann die Dichte (4.16), vgl. hierzu auch (4.12b) für $t=1$.
b) Man kann die Exponentialverteilung auch als stetige Verallgemeinerung der geometrischen Verteilung auffassen: Anstelle der diskreten Anzahl der Mißerfolge wird dann die stetige Zeit bis zum Erfolg als Zufallsvariable verwendet.
c) Eine Exponentialverteilung ist gleich der Summe zweier quadrierter Normalverteilungen mit $N(0,\sigma)$, wobei $\lambda = 1/(2\sigma^2)$ (siehe unten die χ^2-Verteilung sowie Kap. V, (5.8)).
d) Die Exponentialverteilung ist nicht additiv. Die Summe von n Exponentialverteilungen ergibt eine Gammaverteilung (Teil 12).
e) Die Exponentialverteilung ist eine Gammaverteilung mit $\nu = 1$ (siehe unten (4.25)).

4.10 Die Normalverteilung

Versuchsschema: Das Versuchsschema der Normalverteilung entspricht folgendem

Theorem 4.2 (*zentraler Grenzwertsatz*): Haben n unabhängige Zufallsvariablen X_1 bis X_n die gleiche Verteilung und eine endliche Streuung $\sigma > 0$, dann nähert sich die Verteilung ihrer Summe $X = X_1 + ... + X_n$ mit wachsendem n der Normalverteilung.

Eine normalverteile Zufallsvariable X mit dem Erwartungswert $E(X) = m$ und der Streuung σ hat die Dichte f(x). Nach z-Transformation ($E(z) = m = 0$, $\sigma_z = 1$) hat sie die Dichte f(z):

$$f(x) = \frac{1}{\sqrt{2\pi\sigma^2}} e^{-\frac{(x-m)^2}{2\sigma^2}}, \qquad f(z) = \frac{1}{\sqrt{2\pi}} e^{-\frac{z^2}{2}}. \tag{4.18}$$

Man schreibt eine Normalverteilung abgekürzt auch $N(m,\sigma)$ bzw. $N(0,1)$. Die Variable X bzw. z variiert von $-\infty$ bis $+\infty$. Die Normalverteilung ist die einzige Zufallsvariable, bei der Erwartungswert m und Streuung σ voneinander unabhängig variiert werden können und beliebig (bei $\sigma > 0$) festlegbar sind. Die z-transformierte Version bezeichnet man als *Standardnormalverteilung.*

Die *kumulative Normalverteilung*, d.h. $\int f(x)dx = F(x)$ bzw. $\int f(z)dz = F(z)$, wird oft auch mit $\Phi(x)$ bzw. $\Phi(z)$ bezeichnet. Sie ist nicht in einer geschlossenen Formel darstellbar und wird durch Reihenentwicklung genähert. Ihre Kurvenform heißt *Ogive*, vgl. Abb. 3.9a.

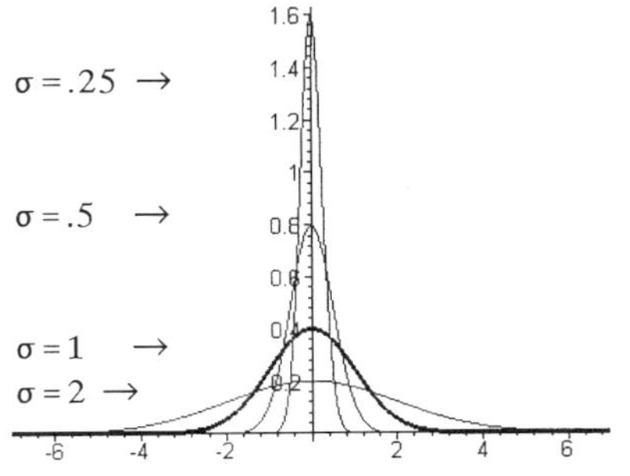

Abb. 4.4 Normaldichten mit unterschiedlichen Streuungen σ
Das Bild zeigt die Dichten (Normalverteilungen) für $m=0$ und vier verschiedenen Streuungen $\sigma=.25$, $.5$, 1, 2. Die fette Kurve entspricht der Standardnormalverteilung mit $\sigma=1$. Man sieht, daß bei einer Streuung von $\sigma=.25$ die Ordinate der Dichte den Wert 1 überschreitet.

Die *Kurve der Normalverteilung* (Normaldichte) hat folgende Eigenschaften: Die Streuungen, links und rechts vom Mittelwert m auf der Abszisse bei $m-\sigma$ und $m+\sigma$ abgetragen, markieren die beiden Wendepunkte der Kurve. Innerhalb dieses Bereiches liegen etwa 68% der Fläche und daher außerhalb rechts und links je etwa 16%. Für die später behandelten Signifikanzniveaus ist es wichtig, daß innerhalb von $m \pm 1.96\sigma$ und $m \pm 2.57$ jeweils 95% bzw. 99% der Fläche liegen. Zusammengefaßt:

$$\begin{aligned} P(m - \sigma \le X \le m + \sigma) &= .68 \qquad & P(X \ge m + \sigma) &= .16 \\ P(m - 1.96\sigma \le X \le m + 1.96\sigma) &= .95 \qquad & P(X \ge m + 1.96\,\sigma) &= .025 \\ P(m - 2.57\sigma \le X \le m + 2.57\sigma) &= .99 \qquad & P(X \ge m + 2.57\,\sigma) &= .005 \end{aligned} \tag{4.19}$$

Momente

Im Gegensatz zu anderen Verteilungen sind die Momente "Mittelwert" m und "Varianz" σ^2 selbst die unabhängigen Parameter der Verteilung

Schiefe: $E(X-m)^3/\sigma^3 = 0$ (Symmetrie)
Kurtosis (Exzess): $E(X-m)^4/\sigma^4 = 3$ (Mesokurtizität)

Beispiele: a) Die Normalverteilung liegt als vermutetes Versuchsschema der "Natur" häufig dann vor, wenn eine als stetig angenommene Zufallsvariable X als Summe sehr vieler Zufallskomponenten $X_1 + \ldots + X_n$ $(n \to \infty)$ angesehen werden kann, z.B. Leistungen, Größen und Gewichte von Lebewesen usw.
b) Bei den multivariaten Verfahren besitzen Variablen, die als Linearkombinationen, d.h. als Summen von genügend vielen (> 30) z-transformierten zufälligen Prädiktorvariablen berechnet werden, tendentiell Normalverteilungen (vgl. Theorem 4.4):
1. die geschätzte Kriteriumsvariable $\hat{z}$ in der Regressionsanalyse,
2. die Faktorescores der Faktoren beliebiger Lösungen ("Rotationen") der Faktorenanalyse, der Diskriminanz-, der multivariaten Varianz- und der kanonischen Analyse usw., da diese Scores gewichtete Summen darstellen (siehe *Faktorenanalyse*).

Besonderheiten: a) Die Normalverteilung ist additiv. Für die Addition und die Subtraktion zweier Normalverteilungen $N(m_1,\sigma_1)$ und $N(m_2,\sigma_2)$ gilt:

$$N(m_1,\sigma_1) \pm N(m_2,\sigma_2) = N[\, m_1 \pm m_2, \sqrt{\sigma_1^2 + \sigma_2^2 \pm cov_{1,2}}\,]. \tag{4.20}$$

wobei $cov_{1,2}$ gleich der Kovarianz der beiden Verteilungen ist.

Theorem 4.3 (Cramér): Ist die Summe einer endlichen Anzahl n unabhängiger Zufallsvariablen X_i normalverteilt, dann ist jede der Variablen X_i normalverteilt.

b) Das Quadrat einer normalverteilten Variablen hat eine Gammaverteilung $f_{\lambda,n}$ mit $\lambda=1/(2\sigma^2)$ und $\nu=1/2$ (Kap. V, (5.9)). Die Summe zweier quadrierter Normalverteilungen ergibt eine Exponentialverteilung mit $\lambda=1/(2\sigma^2)$, vgl. hierzu die χ^2-Verteilung (siehe unten).
c) Die Bedingung der Gleichheit der Summandenvariablen im zentralen Grenzwertsatz ist offenbar zu restriktiv, zumal man sich vorstellen kann, daß die Summe genügend vieler "leicht" voneinander abweichender Verteilungen ebenfalls eine beliebig genaue Approximation der Normalverteilung erreicht. Eine geeignete Abschwächung der Bedingungen ist daher bereits in Theorem 4.1 b) (siehe *Satz von Lindeberg-Feller*, Theorem 4.1.b) formuliert.

Die Suche nach möglichst wenigen notwendigen Bedingungen, die dennoch als Schema der Entstehung von Normalverteilungen hinreichend sind, hat eine schwierig darstellbare Fülle von Grenzwertsätzen hervorgebracht, in denen manche Bedingungen entweder verschärft und andere dafür abgeschwächt werden usw. Eine wichtige Verallgemeinerung stellt hier der Begriff des "Anziehungsgebietes" einer Normalverteilung dar:

Definition: Als *Anziehungsgebiet (domain of attraction)* einer Normalverteilung bezeichet man die Menge aller (kumulativen) Verteilungsfunktionen F(x), die folgende Bedingung erfüllen: Es seien $X_1,X_2,\dots,X_n$ (vollständig) unabhängige Zufallsvariablen mit derselben Verteilungsfunktion F(x), und ihre Summe sei $Y_n=X_1+\dots+X_n$. Außerdem sei $\Phi(z)$ definiert als Wert der kumulativen Standardnormalverteilung N(0,1) für gegebenes z. Gibt es geeignete Zahlenfolgen $\{A_n\}$ und $\{S_n\}$ $(n=1,2,\dots)$, mit denen folgende Bedingung erfüllbar ist,

$$\lim_{n\to\infty} P\left(\frac{Y_n-A_n}{S_n} < z\right) = \Phi(z) \qquad (-\infty < z < +\infty)\,, \tag{4.21a}$$

dann gilt F(X) als Verteilungsfunktion des Anziehungsgebietes der Normalverteilung. Die Werte A_n und S_n können wie bei der z-Transformation gleich $E(Y_n)$ bzw. $\sigma(Y_n)$ gesetzt werden. Man kann jedoch zeigen, daß es auch andere Zahlenfolgen $\{A_n\}$und $\{S_n\}$ geben muß, unter denen (4.21a) erfüllt ist. Der folgende Satz von J. Chintschin besagt z.B., daß die Summandenvariablen X_i nicht einmal endliche Streuungen benötigen, damit F(x) zum Anziehungsgebiet einer Normalverteilung zu gehört:

Theorem 4.4 (Chintschin): Hinreichend und notwendig für die Bedingung (4.21a) ist, daß folgender Limes für die Verteilungsfunktion F(x) der Variablen $\mathbf{X_i}$ existiert:

$$\lim_{v\to\infty} \frac{v^2[F(-v) + (1-F(v))]}{\int_{-v}^{+v} x^2\, dF(x)} = 0. \tag{4.21b}$$

Der Zähler entspricht der Fläche der Dichte f(x) *außerhalb* des Intervalls von −v bis +v, multipliziert mit v^2. Der Nenner enthält das bedingte erwartete Quadrat der Zufallsvariablen (von F(x)) *innerhalb* des Intervalls −v bis +v. Der Nenner muß bei wachsender Intervallbreite −v bis +v schneller wachsen als der Zähler.
Als Beispiele für *Verteilungen ohne Streuungen* seien erwähnt $f(x) = 1/|x|^3$ für $|x| > 1$ und $f(x) = 0$ sonst (vgl. Renyi, S. 374). Auch die Cauchy-Verteilung hat keine Varianz, allerdings genügt sie nicht (4.21a), da ihre Summierung wieder Cauchy-Verteilungen ergibt (vgl. Renyi, S. 321).

4.11 Die Cauchy-Verteilung

Versuchsschema: Verteilung der Projektionen eines mit gleicher Winkelgeschwindigkeit rotierenden Lichtstrahls:
Ein Strahl durchlaufe mit gleicher Geschwindigkeit die Winkel Φ (von 0 bis 2π Grad ($\equiv 360^0$)) eines Einheitskreises, der im Nullpunkt eines Koordinatensystems x,y liegt. Eine Senkrechte h schneide die Abszisse im Punkt $x=1$. Der Strahl trifft diese Gerade h, solange er den rechten Halbkreis durchläuft, d.h. solange sein Winkel Φ zwischen $-\pi/2$ und $+\pi/2$ variiert. Wir betrachten nun den Strahl während des Durchlaufens des rechten Halbkreises: Die Variable Φ besitzt dann für zufällig ausgewählte Zeitpunkte eine Gleichverteilung $f(\phi)=\text{const.}$ über einen Winkelbereich des Umfangs π.
Da die Dichte $f(\phi)$ von Φ die Fläche 1 hat, ist $f(\phi)=1/\pi$ (siehe auch (4.14a)). Die *Verteilungsfunktion* $F(\phi)$ von $f(\phi)$ lautet dann:

$$F(\phi) = \frac{1}{\pi} \int_{-\pi/2}^{\phi} f(\phi)\, d\phi = \frac{1}{\pi}\phi. \qquad (4.22a)$$

Die Projektion y des Strahls auf h ist dann gleich $\tan(\phi)$ und $\phi=\phi(y)=\arctan(y)$. Diese Projektionen ergeben die Zufallsvariable Y bzw. die gesuchte Cauchy-Verteilung. Wir erhalten ihre Dichte f(y), indem wir ihre Verteilungsfunktion $F(\phi)$ nach y differenzieren. Da die 1. Ableitung von arctan(y) nach y gleich $1/(1+y^2)$ ist, ergibt die *Dichte* der zufälligen Projektion Y

$$f(y) = d[F(\phi(y))]dy = \frac{1}{\pi}\phi(y) = \frac{1}{\pi}\,\frac{1}{1+y^2}, \qquad -\infty \leq y \leq +\infty. \qquad (4.22b)$$

Beispiele: a) Der Lichtstrahl einer Lampe (eines Leuchturmes), der auf eine Wand (eine Kaimauer oder Küste) fällt usw.
b) Der Quotient zweier unabhängiger Standardnormalverteilungen ist Cauchy-verteilt. Es gibt jedoch auch andere (nicht notwendig unabhängige) Verteilungen, deren Quotienten Cauchy-Verteilungen besitzen (siehe Kendall et al. (1979), Band I, S. 286).

Besonderheiten: a) Die Cauchy-Verteilung besitzt keinen Erwartungswert und keine Varianz, da die entsprechenden Integrale (siehe Kap. III, (3.5a) bzw. (3.5b)) nicht konvergieren. Sie hat jedoch einen Median Mdn$=0$.
b) Eine allgemeinere Form der Cauchy-Verteilung (4.22) hat die Form

$$f_u(y)=(1/\pi)u/(u^2+y^2) \qquad (4.22c)$$

Bei $u=1$ resultiert wieder (4.22b).
c) Die Cauchy-Verteilung ist additiv, d.h. die Summe von n unabhängigen Cauchy-Verteilungen ergibt wieder eine Cauchy-Verteilung. Dies drückt sich in folgender Faltungsregel aus: $f_{u+v} = f_u * f_v$. (vgl. (5.14)). Bei $u=v=1$ in (4.22c) ist die Summe von Cauchy-Verteilungen sogar identisch mit den Summandenverteilungen.

d) Die Verteilungsfunktion der Cauchy-Verteilung ist $F(y) = 1/2 + \pi^{-1}\arctan(y/t)$.

Cauchy-Verteilung

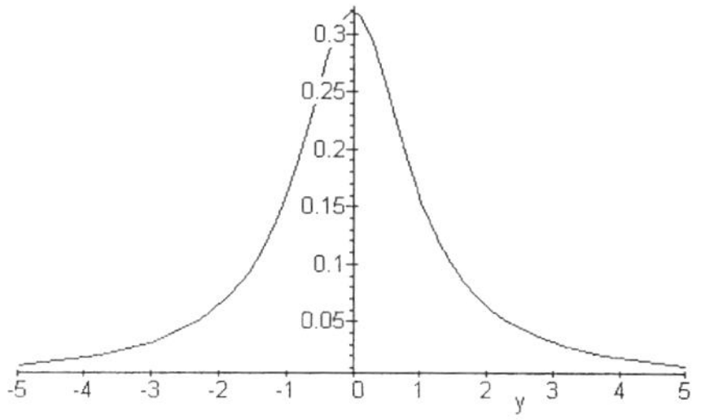

Cauchy-Verteilung im Vergleich zur Standardnormalverteilung:

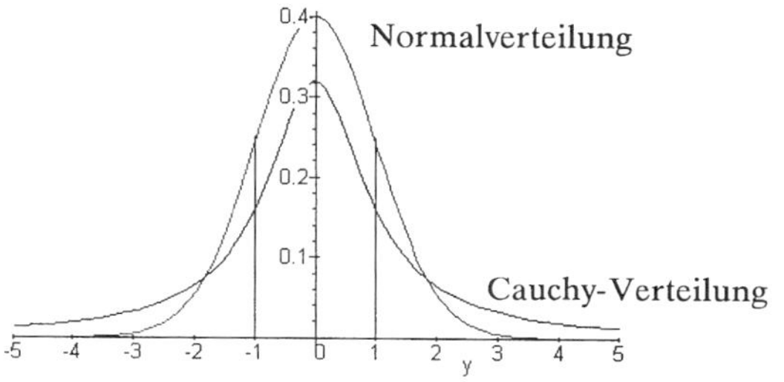

Abb. 4.5 Die Form der Cauchy-Verteilung im Vergleich zur Normalverteilung

4.12 Gammaverteilungen

Als Grundlage zur Herleitung von Gammaverteilungen benötigen wir

4.12.1 Die Gammafunktion

$$\Gamma(\nu) = \int_0^\infty x^{\nu-1} e^{-x}\, dx \mid \nu > 0 \tag{4.23}$$

Das Integral innerhalb dieser Funktion konvergiert bzgl. ν. Sie interpoliert stetig die für ganzzahliges n eingeführten Fakultäten n!. Für $n > 0$ bzw. für reelles ν gilt

$$\Gamma(1) = 1, \quad \Gamma(n+1) = n\Gamma(n), \quad \Gamma(n) = (n-1)! \quad \text{sowie} \quad \Gamma(\nu+1) = \nu\Gamma(\nu). \tag{4.24}$$

Weitere Eigenschaften:

a) $\Gamma(\nu)\cdot\Gamma(1-\nu) = \pi/\sin(\pi\nu)$, $\quad\Gamma(1/2) = \sqrt{\pi}$, $\quad\Gamma(3/2) = 1/2\Gamma(1/2) = 1/2\sqrt{\pi}$. (4.24a)

b) Fakultäten können durch die Stirlingsche Formel $n! \approx \sqrt{2\pi}\; n^{n+1/2}e^{-n}$ genähert werden und dementsprechend die Gammafunktion durch $\Gamma(\nu) \approx \sqrt{2\pi}e^{-\nu}\nu^{\nu-1/2}$, wobei für ganzzahliges ν exakt $\Gamma(\nu)=(\nu-1)!$ gilt.

4.12.2 Die einfache Gammaverteilung

Mittels der Gammafunktion wird nun die *Dichte* der Gammaverteilung für eine Zufallsvariable X mittels zweier Parameter λ und ν definiert:

$$f_{\lambda,\nu}(x) = \frac{\lambda^\nu}{\Gamma(\nu)}\, x^{\nu-1}e^{-\lambda x} \qquad \mid \nu > 0,\ x > 0 \tag{4.25}$$

Die Dichte $f_{\lambda,\nu}$ hat je nach Wahl der Parameter λ und ν sehr unterschiedliche

Formen, vgl. Abb. 4.6. Die Parameter λ und ν können auch nicht-ganzzahlig sein, z.B. im Falle der chi^2-Verteilung als Summe von df=n quadrierten Standardnormalverteilungen mit $\lambda=1/(2\sigma^2)$, $\sigma=1$ und $\nu=n/2$ siehe Formel (4.29a).

Wir geben 2 Versuchsschemata für Gammaverteilungen an:

Versuchsschema a) Eine Gammaverteilung $f_{\lambda,\nu}$ kann als Summe von $n=2\nu$ unabhängigen quadrierten Normalverteilungen mit gleichen Parametern $m=0$ und σ aufgefaßt werden, wobei $\lambda=1/(2\sigma^2)$ und $\nu=n/2$ (vgl. die chi^2-Verteilung).

Versuchsschema b) Die Gammaverteilung $f_{\lambda,\nu}$ kann als Summe von $n=\nu$ unabhängigen exponentialverteilten Zufallsvariablen X_i mit gleichen Intensitäten $\lambda_i=\lambda$ eingeführt werden, z.B. als die Summe exponentialverteilter Latenz- bzw. Reaktionszeiten (Beweis (4.27)). Sind nicht alle Intensitäten λ_i der X_i gleich, dann ergibt sich eine verallgemeinerte Gammaverteilung (siehe unten).

Erläuterungen: Schema a) impliziert Schema b), da die Summe von zwei quadrierten unabhängigen gleichen Normalverteilungen jeweils eine Exponentialverteilung ergibt (siehe unten). Man kann die Gammaverteilungen auch als stetige Verallgemeinerung der negativen Binomialverteilungen auffassen. Anstelle der Zufallsvariablen der diskreten Anzahl der Mißerfolge bis zum n-ten Erfolg A_n wird hier die stetige Zeit t bis zum Ereignis A_n die neue Zufallvariable, und zwar unter der Voraussetzung, daß sie die Summe exponentialverteilter Zeiten bis zum n-ten Erfolg A_i $(i=1,n)$ darstellt. Entsprechend gehören auch die oben eingeführten Exponentialverteilungen und ihre Summierungen zur Klasse der Gammaverteilungen.

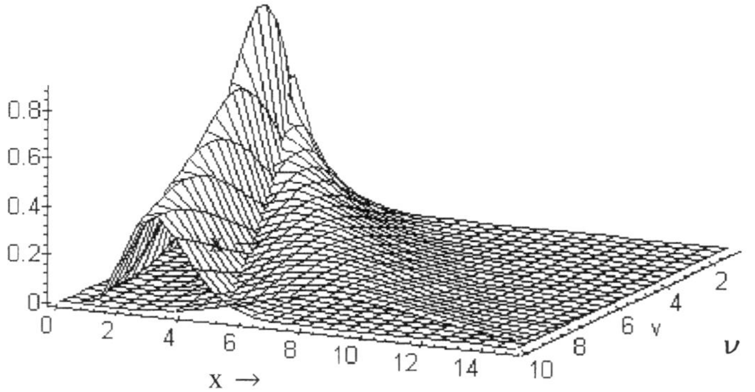

Abb. 4.6 Gammaverteilungen für verschiedene λ und ν. x variiert in der Abszissenrichtung von 1 bis 15, ν variiert aus der Tiefe kommend von 1 bis 10. Das Bild enthält 2 Verteilungsscharen. Die Schar mit den linken Maxima hat den konstanten Parameter $\lambda=1$, die andere Schar hat $\lambda=3$.

Momente von X

$$E(X) = \nu/\lambda, \quad E(X^2) = \nu(\nu+1)/\lambda^2, \quad E(X^k) = \nu(\nu+1)(\nu+2)\ldots(\nu+k-1)/\lambda^k$$

$$\sigma^2(X) = \nu/\lambda^2 \quad E[(X-E(X))^3] = 2\nu/\lambda^3 \tag{4.25a}$$

Herleitung der Verteilung aus Versuchsschema b): Gegeben sei die Summe T(n) von n unabhängigen exponentialverteilten Zufallsvariablen $T_1+\ldots+T_n$.

Gilt $\lambda_1 = ... = \lambda_n$, d.h. sind alle Intensitäten λ_i gleich groß, dann ergibt sich für **T**(n) folgende Dichte

$$f_{\lambda,n}(t) = \frac{\lambda^n t^{n-1} e^{-\lambda t}}{(n-1)!} = \frac{\lambda^n t^{n-1} e^{-\lambda t}}{\Gamma(n)}. \tag{4.26}$$

Dies ist eine Gammaverteilung mit ganzzahligem $\nu = n$, wobei nach (4.24) die Abkürzung $\Gamma(n) = (n-1)!$ gesetzt werden kann. Für $n = 1$ erhält man die Exponentialverteilung $f(t) = \lambda e^{-\lambda t}$ (4.16), vgl. auch deren Parameter mit (4.25a).

Beispiele für $f_{\lambda,n}(t)$: a) Die Zeit bis zum n=2-ten Feuern der gleichen Nervenzelle für konstante Feuerungsrate λ. b) T(2) hat z.B. die Dichte

$$f_{\lambda,2}(t) = \lambda^2 t\, e^{-\lambda t} \tag{4.26a}$$

Beweis von (4.26): Über Induktion: Es wurde gerade gezeigt, daß (4.26) für $n = \nu = 1$, d.h. $f_{\lambda,1}$, gilt. Nun wird per Faltung gezeigt, daß aus der Gültigkeit von $f_{\lambda,n}(t)$ die Gültigkeit von $f_{\lambda,n+1}(t)$ folgt: Hierzu addieren wir zur Summe von n exponentiellen Zufallsvariablen T(n) mit der Dichte $f_{\lambda,n}$ eine weitere **T**(1) mit der Dichte $f_{\lambda,1}$ hinzu und zeigen, daß für die Dichte von T(n+1) wieder (4.26) gilt, und zwar mit einem um 1 erhöhten n:

$$\begin{aligned} f_{\lambda,n+1}(t) &= \underbrace{\int_0^t f_{\lambda,n}(u)} \cdot \underbrace{f_{\lambda,1}(t-u)\, du} = \underbrace{f_{\lambda,n+1}(t)} \\ &= \int_0^t \frac{\lambda^n u^{n-1} e^{-\lambda u}}{(n-1)!} \cdot \frac{\lambda e^{-\lambda(t-u)}}{0!} du = \left[\lambda^{n+1} e^{-\lambda t} \frac{u^n}{n!}\right]_{u=0}^{u=t} = \frac{\lambda^{n+1} t^n e^{-\lambda t}}{n!} - 0 \end{aligned} \tag{4.27}$$

Zur Entstehung der eckigen Klammer: Bildet man aus dem Produkt der beiden Exponentialfunktionen unter dem Integral *eine* Exponentialfunktion, dann hebt sich λu auf. Das Integral bzgl. u^{n-1} ergibt $(1/n)u^n$, wobei der Faktor $1/n$ sich mit dem Ausdruck $(n-1)!$ im Nenner zu n! verbindet.

Diese Herleitung drückt aus: Die Addition der Zufallsvariablen T(n+1) = T(n)+T(1) führt zu einer *Faltung* (siehe unten) (4.27a, b) und Kap. V, (5.13a), (5.14)) der entsprechenden Verteilungen $f_{\lambda,n}$ und $f_{\lambda,1}$. Das Resultat der Faltung ist $f_{\lambda,n+1}$.

In allgemeinerer Symbolik wird eine *Faltung* auch durch $f = g * h$ angegeben. Die Operation der Faltung von zwei Verteilungen ist für zwei beliebige unabhängige Dichten g(x) und und h(x) folgendermaßen definiert:

$$f(t) = \int_0^t g(u)h(t-u)du. \tag{4.27a}$$

Man kann die Faltung auch durch einen entsprechenden Vorgang an diskreten Variablen verdeutlichen. Das Integral wird dann zur Summe, und g und h werden zu Wahrscheinlichkeitsverteilungen zweier diskreter Variablen G und H. f(t) entspricht dann P(t), d.h. der WS für die verschiedenen alternativen Paare von (H,G)-Werten, die die gleiche Summe t ergeben:

$$\begin{aligned} P(t) &= P\left[(G = u_1 \cap H = t-u_1) \cup (G = u_2 \cap H = t-u_2) \cup ... \cup (G = u_n \cap H = t-u_n)\right] \\ &= g(u_1) \cdot h(t-u_1) + g(u_2) \cdot h(t-u_2) + ... + g(u_n) \cdot h(t-u_n). \end{aligned}$$

Besonderheiten: a) Die Gammaverteilung ist additiv: (Der Beweis folgt aus dem

Beweis zu (4.26) bzw. aus (4.27) mit der Addition von **T**(n) und **T**(1)). Hieraus folgt für zwei gammaverteilte Zufallsvariablen **T**(n) und **T**(m) mit der gemeinsamen Intensität λ, daß die Summenvariable **T**(n+m)=**T**(n)+**T**(m) wieder gammaverteilt ist mit demselben λ.
Für die entsprechenden Verteilungen gilt:

$$f_{\lambda,n+m} = f_{\lambda,n} * f_{\lambda,m}. \tag{4.27b}$$

f(t) ist dann die *Dichte der Summe* der beiden Zufallsvariablen mit den Dichten g(x) und h(x).

b) Das Quadrat einer Normalverteilung ergibt die Gammaverteilung $f_{1/(2\sigma^2),1/2}(x)$ mit $E(X)= \sigma^2$ und $\sigma^2(X)=2\sigma^4$, vgl. hierzu Kap. V (5.8).
c) Als Test für empirische Daten läßt sich folgende Beziehung verwenden: Gegeben seien 2 positive Zufallsvariablen X und Y mit unabhängigen Verteilungen. Sie besitzen eine Gammaverteilung mit dem gleichen Parameter λ genau dann, wenn die folgendermaßen definierten Zufallsvariablen U und V ebenfalls unabhängig sind:

$$U = X + Y \quad \text{und} \quad V = X/Y.$$

4.12.3 Verallgemeinerung der Gammaverteilung

Eine Summe $T(\nu)$ von ν unabhängigen exponentiellen Zufallsvariablen $T_1+...+T_\nu$ mit *paarweise verschiedenen* Intensitäten λ_1 bis λ_ν hat die Dichte:

$$f(t) = (-1)^{\nu-1}\lambda_1\cdot...\cdot\lambda_\nu \sum_{k=1}^{\nu} \frac{e^{-\lambda_k t}}{\prod\limits_{\substack{i=1\\ i\neq k}}^{\nu}(\lambda_k-\lambda_i)} . \tag{4.28}$$

Beweis: Die Herleitung erfolgt per Induktion mittels Faltung.

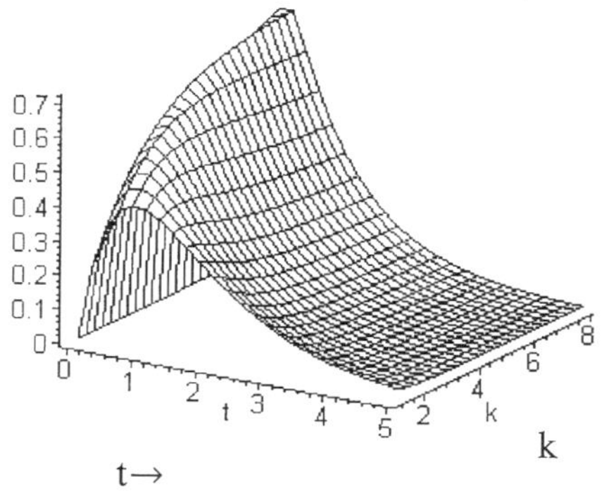

Abb. 4.7 Verallgemeinerte Gammaverteilung ($\nu=2$) hier als Summe von $\nu=2$ Exponentialverteilungen (vgl. die Dichte (4.28a)). $\lambda_1=1$, $\lambda_2= k\cdot\lambda_1$, k = .1 ,..., 8, t = 0,...,5. Da hier wegen $\nu=2$ auch *zwei* Parameter vorkommen, wurde λ_1 gleich 1 gesetzt und λ_2 variiert.

Die Dichte für eine verallgemeinerte Gammaverteilung mit $\nu=2$ lautet:

$$f(t) = (-1)\lambda_1\lambda_2 \left[\frac{e^{-\lambda_1 t}}{(\lambda_1-\lambda_2)} + \frac{e^{-\lambda_2 t}}{(\lambda_2-\lambda_1)} \right] = \lambda_1\lambda_2 \frac{e^{-\lambda_1 t} - e^{-\lambda_2 t}}{(\lambda_2 - \lambda_1)}. \quad (4.28a)$$

Beispiele: Kaskadenprozesse: a) Ein radioaktives Atom zerfällt nacheinander in Materialien mit unterschiedlicher Zerfallsintensität λ_i bis herab zum Endzustand Blei. Die totale Zerfallsdauer t bis zum Blei besteht somit aus der Summe von ν zufälligen Zerfallsdauern mit unterschiedlicher materialtypischer Intensität λ_i.
b) Eine psychologische Latenzzeit T(n) (z.B. beim Problemlösen) bestehe aus der Summe ν zufälliger Latenzzeiten T_i bei der Lösung von Teilproblemen mit unterschiedlichen Leichtigkeitsgraden λ_i.

Beispiele für (4.28a): Wir untersuchen den Fall $\nu=2$. Eine Versuchsperson bearbeitet einen Test mit zwei Items. Die Lösungszeiten T_1 und T_2 beider Items seien unabhängig und exponentialverteilt mit den Erwartungswerten (bzw. Intensitäten) λ_1 und λ_2. Dann hat die Bearbeitungszeit T_1+T_2 des gesamten Tests nach (4.28) die Dichte (4.28a). Die Herleitung erfolgt unter den Beispielen für Faltungen in Kap. V (5.16a).

Erwartungswert: $E(t) = \sum_{i=1,\nu} 1/\lambda_i$.

g-tes Moment: $$E(t^g) = (g-1)! \sum_{i_1=0}^{g} \sum_{i_2=0}^{g-i_1} \sum_{i_3=0}^{g-i_1-i_2} \cdots \sum_{i_\nu=0}^{g-\Sigma_{j=1}^{\nu-1}(i_j)} 1/\Big(\prod_{j=1}^{\nu}(\lambda_j)^{i_j}\Big).$$

Besonderheiten: Die verallgemeinerte Gammaverteilung ist additiv: Die Summe mehrerer verallgemeinerter Gammaverteilungen ergibt wieder eine verallgemeinerte Gammaverteilung.

4.12.4 Die chi^2-Verteilung

Versuchsschema: Gegeben seien n unabhängige Zufallsvariablen X_1 bis X_n mit der gleichen Normalverteilung $N(0,\sigma)$. Dann heißt die Summe der quadratisch transformierten Variablen X_i

$$\chi^2 = X_1^2 + \ldots + X_n^2$$

χ^2- (bzw. chi^2-) Verteilung mit n *Freiheitsgraden* (df=n).
Die Verteilung *einer* quadrierten Normalverteilung ergibt eine Gammaverteilung mit $\nu=1/2$ und $\lambda=1/(2\sigma^2)$ (hergeleitet unter *einstelligen Operationen an Zufallsvariablen* in Kap. V, Gleichung (5.8)). Da die Gammaverteilung additiv ist, besitzt die Zufallsvariable $u=\chi^2$ eine Gammaverteilung (4.25) mit den Parametern $\nu=n/2$ und $\lambda=1/(2\sigma^2)$, die im Folgenden in (4.25) eingesetzt werden:

$$f(u) = f_{\lambda,\nu}(u) = \Gamma(\nu)^{-1}\lambda^{\nu}u^{\nu-1}e^{-\lambda u} = f_{1/(2\sigma^2),\ n/2}(u)$$

$$= \frac{1}{\Gamma(n/2)}\left(\frac{1}{2\sigma^2}\right)^{n/2} u^{n/2-1} e^{-1/(2\sigma^2)u}. \qquad (4.29a)$$

Weiter folgt:

Theorem 4.5. a) Eine χ^2-Verteilung mit df=1 entspricht einer Gamma-Verteilung mit $\lambda=1/(2\sigma^2)$ und $\nu=1/2$ sowie einer quadrierten Normalverteilung mit Mittelwert 0 und Streuung σ (abgeleitet in Kap. V unter *transformierten Verteilungen,* Formel (5.9)).
b) Eine χ^2-Verteilung mit df=2 entspricht einer entsprechenden Gammaverteilung mit $\lambda=1/(2\sigma^2)$ und $\nu=1$, einer Exponentialverteilung (direkt nachprüfbar durch Einsetzen in die Gammaverteilung (4.25)) sowie der Summe zweier unabhängiger quadrierter Normalverteilungen $(0,\sigma)$. Für n=2 bzw. $\nu=1$ erhält man z.B. aus (4.29a) und (4.25) die Exponentialverteilung mit

$$\lambda = 1/(2\sigma^2), \qquad \text{d.h.}$$
$$f(u) = 1/(2\sigma^2)e^{-u/(2\sigma^2)}.$$

Momente von χ^2

$$E(u) = n\sigma^2, \qquad \sigma^2(u) = 2n\sigma^4. \qquad (4.29b)$$

Besonderheiten: a) Die tabellierten χ^2-Werte werden als Verteilungen der Summen (quadrierter) Standardnormalverteilungen N(0,1) berechnet.
b) Die aus N(0,1)-Verteilungen berechnete Zufallsvariable $\sqrt{2\chi^2}$ geht für wachsendes n in die Normalverteilung mit $m=\sqrt{2n-1}$ und $\sigma=1$ über, für praktische Zwecke ab n>30 (nach Fisher).

c) Es gibt eine Verallgemeinerung der χ^2-Verteilung als Summe von n unabhängigen quadrierten Normalverteilungen mit $\sigma=1$, aber mit mindestens 2 ungleichen Erwartungswerten $m_i \neq m_j$. Eine solche Verteilung heißt *nichtzentrales* χ^2 (siehe Kap. V, Teil 5.2.7). Die Quadratsumme $\lambda=\Sigma_{i=1}^{n} m_i^2$ heißt

Nichtzentralitätsparameter: Bei statistischen Hypothesentests mittels χ^2-Verteilungen wird die Nullhypothese "zentrales χ^2" gegen die Alternativhypothese "nicht-zentrales χ^2" getestet.

d) Die Funktion $\chi=\sqrt{\chi^2}=\sqrt{X_1^2+....+X_n^2}$ der n mit $N(0,\sigma)$-verteilten X_i hat eine χ-*Verteilung*. Ihre Dichte erhält man, indem man in die Gammaverteilung (4.26) die Variable $x=\chi^2$ einsetzt und sie außerdem mit $2\sqrt{x}=2\chi$ multipliziert (vgl. Kap. V: Wurzel aus einer Gammaverteilung (5.9)):

$$f(\chi) = 2\sqrt{\chi^2}\cdot f_{1/(2\sigma^2),n/2}(\chi^2). \qquad (4.29c)$$

Diese Verteilung entspricht bei n=3 der *Maxwellschen Geschwindigkeitsverteilung*: Geht man davon aus, daß jedes Molekül eines in einem Gefäß eingeschlossenen Gases um einen festen Mittelpunkt 0 mit normalverteilten Geschwindigkeitskomponenten in n=3 unabhängigen Raumdimensionen oszilliert, dann entspricht f(x) der Dichte des Betrags des Geschwindigkeitsvektors eines Moleküls, wobei $\sigma=\sqrt{kT/M}$ und k=Boltzmannsche Konstante, T=absolute Temperatur sowie M=Masse des Moleküls ist (vgl. Modelle zum *autokinetischen Phänomen* in der Wahrnehmungspsychologie).

4.13 Beta-Verteilungen

4.13.1 Die Dichte der Beta-Verteilung

Versuchsschema: Gegeben sei zunächst das binomiale Versuchsschema (siehe (4.2)) mit den drei Werten n, p, k:

n: Anzahl der Versuche (beim Urnenschema: *mit* Zurücklegen der Kugeln);
k: Anzahl der Erfolge, n−k: Anzahl der Mißerfolge;
p: Erfolgswahrscheinlichkeit pro Versuch.

Definiert man jeweils einen der drei Werte als Zufallsvariable X und hält die beiden anderen konstant, dann entstehen drei unterschiedliche Wahrscheinlichkeitsverteilungen, und zwar zwei diskrete Verteilungen und eine Dichte. Für zufälliges k erhalten wir die Binomialverteilung und für zufälliges n die negative Binomialverteilung:

$$P(X=k) = \binom{n}{k} p^k(1-p)^{n-k} = \frac{n!}{k!(n-k)!} p^k(1-p)^{n-k} \quad | \ n,p = \text{const.}$$

$$P(X=n) = \binom{n-1}{k-1} p^k(1-p)^{n-k} = \frac{(n-1)!}{(k-1)!(n-k)!} p^k(1-p)^{n-k} \quad | \ k,p = \text{const.}$$

Die Betaverteilung entsteht nun aus der zweiten Gleichung dadurch, daß man für festes n und k den Wert p als *stetige* neue Zufallsvariable X auffaßt. Wir bezeichnen nun nach verbreitetem Gebrauch die beiden komplementären Häufigkeiten k und n−k mit m und n. Die Dichte $\beta_{m,n}(x)$ der betaverteilten Variablen X ergibt sich dann, wie unten abgeleitet wird, aus folgender Beziehung:

$$\beta_{m,n}(x) = \frac{(m+n-1)!}{(m-1)!(n-1)!} x^{m-1}(1-x)^{n-1} = \frac{\Gamma(m+n)}{\Gamma(m)\Gamma(n)} x^{m-1}(1-x)^{n-1} \quad | \ m,n = \text{const.} \tag{4.30}$$

Hierbei wurden die Fakultäten durch die entsprechenden Gammafunktionen (4.24) $\Gamma(m)=(m-1)!$ usw. ersetzt. Der Vergleich der drei Verteilungen zeigt unmittelbar:

Regel (4.30): Kürzen wir eine mit n, k, p gebildete Binomialverteilung durch b(n,k,p) ab, dann ergibt $b(n,k,p)\cdot p$ eine negative Binomialverteilung und $(n+1)\cdot b(n,k,p)$ eine Betadichte.

Man kann $\beta_{m,n}(x)$ als die bedingte gammaverteilte Dichte einer Zufallsvariablen X herleiten: Die Bedingung ist, daß die m+n Versuche mit m Erfolgen und n Mißerfolgen sich in ihrer Dauer zu t=1 aufsummieren. Unter dieser Bedingung ist $\beta_{m,n}(x)$ gleich der Dichte der zufälligen Teilsumme X der Dauern der m erfolgreichen Versuche. Die Gammaverteilung setzt außerdem voraus (siehe oben), daß alle diese

Versuche Dauern mit gleichen unabhängigen Exponentialverteilungen besitzen.

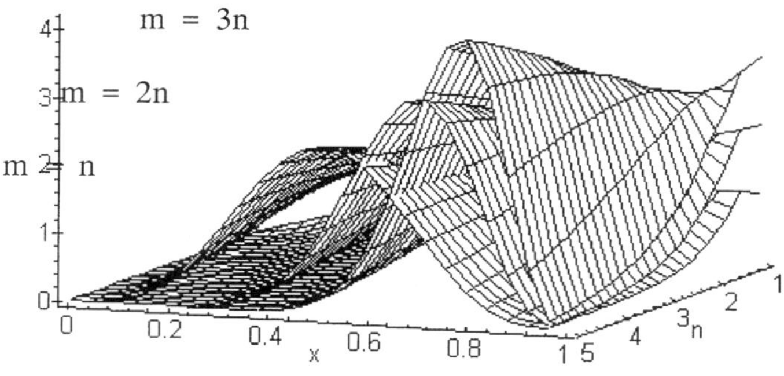

Abb. 4.8 Betaverteilungen für verschiedene m und n: Parameter: n=1...5; m=1, 2, 3 (l · n, l=1...3); die untere Kurvenschar der Betadichten gilt für den symmetrischen Fall m=n, wobei n aus der Tiefe nach vorne von 1 bis 5 wächst. Bei den beiden darüberliegenden asymmetrischer werdenden Kurvenscharen ist m jeweils 2 bzw. 3 mal so groß wie n. Die Zufallsvariable x variiert in der Abszisse im geschlossenen Intervall [0,1].

Wie die Formel (4.30) zeigt, ist die Dichte eine kommutative Funktion von m und n. Dies zeigt auch die untere Kurvenschar für m=n. Informationen über die Abweichungen von der Symmetrie liefern dagegen die beiden Kurvenscharen darüber, in denen m ein Mehrfaches von n ist.

Beweis bzw. Herleitung der Betaverteilung: Gegeben sei die gammaverteilte Dauer $T(m+n)=T(m)+T(n)$ als Summe der beiden unabhängigen gammaverteilten Dauern T(m) und T(n). Diese sind ihrerseits die Summen von je m bzw. n Dauern unabhängiger Exponentialverteilungen mit gleicher Intensität λ. Die Verteilung von T(m+n) entsteht dann als Faltung der Verteilungen von T(m) und T(n): $f_{\lambda,m+n} = f_{\lambda,m} * f_{\lambda,n}$ (4.27b). Die zunächst erforderliche zweidimensionale Dichte, daß T(m) den Wert x annimmt *und* T(n) den Wert $y=t-x$ (d.h. $x+y=t$ für festes t), ist dann wegen der Unabhängigkeit gleich dem *Produkt* der beiden Dichten:

$$f_{\lambda,m+n}[x \mid (T(m)=x) \cap (T(n)=t-x)] = f_{\lambda,m}(x) \cdot f_{\lambda,n}(y) = f_{\lambda,m}(x) \cdot f_{\lambda,n}(t-x). \qquad (4.31a)$$

In kürzerer Schreibeweise lautet (4.31a) für t=1:

$$f_{\lambda,m+n}[x \cap (1-x)] = f_{\lambda,m}(x) \cdot f_{\lambda,n}(1-x). \qquad (4.31b)$$

Die gemeinsame Dichte, daß T(m) und T(n) zwei Werte x bzw. y annehmen, deren Summe gleich 1 ist, entspricht dann der Faltung $F_{\lambda,m+n}$ von $f_{\lambda,m}$ und $f_{\lambda,n}$ zwischen den Grenzen 0 bis 1 (vgl. (4.27) und (4.27b)):

$$f_{\lambda,m+n}(1) = \int_0^1 f_{\lambda,m}(u) \cdot f_{\lambda,n}(1-u)du. \qquad (4.31c)$$

Aus dem Quotienten der rechten Seiten der beiden letzten Gleichungen (4.31a) und (4.31b) bilden wir nun die oben angegebene bedingte Dichte und setzen danach dort die Gamma-Dichten (4.26) in ausführlicher Schreibweise ein:

$$\frac{f_{\lambda,m}(x)\cdot f_{\lambda,n}(1-x)}{\int_0^1 f_{\lambda,m}(u)\cdot f_{\lambda,n}(1-u)du} = \frac{\frac{\lambda^m x^{m-1} e^{-\lambda x}}{(m-1)!}\cdot\frac{\lambda(1-x)^{n-1}e^{-\lambda(1-x)}}{(n-1)!}}{\frac{\lambda^{m+n}1^{m+n-1}e^{-\lambda 1}}{(m+n-1)!}}$$

$$= \frac{(m+n-1)!\ \lambda^{m+n}e^{-\lambda 1}x^{m-1}(1-x)^{n-1}}{(m-1)!(n-1)!\lambda^{m+n}e^{-\lambda 1}} = \frac{\Gamma(m+n)}{\Gamma(m)\Gamma(n)}\cdot x^{m-1}(1-x)^{n-1} = \beta_{m,n}(x)\ . \tag{4.31d}$$

Die Intensität λ der ursprünglichen Gammaverteilungen kürzte sich hier weg. Sie spielt offensichtlich bei der Betaverteilung keine Rolle. Wir bilden nun aus dem oberen linken Ausdruck und dem unteren mittleren Ausdruck mit den Gammafunktionen eine neue Gleichung und integrieren beide Seiten nach x zwischen 0 und 1:

$$\frac{\int_0^1 f_{\lambda,m}(x)\cdot f_{\lambda,n}(1-x)dx}{\int_0^1 f_{\lambda,m}(u)\cdot f_{\lambda,n}(1-u)du} = 1 = \frac{\Gamma(m+n)}{\Gamma(m)\Gamma(n)}\cdot\int_0^1 x^{m-1}(1-x)^{n-1}\,dx\ . \tag{4.31e}$$

Dies bedeutet bei dem linken Ausdruck die Integration des Zählers. Danach steht in Zähler und Nenner dasselbe Integral, und es resultiert 1. Hieraus folgt als wichtige Beziehung

$$B(m,n) = \frac{\Gamma(m)\Gamma(n)}{\Gamma(m+n)} = \frac{(m-1)!(n-1)!}{(m+n-1)!} = \int_0^1 x^{m-1}(1-x)^{n-1}dx \tag{4.32}$$

Der letzte Schritt beweist erst, daß (4.30) eine Dichte ist: Die Fläche unter f(x) in (4.30) ist gleich 1 wegen (4.31e).
Da während der Herleitung die zunächst angenommene Ganzzahligkeit der m und n keine Rolle spielte, folgt, daß (4.30) auch für nicht ganzzahlige m,n eine Betadichte darstellt.
B(m,n) ist das sog. *vollständige Eulersche Betaintegral* der Ordnung m,n. Integriert man in (4.32) nur bis p, dann resultiert das sog. *unvollständige Eulersche Betaintegral*, geschrieben B(m,n,p), wobei B(n,m,1) = B(m,n).
Die Betafunktion B(m,n) bietet eine kontinuierliche Darstellung der Verteilungsfunktion einer Binomialverteilung:

$$\sum_{k=0}^{r}\binom{n}{k}p^k(1-p)^{n-k} = (n-r)\binom{n}{r}\int_p^1 x^r(1-x)^{n-r-1}\,dx = 1-\frac{B(r+1,n-r,p)}{B(r+1,n-r)}\ . \tag{4.32a}$$

$$\sum_{k=r}^{n}\binom{n}{k}p^k(1-p)^{n-k} = n\binom{n-1}{r-1}\int_0^p x^{r-1}(1-x)^{n-r}\,dx = \frac{B(r,n-r+1,p)}{B(r,n-r+1)}\ . \tag{4.32b}$$

Die Ausdrücke mit den Integralen entsprechen kumulierten Betaverteilungen. Die linken Gleichungen ergeben sich durch elementare Umformungen, indem man z.B. den binomischen Ausdruck unter dem Integral nach dem binomischen Satz (Kap. I, (1.4)) ausmultipliziert und dann zwischen den angegebenen Grenzen integriert. Die rechten Gleichungen erhält man durch Integration von (4.31d) zwischen den angegebenen Grenzen bzw. durch den linken Ausdruck in (4.31e), wenn man dort den Zähler nur von p bis 1 bzw. von 0 bis p integriert.

Der rechte Quotient in (4.32a) entspricht der WS, daß in der Binomialverteilung bei n Versuchen maximal r Erfolge auftreten. Dies ist die Verteilungsfunktion der Binomialverteilung, deren kontinuierliche Version lautet (z.B. nach Renyi (1973)):

$$F(x) = P(\xi < x) = 1 - B(r+1,n-r,p)/B(r+1,n-r)$$

$$\text{für} \quad r < x \leq r+1 \quad \text{und } r=0...n-1. \tag{4.32c}$$

Um zu verdeutlichen, daß die Betaverteilungen auch für nicht ganzzahlige Argumente gelten, schreiben wir ihre Dichte nach Feller mit $m=\mu$ und $n=\nu$ und drücken damit auch die Momente aus. Aus (4.32) folgt:

$$\beta_{\mu,\nu} = \frac{1}{B(\mu,\nu)} x^{\mu-1}(1-x)^{\nu-1} \qquad | \quad 0 < x < 1 \quad \text{und} \quad \mu > 0 \quad \text{und} \quad \nu > 0. \tag{4.33a}$$

Momente

$$E(X) = \frac{\mu}{\mu+\nu}, \qquad E(X^2) = \frac{\mu(\mu+1)}{(\mu+\nu)(\mu+\nu+1)}, \qquad \sigma^2(X) = \frac{\mu\,\nu}{(\mu+\nu)^2(\mu+\nu+1)}.$$

Die Betaverteilung geht bei $\mu=\nu=1$ in die *Gleichverteilung* über.

4.13.2 Geordnete Zufallsvariablen: Rangvariablen

Ein Versuch bestehe darin, daß eine Stichprobe vom Umfang n erhoben wird und daß ihre Werte nach der Größe geordnet werden. Dieser Vorgang werde beliebig oft wiederholt. Es soll nun die Verteilung der Variablen auf jedem Rangplatz i $(i=1,n)$ bestimmt werden:
Als *Stichprobe* S(n) der Größe n bezeichnen wir ein n-Tupel $(x_1,...,x_n)$ von Werten einer Folge von n unabhängigen Zufallsvariablen X_i $(i=1,n)$ mit identischer Verteilungsfunktion F(x). Die WS, daß *eine bestimmte Variable* X_i *einen Wert kleiner oder gleich* x annimmt, entspricht der Verteilungsfunktion

$$F(x) = P(X_i \leq x). \tag{4.34a}$$

Die WS, daß *genau* r *der* n *Werte* kleiner oder gleich x sind, entspricht dann dem Binomialschema

$$P[r|n,F(x)] = \binom{n}{r} F(x)^r (1-F(x))^{n-r}. \tag{4.34b}$$

Durch die Ordnung der n Werte von S(n) entstehen als neue Zufallsvariablen die *Rangvariablen* $X^*_{1,n} \leq ... \leq X^*_{r,n} \leq ... \leq X^*_{n,n}$. Sie besitzen andere Verteilungen als die X_i. Die Verteilungsfunktion der r-ten Rangvariablen $X^*_{r,n}$ ist $F^*_{r,n}(x) = P(X^*_{r,n} \leq x)$. Tritt das Ereignis $X^*_{r,n} \leq x$ ein, dann folgt, daß *mindestens* r der n Werte kleiner oder gleich x sind. Dies entspricht der Kumulierung der Binomialverteilung (4.34b):

$$F^*_{r,n}(x) = P(X_{r,n} \leq x) = \sum_{k=r}^{n} \binom{n}{k} F(x)^k (1-F(x))^{n-k} = n\binom{n-1}{r-1} \int_0^{F(x)} t^{r-1}(1-t)^{n-r} dt. \tag{4.35a}$$

Die rechte Seite folgt aus der Beziehung (4.32b) der kumulativen Binomialverteilung zur Betafunktion. Durch Differentiation der Verteilungsfunktion $F^*_{r,n}(x)$ nach x erhält man die Dichte $f^*_{r,n}(x)$ der r-ten Rangvariablen $X_{r,n}$, wobei $f(x)=dF(x)/dx$ die Dichte der ursprünglichen Variablen X_i ist

$$f^*_{r,n}(x) = \frac{n!}{(r-1)!(n-r)!} F(x)^{r-1}(1-F(x))^{n-r} \cdot f(x) = \beta_{r,n-r+1}F(x) \cdot f(x). \quad (4.35b)$$

Herleitung: Die Umwandlung des kombinatorischen Ausdrucks folgt aus $n\binom{n-1}{r-1} = n!/((r-1)!(n-r)!)$. Die Differentiation von $F^*_{r,n}(x)$ nach x impliziert, daß in der rechten Seite der Gleichung (4.35a) die obere Grenze des Integrals $t=F(x)$ nach x differenziert werden soll. Somit folgt zunächst $dt/dx=dF(x)/dx=f(x)$ und daraus $dt=f(x)\cdot dx$. Setzt man dies für dt in (4.35a) ein, dann folgt für die gesamte Differentiation

$$f^*_{r,n} = d[F^*_{r,n}]/dx = n!/((r-1)!(n-r)!) \; d\Big[\int_0^{F(x)} F(x)^{r-1}(1-F(x))^{n-r}f(x)dx\Big]/dx.$$

Da hier die Differentiation die Integration aufhebt, folgt unmittelbar die Gleichung (4.35b).

Diese Beziehung kann man auch so herleiten: Gegeben seien die n Werte von S(n). Das Ereignis, daß die r-te Rangvariable den Wert x hat, ist gleich dem Ereignis

{ [$X_1=x$ *und* (r-1 der übrigen n-1 Werte sind $\le x$)]
oder [$X_2=x$ *und* (r-1 der übrigen n-1 Werte sind $\le x$)] *oder* [X_i...] usw. bis $i=n$ }.

Hierbei entspricht das konjunktive "Teilereignis" $X_i=x$ in jeder der eckigen Klammern [$X_i=x$ *und* ...] dem Faktor f(x) in (4.35b) bzw. (4.35c). Da außerdem die eckigen Klammern disjunkte Ereignisse mit den gleichen WSS sind, ist die WS ihrer Vereinigung gleich der n-fachen WS irgendeiner der eckigen Klammern.

Aus den beiden eckigen Klammern folgt

$$f^*_{r,n}(x) = n \cdot f(x) \cdot \binom{n-1}{r-1} F(x)^{r-1} (1-F(x))^{n-r}. \quad (4.35c)$$

und damit die Dichte (4.35b) als Produkt einer Betadichte mit der Dichte f(x). Ist die ursprüngliche Variable X_i im Intervall [0,1] gleichverteilt, dann ist $f(x)=1$ und man erhält aus (4.35b,c) die Betaverteilung als Verteilung der r-ten Rangvariablen einer Stichprobe der Größe n aus einer Gleichverteilung.

Beispiel für die Bildung von Rangvariablen aus Normalverteilungen: Es soll die Verteilung des zweitgrößten Wertes aus Stichproben mit $n=10$ normalverteilten Werten N(0,1) bestimmt werden, d.h. $r=9$. Wir setzen in (4.35b) die Normaldichte (4.18) sowie deren Integral F(x) ein. Die Dichte des zweitgrößten Wertes, also der Rangvariablen $X^*_{9,10}$, ergibt demnach

$$f^*_{9,10}(x) = \frac{10!}{(9-1)!(10-9)!}\left(\frac{1}{\sqrt{2\pi}}\int_{-\infty}^{x} e^{-\frac{z^2}{2}}dz\right)^{9-1}\left(1-\frac{1}{\sqrt{2\pi}}\int_{-\infty}^{x} e^{-\frac{z^2}{2}}dz\right)^{10-9}\frac{1}{\sqrt{2\pi}}\, e^{-\frac{x^2}{2}}.$$

Die Integrale der Normalverteilung sind nicht geschlossen berechenbar und müssen der Tabelle aus dem Abhang entnommen werden. Die Verteilungsfunktion $F^*_{9,10}(x)$ gibt an, mit welcher WS der zweitgrößte der n=10 Werte kleiner oder gleich x ist. Zu seiner Berechnung verwendet man (4.35a) bzw. man läßt bei $f^*_{9,10}$ den Teil f(x) weg.

Momente der r-ten Rangvariablen (in einer Stichprobe der Größe n)

$E(X^*_{r,n}) = r/(n+1)$ (gilt nur bei Gleichverteilung der X_i, i=1,n im Intervall [0,1]),

$\sigma^2(X^*_{r,n}) = r(n-r+1)/[(n+1)^2(n+2)]$ (Kendall et al. (1979), Band I, S. 270).

a)

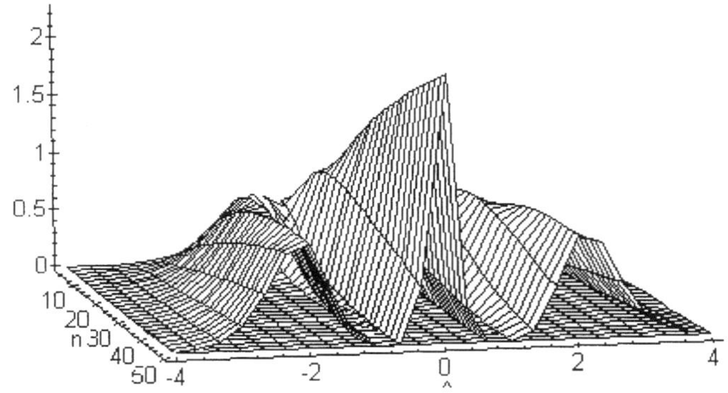

b)

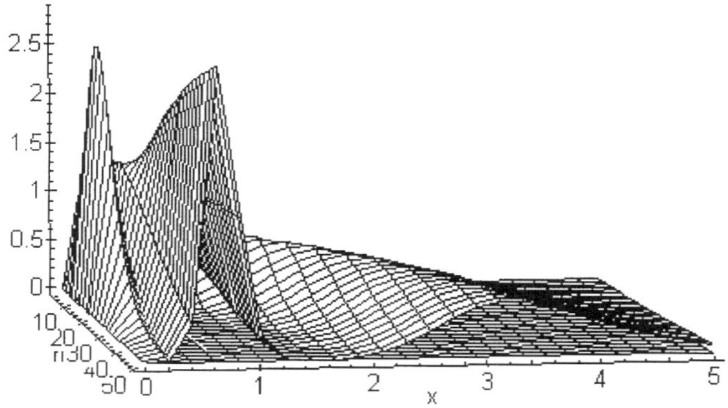

Abb. 4.9 Verteilungen von Rangvariablen

a) Dichten der kleinsten, mittleren und größten Rangvariablen von Stichproben aus einer Standardnormalverteilung; Stichprobengrößen: n=3 bis 50 (Tiefenachse). Das Bild zeigt 3 Kurvenscharen mit jeweils eigenen Maximumverläufen ("Bergkämmen"). Innerhalb jeder Kurvenschar sind die Kurven für verschiedene Stichprobengrößen (aus der Tiefe kommend) dargestellt.

b) Dichten der entsprechenden 3 Rangvariablen aus Exponentialverteilung $f(x) = \lambda e^{-\lambda x}$ mit λ = 1, siehe oben, Fall a).

Zur Abbildung a) und b): Plot der Dichten $f_{r,n}(x)$ der jeweils kleinsten (r=1), der mittleren (r=n/2) und der größten Rangvariablen (r=n) als Funktion der Stichprobengrößen n=3 bis 50 $\equiv$ Minimumverteilungen, Medianverteilungen, Maximumverteilungen für n=3...50. (Die Rangvariablen der Normalverteilung verteilen sich symmetrisch; Maximum- und Minimumverteilung liegen zueinander symmetrisch vom Nullpunkt.)

Kapitel V. Algebra der Wahrscheinlichkeitsverteilungen

In diesem Kapitel sollen die Methoden behandelt werden, mit denen aus gegebenen WS-Verteilungen durch ein- oder zweistellige Operationen neue Verteilungen abgeleitet werden. Außerdem werden Methoden zur Herleitung von Momenten gegebener und neu entwickelter Verteilungen dargestellt. Die einstelligen Operationen an Verteilungen werden allgemein auch als "Transformationen" bezeichnet. Hier werden die wichtigsten monotonen Transformationen, insbesondere auch die Inversion $1/X$ behandelt. Die Einführung zweistelliger Operationen, die allgemein als verschiedene Formen der "Faltungen" von Verteilungen bekannt sind, konzentriert sich auf die vier Grundrechenarten der Addition, der Differenzen-, der Produkt- und der Quotientenbildung, aus denen sich auch kompliziertere Operationen entwickeln lassen. Viele der bekannten Verteilungen werden dann als Beispiele zu den dargestellten Operationen eingeführt. So ergibt sich z.B. die chi^2-Verteilung aus der Quadrierung der Normalverteilung, die F-Verteilung als Quotient zweier chi^2-Verteilungen oder die t-Verteilung als Wurzel aus einer einfachen F-Verteilung (dargestellt bereits in Kapitel IV). Letztere drei Verteilungen sind auch als die wichtigsten "Prüfverteilungen" für die Hypothesen der *parametrischen Signifikanztests* bekannt, vgl. Kap. VI.
Mit den dargestellten Methoden der Operationen an Verteilungen lassen sich auch seltenere oder völlig neue Verteilungen entwickeln, die zur Modellierung experimenteller Vorgänge erforderlich werden können, so z.B. das Produkt zweier Gleichverteilungen oder zweier Normalverteilungen oder aber der Quotient zweier Normalverteilungen. Aus letzterem ergibt sich z.B. wieder die bereits in Kapitel IV eingeführte Cauchy-Verteilung.
Zwar wurden bereits auch im Kapitel III ein- und zweistellige Operationen an Verteilungen behandelt. Dort wurden jedoch lediglich die Auswirkungen dieser Operationen auf einige Momente, insbesondere auf die Erwartungswerte und die Varianzen der resultierenden Verteilungen untersucht, ohne daß dabei wie in diesem Kapitel zusätzlich neu resultierende Verteilungsformen bzw. Dichten hergeleitet wurden. Insofern beschränkte sich Kapitel III auf diejenigen Auswirkungen, die Ergebnisse, die unabhängig von den Verteilungsformen der beteiligten Zufallsvariablen gelten, wie z.B. die bekannten Beziehungen $E(aX+bY) = aE(X) + bE(Y)$ oder $Var(aX+bY) = a^2Var(X) + b^2Var(Y) + 2abCov(XY)$ usw.
Umgekehrt ergibt sich die Frage, welche Verteilungen unter bestimmten Operationen invariant bleiben, und zwar in dem Sinne, daß sich die Operationen nur auf die Parameter der Verteilungen auswirken. Diese Eigenschaft ist allgemein beschränkt auf die Addition und die Subtraktion von Verteilungen gleichen Typs. Sie ist bekannt als die Eigenschaft der "Additivität" oder auch der "Stabilität" einiger Verteilungen: So ergibt die Summe, aber auch die Differenz zweier Normalverteilungen wieder eine Normalverteilung. Additiv unter der Summation sind z.B. auch die Poisson-Verteilungen oder die verallgemeinerte Gammaverteilung. Die Eigenschaft der Additivität wird hier in allgemeinerer Form im Zusammenhang mit der Klasse der *stabilen* Verteilungen behandelt.

Zur Herleitung von neuen Verteilungen werden im wesentlichen drei Methoden eingeführt, die auf unterschiedlichen Wegen zu denselben Resultaten führen: die Methode der Transformation *affiner Räume*, die Methode der Verwendung von *Ungleichungen* zwischen den kumulierten Verteilungen und die Methode der *charakteristischen Funktionen*. Letztere eignet sich besonders zur Ableitung der Momente der resultierenden Verteilungen.
Für die Ableitung von Fragestellungen im Zusammenhang mit den Operationen von Rangbildungen bei Zufallsvariablen, so z.B. bei den zum Schluß des Kapitels behandelten Extremwertverteilungen, werden andere als die drei oben angegebenen Methoden verwendet. Hier resultieren aufschlußreiche Beispiele der Ableitung neuer Verteilungen mittels der Entwicklung und Lösung von *Funktionalgleichungen*.

5.1 Einstellige Operationen (Transformationen)

Die Aufgabe lautet: Eine Zufallsvariable X mit der Verteilungsfunktion F(x) und der Dichte f(x) wird durch die Funktion $Y=g(X)$ transformiert. Zu bestimmen ist die Wahrscheinlichkeitsfunktion bzw. die Dichte $f_1(y)$ von Y.

5.1.1 Allgemeine Methode

Gegeben sei die Funktion $x \to y$ und die Umkehrfunktion von $y \to x$, d.h.:

$$y = g(x) \quad \text{und} \quad h(y) = g^{-1}(y),$$
$$h[(g(x)] = x \quad \text{bzw.} \quad y = g[h(y)]. \tag{5.1}$$

Außerdem sei h'(y) die erste Ableitung der Umkehrfunktion h(y) nach y. Dann ergibt sich die gesuchte Dichte $f_1(y)$ der Variablen Y aus f und h aus

$$f_1(y) = F'_1[h(y)] = f[h(y)] \cdot |h'(y)|. \tag{5.2}$$

Herleitung: Man beachte, daß aus

$dx/dy = h'(y)$ das Differential

$dx = h'(y)dy$ folgt.

Daher kann man durch die Substitutionen

$y_1 = g(x_1)$ und $y_2 = g(x_2)$ sowie

$f(x) = f[h(y)]$ und $dx = h'(y)dy$

zunächst folgende Wahrscheinlichkeit bestimmen

$$P(x_1 < X \leq x_2) = \int_{x_1}^{x_2} f(x)dx = \int_{y_1}^{y_2} f[h(y)]h'(y)dy.$$

Ist $h'(y)$ negativ, dann muß man von y_2 bis y_1 integrieren, um keine negative Fläche bzw. WS zu erhalten. Dasselbe Ergebnis erhält man auch durch Einsetzen des Betrags $|h'(y)|$. Differenziert man danach die rechte Verteilungsfunktion nach dy, dann folgt hieraus die Dichte (5.2).

Ist die Umkehrfunktion $h(y)$ nicht eindeutig gegeben, wie z.B. im Fall $y=g(x)=x^2$ mit $h(y)= \pm\sqrt{y}$, dann bestimmt man zunächst die Verteilungsfunktion $F_1(y)$ von Y und danach durch Differenzieren von $F_1(y)$ nach y die Dichte $f_1(x)$ (siehe (5.5a),(5.5b)).

5.1.2 Verteilungsunabhängige Beispiele von Transformationen

Die Transformation $Y=a X + b$

Man bildet $y=g(x)=ax+b$, $x=h(y)=(y-b)/a$, $h'(y)=1/a$. Durch Einsetzen in (5.2) ergibt sich die Dichte $f_1(y)$. Dichte und Verteilungsfunktion von Y lauten:

$$f_1(y) = f\left[\frac{y-b}{a}\right] \frac{1}{|a|}, \tag{5.3a}$$

$$F_1(y) = F\left[\frac{y-b}{a}\right] \quad | \; a > 0 \qquad \text{bzw.} \qquad F_1(y) = 1 - F\left[\frac{y-b}{a}\right] \quad | \; a < 0. \tag{5.3b}$$

1

Herleitung von F_1:

$$P(Y \le y) = P[ax+b \le y] = \begin{cases} P[X \le (y-b)/a] & | \; a > 0 \\ P[X > (y-b)/a] = 1 - P[X \le (y-b)/a] & | \; a < 0. \end{cases}$$

Die Transformation $Y = -X$

Diese Transformation ergibt sich aus (5.3a) als Spezialfall mit $b=0$ und $a=-1$

$$f_1(y) = f(-y), \qquad F_1(y) = P(Y \le y) = 1-F(-y). \tag{5.3c}$$

Herleitung von F_1: Man kann die Verteilungsfunktion von $F_1(y)$ auch direkt herleiten:

$$F_1(y) = P(Y \le y) = P(-X \le y) = P(X > -y) = 1 - P(X \le -y) = 1-F(-y).$$

Die Transformation $Y = 1/X$

Man bildet $y=g(x)=1/x$, $x=h(y)=1/y$, $h'(y) = -1/y^2$ und setzt dies für die Dichte in (5.2) ein. Die Dichte sowie die Verteilungsfunktion lauten daher

$$f_1(y) = f(1/y)/y^2, \qquad F_1(y) = 1-F(1/y). \tag{5.4}$$

Herleitung von F_1: $F_1(y) = P(Y \le y) = P(1/X \le y) = P(X > 1/y) = 1-P(X \le 1/y) = 1-F(1/y)$.

Die Transformation $Y = X^2$

Da hier die Umkehrfunktion $x=\pm\sqrt{y}$ nicht eindeutig ist, bestimmt man zunächst die Verteilungsfunktion: $P(X^2 \le y) = P(-\sqrt{y} \le X \le \sqrt{y}) = P(X \le +\sqrt{y}) - P(-X \le -\sqrt{y})$ und daraus

$$F_1(y) = F(+\sqrt{y}) - F(-\sqrt{y}) \; | \; y \ge 0, \quad \text{bei } y < 0 \text{ gilt } F_1(y)=0. \tag{5.5a}$$

Differenziert man die Verteilungsfunktion (5.5a) nach y, dann erhält man die Dichte der Variablen $Y = X^2$:

$$f_1(y) = \frac{f(+\sqrt{y}) + f(-\sqrt{y})}{2\sqrt{y}}. \tag{5.5b}$$

Herleitung von f_1: $f_1(y) = dF_1(y)/dy = dF(\sqrt{y})/dy - dF(-\sqrt{y})/dy$
$= f(\sqrt{y})(1/2)y^{-1/2} - f(-\sqrt{y})(-1/2)y^{-1/2}$ usw.

5.1.3 Verteilungsabhängige Beispiele von Transformationen

Lineare Transformation einer Standardnormalverteilung

Der Übergang von N(0,1) zu N(m,σ) entspricht der linearen Transformation $X = az + b$ der standardnormalverteilten Variablen z, wobei $a = \sigma$ und $b = m$. Die Umkehrfunktion und ihre Ableitung ergeben $h(x) = (x-b)/a = (x-m)/\sigma$ bzw. $h'(x) = 1/\sigma$. Bezeichnen wir die Dichte von N(0,1) mit f(z), dann folgt nach (5.2):

$$N(m,\sigma) = f[(x-m)/\sigma](1/\sigma). \tag{5.6}$$

Dies entspricht der Transformation f(z) zu f(x) bei den Formeln (4.18).

Die Lognormalverteilung

Es sei $y = \exp[(z-\gamma)/\delta]$, $z = \gamma + \delta \log y$, $z'(y) = \delta/y$; nach Einsetzen gemäß (5.2) in die Normaldichte $1/\sqrt{2\pi}\exp(-z^2/2)$ folgt

$$f(y) = 1/\sqrt{2\pi}\exp[-(\gamma + \delta\log y)^2/2] \cdot |\delta/y|. \tag{5.7}$$

Die quadratische Transformation einer Normalverteilung N(0,σ)

Gesucht ist die Verteilung von $Y = X^2$, wobei X die Verteilung N(0,σ) hat: Wir bilden die Funktion g: $y = x^2$ mit der Umkehrfunktion $x = \pm\sqrt{y}$. Die Verteilung N(0,σ) hat nach (4.18) die Dichte

$$f(x) = 1/(\sigma\sqrt{2\pi})\exp(-1/2 \cdot x^2/\sigma^2).$$

Setzt man alles in (5.5b) ein, dann ergibt sich die Dichte von X^2 folgendermaßen:

$$f_1(y) = \frac{1}{\sigma\sqrt{2\pi}}\left[\exp\left(-\frac{(\sqrt{y})^2}{2\sigma^2}\right) + \exp\left(-\frac{(-\sqrt{y})^2}{2\sigma^2}\right)\right] \Big/ \left[2\sqrt{y}\right] = \frac{1}{\sigma\sqrt{2\pi}}2\exp\left(-\frac{y}{2\sigma^2}\right)\frac{y^{-\frac{1}{2}}}{2}$$
$$= \frac{1}{\sigma\sqrt{2\pi}}y^{-1/2}\exp\left(-\frac{y}{2\sigma^2}\right) = \left[\frac{1}{2\sigma^2}\right]^{1/2}\frac{y^{1/2-1}}{\Gamma(1/2)}\exp\left(-\frac{y}{2\sigma^2}\right) \quad | \ y > 0. \tag{5.8}$$

Dies entspricht einer Gammaverteilung $f_{\lambda,\nu}(y) = \lambda^\nu/\Gamma(\nu)y^{\nu-1}\exp(-\lambda y)$ (vgl. (4.25)), wobei $\lambda = 1/(2\sigma^2)$ und $\nu = 1/2$ (sowie $\Gamma(1/2) = \sqrt{\pi}$).

Die quadratische Transformation einer Normalverteilung N(m,σ)

Diese Transformation stellt u.a einen wichtigen Teilschritt in der späteren Herleitung der *nichtzentralen* t-, chi^2- und F-Verteilungen dar.

Wir führen eine Transformation ein, nach der zu jedem Wert X einer um 0 zentrierten Normalverteilung eine Konstante c addiert und das Resultat anschließend quadriert wird. Dies entspricht der Quadrierung einer auf der Abszisse um c nach rechts verschobenen Normalverteilung bzw. einer Normalverteilung N(m,σ) mit $m=-c$. Die Transformation lautet somit $y=g(x)=(x+c)^2$. Die beiden Umkehrfunktionen $h(y) = \pm y^{1/2}-c$ setzen wir entsprechend (5.5b) anstelle von x in die Dichte der Normalverteilung (4.18) $f(x) = 1/(\sigma\sqrt{2\pi})\exp(-1/2\cdot x^2/\sigma^2)$ ein und erhalten aus (5.5b):

$$f_1(y) = \frac{1}{\sigma\sqrt{2\pi}}\left[\exp\left(-\frac{(y^{1/2}-c)^2}{2\sigma^2}\right)+\exp\left(-\frac{(-y^{1/2}-c)^2}{2\sigma^2}\right)\right]\Big/(2\sqrt{y})$$

$$= \frac{1}{\sigma\sqrt{2\pi}}2^{-1}y^{-1/2}\left[\exp\left(-\frac{y+c^2-2y^{1/2}c}{2\sigma^2}\right)+\exp\left(-\frac{y+c^2+2y^{1/2}c}{2\sigma^2}\right)\right].$$

Nun werden die Exponenten $[-(y+c^2)+2y^{1/2}c]/(2\sigma^2)$ und $[-(y+c^2)-2y^{1/2}c]/(2\sigma^2)$ jeweils als Produkte von Exponentialfunktionen aufgefaßt, so daß der Ausdruck $\exp[-(y+c^2)/(2\sigma^2)]$ ausgeklammert werden kann:

$$f_1(y) = \frac{1}{\sigma\sqrt{2\pi}}2^{-1}y^{-1/2}\exp\left(-\frac{y+c^2}{2\sigma^2}\right)\left[\exp\left(\frac{-2y^{1/2}c}{2\sigma^2}\right)+\exp\left(\frac{2y^{1/2}c}{2\sigma^2}\right)\right].$$

Die beiden hinteren Exponentialfunktionen werden nun als Reihe $\exp(u)=\Sigma_{i=0}^{\infty}u^i/i!$ (vgl. Kap. I, (1.0)) zerlegt. Kürzen wir die 2 und setzen $c^*=c/\sigma^2$, dann folgt:

$$= \frac{1}{\sigma\sqrt{2\pi}}2^{-1}y^{-1/2}\exp\left(-\frac{y+c^2}{2\sigma^2}\right)\left[\sum_{r=0}^{\infty}\frac{(-y^{1/2}c^*)^r}{r!}+\sum_{r=0}^{\infty}\frac{(y^{1/2}c^*)^r}{r!}\right].$$

Da sich bei ungeraden Exponenten r die Glieder mit unterschiedlichen Vorzeichen vor $y^{1/2}c^*$ aufheben, bleiben nur die Glieder mit geradem r übrig. Dies kann man hier durch die Einsetzung von 2r anstelle von r in Zähler und Nenner der unendlichen Summe ausdrücken. Daher lassen sich beide Summen folgendermaßen zusammenfassen

$$\left[\sum_{r=0}^{\infty}\frac{(-y^{1/2}c^*)^{2r}}{(2r)!}+\sum_{r=0}^{\infty}\frac{(y^{1/2}c^*)^{2r}}{(2r)!}\right] = 2\sum_{r=0}^{\infty}\frac{(yc^{*2})^r}{(2r)!}.$$

Da das Vorzeichen von c* wegen der Quadrierung hier keine Rolle spielt, können wir c* wieder durch das ursprüngliche m/σ^2 ersetzen. Zusammen mit den restlichen Faktoren der letzten Gleichung für $f_1(y)$ und nach Kürzung der 2 folgt daher

$$f_1(y) = \frac{1}{\sigma\sqrt{2\pi}}y^{-1/2}\exp\left(-\frac{y+m^2}{2\sigma^2}\right)\sum_{r=0}^{\infty}\frac{(y(m/\sigma^2)^2)^r}{(2r)!}. \qquad (5.8a)$$

Die Wurzel aus einer Gammaverteilung (χ-Verteilung)

Gegeben sei die Variable X mit der Gammaverteilung $f_{\lambda,\nu}(x)$ als Summe von n quadrierten unabhängigen Normalverteilungen $N(0,\sigma)$ mit gleichen Parametern $m=0$ und σ. Dann ist $\lambda=1/(2\sigma^2)$ und $\nu=n/2$. Diese Verteilung ist als die χ^2-Verteilung in (4.29a) dargestellt bzw. abgeleitet worden, wobei $x=\chi^2$. Gesucht ist die Verteilung von $Y=\sqrt{X} = \sqrt{\chi^2} = \sqrt{chi^2}$. Wir setzen $x=\chi^2$ und bilden die Funktion $g(x)=y=\sqrt{x}=\chi$, die Umkehrfunktion $h(y)=x=y^2$ sowie $h'(y)=x'=2y=2\chi$ und setzen die entsprechenden Größen gemäß der Regel (5.2) in die Gammaverteilung (4.25) ein, d.h. in $f_{\lambda,\nu}(x)=\lambda^\nu/\Gamma(\nu)x^{\nu-1}\exp(-\lambda x)$ bzw. direkt in die χ^2-Verteilung in (4.29a). Dies ergibt eine entsprechende Gammadichte für die Variable $x=\chi^2$, multipliziert mit dem Faktor $2\sqrt{x}=2y=2\sqrt{\chi^2}=2\chi$:

$$f_1(y) = f[h(y)]|h'(y)| = f_{\lambda,\nu}(y^2)\,2y = 2\sqrt{x}\,f_{1/(2\sigma^2),n/2}(x) \qquad (5.9)$$
$$= 2\sqrt{\chi^2}\,f_{1/(2\sigma^2),n/2}(\chi^2) \quad | \chi^2 = chi^2 = x.$$

Vgl. hierzu auch die Maxwellsche Geschwindigkeitsverteilung unter Kap. IV (4.29c), chi^2-Verteilung).

5.2 Zweistellige Operationen

Im Folgenden wird die allgemeine Methode der n-stelligen Operationen behandelt und dann auf die 2-stelligen elementaren Operationen o = +, −, ·, / angewandt.

5.2.1 Allgemeine Methode

Die allgemeine Theorie der n-stelligen Operationen an Zufallsvariablen geht von einer n-dimensionalen Zufallsvariable (siehe Kap. IV) aus, die in eine andere n-stellige Zufallsvariable transformiert wird. Die 1- bis n-stelligen Operationen lassen sich dann als Sonderfälle dieser Transformation behandeln. Wir untersuchen exemplarisch den Fall $n=2$: Die Dichte einer $n=2$-stelligen Zufallsvariablen (X,Y) soll in die Dichte einer Zufallsvariable (U,V) transformiert werden. Dazu benötigen wir die funktionalen Abhängigkeiten $g_i(i=1,2)$ der Komponenten X,Y von den Komponenten U,V sowie deren Umkehrfunktionen $h_i(i=1,2)$:

$$u = g_1(x,y) \qquad v = g_2(x,y),$$
$$x = h_1(u,v) \qquad y = h_2(u,v).$$

Als Sonderfälle der g_1 und g_2 sind auch Funktionen von nur *einer* Komponente möglich, z.B. $u=g_1(x)$ oder $v=g_2(y)$.
Die (zweidimensionale) Dichte von (X,Y) sei $f(x,y)$. Die Dichte der Transformierten (U,V) sei gleich $f^T(u,v)$. Die Transformationsregel lautet dann:

$$f^T(u,v) = f[h_1(u,v), h_2(u,v)] \cdot |J|. \qquad (5.10)$$

Hierbei ist $|J|$ der Betrag der *Funktionaldeterminanten* J der Transformation bzw. gleich der *Determinante* J einer 2x2-Transformationsmatrix *(Jakobi-Matrix)* aus partiellen Ableitungen aller Zeilenvariablen X,Y gegen alle Spaltenvariablen U,V:

$$\begin{array}{c} \\ X \\ Y \end{array} \begin{array}{cc} U & V \\ \left|\begin{array}{cc} \partial h_1(u,v)/\partial u & \partial h_1(u,v)/\partial v \\ \partial h_2(u,v)/\partial u & \partial h_2(u,v)/\partial v \end{array}\right| \end{array} = J. \qquad (5.11a)$$

Die *Determinante* einer 2x2-Matrix $A = \begin{Bmatrix} a & b \\ c & d \end{Bmatrix}$ ist definiert als $\det(A) = ad - cb$. Daraus ergibt sich, wenn man die $h_i(u,v)$ ohne (u,v) schreibt, als Betrag der Determinante J

$$|J| = |\partial h_1/\partial u \cdot \partial h_2/\partial v - \partial h_2/\partial u \cdot \partial h_1/\partial v|. \qquad (5.11b)$$

Die Gleichung (5.10) kann als Verallgemeinerung von (5.2) von $n=1$ auf $n>1$ Dimensionen aufgefaßt werden. Ihre Herleitung stammt aus der Theorie der Flächenberechnung gekrümmter Körper unter Koordinatentransformationen (z.B. Raschewski, P. K. (1959)): Die Fläche der Dichte einer 2-dimensionalen Verteilung (X,Y) im Rechteck R_{xy} zwischen den Grenzen a,b bzw. c,d beträgt demnach

$$P(a < X \le b, c < Y \le d) = \int_a^b \int_c^d f(x,y)dxdy = \iint_{R(u,v)} f_1[h_1(u,v),h_2(u,v)]\,|J|\,dudv. \qquad (5.11c)$$

Der zweite Ausdruck rechts entsteht, indem man die Koordinaten x,y durch die Umkehrfunktionen h_1,h_2 als Funktionen der transformierten Koordinaten u,v darstellt, wobei $R_{u,v}$ das Rechteck in den u,v-Koordinaten ist. Durch Differentiation der Verteilungsfunktion bzw. durch Weglassen der Integrale entsteht die Dichte (5.10)

5.2.2 Die vier elementaren Operationen +, −, · und /

Mit (5.10) und (5.11b) hätten wir die Möglichkeit gewonnen, die zweidimensionale Zufallsvariable (X,Y) durch eine willkürliche Transformation, z.B. $g_1(x,y) = x^2e^{xy}$, $g_2(x,y) = x + y^2$, in (U,V) zu überführen, sofern nur die entsprechenden Umkehrfunktionen existieren. In der Anwendung auf zweistellige Operationen o (= +, −, / , · usw.) ergibt sich jedoch ein vereinfachter Sonderfall: Wir wählen für g_1 die jeweilige zwei- stellige Operation o und für g_2 die einstellige *Identitätsfunktion* $v=y$. Da wir nur *eine* Komponente der Zufallsvariablen (X,Y) wirklich transformieren, können wir diese Methode auch als *Randoperation* bzw. bei +, −, · und / als *elementare Operation* bezeichnen.

Für die *Addition* erhalten wir demnach

$$\begin{aligned} u &= g_1(x,y) = x \text{ o } y = x + y, \\ v &= g_2(y) = y. \end{aligned} \qquad (5.12a)$$

Die *Umkehrfunktionen* müssen dann in evtl. mehreren Schritten (hier innerhalb einer Zeile) gebildet werden, bis x (bzw. y) als Funktion von u,v resultiert:

$$x = h_1(u,v) \quad = u - y \quad = u - v,$$
$$y = h_2(v) \quad = v. \tag{5.12b}$$

Hieraus folgt die *Funktionalmatrix*

$$\begin{Bmatrix} \partial h_1/\partial u = 1 & \partial h_1/\partial v = -1 \\ \partial h_2/\partial u = 0 & \partial h_2/\partial v = 1 \end{Bmatrix}$$

mit der absoluten *Funktionaldeterminante* $|J| = |1 \cdot 1 - 0 \cdot (-1)| = 1$.
Die Dichte f^T ergibt sich dann durch Einsetzen der Funktionen h_1, h_2 in (5.10)

$$f^T(u,v) = f[h_1(u,v), h_2(v))] = f(u-v,v). \tag{5.13}$$

Dies ist zunächst eine zweidimensionale Dichte. Uns interessiert hier nur die Dichte von u als Ergebnis der Operation o = + für beliebige v. Dies ist gleichbedeutend mit der Bestimmung der *Randdichte* (siehe Kap. III, (3.25)) von f^T für festes u:

$$f^T(u,*) = \int_{-\infty}^{\infty} f(u-v,v)dv = \int_{-\infty}^{\infty} f(v,u-v)dv. \tag{5.13a}$$

Wegen der Kommutativität der Operation o=+ können in (5.11a) die Argumente u-v und v vertauscht werden.

Als Grenzen der Integrale können hier ohne Einschränkung der Allgemeinheit $-\infty$ und $+\infty$ gewählt werden, da für unmögliche Ereignisse (x,y) die Dichte $f(x,y)=0$ gesetzt wird.
Sind die beiden ursprünglichen Komponenten X und Y *unabhängig*, dann kann man (5.13a) auch als Produkt der beiden Komponentendichten $f_1(x)$ und $f_2(y)$ darstellen. Dies ergibt das *Faltungsintegral* $f_1 * f_2$ als Dichte ψ (Psi) der Summenvariablen X+Y:

$$\psi = f_1 * f_2, \quad \psi(u) = \int_{-\infty}^{\infty} f_1(u-v) f_2(v)dv = \int_{-\infty}^{\infty} f_1(v) f_2(u-v)dv. \tag{5.14}$$

Auch hier müssen jeweils geeignete Integrationsgrenzen gewählt werden: Wenn f_1 nicht für negative Werte definiert ist, dann nimmt man als obere Integrationsgrenze für f_1 nicht ∞, sondern u, da bei v>u das Argument u-v in $f_2(u-v)$ negativ werden würde (vgl. (4.27a)).

Für die restlichen 3 Grundrechenarten lauten die Transformationen g_1, g_2 sowie deren Umkehrfunktionen h_1, h_2:

	Subtraktion U=X−Y	Multiplikation U=X·Y	Division U=X/Y
g_1:	$u = x-y$	$u = x \cdot y$	$u = x/y$
g_2:	$v = y$	$v = y$	$v = y$
h_1:	$x = u+v$	$x = u/v$	$x = u \cdot v$
h_2:	$y = v$	$y = v$	$y = v$ (5.15)

Als entsprechende Funktionalmatrizen und deren Determinanten |J| erhält man:

	Differenz	Multiplikation	Division
$\begin{Bmatrix} dh_1/du & dh_1/dv \\ dh_2/du & dh_2/dv \end{Bmatrix}$:	$\begin{Bmatrix} 1 & 1 \\ 0 & 1 \end{Bmatrix}$	$\begin{Bmatrix} 1/v & -u/v^2 \\ 0 & 1 \end{Bmatrix}$	$\begin{Bmatrix} v & u \\ 0 & 1 \end{Bmatrix}$
$\lvert J\rvert$:	$\lvert 1\cdot 1-0\cdot 1\rvert = 1$,	$\lvert 1/v\cdot 1-0\cdot(-u/v^2)\rvert = 1/v$,	$\lvert v\cdot 1-0\cdot u\rvert = v$

(5.15a)

Setzt man diese Ergebnisse in (5.10) ein, dann erhält man zusammengefaßt für alle vier Grundrechenarten die Dichte ψ für die resultierende Zufallsvariable U=XoY unter der Voraussetzung, daß X und Y *unabhängig* sind:

kommutative Operationen

$$\begin{aligned}
&\text{Addition:} && \psi(u) = \int f_1(u-v)f_2(v)dv && = \int f_2(u-v)f_1(v)dv \\
&\text{Subtraktion:} && \psi(u) = \int f_1(u+v)f_2(v)dv && \\
&\text{Multiplikation:} && \psi(u) = \int f_1(u/v)f_2(v)|(1/v)|dv && = \int f_2(u/v)f_1(v)|1/v|dv \\
&\text{Division:} && \psi(u) = \int f_1(u\cdot v)f_2(v)|v|dv &&
\end{aligned}$$

alle Integrale von $-\infty$ bis $+\infty$

(5.15b)

Hierbei steht f_1 für die Dichte von X und f_2 für die Dichte von Y.

Erläuterungen: Die Integrationsgrenzen müssen gegebenenfalls in engeren Bereichen festgelegt werden (siehe oben). Bei den kommutativen Operationen + und · kann f_1 und f_2 vertauscht werden.

Die Methode der Ungleichungen

Eine direktere Methode der Herleitung dieser Transformationen, die aber nur bei einfacheren Operationen anwendbar ist, geht von den Verteilungsfunktionen aus und arbeitet mit Ungleichungen, z.B. im Falle des Quotienten $U=X/Y$ $(Y>0)$ der beiden unabhängigen Variablen X und Y. Man beachte dabei die Verwendung der in (5.15) zusammengestellen Umkehrfunktionen $y=v$ bzw. $x=uy=uv$ der Division:

$$F(u) = \Psi(u) = P(U \le u) = P(X/Y \le u) = P(X \le uY) = \int_0^\infty F_1(uy)f_2(y)dy$$

$$= \int_0^\infty F_1(uv)[(dF_2(y)/dy)\cdot(dy/dv)]dv = \int_0^\infty F_1(uv)dF_2(v).$$

Erläuterung: Die Gleichung $P(X \le uY) = \int_0^\infty F_1(uy)f_2(y)dy$ erhält man, wenn man die linke Seite betrachtet als "das Ereignis, daß Y=y eintritt und daß X einen Wert x annimmt, der in dem geschlossenen Intervall [0,uy] liegt". Aufgrund der logischen und-Verknüpfung, die auch zwischen Dichten und Wahrscheinlichkeiten gilt, folgt dann der rechte Ausdruck als Produkt der entsprechenden Verteilungsfunktion F_1 für X und der Dichte f_2 für Y.

Formuliert man diese Methode für die entsprechenden *Verteilungsfunktionen* Ψ, F_1 und F_2 aller vier Grundrechenarten, dann erhält man:

Addition:	$\Psi(u) = \int_{-\infty}^{\infty} F_1(u-v)dF_2(v) = \int_{-\infty}^{\infty} F_1(v)dF_2(u-v)$
Subtraktion:	$\Psi(u) = \int_{-\infty}^{\infty} F_1(u+v)dF_2(v)$
Multiplikation:	$\Psi(u) = \int_{-\infty}^{0} [1-F_1(u/v)]dF_2(v) + \int_{0}^{\infty} F_1(u/v)dF_2(v)$
	$= \int_{-\infty}^{0} [1-F_2(u/v)]dF_1(v) + \int_{0}^{\infty} F_2(u/v)dF_1(v)$
Division:	$\Psi(u) = \int_{-\infty}^{0} [1-F_1(uv)]dF_2(v) + \int_{0}^{-\infty} F_1(uv)dF_2(v) \quad \mid P(Y=0)=0$

Hierbei symbolisieren die Differentiale $dF_1(v)$, $dF_2(v)$ die entsprechenden Ausdrücke für eventuell gegebene Dichten $f_1(v)dv$ bzw. $f_2(v)dv$. Die Integrationsgrenzen müssen je nach Fall u.U. eingeschränkt werden.

Die Faltung zweier Verteilungsfunktionen F_1,F_2 symbolisieren wir ebenfalls durch $*$:

$$\Psi = F_1 * F_2 \qquad \text{oder einfacher} \qquad F_3 = F_1 * F_2.$$

Bei den kommutativen Operationen + und · können, wie oben dargestellt, die Argumente in f_1 und f_2 bzw. F_1 und F_2 vertauscht werden. Die Integrationsgrenzen können enger angegeben werden, wenn die entsprechenden Dichten außerhalb dieser Grenzen gleich 0 sind. Sind die Variablen X und Y voneinander *abhängig*, dann wird die Dichte $\psi(u)$ als eine Funktion der gemeinsamen Dichte, d.h. als $\psi(u) = \int f[h_1(u,v),h_2(u,v)]|J|dv$ dargestellt, so wie z.B. im Falle der Addition in (5.13a).

5.2.3 Verteilungsabhängige Beispiele zweistelliger Operationen

Die Summe zweier unabhängiger Exponentialverteilungen

Die Zeit T sei die Summe zweier exponentialverteilter Zeiten mit den Dichten $f_1(t)=\lambda_1 e^{-\lambda_1 t}$ und $f_2(t)=\lambda_2 e^{-\lambda_2 t}$ mit unterschiedlichen positiven Intensitäten λ_1 und λ_2. Dann hat $t \in T$ die Dichte (vgl. Gleichung (4.28a)):

$$\psi(t) = {}_{-\infty}\int^{\infty} \lambda_1 e^{-\lambda_1(t-v)} \cdot \lambda_2 e^{-\lambda_2 v}\, dv = \lambda_1\lambda_2 \int_0^t e^{-\lambda_1(t-v)-\lambda_2 v} dv$$
$$= \lambda_1\lambda_2\, e^{-\lambda_1 t} \int_0^t e^{(\lambda_1-\lambda_2)v} dv = \frac{\lambda_1\lambda_2}{(\lambda_1-\lambda_2)} \left[e^{(\lambda_1-\lambda_2)v-\lambda_1 t}\right]_{v=0}^{v=1} = \frac{\lambda_1\lambda_2}{(\lambda_1-\lambda_2)} (e^{-\lambda_2 t}-e^{-\lambda_1 t}). \tag{5.16}$$

Die Differenz zweier unabhängiger Exponentialverteilungen

Die Zeit T sei die Differenz zweier exponentialverteilter Zeiten mit den Intensitäten $\lambda_1,\lambda_2>0$. Da die Differenzenbildung (5.15b) bei nur positiv definierten Zufallsvariablen spezielle Integrationsgrenzen erfordert, verwenden wir zunächst die allgemeinen Grenzen a und b:

$$\psi(t) = \int_a^b \lambda_1 e^{-\lambda_1(t+v)} \cdot \lambda_2 e^{-\lambda_2 v}\, dv = \lambda_1\lambda_2 e^{-\lambda_1 t} \int_a^b e^{-v(\lambda_1+\lambda_2)} dv$$
$$= \left[\frac{\lambda_1\lambda_2}{-(\lambda_1+\lambda_2)} e^{-\lambda_1 t-\lambda_1 v-\lambda_2 v}\right]_{v=a}^{v=b}. \tag{5.17}$$

Für t $\geq$ 0 läuft v von a=0 bis b=+∞. Für t < 0 läuft v von a=-t bis b=+∞, d.h.

$$\psi_+(t) = \frac{\lambda_1\lambda_2}{(\lambda_1+\lambda_2)} e^{-\lambda_1 t} \Big| t\geq 0 \quad \text{und} \quad \psi_-(t) = \frac{\lambda_1\lambda_2}{(\lambda_1+\lambda_2)} e^{+\lambda_2 t} \Big| t<0. \qquad (5.17a)$$

Wegen $\lambda_2>0$ kann man bei $\psi_-(t)$ auch den Exponenten $-\lambda_2|t|$ verwenden, vgl. (5.17b).

Probe: Integriert man beide Dichten über die zulässigen t, und zwar die erste von 0 bis +∞ und die zweite von $-\infty$ bis 0, dann erhält man die Teilflächen $\lambda_1/(\lambda_1+\lambda_2)$ bzw. $\lambda_2/(\lambda_1+\lambda_2)$, die in der Summe 1 ergeben.

Für $\lambda_1=\lambda_2$ erhält man durch Kürzen von λ und addieren von ψ_+ und ψ_- die *bilaterale Exponentialverteilung*

$$\psi(t) = (1/2)\lambda e^{-\lambda|t|} \qquad \text{mit} \quad E(t) = 0 \quad \text{und} \quad \sigma^2(t) = 2/\lambda^2. \qquad (5.17b)$$

Das Produkt zweier Gleichverteilungen

Feller ((1971), Band I) stellt hierzu folgendes Versuchsschema dar: Lichtstrahlen oder Schallwellen durchqueren ein Medium in zufälliger Richtung. Die Strahlenlängen X im Medium seien in einem beliebig herausgegriffenen Intervall [0,1] gleichverteilt. Die Absorbtionsstärke Y der Intensität jedes Strahls wird in diesem Intervall ebenfalls als gleichverteilt angenommen. Die zufällige Intensität eines aus dem Medium heraustretenden Strahls ist dann gleich dem Produkt U=XY zweier gleichverteilter Variablen X und Y. Zur Bestimmung der Dichte von U setzen wir die beiden Dichten $f_1(x)=1$ und $f_2(x)=1$ in die Multiplikationsformel von (5.15b) ein (ψ sei gleich f):

$$f(u) = \int_u^1 f_1\left(\frac{u}{v}\right)f_2(v)\left|\frac{1}{v}\right|dv = \int_u^1 1\cdot 1\cdot\left|\frac{1}{v}\right|dv = \int_u^1 \frac{1}{v}\,dv = \left[\log v\right]_{v=u}^{v=1} = 0-\log u = \log\frac{1}{u}. \qquad (5.18)$$

Die untere Integrationsgrenze v=u ergibt sich daher, daß für v<u gilt u/v > 1. Für Argumente größer 1 ist jedoch f_1 nach Voraussetzung nicht definiert. Wie man überprüfen kann, ist f(u) für [0$\leq$ u $\leq$1] eine Dichte mit der Verteilungsfunktion F(u)=-ulog(u)+u. Das Integral F(u) der Funktion log(1/u) zwischen den Grenzen 0 bis 1 ist gleich 1, d.h. F(1)=1.

Der Quotient zweier unabhängiger normalverteilter Variablen N(0,1)

Es wird Formel (5.15b) verwendet. Da die Normalverteilung symmetrisch ist, integrieren wir die Nennervariable v nur im Positiven (0..∞) und verdoppeln danach das Ergebnis. Einsetzen der beiden Normalverteilungen f_1 und f_2 in das verdoppelte Integral (5.15b) ergibt:

$$f(u) = 2\int_0^\infty f_1(uv)f_2(v)|v|dv = 2\frac{1}{2\pi}\int_0^\infty \left[e^{-(uv)^2/2}\right]\left[e^{-v^2/2}\right]v\,dv = \int_0^\infty e^{-v^2(u^2+1)/2}v\,dv.$$

Die Exponenten der beiden e-Funktionen in den Klammern lassen sich zu *einer* e-Funktion addieren.

Das letzte Integral ist lösbar und ergibt $f(u) = 1/[\pi(1+u^2)]$. Dies ist die Dichte der

Cauchy-Verteilung (4.22).

Der Quotient zweier Gammaverteilungen

Gegeben seien zwei unabhängige Zufallsvariablen X und Y mit den Gammadichten

$$f_{\lambda_1,\nu}(x) = 1/\Gamma(\nu)\lambda_1^{\nu}x^{\nu-1}e^{-\lambda_1 x} \quad \text{bzw.} \quad g_{\lambda_2,\mu}(y) = 1/\Gamma(\mu)\lambda_2^{\mu}y^{\mu-1}e^{-\lambda_2 y}.$$

Wir bilden als neue Zufallsvariable den Quotienten $T=X/Y$ mit der Dichte $w(t)$, wobei $X=YT$. Die allgemeine Regel zur Berechnung der Dichte der Quotienten von Zufallsvariablen lautet $\psi(u) = \int f_1(u\cdot v)f_2(v)|v|dv$ (siehe Formel (5.15b)). Vor einer Integration dieses Produktes sind hier folgende Zuordnungen erforderlich:

$$u = t = x/y, \quad v = y, \quad \psi(u) = w(t), \quad f_1(u\cdot v) = f_{\lambda_1,\nu}(yt), \quad f_2(v) = g_{\lambda_2,\mu}(y)$$

Die Randdichte $w(t)$ von t ergibt sich dann aus dem Integral des Produktes über den (nichtnegativen) Bereich der Gamma-Variablen y von 0 bis ∞:

$$w(t) = \int_0^{\infty} f_{\lambda_1,\nu}(ty)\cdot g_{\lambda_2,\mu}(y)\cdot y\cdot dy = \int_0^{\infty}\frac{1}{\Gamma(\nu)\Gamma(\mu)}\lambda_1^{\nu}\lambda_2^{\mu}t^{\nu-1}y^{\nu-1}y^{\mu-1}ye^{-y(\lambda_1 t+\lambda_2)}dy$$

$$= \frac{1}{\Gamma(\nu)\Gamma(\mu)}\lambda_1^{\nu}\lambda_2^{\mu}t^{\nu-1}\int_0^{\infty}y^{\nu+\mu-1}e^{-y(\lambda_1 t+\lambda_2)}dy = \frac{\Gamma(\nu+\mu)}{\Gamma(\nu)\Gamma(\mu)}\lambda_1^{\nu}\lambda_2^{\mu}t^{\nu-1}(\lambda_1 t+\lambda_2)^{-\nu-\mu}. \tag{5.19}$$

Die Lösung des bestimmten Integrals war in geschlossener Form möglich: Setzt man in dem letzten Integral $b = \nu+\mu-1$ und $c = \lambda_1 t+\lambda_2$ und beachtet, daß dann $-b-1 = -\nu-\mu$ gilt, dann hat das letzte obere Integral die Lösung

$$\int_0^{\infty} y^b\exp(-cy)dy = \Gamma(b-1)c^{-b-1} = \Gamma(\nu+\mu)(\lambda_1 t+\lambda_2)^{-\nu-\mu}.$$

Fügt man dem letzten Ausdruck den konstanten Faktor vor dem vorangehenden Integrationsausdruck hinzu, dann folgt unmittelbar der letzte Ausdruck in (5.19).

Beispiele: siehe unten die F-Verteilung (5.2.5).

5.2.4 Lineare Funktionen normalverteilter Variablen

Theorem 5.1. Eine lineare Funktion $X = b_0+\Sigma_{i=1,n}b_iX_i$ von n unabhängigen Normalverteilungen X_i $(i=1,n)$ mit den konstanten Gewichten b_i $(i=0,n)$ ist selbst wieder normalverteilt.

Herleitung: Bezeichnet man die Mittelwerte und Varianzen der Summanden von n Zufallsvariablen mit $m_1...m_n$ bzw. $\sigma_1^2...\sigma_n^2$, dann hat die resultierende Verteilung den Mittelwert und die Varianz $m = b_0+\Sigma_{i=1,n}b_im_i$ bzw. $\sigma^2 = \Sigma_{i=1,n}b_i^2\,\sigma_i^2$. Diese Form der Additivität von Mittelwerten und Varianzen gilt nach den Herleitungen (3.20) und (3.45a) verteilungsunabhängig für paarweise unabhängige Zufallsvariablen. Es muß nun gezeigt werden, daß aus normalverteilten Summanden wieder eine Normalverteilung resultiert.

Bei den Transformationsbeispielen wurde in (5.8) bereits hergeleitet, daß die lineare Transformation einer normalverteilten Variablen wieder normal verteilt ist. Zur Vervollständigung des Beweises von Theorem 5.1 muß noch gezeigt werden, daß auch die Summe zweier Normalverteilungen normalverteilt ist. Hierbei beschränken wir uns zur Vereinfachung auf zwei Standardnormalverteilungen:

Die Summe zweier unabhängiger Normalverteilungen

Gegeben seien zwei unabhängige standardnormalverteilte Zufallsvariablen X,Y mit der gleichen Dichte $f(x)=f(y)=1/\sqrt{2\pi\sigma^2}\cdot\exp(-(x-m)^2/(2\sigma^2))$. Wir setzen zur Vereinfachung $\sigma=1$ und $m=0$. Die Dichte der Summe $Z=X+Y$ ergibt sich dann aus der Faltung

$$f(z) = \int_{-\infty}^{\infty} \frac{1}{\sqrt{2\pi}} e^{-x^2/2} \cdot \frac{1}{\sqrt{2\pi}} e^{-(z-x)^2/2} dx = \int_{-\infty}^{\infty} \frac{1}{2\pi} e^{-(z^2-2xz+2x^2)/2} dx$$

Das resultierende bestimmte Integral hat die geschlossene Lösung

$$f(z) = 1/\sqrt{2\pi\cdot 2}\,\exp(-(1/2)z^2/2). \tag{5.20}$$

Wichtig ist hier, daß dies wiederum einer Normalverteilung entspricht, allerdings mit der Streuung $\sigma_z=\sqrt{2}$. Die Normalverteilung ist also *additiv* bzw. *stabil* (vgl. 5.4.2) Aus den verteilungsunabhängigen Ergebnissen (3.34) und (3.45a) in Kap. III folgt zusätzlich, daß für zwei Normalverteilungen mit den Mittelwerten m_x und m_y und den Streuungen σ_x und σ_y als Summe eine Normalverteilung mit dem Mittelwert $m_z=m_x+m_y$ und der Streuung $\sigma_z=\sqrt{\sigma_x^2+\sigma_y^2}$ resultiert.

Orthonormale Transformationen: Die Helmert-Transformation

Gegeben seien n unabhängige normalverteilte Variablen X_i mit den Mittelwerten m_i und den Streuungen σ_i $(i=1,n)$. An diesen führen wir mittels n unterschiedlichen Gewichtssätzen b_{ij} $(i=1,n,\ j=1,n)$ genau n unterschiedliche lineare Transformationen durch und erhalten damit n neue normalverteilte Zufallsvariablen $u_i = \Sigma_{j=1,n} b_{ij}x_{ij}$ $(i=1,n)$. Man kann zeigen, daß die neuen Zufallsvariablen voneinander unabhängig sind, wenn die (Transformations-) Matrix B der verwendeten Gewichte zeilenweise orthogonal ist, vgl. Bedingung (i) unten. Eine Menge von n standardnormalverteilten Variablen ergibt nach einer orthonormalen Transformation, d.h. nach den folgenden $n(n+1)/2$ Einschränkungen für die b-Gewichte:

$$\text{(i)}\quad \sum_{j=1} b_{ij}b_{kj} = 0 \quad | \; i \neq k$$
$$\text{(ii)}\quad\quad\quad\quad = 1 \quad | \; i = k\,.$$

wieder eine Menge von standardnormalverteilten Werten, die sich im allgemeinen von der Ausgangsmenge unterscheidet.

Unter den unendlich vielen orthonormalen Transformationen gibt es eine, die in vielen Zusammenhängen, so z.B. auch zur Bildung orthogonaler Kontraste in der Varianzanalyse, Verwendung findet, die Helmert-Transformation (vgl. Teil 7.1.4) in Kapitel VII. Wir schreiben die n Zeilen der Helmert-Transformation der x- in die u-Werte ausführlich:

$$
\begin{aligned}
u_1 &= (x_1-x_2)/\sqrt{2\cdot 1}\\
u_2 &= (x_1+x_2-2x_3)/\sqrt{3\cdot 2}\\
u_3 &= (x_1+x_2+x_3-3x_4)/\sqrt{4\cdot 3}\\
&\ldots\ldots\\
u_{n-1} &= (x_1+x_2+\ldots+x_{n-1}-(n-1)x_n)/\sqrt{n(n-1)}\\
u_n &= (x_1+x_2+\ldots+x_n)/\sqrt{n}
\end{aligned}
\tag{5.21}
$$

Bildet man hieraus fortlaufenden Quadrate u_1^2, u_2^2, ..., so ergibt sich unter Verwendung der Formel für die Varianz $\sigma^2(X)=\Sigma x^2/n-(\Sigma x/n)^2$ und nach elementaren Umformungen unabhängig von den Verteilungen der x-Werte die Beziehung

$$
\begin{aligned}
\sum\nolimits_{i=1,n}(x_i-\overline{x})^2 &= \sum\nolimits_{i=1,n}x_i^2 - n\overline{x}^2 = \sum\nolimits_{i=1,n}u_i^2-u_n^2\\
&= \sum\nolimits_{i=1,n-1} u_i^2.
\end{aligned}
\tag{5.21a}
$$

Erläuterung: Man kann die Beziehung (5.21a) an einem Beispiel mit $n=3$ Werten x_1, x_2, x_3 und $\overline{x} = (x_1+x_2+x_3)/3$ verdeutlichen, bei dem $(x_1-\overline{x})^2+(x_2-\overline{x})^2+(x_3-\overline{x})^2 = u_1^2+u_2^2$ resultiert:

$$
\begin{aligned}
&(x_1-\overline{x})^2 + (x_2-\overline{x})^2 + (x_3-\overline{x})^2 = x_1^2+x_2^2+x_3^2 - 2\overline{x}(x_1+x_2+x_3) + 3\overline{x}^2 = x_1^2+x_2^2+x_3^2 - 2\cdot 3\overline{x}^2 + 3\overline{x}^2\\
&= x_1^2+x_2^2+x_2^2 - 3\overline{x}^2 = x_1^2+x_2^2+x_2^2-(x_1+x_2+x_3)^2/3 = 2x_1^2/3+2x_2^2/3+2x_3^2/3 - 2x_1x_2/3 - 2x_1x_3/3 - 2x_2x_3/3\\
&= 4x_1^2/6 + 4x_2^2/6 - 4x_1x_2/6 + 4x_3^2/6 - 4x_1x_2/6 - 4x_1x_3/6 - 4x_2x_3/6\\
&= [3x_1^2/6 + 3x_2^2/6 - 6x_1x_2/6] + [x_1^2/6 + x_2^2/6 + 4x_3^2/6 - 2x_1x_2/6 - 4x_1x_3/6 - 4x_2x_3/6]\\
&= (x_1-x_2)^2/2 + (x_1+x_2-2x_3)^2/(2\cdot 3) = u_1^2 + u_2^2.
\end{aligned}
$$

Die Variable u_n hat als mit $1/\sqrt{n}$ multiplizierte Summe von n standardnormalverteilten Variablen die Varianz $n\cdot 1\cdot(1/\sqrt{n})^2 = 1$. Hieraus und aus (5.21a) folgt somit:

Theorem 5.2. Die Summe der Quadrate der Differenzen $\Sigma_i(x_i-\overline{x})^2$ von n unabhängigen standardnormalverteilten Werten x_i $(i=1,n)$ zu ihrem jeweiligen (Stichproben-) Mittelwert $\overline{x} = \Sigma_i x_i/n$ stellt eine chi²-Verteilung mit $n-1$ Freiheitsgraden dar.

Die Variable $w=\Sigma_{i=1,n}(x_i-\overline{x})^2$ hat eine chi²-Verteilung (vgl. (4.29a) mit $df=n-1$ Freiheitsgraden bzw. eine Gammaverteilung (4.25) mit $\lambda=1/(2\sigma^2)$, mit $\sigma^2=1$ und $\nu=n-1$. Die Gammadichte nimmt daher folgende Form an:

$$
f_{1/2,n-1}(w) = (1/2)^{n-1}/\Gamma[(n-1)/2]w^{(n-3)/2}\exp[-(1/2)w].
\tag{5.21b}
$$

Die Verteilung der Varianz normalverteilter Werte

Wendet man die vorangehende Helmert-Transformation auf standardnormalverteilte x-Werte an, so sind auch die resultierenden u-Werte standardnormalverteilt. Weiter folgt aus dem Schema der chi²-Verteilung, daß sowohl die Quadratsumme der x-Werte als auch die Quadratsumme der u-Werte eine (zentrale) chi²-Verteilung ergeben:
Die Verteilung der Varianz $s^2=\Sigma_{i=1,n}(x_i-\overline{x})^2/n$ einer Stichprobe der Größe n aus einer Normalverteilung $N(0,\sigma^2)$ ergibt sich somit, wenn wir gemäß der Transformationsregel (5.3a) für Maßstabskonstanten a, nach der $f_1(ax)=f(x/a)/|a|$ gilt, die obige Gammaverteilung (5.21b) mit dem Maßstabsfaktor $a=1/n$ multiplizieren und

für den Parameter λ der entsprechenden Gammaverteilung den allgemeineren Ausdruck $1/(2\sigma^2)$ verwenden:

$$\begin{aligned} f_{1/(2\sigma^2),n-1}(s^2) &= (1/2\sigma^2)^{n-1}/\Gamma[(n-1)/2](s^2\cdot n)^{(n-3)/2}\exp[-1/(2\sigma^2)s^2\cdot n]\cdot n \\ &= (n^{1/2}/2\sigma^2)^{n-1}/\Gamma[(n-1)/2]s^{2(n-3)/2}\exp[-n/(2\sigma^2)s^2]. \end{aligned} \quad (5.21c)$$

Weiter läßt sich aus der Helmert-Transformation das wichtige Theorem herleiten:

Theorem 5.3. Die Varianz einer Realisation (einer Stichprobe) von n unabhängigen normalverteilten Werten ist genau dann unabhängig von dem Mittelwert dieser Werte, wenn diese Werte normalverteilt sind.

5.2.5 Quotienten von chi^2-Verteilungen: die F-Verteilung

Die F-Verteilung resultiert aus dem Quotienten zweier chi^2-Verteilungen und nach einer zusätzlichen Maßstabstransformation mittels des Quotienten der Freiheitsgrade der beiden chi^2-Verteilungen. Gegeben seien zwei unabhängige chi^2-Verteilungen X,Y (genauer Zufallsvariablen) als Summen von m bzw. n unabhängigen quadrierten Standardnormalverteilungen ($\sigma=1$). Die Freiheitsgrade der chi^2-Verteilungen sind $df_1=m$, $df_2=n$

$$X = X_1^2 + \ldots + X_m^2 \qquad \text{und} \qquad Y = Y_1^2 + \ldots + Y_n^2.$$

Unter den Transformationsbeispielen wurde in (5.8) hergeleitet, daß das Quadrat einer Normalverteilung $N(0,\sigma)$ eine Gammaverteilung (4.26) $f_{\lambda,\nu}(u) = 1/\Gamma(\nu)\lambda^\nu u^{\nu-1}e^{-\lambda u}$ mit $\lambda=1/2$ und $\nu=1/(2\sigma^2)$ ergibt. Weiter folgt aus der in (4.27) abgeleiteten Additivität der Gammaverteilung, daß die summierten Variablen X und Y im Falle $\sigma=1$ die Gammaverteilungen $f_{1/2,\ m/2}$ bzw. $f_{1/2,\ n/2}$ besitzen.
Wir bilden nun die Zufallsvariable $T=X/Y$ mit der Dichte w(t). Unter den Beispielen für zweistellige Operationen wurde für die Dichte des Quotienten zweier Gammaverteilungen ein geschlossener Ausdruck abgeleitet (5.19). Setzen wir dort gemäß den obigen Annahmen $\lambda_1=\lambda_2=1/2$, $\nu=m/2$ und $\mu=n/2$ ein, dann folgt für die Dichte w(t) von T

$$w(t) = \frac{\Gamma((m+n)/2)}{\Gamma(m/2)\Gamma(n/2)} \cdot \frac{t^{m/2-1}}{(1+t)^{(m+n)/2}}. \quad (5.22)$$

Herleitung: Nach Einsetzen der hier eingeführten Freiheitsgrade $\nu=m/2$, $\mu=n/2$ in den letzten Ausdruck von (5.19) resultiert der kombinatorische Teil von w(t) in (5.22) direkt. Für den nicht kombinatorischen Teil von (5.15b) folgt schrittweise

$$\begin{aligned} \lambda_1^\nu\lambda_2^\mu\, t^{\nu-1}\cdot[\lambda_1 t+\lambda_2]^{-\nu-\mu} &= (1/2)^{(m+n)/2}\cdot t^{m/2-1}\cdot[(t+1)/2]^{-(m+n)/2} \\ = 2^{-(m+n)/2}\cdot[(t+1)/2]^{-(m+n)/2}\cdot t^{m/2-1} &= [2(t+1)/2]^{-(m+n)/2}\cdot t^{m/2-1}. \end{aligned}$$

Der letzte Ausdruck entspricht direkt dem nichtkombinatorische Teil der Dichte w(t).

Führt man für die obige Variable $T=X/Y$ eine Normierung im Sinne einer Maßstabstransformation mit dem Faktor $1/(\mu/\nu)=1/(m/n)$ durch, dann erhält man die bekannte *(Snedecorsche)* F-Verteilung (Feller, (1971), Band II):

$$F_{\mu,\nu} = \frac{X/\,\mu}{Y/\,\nu} \qquad \begin{vmatrix} \mu = df_1 = m \\ \nu = df_2 = n. \end{vmatrix} \tag{5.23}$$

Die Dichte dieser Verteilung erfolgt nach der allgemeinen Transformationsregel (5.3a) unter multiplikativer Verwendung des Faktors μ/ν aus

$$(\mu/\nu) \cdot w((\mu/\nu) \cdot x) \qquad | \; x \in X.$$

Ergänzungen zur F-Verteilung: Bei Verwendung von F als *Stichprobenfunktion* (vgl. Kap. VI) werden für X und Y die Summen der quadratischen Abweichungen von den Stichprobenmittelwerten $\bar{X}$ bzw $\bar{Y}$ eingesetzt und durch $df_1 = \mu = m-1$ bzw. $df_2 = \nu = n-1$ dividiert (vgl. die F-Tests in Kapitel VI).
Sind Zähler und/oder Nenner der Variablen F nichtzentrale chi^2-Variablen (vgl. Teil 4.12.4), dann erhält man eine *einfach* bzw. *doppelt nichtzentrale F-Verteilung* mit den beiden Nichtzentralitätsparametern τ_1 und τ_2. Bei $\tau_1 = \tau_2 = 0$ ergibt sich wieder die oben eingeführte *zentrale* F-Verteilung. Diese Verteilung spielt eine Rolle bei Modelltests mit Hilfe von *Likelihood-Ratio-Tests* (vgl. z.B. Lehmann (1981b)).

Momente der Ordnung r: Diese existieren nur oberhalb von r abhängigen Freiheitsgraden:

$E(F_{\mu,\nu})$	$= \nu/(\nu-2) \mid \nu > 2$ und
$\sigma^2(F_{\mu,\nu})$	$= 2\nu^2(\mu+\nu-2)/[\mu(\nu-2)^2(\nu-4)] \mid \nu > 4$
Schiefe:	$8(\nu-4)(2\mu+\nu-2)^2/[\mu(\nu-6)^2(\mu+\nu-2)]$

Weitere Momente in Kendall et al. (1979), Band I (Exercise 16.1).

Die Transformierte Z = logF/2 ist die Verteilungsfunktion von *Fishers* Z. Transformiert man T in U = 1/(1+T) = X/(X+Y), dann besitzt U eine *Betadichte*

$$f(u) = \beta_{m/2,\,n/2}(u). \tag{5.24}$$

Es weist offenbar wieder auf einen Zusammenhang der Betaverteilung mit "zufälligen Anteilen" hin (vgl. 4.13.1)

5.2.6 Die Studentsche t-Verteilung

Die t-Verteilung resultiert aus dem Quotienten einer Normalverteilung (mit der Varianz ν) mit einer chi-Verteilung $f(\chi)_{\lambda,\nu}$ bzw. der Wurzel aus einer chi^2-Verteilung, vgl. (5.9)).
Gegeben seien voneinander unabhängige normalverteile Zufallsvariablen X und Y_i (i=1,n), wobei Y die Quadratsumme der Y_i darstellt, dann bildet der Quotient von X durch die Wurzel der durch $\nu = n$ dividiertenVariablen Y

$$T_\nu = t = \frac{X}{\sqrt{(Y_1^2 + \ldots + Y_n^2)/n}} = \sqrt{F_{1,\nu}} \qquad | \; \nu = df = n \tag{5.25}$$

eine *Studentsche* t-Verteilung mit der Dichte

$$w(t) = \frac{1}{\sqrt{\pi n}} \cdot \frac{\Gamma((1+n)/2)}{\Gamma(n/2)} \cdot \frac{1}{(1+t^2/n)^{(n+1)/2}} \cdot \qquad (5.25a)$$

Die t-Verteilung hängt nicht von der Streuung der X und der Y_i ab.

Herleitung: Schreibt man die Variable T_ν in (5.25) in der Form

$$T_n = X \cdot \sqrt{n}/\sqrt{Y_1 + ... + Y_n},$$

dann ergibt sich w(t) den drei oben eingeführten Operationen an Zufallsvariablen:

1. einer multiplikativen Transformation der X mit $\sqrt{n}$,
2. einer Wurzeltransformation der chi^2- bzw. gammaverteilten Nennervariablen Y,
3. einer anschließenden Quotientenbildung der beiden transformierten Variablen.

Die einzelnen Schritte lauten:

1. Die Anwendung der linearen Transformation $N(m,\sigma) = f[(x-m)/\sigma](1/\sigma)$ auf eine standardnormalverteilte Variable X mit $m=0$ und $\sigma = \sqrt{n}$ (nach Formel (5.2)):

   $$N(0,1) = 1/\sqrt{2\pi} \cdot \exp(-x^2/2) \quad \rightarrow \quad N(0,\sqrt{n}) = 1/\sqrt{2\pi n} \cdot \exp(-x^2/(2n)).$$

2. Die Wurzeltransformation (5.9) der in 5.1.3 behandelten χ^2- bzw. Gammaverteilung ergibt unter Verwendung der hier eingeführten Größen die Transformation $y = \sqrt{\chi^2}$:

   $$f_{\lambda,\nu}(\chi^2) = f_{1/2,n/2}(\chi^2) = 1/\Gamma(1/2)(1/2)^{n/2}(\chi^2)^{n/2-1}\exp(-\chi^2/2)$$
   $$\rightarrow f_{1/2,n/2}(y) = 2|y|/\Gamma(n/2) \cdot (1/2)^{n/2}(y^2)^{n/2-1}\exp(-y^2/2).$$

3. Wir bezeichnen die oben transformierten Zähler- und Nennervariablen mit X* bzw. Y*. Die Anwendung der Quotientenregel (5.15b) $\psi(t) = \int f_1(y \cdot t) f_2(y)|y|dy$ auf die hier eingeführten Variablen für die Dichte w(t) von $T = X^*/Y^*$ ergibt zunächst ein Produkt aus drei Ausdrücken: der Dichte der Zählervariablen X*, bei der x durch yt ersetzt wird, der Dichte der Nennervariablen und der Variablen y selbst. Dieses Produkt muß über den (hier nicht negativen) Variationsbereich von y integriert werden:

   $$w(t) = \int_0^\infty 1/\sqrt{2}\sqrt{\pi n} \cdot \exp[-(yt)^2/(2n)] \cdot 2y/\Gamma(n/2) \cdot (1/2)^{n/2}(y^2)^{n/2-1}\exp[-y^2/2]y dy.$$

Die Zusammenfassungen $1/\sqrt{2} \cdot 2 \cdot (1/2)^{n/2} = 2^{-1/2+1-n/2} = 2^{1/2-n/2}$ und $y \cdot y \cdot (y^2)^{n/2-1} = y^n$ sowie die Sortierung nach exp(...) ergibt dann

$$w(t) = 2^{1/2-n/2}/(\sqrt{\pi n} \cdot \Gamma(n/2)) \int_0^\infty y^n \exp(-(1+t^2/n)/2 \cdot y^2)dy.$$

Setzt man in dem Exponentialausdruck $c = (1+t^2/n) \cdot 1/2$, so erhält man für das Integral die geschlossen lösbare Form $\int y^n \exp(-cy^2)\, dy = 1/2 \cdot c^{-n/2-1/2}\Gamma(n/2+1/2)$ Setzt man diese Lösung (mit eckigen Klammern) sowie den Ausdruck für c in w(t) ein, so folgt nach einer Umsortierung der Faktoren

$$w(t) = \Gamma(n/2+1/2)/(\sqrt{\pi n} \cdot \Gamma(n/2))\, 2^{1/2-n/2} \cdot \; [1/2 \cdot ((1+t^2/n) \cdot 1/2)^{-(n+1)/2}].$$

Bildet man in diesem Ausdruck die Zusammenfassung $2^{1/2-n/2}(1/2) \cdot (1/2)^{-(n+1)/2} = 2^{1/2-n/2-1+n/2+1/2} = 2^0 = 1$, dann ergibt sich für die Dichte w(t) unmittelbar die

Gleichung (5.25a).

Besonderheiten: a) Bei wachsendem n (praktisch bei $n > 20$) geht t in die Normalverteilung N(0,1) über.
b) Formel (5.25a) verdeutlicht, daß bei $n=1$ aus der t-Dichte die Cauchy-Dichte $f_1(t)$ entsteht, vgl. (4.22).

Ergänzungen zur t-Verteilung: Als Stichprobenfunktion (Kap, VI) werden häufiger *nichtzentrale t-Verteilungen* verwendet, so z.B die Form $t = (\overline{X}-x_0)\sqrt{n-1}/S$ mit $df = \nu = n-1$, wobei $\overline{X}$ und S zwei Zufallsvariablen sind: $\overline{X}$ ist gleich dem Stichprobenmittelwert, und S ist gleich der Stichprobenquadratsumme $\Sigma_{i=1}^{n}(X_i - \overline{X})^2$, wobei x_0 eine beliebige Konstante ist. Bei $x_0=0$ erhält man die *zentrale t-Verteilung.*
Momente existieren nur für die Ordnung $r < \nu$ (beim Stichproben-t $r < n-1$). Wegen der Symmetrie der Verteilung sind bei der zentralen t-Verteilung ungerade Momente gleich 0.

Momente der t-Verteilung

$$E(X^r) = \frac{\Gamma(r+1/2)\Gamma(n/2-r)}{\Gamma(1/2)\Gamma(n/2)} \quad , \quad 2r < n.$$

5.2.7 Nichtzentrale Verteilungen

Die Versuchsschemata der *zentralen* Formen der im Titel genannten Verteilungen gehen sind in den entsprechenden Absätzen beschrieben worden. Sie gehen von Normalverteilungen mit Mittelwerten von 0 aus. Die nichtzentralen Formen werden dagegen aus Versuchsschemata entwickelt, die diese Einschränkung aufheben. Während z.B. die Dichte eines zentralen chi^2 mit n Freiheitsgraden als Summe der Quadrate von n standardnormalverteilten Zufallsvariablen N(0,1) hergeleitet wird, besteht die Zufallsvariable des *nichtzentralen* chi^2 mit $df=n$ aus der Quadratsumme von normalverteilten Variablen $X_i(i=1,n)$ mit beliebigen Erwartungswerten $N(\mu_i,1)$, jedoch unter Beibehaltung der Einschränkung $\sigma_i=1$. Da die F-Verteilung als Quotient zweier chi^2-Verteilungen hergeleitet wird, unterscheidet man je nach dem Typ der beteiligten chi^2-Verteilungen zwischen *zentralen, nicht-zentralen* und *doppelt nichtzentralen* F-Verteilungen. Die gleichen Verteilungstypen unterscheidet man auch bei der Studentschen t-Verteilung, da diese auch als Wurzel aus einer F-Verteilung mit $df1=1$ und $df2=n$ angesehen werden kann.
Da die Entscheidung zwischen Null- und Alternativhypothesen im Falle von Signifikanztests (siehe Kap. VI) statistisch häufig der Entscheidung entspricht, ob eine Stichprobe aus einer zentralen oder aus einer nichtzentralen Verteilung stammt, nennt man die zentralen und nichtzentralen Varianten dieser Verteilungen auch *Prüfverteilungen.*

Die nichtzentrale χ^2-Verteilung

Das Versuchsschema dieser Verteilung entspricht einer Quadratsumme Z von n unabhängigen Normalverteilungen X_i $(i=1,n)$ mit beliebigen reellen Mittelwerten μ_i $(i=1,n)$ und gleichen Streuungen von $\sigma=1$. Die Quadratsumme $\Sigma\mu_i^2 = \lambda$ der entsprechenden Mittelwerte wird dann als *Nichtzentralitätsparameter* von Z definiert.

Bei $\lambda=0$ liegt eine *zentrale* chi^2-Verteilung vor.
Es wird nun eine lineare Transformation der Normalverteilungen und deren Mittelwerte mit solchen Gewichtssätzen b_{ij} (i=1,n; j=1,n) gewählt, so daß für die ersten n-1 Variablen Standardnormalverteilungen mit den neuen Mittelwerten $\mu_i^*=0$ (i=1,n-1) resultieren und die n-te Verteilung eine Normalverteilung mit dem Mittelwert $\lambda^{1/2}$ und der Streuung 1 ergibt. Somit bleibt die Quadratsumme λ über alle n Werte konstant. Eine entsprechende Transformation leistet die Helmert-Transformation (siehe oben). Hieraus folgt, daß das Quadrat des letzten Mittelwertes μ_n^* gleich der gesamten Quadratsumme λ ist, d.h.:

$$\mu_i^* = 0 \text{ (für } i=1,n-1),$$
$$\mu_n^* = \lambda^{1/2}. \tag{5.26}$$

Nach der vereinfachenden Transformation (5.26) der Mittelwerte kann man die Variable Z als Summe einer zentralen χ^2-Variablen U mit n-1 Freiheitsgraden und einer quadrierten normalverteilten Variablen $N(\lambda^{1/2},1)$ darstellen:

Die Herleitung der nichtzentralen χ^2-Verteilung

Aus (4.29a) übernehmen wir für die Variable U die Dichte der χ^2-Verteilung, ersetzen dort n durch die um 1 verminderte Anzahl von Freiheitsgraden n-1 und setzen $\chi^2=u$ sowie $\sigma=1$

$$f_1(u) = \frac{1}{\Gamma((n-1)/2)}\left(\frac{1}{2}\right)^{(n-1)/2} u^{(n-1)/2-1} e^{-1/2u}. \tag{5.26a}$$

Aus (5.8a) übernehmen wir für die Variable V die Dichte des Quadrats einer Normalverteilung $N(m,\sigma)$ und setzen dort y=v, $m=\lambda^{1/2}$ und $\sigma=1$ ein:

$$f_2(v) = \frac{1}{\sqrt{2\pi}} v^{-1/2} \exp\left(-\frac{v+\lambda}{2}\right)\sum_{r=0}^{\infty}\frac{(v\lambda)^r}{(2r)!}. \tag{5.26b}$$

Zur Berechnung der Dichte der Summe Z=U+V müssen gemäß (5.10) die Dichten $f_1(u)$ und $f_2(v)$ unter entsprechender Verwendung einer zweidimensionalen Transformation (w,z) = G(u,v), deren Umkehrfunktion (u,v) = H(w,z), der Ableitungen der letzteren und dem Betrag der entsprechenden Funktionaldeterminante (5.11b) gefaltet werden. D.h. es muß die Randdichte für z aus folgendem Produkt berechnet werden:

$$f^T(u,v) = f(z,w) = f[h_1(u,v), h_2(u,v)] \cdot |J|.$$

Da hier die zur Bestimmung der Randdichte erforderliche Integration durch eine Konzentration der Integrationsvariablen w auf das Intervall [0,1] erleichtert wird, wählen wir neben z=u+v nicht die für die zweite Variable bei zweistelligen Transformationen übliche Identitätstransformation w = v (vgl. (5.12a)), sondern die normierende Transformation w = u/(u+v). Wir erhalten somit für die Transformation G(u,v) und, wie man elementar überprüfen kann, für die entsprechende Umkehrfunktion H(z,w):

$$G(u,v):\ \begin{array}{l} z = u + v \\ w = u/(u+v)\,, \end{array} \qquad H(z,w):\ \begin{array}{l} u = w\cdot z \\ v = z\cdot(1-w). \end{array}$$

Die dazugehörige Jakobi-Matrix H'(z,w) und deren Funktionaldeterminante J ergeben:

$$H'(z,w) = J = \begin{Bmatrix} \partial u/\partial z = w & \partial u/\partial w = z \\ \partial v/\partial z = 1-w & \partial v/\partial w = -z \end{Bmatrix}, \quad |J| = |w(-z) - (1-w)z| = z.$$

Wir setzen nun in $f^T(u,v)$ die Umkehrfunktion $u = w\cdot z$ und $v = z\cdot(1-w)$ sowie $|J| = z$ ein, wobei aufgrund der angenommenen Unabhängigkeit von f_1 und f_2 das Produkt aus $f_1{}^T$ und $f_2{}^T$ verwendet wird. Da hier in f_1 nur u und in f_2 nur v vorkommt, erhalten wir in allgemeiner Schreibweise die Vereinfachung

$$f^T(u,v) = f(w,z) = f_1[h_1(u,v),h_2(u,v)]\cdot f_2[h_1(u,v),h_2(u,v)]\cdot |J| = f_1{}^T(u)\cdot f_2{}^T(v)\cdot |J|.$$

Für $f_1{}^T(u)$ und $f_2{}^T(v)$ setzen wir nun die rechten Seiten von (5.26a) bzw. (5.26b) ein, setzen $|J| = z$ und ersetzen überall u durch $w\cdot z$ und v durch $z\cdot(1-w)$. Läßt man in dem resultierenden Produkt $[f_1{}^T(z,w)]\cdot[f_2{}^T(z,w)]\cdot|J|$ zunächst die Konstanten weg und betrachtet darin nur die von w und z abhängigen Faktoren, dann erhält man

$$[z^{(n-1)/2-1}w^{(n-1)/2-1}\exp(-wz/2)]\cdot[z^{-1/2}(1-w)^{-1/2}\exp(-z(1-w)/2-\lambda/2)\textstyle\sum_{r=0}^{\infty}(\lambda z)^r/(2r)!(1-w)^r]\cdot z.$$

Nach Zusammenfassen aller Exponenten und Exponentialfunktionen von z und w beziehen wir die weggelassenen Konstanten als Faktor Q wieder ein und bilden über Gesamtprodukt das Integral nach dw zur Bestimmung der Randdichte von $z \geq 0$:

$$f(z) = \int_0^1 \underbrace{[\Gamma(\tfrac{n-1}{2})\sqrt{2\pi}]^{-1}(\tfrac{1}{2})^{(n-1)/2}}_{Q} z^{n/2-1}e^{-1/2(z+\lambda)}\underbrace{\frac{w^{(n-3)/2}}{(1-w)^{1/2}}}_{R_1}\sum_{r=0}^{\infty}\frac{(\lambda z)^r}{(2r)!}\underbrace{(1-w)^r}_{R_2}dw.$$

Wir fassen die in f(z) von w abhängigen Faktoren R_1 und R_2 zu $R = R_1\cdot R_2$ zusammen. Das bestimmte Integral R^* von R nach dw von 0 bis 1 ist geschlossen lösbar. Einige kombinatorische Umformungen der hier in Q und R auftauchenden Gamma-Funktionen ergeben nach abschließendem Ersetzen von n durch ν die allgemeine Formel für die *Dichte des nichtzentralen chi²*:

$$f(z) = 2^{-\nu/2}e^{-1/2(z+\lambda)}z^{1/2(\nu-2)}\sum_{r=0}^{\infty}\frac{\lambda^r z^r}{2^{2r}r!\Gamma(\nu/2+r)}. \tag{5.27}$$

Herleitung der kombinatorischen Umformungen: In R lassen sich die Potenzen von (1−w) in binomische Reihen (Kap. I, (1.4c)) zerlegen und damit zur Integration vereinfachen. Daher resultiert für das bestimmte Integral von R nach dw von 0 bis 1 eine geschlossene Form R^* mit aus Fakultäten bestehenden Ausdrücken, die sich durch Gammafunktionen ausdrücken lassen:

$$R^* = \int_0^1 R\,dw = \int_0^1 w^{(n-3)/2}(1-w)^{-1/2}(1-w)^r dw = \Gamma(r+1/2)\Gamma(n/2-1/2)/\Gamma(n/2+r).$$

Die Konstanten des Teils Q lassen sich wegen $\pi = \Gamma(1/2)$ (vgl. (4.24)ff) zusammenfassen zu

$$Q = 1/[\Gamma(n/2-1/2)\cdot\Gamma(1/2)\,2^{1/2}2^{(n-1)/2}] = 1/[\Gamma(n/2-1/2)\cdot\Gamma(1/2)2^{n/2}].$$

Wir bilden nun das Produkt QR^*, kürzen darin $\Gamma(n/2-1/2)$ und erweitern QR^* durch den Faktor (2r)!

$QR^* = \underline{\Gamma(r+1/2)} \cdot (2r)!/[\Gamma(n/2+r) \cdot \underline{\Gamma(1/2)} \cdot 2^{n/2} \cdot \underline{(2r!)}]$.

Nach kombinatorischen Umformungen der unterstrichenen Teile zu $1/(2^{2r})$ resultiert

$QR^* = (2r)!/[2^{2r} \cdot \Gamma(n/2+r) \cdot 2^{n/2}]$.

Setzen wir den nun für QR^* erhaltenen Ausdruck anstelle des Produktes QR_1R_2 in f(z) ein, dann kürzt sich (2r)! weg und nach Ersetzen von n durch ν resultiert (5.27).

Die wichtigsten Momente der nichtzentralen chi^2-Verteilung sind:

$$E(\chi^2) = E(z) = \nu+\lambda, \qquad \sigma^2(\chi^2) = 2\nu+4\lambda. \tag{5.27a}$$

Die chi^2-Verteilung ist additiv: Werden zwei chi^2-Variablen mit den beiden Nichtzentralitätsparametern λ_1 und λ_2 und den Freiheitsgraden ν_1 und ν_2 addiert, so resultiert eine chi^2-Verteilung mit den entsprechenden Parametern $\lambda=\lambda_1+\lambda_2$ und $\nu=\nu_1+\nu_2$.

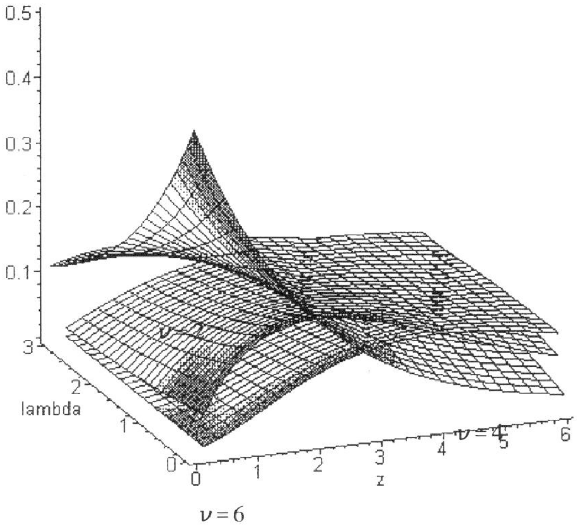

Abb. 5.1 Nichtzentrale chi^2-Verteilungen. Die 3 Flächen der Abbildung entsprechen 3D-Plots von nichtzentralen chi^2-Verteilungen für 3 verschiedene Anzahlen von Freiheitsgraden $\nu=2$, 4, 6, vgl. die Dichte von z in (5.26c). Man sieht, daß sowohl mit wachsendem ν und mit wachsendem Nichtzentralitätsparameter λ die chi^2-Kurven flacher werden. Die vorderen Flächenränder bei $\lambda=0$ stellen die Kurven für die entsprechenden zentralen chi^2-Verteilungen dar.

5.3 Die Verwendung charakteristischer Funktionen

Charakteristische Funktionen eignen sich zur Bestimmung von Momenten gegebener Verteilungen, in bestimmten Fällen aber auch zur Bestimmung der Verteilungen von ein- oder mehrstelligen Transformationen von Zufallsvariablen. Da bei der generellen

Methode mittels einer Jakobimatrix (siehe oben) schwierige Integrale auftauchen können, empfiehlt es sich, alternative Verfahren für Operationen an Zufallsvariablen zu kennen.

Wie schon in Kap. III eingeführt, wird die Zufallsvariable X bzw. ihre transformierte Form e^{itX} allein oder unter einem Operator, wie z.B. E, groß geschrieben, da sie dort als *Menge* aufgefaßt wird. Als Argument einer mathematischen Funktion wird sie dagegen klein geschrieben.

5.3.1 Definitionen

Als *charakteristische Funktion* einer Zufallsvariablen X bezeichnet man den Erwartungswert einer exponentiellen Transformation der Verteilung von X, die in folgender Form für diskrete sowie für kontinuierliche Variablen definiert wird:

$$\phi(t) = E(e^{itX}) \quad = \sum_k p_k e^{itx_k} \quad \text{bzw.} \quad = \int_{-\infty}^{\infty} f(x) e^{itx} dx. \tag{5.28}$$

Hierbei ist t eine beliebige reelle Zahl, $i = \sqrt{-1}$ die imaginäre Einheit. p_k und f(x) bezeichnen die Wahrscheinlichkeitsfunktion bzw. die Dichte von X. Der Begriff "charakteristische Funktion" wird durch c.f. abgekürzt (Plural: c.f.n):

Eigenschaften komplexer Zahlen: Als *komplexe Zahl* bezeichnet man eine Zahl $\alpha = a+bi$ (a, b beliebig reell; $i = \sqrt{-1}$ = imaginär). Die Zahl $it = i \cdot t$ ist eine komplexe Zahl mit b=t und a=0. Weitere Definitionen und Beziehungen:

1) $i^1 = i$, $i^2 = -1$, $i^3 = -i$, $i^4 = 1$, $i^5 = i$, $i^6 = -1$ usw. zyklisch,
2) $\bar{\alpha} = a - bi$ ist die *konjugiert komplexe Zahl* zu $\alpha = a+bi$,
3) $\sqrt{a^2+b^2} = \sqrt{(a+bi)(a-bi)} = \sqrt{\alpha\bar{\alpha}}$ = *Betrag* von $\alpha = |\alpha|$,
4) $e^{it} = \cos t + i \sin t$ sowie $e^{-it} = \cos t - i \sin t$. (5.28a)

Beispiele für die Bildung charakteristischer Funktionen

a) c.f. der Bernoulli-Verteilung X={0,1} mit P(X=1)=p:

$$\phi(t) = E(e^{itX}) = pe^{it1} + qe^{it0} = pe^{it} + q. \tag{5.28b}$$

b) Die c.f. der Exponentialverteilung ist:

$$\phi_x(t) = \int_0^{\infty} \lambda e^{-\lambda x} e^{itx} dx \quad = \quad \lambda \int_0^{\infty} e^{-x(\lambda - it)} dx \quad = \quad \frac{\lambda e^{-x(\lambda - it)}}{-(\lambda - it)} \Bigg|_{x=0}^{x=\infty}$$

$$= \left[1 - \frac{it}{\lambda}\right]^{-1}. \tag{5.28c}$$

c) c.f. der Standardnormalverteilung N(0,1): $f(z) = 1/\sqrt{2\pi}\, \exp(-z^2/2)$:

$$\phi(t) = \int_{-\infty}^{\infty} \frac{1}{\sqrt{2\pi}} e^{-z^2/2} e^{itz} dz = \underbrace{\frac{1}{\sqrt{2\pi}} \int_{-\infty}^{\infty} e^{-(z-it)^2/2} dz}_{=1} e^{-t^2/2} = e^{-t^2/2}. \tag{5.28d}$$

Die Addition der Exponenten der e-Funktionen ergibt zunächst $-z^2/2+itz$. Dies ist wegen $i^2=-1$ gleich $[-(z-it)^2/2]+[-t^2/2]$.
Probe: $-[z^2-2itz+(it)^2]/2 - t^2/2 = -[z^2/2-itz-t^2/2]-t^2/2 = -z^2/2+itz$.
Durch Umstellung bzw. durch eine andere Verteilung der Exponenten auf die beiden e-Funktionen ergibt sich ein Integral über den gesamten Bereich einer Normaldichte, bei der anstelle des Parameters m die Größe it steht. Dieses Integral ist gleich 1. Daher resultiert rechts die gesuchte c.f. von N(0,1), d.h. $\exp(-t^2/2)$.

d) c.f. der Pascalverteilung:

$$P(N=F+k) = \binom{F+k-1}{k-1}p^kq^F = \binom{F+k-1}{F}p^kq^F = \binom{-k}{F}p^k(-q)^F,$$

$$\phi(t) = \sum_{F=0}^{\infty}\binom{-k}{F}p^k(-q)^Fe^{itF} = p^k(1-qe^{it})^{-k}, \qquad (5.28e)$$

Die letzte Gleichung folgt aus der letzten der Formeln (1.3a), Kap. I.

5.3.2 Eigenschaften der charakteristischen Funktion

Aus der Definition der c.f. und den Eigenschaften der komplexen Zahlen ergeben sich folgende Beziehungen:

$$\phi(0) = E(e^0) = E(1) = 1 \qquad (5.29a)$$
$$\phi(t) = E(e^{itX}) = E[\cos(tX) + i\sin(tX)] = E[\cos(tX)] + iE[\sin(tX)] \qquad (5.29b)$$
$$\phi(-t) = E(e^{-itX}) = E[\cos(tX) - i\sin(tX)] = E[\cos(tX)] - iE[\sin(tX)] \qquad (5.29c)$$
$$\phi(-t) = \overline{\phi(t)} \quad \text{(beide Funktionen sind zueinander konjugiert komplex)} \qquad (5.29d)$$

5.3.3 Die Bestimmung von Momenten

Die folgenden Beziehungen für Dichten gelten in entsprechender Umformung auch für Wahrscheinlichkeitsverteilungen. Aus den Regeln der Differentiation für Exponentialfunktionen $d(e^{itx})/dt = ixe^{itx}$ folgt die erste Ableitung der c.f. (5.28) $\phi(t)$ nach t:

$$\phi'(t) = \int_{-\infty}^{\infty} ixf(x)e^{itx}dx = E[iXe^{itX}].$$

Durch r-maliges Differenzieren (unter dem Integral) nach t erhält man die r-te Ableitung

$$\phi^{(r)}(t) = \int_{-\infty}^{\infty} i^rx^rf(x)e^{itx}dx = E[i^rX^re^{itX}] = i^rE[X^re^{itX}]. \qquad (5.30)$$

Setzt man nun t=0, dann erhält man $\phi^{(r)}(0) = i^rE(X^r)$ und daraus:

Theorem 5.4. Das r-te Moment einer Verteilung läßt sich, sofern es existiert, in folgender Form aus der r-ten Ableitung der charakteristischen Funktion $\phi(t)$ nach t für t=0 bestimmen:

$$E(X^r) = \phi^{(r)}(0)/i^r. \tag{5.31}$$

Beispiele: a) Die Bernoulli-Verteilung $X=\{0,1\}$ mit $P(X=1)=p$:

$$\phi(t) = E(e^{itX}) = pe^{it1}+qe^{it0} = pe^{it}+q. \tag{5.32a}$$

Die erste Ableitung sowie die Herleitung des ersten Momentes ergeben:

$$d[\phi(t)]/dt = \phi'(t) = p\cdot i\cdot e^{it}+0, \qquad \phi'(0) = p\cdot i, \qquad \phi'(0)/i = p = E(X).$$

b) Die Poisson-Verteilung: $P(X=k)=(\lambda^k/k!)e^{-\lambda}$ mit

$$\phi(t) = \sum_{k=0}^{\infty} e^{itk}\frac{\lambda^k}{k!}e^{-\lambda} = e^{-\lambda}\sum_{k=0}^{\infty}\frac{(\lambda e^{it})^k}{k\,!} = e^{-\lambda}e^{\lambda e^{it}} = e^{\lambda(e^{it}-1)}$$

$$\phi'(t) = \lambda i e^{it}e^{\lambda(e^{it}-1)}$$

$$\phi''(t) = \lambda i^2 e^{it}e^{\lambda(e^{it}-1)}(\lambda e^{it}+1), \quad \phi'(0)=i\lambda, \quad \phi''(0)=i^2\lambda(\lambda+1)$$

$$\phi'(0)/i = \lambda$$

$$\phi''(0)/i^2 = \lambda(\lambda+1) \tag{5.32b}$$

Daher folgt $\sigma^2(X) = E(X^2)-E(X)^2 = \lambda(\lambda+1)-\lambda^2 = \lambda.$

5.3.4 Einstellige Operationen

Die charakteristische Funktion (c.f.) einer *transformierten* Variablen $Y=g(X)$ lautet

$$\int_{-\infty}^{\infty} f(x)e^{itg(x)}dx = \int_{-\infty}^{\infty} f(x)e^{ity}dx = E[e^{itY}]. \tag{5.33}$$

Man beachte, daß hier die Dichte f(x) der Untransfomierten X mit der exponentiell transformierten Y multipliziert wird.
Die c.f. einer *linear transfomierten* Variablen $Y=aX+b$ lautet

$$E[e^{itY}] = E[e^{it(aX+b)}] = e^{itb}E[e^{itaX}] = e^{itb}\phi(at) \qquad |\ Y=aX+b. \tag{5.33a}$$

Hierin sind auch die Sonderfälle $Y=aX$ bzw. $Y=-X$ und $Y=X+b$ enthalten, bei denen man jeweils $b=0$ und/oder $a = -1,+1$ usw. setzt.

Beispiel: Die c.f. der linearen Transformation $N(m,\sigma)$ einer Standardnormalverteilung $N(0,1)$: Die c.f. von $N(0,1)$ ist nach (5.28d) $\phi(t)=\exp(-t^2/2)$. Wählt man den Mittelwert m und die Streuung σ, dann entspricht dies der Transformation $x=az+b$ ($a=\sigma$ und $b=m$). Dies ergibt nach (5.33a) die c.f. $\phi_x(t) = \exp(itm)\phi(\sigma t) = \exp(itm)\exp[-(\sigma t)^2/2]$.

$$\phi_x(t) = e^{(itm-\sigma^2t^2/2)} \qquad \text{(c.f. von } N(m,\sigma)) \tag{5.33b}$$

5.3.5 Mehrstellige Operationen

Es gibt im Bereich der charakteristischen Funktionen ein eigenständiges Ergebnis für die Addition von Zufallsvariablen:

Theorem 5.5. Die c.f. $\phi(t)$ der Summe $X = X_1 + X_2 + ... X_n$ von n unabhängigen Zufallsvariablen X_i ist gleich dem Produkt der c.f.n dieser Zufallsvariablen:

$$\phi(t) = \phi_1(t) \cdot \phi_2(t) \cdot ... \cdot \phi_n(t). \tag{5.34}$$

Beispiele zur Summierung: a) Die c.f. $\phi(t)$ der *Binomialverteilung* als Summe $X = X_1 + .. + X_n$ von n gleichen Bernoulli-Verteilungen X_i mit den gleichen c.f.n $\phi_i(t) = \phi_1(t)$ ergibt unter Verwendung von (5.28b):

$$\phi(t) = \Pi_{i=1}^{n} \phi_i(t) = \phi_1(t)^n = (pe^{it} + q)^n \tag{5.34a}$$

Parameterbestimmung: $E(X) = \phi'(0)/i = n(pe^{i0} + q)^{n-1}(pie^{i0})/i = np,$

$E(X^2) = \phi''(0)/i^2 = n(n-1)(pe^{i0} + q)^{n-2}(pie^{i0})^2/i^2 = np + n(n-1)p^2,$

$\sigma^2(X) = E(X^2) - E(X)^2 = np + n^2p^2 - np^2 - n^2p^2 = npq.$

b) Die c.f. der Gammaverteilung als Summe von n unabhängigen gleichen Exponentialverteilungen: Die c.f. der Exponentialverteilung (5.28c) ergibt potenziert mit n die c.f.

$$\phi_{Gamma}(t) = \phi_{f_{\lambda,\nu}}(t) = \phi_{Exponential}(t)^n = \left[1 - it/\lambda\right]^{-n} \quad | \; \nu = n. \tag{5.34b}$$

Das Theorem 5.5 läßt sich auch auf die *Differenzenbildung* übertragen. Die c.f. von $D = X - Y$ erhält man, indem man nach (5.33a) die c.f. der linearen Transformation $Z = aY + b$ für $a = -1$ und $b = 0$ bestimmt und sie mit der c.f. von X multipliziert:

$$\phi_d(t) = E[e^{itD}] = E[e^{it(X+Z)}] = E[e^{i[tX+tZ]}] = \phi_x(t)\phi_z(t) = \phi_x(t)\phi_y(-t)$$
$$= \phi_x(t)\overline{\phi_y(t)} \tag{5.35}$$

Beispiel: Die Differenz zweier Poisson-Verteilungen

Zu bestimmen sei die Verteilung der Differenz $D = X - Y$ zweier unabhängiger Unfallverteilungen X und Y; X und Y seien Poisson-verteilt mit den Parametern λ_x und λ_y. Nach (5.30a), (5.33a) und (5.35) ergeben sich folgende c.f.n für X, Y und D:

$$\phi_x(t) = e^{\lambda_x(e^{it}-1)}, \quad \phi_{-y}(t) = \phi_y(-t) = e^{\lambda_y(e^{-it}-1)} \quad \text{bzw.}$$

$$\phi_d(t) = \phi_x(t)\phi_y(-t) = e^{[\lambda_x e^{it} + \lambda_y e^{-it} - \lambda_x - \lambda_y]}. \tag{5.35a}$$

Unter Verwendung von $E(D^r) = \phi_x^{(r)}(0)/i^r$ (5.30) erhält man dann $E(D) = \lambda_1 - \lambda_2$, $E(D^2) = \lambda_1 + \lambda_2 - (\lambda_1 - \lambda_2)^2$ und daraus $\sigma^2(D) = E(D^2) - E(D)^2 = \lambda_1 + \lambda_2$.

5.3.6 Charakteristische Funktionen multivariater Zufallsvariablen

Die c.f. einer bivariaten Zufallsvariablen (X,Y) mit nicht notwendig unabhängigen Komponenten wird folgendermaßen für diskrete bzw. für kontinuierliche Variablen

definiert:

$$\phi(t,u) = E[e^{i(tX+uY)}] = \sum_j \sum_k p(x_j, y_k) e^{i(tx_j + uy_k)} \quad | \text{ t, u beliebig reell} \quad (5.36a)$$

$$\phi(t,u) = E[e^{i(tX+uY)}] = \int_{-\infty}^{\infty} \int_{-\infty}^{\infty} f(x,y) e^{i(tx+uy)} dxdy \quad | \quad \text{"} \quad \text{"} \quad (5.36b)$$

Der Unterschied zur c.f. der Summe zweier unabhängiger Zufallsvariablen zeigt sich darin, daß in (5.34) bzw. in (5.35) nur *eine* Variable t verwendet wird, hier jedoch für jede der Komponenten X und Y eine eigene Variable, nämlich t bzw. u.

Die c.f.n der *Randverteilungen* von (X,Y) lauten

$$\phi(t,0) = E(e^{itX}) \quad \text{bzw.} \quad \phi(0,u) = E(e^{iuY}). \quad (5.36c)$$

Wie man durch Differenzieren überprüfen kann, gelten folgende Beziehungen:

$$\phi(0,0) = 1 \quad (5.37a)$$

$$\phi(-t,-u) = E[e^{-i(tX+uY)}] = \overline{\phi(t,u)}. \quad (5.37b)$$

Beispiele: a) Die c.f. läßt sich auch für eine *nominal skalierte* Zufallsvariable entwickeln, d.h für ein Wahrscheinlichkeitsschema aus r Elementarereignissen mit den WSS p_1 bis p_r und $\Sigma p_k = 1$: Aus einer Urne wird eine Kugel gezogen, die eine der Farben 1 . . r mit den WSS p_1 bis p_r haben kann. Die c.f. dieses Schemas lautet

$$\phi(t_1,..,t_r) = \sum_{k=1}^{r} p_k e^{it_k X_k} = \sum_{k=1}^{r} p_k e^{it_k}, \quad X_k = 1 \quad (k=1,r). \quad (5.38)$$

Beweis: Diese Verteilung kann als multivariate Verteilung mit r Komponenten $X_k = \{0,1\}$ (k=1,r) aufgefaßt werden, die in ihren Komponenten nur Muster mit jeweils *einer* 1, d.h. Muster der Form (1 0 0 ... 0), (0 1 0 ... 0) usw., annehmen kann. Bezeichnet man die WS des Musters mit der 1 an Position j mit p_j, dann gilt $\Sigma_j p_j = 1$. Für die c.f. ergibt sich durch Verallgemeinerung von (5.36a) auf r Komponenten

$$\phi(t_1,...,t_r) = \sum_{j=1}^{r} p_j \exp\Big[\sum_{k=1}^{r} it_k X_k \Big| X_{jk} = \begin{cases} 1 \\ 0 \end{cases} \Big| \begin{matrix} j=k \\ j\neq k \end{matrix} \Big] = E[\exp(it_k)]. \quad (5.39a)$$

b) Das Schema der c.f. (5.39) stellt den Sonderfall einer Multinomialverteilung mit n=1 Versuchen dar. Führen wir nach diesem Schema n ≥ 1 unabhängige Versuche (d.h. *mit Zurücklegen*) durch und zählen getrennt die erhaltenen Farben, dann entspricht dies der n-fachen Aufsummierung einer r-dimensionalen Zufallsvariablen und gleichzeitig dem Multinomialschema. Aus Theorem 5.5 folgt, daß die c.f. der *Multinomialverteilung* dem n-fachen Produkt der c.f. von (5.39) entspricht:

$$\phi_{r,n}(t_1,..t_r) = [\phi(t_1, \ldots, t_r)]^n = (\sum_{k=1}^{r} p_k e^{it_k})^n \quad \Big| \begin{array}{l} r = \text{Anzahl der Farben} \\ n = \text{" " Versuche} \end{array} \tag{5.40}$$

5.3.7 Die Bestimmung bivariater Momente

Gegeben sei eine 2-dimensionale Zufallsvariable (X,Y). Durch Differentiation ihrer c.f. bzw. der c.f.n ihrer Randverteilungen kann man die entsprechenden 1- und 2-dimensionalen Momente, so u.a. auch die Kovarianz und die Korrelation von X und Y bestimmen. Differenziert man analog zum univariaten Fall im Teil 4.3.3 den Ausdruck (5.36a) oder (5.36b) k mal nach x und n-k mal nach y, dann erhält man:

$$\phi^{(k,n-k)}(t,u) = \frac{\partial^n \phi(t,u)}{\partial t^k \partial u^{n-k}} = i^n E[X^k Y^{n-k} e^{i(tX+uY)}]. \tag{5.41}$$

Wir bezeichnen bei c.f.n die *Anzahl* der Differentiationen durch obere Indizes *mit* Klammern, die *Variablen*, nach denen differenziert wird, dagegen gegebenenfalls durch obere Indizes *ohne* Klammern, z.B. $\phi^u(t,u)$ usw., siehe unten.

Setzt man nach der Differentiation t=u=0, dann kann man analog zu (5.30) das entsprechende bivariate Moment der Ordnung k, n-k der Verteilung (X,Y) aus $\phi^{(n,n-k)}(0,0)$ bestimmen:

$$E[X^k Y^{n-k}] = \phi^{(n,n-k)}(0,0)/i^n. \tag{5.42}$$

Diese Methode läßt sich auf höherdimensionale Zufallsvariablen sowie auf (auch multivariate) Randvariablen multivariater Verteilungen verallgemeinern.

Univariate Momente und Korrelationen der Komponenten einer Multinomialverteilung

Es werden in 4 Schritten a) bis d) die wichtigsten Momente sowie die *Korrelationen zwischen zwei Komponenten* X_g, X_h einer Multinomialverteilung bestimmt. Die *c.f. der Multinomialverteilung* mit n Versuchen und r Möglichkeiten (Farben) lautet nach Formel (5.40):

$$\phi_{r,n}(t_1,...,t_r) = (\sum_{k=1}^{r} p_k e^{it_k})^n \qquad | \sum_{k=1}^{r} p_k = 1.$$

a) Bestimmung der *Erwartungswerte* $E(X_g)$ und $E(X_h)$:
Wir bilden die erste Ableitung nach t_g (Kettenregel), symbolisiert durch ein hochgestelltes g (ohne Klammern) bei der Funktion ϕ, und setzen danach alle $t_k=0$:

$$\phi^g_{r,n}(t_1,...,t_r) = n(\sum_{k=1}^{r} p_k e^{it_k})^{n-1} p_g i e^{it_g} = n(\sum_{k=1}^{r} p_k)^{n-1} i p_g = inp_g \quad \Big| t_k=0;\ k=1,r.$$

Nach (5.42) erhalten wir mit $E(X_g) = \phi^g_{r,n}(0,..0,)/i = np_g$ und analog mit $E(X_h) = \phi^h_{r,n}(0,..,0)/i = np_h$ den Erwartungswert für jede der beiden Variablen X_g,X_h, bzw.

$$E(X_g) = np_g. \qquad (5.42a)$$

b) Bestimmung der *Varianzen* $\sigma^2(X_g)$ und $\sigma^2(X_h)$ der Multinomialverteilung: Zunächst bestimmen wir $E(X_g^2)$ und bilden dazu gemäß (5.41) zweimal die Ableitung nach t_g (ausgedrückt durch zwei hochgestellte Indizes g ohne Klammern bei ϕ). Danach setzen wir wieder alle t_k gleich 0 (und beachten $\sum p_k = 1$):

$$\phi_{r,n}^{g,g}(t_1,...,t_r) = \left[n(\sum{}_k p_k e^{it_k})^{n-1} p_g i e^{it_g}\right]'_{t_g}$$

$$= n\left[(n-1)(\sum{}_k p_k e^{it_k})^{n-2}(p_g i e^{it_g})^2 + (\sum{}_k p_k e^{it_k})^{n-1} p_g i^2 e^{it_g}\right]$$

$$\phi_{r,n}^{g,g}(0,...,0) = n\left[(n-1)(\sum{}_k p_k)^{n-2} p_g^2 i^2 + (\sum{}_k p_k)^{n-1} p_g i^2\right] = i^2 n[(n-1)p_g^2 + p_g]$$

Nach (5.42) folgt: $E(X_g^2) = \phi_{r\ ,n}^{g\ ,g}(0,..,0)/i^2$. Hieraus folgt mit der vorangehenden Zeile das quadratische Moment:

$$E(X_g^2) = n(n-1)p_g^2 + np_g. \qquad (5.42b)$$

Hieraus ergeben sich für X_g (bzw. X_h) die Varianzen (wobei $q_g = 1 - p_g$ usw.):

$$\sigma^2(X_g) = E(X_g^2) - E(X_g)^2 = n(n-1)p_g^2 + np_g - (np_g)^2 = np_g - np_g^2 = np_g q_g \quad \text{bzw.}$$

$$\sigma^2(X_h) = np_h q_h. \qquad (5.42c)$$

c) Bestimmung der *Kovarianz* $Cov(X_g X_h)$ der Multinomialverteilung: Wir bilden nun nach (5.42) einmal die gemischte Ableitung nach t_g *und* t_h und setzen danach wieder alle t_k gleich 0:

$$\phi_{r,n}^{g,h}(t_1,...,t_r) = n(n-1)(\sum_{k=1}^{r} p_k e^{it_k})^{n-1} p_g i e^{it_g} p_h i e^{it_h} = i^2 n(n-1)(\sum_{k=1}^{r} p_k) p_g p_h \Big|_{t_k=0;\ k=1,r}$$

$$= i^2 n(n-1) p_g p_h.$$

Nach Division durch i^2 gemäß (5.42) folgt

$$E[X_g X_g] = \phi_{r,n}^{g,h}(0,..0)\ /i^2 = n(n-1)p_g p_h.$$

Die Kovarianz ist $Cov(X_g X_h) = E(X_g X_h) - E(X_g)E(X_h) = n(n-1)p_g p_h - np_g np_h$ bzw.

$$Cov(X_g X_h) = -np_g p_h. \qquad (5.42d)$$

d) Zur Bestimmung der *Korrelation* $\rho(X_g, X_h)$ setzen wir die hergeleiteten Größen in die Formel $\rho_{gh} = Cov(X_g X_h)/[\sigma(X_g)\sigma(X_h)]$ ein und erhalten

$$\rho_{gh} = -\sqrt{p_g p_h/(q_g q_h)}\ . \qquad (5.42e)$$

Experimentelles Beispiel: Ein psychologischer "Farbtest" umfaßt n Items (z.B. schwarz-weiße Bilder). Eine Versuchsperson soll jedem Item genau eine (subjektiv) dazu passende Farbe aus r Farben zuordnen. Dies wird an N Personen wiederholt. Jede Person i hat demnach n_{ij} mal Farbe j und n_{ik} mal Farbe k gewählt (sowie zusätzlich eventuell noch andere Farben). Aus den erhaltenen Daten sollen die *Korrelationen zwischen den Farbwahlen* r_{jk} aus den N Wertepaaren $\{n_{ij}, n_{ik}, i=1,N\}$ bestimmt werden. Dies entspricht bei jeder Person im Falle der Unabhängigkeit der Farbwahlen einem multinomialen Urnenschema, bei der sie n Kugeln *(mit Zurücklegen)* in r verschiedenen Farben mit den WSS $p_1,\ldots,p_m$ auswählt. Da in einer Multinomialverteilung die Häufigkeiten der Ereignisse (Farbauswahlen) wegen der Begrenzung auf n Versuche voneinander abhängig sind, muß jede Korrelation r_{jk} mit der mathematisch aus dem Schema resultierenden Korrelation ρ_{jk} verglichen werden, um zu prüfen, ob die Farbpräferenzen der Personen stark abweichend von ρ_{jk} korrelieren. Wir betrachten die Wertepaare n_{ij}, n_{ik} als gemeinsame Realisationen (über die Personen i=1,N) der beiden (Rand-) Zufallsvariablen X_j, X_k. Die WSS p_j der r Farben schätzen wir aus den empirisch gewonnenen

$$\hat{p}_j = \sum_i^N n_{ij}/N.$$

Damit lassen sich gemäß (5.42e) die Korrelationen der Komponenten bestimmen.

5.3.8 Die Bestimmung der Verteilungsfunktion aus der charakteristischen Funktion

Um mittels der Methode der charakteristischen Funktionen durch ein- oder mehrstellige Operationen neue Zufallsvariablen entwickeln zu können, müssen nach der Durchführung der Operationen im komplexen Bereich der charakteristischen Funktionen die resultierenden Ausdrücke wieder in den reellen Bereich zurücktransformiert werden. Dies geschieht mittels der im folgenden Theorem beschriebenen Methode:

Theorem 5.6 (Inversionstheorem): Man kann eine gegebene c.f. $\phi(t)$ folgendermaßen in die entsprechende Verteilungsfunktion F(x) bzw. in die Dichte f(x) zurücktransformieren:

$$F(x) - F(0) = \frac{1}{2\pi} \int_{-\infty}^{\infty} \frac{1 - e^{-itx}}{it} \phi(t)dt, \tag{5.43a}$$

$$F'(x) = f(x) = \frac{1}{2\pi} \int_{-\infty}^{\infty} e^{-itx}\phi(t)dt. \tag{5.43b}$$

Beispiele für Inversionen: a) Die *c.f. der Normalverteilung:* Gegeben sei folgende c.f $\phi(t)$ (4.14c) sowie rechts deren Inversion f(z), die wir durch Einsetzen in (5.43b) für die Variable z gebildet haben:

$$\phi(t) = e^{-t^2/2}, \qquad f(z) = \frac{1}{2\pi} \int_{-\infty}^{\infty} e^{-itz} e^{-t^2/2}dt. \tag{5.44}$$

Wir zeigen, daß dieses $\phi(t)$ die c.f. der Normalverteilung N(0,1) ist: Bei f(z) können beide Exponenten der e-Funktionen addiert und in der veränderten Form

$$-itz-t^2/2 \quad = \quad -z^2/2 - [t^2+2itz+(iz)^2]/2 \quad = \quad -z^2/2 - (t+iz)^2/2$$

geschrieben werden (wenn man $i^2=-1$ beachtet). Danach werden sie in der neuen Form wieder auf zwei e-Funktionen verteilt, so daß N(0,1) resultiert:

$$f(z) \quad = \quad \underbrace{\frac{1}{\sqrt{2\pi}}\, e^{-z^2/2}}_{N(0,\,1)} \cdot \underbrace{\frac{1}{\sqrt{2\pi}} \int_{-\infty}^{\infty} e^{-(t+iz)^2/2} dt.}_{=1}$$

Das Integralzeichen wurde hier vor die rechte e-Funktion gesetzt, da nur diese die Integrationsvariable t enthält. Das Integral ergibt 1, da es über eine Normaldichte verläuft, die mit $y=t-iz$ transformiert wurde, vgl. Formel (5.3a).

b) *c.f. der Cauchy-Verteilung:* Gegeben sei folgende c.f. und rechts deren Inversion:

$$\phi(t) = e^{-|t|} \qquad\qquad f(x) \; = \; \frac{1}{2\pi} \int_{-\infty}^{\infty} e^{-|t|}\, e^{-itx}\, dt \tag{5.45}$$

Wir beweisen, daß $\phi(t)$ die c.f. bzw. daß f(x) die Dichte der Cauchy-Verteilung ist:

$$f(x) = \frac{1}{2\pi}\int_{-\infty}^{\infty} e^{-|t|}\,[\cos(tx) - i\,\sin(tx)]dt \; = \; \frac{1}{2\pi}\Big[\int_{-\infty}^{\infty} e^{-|t|}\cos(tx)dt - \underbrace{i\int_{-\infty}^{\infty} e^{-|t|}\sin(tx)dt}_{=0}\Big]$$

$$\pi f(x) = \int_0^{\infty} e^{-t}\cos(tx)dt \; = \; \underbrace{\Big[-e^{-t}\cos(tx)\Big]_{t=0}^{t=\infty}} - x\int_0^{\infty} e^{-t}\sin(tx)dt$$

$$= \qquad 1 \qquad - x\Big\{\underbrace{\Big[-e^{-t}\sin(tx)\Big]_0^{\infty}}_{=0} + x\underbrace{\int_0^{\infty} e^{-t}\cos(tx)dt}_{=\pi f(x)\ \text{(s.o.)}}\Big\}$$

$$\pi f(x) \quad = \quad 1 - x^2 \pi f(x)$$

$$f(x) \quad = \quad 1/[\pi(1+x^2)] \qquad \text{(vgl. (4.22b))}$$

Erläuterungen: Die 1. Gleichung folgt aus der Zerlegung von e^{-itx} gemäß (5.28a), Fall 4). Das rechte Integral der 2. Gleichung ergibt 0, da wegen der Ungeradheit der Sinusfunktion (siehe Kurve) $\int_{-\infty}^{\infty}\sin(tx)dx=0$ gilt und wegen der Symmetrie von $e^{-|t|}$ auch das Integral über das Produkt $e^{-|t|}\sin(tx)$ gleich 0 wird. In der 3. Gleichung wurde wegen der Symmetrie der Funktion 2 mal das Integral von 0 bis ∞ genommen. In der 4. Gleichung wurde partiell integriert (vgl. unten (5.45a)). Aus der Gleichung 4 resultiert demnach bei $u=\cos(tx)$ und $v=-e^{-t}$:

$$\int u dv \;=\; \int \cos(tx)e^{-t}dt \;=\; \int \cos(tx)d[-e^{-t}] \;=\; uv - \int v du$$

$$= \quad \cos(tx)(-e^{-t}) \quad - \int -e^{-t}du \quad = \quad -e^{-t}\cos(tx) - \int -e^{-t}d\cos(tx) \quad = \quad uv - \int v du$$

$$= -e^{-t}\cos(tx) - \int [-e^{-t}\cdot(-\sin(tx)\cdot x)]dt$$

usw. Die 5. Gleichung entspricht einer weiteren partiellen Integration $\int udv$ mit $u=\sin(tx)$ und $v=-e^{-t}$.

Allgemein läßt sich die oben angewandte *partielle Integration*

$$\int udv = uv - \int vdu \tag{5.45a}$$

folgendermaßen herleiten:

$$d(uv) = udv+vdu, \quad \int d(uv) = uv = \int udv+\int vdu, \quad \int udv = uv-\int vdu.$$

5.3.9 Die Inversion der c.f.n von Funktionen von Zufallsvariablen

Einstellige Funktionen

In einigen Fällen ist es leichter, Operationen an Zufallsvariablen im Bereich charakteristischer Funktionen durchzuführen und das Ergebnis danach mittels des Inversionstheorems wieder in eine Verteilungsfunktion rückzutransformieren.
Im Falle einstelliger Operationen $y=g(x)$, die eine Zufallsvariable X mit der Dichte f_1 in eine Zufallsvariable Y mit der Dichte f_2 überführen, gilt für die c.f. $\phi_2(t)$ von Y bzw. für die durch die Inversion erhaltene Dichte $f_2(y)$:

$$\phi_1(t) = \int_{-\infty}^{\infty} f_1(x)e^{ity}dx, \qquad f_2(y) = \frac{1}{2\pi}\int_{-\infty}^{\infty} e^{-ity}\phi_2(t)dt. \tag{5.46}$$

Man beachte, daß bei $\phi(t)$ die Dichte $f_1(x)$ der untransformierten Variablen X mit der Exponentialfunktion der transformierten Variablen Y multipliziert wird.

Produkte und Quotienten von Zufallsvariablen

Der Ansatz für einstellige Funktionen läßt sich auf *2-stellige Operationen* erweitern: Die Summen- und die Differenzenbildung mittels c.f.n wurde bereits in Theorem 5.5 behandelt und führte dort zu eigenständigen Ergebnissen, deren Herleitung nicht die Bildung der Jakobi-Matrix erforderte.
Für die Produkt- und Quotientenbildung gibt es ebenfalls ohne Verwendung der Jakobi-Matrix allgemeine Transformationen, deren Herleitung nicht auf bestimmte Verteilungen beschränkt ist. Der Vorteil der Verwendung der folgenden Beziehungen besteht darin, daß man von der Variablen Y nur die Verteilungsfunktion, nicht jedoch ihre c.f. benötigt.
Gegeben seien zwei unabhängige Zufallsvariable X und Y mit den Dichten und Verteilungsfunktionen $f_1(x)$, $F_1(x)$ bzw. $f_2(y)$, $F_2(y)$. Es sei ϕ_1 die c.f. von X. Die c.f. $\phi_{u(x,y)}(t)$ der Variablen $U=X\circ Y$ hat für die Operation $\circ = \cdot$ bzw. $\circ = /$ folgende Form:

c.f. des Produktes $X \cdot Y$: $$\phi_{x\cdot y}(t) = \int_{-\infty}^{\infty} \phi_1(ty)dF_2(y), \tag{5.47a}$$

c.f. der Quotienten X/Y: $$\phi_{x/y}(t) = \int_{-\infty}^{\infty} \phi_1(t/y)dF_2(y). \tag{5.47b}$$

Hierbei ist $dF_2(v) = f_2(v)dv$, falls die entsprechenden Dichten $f_2(v)$ existieren. Man beachte, daß anders als bei der allgemeinen Methode der Jakobi-Matrix bei den elementaren Operationen mittels charakteristischer Funktionen nicht die Umkehrfunktion gebildet zu werden braucht.

Herleitung (nach Kendall et al. (1979), Band I):

$$\phi_{u(x,y)}(t) = \int_{-\infty}^{\infty}\int_{-\infty}^{\infty} dF_1(x)dF_2(y)e^{itu(x,y)}$$

$$\phi_{x\cdot y}(t) = \int_{-\infty}^{\infty}\left[\int_{-\infty}^{\infty} e^{itx\cdot y}dF_1(x)\right]dF_2(y) = \int_{-\infty}^{\infty}\phi_1(ty)dF_2(y)$$

$$\phi_{x/y}(t) = \int_{-\infty}^{\infty}\left[\int_{-\infty}^{\infty} e^{itx/y}dF_1(x)\right]dF_2(y) = \int_{-\infty}^{\infty}\phi_1(t/y)dF_2(y)$$

Hier wird in Erweiterung von (5.46) auf mehrdimensionale Variablen die Dichte $dF_1(x)\cdot dF_2(y)$ der untransformierten (unabhängigen) Paare x,y mit der Exponentialfunktion der Transformation $u(x,y)=x\cdot y$ bzw. $u(x,y)=x/y$ multipliziert. Die weitere Umformung zeigt, daß die eckige Klammer die c.f. $\phi_1(ty)$ (bzw. $\phi_1(t/y)$) von X enthält, und zwar mit der Variablen ty (bzw. t/y) für festes y. Das äußere Integral berechnet die erwartete $\phi_1(ty)$ bzw. $\phi_1(t/y)$ für alle y.

Das Produkt X · Y zweier unabhängiger normalverteilter Variablen N(0,1)

Die "Reaktionsintensität" einer Versuchsperson bei einem Item sei in Anlehnung an das Rasch-Modell der Testtheorie gleich "Fähigkeit" der Person mal "Leichtigkeit" der Aufgabe, d.h. $U=X\cdot Y$. Die Variablen X,Y seien unabhängig.
Wir verwenden (5.47a) und setzen dort in $dF_2(y) = f_2(y)dy$ für $f_2(y)$ die Normaldichte $1/\sqrt{2\pi}\exp(-y^2/2)$ ein. Für $\phi_1(ty)$ setzen wir die c.f. der Normalverteilung (5.44) ein, allerdings für das Argument ty, d.h. $\phi_1(ty) = \exp[-(ty)^2/2]$. Dies ergibt Ausdrücke, bei denen die Exponenten der e-Funktionen addiert werden können:

$$\phi(t) = \int_{-\infty}^{\infty}\phi_1(ty)dF_2(y) = \int_{-\infty}^{\infty}\left[e^{-(ty)^2/2}\right]\left[1/\sqrt{2\pi}\, e^{-y^2/2}\right]dy$$

$$= 1/\sqrt{2\pi}\int_{-\infty}^{\infty} e^{-y^2(1+t^2)/2}dy = (1+t^2)^{-1/2}\underbrace{\left[1/\sqrt{2\pi/(1+t^2)}\int_{-\infty}^{\infty} e^{-y^2(1+t^2)/2}dy\right]}_{=1}$$

$$= (1+t^2)^{-1/2}.$$

Beim vorletzten Schritt wird vor dem Integralzeichen mit $1 = (1+t^2)^{-1/2}/(1+t^2)^{1/2}$ multipliziert. Dadurch kann der Ausdruck so umgewandelt werden, daß in der Klammer [...] das Integral über eine Normaldichte mit der Varianz $1/(1+t^2)$ entsteht, d.h. es resultiert [...]=1, da die Fläche unter einer Dichte gleich 1 ist.

Zur Berechnung der Inversion der c.f. $\phi(t)=(1+t^2)^{-1/2}$ wird (5.43b) verwendet:

$$f(u) = \frac{1}{2\pi}\int_{-\infty}^{\infty}(1+t^2)^{-1/2}e^{-itu}dt\,, \qquad 2\pi\cdot f(u) = 2\int_{0}^{\infty}(1+t^2)^{-1/2}\cos(ut)dt$$

$$f(u) = (1/\pi)\int_{0}^{\infty}(1+t^2)^{-1/2}\cos(ut)dt = (1/\pi)\,K_0(|u|) \qquad (K_0 = \text{Besselfunktion})$$

(zu den *Besselfunktionen* (vgl. Smirnow, W.I. (1972), Band II)).

5.4 Unbeschränkt teilbare Verteilungen

5.4.1 Unbeschränkt teilbare Verteilungen und ihre c.f.n.

Die oben festgestellte "Additivität" bestimmter Verteilungen soll hier genauer formalisiert werden. Wir verwenden drei äquivalente Definitionen, und zwar für die Addition von Zufallsvariablen, die Faltung ihrer Verteilungen und für c.f.n:

Definitionen: Eine Verteilung F ist *unbeschränkt* (*unendlich* oder *unbegrenzt*) *teilbar* (engl. *infinitely divisible*), genau dann, wenn für jedes n

a) eine Summe $S_n = X_{1,n} + ... + X_{n,n}$ unabhängiger Zufallsvariablen mit gleicher Verteilung F_n existiert, so daß F die Verteilung von S_n ist;
b) sich für jedes n (n=2,3..) eine Verteilung angeben läßt, deren n-fache Faltung mit sich selbst die Verteilung F ergibt;
c) ihre c.f. $\phi(t)$ das Produkt n gleichartiger c.f.n $\phi_n(t)$ ist, bzw. wenn die c.f. von X für jedes n gleich der n-ten Potenz einer c.f. $\phi_n(t)$ ist:

$$\phi(t) = [\phi_n(t)]^n \quad \text{bzw.} \quad \phi_n(t) = \sqrt[n]{\phi(t)}\,, \tag{5.48}$$

wobei die n-te Wurzel $\phi_n(t)$ die c.f. einer Zufallsvariablen ist.

Zu a): Die Zufallsvariable mit der Verteilung F muß also als Summe von n (=2,3 usw.) gleichen Zufallsvariablen darstellbar sein, und zwar für beliebig vorgegebenes n. Der Index bei F_n (Def. a)) drückt aus, daß die jeweilige Verteilungsform der Summanden von n abhängt.
Zu c): Nach Theorem 5.5 (5.34) ist die c.f. einer Summe unabhängiger Verteilungen gleich dem Produkt der c.f.n dieser Verteilungen.

Standardbeispiele: a) die Cauchy- und b) die Normalverteilung. Die c.f.n $\phi(t)$ beider Verteilungen, siehe (5.45) bzw. (5.33b), lassen sich, wie folgt in Faktoren $\phi_n(t)$ zerlegen:

$$\phi(t) = \exp(-|t|) = \left[\exp\left(-\left|\tfrac{t}{n}\right|\right)\right]^n \quad \text{mit } \phi_n(t) = \exp\left(-\left|\tfrac{t}{n}\right|\right) = \phi\left(\tfrac{t}{n}\right) \tag{5.48a}$$

$$\phi(t) = \exp(-\tfrac{1}{2}t^2\sigma^2) = \left[\exp(-\tfrac{1}{2}t^2\sigma^2/n)\right]^n \text{ mit } \phi_n(t) = \exp(\tfrac{1}{2}t^2\sigma^2/n) = \phi\left(\frac{t}{n^{1/2}}\right) \tag{5.48b}$$

c) Eine *zusammengesetzte Poisson-Verteilung* P ist eine Poisson-Verteilung, bei der der Parameter λ selbst eine Zufallsvariable Λ darstellt. Ist Λ eine unbeschränkt teilbare, z.B. normalverteilte, Variable, dann ist P unbeschränkt teilbar (Feller II, Renyi u.a).

Die Tatsache, daß bestimmte c.f.n eine n-te Wurzel $\phi_n(t)$ besitzen, beweist noch nicht, daß $\phi_n(t)$ auch die c.f. einer Verteilung darstellt. Hierfür gibt es ein notwendiges und hinreichendes Kriterium (vgl. Renyi, 1973), wonach $\log\phi(t)$ einer bestimmten allgemeinen Form entsprechen muß, siehe Formel (5.53).

5.4.2 Stabile Verteilungen und ihre c.f.n.

Addiert man zwei unabhängige Normalverteilungen $N(m_j,\sigma_j)$, $N(m_k,\sigma_k)$, dann resultiert die Normalverteilung $N[m_j+m_k,(\sigma_j^2+\sigma_k^2)^{1/2}]$. Dies bedeutet, daß die Summe zweier linearer Transformationen einer bestimmten Variablen X (hier mit der Verteilung N(0,1)) eine Zufallsvariable ergibt, die wiederum eine lineare Transformation von X darstellt. Da Vergleichbares auch für andere Verteilungen, z.B. für die Cauchy-Verteilung zutrifft, soll diese Eigenschaft allgemeiner formalisiert werden:

Haben zwei Zufallsvariablen X und Y die gleiche Verteilung, so wird dies durch

$$Y \stackrel{d}{=} X \tag{5.49a}$$

dargestellt. Sind X und Y durch lineare Transformation ineinander überführbar, unterscheiden sie sich also nur durch den Maßstabsfaktor und die Lage, dann gilt

$$Y \stackrel{d}{=} aX+b. \tag{5.49b}$$

Man sagt dann, X und Y sind *vom gleichen Typ*.

Wir definieren die Stabilität in drei äquivalenten Formen, und zwar über die Addition von Zufallsvariablen, über Faltungen und über c.f.n:

Definition a) Es seien X sowie $X_1,..,X_n$ unabhängige Zufallsveränderliche mit gleicher Verteilung F. Es sei $S_n=X_1+..+X_n$. Die Verteilung F heißt *stabil*, wenn für jedes positive integere n Konstanten a_n, b_n ($a_n > 0$) existieren, so daß

$$S_n \stackrel{d}{=} a_nX+b_n. \tag{5.50}$$

Definition b) Eine Verteilungsfunktion heißt *stabil*, wenn für beliebige reelle m_1, m_2 und für positive σ_1, σ_2 ein reelles m und ein positives σ existieren, so daß

$$F[(x-m_1)/\sigma_1] * F[(x-m_2)/\sigma_2] = F[(x-m)/\sigma] \quad \text{(Faltung *, siehe (5.14b)ff).} \tag{5.51}$$

Dies trifft zu bei der Normalverteilung mit $m=m_1+m_2$ und $\sigma=[\sigma_1^2+\sigma_2^2]^{1/2}$ und bei der Cauchy-Verteilung mit der Verteilungsfunktion $F(x)=1/2+\arctan(x)/\pi$ mit $m=m_1+m_2$ und $\sigma=\sigma_1+\sigma_2$ (siehe Renyi (1973)).

Die Konstanten m_1, m_2, σ_1, σ_2, m, σ werden hier zur allgemeinen Charakterisierung positiver linearer Transformationen verwendet. Sie stellen daher trotz ähnlicher Verwendung nicht notwendig Mittelwert und Streuung dar, zumal die Cauchy-Verteilung weder Mittelwert noch Streuung besitzt.

Definition c) Die c.f. einer linearen Transformation ist nach (5.33b) gleich $\phi(t)=\phi(at)e^{itb}$. Gegeben seien zwei unabhängige Zufallsvariablen X_1 und X_2 mit gleicher Verteilung bzw. gleicher c.f. $\phi(t)$. Werden beide Variablen durch $a_1X_1+b_1$ und $a_2X_2+b_2$ (mit $a_1,a_2>0$) linear transformiert, dann ist nach Theorem 5.5 die c.f. ihrer Summe $X = a_1X_1+b_1+a_2X_2+b_2$ gleich

$$\phi_1(t)\phi_2(t) = \phi(a_1t)e^{itb_1}\phi(a_2t)e^{itb_2} = \phi(a_1t)\phi(a_2t)e^{it(b_1+b_2)}.$$

Wenn das rechte Produkt sich ebenfalls in der Form einer linear transformierten c.f. $\phi(at)e^{itb_0}$ darstellen läßt, d.h. wenn ein reelles b_0 und ein positives a existiert, so daß

$$\phi(a_1t)\phi(a_2t)e^{it(b_1+b_2)} = \phi(at)e^{itb_0} \tag{5.52}$$

gilt, dann ist $\phi(t)$ eine *stabile c.f.*, und die entsprechende Verteilung von X ist *stabil*. Die Gleichung (5.52) läßt sich umformen zu

$$\phi(a_1t)\phi(a_2t) = \phi(at)e^{it(b_0-b_1-b_2)} = \phi(at)e^{itb} \quad (\text{mit } b = b_0-b_1-b_2). \tag{5.52a}$$

Der exponentielle Faktor entspricht nach (5.33b) einer reinen Verschiebung der Verteilung X auf der Abszisse um b.

Besonderheiten: a) Alle stabilen Verteilungen sind *unbeschränkt teilbar.*

Beweis: Der Ansatz (5.52a) läßt sich schrittweise auf n verallgemeinern: Ist $\phi(t)$ eine stabile c.f., dann gibt es für jedes $n>0$ und für positive a_j ein reelles b und ein positives a, sodaß

$$\prod_{j=1}^{n} \phi(a_jt) = \phi(at)e^{itb} \quad (\text{wobei } a > 0 \text{ und } a_j>0 \text{ für alle j}). \tag{5.52b}$$

Denn: Bezeichnet man z.B. in (5.52a) a durch $a_{1,2}$ und b durch $b_{1,2}$, dann folgt aus der Stabilität von $\phi(t)$ wiederum die Existenz eines neuen a (> 0) und eines b, so daß die Beziehung $\phi(a_{1,2}t)e^{itb_{1,2}}\phi(a_3t)e^{itb_3} = \phi(at)e^{itb}$ gilt usw.

Setzt man in (5.52b) $a_j=1$ (da die a_j nach Voraussetzung vorgegeben werden können), dann folgt aus $\prod_{j=1}^{n}\phi(t)=\phi^n(t)$ und aus der Umstellung der Exponentialfunktion in (5.52b):

$$\phi(at) = \phi(t)^n e^{-itb} = \left[\phi(t)e^{-itb/n}\right]^n \quad (n=1,2,...). \tag{5.52c}$$

Dieser Ausdruck entspricht wieder der Zerlegung einer c.f. in n gleiche Faktoren, vgl. (5.48), (5.48a), (5.48b). Daraus folgt, daß alle stabilen Verteilungen unbeschränkt teilbar sind.

b) Während unbeschränkt teilbare Verteilungen diskret sein können (z.B. die verallgemeinerte Poisson-Verteilung), sind alle stabilen Verteilungen *kontinuierlich und unimodal* (Kendall et al. (1979), Band I).

c) Ähnlich wie bei den unbeschränkt teilbaren Verteilungen gibt es auch ein eineindeutiges Kriterium für die Stabilität einer Verteilung (hier ohne Beweis):

$$\log\phi(t) = i\gamma t - c|t|^\alpha \left[1 + i\beta \frac{t}{|t|}\omega(|t|,\alpha)\right], \tag{5.53}$$

wobei γ beliebig reell ist und $-1 \le \beta \le 1$, $0 < \alpha \le 2$, γ, $c\ge0$. Außerdem gilt:

$$\omega(t,\alpha) = \begin{cases} \tan(\pi\alpha/2) & | \ \alpha \neq 1 \\ (2/\pi)\log|t| & | \ \alpha = 1 \end{cases} \quad (\text{Kendall et al. (1979), Band I}).$$

Die Zahl α heißt *charakteristischer Exponent* oder *Ordnung* der durch (5.52) definierten Verteilung. β mißt die Schiefe der Verteilung, γ mißt den Ursprung

(Median) der Verteilung. Im einzelnen gilt:

Normalverteilung N(0,1): $\alpha = 2, \quad \beta = \gamma = 0, \quad c = \sigma^2/2,$

Cauchy-Verteilung: $\alpha = 1, \quad \beta = \gamma = 0, \quad c = 1.$

Bei $\beta=0$ oder $\alpha=2$ reduziert sich (5.52) zu $\log\phi(t) = i\gamma t - c|t|^\alpha$.
Wählt man den Ursprung $\gamma = 0$, dann wird $\phi(t)$ reell:

$$\log\phi(t) = -c|t|^\alpha. \tag{5.53a}$$

Die Bildung der Exponentialform der letzten Gleichung ergibt je nach Wahl von α und c wieder die c.f. der Standardnormal- (5.28d) bzw. der Cauchy-Verteilung (5.45).

d) Aus (5.53) läßt sich herleiten, daß eine stabile Verteilung nur bei $\alpha>1$ einen endlichen Erwartungswert und nur bei $\alpha=2$ eine endliche Varianz hat (Kendall et al. (1979), Band I).

e) Außer der Normal- und der Cauchy-Verteilung sind keine weiteren symmetrischen stabilen Verteilungen mit elementar (geschlossen) darstellbarer Dichte bekannt. Die meisten stabilen Verteilungen werden daher mittels ihrer c.f.n untersucht. Von dem allgemeineren Typ (5.53) kennt man nur eine, die *Lévy-Verteilung* mit $\alpha=1/2$, $\beta=-1$, $\gamma=0$, $c=1$ und der logarithmischen c.f.

$$\log\phi(t) = -|t|^{1/2}[1-i\cdot \operatorname{sgn}(t)] = -|t|^{1/2}[-2i\cdot \operatorname{sgn}(t)]^{1/2} = -(-2it)^{1/2}.$$

Man kann hier die Beziehung $[1-i\cdot \operatorname{sgn}(t)]^2 = -2i\cdot \operatorname{sgn}(t)$ verwenden, so daß

$$1-i\cdot \operatorname{sgn}(t) = [-2i\cdot \operatorname{sgn}(t)]^{1/2}.$$

Die Lévy-Verteilung

Die Dichte der Lévy-Verteilung lautet

$$f(y) = 1/\sqrt{2\pi}\, \exp[-1/(2y)]\cdot y^{-3/2} \qquad (0 \le y \le \infty). \tag{5.53b}$$

Sie hat wegen $\alpha=1/2$ keine Momente. Die Lévy-Verteilung hat die Verteilungsfunktion

$$F(y) = 2[1-N(y^{-1/2})] \quad (N(z) = \text{kumulative Standardnormalverteilung von } z). \tag{5.53c}$$

Sie beschreibt z.B. die Verteilung der Wartezeiten τ (=y) zwischen Nulldurchgängen von - aus positiven und negativen Komponenten summierten - Zufallsprozessen, vgl. Abb. 5.2. Diese Zeiten besitzen keine endliche Erwartungswerte. Dies erklärt z.B., daß man u.U. unbegrenzt abwarten muß, bis sich ein über Wochen unsystematisch rechts- und linksherum verdrehtes Kabel eines Telephons wieder entzerrt oder bis man bei der Summierung von Roulette-Spiel-Ergebnissen wieder auf den mittleren Gewinn 0 kommt. Dieses Warten auf den Nullpunkt erklärt auch - in anderer Form als die Poisson-Verteilung - die Stabilität von Erfolgs- bzw. von Mißerfolgsakkumulationen. Die Lévy-Verteilung liefert einen Schnittpunkt zur Einführung *chaotischer* bzw. sich *selbst organisierender* Prozesse, Brownscher Bewegungen (vgl. Teil 7.2.1).

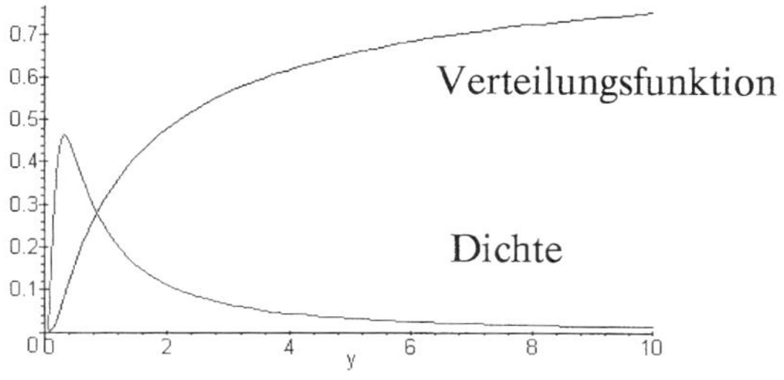

Abb. 5.2 Lévy-Dichte und -Verteilungsfunktion

Versuchsschema: Angenommen, wir kumulieren die Ergebnisse $\{+1,-1\}$ von n Münzwürfen zu X auf. Dann wird X im Laufe der Versuche in zufälligen Perioden um die 0-Linie variieren. Wir bezeichnen die Länge (Anzahl der Versuche) der k-ten Periode (vom k-1-ten bis zum k-ten Nulldurchlauf) mit X_k und definieren mit $S_n = X_1 + \ldots + X_n$ die Länge der ersten n Perioden. Dann hat (nach Feller I) nicht die mittlere Periodenlänge S_n/n, wohl aber die Zufallsvariable $Y = S_n/n^2$ für $n \to \infty$ eine asymptotische Verteilungsfunktion, und zwar die Funktion F(y) (5.53b). Ein verwandtes Versuchsschema ergibt sich, wenn man Meßwiederholungen aufsummiert, um sie zu mitteln. Die Fehlersumme X wird in Zufallsperioden um 0 variieren und ihre erwartete Periode wird mit n anwachsen.

5.5 Extremwertverteilungen

In Formel (4.35c) wurde die Herleitung der Verteilungsform der r-ten Rangvariablen $X^*_{r,n}$ einer Stichprobe der Größe n aus einer Ausgangsverteilung X dargestellt. Es läßt sich nun zeigen, daß für $n \to \infty$ die Rangvariablen - und auch bestimmte Transformationen dieser Variablen - nach Grenzverteilungen, sog. *Extremwertverteilungen*, streben, die weitgehend unabhängig von den jeweiligen Ausgangsverteilungen X sind. Wir betrachten zunächst einen Sonderfall:

5.5.1 Ein Spezialfall

Versuchsschema: Gegeben sei eine Stichprobe der Größe n aus der Zufallsvariablen X mit der Verteilung F(x). Wir ordnen die erhaltenen Werte X_i $(i=1,n)$ nach der Größe. Die r-te Rangvariable $X^*_{r,n}$ ist eine Stichprobenfunktion mit der Verteilungsfunktion $F^*_{r,n}(x)$, vgl. (4.35b). Die in der Formel (4.35b) auftauchende Verteilungsfunktion F(x) stellt hier selbst eine Zufallsvariable im Intervall [0,1] mit einer (transformierten) Betaverteilung dar, da $x = x^*_{r,n}$ dem in der jeweiligen Stichprobe realisierten Wert der zufälligen Rangvariablen $X^*_{r,n}$ entspricht, d.h. $F(x) = F(x^*_{r,n})$. Wir definieren nun die Variable $y = nF(x^*_{r,n})$, d.h. eine Zufallsvariable Y, deren Variationsbereich das Intervall [0,n] umfaßt. Dann gilt

$$F(x^*_{r,n}) = y/n \quad \text{und} \quad f(x^*_{r,n}) = dF(x^*_{r,n}) = d(y/n).$$

Setzt man dies in die Dichtefunktion $f^*_{r,n}$ (4.35b) der r-ten Rangvariablen ein, dann ergibt sich eine Dichte $g_{r,n}$ für y:

$$g_{r,n}(y) = \frac{n!}{(r-1)!(n-r)!} \cdot \left(\frac{y}{n}\right)^{r-1} \cdot \left(1-\left(\frac{y}{n}\right)\right)^{n-r} \cdot d\left(\frac{y}{n}\right). \tag{5.54}$$

Läßt man nun die Stichprobengröße n anwachsen, dann ergibt sich nach Kendall et al. (1979), Band I) die Grenzverteilung (hier ohne Beweis):

$$\lim g_{r,n}(y) = \frac{y^{r-1}}{\Gamma(r)} e^{-y} = f_{1,r}(y) \quad | \; n \to \infty. \tag{5.54a}$$

Dies ist eine Gammaverteilung $f_{1,r}$ mit $\lambda = 1$ und $\nu = r$.
Für die Rangvariable mit r=1, d.h. für das *Minimum* $X^*_{1,\infty}$ der Stichprobe, vereinfacht sich die Dichte von Y in (5.54a) zu einer Exponentialverteilung

$$f_{1,1}(y) = e^{-y}, \tag{5.54b}$$

da $\Gamma(1)=1$. Die Verteilungsfunktion des Minimums ist

$$F_{1,1}(y) = P[Y \le y] = 1-e^{-y}.$$

5.5.2 Allgemeine Extremwertverteilungen

Nach einem allgemeineren Ansatz wurden Extremwertverteilungen gefunden, die unabhängig von der jeweiligen Ausgangsverteilung sind. Dabei handelt es sich um Ergebnisse von Fisher, R. A. und Tippett L. H. C. (1928), die von Gnedenko, B. V. (1943) in verallgemeinerter Form bewiesen wurden und u.a. von de Haan (1977) in eine einfachere Form gebracht wurden.
Gegeben sei eine Zufallsvariable X mit der Verteilungsfunktion F(x). Wir definieren eine Stichprobe der Größe n aus X, d.h. eine Folge von n unabhängigen Zufallsvariablen $X_1,..,X_n$ mit der gleichen Verteilungsfunktion $F_1(x)=F_2(x)=..=F_n(x)$ $=F(x)$. Ihr Maximum $M_n(X_1,..,X_n)$ ist eine Zufallsvariable M_n ($\equiv X^*_{n,n}$, siehe oben) mit der Verteilungsfunktion

$$P(M_n \le x) = P(X_1 \le x \cap ... \cap X_n \le x) = F_1(x) \cdot ... \cdot F_n(x) = F(x)^n. \tag{5.55}$$

Wir nehmen nun an, die Verteilungsfunktion $F(x)^n$ des Maximums M_n geht bei wachsender Stichprobengröße $n \to \infty$ in eine Grenzverteilung $G(x) = P(M_n \le x)$ über, die *nicht ausgeartet* ist.

Unter den bisherigen Bedingungen würde G(x) für wachsendes n (bei festem x) allerdings "ausarten": D.h., strebt n nach ∞, dann strebt M_n nach max(X). Es gibt daher zunächst nur 2 Möglichkeiten: Ist max(X) größer als ein gegebenes x, dann folgt $P(M_n \le x | n \to \infty) = 0 = G(x) = \text{const}$. Ist max(X) kleiner oder gleich x, dann gilt $P(M_n \le x | n \to \infty) = 1 = G(x) = \text{const}$. In jedem Fall resultiert eine Verteilung G(x), die sich auf *einen* Wert G(x) (=0 oder aber =1) konzentriert. Solche Verteilungen heißen *ausgeartet* (engl. *degenerative*).

Um eine ausgeartete Grenzverteilung zu vermeiden, genügt es daher offenbar nicht nur, n nach ∞ streben zu lassen. Vielmehr ist die Existenz einer geeigneten, von der

Stichprobengröße n abhängigen (positiven) linearen Normierung $a_n M_n + b_n$ von M_n anzunehmen, unter der die Verteilungsfunktion G(x) für $n \to \infty$ nicht ausartet:

$$\lim_{n \to \infty} P[(M_n - b_n)/a_n \leq x] = P[M_n \leq a_n x + b_n] = F(a_n x + b_n)^n \to G(a_n x + b_n) \mid x = \text{const.}$$

Unter dieser Normierung gehen wir daher im Folgenden von der Hypothese der Existenz einer nicht ausgearteten Verteilung G(x) aus und prüfen die Konsequenzen.

Versuchsschema: Eine Stichprobe werde nach Zufall in n gleichgroße Teilmengen der Größe m partitioniert. Die Maxima der n Teilmengen der Größe m seien M_1, $M_2, \ldots, M_n$. Es gilt nun

$$\max(M_1, \ldots, M_n) = \max(\text{Gesamtstichprobe}).$$

Die Teilmaxima M_j haben wegen gleicher Größenbedingungen alle die gleiche Verteilungsfunktion G(x). Die WS, daß jedes M_j kleiner oder gleich einem vorgegebenen x ist, beträgt dann

$$P(M_1 \leq x) \cdot P(M_2 \leq x) \cdot \ldots \cdot P(M_n \leq x) = G(x)^n.$$

Das Maximum dieser Maxima ist gleichzeitig das Maximum der Gesamtstichprobe mit der Größe $n \cdot m$ und wird daher als Maximum einer größeren Menge eine von den Teilmaxima verschiedene Verteilung haben. Wir nehmen nun an, daß für wachsendes m die Verteilung $G(x)^n$ und die Verteilung des geeignet normierten Gesamtmaximums $a_n x + b_n$ sich einander annähern

$$G(a_n x + b_n) = G(x)^n \qquad \mid \text{für } n = 1, 2, .. \text{ und } m \to \infty. \tag{5.56}$$

Die Frage nach der Existenz einer Grenzverteilung ist somit transformiert worden in die Frage der Lösbarkeit der *Funktionalgleichung* (5.56) nach der unbekannten Funktion G sowie nach den beiden Gewichtungsfunktionen a_n und b_n.
Die Lösung dieser Gleichung ergibt für G *drei* Typen von Extremwertverteilungen. Andere Extremwertverteilungen gibt es nicht. (Zur Einordnung des Sonderfalls (5.54b) siehe unten). Im Folgenden sind die drei Typen sowie die dafür gefundenen Lösungen für die linearen Gewichtungsfunktionen a_n und b_n (Funktionen von n) angegeben:

$$\text{I:} \quad G(x) = \exp(-e^{-x}) \qquad -\infty < x < \infty, \quad a_n = 1, \quad b_n = -\log n;$$

$$\text{II:} \quad G(x) = \begin{cases} 0 & x \leq 0 \\ \exp(-x^{-\alpha}) \quad \alpha > 0, & x > 0, \end{cases} \quad a_n = (1/n)^{1/\alpha}, \quad b_n = 0;$$

$$\text{III:} \quad G(x) = \begin{cases} \exp[-(-x)^\alpha] \quad \alpha > 0, & x \leq 0, \\ 1 & x > 0 \end{cases} \quad a_n = -n^{1/\alpha}, \quad b_n = 0. \tag{5.57}$$

Diese Verteilungen heißen auch I. *Doppelexponential-*, II. *Frèchet-* und III. *Weibull-Verteilung*, wobei G(x) vom Typ I auch Λ(x) geschrieben wird. Sie unterscheiden sich nach den möglichen Variationsbereichen von x bzw. des zufälligen Extremwertes M_n. Es hängt vom Verteilungstyp der Ausgangsvariablen X (der Stichprobe) ab, welcher dieser drei Typen resultiert.
Aufgrund des Ansatzes (5.56), der die Überführbarkeit einer Verteilung von Maxima

in die Verteilung des absoluten Maximums durch eine geeignete *lineare Transformation* darstellt, vgl. (5.50), heißen die Funktionen G(x) auch *max-stabil.*
Die notwendigen und hinreichenden Bedingungen zur Bestimmung des Extremwerttyps einer gegeben Verteilung wurden von Gnedenko (1943) angegeben.
Folgende Verteilungen gehen in folgende der drei Typen über:

Normalvert., log. Normalvert., Gammavert., logistische Vert.	$\rightarrow$ I
Die Cauchy-Verteilung, die Paretoverteilung	$\rightarrow$ II
Die Gleichverteilung	$\rightarrow$ III

Die Poisson-Verteilung und die geometrische Verteilung haben dagegen keine (nicht ausgearteten) Extremwertverteilungen, d.h. $P(M_n \leq x) \rightarrow 0$ oder 1, wenn $n \rightarrow \infty$ (vgl. z.B. Leadbetter, M. R. (1983)).

Erläuterung: die logistische Verteilung hat die Verteilungsfunktion

$$F(x) = [1 + \exp(-ax - b))]^{-1} \quad \text{und die Dichte} \quad f(x) = aF(x)[1-F(x)]. \tag{5.58a}$$

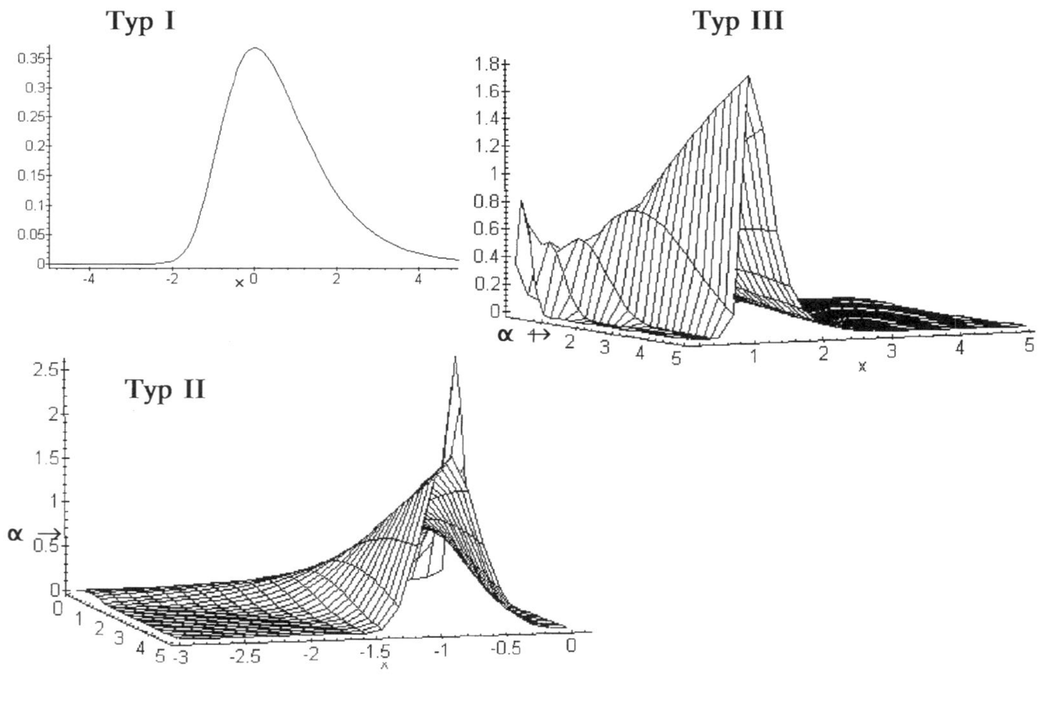

Abb. 5.3 Extremdichten der Typen I bis III
Da die Typen II und III von einem Parameter α abhängen, wurden sie mittels Kurvenscharen dargestellt, bei denen der Parameter α aus der Tiefenachse nach vorne von 0 bis 5 variiert. Die Dichte des zufälligen Extremwertes **X** variiert in allen 3 Abbildungen längs der Abszisse.
Die Dichten der (kumulativen) Verteilungsfunktionen G(x) in I, II und III ergeben sich aus den ersten Ableitungen dG(x)/dx, und man erhält

I: $G'(x) = \exp(-x)\exp(-\exp(-x))$, II: $G'(x) = x^{-\alpha}\alpha\exp(-x^{-\alpha})/x$ und III: $G'(x) = -(-x)^{\alpha}\alpha\exp(-(-x)^{\alpha})/x$

Beispiele für Transformationen der Extremwertverteilungen

a) Die Zufallsvariable X kann z.B. durch $Y=gX+c$ $(g>0)$ linear transformiert werden. In diesem Fall muß nach der Regel (5.3b) die Variable x durch die inverse Funktion $(y-c)/g$ ersetzt werden.

b) Wählt man für x in Typ II die Transformation $Y=\log X$, d.h. ersetzt man nach (5.2) dort $y=\log x$ durch $y=\exp(x)$ (Bildung der Umkehrfunktion, danach Vertauschung von x,y), dann resultiert

$$\exp[-\exp(x)^{-\alpha}] \;=\; \exp[-\exp(-\alpha \cdot x)] \qquad | \; \alpha > 0.$$

Dies entspricht dem Typ I in der linearen Transformation $gX+b$ mit $b=0$ und $g=1/\alpha$. Ähnlich läßt sich durch $Y=-\log(-X)$ auch Typ III in Typ I überführen: Man bildet die Umkehrfunktion $x=-\exp(-y)$, vertauscht x,y und setzt $-\exp(-x)$ in III ein. Dies ergibt wieder $\exp[-\exp(-\alpha \cdot x)]$.

Herleitung der drei Typen (vgl. auch Resnick, S. I. (1987)): Aus der Funktionalgleichung (5.56) müssen drei Funktionen, G(x) und die beiden Funktionen von n: $a_n=a(n)$ und $b_n=b(n)$, bestimmt werden sowie der Definitionsbereich von x. Wir ersetzen in (5.56) n durch die kontinuierlichen Argumente t bzw. s:

$$(0)\;\; G(x)^t \;=\; G[a(t)x+b(t)] \;\; | \;\; t \geq 0.$$

Folgende drei Gleichungen lassen sich jeweils aus (0) bilden, wobei Gleichung (1) durch Potenzieren von (0) mit s entsteht, (2) durch Ersetzen von t in (0) durch s und anschließendes Einsetzen der Transformation $a(t)x+b(t)$ für x in (0) und (3) durch Einsetzen von $s \cdot t$ für t:

$$(1)\;\; G(x)^{t \cdot s} \;=\; G[a(t)x+b(t)]^s$$

$$(2)\;\; G[a(t)x+b(t)]^s \;=\; G\big[a(s)[a(t)x+b(t)]+b(s)\big]$$

$$(3)\;\; G(x)^{t \cdot s} \;=\; G[a(t \cdot s)x+b(t \cdot s)]$$

Wegen gemeinsamer rechter oder linker Seiten lassen sich alle 3 Gleichungen miteinander gleichsetzen. Auflösen der Klammern innerhalb der rechten Seite von (2) $G\big[a(s)a(t)x+a(s)b(t)+b(s)\big]$, der Vergleich von (2) mit (3) sowie die daraus folgende Gleichsetzung von (2) und (3) ergeben für $a(t \cdot s)$ und $b(t \cdot s)$ die Gleichungen

$$(4)\;\; a(ts) = a(st) = a(s)a(t) \qquad \text{und} \qquad (5)\;\; b(ts) = b(st) = a(s)b(t)+b(s) = a(t)b(s)+b(t).$$

Dabei entspricht (4) der *Hamelschen Funktionalgleichung*, deren einzige nicht negative Lösung lautet

$$(6)\;\; a(t) = t^{-\theta} \;|\; \theta \text{ reell Probe: } (ts)^{-\theta}=t^{-\theta}s^{-\theta}.$$

Es lassen sich nun entsprechend den Lösungstypen I, II und III genau 3 Fälle unterscheiden: $\theta=0$, $\theta>0$ und $\theta<0$.

Typ I.: $\theta=0$.

Durch Einsetzen von $a(t) = t^{-\theta} = 1$ in (5) resultiert die Funktionalgleichung

$$(7)\;\; b(ts) = b(s)+b(t) \text{ mit der Lösung}$$

$$b(t) = v \cdot \log(t) \;|t>0, \text{ v reell, Probe: } v \cdot \log(ts)=v \cdot \log(t)+v \cdot \log(s).$$

Setzt man $b(t) = v \cdot \log(t)$ und $a(t)=1$ in (0) ein, dann folgt zunächst

$$G(x)^t = G[x+v \cdot \log(t)].$$

Da die Verteilungsfunktion $G(x)^t$ wegen $0 \leq G(x) < 1$ für festes x nicht mit t wachsen kann, muß v negativ gewählt werden, d.h. (8) $G(x)^t = G[x - c \cdot \log(t)] \mid c > 0$ (aus $v=-c$). Daraus folgt

$$b(t) = -c \cdot \log(t).$$

Man ersieht aus (8), daß G(x) den Definitionsbereich $-\infty < x < +\infty$ umfaßt und kontinuierlich variiert. Daher gilt für die Verteilungsfunktion $G(x) \not\models 0,1$. Für $x=0$ folgt aus (8) die Gleichung

$$(9) \quad G(0)^t = G[-c \cdot \log(t)].$$

Wegen $G(0)=\text{const.}$ können wir definieren $G(0)=\exp(e^{-p})$ mit $p=\text{const.}$ Außerdem sei $-c \cdot \log(t)=u$. Dann gilt $t = \exp[\log(t)] = \exp[-c \cdot \log(t)/(-c)] = \exp[-u/c]$. Einsetzen von u, G(0) und t in (9) ergibt

$$(10) \quad G(u) = G(0)^t = \exp(e^{-p} \cdot t) = \exp[e^{-p} e^{-u/c}] = \exp\left[e^{-[u/c+p]}\right]$$

und für $c=1$ und $p=0$

$$G(u) = \exp(e^{-u}),$$

wobei die Wahl von $p=0$ einer linearen Transformation (Translation) der neu gewonnenen Zufallsvariablen U entspricht.

Typ II.: $\theta > 0$.

Aus (5) folgt durch Umstellung für s 1,t 1: $b(s)/[1-a(s)]=b(t)/[1-a(t)]$. Daraus folgt $b(..)/[1-a(..)]=\text{const.}=c$, da die Gleichung für beliebige s und t gilt, d.h. ihre Werte hängen nicht von s oder t ab. Hieraus folgt zunächst

$$(11) \quad b(t) = \underbrace{[b(s)/(1-a(s))]}_{} \cdot (1-a(t)).$$

$$(12) \quad b(t) = \qquad c \qquad \cdot (1-t^{-\theta}).$$

Zu (11) und (12): Aufgrund der Definition von c und wegen $a(t)=t^{-\theta}$ in Gleichung (6) folgt aus Gleichung (11) die Gleichung (12). Ersetzt man a(t) und b(t) in Gleichung (0) durch (6) und (12), so ergibt dies

$$(13) \quad G(x)^t = G[t^{-\theta}x+c(1-t^{-\theta})] = G[t^{-\theta}x+c-ct^{-\theta}] = G[t^{-\theta}(x-c)+c].$$

Ersetzt man hier x durch x+c, dann folgt

$$(14) \quad G(x+c)^t = G(t^{-\theta}x+c).$$

Setzt man $H(x)=G(x+c)$, dann sind H und G vom gleichen Typ (5.49b), und (14) ergibt

$$(15) \quad H(x)^t = H(t^{-\theta}x).$$

Wegen $t>0$ gilt (für $x=0$) $H(0)=0$ oder 1, da sonst $H(0)^t=H(0)$ nicht erfüllbar wäre. $H(0)=1$ führt zum Widerspruch: Es impliziert, daß in der linken Seite von (15) die Verteilungsfunktion H(x) nur für den Bereich links von 0, d.h. für $x \leq 0$, definiert wäre. Der Fall $x<0$ impliziert jedoch bei $0<H(x)<1$ eine entgegengesetzte Variation beider Seiten von (15) in t. Folglich wäre bei $H(0)=1$ für x nur noch der Variationsbereich im Punkt $x=0$ möglich. H(x) ist jedoch nicht ausgeartet. Zusammenfassend folgt also: Von den beiden Lösungen von (15) gilt nur $H(0)=0$, was den Definitionsbereich $0 \leq x$ impliziert. Die Stetigkeit (des Kurvenverlaufs) von H(x) impliziert $H(1) \neq 0,1$. Daher kann man setzen $H(1)=\exp(-p^{-1/\theta})$ und $u=t^{-\theta}$, so daß $u^{-1/\theta}=t$. Dann folgt für $x=1$ aus (15)

$$\begin{aligned} H(1)^t &= H(t^{-\theta}) = H(u) = H(1)^t = \exp(-p^{-1/\theta} \cdot t) = \exp(-p^{-1/\theta} u^{-1/\theta}) \\ &= \exp(-(pu)^{-1/\theta}) \end{aligned}$$

und daraus für $\alpha=1/\theta$ und $p=1$ $H(u)=\exp(-u^{-\alpha})$. Die Größe p ann gleich 1 gesetzt werden, da dies nur einer linearen Transformation (Maßstabsänderung) der neuen Zufallsvariablen U entspricht.

Typ III.: $\theta < 0$.
Die Herleitung der Verteilung vom Typ III verläuft analog zu Typ II. #

5.5.3 Die Verteilung des minimalen Extremwertes

Die Verteilung kann aus den Extremwertverteilungen für Maxima abgeleitet werden. Allgemein gilt die Umformungsregel

$$\min(x_1,x_2,...) = -\max(-x_1,-x_2,..). \tag{5.59}$$

Beispiel: $\min(-1,2) = -1 = -\max(1,-2)$

Die Verteilungsfunktion für eine negativ transformierte Zufallsvariable X lautet nach (5.3c) $1-F(-x)$. Transformiert man hiernach die Verteilungsfunktionen G(x) für das Maximum M_n in (5.56) in $H(x) = 1-G(-x)$ für $-M_n$, dann folgt (5.60). Die Besonderheit, daß in $-\max(-x_1,-x_2,..)$ auch noch die x-Werte negativ sind, überträgt sich bei der Transformation formal dadurch, daß in (5.60) die Variationsbereiche für x im Vergleich zu (5.57) vertauscht werden:

$$\text{I.}\quad H(x) = 1 - \exp(-e^x) \qquad -\infty < x < \infty$$

$$\text{II.}\quad H(x) = \begin{cases} 1 - \exp[-(-x)^{-\alpha}] & x<0\,, \\ 1 & x \geq 0 \end{cases} \qquad \alpha > 0$$

$$\text{III.}\quad H(x) = \begin{cases} 0 & x<0 \\ 1 - \exp(-x^{\alpha}) & x \geq 0\,, \end{cases} \qquad \alpha > 0 \tag{5.60}$$

Beispiel: Wählt man für Typ I der Maximumverteilung die Transformation $\mathbf{Y}=\exp(-X)$ bzw. setzt man nach Regel (5.2) für x dort die entsprechende Umkehrfunktion $x=-\log(y)$ ein und beachtet (5.3b), dann ergibt sich für die Verteilungsfunktion und die Dichte von Y

$$P(Y \leq y) = F(y) = 1-e^{-y} \quad \text{bzw.} \quad F'(y) = f(y) = e^{-y} \tag{5.61}$$

Dies entspricht einer Minimumverteilung vom Typ III mit $\alpha=1$ und ordnet damit auch die in (5.54b) hergeleitete Minimumverteilung dem Typ III zu.

5.5.4 Charakteristische Funktionen und Momente der Extremwerte

Typ I: Wählen wir für die Doppelexponentialfunktion die Form $\exp[-\exp(-(x-c)/g)]$ der linear transformierten Variable $gX+c$, dann ergibt sich als Dichte

$$F'(gx+c) = f(gx+c) = g^{-1}\exp(-(x-c)/g)\cdot\exp[-\exp(-(x-c)/g)] \quad \text{bzw.} \tag{5.62}$$

$$f(x) = \exp(-x-e^{-x}) \quad | \; g=1,\, c=0 \quad \text{(Standardform).} \tag{5.62a}$$

Berücksichtigt man, daß nach (5.61) die Transformation $Y=e^{-X}$ der Maximumvariablen X die Dichte e^{-y} hat, so erleichtert dies die Herleitung der c.f. für X:

$$\phi(t) = E(e^{itX}) = E[e^{-it(-X)}]=E[e^{-X(-it)}] = E(Y^{-it}) = \int_0^\infty e^{-y}y^{-it}dy = \Gamma(1-it).$$

Ergänzung: Der vorletzte Schritt folgt aus der Multiplikation der Dichte e^{-y} von Y mit der Transformation Y^{-it} der Zufallsvariablen Y (vgl. (5.33)). Der letzte Schritt folgt direkt aus der Definition der Gammafunktion (4.23).

Für die linear Transformierte $gX+b$ der Standardform folgt dann nach Regel (5.33a)

$$\phi_1(t) = E(e^{it(gX+b)}) = \phi(gt)e^{itb} = \Gamma(1-igt)e^{itb}. \tag{5.63}$$

Momente von X

$E(X) = -\psi(1) \cong -.557722$, $Var(X) = \pi^2/6$, Median $= \log\log(2) \cong .36611$, Modalwert$=0$.

Definition: $\psi(t) = \log\phi(t) = \log[\text{c.f.}(t)]$, wobei $\psi(1) = \lim[1+1/2+1/3+\ldots+1/n-\ln(n)] \mid n\to\infty$, (=Eulersche Konstante).

Für die Typen II und III sind keine expliziten charakteristischen Funktionen, Erwartungswerte und Varianzen bekannt (z.B. Luce (1986)).

5.5.5 Die Verteilung des r-ten Extremwertes

Gehen wir von dem Ansatz (5.56) zur Herleitung der Extremwertverteilungen aus, bei dem die Größe n einer Stichprobe nach ∞ strebte, dann folgt:

Die Verteilungsfunktion des r-ten Maximums $M^*_{r,\infty}$ (vgl. Leadbetter, (1983))

$$F_r(x) = G(x)\sum_{s=0}^{r-1}\frac{[-\log G(x)]^s}{s!} \quad | \; G(x) = \text{Typ I, II oder III.} \tag{5.64}$$

Dies ist das Produkt der Extremwert-Verteilungsfunktion $G(x)$ mit einer kumulativen Poisson-Verteilung, vgl. Formel (4.12), deren Intensität $\lambda=-\log G(x)$ beträgt. $G(x)$ entspricht der Verteilung des gößten Maximums $M^*_{1,\infty}$, d.h. einer der drei Verteilungen (5.57), siehe die folgenden graphischen Darstellungen.

Typ I

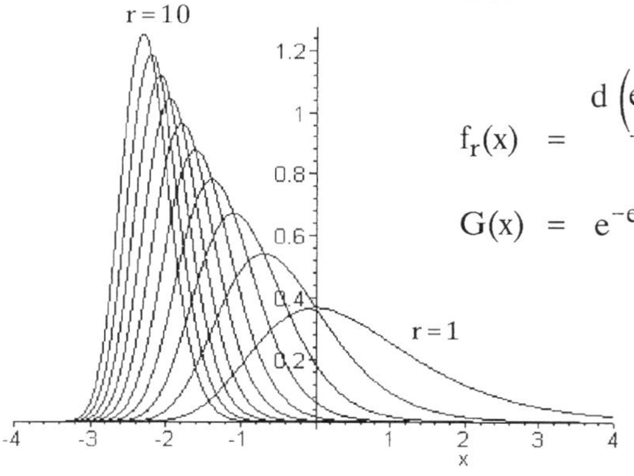

$$f_r(x) = \text{1. Ableitung von (5.64) nach x}$$

$$f_r(x) = \frac{d\left(e^{-\exp(-x)} \sum_{s=0}^{r-1} \frac{[-\log(e^{-\exp(-x)})]^s}{s!}\right)}{dx}$$

$$G(x) = e^{-\exp(-x)} \quad \text{, vgl. (5.57)}$$

Abb.5.4 Dichten $f_r(x)$ der Maxima 1. bis 10. Ordnung für Extremwertverteilungen vom Typ I

Eine **Herleitung** der Formel (5.64) verläuft etwa in folgenden Schritten: Gegeben sei eine Zufallsvariable X, ihre Verteilungsfunktion F, eine Stichprobe der Größe n aus X sowie eine zunächst frei gewählte Grenze u_n, so daß $p_n=[1-F(u_n)] = P(X \geq u_n)$. Es sei S_n die Anzahl der Werte der Stichprobe, die u_n überschreiten und $E(S_n)=np_n=n[1-F(u_n)]$ ihr Erwartungswert. Die Bindung der Grenze u_n an n ist erforderlich, da wir später unter der Forderung einer ungefähren *Konstanz* von $E(S_n)=\theta_n \to \tau$ die Größe n nach ∞ streben lassen. Daher muß die Überschreitungsgrenze u_n als Funktion von n in geeigneter Form mitvariieren. Es sei zunächst n noch endlich. Die WS, daß r Werte aus der Stichprobe die gegebene Grenze u_n überschreiten, ist dann binomial verteilt, und die WS, daß *höchstens* r Werte u_n überschreiten, entspricht folgender Kumulierung dieser Binomialverteilung

(1) $\quad P(S_n \leq r) = \Sigma_{s=0}^{r}\binom{n}{s}p_n{}^s(1-p_n)^{n-s} = \Sigma_{s=0}^{r}\binom{n}{s}(\theta_n/n)^s(1-\theta_n/n)^{n-s}$

Der Übergang $n \to \infty$ mit $\theta_n \to \tau$ entspricht nun dem Übergang (4.13) von der (hier kumulativen) Binomialverteilung zur entsprechenden kumulativen Poisson-Verteilung:

(2) $\quad P(S_n \leq r) = \Sigma_{s=0}^{r}(\tau^s/s!)e^{-\tau}$ mit der Intensität τ.

Das Ereignis $\{M_n^r \leq u_n\}$ ist gleich dem Ereignis $\{S_n < r\}$, d.h. gleich dem Ereignis, daß weniger als r Werte der Stichprobe u_n überschreiten. Dies bedeutet, die WS des Ereignisses $\{S_n < r\}$ entspricht der Poisson-Verteilung (2) mit r-1:

(3) $\quad P(S_n < r) = \Sigma_{s=0}^{r-1}(\tau^s/s!)e^{-\tau}$

Zur Bestimmung von τ beachten wir, daß für den größten Extremwert $M_{1,\infty}^*$, d.h. bei r=1, aus (3) $P(S_n < \tau) = e^{-\tau}$ resultiert, wobei $e^{-\tau}$ einem der 3 Extremwerttypen (5.57) entsprechen muß. Dies ist nur dann der Fall, wenn man $\tau = -\log G(x)$ in $e^{-\tau}$ einsetzt:

$\exp(-\tau) = \exp(-(-\log G(x))) = G(x)$.

Somit ist τ bestimmt. Ersetzt man daher τ in (3) durch $-\log G(x)$, dann resultiert (5.64). Dies zeigt, daß die zunächst frei angenommene Größe u_n sowie das damit festgelegte $E(S_n)=\theta_n$ bzw. schließlich τ Größen sind, die in transformierter Form dem x in G(x) entsprechen.

Typ II

$f_r(x)$ = 1. Ableitung von (5.64) nach x

$G(x) = \exp(-x^{-\alpha})$ | hier $\alpha > 0$, vgl. (5.57)

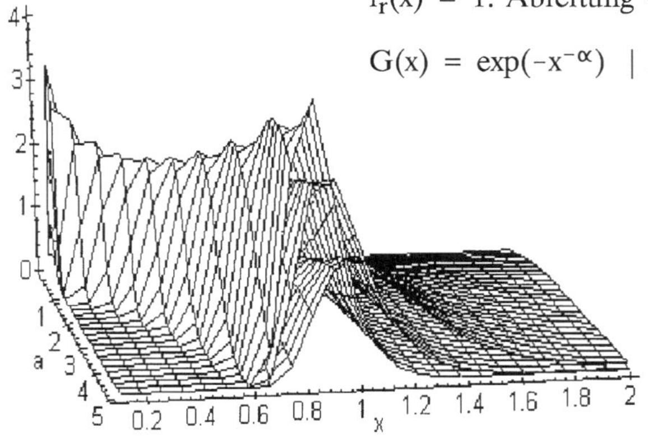

$\alpha \rightarrow$

Typ III

$f_r(x)$ = 1. Ableitung von (5.64) nach x

$G(x) = \exp(-(-x)^{\alpha})$ | hier $\alpha > 0$, $x \leq 0$, vgl. (5.57)

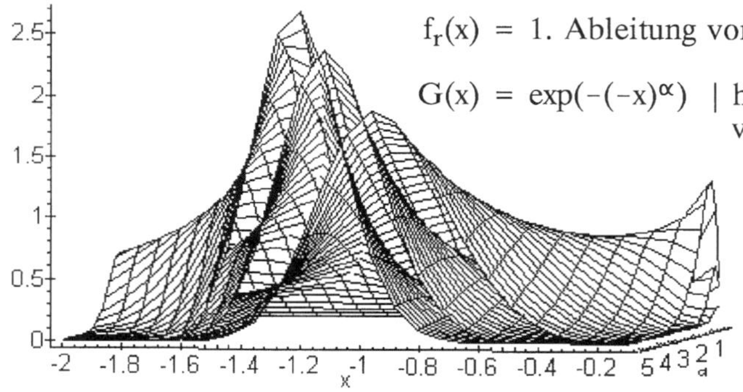

α

Abb. 5.5 Dichten $f_r(x)$ der Maxima 1. bis 10. Ordnung für Extremwertverteilungen der Typen II und III

Erläuterungen a) zu Typ I: Die Dichten der Maxima r-ter Ordnung in Abb. 5.4 werden mit zunehmendem r schlanker.

b) zu Typ II und III: Da hier ein Verteilungsparameter α vorhanden ist, wurden 3D-Plots gewählt (vgl. Abb. 5.5), wobei der Parameter α aus der Tiefe kommend die Werte .1 bis 5 annimmt. Auch hier werden die Verteilungen mit wachsendem r schlanker.

5.5.6 Beispiele

In Leadbetter (1983) sind Beispiele für Beschreibungen empirischer Daten durch Extremwertverteilungen dargestellt. Dabei ergeben sich gute Annäherungen an a) Belastungsstärken verschiedener Materialien bzw. an die Häufigkeiten, mit denen Materialien unter bestimmten Belastungen zerbrechen (zerreißen usw.), b) Maximaltemperaturen bei lokalen meteorologischen Meßfolgen, c) Häufigkeiten, mit denen ein Fluß eine bestimmte Marke überschreitet, d) die Verteilung von maximalen

Windgeschwindigkeiten innerhalb bestimmter Zeiten über mehrere Orte oder innerhalb bestimmter Orte über mehrere Zeitpunkte, e) maximale Regenfälle, f) maximale Längen von Meereswellen.
In der Psychologie werden Reaktionszeiten durch Verteilungen vom Weibull-Typ genähert (Colonius, H., (1995), (1999)). Den Hintergrund liefern Modelle, nach denen bestimmte Reaktionen bei Personen erst dann äußerlich beobachtbar werden, wenn unter den beteiligten neuronalen Einheiten diejenige mit der längsten Latenz reagiert hat (Luce (1986)).

Kapitel VI. Stichprobentheorie

6.1 Stichproben und Populationen

Der Begriff der Stichprobe wird häufig dadurch veranschaulicht, daß aus einer Menge (Grundgesamtheit, Population) von Merkmalsträgern, z.B. Personen, eine zufällige endliche Folge vom Umfang n entnommen wird. Hierbei wird im allgemeinen die Prozedur "mit Zurücklegen" vorausgesetzt. Andernfalls würden sich während der Entnahme der Stichprobenelemente die Wahrscheinlichkeiten der Merkmale ändern. Dieses Schema ist für viele Fälle von ausreichender Eindeutigkeit. Für eine genauere Definition des Stichprobenbegriffs reicht jedoch der Bezug auf eine *Population*, die in der Literatur keine einheitliche mathematische Definition besitzt, nicht aus.

Man muß bei einer Population zwischen den *Merkmalsträgern* und ihren *Merkmalen* unterscheiden. Diese Merkmale bilden, sofern sie (auf einem zumeist intervallskalierten Niveau) *gemessen* werden, eine Zufallsvariable X. Die Merkmalsträger (Personen, Gegenstände usw.) der Population bilden eine *Menge*. Da die Merkmale, d.h. die Ausprägungsgrade der Stichprobenvariablen, bei mehreren Merkmalsträgern gleich sein können, sind sie nicht als *Menge*, sondern als *Folge* darstellbar. Entnimmt man der Population eine Stichprobe, dann können sich auch hier Merkmale wiederholen. Daher muß auch die Stichprobe als Folge von Werten dargestellt werden. Für die Praxis der Stichprobenerhebung ergibt sich nun die Frage, ob sich in einer Stichprobe, z.B. bei einer Meinungsumfrage, Merkmalsträger wiederholen dürfen. Dies muß nach der statistischen Definition empirischer Stichprobenbildung möglich sein, kann aber im Falle lebender Merkmalsträger wegen der bekannten Wiederholungseffekte häufig nicht zugelassen werden. Da bei der Stichprobendefinition der Bezug auf Merkmalsträger nur eine begriffliche Komplizierung darstellt und andererseits mathematisch nur die Werte der jeweils gemessenen Zufallsvariablen verwendet werden, verzichtet man bei der mathematischen Definition einer Stichprobe auf den Populationsbegriff. Im Bereich der Stichprobenstatistik bzw. der unten dargestellten Signifikanztests verstehen wir daher unter der Population grundsätzlich die jeweilige Zufallsvariable, nicht die Merkmalsträger.

So ergibt sich ohne Bezug auf einen Populationsbegriff folgende eindeutige

Definition: Eine *(Zufalls-) Stichprobe* ist eine endliche Folge von unabhängigen Zufallsvariablen mit identischer Verteilung.

Eine Stichprobe stellt eine *Folge* (vgl. die Def. in Kap. I, Teil 1.2.2) von Werten dar, da sich in ihr mehrere Werte wiederholen können. Wir bezeichnen dann die Zufallsvariable X, durch deren n-fache Realisierung die Stichprobe vom Umfang n entstand, auch als die *Populationsvariable* oder vereinfacht auch als *Population* X und ihre Parameter als *Populationsparameter.*

Da Stichproben gemäß den Gegebenheiten der empirischen Forschung nur als endlich definiert werden, ergeben sich für die Erforschung unendlicher Populationen mittels endlicher Stichproben bestimmte Begrenzungen des Testens von hypothetischen Sätzen oder Formeln über

Populationen. Diese Begrenzungen und die Möglichkeiten zu ihrer teilweisen Überwindung werden in der Modelltheorie semantisch als Theorie der Substrukturen und syntaktisch als Präfixtheorie behandelt (siehe Pfanzagl (1971), Mal'cev, A.I. (1973) oder Lehmann (1985).

Im Folgenden kürzen wir häufig "Wahrscheinlichkeit" durch WS und den entsprechenden Plural durch WSS ab.

6.2 Stichprobenfunktionen

Gegeben sei eine Stichprobe aus X mit n Werten, die wir zur Unterscheidung von späteren bivariaten Stichproben bezeichnen als

Stichprobe vom Typ A: Folge unabhängiger Werte

$x_1, x_2, \ldots, x_n$

Der Stichprobenmittelwert lautet dann

$$M = \sum_{i=1}^{n} x_i/n \tag{6.1a}$$

und die Stichprobenvarianz

$$s^2 = \sum_{i=1}^{n} x_i^2/n - M^2. \tag{6.1b}$$

Es gibt eine Konvention, nach der die Parameter der Populationsvariablen X zumeist mit griechischen Buchstaben $E(X)=\mu$ und $Var(X)=\sigma^2$ usw. bezeichnet werden und die Parameter der Stichprobe mit entsprechenden lateinischen Buchstaben M, s^2.
Aufgrund von Zufallsschwankungen unterscheiden sich die *Stichprobenparameter* M und s^2 von den entsprechenden *Populationsparametern*

$$E(X)=\mu \qquad \text{und} \qquad Var(X) = E[(X-E(X))^2] = \sigma^2 .$$

Gegeben sei eine Folge von N Stichproben vom Umfang n als Spalten der folgenden Matrix. Wir bilden unterhalb der Matrix von jeder Stichprobe den Mittelwert und die Varianz mit einer entsprechenden Indizierung der Stichproben von 1 bis N:

Stichprobenfolge vom Typ A: (Folge unabhängiger Stichproben)

Stichprobe-Nr. →	1	2	...	N
	x_{11}	x_{12}	...	x_{1N}
	x_{21}	x_{22}	...	x_{2N}
		. . .		
	x_{n1}	x_{N2}	...	x_{nN}
Stichprobenparameter:	M_1	M_2	...	M_N
	s_1^2	s_2^2	...	s_N^2

Aus dem obigen Schema ist ersichtlich, daß die Werte M_j und s_j^2 (j=1,N) je eine Funktion der Stichproben 1 bis N darstellen.

Definition: Eine *Stichprobenfunktion* ist eine Funktion von Stichproben (jeweils gleichen Umfangs n) in die reellen Zahlen. Eine Stichprobenfunktion ist daher eine *Zufallsvariable.*

Für die Stichprobenfunktionen M, s^2 können wiederum Parameter, z.B. E(M) oder Var(s^2), unter $N \to \infty$ Stichproben berechnet werden. Die Verteilungen der Zufallsvariablen M und s^2 und ihre Parameter E(M) usw. hängen von der Verteilung von X und von der Stichprobengröße n ab.

Wir unterscheiden somit die *Variablen* bzw. Stichprobenfunktionen M, s^2 usw. von den *invarianten Parametern* E(X), Var(X), E(M), Var(s^2). Die Variable X selbst können wir als Sonderfall einer Stichprobenfunktion auffassen, nämlich als Identitätsfunktion bzw. als Wert einer Stichprobe vom Umfang n=1.
Einige Parameter von Stichprobenfunktionen lassen sich nur bei Kenntnis der Verteilung der Populationsvariablen X, z.B. für normalverteiltes X, ableiten. Andere, wie z.B. Erwartungswerte und Varianzen von Mittelwerten, sind unabhängig von der Populationsverteilung X (d.h. *verteilungsfrei*) herleitbar.

In Ergänzung zum vorherigen Stichprobentyp A gehen wir nun von einem Stichprobentyp B aus, bei dem eine Folge von Wertepaaren x_i,y_i (i=1,n) von zwei Zufallsvariablen X und Y erhoben wird:

Stichprobe vom Typ B: (Folge unabhängiger Wertepaare)

$x_1\ y_1$	
$x_2\ y_2$	
...	
$x_n\ y_n$	

$$Cov(x,y) = \sum_i^n (x_i - M_x)(y_i - M_y)/n$$

$$r_{xy} = Cov(x,y)/(s_x \cdot s_y)$$

Außer den Stichprobenmittelwerten

$$M_x = M(X) = \sum_i x_i/n \qquad \text{und} \qquad M_y = M(Y) = \sum_i y_i/n$$

und den Stichprobenvarianzen

$$s_x^2 = \sum_i (x_i - M_x)^2/n \qquad \text{und} \qquad s_y^2 = \sum_i (y_i - M_y)^2/n$$

läßt sich hier z.B. auch die Stichprobenkovarianz Cov(x,y) und die Stichprobenkorrelation r_{xy} berechnen. Wir gehen nun wieder von einer Folge von N solcher Stichproben aus zwei Spalten aus, die wir von links nach rechts anordnen. Außerdem ordnen wir den N Mittelwerten und Varianzen der X und Y als weitere Größen die entsprechenden Kovarianzen und Korrelationen der Wertepaare der Stichproben mit einer entsprechenden Indizierung von 1 bis N hinzu:

Stichprobenfolge vom Typ B: (Folge unabhängiger Folgen von Wertepaaren)

Stichprobe-Nr. →	1	2	...	N
	$x_{11}\ y_{11}$	$x_{21}\ y_{21}$	...	$x_{N1}\ y_{N1}$
	$x_{12}\ y_{12}$	$x_{22}\ y_{22}$	...	$x_{N2}\ y_{N2}$
		. . .		
	$x_{1n}\ y_{1n}$	$x_{2n}\ y_{2n}$	...	$x_{Nn}\ y_{Nn}$
Stichprobenparameter:	M_{1x},M_{1y}	M_{2x},M_{2y}	...	M_{Nx},M_{Ny}
	s^2_{1x},s^2_{1y}	s^2_{2x},s^2_{2y}	...	s^2_{Nx},s^2_{Ny}
	Cov_{1xy}	Cov_{2xy}	...	Cov_{Nxy}
	r_{1xy}	r_{2xy}	...	r_{Nxy}

Dieses Schema verdeutlich, daß auch die Kovarianzen und Korrelationen als bivariate Momente der Stichproben, wie in Kapitel I eingeführt, Stichprobenfunktionen bzw. Zufallsvariablen Cov_{xy} bzw. r_{xy} darstellen. Sie müssen von den entsprechenden invarianten Populationsparametern (hier kursiv)

$$\mathit{Cov}_{xy} = E\left[(X-E(X))\cdot(Y-E(Y))\right] \qquad \text{bzw.}$$
$$\rho_{xy} = \mathit{Cov}_{xy}/(\sigma_x\cdot\sigma_y)$$

der beiden Variablen X,Y unterschieden werden. (Für die Kovarianz der Population wird hier mangels fester Konventionen die kursive Schreibweise verwendet.)
Auch die Variablen Cov und r besitzen je nach der Verteilungsform von X und Y ihre eigenen Erwartungswerte bzw. Varianzen E(Cov), E(r), Var(Cov), Var(r) usw.

6.3 Momente von Stichprobenfunktionen

6.3.1 Schätzungen

Die Bestimmung der Erwartungswerte und der Varianzen der Momente von Stichproben, unabhängig von der Verteilung von X, ist nur für wenige dieser Momente möglich. In einigen Fällen lassen sich genauere Formeln nur für normalverteilte X ableiten. Die Stichprobenmomente, deren Erwartungswerte bekannt sind, sind nur in wenigen Fällen erwartungstreue Schätzungen (Teil 6.4.2) der entsprechenden Momente von Populationen. Standardbeispiele für bzw. gegen Erwartungstreue stellen der Erwartungswert bzw. die Varianz als 1. bzw. 2. zentrales Moment dar, siehe die Ableitungen zu den Formeln (6.2), (6.3) und (6.4).
In den Tabellen 6.1 und 6.2 nach Kendall u. Stuart sind einige verteilungsunabhängige oder aber nur für Normalverteilungen gültige Erwartungswerte und Varianzen von *univariaten* und *bivariaten* Stichprobenmomenten zusammengestellt worden. Zum

Verständnis der Tabellen werden zunächst einige auch von Kendall u. Stuart verwendete Schreibweisen zur Unterscheidung für verschiedener Momente eingeführt:

Definitionen univariater Momente

1. **Populationsparameter**:

r-tes absolutes Moment:	$E(X^r)$	$= \mu'_r$
r-tes zentrales Moment:	$E[(X-E(X))^r]$	$= \mu_r$

2. **Stichprobenfunktionen (Stichprobentyp A):**

r-tes absolutes Moment:	$\sum_i^n X_i^r/n$	$= m'_r$
r-tes zentrales Moment:	$\sum_i^n (X-m'_1)^r/n$	$= m_r$

Weiter führen wir *bivariate Momente* als erwartete Produkte der r-ten bzw. s-ten Potenzen *zweidimensionaler Zufallsvariablen* (X,Y) ein und kürzen sie folgendermaßen ab:

Definitionen bivariater Momente

1. **Populationsparameter:**
   Es handelt sich hier um bivariate Momente der Ordnung r,s (erwartetes Produkt der mit r bzw. s potenzierten Variablen X und Y):

Absolutes bivariates Moment:	$E\left[X^r \cdot Y^s\right]$	$= \mu'_{r,s}$
Zentrales bivariates Moment:	$E\left[(X-E(X))^r \cdot (Y-E(Y))^s\right]$	$= \mu_{r,s}$

2. **Stichprobenfunktionen (Stichprobentyp B):**

absolut:	$\sum_i^n X_i^r \cdot Y_i^s/n$	$= m'_{r,s}$
zentral:	$\sum_i^n (X-M_x)^r \cdot (Y-M_y)^s/n$	$= m_{r,s}$
Korrelation:	$m_{1,1}/\sqrt{(m_{2,0} \cdot m_{0,2})}$	$= r$

Demnach ist z.B. das als Teil der Berechnung der Pearson-Korrelation bzw. der Kovarianz verwendete Kreuzprodukt gleich dem absoluten bivariaten Moment $\mu'_{1,1}$ von X,Y der Ordnung 1,1. Die Kovarianz ist gleich dem zentralen bivariaten Moment der Ordnung 1 d.h. gleich $\mu_{1,1}$, geschrieben auch als μ_{11}.

Tabelle 6.1: Momente von Stichprobenfunktionen (populationsunabhängig)

Stichprobenfunktion	Erwartungswert	Varianz
Mittelwert: $M = \sum_{i=1}^{n} X_i/n$	$E(M) = E(X) = \mu$	$\sigma^2(M) = \sigma^2/n$
Varianz: $s^2 = \sum_{i=1}^{n} X_i^2/n - M^2$	$E(s^2) = \sigma^2 \cdot \frac{n-1}{n}$	$\sigma^2(s^2) = [\mu_4 - \mu_2^2]/n$
Streuung: $s = \sqrt{s^2}$	./.	$\sigma^2(s) = [\mu_4 - \sigma^4]/(4\sigma^2 \cdot n)$
r-tes abs. Moment: $\sum X^r/n$	$E(X^r)$	$[E(X^{2r}) - E(X^r)^2]/n = (\mu'_{2r} - \mu'^2_r)/n$
r-tes zentr. Moment: $m_r = \sum (X-M)^r/n$	$E(X-M)^r$	$[\mu_{2r} - \mu_r^2 + r^2\sigma^2\mu_{r-1}^2 - 2r\mu_{r-1}\mu_{r+1}]/n$
3-tes zentr. Moment: $m_3 = \sum (X-M)^3/n$	$E(X-M)^3$	$[\mu_6 - \mu_3^2 + 9\sigma^6 - 6\sigma^2\mu^4]/n$
bivariates zentr. Mom. bzw. Kovarianz der mit r bzw. s potenzierten Variablen X,Y: $m_{r,s}$	./.	$[\mu_{2r,2s} - \mu_{r,s}^2 + r^2\mu_{2,0}\mu_{r-1,s}^2 + s^2\mu_{0,2}\mu_{r,s-1}^2 + 2rs\mu_{1,1}\mu_{r-1,s}\mu_{r,s-1} - 2r\mu_{r+1,s}\mu_{r-1,s} - 2s\mu_{r,s+1}\mu_{r,s-1}]/n$
Korrelation $r = m_{11}/(s_1 \cdot s_2)$	./.	$\frac{\rho^2}{n}\left[\frac{\mu_{22}}{\mu_{11}^2} + \left(\frac{\mu_{40}}{\mu_{20}^2} + \frac{\mu_{02}}{\mu_{04}^2} + \frac{2\mu_{22}}{\mu_{20}\mu_{02}}\right) - \left(\frac{\mu_{31}}{\mu_{20}} + \frac{\mu_{13}}{\mu_{02}}\right)/\mu_{11}\right]$
r (für $\rho = 0$)	0	$1/(n-1)$
Quantil X_c	./.	$P(1-P)/(y_0{}^2 n)$ (y_0=Ordinate der Dichte von X am Quantil)
Median Mdn	(μ)	$1/(4y_0{}^2 n)$ (y_0=Ordinate am Mdn)
Proportion **P**	$\approx P_0$	$\approx P_0(1-P_0)/n$

Zur Tabelle 6.1: a) ρ ist die Populationskorrelation der beiden Zufallsvariablen (z.B. X,Y im obigen Stichprobentyp B). Dagegen ist r (z.B. $r_{xy} = Cov_{xy}/(s_x^2\ s_y^2\ )^{1/2}$ die Korrelation der N Stichprobenwertepaare.

b) Der Ausdruck (μ) bedeutet, daß der erwartete Median E(Mdn(X)) nur bedingt mit dem Erwartungwert $E(X) = \mu$ zusammenfällt, und zwar dann, wenn die Verteilung von X unimodal und symmetrisch ist.

c) Man ersieht aus der Tabelle auch, daß die erwartete Varianz $E(s^2)$ einer Stichprobe von der Stichprobengröße n um den Faktor $(n-1)/n$ kleiner ist als die Populationsvarianz σ^2 (vgl. (6.3)).

d) Für die erwartete Streuung E(s) lassen sich in der Literatur keine expliziten Formeln finden.

e) Zur Bestimmung der Varianz eines Medians bzw. allgemein von Quantilen muß man die Ordinate y_0 der Dichte bzw. der Wahrscheinlichkeitsfunktion von X über dem Quantil kennen.

f) Die Varianz von Proportionen, d.h. des Anteils der n Stichprobenwerte, die kleiner oder gleich einem Wert x_0 mit $P_0 = F(x_0)$ (F=Verteilungsfunktion von X) sind, nähert sich nur asymptotisch mit wachsendem n dem Wert $P_0(1-P_0)/n$.

Einige verteilungsunabhängige Herleitungen der Formeln der Tabelle 6.1 folgen allein durch Verwendung des E-Operators:

Drei Ableitungen von Erwartungswerten von Stichprobenfunktionen mittels des E-Operators

$$E(M) = E\left(\sum_{i=1}^{n} X_i/n\right) = \sum_{i=1}^{n} E(X_i)/n = E(X) \quad \text{(wegen } E(X_1)=E(X_2)=\ldots=E(X_n)\text{)} \tag{6.2}$$

$$\sigma^2(M) = \text{Var}\left[\tfrac{1}{n}(X_1+X_2+\ldots+X_n)\right]$$

$$= \frac{1}{n^2}\left[\text{Var}(X_1+\ldots+X_n)\right] \quad \text{(Skalenfaktor 1/n wirkt quadratisch auf Var.)}$$

$$= \frac{1}{n^2}\left[\text{Var}(X_1)+\ldots+\text{Var}(X_n)\right] \quad \text{(Varianz einer Summe wird zur Summe von Varianzen bei Unabhängigkeit der } X_i\text{)}$$

$$\sigma^2(M) = \frac{1}{n^2}\left[n\cdot \text{Var}(X)\right] = \sigma^2/n \quad \text{(da Var}(X_1)=\text{Var}(X_2)=\ldots=\text{Var}(X_n)\text{)} \tag{6.2a}$$

$$E(s^2) = E\left(\sum X^2/n - \left[\sum X/n\right]^2\right) = E\sum X^2/n - E\left[\sum X/n\right]^2$$

$$= \sum E(X^2)/n - \frac{1}{n^2}E\left[\sum X^2 + \sum_{i\neq j}\sum X_iX_j\right] \quad \text{(Auflösung einer quadratischen Summe)}$$

$$= nE(X^2)/n - \frac{1}{n^2}\sum E(X^2) - \frac{1}{n^2}\sum_{i\neq j}\sum E(X_iX_j) \quad \text{(E-Operator in die Klammern ziehen)}$$

$$= \underbrace{E(X^2) - \frac{1}{n^2}n\,E(X^2)} - \underbrace{\frac{1}{n^2}\,n(n-1)E(X)^2} \quad \text{(da für unabhängige } x_i \text{ gilt: } E(X_iX_j)=E(X_i)E(X_j)\text{. Zudem gilt } E(X_i)=E(X_j)\text{)}$$

$$= \frac{n-1}{n}E(X^2) - \frac{n-1}{n}E(X)^2 = \frac{n-1}{n}\left[E(X^2)-E(X)^2\right] = \frac{n-1}{n}\sigma^2$$

Löst man die zuletzt erhaltene Gleichung, wie folgt, nach σ^2 auf

$$E(s^2) = \frac{n-1}{n}\sigma^2 \quad \rightarrow \quad \sigma^2 = \frac{n}{n-1}E(s^2)\,, \tag{6.3}$$

dann ergibt die Umstellung, daß $n/(n-1)\cdot s^2$ eine *erwartungstreue* (siehe unten, Teil 6.4.2) Schätzung $\hat{\sigma}^2$ der Populationsvarianz σ^2 darstellt:

$$\hat{\sigma}^2 = \frac{n}{n-1}s^2 = \frac{n}{n-1}\sum_{i=1}^{n}[x_i - M(X)]^2/n$$

$$= \sum_{i=1}^{n}[x_i - M(X)]^2/(n-1) \tag{6.4}$$

Die häufig zu findende Teilung der (Abweichungs-) Quadratsumme durch n-1 entspricht somit einer Schätzung der Populationsvarianz σ^2.

Einige der in Tabelle 6.1 angegebenen Formeln vereinfachen sich erheblich, wenn wir X als normalverteilt voraussetzen. Außerdem können dann noch die Parameter weiterer Stichprobenfunktionen bestimmt werden, siehe Tabelle 6.2:

Tabelle 6.2: Momente von Stichprobenfunktionen aus Normalverteilungen

Stichprobenfunktion	Erwartungswert	Varianz
Varianz s^2	wie oben	$2\sigma^4/n$
Streuung s	./.	$\sigma^2/(2n)$
$E(X-M)^3$	0	$6\sigma^6/n$
$E(X-M)^4$	./.	$96\sigma^8/n$
Schiefe $\left[\sum_i(X_i-M)^3/n\right]/s^3$	0	$6/n$
Exzess $\left[\sum_i(X_i-M)^4/n\right]/s^4$	./.	$24/n$
Korrelation r	$\approx\rho$	$\approx(1-\rho^2)^2/n$
Median	0	$\pi\sigma^2/(2n)$
1. Quartil: Q_1		$1.3626^2 \cdot \sigma^2/n$
Quartilabstand (σ bekannt)		$.7867^2 \cdot \sigma^2/n$
Quartilabstand (Q_1 bekannt)		$1.166^2 Q_1^2/n$

Zur Tabelle 6.2: Die Varianz des Quartilabstands kann demnach aus der Varianz σ^2 oder aber aus dem Quartil Q_1 geschätzt werden. Letzteres ist möglich, da in einer Normalverteilung gilt

$Q_1 = .6745 \cdot \sigma$.

6.3.2 Quantile und Proportionen in Stichproben

Bei der Untersuchung einer theoretischen oder einer empirischen Verteilungsfunktion einer Zufallsvariablen **X** gibt es ohne eine Unterscheidung zwischen Stichprobe und Population zwei miteinander gekoppelte Fragestellungen:

Fall A

a) Gegeben sei ein fester Wert x_0. Bestimme die Wahrscheinlichkeit

$$P_0 = P(X \leq x_0) = F_x(x_0),$$

mit der X unterhalb von x_0 liegt. Dies entspricht der Funktion:

x_0 ------> P_0.

b) Gegeben sei eine Wahrscheinlichkeit P_0. Bestimme den Wert x_0, unterhalb dessen X mit einer WS von P_0 liegt. Dies entspricht der Funktion:

P_0 ------> x_0.

Definition: Wir bezeichnen hier x_0 als *Quantil.*

Wir sagen bei stetigen Funktionen zur Abkürzung "unterhalb von y", wenn wir symbolisch schreiben würden " $\leq$ y" (d.h. "kleiner-gleich" bzw. "unterhalb und bei y"). Die Beantwortung der Fragestellung a) stellt eine der Methoden zur Einführung einer Verteilungsfunktion dar. Der Fall b) entspricht der Definition von Medianen, Quartilen, und Quantilen.

In der Anwendung auf eine Stichprobe vom Umfang n lauten diese Fragestellungen:

Fall B

a) Gegeben sei ein fester Wert x_0 sowie ein festes q (wobei $0 \leq q \leq 1$). Bestimme die Wahrscheinlichkeit P_{0q}, daß ein Anteil q der n Stichprobenwerte unterhalb von x_0 liegt:

$$x_0 \text{ ------> } P_{0q}.$$

b) Gegeben sei ein Anteil q der Stichprobe. Bestimme den Wert x_{0q}, unterhalb dessen q mit einer WS von P_{0q} liegt:

$$P_{0q} \text{ ------> } x_{0q}.$$

Der Anteil q umfaßt demnach in a) und b) die unterhalb von x_0 liegenden Werte der Stichprobe, d.h. eine *links* von einer Grenze x_0 liegende Proportion. Im Fall a) kann der Anteil q für festes x_0 mit den verschiedenen Stichproben (1 bis N) variieren. Somit resultiert hier eine neue Stichprobenfunktion **q**, deren Erwartungswert, Varianz usw. uns interessieren. Im Falle b) ist für festes q die Größe x_{0q} eine Zufallsvariable, bezeichnet mit ξ_{0q}, deren Parameter zu bestimmen sind.
Zur genaueren Definition der Zufallsvariablen ξ ordnen wir die Werte

$$X_1, X_2, \dots, X_n$$

einer gegebenen Stichprobe nach aufsteigender Größe. Wir erhalten damit, wenn wir dies für jede weitere Stichprobe der Größe n aus derselben Zufallsvariablen **X** wiederholen, folgende neuen n Zufallsvariablen

$$\xi_1, \xi_2, \dots, \xi_n.$$

Wenn wir den k-ten Wert ξ_k herausgreifen, so stellt dieser eine eigene Zufallsvariable, (*Rangvariable* Nr. k), dar, die eine von X abhängige, aber von der Verteilung von **X** verschiedene Verteilung besitzt und die zudem für jedes k eine andere Form aufweist:

$$f(x_k) \neq f(\xi_k) \text{ für alle } k=1,n$$

$$f(x_1) = f(x_2) = \dots = f(x_n), \quad \text{aber} \quad f(\xi_j) \neq f(\xi_k) \quad \text{für} \quad \text{alle } j,k=1,n.$$

In Kap. IV (Formeln (4.35a,b)) wurde abgeleitet, daß die Dichte der k-ten Rangvariablen einer Stichprobe der Größe n aus X das Produkt einer Betadichte mit der Dichte f(x) von X darstellt: Es sei f(x) die Dichte der Zufallsvariablen X. Für die Dichte $f^*_{k,n}(x)$ der k-ten Rangvariablen einer Stichprobe der Größe n gilt dann

$$f^*_{k,n}(x) = \underbrace{\frac{n!}{(k-1)!(n-k)!}F(x)^{k-1}(1-F(x))^{n-k}}_{\text{Betaverteilung}} \cdot \underbrace{f(x)}_{\text{Dichte von X}} = \beta_{k,n-k+1}(F(x)) \cdot f(x).$$

Zur Betaverteilung ($\beta_{k,n-k+1}$): Gegeben sei ein binomiales Versuchsschema mit n Versuchen und k Erfolgen: Die erwartungstreue Schätzung des Paramters p ist dann $\hat{p}=k/n$. Das wahre p kann jedoch mit bestimmten Wahrscheinlichkeiten in anderen Bereichen liegen. Der Ansatz zur Herleitung der Betadichte besteht dann darin, für gegebenes n und k die Verteilung des Parameters p abzuleiten (vgl. Kap. IV).

Bei a) und b) kann die Stichprobenfunktion **q** offensichtlich nur die Werte

$$q = 1/n,\ 2/n,\ \dots,\ l/n,\ \dots \qquad (l=1,n)$$

annehmen, die wir mit q_l ($l=1,n$) bezeichnen. Für andere q, z.B. zwischen den Grenzen 1/n und 2/n usw., ist dagegen $P(q)=0$. Der Index l ergibt sich durch Umformung der Gleichung $q_l = l/n$ und Rundung $l=[q_l \cdot n]$. Wir erhalten damit anstelle von q die ganzzahlige Zufallsvariable l.
Da die n unteren q_l-Anteile durch die eingeführten Rangvariablen begrenzt werden, können wir q_l auch durch die Rangvariable ξ_l darstellen. Damit können wir die Aufgaben des Falls B mittels der Rangvariablen in folgender Form ausdrücken:

Fall C

a) Bestimme die WS, daß l von n Werten unterhalb eines gegebenen x_0 liegen. bzw. daß die ersten l Rangvariablen $\xi_1 \dots \xi_l$ unterhalb von x_0 liegen.
b) Bestimme das x_0, unterhalb dessen l von n Werten mit einer gegebenen WS liegen bzw. unterhalb dessen die ersten l Rangvariablen $\xi_1 \dots \xi_l$ mit einer gegebenen WS liegen.

Setzen wir $l=1$ und $n=1$, dann erhalten wir wieder Fall A:
Aus der Herleitung der Verteilung der ξ_l läßt sich die ursprünglich gesuchte Verteilung von q herleiten, da q eine eindeutige Funktion von l ist. Man kann aus der Verteilung der Rangvariablen ableiten, daß sich die Zufallsvariable **q** für wachsendes n einer Normalverteilung mit dem Erwartungswert P_0 nähert:

$$E(q)=P_0 \text{ und der Varianz } \sigma^2(q) = P_0 \cdot (1-P_0)/n. \qquad (6.5a)$$

Eine einfache Ableitung bei McNemar (1962): Die WS, daß l von den n Werten der Stichprobe kleiner gleich x_0 sind, entspricht der WS, daß eine binomialverteilte Variable f (f=Frequenz, n=Anzahl der Versuche) mit dem durch x_0 determinierten Parameter P_0 den Wert l annimmt:

$$WS(f=l) = \binom{n}{l} P_0^l (1-P_0)^{n-l}.$$

Der Erwartungswert von f ist bei der Binomialverteilung $E(f)=nP_0$ und die Streuung $\sigma(f)=\sqrt{nP_0(1-P_0)}$. Bildet man f/n, so entspricht dies der Maßstabstransformation von f mit dem Faktor 1/n, und die neue Zufallsvariable wird eine Proportion $q=f/n$. Erwartungswert und Streuung der neuen Variablen q ergeben sich daher durch Multiplikation der alten Parameter mit 1/n: $E(q)=P_0$ und $\sigma(q)=\sqrt{P_0(1-P_0)/n}$. Bei wachsendem n geht die z-transformierte Binomialverteilung $z_q=(q-E(q))/\sigma(q)$ nach dem *zentralen Grenzwertsatz* (Kap. IV) in eine Standardnormalverteilung über, so daß auch q als lineare Funktion von z_q normalverteilt ist.

Das der Proportion q entsprechende Stichprobenquantil (bzw. die entsprechende *l*-te Rangvariable) ξ_l hat dagegen eine Varianz von

$$\sigma^2(\xi_l) \quad = \quad P_0 \cdot (1-P_0)/(n \cdot f_0^2). \tag{6.5b}$$

Hierbei ist f_0 die Dichte der Zufallsvariablen X im Punkte x_0.

In praktischen Fällen kann f_0 als relative Häufigkeit der empirischen Verteilung in der Klasse um x_0 geschätzt werden.

Beispiel: Zur Berechnung der Varianz des Medians der Stichprobe vom Umfang n aus einer Normalverteilung wird berücksichtigt, daß hier $P_0=.5=1/2$ ist. Aus den Tabellen für die Standardnormalverteilung entnimmt man für das entspechende $x=0$ als Ordinate eine Dichte von $f(x_0)=.39894$. Hat die Normalverteilung eine Streuung $\sigma \neq 1$, dann muß die Dichte gemäß der Formel für die Normalverteilung (Kap. IV, (4.18)) in $f_0=.39894/\sigma$ umgerechnet werden. Man erhält somit:

$$\text{Var(Median der Normalverteilung)} \quad = \quad (1/2) \cdot (1/2) \;/(n \cdot .39894/\sigma)^2 \quad = \quad \sigma^2/(4 \cdot n \cdot .39894^2),$$

$$\sigma(\text{Mdn}) \quad = \quad 1.2533 \, \frac{\sigma}{\sqrt{n}} \quad \text{(für Stichproben aus normalverteiltem X).}$$

6.3.3 Bivariate Momente von Stichprobenfunktionen

Korreliert man bei der Stichprobenfolge A die N Mittelwerte mit den zugeordneten Varianzen der Stichproben, dann gilt für wachsendes N, daß die feste Korrelation R zwischen den zwei Stichprobenvariablen M und s^2 nach 0 strebt (Fisz (1976), S. 432):

$$R(M,s^2) \dashrightarrow 0 \qquad | \; N \dashrightarrow \infty, \tag{6.6}$$

sofern die Populationsvariable X symmetrisch ist, z.B. im Falle einer Normalverteilung.

Um für praktische Zwecke eine solche Folge von Stichproben zu erhalten, kann man eine große Stichprobe vom Umfang $N \cdot n$ nach Zufall in eine Folge von N Stichproben vom Umfang n unterteilen. In diesem Falle wäre gemäß (6.6) die Annahme einer normalverteilten oder zumindest symmetrischen Population für X prüfbar.

Von Interesse ist außerdem die Korrelation zwischen zwei Stichprobenquantilen aus Stichproben mit normalverteilter Population X.

Wenn P_a die Fläche unterhalb des *unteren* Quantils x_a und P_b die Fläche unterhalb des *oberen* Quantils x_b der Populationsvariablen X ist, dann gilt für die Kovarianz der beiden *Stichprobenanteile* bzw. *Proportionen* q_a und q_b, die unterhalb von x_a bzw. x_b liegen:

$$Cov(q_a,q_b) = P_a(1-P_b)/n. \tag{6.7}$$

Für die entsprechenden zufälligen Stichprobenquantile x_a und x_b gilt

$$Cov(\xi_a,\xi_b) = P_a(1-P_b)/(nf_af_b), \tag{6.8}$$

wobei f_a und f_b die beiden Ordinaten der Populationsvariablen X über den Populationswerten x_a bzw. x_b sind. Aus (6.5b) und (6.8) läßt sich nun die Varianz der Differenz

$$d_{ab} = \xi_b - \xi_a$$

der beiden Stichprobenquantile berechnen. Zunächst erhält man aus der bekannten Beziehung für die Differenz zweier Zufallsvariablen

$$\sigma^2(d_{ab}) = \sigma^2(\xi_a) + \sigma^2(\xi_b) - 2Cov(\xi_a,\xi_b).$$

Durch Einsetzen von (6.5b) und (6.8) folgt

$$\sigma^2(d_{ab}) = \left[(P_a(1-P_a)/f_a^2 + P_b(1-P_b)/f_b^2 - 2P_a(1-P_b)/(f_af_b)\right]/n. \tag{6.9}$$

Speziell ergibt sich für den zufälligen Abstand zwischen zwei Quartilen einer Stichprobe vom Umfang n aus einer Standardnormalverteilung X wegen $f_a=f_b=.3178$:

$$\sigma^2(d_{ab}) = [.25\cdot .75/.3178^2+.75\cdot .25/.3178^2 - 2\cdot .25\cdot .25/.3178^2]/n$$

bzw. für eine Normalverteilung mit gegebenem σ:

$$\sigma(\text{interquartiler Abstand}) = .7867\sigma/n. \tag{6.10}$$

6.3.4 Spezielle Streuungen (Standardfehler) von Stichprobenfunktionen

Es sei bei Korrelationen N= Anzahl der Wertepaare und $\sigma_{12.34...n}$ gleich der Streuung der Partialkorrelation $r_{12.34...n}$, wobei n = Anzahl aller beteiligten Variablen und 3...n gleich der Indizierung der auspartialisierten Variablen ist. Dann gilt (vgl. Guilford (1956)):

$$\sigma_{r_{12.34...n}} = \frac{1 - r^2_{12.23...n}}{\sqrt{N - n}}.$$

Bei der linearen Regression Y = bX + a gilt für die Streuung des Gewichtes b_{yx}

$$\sigma_{b_{yx}} = \frac{\sigma_y}{\sigma_x}\sqrt{\frac{1 - r_{xy}^2}{N}}.$$

Im Falle einer linearen Regressionsanalyse $\hat{Y} = b_1X_1 + \ldots + b_nX_n$ gilt für die Streuung der vorhergesagten Variablen $\hat{Y}$

$$\sigma_{\hat{y}.12...n} = \sigma_y \sqrt{(1-R^2)\frac{N-1}{N-n-1}}\,.$$

Für die multiple Korrelation R gilt

$$\sigma_R = \frac{1-R^2}{\sqrt{N-n-1}}\,.$$

Für die Streuung des Gewichtes $b_{yi.12..n}$ der Prädiktorvariablen i bei der Vorhersage der Kriteriumsvariablen y aus Variable 1 bis n gilt

$$\sigma_{b_{yi.12...n}} = \frac{\sigma_{\hat{y}.12...n}}{\sigma_{i.12...n}\sqrt{N-n-1}}\,.$$

Hierbei ist $\sigma_{i.12...n}$ die Streuung der Prädiktor-Variablen i bei ihrer Vorhersage aus den Prädiktor-Variablen 1 bis n außer i. Für das entsprechende Gewicht $\beta_{y.123...n}$ bei z-transformierten Variablen $z_{x_1},...,z_{x_n}$ lautet die Streuung

$$\sigma_{\beta i.12...n} = \sqrt{\frac{1-R^2_{\hat{y}.12...n}}{(1-R^2_{i.12...n})(N-n-1)}}\,.$$

Hierbei ist $R_{i.12...n}$ gleich der multiplen Korrelation bei der Vorhersage der i-ten Prädiktor-Variablen aus den Variablen 1 bis n außer i.

6.4 Schätzmethoden für Parameter

Wir verwenden Stichprobenfunktionen u.a. zur Schätzung von Populationsparametern. Eine ad-hoc Methode der Schätzung besteht darin, den geschätzten Wert t_n des Parameters θ mit derselben Methode in einer Stichprobe vom Umfang n zu berechnen, mit der man θ in der Population berechnen würde, und dann anzunehmen, daß sich t_n nicht systematisch von dem Populationsparameter θ unterscheidet bzw. daß t_n sich zumindest bei wachsender Stichprobengröße n dem Populationsparameter θ nähert. Daß diese Methode nicht immer gerechtfertigt ist, zeigen die Ableitungen unter (6.3). Wählen wir als Schätzer (Schätzfunktion) für die Populationsvarianz σ^2 die Stichprobenvarianz s^2, dann folgt aus (6.3), daß die erwartete Stichprobenvarianz $E(s^2)$ kleiner ist als die Populationsvarianz σ^2:

$$E(s^2) = \frac{n-1}{n}\sigma^2 < \sigma^2. \qquad (6.11)$$

Eine geeignete unsystematisch von σ^2 abweichende Schätzung $\sigma^{2\prime}$ ergibt sich demnach durch die folgenden zwei Umformungen der Gleichung in der Zeile von (6.11):

$$\frac{n}{n-1}E(s^2) = \sigma^2\,, \qquad E\left(\frac{n}{n-1}s^2\right) = \sigma^2.$$

D.h. die Funktion $(n/(n-1)) \cdot \mathbf{s}^2$ hat den Erwartungswert σ^2 und entspricht daher dem gesuchten Schätzer $\sigma^{2'}$ mit unsystematischem Fehler (vgl. *Erwartungstreue*, Teil 6.4.2):

$$s^2 \frac{n}{n-1} = \sigma^2 , \qquad \text{denn } E(\sigma^{2'}) = E(s^2 \frac{n}{n-1}) = \sigma^2. \qquad (6.12)$$

Um zu verdeutlichen, daß die Formel t_n (hier $\sigma^{2'}$) für unsere Schätzung von θ gleichzeitig eine Stichprobenfunktion darstellt, können wir t_n auch fett gedruckt als $\mathbf{t}_n$ schreiben.

6.4.1 Die Maximum-Likelihood-Methode (ML-Methode).

Gegeben sei eine Stichprobe mit n unabhängigen Werten

$x_1, x_2, ..., x_n$

einer Zufallsvariablen X mit der Dichte $f(x, \theta_1, ..., \theta_m)$ und den Parametern θ_1 bis θ_m. Die gemeinsame Dichte aller n Werte x_i, die als Likelihood oder Likelihood-Funktion L bezeichnet wird, ist dann aufgrund der Unabhängigkeit der x-Werte gleich dem Produkt der Dichten

$$L = L(f, x_1, ..., x_n, \theta_1, ..., \theta_m) = \prod_{i=1}^{n} f(x_i, \theta_1, ..., \theta_m). \qquad (6.13)$$

Diese Definition der Likelihood gilt auch für diskrete Zufallsveränderliche mit der jeweiligen Wahrscheinlichkeitsfunktion f. Der Ausdruck $f(x_i, \theta_1, ..., \theta_m)$ drückt dann die WS des Wertes x_i einer WS-Funktion mit den Paramtern θ_1 bis θ_m aus.

Es sollen die Populationsparameter θ_1 bis θ_m mittels der Stichprobe geschätzt werden.

Definition der Likelihoodschätzung: Man wählt nun als Schätzung diejenigen θ-Parameter, unter denen die aktuelle Stichprobe die größte Dichte besitzt bzw. die wahrscheinlichste Stichprobe ist.

Die entsprechende Maximierung von L durch geeignete Wahl der θ_1 bis θ_m ergibt die maximale Likelihood L_{max} für gegebene $f, x_1, ..., x_n$. Zur Maximierung von L als Funktion von $\theta_1, ..., \theta_m$ für feste Werte $x_1, ..., x_n$ würde man üblicherweise die partiellen m Ableitungen von L nach den Variablen θ_1 bis θ_m bilden und diese gleich 0 setzen. Aus den resultierenden m Gleichungen müßten dann die Größen $\theta_1, ..., \theta_m$ explizit gemacht werden. Unter der Annahme, daß man dann ein globales Maximum (d.h. kein Nebenmaximum) der Funkton von L gefunden hätte, wären dann die erhaltenen θ-Werte die ML-Schätzungen $\hat{\theta}_1, ..., \hat{\theta}_m$ der Parameter $\theta_1, ..., \theta_m$.
Da die Differentiation des Produktes L sehr komplizierte Ausdrücke ergibt, maximiert man nicht L, sondern den Logarithmus $L^* = \log(L)$. Durch die Logarithmierung verwandelt sich das Produkt (6.13) in eine Summe logarithmierter Dichte- bzw. WS-Werte, deren Differentiation im allgemeinen wesentlich einfachere Ausdrücke ergibt.

Die Maximierung der logarithmischen Likelihood ergibt dieselben Werte für $\theta_1, .., \theta_m$ wie die Maximierung der nicht logarithmischen Likelihood, da - geometrisch formuliert - eine (streng) monotone Transformation, wie sie der Logarithmus darstellt, nicht die Lage eines Maximums oder Minimums über einem Argumentwert verändert. Dies kann man sich graphisch an einer einfachen Funktion $g(x)=u*x^2-v*x+w$ verdeutlichen, indem man für frei gewählte u, v, w, sowohl die Kurve für g(x) als auch die Kurve für log(g(x)) bzw. gegebenenfalls für log(|g(x)|) plottet und die Lage der Extremwerte beider Kurven vergleicht.

Die ML-Methode der Parameterschätzung für $\theta_1,...,\theta_m$ besteht somit darin, daß man aus den m Gleichungen mit den partiellen Ableitungen nach den θ_1 bis θ_m

$$\begin{aligned} \partial[\log(L(f,x_1,...,x_n,\theta_1,...,\theta_m))]/\partial\theta_1 &= 0 \\ ... &= 0 \\ \partial[\log(L(f,x_1,...,x_n,\theta_1,...,\theta_m))]/\partial\theta_m &= 0 \end{aligned} \tag{6.14}$$

die Werte θ_1 bis θ_m explizit macht.

Die ML-Schätzung des Parameters einer Binomialverteilung:
Die WS, aus einer Urne bei n unabhängigen Versuchen k weiße Kugeln zu ziehen, entspreche einer Binomialverteilung

$$P(k\,|\,p,n) = \binom{n}{k} p^k (1-p)^{n-k}.$$

Der Parameter p dieser Verteilung sei unbekannt und soll geschätzt werden. Die Binomialfunktion kann gleichzeitig auch als Likelihoodfunktion aufgefaßt werden, da sie als die Likelihood der Ergebnisse einer Folge von n unabhängigen Bernoulli-Versuchen interpretierbar ist.

Angenommen, man habe eine Folge 0,1,1,0,0,1,0,1,0,0 gezogen ($n=10$, $k=4$), dann entspricht die Likelihood dieses Ergebnisses einem Produkt der Wahrscheinlichkeiten von $n=10$ Bernoulli-Verteilungen mit $f(x=0) = 1-p$ und $f(x=1) = p$, d.h.

$$L = (1-p) \cdot p \cdot p \cdot (1-p) \cdot (1-p) \cdot p \cdot (1-p) \cdot p \cdot (1-p) \cdot (1-p).$$

Der Faktor $\binom{n}{k}$ stellt lediglich eine monotone Transformation dieses Produktes dar.

Wir bilden den Logarithmus der Binomialverteilung

$$\log P(k|p,n) = \log\binom{n}{k} + k \cdot \log p + (n-k) \cdot \log(1-p),$$

danach die erste Ableitung nach p, wobei $d(\log\binom{n}{k})/d(p) = 0$ ist, und setzen sie gleich 0

$$d\log(P(k|p,n)/dp = k/p - (n-k)/(1-p) = 0.$$

Dies ergibt nach Umstellung $k/p=(n-k)/(1-p)$ bzw. $k \cdot (1-p) = (n-k) \cdot p$ und schließlich $\hat{p} = k/n$.

Die übliche Formel zur Berechnung des Anteils p der weißen Kugeln in der Population entspricht somit auch der ML-Schätzung $\hat{p}$ (für p) aus einer Stichprobe.

Die ML-Schätzung der Parameter einer Normalverteilung

Die Dichte der Normalverteilung lautet

$$f(x,\theta_1,\theta_2) = f(x,\mu,\sigma) = 1/(\sigma\sqrt{2\pi}\,)\cdot \exp[-(x-\mu)^2/(2\sigma^2)],$$

wobei x die Werte der Zufallsvariablen **X** annimmt und μ und σ Erwartungswert und Streuung der Population darstellen. Die Normalverteilung ist die einzige Verteilung, deren Paramter θ_1,θ_2 (m=2) gleich dem Erwartungswert und der Streuung der Populationsvariablen sind.
Gegeben sei eine Stichprobe aus **X**, d.h. eine Folge von Werten $x_1,...,x_n$, dann ist die Likelihood und die daraus gebildete logarithmische Likelihood gleich

$$L = \prod_{i=1}^{n} \left[1/(\sigma\sqrt{2\pi}\,)\cdot \exp(-(x_i-\mu)^2/(2\sigma^2)\right] = \left[\sqrt{\sigma^2 2\pi}\right]^{-n}\cdot \exp\left[-\sum_{i=1}^{n}(x_i-\mu)^2/(2\sigma^2)\right]$$

$$\log L = -\frac{1}{2}\,n\,\log\sigma^2 - \frac{1}{2}\,n\,\log(2\pi) - \sum_{i=1}^{n}(x_i-\mu)^2/(2\sigma^2).$$

Differenziert man nun gemäß (6.14) log L nach den beiden zu schätzenden Parametern μ und σ^2 und setzt die erhaltenen Gleichungen gleich 0, dann folgt

$$\frac{\partial \log L}{\partial\,\mu} = \frac{1}{2\sigma^2}\sum_{i=1}^{n}(x_i-\mu) = 0,$$

$$\frac{\partial \log L}{\partial\,\sigma^2} = -\frac{n}{2\sigma^2} + \frac{1}{2\sigma^4}\sum_{i=1}^{n}(x_i-\mu)^2 = 0.$$

Hieraus lassen sich durch einfache Umformungen μ und σ^2 exlizit machen, und man erhält als Schätzungen für die Populationsparameter

$$\hat{\mu} = \sum_{i=1}^{n} x_i/n \qquad \text{und} \qquad \hat{\sigma}^2 = \sum_{i=1}^{n}(x_i-\mu)^2/n. \tag{6.14a}$$

Bemerkenswert ist, daß die ML-Schätzungen den Definitionen dieser Parameter für endliche Populationen entsprechen. Die ML-Schätzung der *Varianz der Population* wird somit *nicht* mittels dem für eine erwartungstreue Schätzung erforderlichen Nenner n-1 berechnet (vgl. hierzu Gleichung (6.3), (6.11) und (6.12)).

Die ML-Schätzung des Parameters einer Poisson-Verteilung

Wir bilden aus der Poisson-Verteilung $P(k|\lambda)=e^{-\lambda}\lambda^k/k!$ die Likelihood für n beobachtete Werte k_i (i=1,n) dieser Verteilung:

$$L = \Pi_{i=1}^{n}[e^{-\lambda}\lambda^{k_i}/k_i!]$$

$$\log L = \Sigma_i[-\lambda + k_i\log\lambda - \log(k_i!)]$$

$$= -n\lambda + \log\lambda\,\Sigma_i k_i - n\log(k!)$$

$$\partial\log L/\partial\lambda = -n + \Sigma_i k_i/\lambda = 0.$$

Hieraus folgt

$$\hat{\lambda} = \sum_{i=1}^{n} k_i/n. \tag{6.14b}$$

Die ML-Schätzung der Luceschen v-Skala aus Paarvergleichsdaten

Nach dem Luceschen Paarvergleichsmodell von 1959 (vgl. auch Luce, 1985) ist die WS, in einer Paarvergleichsentscheidung einen Reiz i gegenüber einem Reiz j vorzuziehen, gleich

$$p_{ij} = \frac{v_i}{v_i + v_j}, \tag{6.15}$$

wobei v eine latente Bewertungsskala der Reize auf Verhältnisskalenniveau darstellt. Die WS, in n_{ij} unabhängigen Entscheidungen h_{ij} mal den Reiz i gegenüber dem Reiz j zu bevorzugen ($n_{ij}=h_{ij}+h_{ji}$), folgt dann aus der Binomialformel

$$P(h_{ij}) = \binom{h_{ij}+h_{ji}}{h_{ij}} p_{ij}^{\,h_{ij}} p_{ji}^{\,h_{ji}} \qquad \text{mit} \qquad p_{ji} = 1-p_{ij}.$$

Die Likelihoodfunktion einer Paarvergleichshäufigkeitsmatrix H über m Reize mit $h_{ij}, h_{ji} \in H$ ($i=1,m$; $j=1,m$, $h_{ii}=0$) ergibt sich dann als Produkt $\Pi_{ij}P(h_{ij})$ für alle Reizpaare i,j ($i \neq j$). Setzt man für p_{ij} das Modell (6.15) ein, dann erhält man aus der Binomialformel die Likelihood

$$L = \prod_{i,j=1}^{m} P(h_{ij}) = \prod_{i,j=1}^{m} \binom{h_{ij}+h_{ji}}{h_{ij}} \left(\frac{v_i}{v_i + v_j}\right)^{h_{ij}} \left(\frac{v_j}{v_i+ v_j}\right)^{h_{ji}}.$$

Ihre logarithmische Form lautet:

$$\log L = \sum_{i,j=1}^{m} \left[\log\binom{h_{ij}+h_{ji}}{h_{ij}} + h_{ij}(\log v_i - \log(v_i+v_j)) + h_{ji}(\log v_j - \log(v_i+v_j))\right].$$

Partielle Differentiation von log L nach jedem der zu schätzenden Skalenwerte v_i ($i=1,m$) und Nullsetzen der erhaltenen Gleichungen ergibt für einen repräsentativ gewählten Skalenwert v_g ($g=1,m$), wenn g jeweils für eines der i eingesetzt wird:

$$\partial \log L/\partial v_g = \sum_{j=1}^{m} \left[h_{gj}(1/v_g - 1/(v_g+v_j)) - h_{jg}(1/(v_g+v_j))\right] = 0 \qquad (g=1,m)$$

und daraus

$$\sum_{j=1}^{m} h_{gj}/v_g = \sum_{j=1}^{m} (h_{gj}+h_{jg})/(v_g+v_j).$$

Da sich aus diesem System keines der v_g vollständig explizit machen läßt, bringen wir das v_g der linken Seite durch einfache Umformung der Gleichung in eine relativ explizite Form:

$$v_g = \frac{\sum_{j=1}^{m} h_{gj}}{\sum_{j=1}^{m} (h_{gj}+h_{jg})/(v_g+v_j)} \qquad (g=1,m), \quad \text{wobei } v_g \rightarrow \hat{v}_g \text{ (siehe Text)} \qquad (6.16)$$

Diese Formel ergibt eine Möglichkeit zur Näherung der v-Werte aus den Gleichungen: Man wählt beliebige positive Anfangswerte für alle v-Werte (am besten $v_g=1$ für $g=1,m$), bestimmt aus (6.16) neue v-Werte, setzt diese wieder in (6.16) ein und iteriert diesen Vorgang etwa 20mal. Ford, L. R. (1957) (vgl. Lehmann, 1981b) zeigte, daß dieser Algorithmus unabhängig von den (positiven) Anfangswerten zu einem globalen Maximum für log L und zu den Schätzungen $\hat{v}_g$ $(g=1,m)$ konvergiert.

Erwartungswert und Varianz der log-Likelihood-Ableitung

Die Verteilung der log-Likelihood-Ableitung wird zu probabilistischen Modellanpassungsvergleichen sowie zur Bestimmung von Konfidenzintervallen (Teil 6.4.4) verwendet.

Die Likelihood L (6.13) stellt die gemeinsame Dichte der n Stichprobenwerte $X=(X_1,...,X_n)$ dar, so daß ihr Integral über den Definitionsbereich von X gleich 1 ist. Für eine von dem Parameter θ abhängige Verteilung von X folgt daher:

$$\int ... \int L(x_1,...,x_n|\theta)dx_1...dx_n = 1.$$

Partielle Differentiation beider Seiten der Gleichung nach θ (und Vertauschen von Integration und Differentiation, sofern möglich) ergibt folgendes:

$$\int ... \int \frac{\partial L}{\partial \theta} dx_1...dx_n = 0 = \int ... \int \frac{1}{L}\frac{\partial L}{\partial \theta} L dx_1...dx_n = E\left(\frac{\partial \log L}{\partial \theta}\right) = 0. \qquad (6.17a)$$

Erläuterungen: Der rechte Erwartungswert sowie nachfolgende Umformungen ergeben sich aus $\partial\log(L)/\partial\theta = 1/L\partial L/\partial\theta)$ sowie aus der Regel, daß die Integration des Produktes aus dem Wert einer Zufallsvariablen (hier $\partial \log L/\partial\theta$) mit ihrer Dichte (hier L) über ihren gesamten Variationsbereich den Erwartungswert dieser Zufallsvariablen ergibt (Kap. III (3.5a)). Im Folgenden wird außerdem die Differentiationsregel $(uv)' = u'v+v'u$ angewendet.

Nochmaliges Differenzieren beider Seiten und Vertauschen von Differentiation und Integration, sofern möglich, ergibt (wobei $dx_1...dx_n$ durch dx abgekürzt wird)

$$\int ... \int \left[\left(\frac{1}{L}\frac{\partial L}{\partial \theta}\right)\frac{\partial L}{\partial \theta} + L\frac{\partial}{\partial \theta}\left(\frac{1}{L}\frac{\partial L}{\partial \theta}\right)\right]dx = 0 = \int ... \int \left[\left(\frac{1}{L}\frac{\partial L}{\partial \theta}\right)^2 + \frac{\partial^2 \log L}{\partial \theta^2}\right] L dx = 0.$$

Die Integration der beiden Summanden in den eckigen Klammern und Umstellung des zweiten Summanden ergibt die ersten beiden Ausdrücke folgender Gleichung:

$$E\left[\left(\frac{\partial \log L}{\partial \theta}\right)^2\right] = -E\left(\frac{\partial^2 \log L}{\partial \theta^2}\right) = \mathrm{Var}\left(\frac{\partial \log L}{\partial \theta}\right). \qquad (6.17b)$$

Die rechte Seite von (6.17a) zeigte, daß der Erwartungswert von $\partial \log L/\partial \theta$ gleich 0 ist. Somit vereinfacht sich $\mathrm{Var}(\partial \log L/\partial \theta) = E[(\partial \log L/\partial \theta)^2] - [E(\partial \log L/\partial \theta)]^2$ zu dem linken Ausdruck in (6.17b). Es folgt, daß Gleichung (6.17b) *zwei* Ausdrücke für die Varianz der log-Likelihood-Ableitung $\partial \log L/\partial \theta$ liefert. Man kann außerdem zeigen, daß $\partial \log L/\partial \theta$ für wachsendes n *asymptotisch normalverteilt* ist.

6.4.2 Gütekriterien für Parameterschätzungen

Berücksichtigt man, daß eine Schätzung $\mathbf{t}_n$ von θ oft eine andere Berechnungsformel erfordern kann als diejenige des Populationswertes θ selbst, dann empfiehlt es sich, gegebenenfalls die jeweilige Berechnungsformel, d.h. die Stichprobenfunktion, die als *Schätzfunktion* verwendet wird, neu zu entwickeln, so daß sie bestimmten vorgegebenen *Gütekriterien* genügt. Neben vielen Nebenkriterien unterscheidet man die Gütekriterien *Konsistenz, Erwartungstreue, Effizienz (Wirksamkeit) und Suffizienz* (*suffiziente* Schätzungen heißen auch *erschöpfende* Schätzungen). Für die folgenden Überlegungen benötigen wir öfter den Begriff der *stochastischen Konvergenz*.

Definition: Eine Folge von Zufallsvariablen $\mathbf{X}_n$ (n=1,....) *konvergiert stochastisch* gegen den Wert Q, wenn für beliebige $\varepsilon > 0$ gilt

$$\lim_{n \to \infty} P(|\mathbf{X}_n - Q| > \varepsilon) = 0.$$

Konsistenz

Definition: Eine Folge von Schätzfunktionen $\mathbf{t}_n$ (n=1,2,...) eines Populationsparameters θ heißt *konsistent*, wenn sie für $n \to \infty$ stochastisch gegen θ konvergiert. Hierbei interpretieren wir n in unserem Zusammenhang als Stichprobenumfang. Mit wachsender Stichprobengröße nähert sich demnach ein konsistenter Schätzer für θ dem Wert θ beliebig genau an.

Beispiele: a) Der Mittelwert $M = \sum_{i=1,n} X_i/n$ einer Stichprobe vom Umfang n konvergiert bei wachsendem n stochastisch gegen den Erwartungswert μ von $\mathbf{X}$.
b) Man kann zeigen, daß der Median einer Stichprobe stochastisch gegen den Median der Population X und bei symmetrischen unimodalen Verteilungen auch gegen μ konvergiert. Der Stichprobenmedian ist daher eine konsistente Schätzfunktion für den Populationsmedian und z.B. im Falle einer normalverteilten Population X gleichzeitig auch ein konsistenter Schätzer für μ.

Gegenbeispiele: a) Der Mittelwert einer Stichprobe aus einer Cauchy-verteilten Population X (vgl. Kap. IV) hat unabhängig von der Stichprobengröße n die gleiche Verteilung wie ein einzelner Wert aus X und wird daher mit wachsendem n nicht genauer. b) vgl. das Beispiel der erwartungstreuen Varianzschätzung aus einer

Stichprobe vom Umfang $n=2$ (Beispiel c) unter Erwartungstreue).

Erwartungstreue

Definition: Die Schätzfunktion t_n einer Stichprobe vom Umfang n heißt *erwartungstreu* bzgl. des Paramters θ, wenn die Beziehung gilt

$$E(t_n) = \theta.$$

Die Forderung, daß der Erwartungswert der Stichprobenfunktion t_n gleich dem zu schätzenden Populationsparameter θ sei, entspricht einer Formalisierung des umgangssprachlichen Begriffs des *unsystematischen Fehlers*, d.h. einer Schätzung ohne systematische Abweichung nach oben oder unten.

Beispiele: a) Der Mittelwert M einer Stichprobe aus X stellt wegen $E(M)=E(X)$ eine erwartungstreue Schätzung des Erwartungswertes $E(\mathbf{X})$ dar.
b) Die mit $n/(n-1)$ multiplizierte Stichprobenvarianz s^2 ist eine erwartungstreue Schätzung der Populationsvarianz σ^2. (vgl. die Ableitungen (6.3) bzw. (6.1) und (6.2)). Die Funktion s^2 ist dagegen nicht erwartungstreu für σ^2, sondern sie unterschätzt σ^2:

$$E(s^2) < \sigma^2.$$

c) Wählt man als Abschätzung der Varianz σ^2 von X die Funktion D_n, die als halbe quadrierte Differenz zwischen dem Maximum und dem Minimum einer Stichprobe bzw. einer Folge $F_n = <x_1,x_2,...,x_n>$ definiert sei:

$$D_n = (\max(F_n) - \min(F_n))^2/2,$$

dann entspricht D_n im Falle von $n=2$ sogar einer erwartungstreuen Schätzung von σ^2:

$$\begin{aligned} s^2 \cdot n/(n-1) &= 2s^2 = 2[M(x^2)-M(x)^2] = 2[(x_1^2+x_2^2)/2-(x_1+x_2)^2/4] \\ &= (x_1^2+x_2^2)/2-x_1x_2 = (x_2-x_1)^2/2 = D_2. \end{aligned}$$

Diese Erwartungstreue gilt jedoch nicht, wenn D_n aus Stichproben mit $n>2$ stammt. Da D_n mit wachsendem n ungenauer bzgl. σ^2 wird, stellt es auch keine konsistente Schätzung für σ^2 dar.
d) Oben wurde gezeigt, daß auch die Maximum-Likelihood-Schätzung für den Parameter σ^2 nicht erwartungstreu ist.

Gewichtete Mittelung der Schätzer aus mehreren Stichproben (*pooling*)

a) Mittelung von Mittelwerten: Gegeben seien m Stichproben vom Umfang $n_1,...n_m$ aus derselben Population sowie die entsprechenden Mittelwerte $M_1,...,M_m$. Der gemeinsame Mittelwert der Vereinigung aller Stichproben $M = \sum_{i=1}^{N} x_i//N$ (mit $N=n_1+...+n_m$) ist gleich der gewichteten Summe aller Stichprobenmittelwerte:

$$M = \frac{n_1M_1 + \ ... \ + n_mM_m}{n_1 + ... + n_m}. \tag{6.18a}$$

M entspricht arithmetisch dem Gesamtmittelwert und ist daher gleichzeitig ein erwartungstreuer Schätzer des Populationsmittelwertes $\mu=E(X)$.

b) Mittelung von Varianzen: Eine hier nicht erwartungstreue Schätzung der Populationsvarianz σ^2 aus den Varianzen von m Stichproben $s_1{}^2,...,s_m{}^2$ aus derselben normalverteilten Population lautet:

$$\hat{\sigma}^2 = \frac{n_1 s_1{}^2 + ... + n_m s_m^2}{n_1 + ... + n_m - m} \,. \qquad (6.18b)$$

Im Falle zweier Stichproben resultiert hieraus die für die Ableitung des *t*-Test verwendete Formel: $\hat{\sigma}^2 = (n_1 s_1{}^2 + n_2 s_2{}^2)/(n_1 + n_2 - 2)$. Die Struktur dieser Formel kann aus der Bildung einer χ^2-verteilten Größe (Zähler von (6.18b)) als Quadratsumme unabhängiger standardnormalverteilter Zufallsvariablen hergeleitet werden (vgl. das Versuchsschema für χ^2 in Kap. IV). Der Nenner entspricht der Anzahl der Freiheitsgrade, die sich um m bzw. um 2 vermindern. Dies erklärt sich aus dem Bezug der einzelnen Summanden auf ihren jeweiligen Stichprobenmittelwert, der die Anzahl der unabhängigen Summanden in der Summe um jeweils 1 vermindert. Bei m bzw. bei 2 Mittelwerten resultiert somit $df = \sum n_i - m$ bzw. $df = n_1 + n_2 - 2$.

Relative Effizienz

Definition: Die *relative Effizienz (relative Wirksamkeit)* einer Schätzfunktion $\mathbf{t}_1$ gegenüber einer Schätzfunktion $\mathbf{t}_2$ entspricht dem Varianzverhältnis $\sigma_{t2}^2/\sigma_{t1}^2$.

Beispiel: Der Mittelwert μ einer Normalverteilung läßt sich sowohl durch den Stichprobenmedian Mdn als auch durch den Stichprobenmittelwert M erwartungstreu schätzen. Da der Strichprobenmedian jedoch im Vergleich zur Stichprobenfunktion M eine größere Streuung besitzt, ist die Schätzung von μ mittels M effizienter. Das Verhältnis beträgt

$$\frac{\sigma_{Mdn}^2}{\sigma^2{}_M} = \frac{\pi\sigma^2/(2n)}{\sigma^2/n} = \frac{\pi}{2} = 1.57 > 1. \qquad (6.19)$$

Suffizienz

Ein Schätzer (Schätzfunktion) t_n gilt als "suffizient" ("erschöpfend"), wenn er alle in den Daten vorhandene Information über den zu schätzenden Parameter θ verwendet. Jede weitere von t_n verschiedene Stichprobenfunktion t_i $(i = 1,...)$ soll nichts enthalten, was nicht schon in t_n berücksichtigt wäre. Die mathematische Umsetzung dieser Forderung lautet:

Gegeben sei eine Stichprobe der Größe n mit den unabhängigen (identischen) Zufallsvariablen $X_1,...X_n$, die von dem zu schätzenden Populationsparameter θ abhängen sollen. Die WS dieser Stichprobe, d.h. die WS des gemeinsamen Auftretens der n Stichprobenwerte (d.h. die *Likelihood*) aus X, ist dann gleich dem Produkt der WSS der einzelnen Werte. Wir formulieren diese Beziehung allgemeiner mittels Dichtefunktionen f, g,... deren Abhängigkeit von θ durch $f(...|\theta)$, $g(...|\theta)$,... ausgedrückt wird:

$$g(X_1 = x_1, X_2 = x_2, ..., X_n = x_n|\theta) = f(X_1 = x_1|\theta) \cdot f(X_2 = x_2|\theta) \cdot \;...\; \cdot f(X_n = x_n|\theta)$$

Hierbei ist g die Dichte einer n-dimensionalen Zufallsvariablen. Als Schätzfunktion für θ verwenden wir die Stichprobenfunktion t (=t_n). Wir bilden nun aus der Stichprobe eine Anzahl k weiterer, funktional voneinander unabhängiger und auch von t unabhängiger Stichprobenfunktionen $t_1,t_2,...,t_k$ ($k \leq n-1$). (Hierzu muß ergänzt werden, daß man aus n gegebenen unabhängigen (Zufalls-) Variablen durch mathematische Transformationen nicht mehr als n neue funktional voneinander unabhängige (Zufalls-) Variablen bilden kann, vgl. Kap. IV, in dem die mehrdimensionale Transformation von Zufallsvariablen behandelt wird.) Wegen der Unabhängigkeitsbedingungen können wir die gemeinsame Dichte unserer Stichprobenfunktionen $t_1,...,t_k,t$ als das Produkt der gemeinsamen Dichte der Variablen $t_1,...t_r$ mit der Dichte von t ausdrücken:

$$u(t,t_1,...,t_k|\theta) \quad = \quad v(t|\theta)\cdot w(t_1,...,t_k|\theta). \tag{6.20a}$$

Definition: Die Stichprobenfunktion **t** heißt dann *suffizient (erschöpfend)*, wenn der rechte Faktor, die Dichte w, unabhängig von dem Parameter θ ist, d.h. wenn

$$w(t_1,...,t_k|\theta) \quad = \quad w(t_1,...,t_k).$$

Eine umgangssprachliche Umschreibung dieser Definition könnte lauten: Gibt es in der Stichprobe irgendwelche "Informationen" (d.h. Stichprobenfunktion $t_1,...,t_k$), die von t statistisch unabhängig sind, dann sagen diese Informationen nichts über θ aus, d.h. sie hängen nicht von θ ab (sie bleiben konstant gegenüber einer Variation von θ). Nach Einsetzen dieser Bedingung in (6.20a) und Umstellung kann man die Suffizienzbedingung auch als Quotient umformen:

$$\frac{u(t,t_1,...,t_k|\theta)}{v(t|\theta)} \quad = \quad w(t_1,...,t_k) \quad = \mathrm{const}(\theta). \tag{6.20b}$$

Der Quotient u(...)/v(...) = w(...) muß demnach bei Variation von θ konstant bleiben.

Beispiel: Die Ableitung des Raschmodells aus Suffizienzbedingungen

Wir fordern, daß r=Anzahl der richtigen Antworten einer Person in einem Test eine suffiziente Schätzung eines latenten Fähigkeitsparameters θ dieser Person sei: Es sei P(Daten)=P(D) die WS eines bestimmten binären Antwortmusters, z.B.

$$(0,1,1,1,0,1,0,0,1,0,1) \quad \text{mit} \quad r=6$$

einer Person in einem Test mit m möglicherweise unterschiedlich schwierigen Items. Es sei P(r) die WS für r richtige Antworten. Dann gilt nach Kap. II (Teil 2.2): $P(D\cap r)=P(D|r)\cdot P(r)$ bzw. unter der Annahme der Abhängigkeit dieser WSS von θ:

$$P(D\cap r|\theta) \quad = \quad P(D|r,\theta)\cdot P(r|\theta). \tag{i}$$

Nun folgt wegen der Ereignis-Inklusion $D\subset r$ die Vereinfachung $P(D\cap r)=P(D)$ und somit aus (i)

$$P(D|\theta) \quad = \quad P(D|r,\theta)\cdot P(r|\theta). \tag{ii}$$

Da das genaue Muster D der Daten keine weitere Information mehr über θ anthalten soll, die nicht schon in der Anzahl der Richtigen r enthalten ist, fordern wir die Unabhängigkeit von $P(D|r)$ von θ, d.h. $P(D|r,\theta)=P(D|r)$. Somit folgt aus (ii) und nach Vertauschung der beiden rechten Faktoren in (ii) die (6.20b) entsprechende Gleichung

$$P(D|\theta) \quad = \quad P(r|\theta)\cdot P(D|r).$$

Die bisherigen Überlegungen setzen nicht voraus, daß für gegebenes r alle Muster D gleich wahrscheinlich sind, da sonst alle Items gleich schwierig sein müßten. Es wird nur gefordert, daß die unterschiedlichen Muster keine unterschiedliche Information über die Fähigkeit θ enthalten.

Für die Herleitung des Raschmodels beschränkt man sich nun auf die kleinste Stichprobe, bei der r und D voneinander unabhängig variieren können, d.h. auf $n = 2$ und $r = 1$ mit den beiden möglichen Mustern $D_1=(1,0)$ und $D_2=(0,1)$. Da das Ereignis $r = 1$ aus den disjunkten Elementarereignissen bzw. den Mustern (1,0) und (0,1) besteht, gilt $P(r=1) = P(1,0)+P(0,1)$. Wir formen nun die obige Gleichung um zu

$$P(D|r) \quad = \quad P(D|\theta)/P(r|\theta)$$

(vgl. (6.20b)) und erhalten daraus durch Einsetzen z.B. für das Muster (1,0)

$$P((1,0)|r=1) \quad = \quad \frac{P((1,0)|\theta)}{P((1,0)|\theta)+P((0,1)|\theta)} \quad = \quad \text{const}(\theta). \tag{iii}$$

Nimmt man an, die Lösung des ersten Items sei unabhängig von der Lösung des zweiten Items, dann läßt sich die WS des Musters (1,0) als Produkt zweier von den Items $j=1,2$ abhängiger WSS darstellen:

$$P((1,0)|\theta) \quad = \quad P_1(1|\theta)\cdot(1-P_2(1|\theta)). \tag{iv}$$

Nimmt man außerdem an, daß die WS, eine Aufgabe zu lösen, monoton mit der Fähigkeit θ wächst, dann bietet sich für die zu bestimmende monotone Funktion $P_j(1|\theta)$ folgende Lösung mit nicht negativen Parametern θ und ε_j an

$$P_j(1|\theta) = \frac{\theta\cdot\varepsilon_j}{1+\theta\cdot\varepsilon_j} \quad \text{bzw.} \quad P_j(0|\theta) \; = \; 1-P_j(1|\theta) \; = \; \frac{1}{1+\theta\cdot\varepsilon_j}, \tag{v}$$

wobei ε_j ein Parameter ist, der die Leichtigkeit des Items j quantifizieren soll. Setzt man (v) in (iv) ein und das Produkt (iv) entsprechend in (iii), dann erhält man mit

$$P((1,0)|r=) \; = \; \frac{\dfrac{\theta\cdot\varepsilon_1}{1+\theta\cdot\varepsilon_1}\cdot\dfrac{1}{1+\theta\cdot\varepsilon_2}}{\dfrac{\theta\cdot\varepsilon_1}{1+\theta\cdot\varepsilon_1}\cdot\dfrac{1}{1+\theta\cdot\varepsilon_2}+\dfrac{1}{1+\theta\cdot\varepsilon_1}\cdot\dfrac{\theta\cdot\varepsilon_2}{1+\theta\cdot\varepsilon_2}} \; = \; \frac{\varepsilon_1}{\varepsilon_1+\varepsilon_2} \tag{6.20c}$$

einen Ausdruck, in dem sich θ wegkürzt, so daß die beiden unterschiedlichen komplementären WSS der Muster (1,0) und (0,1) nur von den Item-Parametern ε_1, ε_2 abhängen, nicht jedoch von θ. Genau diese Unabhängigkeit wurde oben verlangt. Die

Funktion (v) entspricht dem Rasch-Modell, wobei θ noch mit dem Index der am Anfang angenommenen Person i versehen wird.

6.4.3 Die jackknife-Methode der erwartungstreuen Schätzung

Die von Quenouille, M. (1956) eingeführte jackknife-Methode stellt ein effizientes Verfahren zur beliebig genauen Approximation einer *erwartungstreuen Schätzung* t'_n eines Populationsparameters θ aus einer Stichprobe von n Werten dar. Eine relativ genaue erste Näherung an die erwartungstreue Schätzung lautet

$$t'_n = n \cdot t_n - (n-1)\overline{t}_{n-1}. \tag{6.21}$$

Hierbei ist t_n der berechnete Schätzwert aus der Ausgangsstichprobe der Größe n. Die Größe $\overline{t}_{n-1}$ ist der Mittelwert aller Statistiken t_{n-1}, die man nach derselben Methode wie t_n aus den n jeweils um 1 verminderten Stichproben der Größe n-1 berechnen kann.

Herleitung: Wir stellen den systematischen Fehler (den "bias") $E(t_n)-\theta$ der Schätzung $E(t_n)$ als Potenzreihe von (1/n) dar, wobei die Reihenkoeffizienten a_i nicht von der Stichprobengröße n, wohl aber von θ abhängen dürfen. Wir erhalten somit zwei Potenzreihen mit gleichen Koeffizienten a_i für die beiden Schätzer:

$$E(t_n) - \theta = \sum_{i=1}^{\infty} a_i(1/n)^i \quad \text{und} \quad E(\overline{t}_{n-1}) - \theta = E(t_{n-1}) - \theta = \sum_{i=1}^{\infty} a_i\,(1/(n-1))^i.$$

Nach Einsetzen dieser beiden Polynome in die oben eingeführte Statistik t'_n erhalten wir für die Abweichung des Erwartungswertes der Statistik t'_n vom Parameter θ:

$$\begin{aligned} E(t'_n) - \theta &= nE(t_n) - (n-1)E(\overline{t}_{n-1}) - \theta \quad = \quad nE(t_n) - (n-1)E(t_{n-1}) - \theta \\ &= n\Big[\sum_{i=1}^{\infty} a_i/n^i + \theta\Big] - (n-1)\Big[\sum_{i=1}^{\infty} a_i/(n-1)^i + \theta\Big] - \theta \\ &= \sum_{i=1}^{\infty} a_i\Big[n\frac{1}{n^i} - (n-1)\frac{1}{(n-1)^i}\Big] + \underbrace{n\theta - (n-1)\theta - \theta}_{=0}. \end{aligned}$$

Das erste Glied i=1 dieser Reihenentwicklung ergibt $a_1[1/1 - 1/1]=0$. Das zweite Glied lautet $a_2[n/n^2 - (n-1)/(n-1)^2] = a_2[1/n - 1/(n-1)] = -a_2/[n(n-1)]$. Damit erhalten wir

$$E(t'_n) - \theta = -a_2/n^2 - O(n^{-3}),$$

d.h. die Statistik t'_n hat einen Fehler der Ordnung $1/n^2$ (Glieder der Ordnung $O \le n^{-3}$ sind vernachlässigbar). Der Bias nimmt demnach quadratisch mit der Stichprobengröße ab.

Beispiel (aus Kendall und Stuart, Band II): Es soll der Parameter θ^2 aus einer Binomialverteilung $\binom{n}{k}\theta^k(1-\theta)^{n-k}$ erwartungstreu geschätzt werden, wobei θ z.B. im Urnenschema mit schwarzen und weißen Kugeln dem Anteil der weißen Kugeln entspricht. (Bekanntlich gilt, außer bei $f=aX$, allgemein $f(E(X)) \neq E(f(X))$, d.h. wir können zwar den Parameter θ erwartungstreu durch $\hat{\theta}=k/n$ schätzen, es gilt jedoch $E(\hat{\theta}^2) \neq \theta^2$ bzw. $E(\hat{\theta}^2) \neq E(\hat{\theta})^2$. So stellt z.B. $s^2\, n/(n-1)$ eine erwartungstreue Schätzung der Populationsvarianz σ^2 dar, der Ausdruck $\sqrt{s^2 \cdot n/(n-1)}$ stellt jedoch keine erwartungstreue Schätzung der Populationsstreuung σ dar. D.h. für die Funktion eines Populationsparameters muß ein eigener erwartungstreuer Schätzer entwickelt werden (!). Wir wählen nun zunächst als *nicht* erwartungstreuen Schätzer für θ^2 die Größe $t_n = (k/n)^2$. Wegen der allgemeinen Varianzformel $Var(k/n) = E[(k/n)^2]-[E(k/n)]^2$ gilt dann

$$E(t_n) = E[(k/n)^2] = Var(k/n)+[E(k/n)]^2 = n\theta(1-\theta)/n^2 + \theta^2 = \theta(1-\theta)/n + \theta^2.$$

Für t_{n-1} kommen, je nachdem, ob man eine weiße oder eine schwarze Kugel aus der Stichprobe entfernt, zwei mögliche Ausdrücke in Betracht:

$$t_{n-1} = [(k-1)/(n-1)]^2 \quad \text{oder} \quad t^*_{n-1} = [k/(n-1)]^2.$$

Wir berechnen daher für t_{n-1} den Erwartungswert aus diesen beiden möglichen Beträgen:

$$E(\bar{t}_{n-1}) = p \cdot t_{n-1} + (1-p) \cdot t^*_{n-1} = \frac{k}{n}\left(\frac{k-1}{n-1}\right)^2 + \frac{n-k}{n}\left(\frac{k}{n-1}\right)^2 = \frac{k^2(n-2)+k}{n(n-1)^2}.$$

Die eigentliche jackknife-Statistik t'_n ergibt sich dann gemäß der obigen Definition (6.21) zu

$$t'_n = nt_n-(n-1)\bar{t}_{n-1} = n\left(\frac{k}{n}\right)^2 - \frac{k^2(n-2)+k}{n(n-1)} = \frac{k(k-1)}{n(n-1)}.$$

Der letzte Ausdruck entspricht somit einem erwartungstreuen Schätzer für θ^2.

6.4.4 Intervallschätzungen

Die bisher behandelten Schätzungsmethoden versuchten einen bestimmten Wert bzw. einen Verteilungsparameter zu schätzen. Sie heißen deshalb auch *Punktschätzungen.* Die Aufgabe der *Intervallschätzung* besteht darin, ein Intervall zu ermitteln, innerhalb dessen sich ein gesuchter Wert mit einer vorgegebenen Wahrscheinlichkeit befindet.

Konfidenzintervalle

Die Kenntnis der Erwartungswerte und Streuungen von Stichprobenfunktionen ermöglicht die Bestimmung von *Konfidenzgrenzen,* d.h. derjenigen Grenzen, innerhalb derer eine Stichprobenstatistik t - unter Kenntnis oder unter hypothetischer Annahme des Erwartungswertes $E(t)$ - mit einer vorgegebenen WS liegt. So liegt z.B. der z-Werte der Normalverteilung unter der Annahme $\mu=0$ mit $P=.68$ innerhalb der Konfidenzgrenzen $z_1=-1\sigma$ und $z_2=+1\sigma$. Im engeren Sinne versteht man unter den *Konfidenzintervallen* bei Zugrundelegung der Signifikanzniveaus von $p^*=.05$ und $p^{**}=.01$ denjenigen Bereich, in dem sich ein gesuchter Wert mit einer WS von $1-\alpha=.95$ bzw. von $1-\alpha=.99$ befindet. Diese liegen z.B. bei der Normalverteilung bei $\mu \pm 1.96\sigma$ bzw. bei $\mu \pm 2.57\sigma$.

Schätzung von Konfidenzintervallen mit der ML-Methode

Für die meisten der bekannten Verteilungen kann man Konfidenzintervalle mittels der Likelihoodfunktion ableiten. Nach Kapitel IV, Teil 4.1.5, ist für einen zu schätzenden Parameter θ die erste Ableitung der logarithmischen Likelihood $\partial \log L/\partial\theta$ normalverteilt mit dem Erwartungswert 0 und der Varianz

$$E[(\partial \log L/\partial\theta)^2] = -E(\partial^2 \log L/\partial\theta^2).$$

Hieraus können wir eine *z*-transformierte normalverteilte Variable ψ bilden:

$$\psi = \frac{\partial \log L}{\partial \theta} \Big/ \sqrt{E\left[\left(\frac{\partial \log L}{\partial \theta}\right)^2\right]} = \frac{\partial \log L}{\partial \theta} \Big/ \sqrt{-E\left[\frac{\partial^2 \log L}{\partial \theta^2}\right]}\,. \tag{6.22}$$

In denjenigen Fällen, in denen ψ monoton von dem Parameter θ abhängt, kann man bei größeren Stichproben mittels ψ Konfidenzabschätzungen für θ ableiten.

Beispiel: Poisson-Verteilung (nach Kendall u. Stuart, Band II). In Teil 4.1.3 ergab die Likelihood der Poisson-Verteilung $P(k|\lambda)=e^{-\lambda}\lambda^k/k!$ für n Poisson-verteilte Werte k_i den Ausdruck

$$L = \Pi_{i=1}^{n}[e^{-\lambda}\lambda^{k_i}/k_i!] \qquad \text{sowie}$$

$$\log L = \Sigma_i[-\lambda + k_i\log\lambda - \log(k_i!)] = -n\lambda + \log\lambda\Sigma_i k_i - n\log(k!)$$

und die erste Ableitung nach λ:

$$\partial \log L/\partial\lambda = -n + \Sigma_i k_i/\lambda.$$

Setzt man $\Sigma_i k_i$ gleich $n\bar{k}$, dann erhält man aus der letzten Gleichung

$$\frac{\partial \log L}{\partial \lambda} = \frac{n}{\lambda}(\bar{k}-\lambda) \quad \text{sowie} \quad -\frac{\partial^2 \log L}{\partial \lambda^2} = \frac{n\bar{k}}{\lambda^2} \quad \text{und daraus}$$

$$E\left(-\frac{\partial^2 \log L}{\theta\lambda^2}\right) = E\left(\frac{n\bar{k}}{\lambda^2}\right) = \frac{nE(\bar{k})}{\lambda^2} = \frac{n\lambda}{\lambda^2} = \frac{n}{\lambda}.$$

Setzen wir die so erhaltenen Ausdrücke in (6.22) ein, dann resultiert für ψ

$$\psi = \frac{n}{\lambda}(\bar{k}-\lambda)\Big/\sqrt{\frac{n}{\lambda}} = (\bar{k}-\lambda)\sqrt{\frac{n}{\lambda}}. \tag{6.23}$$

Setzen wir für die Größe ψ nacheinander die beiden Konfidenzgrenzen ein, z.B. von ± 1.96, d.h. die Konfidenzgrenzen, innerhalb derer bei der Standardnormalverteilung die mittleren 95% der Fälle liegen, dann erhalten wir aus (6.23) zusammengefaßt in *einer* Gleichung $(\bar{k}-\lambda)\sqrt{n/\lambda} = \pm 1.96$ und daraus durch Quadrieren

$$\lambda^2 - (2\bar{k} + 3.84/n)\lambda + \bar{k}^2 = 0.$$

Durch Auflösung der quadratischen Gleichung nach λ folgen schließlich die entsprechenden Konfidenzgrenzen für die Schätzung des Erwartungswertes einer Poisson-Verteilung:

$$\lambda = \bar{k} + 1.92/n \pm \sqrt{3.84\bar{k}/n + 3.69/n^2}\,.$$

Man sieht, daß die Konfidenzgrenzen bei der Poisson-Verteilung asymmetrisch um den Stichprobenmittelwert $\bar{k}$ liegen.

Toleranzintervalle

Während bei Konfidenzintervallen der Schwankungsbereich eines geschätzten Parameters bestimmt wird, bezieht sich die Fragestellung im Falle von Toleranzintervallen auf die Grenzen, innerhalb derer ein bestimmter *Populationsanteil* mit vorgegebener WS β liegt: Welches sind die *Toleranzgrenzen l* und u, zwischen denen mit einer WS von β ein Anteil γ der Populationsverteilung liegt? Suche eine Dichte f(x), für die gilt

$$P\left(\int_l^u f(x)dx \geq \gamma \right) = \beta. \tag{6.24}$$

In Worten drückt (6.24) aus: Die WS, daß mindestens ein Anteil γ der Populationsverteilung zwischen den Toleranzgrenzen l und u der zu bestimmenden Verteilung mit der Dichte f(x) liegt, sei β.

Nach Wilks und vor allem Robbins (siehe unten) bieten die im Teil 6.3.2 behandelten Rangvariablen die einzige Lösung für die Ableitung *verteilungsfreier*, d.h. unabhängig von der Populationsverteilung bestimmbarer Toleranzintervalle. Bezeichnen wir die Verteilungsfunktion der r-ten Rangvariablen ξ_r mit $F(\xi_r)$, dann kann man Aufgabe (6.24) folgendermaßen umformulieren: Es sei $l=\xi_r$ und $u=\xi_s$. Bestimme diejenige Dichte f(x), für die gilt:

$$P\left[(F(\xi_s) - F(\xi_r)) \geq \gamma\right] = P(\gamma_d \geq \gamma) = \beta. \tag{6.25}$$

Die Ableitung der Differenzenverteilung (vgl. hierzu die allgemeine Methode in Kap. V) ergibt ein unvollständiges Betaintegral (vgl. Kap. IV, Formel (4.32a)) für die zufällige Differenz γ_d der Verteilungen $F(\xi_s), F(\xi_r)$

$$P(\gamma_d \geq \gamma) = \int_\gamma^1 \frac{\gamma^{s-r-1}(1-\gamma)^{n-s+r}d\gamma}{B(s-r, n-s+r+1)} = \beta \quad \left| \begin{array}{l} B(m,n) = \dfrac{\Gamma(m)\Gamma(n)}{\Gamma(m+n)} \\ \Gamma(m) = (m-1)! \, . \end{array} \right. \tag{6.26}$$

Die Definitionen der Beta- und Gamma-Funktionen sind oben rechts angegeben. Nach (4.32a) und (4.32b) in Kap. IV gibt es für das unvollständige Betaintegral eine binomiale Zerlegung, die man durch partielle Integration ableiten kann:

$$(n-v)\binom{n}{v}\int_p^1 x^v(1-x)^{n-v-1}dx = \Sigma_{k=0}^{v}\binom{n}{k}p^k(1-p)^{n-k} \, .$$

Wendet man diese auf (6.26) an, indem man v durch s− r−1 und n− v −1 durch n − s + r ersetzt, dann erhält man

$$P(\gamma_d \geq \gamma) = \frac{\sum_{k=0}^{s-r-1}\binom{n}{k}\gamma^k(1-\gamma)^{n-k}/[(n-s+r+1)\cdot\binom{n}{s-r-1}]}{(s-r-1)!(n-s+r)!/n!} = \beta. \tag{6.27}$$

In dieser Gleichung lassen sich jeweils drei der Größen s, r, γ und β vorgeben und die vierte explizit machen. Wählt man r und s symmetrisch, dann folgt aus (6.26) s=n−r+1. Setzt man zusätzlich r=1 und s=n, dann erhält man die Angabe (6.25) für alle n Werte der Stichprobe, d.h. für die äußerste untere und obere Grenze der Stichprobe. Für weitere numerische

Berechnungen, vgl. Kendall u. Stuart, Band II, Teil 32.28. Ein dort berechnetes Ergebnis zeigt, daß für $r=1$ und $s=n$ und $\gamma=\beta=.99$, d.h. für ein *99%-Toleranzintervall für 99% der Populationsverteilung,* die *Stichprobengröße* $n=645$ erforderlich ist.

Literatur: Wilks, S. S. (1941): Determination of sampe sizes for setting tolerance limits. Ann. Math. Statist., 91. Wilks, S. S. (1942): Statistical prediction with special reference to the problem of tolerance limits. Ann. Math. Statist., 13, 400. Robbins, H. (1944): On distribution-free tolerance limits in random sampling. Ann. Math. Statist., 19, 406.

6.5 Systematik der häufigsten Signifikanztests

6.5.1 Definitionen

In einem Signifikanztest wird zunächst eine *Nullhypothese* H0 über eine Population, d.h. eine Zufallsvariable X mit einer Verteilung f(x), formuliert. (X kann auch eine mehrdimensionale Zufallsvariable $X \equiv X_1,...,X_r$ mit der Verteilung $f(x_1,...,x_r)$ darstellen.) Es wird eine Stichprobe der Größe n aus X entnommen und daraus der Wert t einer zur Prüfung von H0 geeigneten Stichprobenfunktion *t* berechnet. Deren Verteilung f(t) ist aus H0, f(x) und n ableitbar. (Die generelle *Testfunktion t* ist nicht zu verwechseln mit dem speziellen *Studentschen* t, vgl. Kap. V, Teil 5.2.6 bzw. t-Test unten.) Danach wird geprüft, ob das aus der Stichprobe erhaltene t (d.h. $t \in t$) so "extrem" (d.h. im allgemeinen so "unwahrscheinlich") ausgefallen ist, daß man die Nullhypothese H0 als vermutlich inkorrekt ansehen und daher *verwerfen* muß. Als einheitliches Kriterium der Ablehnung von H0 hat man als Konvention die Überschreitung einer der drei Grenzen t*, t**, t*** durch *t* gewählt, wobei diese Grenzen den Bedingungen

$$P(|t| \geq |t^*|)=.05, \qquad P(|t| \geq |t^{**}|) =.01 \qquad \text{oder} \qquad P(|t| \geq |t^{***}|) = .001$$

genügen müssen. Im Falle der Überschreitung heißt *t signifikant* bzw. *sehr signifikant*, oder man sagt, *H0 ist (sehr) signifikant widerlegt*, bzw. im Falle $|t| \geq |t^{***}|$, *H0 ist mit Sicherheit widerlegt.* Die *kritischen Stichprobenfunktionswerte* t*, t**, t*** sind als Grenzen von Flächenintegralen der entsprechenden Dichten für jede Zufallsvariable X und für jede Stichprobenfunktion *t* verschieden. Die entsprechenden Grenzen der häufigsten Verteilungen (z.B. der Normalverteilung, der Studentschen t und der F-Verteilung) sind in fast allen Lehrbüchern der Statistik tabelliert. Sie lauten z.B. für *standardnormalverteilte Test-Werte*

$$t^* = 1.96, \qquad t^{**}=2.57, \qquad t^{***}=3.09.$$

Die für einen Signifikanztest verwendete Stichprobenfunktion *t* heißt auch *Prüfstatistik.* Wird eine Nullhypothese H0 verworfen, so entspricht dies dem Akzeptieren ihrer Verneinung, d.h. man *nimmt die Alternativhypothese* H1 *an.* Überschreitet die Prüfstatistik keine der drei genannten Grenzen, dann wird H0 *beibehalten.*

Beispiel: Die Punktzahl X eines bestimmten Intelligenztests sei normalverteilt mit $f(x)=(1/\sqrt{2\pi\sigma^2}\cdot \exp((x-m)^2/(2\sigma^2))$ und $\sigma=15$. H0 laute "m=100". Die Stichprobengröße sei n=10. Der Mittelwert M der Stichprobe hat dann die Dichte

$$f(M) \;=\; \sqrt{1/(2\pi\sigma^2/n)}\ \exp(M-m)^2/(2\sigma^2/n)),$$

da M hier nach dem Additionssatz für Normalverteilungen ebenfalls normalverteilt ist, jedoch mit der Streuung $\sqrt{\sigma^2/n} = \sqrt{15^2/10} = 4.74$ (vgl. Formel (6.3)). Eine unter H0 geeignete Stichprobenfunktion zur Überprüfung des erhaltenen M-Wertes anhand der obigen Grenzen beträgt dann $|t| = |M-m|/\sqrt{\sigma^2/n} = |M-m|/4.74$. Unterschreitet die gewählte standardnormalverteilte Testfunktion |t| den Wert 1.96, dann wird H0 beibehalten, andernfalls gilt je nach der überschrittenen Grenze die Hypothese H0 als *signifikant widerlegt,* als *sehr signifikant widerlegt* bzw. als *mit Sicherheit widerlegt.* Die in diesem Falle gültige Alternativhypothese H1 lautet dann: "m≠100".

Besteht die Prüfstatistik aus der Differenz $d = t_2 - t_1$ zweier Zufallsvariablen t_1 und t_2, dann kann sie gegebenenfalls extrem *negativ* oder extrem *positiv* ausfallen. Ist, wie oben definiert, die WS für das Auftreten eines so großen oder noch größeren $|d|$ kleiner als z.B. $p^* = .05$, dann folgt

$$P(|d| \geq |d^*|) \;=\; .05 \;=\; P(d \leq -d^*) + P(d \geq d^*),$$

wobei die beiden Grenzen $-d^*$ und d^* das geschlossene *Konfidenzintervall* (vgl. Teil 6.4.4) umfassen, innerhalb dessen 95% der *d*-Verteilung liegen. Da *d* zwei Grenzen überschreiten kann, spricht man hier von einem *zweiseitigen Signifikantest* (bzw. einer *zweiseitigen Fragestellung)* Wählt man dagegen für das *5%-Niveau* ein positives d_1^*, so daß $P(d \geq d_1^*) = .05$ gilt bzw. *d* nur eine Grenze überschreiten kann (und zwar hier nach rechts), dann liegt 95% der Differenzenverteilung unterhalb (d.h. links) von d_1^*. In diesem Falle spricht man von einem *einseitigen Signifikanztest* (bzw. einer *einseitigen Fragestellung*). Ist *d* z.B. standardnormalverteilt, dann ist $d^*=1.96$ und $d_1^*=1.64$. Bei einseitiger Fragestellung kann also schon ein geringerer Wert von $|t|$ signifikant sein.

Entsprechendes gilt mit Umkehrung der Vorzeichen, d.h. wenn man die negative Grenze $-d_1^*$ so wählt, daß oberhalb (d.h. rechts von) dieser Grenze 95% der Verteilung liegen.

Beispiel für echte einseitige Fragestellungen: Personen werden *vor* und *nach* einem Leistungstraining getestet. Da die Leistungsdifferenz $d = t_{nach} - t_{vor}$ aufgrund des Trainingseffektes im allgemeinen nicht als negativ angenommen werden kann, prüft man hier *einseitig*, ob sich die Leistung sich nicht nur verbessert, sondern darüber hinaus signifikant verbessert hat.

Die beschriebene Entscheidungsregel zwischen H0 und H1 stellt eine (Entscheidungs-) *Strategie* dar. Im Einzelfall einer gegebenen Stichprobe kann eine solche Entscheidung zu einer richtigen oder aber zu einer falschen Aussage über die Population führen. Da die Regeln für die Entscheidung in der Strategie festgelegt sind, kann ein Entscheidungsfehler nur vom jeweiligen zufälligen Inhalt der Stichprobe abhängen. Wir unterscheiden daher 2 Fehlertypen und 2 Typen korrekter Entscheidungen. Unter der Bedingung, daß H0 *gültig* ist (d.h. in der Population zutrifft), tritt aufgrund der Entscheidungsstrategie mit $WS=\alpha$ der *α-Fehler* ein, H1 fälschlicherweise anzunehmen.

Das Komplement $1-\alpha$ entspricht dann der WS der korrekten Entscheidung, H0 beizubehalten. Ist dagegen H1 gültig, dann macht man mit WS $=\beta$ den *β-Fehler,* H0 beizubehalten, oder man trifft mit WS $=1-\beta$ die korrekte Entscheidung, H0 zu verwerfen und H1 anzunehmen. Vgl. hierzu folgendes 4-Felder-Schema mit den entsprechenden *Entscheidungswahrscheinlichkeiten* α, β, $1-\alpha$ und $1-\beta$ (wobei $\alpha+\beta \neq 1$):

Eigenschaften der Population → Entscheidung aufgrund der Stichprobe ↓	*H0 trifft zu*	*H1 trifft zu*
H0 wird beibehalten	$1-\alpha$	β
H1 wird angenommen	α	$1-\beta$

Die Größe $1-\beta$, d.h. die WS für die korrekte Entscheidung, daß man sich unter Beachtung der Entscheidungsstrategie bei Gültigkeit von H1 auch für H1 entscheidet, nennt man die *Güte* oder *power* oder auch *Teststärke* einer Prüfstatistik.
Prüft man mit einem Test, ob sich der Mittelwert (oder andere Parameter wie z.B. die Varianz) zweier Populationen um mindestens die Größe D unterscheiden, so heißt D die gesuchte *Effektstärke.* In der *statistischen Entscheidungstheorie* wird der grundsätzliche Zusammenhang zwischen den vier Größen: α-, β-Niveau, Effektstärke D und Stichprobengröße n untersucht.

Erläuterung: Allgemein kann man drei der obigen vier Größen festlegen, die vierte ergibt sich daraus jeweils rechnerisch: Will man z.B. eine bestimmte Effektgröße D mit einem α-Fehler von .05 und einem β-Fehler von .02 überprüfen, dann errechnet sich je nach Verteilung der Population(en) daraus die erforderliche Größe n der Stichprobe.

Das Beibehalten von H0 entspricht *nicht dem Beweis* von H0 bzw. der *Widerlegung* von H1, da aufgrund der Vereinbarungen auch ein *t*-Wert, der nur geringfügig unterhalb der Grenze t* liegt, zum Beibehalten von H0 führt, obwohl *tendentiell* bereits eher H1 *gilt.* Bei Akzeptanz von H1 gilt dagegen H1 im *statistischen Sinne* als *bewiesen* bzw. H0 als *widerlegt.* Aufgrund ihrer Abhängigkeit von Zufallsstichproben gelten statistisch "beibehaltene" oder "bewiesene" Hypothesen (Sätze, Aussagen, Modelle) je nach Höhe von α bzw. β nur als *vorläufig akzeptiert.*
In laufenden Forschungen besteht häufig die Gefahr der *Kumulation von α-Fehlern,* d.h. daß mit wachsender Anzahl der Versuche (=Signifikanztests) die WS zunimmt, trotz Gültigkeit von H0 mindestens einen "Erfolg" (=Signifikanz) zu erzielen. (Das Ereignis "Signifikanz" ist dann bei wiederholten unabhängigen Signifikanztests je nach Teststrategie binomial- bzw. auch geometrisch oder negativ binomial verteilt.) Angenommen H0 gilt in der Population, dann beträgt die WS, bei n *unabhängigen* Versuchen, *keine Signifikanz* zu finden, $(1-\alpha)^n$. Die WS, *mindestens eine Signifikanz* zu finden, beträgt daher $1 - (1-\alpha)^n$. Um n Signifikanztests durchzuführen, muß zur Beibehaltung der globalen α-Niveaus von $p=.05$, $p=.01$ usw. ein verkleinertes α^* für den *einzelnen* Signifikanztest bestimmt werden, z.B. für $p=.05$

$$\alpha = p = .05 = 1 - (1-\alpha^*)^n ,$$
$$\alpha^* = 1 - (1-\alpha)^{1/n} = 1 - .95^{1/n} = 1 - \sqrt[n]{.95}.$$

Diese *Korrektur* für α gilt z.B. auch für die Durchführung mehrerer F-Tests in einer *mehrdimensionalen Varianzanalyse* (Haupteffekte, Interaktionen usw.), da die F-Werte im linearen Modell statistisch voneinander unabhängig sind.

Ein möglicher Ausweg beim gleichzeitigen Testen von m voneinander abhängigen Hypothesen in *einem* Datensatz ist die Konjunktion aller m Hypothesen zu *einer Aussage*. Ist diese Konjunktion bzw. die mathematische Modellbildung praktisch nicht durchführbar, dann muß ein geeigneter Randomisierungstest (vgl. Teil 6.5.11) für m gleichzeitige Hypothesen entwickelt werden.

Tabelle 6.3 Datentypen und mögliche Tests

Datentyp	Test (nichtparametrisch mit *)
2 Unabhängige Stichproben	F-Test, *t*-Test, Mann-Whitney U-Test*
Wertepaare	*t*-Test für korrelierende Stichproben
	Wilcoxon-Test*
	Test der Pearson-Korrelation r_{xy}
	Test einer Rang-Korrelation (ro_{xy}, τ_{xy})*
	Differenz zweier Korrelationen
Gruppierte Daten	Varianzhomogenität (Bartlett-Test)
	1-dimensionale Varianzanalyse
	Scheffe´-Test (1-dimensional)
	1-dimens. Rangvarianzanal. (Kruskal-Wallis)*
	F-Test auf generellen Trend
	F-Test auf lineare Abhängigkeit
	F-Test auf nichtlineare Abhängigkeit
Matrix mit Meßwiederholungen	2-dimensionale Varianzanalyse
	Scheffe´-Test (2-dim.)
3-dimensionale Daten mit Meßwdh.	3-dimensionale Varianzanalyse
Matrix ohne Meßwiederholungen	2-dimensionale Varianz-Analyse: *mixed model*
	2-dimensionale Rangvarianzanalyse (Friedman)*
	Multiple Korrelation
	Vergleich von multiplen Korrelationen
	Intraclass-Korrelation
	Konkordanz-Koeffizient (Kendall)*
Matrix mit Häufigkeiten (Kontingenztabelle)	χ^2-Test auf Unabhängigkeit zwischen Zeilen und Spalten
	Überprüfung der Transinfomation zwischen Zeilen und Spalten
Folge von Häufigkeiten	χ^2-Test einer empirischen gegen eine theoretische Verteilung
	Kolmogorov-Smirnov-Test*
Spezielle Anordnungen	Vergleich von Proportionen
Beliebige Daten	Randomisierungs-Tests*

In den unten angegebenen Formeln werden im Falle von Eindeutigkeit Summen oder Quadratsummen von Stichprobenwerten ohne Indizierung abgekürzt, z.B.

$$\Sigma x = \Sigma_{i=1}^{n} x_i, \qquad \Sigma x^2 = \Sigma_{i=1}^{n} x_i^2.$$

Bei verteilungsfreien (*nichtparametrischen)* Verfahren muß das Skalenniveau beachtet werden. Verteilungsfrei, aber dennoch auf Intervallskalenniveau verwendbar, sind z.B. die *Randomisierungstests.*

Bei Tests auf Rangniveau muß grundsätzlich beachtet werden, ob die zu vergleichenden Stichproben *gemeinsam* oder aber je Stichprobe *getrennt* in Ränge transformiert werden müssen. Der Unterschied zwischen einer Transformation nach ab- bzw. aufsteigenden Rängen ist dagegen bei den meisten Tests nicht relevant.

Ties

Muß ein Datensatz auf Rangniveau transformiert werden, dann resultieren für den Fall gleich großer Werte (engl. *ties*) besondere Rangberechnungen:

Beispiel für eine aufsteigende Rangtransformation mit Ties:

Ausgangsdaten:	1	2.4	2.4	4	4	4	5.2	6	6	
1. Schritt:	1	2	3	4	5	6	7	8	9	≡ Ränge ohne Ties
2. " :	1	2.5	2.5	5	5	5	7	8.5	8.5	≡ Ränge mit Ties

Die Ties erfordern demnach die Bildung gleicher mittlerer Ränge innerhalb jeder der Gruppen gleich großer Ausgangswerte. Wir bezeichnen mit t_i $(i=1,m)$ die Anzahl der gleichen Ränge innerhalb der Gruppe i im Falle von insgesamt m Gruppen gleicher Ränge. Im Beispiel ist dies $t_1=2$, $t_2=3$ und $t_3=2$ mit $m=3$. Bei vielen Rangtests muß ein Ausdruck der Form

$$\Sigma T = \Sigma_i T_i = (t_1^3 - t_1 + t_2^3 - t_2 + \ldots + t_m^3 - t_m) / 12$$

(wobei $T_i=(t_i^3-t_i)/12$) berechnet werden, der in die Formel des jeweiligen Tests eingeht. Sind alle Daten paarweise verschieden, dann gilt $\Sigma_i T_i = 0$.

Bei vielen nichtparametrischen Tests resultieren spezielle Statistiken, die im Anhang tebelliert sind. Bei größeren Stichproben nähern sich jedoch diese Statistiken bzw. bestimmte Transformationen dieser Statistiken wieder bekannten Verteilungen an, so z.B. meistens einer Normalverteilung *z*. Ihre Signifikanz- bzw. Konfidenzgrenzen lauten:

.05-Niveau (2-seitig): $-1.96\sigma \leq z \leq +1.96\sigma$,
.01-Niveau (2-seitig): $-2.57\sigma \leq z \leq +2.57\sigma$.

6.5.2 Datentyp: Zwei unabhängige Stichproben X,Y mit n_x bzw. n_y Werten

X: $x_1, x_2, \ldots, x_{n_x}$, Y: $y_1, y_2, \ldots, y_{n_y}$.

Nullhypothesen

I. H0: Die Varianzen beider Populationen sind gleich: $\sigma_x^2 = \sigma_y^2$ (=*Varianzhomogenität)*:
H1: ... sind nicht gleich.

Prüfstatistik: F-Test (F-Verteilung, abgeleitet in Kap. V, Teil 5.2.5).

Voraussetzung: Normalverteilung beider Populationen, Unabhängigkeit der Stichproben.

Zur Bildung des F-Wertes muß die größere Varianz durch die kleinere Varianz dividiert werden. Hat X die größere Varianz, dann gilt:

$$F_{xy} = \frac{\Sigma x^2/(n_x-1)}{\Sigma y^2/(n_y-1)}, \quad df_x = df_{Zähler} = n_x-1, \quad df_y = df_{Nenner} = n_y-1.$$

x und y in Σx^2 bzw. Σy^2 sind hier Abweichungswerte: Rohwert - Mittelwert.
(Zur Signifikanzüberprüfung: siehe die Tabellen kritischer F-Werte im Anhang).

Beispiel: Zwei Personengruppen (einer Gruppe von n=10 Hirnverletzten und einer Gruppe von m=6 Körperverletzten als Kontrollgruppe) werden die gleichen Kopfrechenaufgaben gestellt. Es werden folgende Leistungspunkte, Stichprobenmittelwerte und Stichprobenvarianzen erzielt:

X: 2,5,5,6,5,7, $M_x = 5$, $s_x^2 = \Sigma x^2/m - M_x^2 = 2.33$,
Y: 1,1,2,2,3,9,8,9,7,7, $M_y = 4.9$, $s_y^2 = \Sigma y^2/n - M_y^2 = 10.29$,

Die mittleren Leistungen M_x und M_y zeigen einen vernachlässigbaren Unterschied. Wir prüfen dagegen den auffälligen Varianzunterschied (gemäß einem tatsächlich berichteten Befund an zwei Gruppen zu je 200 Probanden): Hierzu müssen die Stichprobenvarianzen durch die Faktoren $m/(m-1)$ bzw. $n/(n-1)$ multipliziert werden, um gemäß (6.3) die entsprechenden geschätzten Populationsvarianzen $\hat{\sigma}_x^2 = s_x^2 \cdot m/(m-1) = 2.80$ bzw. $\hat{\sigma}_y^2 = s_y^2 \cdot n/(n-1) = 11.43$ zu erhalten. Daraus ergibt sich $F_{yx} = 11.43/2.80 = 4.08$ mit $df_x = m-1 = 5$ bzw. $df_x = n-1 = 9$. Dieser Wert überschreitet laut der F-Tabelle den kritischen F-Wert von 3.48 und ist somit auf dem 5%-Niveau signifikant.

II. H0: Die Mittelwerte beider Populationen unterscheiden sich um d_0: $\mu_x - \mu_y = d_0$; haufiger Sonderfall: $d_0 = 0$;
H1: ... unterscheiden sich nicht um d_0.

Prüfstatistik: t-Test (vgl. Studentsche t-Vert., abgeleitet in Kap. V, Teil 5.2.6)
Voraussetzungen: Normalverteilung beider Populationen, Homogenität der Varianzen (d.h. Gültigkeit der Nullhypothese: $\sigma_x{}^2 = \sigma_y{}^2$)

$$t = \frac{M(X) - M(Y) - d_0}{\sqrt{\left(\frac{\Sigma x^2 + \Sigma y^2}{n_x + n_y - 2}\right)\left(\frac{n_x + n_y}{n_x \cdot n_y}\right)}}, \quad df = n_x + n_y - 2 \quad \text{(vgl. Anhang, kritische t-Werte),}$$

$$\sum x^2 = n\sigma_x^2 = \sum X^2/n - (\sum X/n)^2 = \sum X^2 - (\sum X)^2/n.$$

x und y in Σx^2 bzw. Σy^2 sind hier Abweichungswerte: Rohwert - Mittelwert

III. H0: Die Rangmittelwerte beider Populationen sind gleich: $\mu_{x,rang} = \mu_{y,rang}$
H1: ... sind nicht gleich.

Prüfstatistik: Mann-Whitney U-Test.
Voraussetzungen: Daten mindestens auf Rangniveau.

Berechnung

1. Es werden beide Datensätze X und Y *gemeinsam in Ränge* transformiert und danach wieder in die *zwei* ursprünglichen Stichproben aufgeteilt:

$$X_{rang} = r_{x_1} \; r_{x_2} \; \ldots \; r_{x_{n_x}},$$
$$Y_{rang} = r_{y_1} \; r_{y_2} \; \ldots \; r_{y_{n_y}}.$$

2. Es wird eine der beiden folgenden Rangsummen gebildet:

   $R_x = \sum r_x$ oder $R_y = \sum r_y$.

3. Es wird die kleinere der beiden Statistiken U_x und U_y berechnet, wobei gilt

$$U_x = n_x n_y + \frac{n_x(n_x+1)}{2} - R_x , \qquad U_y = n_x n_y + \frac{n_y(n_y+1)}{2} - R_y ,$$

$$U_x = n_x n_y - U_y , \qquad U_y = n_x n_y - U_x ,$$

$$U = \min(U_x, U_y)$$ (Signifikanzgrenzen für U, siehe Anhang, Tabelle A).

Umfaßt die größere der beiden Stichproben 10 oder mehr Werte, dann resultiert approximativ eine standardnormalverteilte Statistik z:

$$z = \frac{U - E(U)}{\sigma(U)} = \frac{U - n_x n_y/2}{\sqrt{n_x n_y (n+1)/12}} \text{ bzw. } = \frac{U - n_x n_y/2}{\sqrt{n_x n_y/(n(n-1))\left[(n^3-n)/12 - \Sigma T\right]}}$$

Hier gilt $n = n_x + n_y$. Enthalten die Daten keine Ties, dann gilt die linke Formel. Andernfalls gilt die rechte Formel, wobei $\Sigma T = \Sigma_i T_i$ und $T_i = (t^3 - t)/12$ (siehe oben, Ties). Ist z signifikant, dann wird je nach $R_x/n_x > R_y/n_y$ oder $R_x/n_x < R_y/n_y$ die Hypothese $\mu_{x,rang} = \mu_{y,rang}$ verworfen zugunsten einer der beiden H1-Hypothesen:

$\mu_{y,rang} > \mu_{x,rang}$ bzw. $\mu_{y,rang} < \mu_{x,rang}$

6.5.3 Datentyp: n Wertepaare $(x_1,y_1), (x_2,y_2), \ldots , (x_n,y_n)$

Nullhypothesen für Tests auf Mittelwertsunterschiede (z.B. Test einer Veränderung $X \rightarrow Y$)

I. H0: Die Mittelwerte beider Populationen sind gleich: $\mu_x = \mu_y$.
   H1: ... sind nicht gleich: $\mu_x \neq \mu_y$.

Prüfstatistik: t-Test für korrelierende Stichproben.

Voraussetzungen: (wie t-Test) Normalverteilte X,Y sowie Homogenität der Varianzen.

$$t = \frac{M(X) - M(Y)}{\sqrt{\Sigma_i (x_i - y_i)^2 / [n(n-1)]}} , \quad df = n-1$$ (t, sieheAnhang, kritische t-Werte).

x_i und y_i sind hier Abweichungswerte: Rohwert - Mittelwert, z.B. $x_i = X_i - M(X)$.

II. H0: Die Rangsummen der paarweisen Differenzen beider Populationen sind gleich: $\mu_{x,rang} = \mu_{y,rang}$.
    H1: ... sind nicht gleich: $\mu_{x,rang} \neq \mu_{y,rang}$.

Prüfstatistik: Wilcoxon-Test.

Berechnung

1. Anordnung der Datenpaare und Berechnung der rechts folgenden Spalten; hierbei entsprechen die r_{di}-Werte den in Ränge transformierten absoluten Differenzen; $\text{sign}(d_i) = \pm 1$ $(\text{sign}(d_i)=0|d_i=0)$ ist gleich dem Vorzeichen der i-ten Differenz:

X	Y	Differenzen	Ränge	Vorzeichen der Differenzen
x_1	y_1	$d_1=x_1-y_1$	r_{d1}	$\text{sign}(d_1)$
x_2	y_2	$d_2=x_2-y_2$	r_{d2}	$\text{sign}(d_2)$
...		...	...	...
x_n	y_n	$d_n=x_n-y_n$	r_{dn}	$\text{sign}(d_n)$

2. Es wird gebildet:

R_+ = Rangsumme der positiven Differenzen: $\Sigma_i r_{di} \ |\text{sign}(d_i) > 0$,
R_- = Rangsumme der negativen Differenzen: $\Sigma_i r_{di} \ |\text{sign}(d_i) < 0$.

3. Es wird die kleinere der beiden Rangsummen gewählt:

$T = \min(R_+, R_-)$ (T, siehe Anhang, Tabelle B).

Für größere Stichproben $(\max(n_x,n_y) \geq 20)$ gilt approximativ:

$$z = \frac{T - E(T)}{\sigma(T)} = \frac{T - n(n+1)/4}{\sqrt{n(n+1)(2n+1)/24}}$$ (z, siehe Anhang, Standardnormalverteilung).

Ist der erhaltene T- bzw. z-Wert signifikant, dann hat der Datensatz X (bzw. Y) den höheren Rangmittelwert, wenn $R_+ > R_-$ (bzw. $R_+ < R_-$).

Beispiel: *Messung von Veränderungen*: Die Wertepaare (X,Y)= stellen entsprechen Reaktionszeiten von 6 Vpn *vor* und *nach* Einnahme eines bestimmten Medikaments: $\{(x_i,y_i), i=1,5\}$ = $\{(1,2),(2.5.3),(2.2,4),(4.2,3),(5,4),(3,4.5)\}$. Die Differenzen sind $\{-1,-.5, -1.8,+1.2,+1,-1.5\}$. Die Ränge der absoluten Differenzen unter Berücksichtigung von Ties sind $\{4.5,6,1,3,4.5,2\}$. Aufgeteilt nach den positiven und negativen Differenzen ergeben sie $R+=3+4.5$, $R-=4.5+6+1+2$. $T=\min(R+,R-) = 7.5$. Dieser Wert ist auf dem 5%-Niveau signifikant (T, Anhang, Tabelle B).

Nullhypothesen für Tests von Korrelationen

I. Test auf lineare Korrelation: Abweichung einer **Pearson-Korrelation r_{xy}** von 0:

H0: Es besteht kein linearer Zusammenhang zwischen X und Y, *äquivalent zu:* Die Pearson Korrelation der bivariaten Population (X,Y) ist gleich 0: $\rho_{xy}=0$.

H1: $\rho_{xy} \neq 0$.

Prüfstatistik: t-Test der Stichproben-Pearson-Korrelation:

$$r_{xy} = (n\Sigma XY - \Sigma X \Sigma Y)/\sqrt{[n\Sigma X^2-(\Sigma X)^2][n\Sigma Y^2-(\Sigma Y)^2]}\ .$$

Voraussetzungen: Normalverteilung der X,Y

Durch folgende Transformation wird eine Stichprobenkorrelation in eine t-Verteilung überführt:

$$t = r_{xy}\sqrt{\frac{n-2}{1-r_{xy}^2}}, \quad df = n-2 \qquad (t\text{, siehe Anhang, kritische t-Werte}).$$

Verwendung der Fisherschen *z*-Transformation für r_{xy} bzw. ρ_{xy}

$$Z = \log[(1+r_{xy})/(1-r_{xy})]/2,$$

$$E(Z) = \zeta = \log[(1+\rho_{xy})/(1-\rho_{xy})]/2, \qquad \sigma^2(Z) = 1/(n-3).$$

Die Statistik

$$z = (Z-E(Z))/\sigma(Z) \qquad \text{(siehe Anhang, Standardnormalverteilung).}$$

approximiert mit wachsender Stichprobengröße die Standardnormalverteilung. Sind zwei Stichproben-Korrelationen r_{xy} und r_{uv} voneinander unabhängig, dann hat die Summe und auch Differenz ihrer Z-Werte die Varianz

$$\sigma^2(Z_1 - Z_2) = \sigma^2(Z_1)+\sigma^2(Z_2) = 1/(n_1-3) + 1/(n_2-3),$$

wobei sich die Indizes 1 und 2 auf die beiden Stichproben (bzw. auf zwei Teilstichproben der Daten (X,Y)) beziehen, aus denen r_{xy} bzw. r_{uv} stammen.

II. Abweichung einer Pearson-Korrelation r_{xy} von einer hypothetischen Korrelation r:

H0: Die Population (X,Y) korreliert $\rho_{xy} = r$ (r wird hypothetisch angenommen).
H1: $\rho_{xy} \neq r$.

Prüfstatistik: *z*-Statistik abgeleitet aus dem **Fisherschen Z:**
Unter der Voraussetzung, daß X,Y normalverteilt ist, ist auch

$$z = \left[\log[(1+r_{xy})/(1-r_{xy})]/2 - \log[(1+r)/(1-r)]/2\right] \Big/ \sqrt{1/(n-3)}$$

normalverteilt.

III. Differenz zweier unabhängiger Pearson-Korrelationen r_{xy} und r_{uv}:

H0: Die beiden Korrelationen sind in ihren Populationen gleich: $\rho_{xy} = \rho_{uv}$.
H1: $\rho_{xy} \neq \rho_{xy}$.

$$z = \left[\log[(1+r_{xy})/(1-r_{xy})]/2 - \log[(1+r_{uv})/(1-r_{uv})]/2\right] \Big/ \sqrt{1/(n_1-3) + 1/(n_2-3)}.$$

z ist standardnormalverteilt (siehe Anhang, Standardnormalverteilung).

IV. Test der Abweichung einer **Rangkorrelation** von 0:
Geeignete Rangkorrelationen: ro_{xy} (Spearmans ro) bzw. τ_{xy} (Kendalls tau)
H0: Die Rangkorrelation hat in der Stichprobenverteilung der Ränge den Wert 0.

H1: Sie hat in der Stichprobenverteilung einen Wert ungleich 0.

Die Werte werden unter Beachtung von Ties in X und in Y *getrennt* in Ränge verwandelt.

Berechnung von (Spearmans) ro_{xy}

Die erhaltenen Rangwerte r_{xi}, r_{yi} werden nach der Pearson-Formel (Produkt-Moment-Korrelation) miteinander korreliert.

Berechnung von (Kendalls) τ_{xy}

Wir betrachten 2 Wertepaare (x_i,y_i) und (x_j,y_j). Ist $x_i > x_j$ und $y_i < y_j$, dann besitzt das Paar (i,j) eine *Inversion*. Nun wird über alle $\binom{n}{2}$ Paare (i,j) von Wertepaaren $\big((x_i,y_i),(x_j,y_j)\big)$ (i=1,n; j=i,n) die Anzahl der Inversionen N_i ausgezählt. Dann gilt

$$\tau_{xy} = \frac{n(n-1)/2 - 2\cdot(\text{Anzahl der Inversionen})}{\sqrt{[n(n-1)/2 - T_x]\cdot[n(n-1)/2 - T_y]}},$$

wobei $T_x = \sum t_x(t_x-1)/2$ und $T_y = \sum t_y(t_y-1)/2$.

t_x und t_y sind die Anzahl der innerhalb jeder Tie-Gruppe befindlichen Werte für die Variable X bzw. Y. (Beachte hier die besondere Form von T_x bzw. T_y.)

Beispiel: Zwei Beurteiler ordnen 7 Objekte in der Reihe a,b,c,d,e,f,g bzw. c,a,b,e,d,g,f

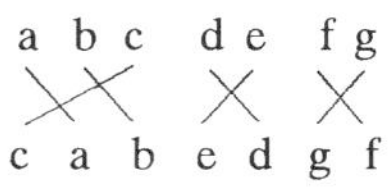

Man ordnet beide Reihen nach Rängen einander zu und erhält die Anzahl der Inversionen S als Anzahl der Schnittpunkte (hier S=4). Daraus folgt $\tau = (7\cdot 6/2 - 2\cdot 4)/(7\cdot 6/2) = 13/21 = .62$.

Prüfstatistik für ro_{xy}

Mit wachsender Stichprobengröße nähert sich die folgende Statistik einer *t*-Verteilung:

$$t = ro_{xy}\sqrt{\frac{n-2}{1-ro_{xy}^2}}\,; \quad df = n-2 \qquad (t\text{, siehe Anhang, kritische t-Werte}).$$

Prüfstatistik für τ_{xy}

Ab n > 10 approximiert τ genügend genau eine Normalverteilung mit $\mu_\tau = 0$ und

$$\sigma_\tau = \sqrt{2(2n+5)/[9n(n-1)]}$$

Daher erhält man für τ als Prüfstatistik

$$z = \tau/\sigma_\tau \qquad (z\text{, siehe Anhang, Standardnormalverteilung}).$$

Besonderheiten von τ: a) τ ist systematisch kleiner als ro und hat daher niedrigere Signifikanzgrenzen. b) Mittels der für die Pearson-Korrelation bekannten Formeln für die Partialkorrelation kann man auch aus τ-Koeffizienten Partialkorrelationen berechnen.

6.5.4 Datentyp: Gruppierte Daten

Wir beschreiben die Daten in zwei Versionen:

a) Gegeben seien n Daten $y_1, y_2, \dots, y_n$, die in G Gruppen partitioniert sind.

b) Gegeben seien n Wertepaare $(x_1,y_1), (x_2,y_2), \dots, (x_n,y_n)$, die sich aufgrund von G Untergruppen gleicher x-Werte in folgender Form anordnen, wobei rechts zusätzliche Spalten mit den Gruppenmittelwerten M_i bzw. mit den Abweichungen $\hat{\alpha}_i$ der Gruppenmittelwerte vom Gesamtmittelwert M folgen:

	Mittelwerte $M_1 = M_1(Y)$	Effekte $M_i - M$	
$x_1 \rightarrow y_{1,1}, \dots, y_{1,n_1}$	M_1	$\hat{\alpha}_1$	$n = \sum_{i=1}^{G} n_i$
$x_2 \rightarrow y_{2,2}, \dots, y_{2,n_2}$	M_2	$\hat{\alpha}_2$	
...	...	...	
$x_G \rightarrow y_{G,1}, \dots, y_{G,n_G}$	M_G	$\hat{\alpha}_G$	$M = M(Y) = \hat{\mu}$

Bezeichnungen: α_i= (konstante Populationswerte, Werte des Modells), $\hat{\alpha}_i$: Stichprobenfunktionen.

Der Fall a) kann dann als Sonderfall des Falles b) aufgefaßt werden, wobei sich die Größen x_1 bis x_G vereinfachend als laufende Indeizes $x_1 = 1$, $x_2 = 2$,..., $x_G = G$ zur Indizierung der G Gruppen verwenden lassen. Für die erforderlichen minimalen Skalenniveaus der Variablen X und Y gilt:

Y: In allen Fällen Intervallskala

X: Intervallskala nur, wenn die Pearson-Korrelation r_{xy} berechnet werden soll, bei Trendtests bzw. bei $\text{eta}_{yx} \equiv \eta_{yx}$ nur Rangskala, bei Varianzanalyse nur Nominalskala.

Tests von Nullhypothesen

I. Varianzhomogenität der G Gruppen:

H0: Die Populationsvarianzen aller G Gruppen sind gleich (Homogenität):
$\sigma_1 = \sigma_2 = \dots = \sigma_G$.

H1: Mindestens 2 dieser Varianzen sind ungleich (Heterogenität).

Prüfstatistik: Bartlett-Test der Homogenität der Varianzen.

Bartlett-Test

Voraussetzungen: Y-Werte aus normalverteilter Population.

Es seien M_i (i=1,G) die Gruppenmittelwerte und $\hat{\sigma}_i^2 = \Sigma_{j=1}^{n} \mathcal{y}_{ij}^2/(n_i-1)$ die Schätzungen der Populationsvarianzen σ_i^2 der G Gruppen ($\mathcal{y}_{ij} = y_{ij} - M_i$). Es sei

$$s_w^2 = \Sigma_{i=1}^{G} \hat{\sigma}_i^2 \,(n_i-1)/(n-G), \quad n = \sum_{i=1}^{G} n_i$$

und log das Symbol des natürlichen Logarithmus.

Folgende Statistik ***B*** nähert sich dann einer χ^2-Verteilung mit df=G−1:

$B = \left[(n-G)\log s_w^2 - \sum_{i=1}^{G}(n_i-1)\log\hat{\sigma}_i^2\right]/C$ mit

$C = 1 + [\sum_{i=1}^{G} 1/(n_i-1) - 1/(n-G)] \; / \; [3(G-1)].$

II. Vergleiche von Zwischen- mit Binnevarianz der Gruppen

1-dimensionale Varianzanalyse (VA)

Modell: $y_{ij} = \mu + \alpha_i + \varepsilon_{ij}$

Im Falle einer VA kann man die Gruppeneinteilung als "unabhängige Variable" (oft nur mit Nominalskalenniveau) auffassen und die Werte in den Gruppen (Zellen) als "abhängige Variable" (mit zumindest Intervallskalennniveau). Die unabhängige Variable heißt in der VA auch *Faktor* oder *Dimension*, für ihre Gruppeneinteilung verwendet man die äquivalenten Begriffe *Stufen (Niveaus, Bedingungen)* oder im Sinne angenommener kausaler Einwirkungen den Begriff *treatments*.
Die VA gilt als das klassische Paradigma für das *Experiment* mit einer Variation von "unabhängigen Bedingungen" (Stufen) durch einen Versuchsleiter (VL) und der Analyse der davon abhängigen *Effekte* (Mittelwertsunterschiede der abhängigen Variablen).

Weitere grundsätzliche Erläuterungen zur VA findet man in Teil 6.5.5 (siehe unten). Sie zeigen, daß auch die VA nur ein (lineares) Modell darstellt, dessen Additivitätsannahmen auch *nicht* zutreffen können. Die "Theorie des Experimentes" muß daher, angeregt etwa durch die Physik, weiter und reichhaltiger gefaßt werden als z.B. in manchen konventionelle Lehrveranstaltungen, in denen "Versuchsplanung" mit "Varianzanalyse" gleichgesetzt wird.

H0: Die Populationsmittelwerte aller G Gruppen sind gleich (die Effekte sind gleich):

$\mu_1 = \mu_2 = \ldots = \mu_G.$

H1: Mindestens 2 dieser Mittelwerte sind ungleich.

Prüfstatistik:

$$F = \left[\sum_{i=1}^{G} n_i\hat{\alpha}_i^2/(G-1)\right] \Big/ \left[\sum_{i=1}^{G}\sum_{j=1}^{n_i}\varepsilon_{ij}^2/(n-G)\right] = \mathrm{Var}_{zwischen} \big/ \mathrm{Var}_{binnen}$$

$$= \left[\sum_{i=1}^{G} n_i(M_i - M)^2/(G-1)\right] \Big/ \left[\sum_{i=1}^{G}\sum_{j=1}^{n_i}(y_{ij}-M_i)^2/(n-G)\right], \quad \varepsilon_{ij} = y_{ij} - M_i.$$

H0: $\mathrm{Var}_{binnen} = \mathrm{Var}_{error}$, $df_{1,2} = G-1,\ n-G.$

H1: $\mathrm{Var}_{binnen} \neq \mathrm{Var}_{error}.$

Voraussetzungen: Die Y-Werte jeder Gruppe stammen aus einer normalverteilten Population; die Nullhypothese der Varianzhomogenität ist gültig (nicht widerlegt).

III. Ausgewählte Kontraste (**Scheffe'-Tests** für 1-dimensionale VA):

Unabhängig vom Ergebnis des globalen Tests der Mittelwertsunterschiede in der obigen Varianzanalyse kann man auch prüfen, ob a) einzelne der $G \cdot (G-1)/2$ Differenzen zwischen den Gruppenmittelwerten M_i $(i=1,G)$ signifikant sind oder ob b) ein einzelner Mittelwert (oder ein Durchschnittswert von 2 oder mehr Gruppenmittelwerten) sich signifikant von einem Durchschnitt anderer Gruppenmittelwerte unterscheidet. Für diese Fragestellungen hat Scheffé, H. (1959) mittels der Theorie der *orthogonalen Vergleiche* ein geeignetes Verfahren entwickelt: Angenommen, wir überprüfen bei $G=5$ Gruppen die Gruppen 1, 2, 4 gegen die Gruppe 3, 5, dann müssen wir folgende mit den Gruppengrößen gewichtete kombinierte Mittelwertsdifferenz testen:

$$D = \frac{n_1 M_1 + n_2 M_2 + n_4 M_4}{n_1 + n_2 + n_4} - \frac{n_3 M_3 + n_5 M_5}{n_3 + n_5}. \tag{6.28}$$

Für die Testvarianz dieser Differenz ergibt sich ebenfalls ein gewichteter Ausdruck

$$\hat{\sigma}^2 = \mathrm{Var}_{\mathrm{binnen}}\left(\frac{1}{n_1 + n_2 + n_4} + \frac{1}{n_3 + n_5}\right). \tag{6.29}$$

Will man nur *eine* bereits a priori bestehende Hypothese überprüfen, dann kann die Differenz $d = D/\sqrt{\hat{\sigma}^2}$ als gewöhnlicher t-Test $t=d$ mit $df=n-G$ verwendet werden. Prüft man dagegen a posteriori *mehrere* dieser Hypothesen *(Exploration)*, etwa um zu testen, welche dieser teilweise kombinierten Differenzen signifikant sind, dann muß zur Vermeidung einer Kumulation von α-Fehlern (siehe oben 6.5.1) ein kritischer Wert K berechnet und auf Signifikanz überprüft werden:

$$K = \sqrt{(G-1) \cdot F_{\alpha,G-1,n-G}} \; ,$$

wobei $F_{\alpha,G-1,n-G}$ der kritische F-Wert für festgelegtes α-Niveau und unter den Freiheitsgraden $df_1=G-1$, $df_2=n-G$ ist. Für ein- oder zweiseitige Fragestellungen kann dann überprüft werden, ob $d < -K$, $d > K$ oder $|d| > K$ gilt. Dieses Verfahren gilt als robust gegenüber Abweichungen von der Normalverteilung und Varianzheterogenität, verliert jedoch bei wachsendem G an Teststärke (power) $1-\beta$.

IV. 1-dimensionale Rangvarianzanalyse (**Kruskal-Wallis-Analyse**):

Es werden alle y_{ij}-Werte *gemeinsam* in Ränge r_{ij} transformiert (mit evtl. Ties).

H0: Die mittleren Gruppenränge der Stichprobenverteilung unterscheiden sich nicht: $\mu_{1,rang} = \mu_{2,rang} = \ldots = \mu_{G,rang}$.

H1: Mindestens 2 dieser Mittelwerte sind ungleich.

Es sei R_i = Rangsumme der i-ten Gruppe = $\sum_{j=1}^{n_i} r_{ij}$ und $n = \sum_{i=1}^{G} n_i$.

Prüfstatistik:

$$H = \frac{12}{n(n+1)} \sum_{i=1}^{G} (R_i)^2/n_i - 3(n+1)$$

Die Statistik H ist näherungsweise χ^2-verteilt mit $df=G-1$ Freiheitsgraden.

Ties: Bei vorhandenen Ties wird ein Korrekturwert $C=1-\sum(t^3-t)/(n^3-n)$ berechnet und der Ausdruck H/C als Prüfstatistik verwendet.

V. **Tests auf Trends** der Richtung Y(X):

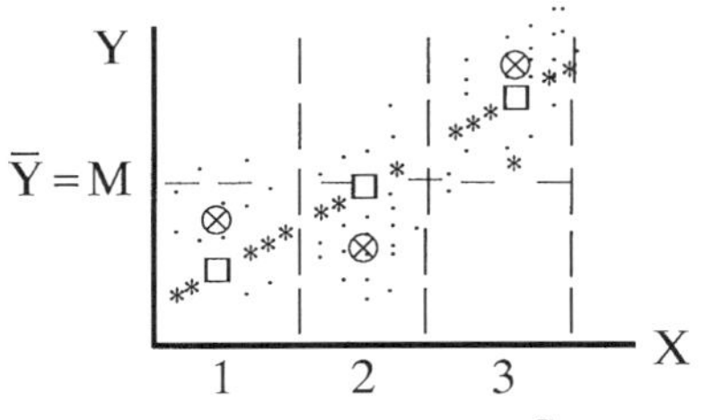

... n empirische Datenpaare
⊗ Klassenmittelwerte $M_i = \bar{Y}_i (i=1,G)$
*** Regressionsgerade $a_{yx}X+b_{yx}$
□ linear vorhergesagte Klassenmittelwerte: $\hat{Y}_i = a_{yx}\bar{X}_i+b_{yx}$ $(i=1,G)$, $G=3$,
$a_{yx} = Cov_{xy}/Var(X)$, $b_{yx} = \bar{Y}-a_{yx}\bar{X}$.

$\bar{X} = M(X) = \sum_{i=1}^{G} \bar{X}_i \cdot n_i/n$ ($\bar{X}_i$ hier gleich 1,2,3)

Abb. 6.1 Graphische Darstellung gruppierter Daten: X → Abszisse, Y → Ordinate.

Bei einer Regression werden fünf Varianzen unterschieden (vgl. Mc Nemar (1962)):

Variationsquelle	Quadratsumme		Äquivalent	df	geschätzte Varianz
(a) Lineare Regression:	$\sum n_i(\hat{Y}_i-\bar{Y})^2$	=	$r^2 \cdot SQ$	1	$\hat{\sigma}_p^2$
(b) Abweichungen der $\bar{Y}_i$ von der Geraden:	$\sum n_i(\bar{Y}_i-\hat{Y}_i)^2$	=	$(\eta^2-r^2)\cdot SQ$	G-2	$\hat{\sigma}_d^2$
(c) Zwischen den Klassen:	$\sum n_i(\bar{Y}_i-\bar{Y})^2$	=	$\eta^2 \cdot SQ$	G-1	$\hat{\sigma}_b^2$
(d) Innerhalb der Klassen:	$\sum\sum(y_{ij}-\bar{Y}_i)^2$	=	$(1-\eta^2)\cdot SQ$	n-G	$\hat{\sigma}_w^2$
(e) Residuen um die Gerade, Regressionsfehler:	$\sum\sum(y_{ij}-\hat{Y}_i)^2$	=	$(1-r^2)\cdot SQ$	n-2	$\hat{\sigma}_r^2$
(f) Total:	$\sum\sum(y_{ij}-\bar{Y})^2$	=	$1 \cdot SQ$	n-1	

Erläuterungen: $\bar{Y} = E(Y) = M$ = totaler Mittelwert, n_i = Klassen-(d.h. Gruppen-) Größen, $\bar{Y}_i=M_i$ = Mittelwert der Klasse i, $\hat{Y}_i$ = linear geschätztes $\bar{Y}_i$, $r=r_{xy}$ berechnet an den X,Y-Rohwerten, η_{yx} = eta-Koeffizient der nichtlinearen Korrelation in der Richtung $x \rightarrow y$.

Ergänzungen zu eta: a) Die universale (d.h. lineare und/oder nichtlineare) Korrelation eta erfaßt im Gegensatz zu dem symmetrischen r_{xy} die Grade der unterschiedlichen Abhängigkeiten Y(X) und X(Y), d.h. $\eta_{yx} \neq \eta_{xy}$. Daher ist η_{yx} bei ausreichend großen Stichproben auch für *Kausalanalysen* zwischen X und Y geeignet (vgl. Kap. VIII, Teil 8.5).

b) Unter der Annahme normalverteilter Variablen X,Y hat eta die Streuung:

$$\sigma_\eta = (1-\eta^2)/\sqrt{n-1}.$$

c) Bezüglich der Quadratsummen und ihrer Freiheitsgrade gelten folgende Additionsregeln:

(a) + (b) = (c), (a) + (e) = (c) + (d) = (a) + (b) + (d) = (f).

Hieraus folgt, daß nicht alle Varianzen paarweise voneinander unabhängig sind, d.h. daß nur *einige* paarweise unabhängige Varianzen für F-Tests in Frage kommen.

Prüfstatistiken: Es werden drei F-Werte paarweise unabhängiger Varianzen getestet:
Vorausetzungen für die Tests 1., 2., 3.: Normalverteilung der Y-Werte:

1. Generelle Abhängigkeit Y(X):
   H0: (wie bei eindimensionaler VA): Die Klassenmittelwerte der Population sind gleich: $\mu_1 = \ldots = \mu_G$

   $$F_1 = \hat{\sigma}_b^2/\hat{\sigma}_w^2 = \frac{\eta^2 \;/\; (G-1)}{(1-\eta^2)\;/\;(n-G)}, \qquad df_{1,2}\text{: } G-1,\ n-G.$$

2. Lineare Abhängigkeit $\hat{Y} = a_{yx}X + b_{yx}$:
   H0: Die Populationsvarianz der linearen Mittelwerte $\hat{Y}_i$ (i=1,G) ist gleich der Populationsvarianz der Regressionsfehler um die $\hat{Y}$-Werte

   $$F_2 = \hat{\sigma}_p^2/\hat{\sigma}_r^2 = \frac{r^2}{(1-r^2)\;/\;(n-2)}, \qquad df_{1,2}\text{: } 1,\ n-2.$$

3. Nichtlineare Abhängigkeit $Y_{nonlin}(X)$:
   H0: Die Varianz der Abweichungen der Klassenmittelwerte $\overline{Y}_i = M_i$ von der Regressionsgeraden ist gleich der Binnenvarianz, d.h. gleich der mittleren Varianz innerhalb der Klassen

   $$F_3 = \hat{\sigma}_d^2/\hat{\sigma}_w^2 = \frac{(\eta^2-r^2)\;/\;(G-2)}{(1-\eta^2)\;/\;(n-G)}, \qquad df_{1,2}\text{: } G-2,\ n-G.$$

6.5.5 Datentyp: Matrix $Y_{m,n}$ mit $I \geq 2$ Daten pro Zelle

Auf diesen Datentyp kann man hauptsächlich varianzanalytische Verfahren anwenden. Die Varianzanalyse erscheint zunächst als ein nahezu voraussetzungsfreier statistischer Vergleich von Mittelwerten mit der bekannten Voraussetzung des Intervallskalenniveaus der Y-Werte sowie der für Signifikanztests üblicherweise vorausgesetzten Normalverteilung der Y-Werte. Dennoch liegt auch hier ein lineares (Regressions-) Modell mit einer angenommenen Additivität von Effekten zugrunde. Diese Additivität ist aus der Sicht der Meßtheorie bzw. der *conjoint measument*-Modelle (Pfanzagl (1971), Krantz et al. (1971)) ebenfalls eine Hypothese. Diese ist jedoch innerhalb dieses Datentyps nicht nachprüfbar und muß daher bedingt als zutreffend vorausgesetzt werden.
Wir müssen daher zwischen den vorliegenden (Stichproben-) Daten Y, den konstanten Populationsparametern α, β, γ usw. sowie den als Stichprobenfunktionen und damit als Zufallsvariablen anzusehenden Schätzungen $\overline{\alpha}$, $\overline{\beta}$, $\overline{\gamma}$ usw. unterscheiden:

Zweidimensionale Varianzanalyse

Modell: $y_{ijk} = \mu + \alpha_i + \beta_j + \gamma_{ij} + \varepsilon_{ijk}$,

Nach dem Modell setzt sich die Ausprägung des k-ten Wertes (der k-ten Person) unter der *Treatment*-Kombination i,j additiv aus dem Haupteffekt α_i, dem Haupteffekt β_j, dem Interaktionseffekt γ_{ij} und dem für den k-ten Wert spezifischen zufällig variierenden "Meßfehler" ε_{ijk} zusammen.
Die Daten seien als eine Matrix Y der Ordnung m x n mit I Meßwiederholungen y_{ijk} (k=1,I) (auf Intervallskalennivau) pro Zelle i,j (i=1,m; j=1,n) gegeben. Diese Daten werden zunächst bzgl. ihrer Mittelwerte und Mittelwertsdifferenzen $\hat{\alpha}_i$ bzw $\hat{\beta}_j$ untersucht: Der Mittelwert der Zelle i,j sei $M_{ij}=\overline{y}_{ij}$, der i-te Zeilenmittelwert sei $M_{i.}=\overline{y}_{i.}$, der j-te Spaltenmittelwert sei $M_{.j}=\overline{y}_{.j}$, und der totale Mittelwert der Matrix sei $M_{..}=M=\overline{y}$. Es gibt m · n beobachtbare *Interaktionen*, die folgendermaßen aus den Daten geschätzt werden:

$$\hat{\gamma}_{ij} = \overline{y}_{ij} - (\overline{y}+\hat{\alpha}_i+\hat{\beta}_j) \qquad \text{(i,j=1,m bzw. 1,n).}$$

Die individuellen Abweichungen ε_{ijk} (k=1, I) vom Zellenmittelwert $M_{ij}=\overline{y}_{ij}$ gelten als "Fehler". Ihre Varianz $\Sigma\Sigma\Sigma\varepsilon^2_{ijk}/[m \cdot n \cdot (I-1)]$ gilt als "Fehlervarianz", da sie sich nicht weiter zerlegen ("aufklären") läßt.

Der Begriff "Fehler" muß hier relativiert werden: Als "Fehlervarianz" gilt diejenige Varianz, die nicht nach weiteren varianzanalytischen Dimensionen aufgeschlüsselt wird. Der Begriff des "Fehlers" wurde in dem Teil über "lineare Regression" (Kapitel I, Teil 3.6.9) als Regressionsfehler eingeführt. Auch die Fehler der Varianzanalyse stellen Regressionsfehler dar, da sie als unsystematische Abweichung des *linearen Modells der Varianzanalyse* (siehe oben) von den aktuellen Daten eingeführt werden.

Die genauere Datenstruktur kann dreifach indiziert dargestellt werden:

				M_i	Effekte $\hat{\alpha}_i = M_{i.} - M$
$y_{111},\ldots,y_{11I}$	$y_{121},\ldots,y_{12I}$	. . .	$y_{1n1},\ldots,y_{1nI}$	$M_{1.}$	$\hat{\alpha}_1 = M_{1.} - M$
$y_{211},\ldots,y_{21I}$	$y_{221},\ldots,y_{22I}$	. . .	$y_{2n1},\ldots,y_{2nI}$	$M_{2.}$	$\hat{\alpha}_2 = M_{2.} - M$
	. . .			...	. . .
$y_{m11},\ldots,y_{m1I}$	$y_{m21},\ldots,y_{m2I}$	. . .	$y_{mn1},\ldots,y_{mnI}$	$M_{m.}$	$\hat{\alpha}_m = M_{m.} - M$
$M_{.j}$: $M_{.1}$	$M_{.2}$		$M_{.n}$	$M_{..} = M$	
$\hat{\beta}_j$: $\hat{\beta}_1 = M_{.1}-M$	$\hat{\beta}_2 = M_{.2}-M$		$\hat{\beta}_n = M_{.n}-M$	⇐ Effekte $\hat{\beta}_j = M_{.j}-M$	

Es wird angenommen, die Matrix Y stelle eine Stichprobe aus einer Populationsmatrix *Y* dar, und zwar mit je einer eigenen Zufallsvariablen Y_{ij} pro Zelle i,j, den entsprechenden festen Zellenmittelwerten μ_{ij} und den aus den μ_{ij} ableitbaren festen (konstanten) Populationsgrößen $\mu_{i.}$, $\mu_{.j}$, α_i, β_j, γ_{ij}. Das Dachsymbol ^ unterscheidet die Stichproben- von den Populationsgrößen.
Für das oben eingeführte Modelle $y_{ijk}=\mu+\alpha_i+\beta_j+\gamma_{ij}+\varepsilon_{ijk}$ ergeben sich rechnerisch folgende Beziehungen:

Summen: $\Sigma\alpha_i = \Sigma\beta_j = \Sigma\gamma_{i.} = \Sigma\gamma_{.j} = \Sigma\Sigma\gamma_{ij} = 0$; für alle i,j gilt: $\Sigma_k\varepsilon_{ijk} = 0$

sowie $\Sigma\hat{\alpha}_i = \Sigma\hat{\beta}_j = \Sigma\hat{\gamma}_{i.} = \Sigma\hat{\gamma}_{.j} = \Sigma\Sigma\hat{\gamma}_{ij} = 0$;

Effekte: $\hat{\alpha}_i = M_{i.}-M$, $\hat{\beta}_j = M_{.j}-M$,

Interaktionen: $\hat{\gamma}_{ij} = M_{ij} - (M - \hat{\alpha}_i + \hat{\beta}_j)$.

Das obige Modell ist *vollständig*, es werden jedoch gelegentlich *Submodelle* verwendet, in denen einer der additiven Terme fehlt, z.B. $y_{ijk}=\alpha_i+\beta_j+\varepsilon_{ijk}$. In diesem Beispiel gilt eine Interaktion theoretisch als unmöglich, und eine in den Daten vorhandene Interaktionsvarianz kann somit als Fehlervarianz (bzw. als Prüfvarianz) verwendet werden, siehe unten: *random-* und *mixed Modelle.*
Folgende *geschätzte Populationsvarianzen* sind relevant für die Prüfstatistiken:

Haupteffekt α:	$\hat\sigma^2(\alpha)$ =	$n \cdot I \cdot \sum \hat\alpha_i^2/(m-1)$,
Haupteffekt β:	$\hat\sigma^2(\beta)$ =	$m \cdot I \cdot \sum \hat\beta_j^2/(n-1)$,
Interaktionsvarianz:	$\hat\sigma^2(\gamma)$ =	$I \cdot \sum\sum \hat\gamma_{ij}^2/[(m-1)\cdot(n-1)]$,
Binnenvarianz: (Fehlervarianz)	$\hat\sigma^2(\varepsilon)$ =	$\sum_{i=1}^{m}\sum_{j=1}^{n}\sum_{l=1}^{I}\varepsilon_{ijk}^2/(m\cdot n\cdot(I-1))$.

Prüfstatistiken: Hierzu werden 3 F-Werte mit gleichem Nenner gebildet:

$F_\alpha = \hat\sigma^2(\alpha)/\hat\sigma^2(\varepsilon)$, $F_\beta=\hat\sigma^2(\beta)/\hat\sigma^2(\varepsilon)$ und $F_\gamma=\hat\sigma^2(\gamma)/\hat\sigma^2(\varepsilon)$.

Der Nenner ist gleich der *Prüfvarianz*, die hier gleich der *Binnenvarianz* ist.

Voraussetzungen für die Bildung der F-Werte (analog zum t-Test):

1. Jede Zelle i,j der Matrix Y sei Stichprobe einer Normalverteilung mit dem geschätzten Mittelwert μ_{ij};
2. Varianzhomogenität: Alle Binnenvarianzen der Zellen seien in der Population gleich, d.h. für $\sigma_{ij}^2=\sigma^2(\varepsilon_{ij})$ muß gelten (Bartlett-Test, siehe oben):
   $\sigma_{11}^2 = \sigma_{12}^2 = ... = \sigma_{21}^2 = ... = \sigma_{ij}^2 ... = ... \sigma_{mn}^2$.

$H0_\alpha$: 1. Haupteffekt: Die Zeileneffekte α_i in der Population sind gleich 0:

$\alpha_1 = \alpha_2 = ... = \alpha_m = 0$

oder äquivalent hierzu:

Die Zeilenmittelwerte der Population sind gleich dem totalen Mittelwert:

$\mu_{1.} = \mu_{2.} = ... = \mu_{m.} = \mu_{..} = \mu$.

$H1_\alpha$: Mindestens 2 der Mittelwerte $\mu_{i.}$ unterscheiden sich.

$F_\alpha = \hat\sigma^2(\alpha)/\hat\sigma^2(\varepsilon)$; $df_{1,2} = m-1,\ m\cdot n\cdot(I-1)$.

$H0_\beta$: 2. Haupteffekt: Die Spalteneffekte β_j in der Population sind gleich 0:

$\beta_1 = ... = \beta_n = 0$ bzw. äquivalent $\mu_{.1} = ... = \mu_{.n} = \mu_{..} = \mu$.

$H1_\beta$: Mindestens 2 der Mittelwerte $\mu_{.j}$ unterscheiden sich.

$F_\beta = \hat\sigma^2(\beta)/\hat\sigma^2(\varepsilon)$; $df_{1,2} = n-1,\ m\cdot n\cdot(I-1)$.

$H0_\gamma$: Interaktion: Jeder Zellenmittelwert μ_{ij} der Population setzt sich *additiv* aus dem totalen Mittelwert $\mu=\mu_{..}$ und den beiden Haupteffekten α_i und β_j zusammen:

$\mu_{ij} = \mu + \alpha_i + \beta_j$

oder äquivalent hierzu: Alle γ_{ij} der Population sind gleich 0:

$\gamma_{11} = \gamma_{21} = \ldots \gamma_{mn} = 0.$

Ergänzung: Jeder der Werte γ_{ij} stellt eine für die Zelle i,j spezifische Interaktion dar, d.h. eine Abweichung von der Additivität.

$H1_\gamma$: Mindestens 2 Interaktionen sind in der Population ungleich 0:

$F_\gamma = \hat{\sigma}^2(\gamma) / \hat{\sigma}^2(\varepsilon)$; $\quad df_{1,2} = (m-1) \cdot (n-1),\ m \cdot n \cdot (I-1)$.

Numerisches Beispiel einer 2-dimensionalen VA: Es werden an 2 Versuchspersonen-Gruppen 3 Behandlungen durchgeführt. Die abhängige Variable (Y) (genauer: die m·n abhängigen Variablen Y_{ij} in den Zellen i,j) seien die Punktzahlen eines Leistungstests. Jede Zelle enthält (hier ganzzahlige) Meßwiederholungen von I=2 (Versuchs-) Personen (Vpn).

	weibliche	männliche Vpn	$M_{i.}$	$\hat{\alpha}_i$
Medikament A	17,15	6,10	12	2
Medikamnet B	18,14	10,14	14	4
Placebo	0,2	6,8	4	-6
$M_{.j}$:	11	9	$M = \hat{\mu} = 10$	
$\hat{\beta}_j$:	1	-1		

Es gilt rein rechnerisch: $\hat{\alpha}_1 + \hat{\alpha}_2 + \hat{\alpha}_3 = 0 = 2+4+(-6) = 0$; $\hat{\beta}_1 + \hat{\beta}_2 = 0 = 1+(-1)$

Aus den Y-Daten läßt sich die Matrix der Zellenmittelwerte $M_{ij} = \hat{\mu}_{ij}$, der Stichproben-interaktionen $\hat{\gamma}_{ij}$ und ein Schema der "Fehler" ε_{ijk} berechnen:

Mittelwerte M_{ij}		Interaktionen $\hat{\gamma}_{ij} = M_{ij} - (M + \hat{\alpha}_i + \hat{\beta}_j)$		Fehler $\varepsilon_{ijk} = Y_{ijk} - M_{ij}$	
16	8	3	-3	1,-1	-2,2
16	12	1	-1	2,-2	-2,2
1	7	-4	4	-1, 1	-1,1

Man sieht, daß die Zeilen- und die Spaltensummen der Interaktionen und der Fehler 0 ergeben. Die Prüfstatistiken F_α, F_β, F_γ folgen dann aus den obigen F-Formeln:

$$Var(\varepsilon) = (1^2+1^2+2^2+2^2+2^2+2^2+2^2+2^2+1^2+1^2+1^2+1^2)/(3 \cdot 2 \cdot (2-1)) = 5$$

$$F_\alpha = [2 \cdot 2 \cdot (2^2+4^2+6^2)/(3-1)]/5 = 22.4^{**} \qquad df_{1,2} = 2 \quad, 3 \cdot 2$$

$$F_\beta = [3 \cdot 2 \cdot (1^2+1^2)/(2-1)]/5 = 2.4 \qquad df_{1,2} = 1 \quad, 3 \cdot 2$$

$$F_\gamma = [2 \cdot (3^2+3^2+1^2+1^2+4^2+4^2)/((3-1) \cdot (2-1))]/5 = 10.4^{*} \qquad df_{1,2} = 2 \cdot 1, 3 \cdot 2$$

Ein Vergleich mit F-Tabellen zeigt, daß F_α und F_γ auf dem 1%- bzw. auf dem 5%-Niveau signifikant sind, F_β dagegen nicht. Eine signifikante Interaktion F_γ sagt aus, daß die Medikamente untereinander bzw. relativ zum Placebo jeweils unterschiedliche Wirkungen auf weibliche bzw. männliche Personen haben:

a) 2 mögliche Fälle *gleichgerichteter Interaktion*: Beide Behandlungen erhöhen (bzw. senken) die Leistung (Y). Sie wirken jedoch bei einer der beiden Personengruppen deutliche stärker.

b) 2 mögliche Fälle *entgegengesetzter Interaktion.* Ein Medikament erhöht die Leistung (Y) bei Frauen, senkt sie jedoch bei Männern (bzw. umgekehrt).

Fixed, mixed und *random* Modelle

Ein random-Haupteffekt *(random-factor)* resultiert, wenn die in der Varianzanalyss untersuchten Stufen des Faktors eine zufällige Stichprobe aus der Menge aller möglichen Stufen des Faktors darstellen. Daraus folgt, daß die Auswahl der α-Werte im VA-Design nicht fest *("fixed")* ist, sondern eine zufällige Stichprobe der möglichen α-Werte darstellt, d.h. daß α in der Population keinen festen Parameter darstellt sondern eine Zufallsvariable. Eine VA mit nur "festen" Faktoren heißt *fixed effects* Modell. Eine VA mit nur random Faktoren heißt *random*-Modell. In diesem Falle wird das lineare Modell der Population ohne Interaktionsterm gebildet. Die dennoch in der Stichprobe auftauchende und nach den gegebenen Formeln berechenbare Interaktionsvarianz wird dann als Fehlervarianz σ^2_γ verwendet.

Beispiele a) *Fixed model*: m bestimmte Medikamente werden unter n experimentellen Bedingungen (z.B. auch an n=2 Probandengruppen (weibl., männl.)) hinsichtlich der abhängigen normalverteilten Variablen Y≡Leistung untersucht.
b) *mixed model*: Es werden m Behandlungen (*fixed factor*) unter n zufällig ausgewählten Medikamenten (*random factor*) aus der Menge der möglichen Medikamente hinsichtlich ihrer Wirkung auf Y untersucht. Angenommen, man will gezielt nur die Medikamente A, B und C untersuchen, dann ist der Medikamentenfaktor "fixed". Seine Nullhypothese lautet dann: Die Medikamente A, B, C wirken nicht unterschiedlich auf Y. Interpretiert man dagegen A, B, C als Zufallsfaktor, dann lautet die Nullhypothese: Die Medikamente (Population), getestet an der Zufallsstichprobe A, B, C, wirken nicht unterschiedlich auf Y. Ähnlich wie Medikamente könnte man zufällige oder aber ganz bestimmte Tageszeiten, Personen, Intelligenzniveaus usw. als Bedingungen wählen.
c) *random model*: Es werden (als normalverteilt angenommene) quantitative Beurteilungen (Y) von m zufällig ausgewählten Beurteilern an n zufälligen Probanden erhoben. In den Beispielen b) und c) würde man die Interaktionsvarianz $\hat{\sigma}^2_\gamma$ als Prüfvarianz für Haupteffekte wählen (vgl. z.B. Searle, S. R. (1971)).

Ausgewählte Kontraste (Scheffe´-Tests für 2-dimensionale VA)

Die Methode des *Scheffe´*-Tests (vgl. die 1-dimensionale VA) kann verallgemeinert werden auf den Vergleich von (kombinierten) *Spaltenmittelwerten* einer 2-dimensionalen *fixed* VA mit m Zeilen, n Spalten und I Werten pro Zelle.

fixed model

Man berechnet die Spaltenmittelwerte nach (6.28) und die Prüfvarianz nach (6.29), allerdings mit jeweils gleichen Gewichten $I \cdot m$. Dies ergibt nach Ausklammern und Kürzen der gleichen Gewichte $I \cdot m$ z.B. für den Kontrast der Spalten 1,3,5 ($g_1=3$) gegen die Spalten 2,4 ($g_2=2$)

$$D = [(M_1+M_3+M_5)/g_1-(M_2+M_4)/g_2], \tag{6.30}$$

$$\hat{\sigma}^2 = \mathrm{Var}_{\mathrm{binnen}}(1/g_1+1/g_2)/(m \cdot I). \tag{6.31}$$

Bei *einem* (a priori-) t-Test gilt $df=m \cdot n \cdot (I-1)$. Bei *mehreren* (a posteriori-) Tests wählt man als kritische Grenze für $D/\sqrt{\hat{\sigma}^2}$ den Wert

$$K = \sqrt{(n-1) \cdot F_{\alpha,n-1,(I-1)\cdot m \cdot n}} \ .$$

Für Kontraste von *Zeilenmittelwerten* werden einfach die Größen n und m vertauscht.

mixed model

Bei Kontrasten zwischen festen (fixed) Spalten und zufälligen (random) Zeilen, z.B. bei Meßwiederholungen innerhalb von Zeilen-Vpn (Matrix: Vpn x Wdh.) folgt $\hat{\sigma}^2 = \mathrm{Var}_{\mathrm{Interaktion}} \cdot \sqrt{2/m}$. Für einen a priori-t-Test gilt $df=(m-1)\cdot(n-1)$, für a posteriori-Kontraste gilt

$$K = \sqrt{(n-1)\cdot F_{\alpha,n-1,(m-1)\cdot(n-1)}}\ .$$

6.5.6 Datentyp: Quader $Y_{m,n,r}$ mit $I \geq 2$ Daten pro Zelle

Gegeben sei ein Quader der Ordnung m x n x r (≡ Höhe x Breite x Tiefe) von Daten mit 3fach indizierten Zellen bzw. i,j,k und 4fach indizierten Werten y_{ijkl} ($l=1,..,I=$Meßwiederholungen) pro Zelle. Am Beispiel der hier möglichen 3-dimensionalen VA sei ein Prinzip verdeutlicht, das sich auch zur Entwicklung der Modelle noch höher dimensionierter Varianzanalysen eignet.

dreidimensionale Varianzanalyse

Modell: $y_{ijkl} = \mu + \alpha_i + \beta_j + \gamma_k + \delta_{ij-} + \delta_{i-k} + \delta_{-jk} + \delta_{ijk} + \varepsilon_{ijkl}$.

Eine ausführliche Formulierung dieses linearen Modells lautet:
Der Meßwert y_{ijkl} (z.B. der Person) l unter der Bedingungskombination ijk, d.h. unter Treatment i (abgekürzt T_i) auf Dimension I (abgekürzt D_I), unter T_j auf D_{II} und unter T_k auf D_{III} setzt sich additiv zusammen aus:

1. dem allgemeinen Mittelwert μ,
2. den 3 Haupteffekten $\alpha_i, \beta_j, \gamma_k$,
3. der 2fachen Interaktion δ_{ij-} von T_i auf D_I mit T_j auf D_{II},
   " " " δ_{i-k} " T_i " D_I " T_k " D_{III},
   " " " δ_{-jk} " T_j " D_{II} " T_k " D_{III},
4. der 3fachen Interaktion δ_{ijk} von T_i auf D_I mit T_j auf D_{II} mit T_k auf D_{III} und
5. dem für den Meßwert (z.B. der Person) l unter Bedingungskombination ijk spezifischen Fehler ε_{ijkl}.

Für jeden der indizierten Terme gilt analog zur 2-dimensionalen VA, daß jede Aufsummierung über irgendeinen seiner Indizes die Summe 0 ergibt.
Im Vergleich zur 2-dimensionalen Varianzanalyse tauchen hier *drei zweifache Interaktionsglieder* ($\delta_{ij-}, \delta_{i-k}, \delta_{jk-}$) sowie *ein dreifaches Interaktionsglied* δ_{ijk} auf. Demnach können bei einem *fixed effects*-Modell neben den 3 Haupteffekten generell 4 Interaktionen einzeln auf Signifikanz getestet werden.

Beispiel einer dreifachen VA: Es werden m=4 Medikamente (inklusive Placebo) bei n=2 Personengruppen (z.B. weibl., männl.) zu je I=10 Personen an r=3 Tageszeiten hinsichtlich ihrer Wirkung auf die abhängige Test-Variable Y (z.B. Grad der Aktivierung) überprüft. Eine 3fache etwa auf Frauen aktivierend wirken, auf Männer dagegen dämpfend und daß dieser (2fache Interaktions-) Effekt jedoch nur morgens besteht und abends eventuell in sein Gegenteil (Männer aktivierend, Frauen dämpfend) umschlägt. Statt dessen wäre jedoch auch eine 3fache Interaktion mit *teilweise gleichgerichteten* und *entgegengesetzten* Effekten möglich (vgl. die 2fache VA).

Berechnung der Effekte: Es sei $\overline{y}_{i...}$ der Mittelwert aller y_{ijkl} für festen Index i usw. und $\hat{\mu} = \overline{y} = y_{....}$ der totaler Mittelwert der Daten. Stellt man die obige vollständige Modell-Gleichung nach den jeweils explizit zu machenden Größen um, z.B. nach der Interaktion

$$\delta_{ij-} = y_{ijkl} - \mu - \alpha_i - \beta_j - \gamma_k - \delta_{i-k} - \delta_{-jk} - \varepsilon_{ijkl}\,.$$

und mittelt über alle freien (d.h. auf der linken Seite der Gleichung nicht vorkommenden) Indizes, dann folgt im Beispiel:

$$\hat{\delta}_{ij-} = y_{ij..} - \hat{\mu} - \hat{\alpha}_i - \hat{\beta}_j = y_{ij..} - (\hat{\alpha}_i + \hat{\beta}_j + \overline{y})\,.$$

Hierbei stellt das Mittelungsergebnis für die theoretischen Größen des Modells eine Schätzung dar, die durch das Dach ^ symbolisiert wird. Die Mittelung über die jeweiligen Indizes wird im Falle der y-Werte, z.B. bei $y_{ij..}$, durch je einen Punkt gekennzeichnet. Alle anderen gemittelten Terme für die Schätzung $\hat{\delta}_{ij-}$ entfallen, da sie bei Mittelung über irgendeinen ihrer Indizes 0 ergeben, wie anfangs erwähnt wurde und wie an den folgenden Gleichungen überprüfbar ist. Wendet man die oben exemplarisch dargestellte Mittelungsmethode zur Schätzung der weiteren Terme des varianzanalytischen Modells an, so folgen Formeln, die sowohl zur Berechnung der zu schätzenden Einzeleffekte aus den Rohdaten y_{ijkl} dienen als auch zur Verdeutlichung struktureller Zusammenhänge:

$$\hat{\alpha}_i = \overline{y}_{i...} - \overline{y} \qquad \hat{\delta}_{ij-} = \overline{y}_{ij..} - (\hat{\alpha}_i + \hat{\beta}_j + \overline{y}) = \overline{y}_{ij..} - \overline{y}_{i...} - \overline{y}_{.j..} + \overline{y}$$

$$\hat{\beta}_j = \overline{y}_{.j..} - \overline{y} \qquad \hat{\delta}_{i-k} = \overline{y}_{i.k.} - (\hat{\alpha}_i + \hat{\gamma}_k + \overline{y}) = \overline{y}_{i.k} - \overline{y}_{i...} - \overline{y}_{..k.} + \overline{y}$$

$$\hat{\gamma}_k = \overline{y}_{..k.} - \overline{y} \qquad \hat{\delta}_{-jk} = \overline{y}_{.jk.} - (\hat{\beta}_j + \hat{\gamma}_k + \overline{y}) = \overline{y}_{.jk.} - \overline{y}_{.j..} - \overline{y}_{..k.} + \overline{y}$$

$$\hat{\delta}_{ijk} = \overline{y}_{ijk.} - (\hat{\alpha}_i + \hat{\beta}_j + \hat{\gamma}_k + \hat{\delta}_{ij-} + \hat{\delta}_{i-k} + \hat{\delta}_{-jk} + \overline{y})$$

$$= \overline{y}_{ijk.} - \overline{y}_{ij..} - \overline{y}_{i.k.} - \overline{y}_{.jk.} + \overline{y}_{i...} + \overline{y}_{.j..} + \overline{y}_{..k.} - \overline{y}$$

Die letzte Formel für die 3fache Interaktion folgt, wenn man von den darüberstehenden Gleichungen für δ_{ij-} , δ_{i-k} und δ_{-jk} alle diejenigen rechten Seiten aufsummiert, in denen nur $\overline{y}$-Terme vorkommen, danach und die erhaltene Summe von $\overline{y}_{ijkl}$ subtrahiert.

Binnenvarianz: Diese ergibt sich aus der Summation der Fehlerquadrate

$$\varepsilon_{ijkl} = y_{ijkl} - \overline{y}_{ijk.}$$

$$\sigma^2(\varepsilon) = \Sigma_i\Sigma_j\Sigma_k\Sigma_l\varepsilon^2_{ijkl}/[m \cdot n \cdot r \cdot (I-1)].$$

Unter Verwendung der Binnenvarianz als Prüfvarianz ergeben sich folgende

Signifikanztests

$$F_\alpha = n \cdot r \cdot I \cdot [\Sigma\hat{\alpha}_i^2 / (m-1)] / \sigma^2(\varepsilon)$$
$$F_\beta = m \cdot r \cdot I \cdot [\Sigma\hat{\beta}_j^2 / (n-1)] / \sigma^2(\varepsilon)$$
$$F_\gamma = m \cdot n \cdot I \cdot [\Sigma\hat{\gamma}_k^2 / (r-1)] / \sigma^2(\varepsilon)$$
$$F_{\delta ij} = r \cdot I \cdot [\Sigma\Sigma\hat{\delta}_{ij-}^2 /((m-1)(n-1))] / \sigma^2(\varepsilon)$$
$$F_{\delta ik} = n \cdot I \cdot [\Sigma\Sigma\hat{\delta}_{i-k}^2 /((m-1)(r-1))] / \sigma^2(\varepsilon)$$
$$F_{\delta jk} = m \cdot I \cdot [\Sigma\Sigma\hat{\delta}_{-jk}^2 /((n-1)(r-1))] / \sigma^2(\varepsilon)$$
$$F_{\delta ijk} = I \cdot [\Sigma\Sigma\Sigma\hat{\delta}_{ijk}^2 /((m-1)(n-1)(r-1))] / \sigma^2(\varepsilon)$$

Die Freiheitsgrade der F-Werte entnimmt man den jeweiligen runden Klammern innerhalb der eckigen Klammern. Die Freiheitsgrade der Prüfvarianz (Nenner) $\sigma^2(\varepsilon)$ betragen $m \cdot n \cdot r \cdot (I-1)$.
Bei gemischten (*mixed*) Modellen müssen zur Überprüfung der Haupteffekte der Randomfaktoren wieder die entsprechenden Interaktionsvarianzen als Prüfvarianzen verwendet werden.

Varianzanalysen mit "Meßwiederholungen"

Befinden sich in den Zellen einer Matrix (d.h. jeweils unter *einer* Bedingungskombination) $I > 1$ Werte, wie oben gezeigt, dann kann man bereits von einer VA mit "Meßwiederholungen" sprechen. Es gibt jedoch den besonderen Fall einer L-dimensionalen VA ($L=1,..$), bei dem *innerhalb einer Versuchsperson* (oder deren Äquivalent) Meßwerte I-fach wiederholt gemessen werden. In diesem Falle muß man einen *Meßwiederholungsfaktor* einführen, d.h. man faßt die Daten als Ergebnis eines $L+1$-dimensionalen Versuchplans auf, bei dem ein Faktor mit I Stufen hinzukommt.
Auch hier muß wieder unterschieden werden, ob man diesen zusätzlichen Faktor als festen (fixed) oder aber als Zufalls- (*random*) Faktor einführt. Sind z.B. die Meßwiederholungen für alle Vpn zu I Zeitpunkten mit paarweise unterscheidbaren festen Bedingungen durchgeführt worden, z.B. als Folge mit Lerneffekten, dann kann man diesen Faktor als fixed interpretieren. Stellen die Zeitpunkte dagegen eine Stichprobe aus vielen möglichen Zeitpunkten ohne Reihenfolgeeffekte dar, dann bilden sie einen Zufallsfaktor mit entsprechenden Konsequenzen für die Prüfvarianzen (siehe oben).

6.5.7 Datentyp: Matrix $Y_{m,n}$ mit einem Wert pro Zelle

$$\begin{matrix} y_{11} & y_{12} & \cdots & y_{1n}, \\ y_{21} & y_{22} & \cdots & y_{2n}, \\ & \cdots & & \\ y_{m1} & y_{m2} & \cdots & y_{mn}. \end{matrix}$$

Nullhypothesen zum Testen von Differenzen

Standardbeispiel: Die Matrix Y enthalte die Ergebnisse von m Personen unter n Bedingungen (bzw. n Items usw.). Es soll der Spalten-Haupteffekt "Bedingungen" geprüft werden.

I. Zweidimensionale Varianz-Analyse *(mixed model)*
(Vgl. hierzu die Verwendung des *random*-Modells, siehe oben)

H0: Die Spaltenbedingungen haben keinen Einfluß auf die Y-Werte, d.h. die Spaltenmittelwerte der Population sind identisch:

$\mu_{.1} = \mu_{.2} = \ldots = \mu_{.n}$.

H1: Mindestens 2 dieser Mittelwerte sind verschieden.

Prüfstatistik: F-Test Spalteneffekte vs. Interaktion.

Voraussetzungen: Normalverteilung der y-Werte jeder Spalte, Varianzhomogenität der Spalten; die Zeilenbedingungen sind voneinander unabhängig, d.h. sie stellen eine Zufallsstichprobe aus den möglichen Zeilenbedingungen dar

$$F_\beta = \hat{\sigma}^2_\beta / \hat{\sigma}^2_\gamma \quad df_{1,2} = n\text{-}1, \quad (m-1) \cdot (n-1).$$

Die Varianzen $\hat{\sigma}^2(\beta)$ und $\hat{\sigma}^2(\gamma)$ werden aus dem Datenschema mit den Meßwiederholungen (siehe oben) unter Verwendung von $I=1$ übernommen.

II. Zweidimensionale Rangvarianzanalyse (**Friedman-Test**):

Für die Verwendung nichtparametrischer Tests auf Rangskalenniveau wird die Datenmatrix zeilenweise (jede Zeile *einzeln* mit evtl. Ties) in Ränge ungewandelt:

Rangmatrix R(Y)

→	r_{11}	r_{12}	$\ldots$	r_{1n}	
Richtung der	r_{21}	r_{22}	$\ldots$	r_{2n}	
Rangtrans-			$\ldots$		↓ Richtung der Rangsummierung
formation	r_{m1}	r_{m2}	$\ldots$	r_{mn}	
Rangsummen	R_1	R_2	$\ldots$	R_n	

Es handelt sich hier um ein verteilungsfreies Verfahren.

H0: Die Spaltenbedingungen haben keinen Einfluß auf die y-Werte ⇒
Die Mittelwerte $\mu_{r.j}$ der Stichprobenverteilung der innerhalb der Spalten von R(Y) gemittelten (bzw. äquivalent: der *summierten*) Ränge sind gleich:

$\mu_{r.1} = \mu_{r.2} = \ldots = \mu_{r.n}$.

H1: Mindestens zwei dieser Mittelwerte sind verschieden.

Prüfstatistik:

$$\chi^2 = \frac{12}{m \cdot n \cdot (n+1)} \sum_{j=1}^{n} (R_j)^2 - 3 \cdot m \cdot (n+1), \qquad df=n-1.$$

Nullhypothesen zum Testen von Abhängigkeiten

I. **Regressionsanalyse** und **multiple Korrelation:**

Wir wählen eine Variable i als *Kriteriumsvariable* und versuchen, sie durch die restlichen n−1 *Prädiktorvariablen* vorherzusagen. Die Vorhersage einer Variablen **Y** aus n Variablen ist unter Regressionsanalyse I und II sowie unter der Polynomialen Regressionsanalyse in Kapitel III dargestellt.

H0: In der Population gilt: Die multiple Korrelation ist gleich 0 oder äquivalent: Die Kriteriumsvariable ist linear unabhängig von den Prädiktorvariablen.

H1: In der Population hängt die Kriteriumsvariable von mindestens einer Prädiktorvariablen linear ab.

Prüfstatistik: der **multiplen Regression** bei (Normalverteilung):

$$F = \frac{R^2 \quad /n}{(1 - R^2)/(N-n-1)}$$

Das m der obigen Matrix sei hier gleich N:
N = Anzahl der Fälle (Personen usw.)
$df_{1,2} = n, N-n-1$

Voraussetzungen: Normalverteilung der Variablen; m > n bzw. N > n.

II. **Differenz zweier multipler Korrelationen:**

Standardbeispiel: Prüfung, ob die Erhöhung der Anzahl der Prädiktorvariablen von n_2 auf n_1 die multiple Vorhersage der Kriteriumsvariablen signifikant verbessert.
Voraussetzungen: $n_1 > n_2$, $N > (n_1, n_2)$; Normalverteilung der Kriteriumsvariablen

$$F = \frac{(R_1^2 - R_2^2)/(n_1 - n_2)}{(1 - R_1^2)/(N - n_1 - 1)}, \qquad df_{1,2} = n_1 - n_2, \quad N - n_1 - 1.$$

III. *Intraclass*-**Korrelation:**

Standardbeispiel: Die Matrix Y enthalte die Urteile (Zensuren usw.) von m Personen über n Personen (oder n Objekten usw.) Es soll die Übereinstimmung der Urteiler (Parallelität, Korrelation der Zeilen) geprüft werden.

$$r_{\text{Intraclass(Zeilen)}} = \frac{\hat{\sigma}^2(\beta) - \hat{\sigma}^2(\gamma)}{\hat{\sigma}^2(\beta) - (m-1)\hat{\sigma}^2(\gamma)}$$

(Formel nach Guilford)
$\hat{\sigma}^2(\gamma)$ wird hier als Fehlervarianz verwendet

Die verwendeten Varianzen sowie m (=Anzahl der Zeilen) werden für I=1 aus der 2-dimensionalen Varianzanalyse dieses Datenschemas (vgl. Teil 6.5.5) übernommen.

H0: Die mittlere Korrelation der Zeilen in Y ist in der Population gleich 0.

Prüfstatistik: Randomisierung der Werte innerhalb jeder der Zeilen von Y.

IV. **Kendalls Konkordanzkoeffizient W** (verteilungsfreies Verfahren):

Voraussetzung: Daten in Y zeilenweise mindestens auf Rangniveau.

H0: Die Zeilen von Y variieren voneinander unabhängig. Daraus folgt: Die Mittelwerte $\mu_{r.j}$ der innerhalb der Spalten von R(Y) gemittelten (bzw. äquivalent: der *summierten*) Ränge sind gleich

$$\mu_{r,1} = \mu_{r,2} = \dots = \mu_{r,n}.$$

H1: Mindestens zwei dieser Mittelwerte sind verschieden.

Es sei $T_i = \Sigma t^3 - t$ für alle Ties innerhalb der Zeile i und $T = \Sigma_{i=1}^{m} T_i/12$. Außerdem sei $\bar{R}(n) = \sum_j R_j/n$ die mittlere der n Rangsummen der Matrix R(Y).

Prüfstatistik:

$$W = \frac{\sum_j [R_j - \bar{R}(n)]^2}{m^2(n^3 - n)/12 - m \cdot T} \qquad (W, \text{ vgl. Anhang}).$$

Für n > 7 nähert sich folgender Ausdruck einer χ^2-Verteilung:

$$\chi^2 = m(n-1) \cdot W, \qquad df = n-1.$$

6.5.8 Datentyp: Matrix N mit Zellfrequenzen n_{ij}

Kontingenztabelle

N: n_{ij} (i=1,m; j=1,n)

$$\begin{array}{cccc|c} n_{11} & n_{12} & \dots & n_{1n} & n_{1.} \\ n_{21} & n_{22} & \dots & n_{2n} & n_{2.} \\ & \cdot & \cdot\ \cdot & & \dots \\ n_{m1} & n_{m2} & \dots & n_{mn} & n_{m.} \\ \hline n_{.1} & n_{.2} & \dots & n_{.n} & n_{..} \end{array}$$

Häufigkeit des Ereignisses (i,j): n_{ij}
Randhäufigkeiten: $\Sigma_j n_{ij} = n_{i.}$, $\Sigma_i n_{ij} = n_{.j}$
Totale Häufigkeit: $\Sigma\Sigma\, n_{ij} = n_{..}$
Wahrscheinlichkeit des Ereignisses (i,j): $p_{ij} = n_{ij}/n_{..}$
Randwahrscheinlichkeiten $p_{i.} = n_{i.}/n_{..}$, $p_{.j} = n_{.j}/n_{..}$

Die Ereignisse "Zeile i" (i=1,m) bzw. "Spalte j" (j=1,n) können als zwei miteinander verknüpfte Versuchsschemata aufgefaßt werden oder aber als *ein* gemeinsames Versuchsschema einer zweidimensionalen Zufallsvariable mit den Elementarereignissen (i,j) bzw. (Zeile i, Spalte j) (i=1,m; j=1,n). Wir betrachten p_{ij}, $p_{i.}$, $p_{.j}$ als erwartungstreue Schätzungen von entsprechenden Populationswahrscheinlichkeiten π_{ij}, $\pi_{i.}$, $\pi_{.j}$. Es sei $\hat{\pi}_{ij}$ die Schätzung der Populationswahrscheinlichkeit π_{ij} unter der Annahme, daß "Zeile i" und "Spalte j" voneinander unabhängig sind ($\pi_{ij} = \pi_{i.} \cdot \pi_{.j}$):

$$\hat{\pi}_{ij} = p_{i.} \cdot p_{.j} = (n_{i.}/n_{..}) \cdot (n_{.j}/n_{..}) = n_{i.} \cdot n_{.j}/n_{..}^2 \quad .$$

Die erwartete Häufigkeit $\hat{n}_{ij}$ der Zelle (i,j) unter der Unabhängigkeitsannahme ergibt sich als Produkt der hypothetischen Wahrscheinlichkeit $\hat{\pi}_{ij}$ von (i,j) mit der beobachteten Häufigkeit n_{ij}:

$$\hat{n}_{ij} = \hat{\pi}_{ij} \cdot n_{..} = p_{i.} \cdot p_{.j} \cdot n_{..} = n_{i.} \cdot n_{.j}/n_{..} \quad .$$

I. χ^2 -Test auf Unabhängigkeit (chi²):

H0: Alle Ereignispaare "Zeile i" und "Spalte j" sind voneinander *unabhängig* oder:

Die Versuchsschemata der Zeilen und der Spalten sind voneinander *unabhängig*: Für *alle* i,j gilt $\pi_{ij} = \pi_{i.} \cdot \pi_{.j}$

H1: Mindestens ein Ereignispaar "Zeile i" und "Spalte j" ist voneinander abhängig:
Für *mindestens ein* i,j gilt $\pi_{ij} \neq \pi_{i.} \cdot \pi_{.j}$.

Prüfstatistik:

$$\chi^2 = \sum_i \sum_j \frac{(n_{ij} - \hat{n}_{ij})^2}{\hat{n}_{ij}} = n_{..} \sum_i \sum_j \frac{(n_{ij} - n_{i.} \cdot n_{.j}/n_{..})^2}{n_{i.} \cdot n_{.j}} , \qquad df = (m-1) \cdot (n-1).$$

Beispiel (aus Fisz): Häufigkeiten des gemeinsamen Auftretens bestimmter Augen- und Haarfarben bei 6800 untersuchten Personen:

Haar j → / Augen i ↓	*hellblond*	*dunkelbl.*	*schwarz*	*rot*	$n_{i.}$
blau	1768	807	189	47	2811
grau-grün	946	1387	746	53	3132
braun	115	438	288	16	857
$n_{.j}$ =	2829	2632	1223	116	6800

$$\chi^2 = 6800 \sum_i \sum_j \frac{(n_{ij} - n_{i.}n_{.j}/6800)^2}{n_{i.}n_{.j}}$$

$= 1075.2$

$df = (3-1) \cdot (4-1) = 6$

$P(\chi^2 \geq 1075.2) < .000\,001$

H0 ist hochsignifikant widerlegt: Augen- und Haarfarbe hängen somit voneinander ab. Der C-Koeffizient (siehe unten) beträgt $\sqrt{1075.2/(6800+1075.2)} = .37$, und für das Cramersche ϕ' resultiert $\sqrt{1075.2/(6800 \cdot (3-1))} = .28$.

Ergänzungen: a) Die Approximation der obigen Statistik an die χ^2-Verteilung wird ungenau, wenn $n_{ij} < 10$ wird. Simulationen haben gezeigt, daß die *Yates-Korrektur* die Approximation an die χ^2-Verteilung verbessert: Sollte eines der n_{ij} kleiner als 10 sein, dann wird als *Zähler* für die obige χ^2-Statistik empfohlen:

$$(|n_{ij} - \hat{n}_{ij}| - .5)^2 = (|n_{ij} - n_{i.}n_{.j}/n_{..}| - .5)^2.$$

b) Wenn diese Korrektur verwendet wird, dann muß sie bei jeder Zelle des Schemas durchgeführt werden(!).

c) Für ein *4-Felder-chi2*, d.h. für eine Matrix N mit m=n=2, kann man die Häufigkeiten wie oben durch a, b, c, d ausdrücken. Dann ergibt sich eine vereinfachte Berechnung:

Matrix $\begin{matrix} a & b \\ c & d \end{matrix}$

$$\chi^2 = \frac{n_{..}(|ad-bc| - n_{..}/2)^2}{(a+b)(a+c)(b+d)(c+d)} , \qquad df = 1.$$

Ohne Yates-Korrektur lautet der Zähler $n_{..}(ad-bc)^2$.

II. Assoziationsmaße: **Kontingenzkoeffizienten**

Der χ^2-Koeffizient läßt sich in zwischen 0 und 1 variierende Assoziationsmaße, d.h. in *Kontingenzkoeffizienten*, transformieren. Am bekanntesten ist der Koeffizient

$$C = \sqrt{\frac{\chi^2}{n_{..} + \chi^2}} .$$

Hierbei ist $n_{..}$ wie oben gleich der Summe $\Sigma\Sigma n_{ij}$ aller Häufigkeiten der Kontingenztabelle. Der Nachteil von C besteht darin, daß er nur bei unendlich vielen

Zeilen m und Spalten n der Kontingenztabelle den Wert 1 erreichen kann. Geeigneter ist daher das von Cramer stammende Maß

$$\phi' = \sqrt{\frac{\chi^2}{n_{..} \cdot (L-1)}} = \phi/\sqrt{(L-1)}, \qquad L=\min(m,n).$$

Für den Fall $m=n=2$ geht ϕ' in den phi-Koeffizienten, d.h. in ϕ, über. ϕ entspricht der Pearson-Korrelation für zwei binäre Variablen X,Y mit den 4 Mustern ++, +-, -+, --. Ordnet man die Anzahlen n_{++}, n_{+-}, n_{-+}, n_{--} dieser Muster der Datenpaare von X,Y als entsprechende Zellfrequenzen n_{11}, n_{12}, n_{21}, n_{22} einer 2x2-Kontingenztabelle an, so folgt zwischen der Pearsonschen Korrelation ϕ und dem χ^2 dieser Tabelle die Beziehung $\phi^2=\chi^2/n_{..}$ bzw. $\chi^2=n_{..}\phi^2$. Bezeichnet man die obigen Zellfrequenzen in der gleichen Reihenfolge vereinfachend mit a, b, c, d, dann bilden sie die Kontingenztabelle bzw. die 2 x 2-Matrix:

$$\begin{pmatrix} a & b \\ c & d \end{pmatrix} = \begin{pmatrix} n_{11} & n_{12} \\ n_{21} & n_{22} \end{pmatrix}.$$

Die Formel der Pearson-Korrelation $r_{xy}=\mathrm{Cov}(XY)/(\sigma_x\sigma_y)$ vereinfacht sich dann zu

$$r_{xy} = \phi_{xy} = \frac{ad - bc}{\sqrt{(a+b)(c+d)(a+c)(b+d)}}.$$

Der phi-Koeffizient ist somit kein neuer Korrelationskoeffizient. Seine Formel folgt lediglich aus der Vereinfachung der Pearson-Formel für binäre Daten.

III. Berechnung der **Transinformation**:

Standardbeispiel: Es werden Personen m Reize (Stimuli) dargeboten, auf die sie mit n Reaktionen (*responses*) reagieren können. Die Reiz-Reaktionshäufigkeiten n_{ij} werden in der obigen Matrix N gesammelt. Die Randwahrscheinlichkeiten des Schemas stellen die Verteilungen der Stimuli S bzw. der Responses R dar.

Die *Entropie* einer diskreten Wahrscheinlichkeitsverteilung lautet

$$H(P) = -\sum_i p_i \log p_i \qquad \text{(natürlicher Logarithmus).}$$

Es werden die Entropien H(S) und H(R) berechnet. Die Entropie der Ereignisse (i,j) lautet entsprechend:

$$H(SR) = -\sum_i \sum_j p_{ij} \log p_{ij}.$$

Die *Transinformation* ("Kanalkapazität") von Reizen zu Reaktionen beträgt dann

$$T(S,R) = H(S)+H(R)-H(SR),$$

wobei aus $H(SR) = H(RS)$ auch $T(SR)=T(RS)$ folgt.

Die *bedingte Information der Ereignisse* j (=1,n) für ein gegebenes i lautet

$$H(R|i) = -\sum_j (p_{ij}/p_{i.})\log(p_{ij}/p_{i.}).$$

Die *bedingte Information der Ereignisse* i (=1,m) für ein gegebenes j lautet

$$H(S|j) = -\sum_i (p_{ij}/p_{.j})\log(p_{ij}/p_{.j}).$$

Die *(erwartete) bedingte Information* von R unter der Bedingung eines beliebigen i sowie die entsprechene Umkehrung ergeben sich dann zu

$$H(R|S) = \sum_i p_{i.} H(R|i) \quad \text{bzw.} \quad H(S|R) = \sum_j p_{.j} H(S|j).$$

Aus den gegebenen Definition läßt sich nun folgendes ableiten:

$$T(S,R) = T(R,S) = H(R) - H(R|S) = H(S) - H(S|R).$$

Prüfstatistiken: Randomisierungen, siehe unten.

6.5.9 Datentyp: Folge von Häufigkeiten

$n_1 \; n_2 \; ... \; n_m$, wobei $\Sigma_i n_i = n$

sowie daraus berechnete beobachtete Wahrscheinlichkeiten:

$p_1 \; p_2 \; ... \; p_m$, wobei $p_i = n_i/n$.

Es liegt ein Versuchsschema mit n unabhängigen Versuchen vor, bei denen n_i mal das Ereignis Nr. i (i=1,n) eintrat. Die theoretischen Wahrscheinlichkeiten des Schemas seien $\pi_1, \pi_2, ..., \pi_m$. Die theoretischen Häufigkeiten sind dann

$$\hat{n}_i = \pi_i \cdot n.$$

I. χ^2-Test einer beobachteten gegen eine theoretische Verteilung:

Gegeben sei eine bestimmte theoretische Verteilung (entweder eine Gleichverteilung, Normalverteilung oder eine Gammaverteilung usw.).

H0: Die Ereignisse Nr. 1 bis m entstammen der gegebenen Verteilung
H1: Diese Ereignisse entstammen einer anderen Verteilung.

Prüfstatistik:

$$\chi^2 = \sum_i \frac{(n_i - \hat{n}_i)^2}{\hat{n}_i}, \qquad df = n - 1.$$

Berechnung theoretischer Häufigkeiten:

a) Gleichverteilung: $\hat{n}_i = m/n$.

b) Normalverteilung: Hierzu müssen beobachtete Werte X_i vorliegen, deren Häufigkeitsverteilung durch die n_i (i=1,m) beschrieben wird. Zur Vereinfachung betrachten wir die X_i als Mittelpunkte von m gleich großen Intervallen der Breite $b=(X_m-X_1)/m$ einer entsprechenden Klasseneinteilung der Variablen X. Die theoretische Wahrscheinlichkeit $\hat{\pi}_i$ ergibt sich dann als

Fläche der Normalverteilung über dem Intervall i. Wir schätzen daher mit den bekannten Formeln für Maximum-Likelihood-Schätzer

$$\hat{\mu} = \Sigma_{i=1}^{m} p_i X_i \qquad \text{und} \qquad \hat{\sigma}^2(X)^* = \Sigma_{i=1}^{m} p_i (X_i - \hat{\mu})^2$$

den Erwartungswert und die Varianz der angenommenen Normalverteilung $N(\mu,\sigma)$ und drücken die unteren und oberen Grenzen $u_i = X_i - b/2$ bzw. $o_i = X_i + b/2$ zwischen den Klassen durch entsprechende z-Werte aus

$$z_{ui} = (u_i - \hat{\mu})/\sqrt{\hat{\sigma}^2(X)} \qquad \text{und} \qquad z_{oi} = (o_i - \hat{\mu})/\sqrt{\hat{\sigma}^2(X)^*}.$$

Nun können wir mittels einer entsprechenden z-Tabelle für normalverteilte Werte die Flächen bzw. die Wahrscheinlichkeiten $P(z \leq z_{ui})$ und $P(z \leq z_{oi})$ der Standardnormalverteilung links von den Grenzen z_{ui} bzw. z_{oi} bestimmen und erhalten als theoretische Wahrscheinlichkeiten die Differenzen

$$\hat{\pi}_i = P(z \leq z_{oi}) - P(z \leq z_{ui})$$

und daraus die gesuchten theoretischen Häufigkeiten $\hat{n}_i = n \cdot \hat{\pi}_i$ für die obige χ^2-Formel.

c) Andere Verteilungen: Analog zur Normalverteilung, allerdings müssen nach Schätzung der Parameter aus den Daten die Flächen über den Intervallen durch eigene Verteilungsformeln, im stetigen Falle durch Integrale, *selbst berechnet* werden.

II. Kolmogorov-Smirnov-Test:

Wie bei I (siehe oben) wird eine beobachtete Verteilung ($p_i = n_i/n$, $i = 1,m$) mit den m Klassenfrequenzen n_i ($n = \Sigma_i n_i$, $i = 1,m$) gegen eine gleichermaßen in Klassen eingeteilte theoretische Verteilung ($\pi_i = 1,m$) getestet. Als Prüfstatistik wird die maximale Differenz D zwischen den beiden entsprechenden kumulativen Verteilungen berechnet. Null- und Alternativhypothese lauten $D = 0$ bzw. H1: $D \neq 0$.

$$F_i(X) = \sum_{j=1}^{i} p_j \qquad \text{und} \qquad \Phi_i(X) = \sum_{j=1}^{i} \pi_j, \qquad i = 1,m.$$

Prüfstatistik:

$$D = \max_i \mid F_i(X) - \Phi_i(X) \mid, \; i = 1,m; \qquad (D, \text{ siehe Anhang, Tabelle C}).$$

6.5.10 Datentyp: Spezielle Anordnungen

Differenz zweier Proportionen aus unabhängigen Stichproben

$$z = \frac{p_1 - p_2}{\sqrt{\overline{p}_e(1 - \overline{p}_e)(n_1 + n_2)/(n_1 n_2)}}, \qquad (z, \text{ siehe Anhang, Standardnormalverteilung}).$$

p_1, p_2: beobachtete Proportionen.

$\overline{p}_e = (n_1 p_1 + n_2 p_2)/(n_1 + n_2)$ = gewichtetes Stichprobenmittel zur Schätzung der Populationsproportion und n_1, n_2: Stichprobengrößen

Differenz zweier Proportionen aus abhängigen Stichproben

Anordnung der Daten als 4-Felder-Schema und anschließender z-Test:

a	b
c	d

$$z = \frac{a-d}{\sqrt{a+d}},$$

a, b, c, d: Häufigkeiten der vier Felder,
z (siehe Anhang, Standardnormalverteilung)

6.5.11 Datentyp: beliebig, Randomisierungstests, Bootstraps

(vgl. Siegel, S. (1976), Kendall et al. (1979), Band I).

Diese Tests sind verteilungsfrei. Nach Simulationserfahrungen sowie nach Angaben von Siegel haben sie eine *power* von 95% bis 100%. Sie lassen es zudem zu, das jeweilige Skalenniveau beizubehalten. Man kann daher verteilungsfrei auf Intervallskalenniveau arbeiten, was z.B. im Falle von gemessenen (Reaktions-) Zeiten günstig ist, da diese wegen ihrer zumeist rechtsschiefen Verteilungen für die üblichen auf Normalverteilungen basierenden parametrischen Tests ungeeignet sind.
Das Prinzip der Randomisierung soll an zwei Beispielen verdeutlicht werden:

I. **Mittelwertsvergleich**: Unter H0 ist die Mittelwertsdifferenz $d=M(X)-M(Y)$ zweier Stichproben X und Y vom Umfang m bzw. n nur zufällig. Es werden nun beide Datensätze zu $X \cup Y$ vereint. Danach wird für jede der $\binom{m+n}{m}$ möglichen Partitionen der Daten $X \cup Y$ in zwei Datensätze X' und Y' der Größen m und n die Mittelwertsdifferenz $d'=M(X')-M(Y')$ neu berechnet. Ist das empirische d kleiner als 97.5% der erhaltenen d'-Werte oder größer als 97.5% der erhaltenen d'-Werte, dann ist die Differenz im Sinne eines zweiseitigen Tests auf dem 5%-Niveau signifikant, d.h. sie liegt außerhalb des entsprechenden 95%-Konfidenzintervalls. In der Praxis kann man anstatt aller $\binom{m+n}{m}$ Randomisierungen sich mit einer Zufallsstichprobe von etwa 100 Randomisierungen begnügen (vgl. die graphische Analyse einer Korrelations-Randomisierung, Abb. 6.2).

II. **Korrelationstest:** Nach H0 unterscheide sich ein gegebenes r_{xy} nur zufällig von 0. Im Falle von n Wertepaaren (X,Y) wird nun die Variable Y in den n! möglichen **Permutationen** *(= Randomisierungen, Stichproben)* der Variablen X zugeordnet, und für jede Permutation ein r'_{xy} neu berechnet.
Ist das ursprünglich gegebene r_{xy} wiederum kleiner oder größer als die mittleren 97.5% der erhaltenen r'_{xy}, dann ist r_{xy} im Sinne eines 2-seitigen Tests signifikant. Abwandlungen des Schemas für einseitige Tests ergeben sich sofort durch entsprechende Anpassung der Signifikanzgrenzen.
Im allgemeinen genügen anstatt der vollen Anzahl n! möglicher Randomisierungen nur 100 bis 1000 Randomisierungen für einen Test, vgl. die Graphik nächste Seite.
Man kann diese Permutationen als die Bildung von *Stichproben "ohne Zurücklegen"* auffassen. Eine Alternative hierzu stellt die Bildung von *Stichproben "mit Zurücklegen"* dar, der **Bootstrap-Test**. In diesem Falle wird jedes Element jeder Stelle mit gleicher Wahrscheinlichkeit zugeordnet, so daß hier bei jeder dieser Stichproben Elemente mehrfach vorkommen können.

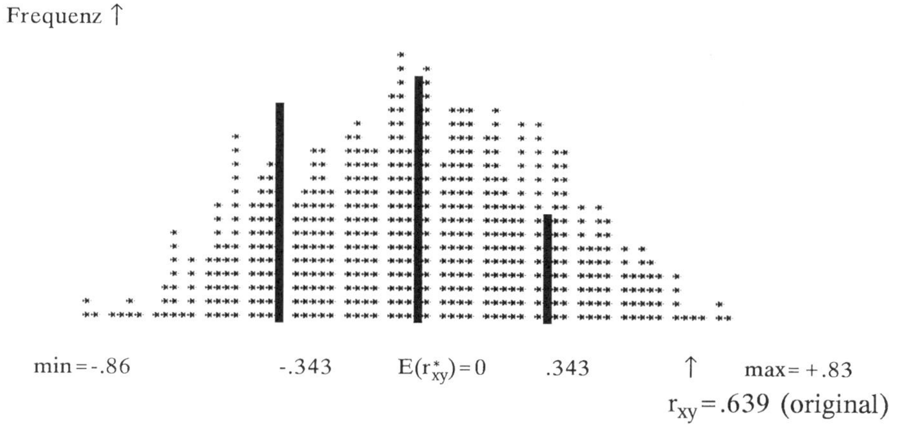

Abb. 6.2 Randomisierungsverteilung von 1000 Korrelationen r'_{xy} über 10 Wertepaare X,Y: (1,2), (3,4), (3,5), (4,6), (4,5), (5,6), (5,2), (6,8), (7,7), (8,6); $r_{xy,original}=.639$; 1000 randomisierte r^*_{xy} mit $E(r^*_{xy})=0$; $\sigma(r'_{xy})=.343$; $P(r^*_{xy} \geq r_{xy,original}) = .021$ (signifikant).

Das Prinzip des Randomisierungstests, das auf jede Prüfstatistik übertragbar ist, so z.B. auch auf die F-Tests der Varianzanalyse, läßt sich folgendermaßen charakterisieren: Es werden möglichst viele genau derjenigen *Datenpermutationen* durchgeführt, die unter der jeweils angenommenen Nullhypothese nur einen zufälligen Effekt auf die zu untersuchende Prüfstatistik T haben. Für jede Permutation wird die Prüfstatistik T' (bzw. F') neu berechnet. Danach wird festgestellt, ob für die erhaltenen T'-Werte das Signifikanzkriterium gilt, z.B. im Falle der 5%-Niveaus

$$P(|T'| \geq |T|) \leq .05.$$

Ein Vorteil der Randomisierungstests besteht darin, daß auch mehrere zum Teil logisch oder statistisch voneinander abhängige Hypothesen *gemeinsam* an einem randomisierten Datensatz überprüft werden können, da man die sonst zu erwartende Kumulation von α- oder auch von ß-Fehlers durch die Gemeinsamkeit der Randomisierung vermeiden kann. Dies eröffnet die Möglichkeit, ganze Hypothesensysteme bzw. die Axiomensysteme von Theorien gleichzeitig zu überprüfen (→ *pattern tests*). Die Randomisierungsmethode bietet daher einen kontrollierten Übergang vom Testen einzelner formal unzusammenhängender Hypothesen zum Test einer ganzen Theorie.
Durch spezielle Formen der Randomisierung lassen sich zudem oft wesentlich differenziertere Formen von Nullhypothesen formulieren als mit den konventionellen Tests. So kann man z.B. bei einer Varianzanalyse zum Testen des α-Effektes entweder *alle Daten des Schemas untereinander* randomisieren oder aber nur die Daten *innerhalb der Spalten* des Schemas. Allein diese Unterscheidung ergibt zwei verschiedene F_α-Statistiken und damit zwei verschiedene Nullhypothesen, deren unterschiedliche sprachliche Formulierung eine größere Genauigkeit der Ausdrucks-

weise erfordert als beim gewöhnlichen F-Test.
Die einzige Begrenzung des Randomisierungstests entsteht bei der Verwendung sehr kleiner Stichproben, etwa mit $n! < 100$, d.h. mit $n < 5$. Wenn die Anzahl der unter H0 möglichen Datenpermutationen kleiner als 100 ist, kann im Falle geringer Effekte ein konventioneller Signifikanztest adäquater sein.
Voraussetzung für die Durchführung eines Randomisierungstests ist bisher eine eigene Programmierung. Die Erfordernisse einer individuellen Programmierung sowie einer gewissen Selbständigkeit in der Hypothesenbildung dürften die hauptsächlichen Gründe für die bisher noch relativ seltene Anwendung der Randomisierungstests sein. Dennoch sollte man, sofern die Möglichkeit zur Progammierung gegeben ist, gerade bei der gründlichen Untersuchung geringerer Effekte oder bei Daten mit hoher Meßfehlervarianz, bei denen es auf eine vollständige Ausschöpfung der Daten-Information ankommt, einen Randomisierungstest zumindest gegenüber den parametrischen Tests vorziehen. Letztere basieren häufig auf sogar mehreren unüberprüften Zusatzhypothesen, die die Exaktheit einer Signifikanzaussage unkontrollierbar relativieren, wie z.B. die Zusatzhypothese der "Normalverteilung" *und* der "Varianzhomogenität" im Falle der t-Tests oder der Varianzanalysen.
Zwar gibt es Untersuchungen über die *Robustheit* konventioneller Signifikanztests, d.h. Untersuchungen über zu erwartende α- und β-Fehler für den Fall des Nichtzutreffens der erwähnten Zusatzhypothesen über Verteilungen, Homogenitäten usw. (z.B. Cohen, J. (1988)). Da es unendlich viele Arten des "Nichtzutreffens von Zusatzhypothesen" gibt, ist eine umfassende Abschätzung der Robustheit von Tests praktisch oft nicht möglich.
Ein Vorteil der Randomisierung gegenüber den allgemeineren Simulationsmethoden, den "Monte-Carlo"-Methoden, ist die Verteilungstreue aufgrund der kombinatorischen Verwendung der empirischen Daten anstelle von künstlich erzeugten Daten.
Bei zunehmender Verbreitung der Randomisierungstests aufgrund wachsender Rechengeschwindigkeiten der Computer dürfte sich ein großer Teil der klassischen Signifikanztests erübrigen, da sie in einer Zeit ohne effektive Computerunterstützung entwickelt wurden.

Randomisierungen von Mustern (*pattern tests*)

In vielen Fällen weisen experimentelle Daten überzufällig "regelmäßige" Muster auf. Zur Signifikanzbestimmung solcher Muster wird daher nicht die intervallskalierte *Größe* einer Stichprobenfunktion gewählt, sondern die nominal- oder ordinalskalierte überzufällige "Anordnung" dieser Ergebnisse, d.h. eine auftretende nicht notwendig numerische *Relation* (ein *Muster* oder *pattern*) zwischen den Stichprobenelementen. Der Begriff der "regelmäßigen Anordnung" muß ebenfalls von einem zunächst subjektiven Eindruck, der bei der Inspektion der Daten entsteht, in der Form einer nachprüfbaren Behauptung objektiviert werden. Besonders einfach ist dies im Falle elementarer mathematischer Regelmäßigkeiten, wie z.B. in der folgenden experimentell erhaltenen ganzzahligen Zahlenfolge F mit zwei monotonen Teilfolgen F_+ und F_- (trotz angenommener Unabhängigkeit der Messungen und Gleichverteilung pro Meßzeitpunkt). Diese Teilfolgen ergeben gemeinsam eine Folge bzw. eine "Kurve" mit einem Maximum:

Beispiel X

		F_+ (1 2 3 4 5 6)	max (8)	F_- (7 5 3 2 1 0)
Meßwerte:	F:	1 2 3 4 5 6	8	7 5 3 2 1 0
	T:	t_1 t_2	. . .	t_{13}

Angenommen, zu jedem der 13 Zeitpunkte t_i ($i=1,13$) sei jeder Wert von 0 bis 9 mit gleicher WS möglich. Die Signifikanz einer Folge mit einem - nicht notwendig in der Mitte gelegenen - Maximum und zwei strikt monotonen Zweigen ließe sich dann per Randomisierung ermitteln, indem man N (etwa $N>1000$) Folgen erzeugt und überprüft, welcher Anteil P_{max} der Folgen die genannten Maximumeigenschaften besitzt. Man kann P_{max} hier jedoch auch exakt kombinatorisch bzw. durch Programmieren und Zählung aller Maximum-Folgen bestimmen: Es resultieren 20476 Folgen mit je *einem* Maximum, die strikt monoton sind, d.h. bei denen benachbarte Werte jeweils ungleich sind, sowie 10^{13} Folgen insgesamt. Die WS, per Zufall eine solche Folge mit Maximum zu erhalten, beträgt demnach

$P_{max} = 20476/10^{13} = .0000000020$ (hoch signifikant).

Abgesehen von diesen möglichen strukturellen Regelmäßigkeiten kann je nach Standpunkt zweier unabhängiger Auswerter A und B ein bestimmtes Datenmuster M als "total zufällig" oder aber als "extrem überzufällig" erscheinen. Das Kriterium für die Überzufälligkeit eines Musters ist die Existenz einer Theorie T, die das erhaltene Muster M als (Daten-) *Modell* vorhersagt, siehe unten. Die *pattern Tests* bestehen dann darin, daß man per Randomisierung oder aber kombinatorisch die Wahrscheinlichkeit dafür bestimmt, daß trotz Nicht-Gültigkeit der Theorie T die Stichprobe genau dieses Muster M (oder aber eine bestimmte Klasse ähnlicher Muster, z.B. im Falle der obigen Zahlenfolge: erst einen monoton steigenden, danach einen monoton fallenden Trend usw.) aufweist.

Datenexploration vs. hypothetico-deduktive Methodik

Die *hypothetico-deduktive* Methodik postuliert, daß Datensätze grundsätzlich nur unter "vorher" bestehenden Hypothesen sinnvoll untersucht werden können. Andernfalls könnten nicht reproduzierbare Zufallsstrukturen innerhalb der Daten als ex-post-Ergebnisse resultieren. Die Furcht vor ex-post-Ergebnissen stammt offenbar aus dem Grenzbereich zwischen Geistes- und Naturwissenschaften. Hier kann es mangels mathematischer Modellbildung zu einem Theoretisieren auf der Basis von Kollagen einfacher Nullhypothesen und damit tatsächlich zu Kumulationen von α- oder auch von β-Fehlern führen. Dagegen werden in ausgereifteren Bereichen der Wissenschaften mit fortgeschreitender Formalisierung, so z.B. auch in der Mathematischen Psychologie, komplexere formale Modelle als Nullhypothesen überprüft. Je strukturierter mathematische Modelle sind, um so unwahrscheinlicher ist eine zufällige Übereinstimmung mit Daten, und zwar unabhängig davon, ob sie *vor* oder *nach* einer explorativen Datenanalyse entwickelt wurden.

Zeitliche vs. logische Ordnungen des Schließens

Die Reduktion statistischer Forschung auf standardisierte Signifikanztests mit vorgegebenen schlichten Nullhypothesen führt dagegen leicht dazu, sich die ganze Wissenschaft nach dem hypothetico-deduktiven Schema

<"vorherige" Nullhypothese → anschließender Signifikanztest>

zum Bilde zu machen.

Unbeantwortet bleibt dabei die Frage, wieso in eine zunächst rein logische Relation (Hypothese→Test) plötzlich die Zeit, d.h. eine Dimension aus der Physik (=Theorie von *Raum, Zeit, Materie*) in der Form des "vorher → nachher", eingefügt wird. Wieso wäre die Nachprüfung der Maximum-Hypothese an dem noch relativ einfachen obigen Datenbeispiel F nur dann gerechtfertigt, wenn man sie schon *vor* der Erhebung der Daten formuliert hätte?

In den Naturwissenschaften, wie z.B. in der Astronomie, ist aufgrund der besseren mathematischen Ausbildung sowie aufgrund der leichteren Meßbarkeit bzw. Reproduzierbarkeit von Ergebnissen ein rigides Bestehen auf der hypothetico-deduktiven Methodik kaum bekannt. Dort werden häufig an weiterwachsenden Datenbeständen über Generationen von Wissenschaftlern nachträglich immer neue Fragestellungen entwickelt und immer neue "Phänomene" (Daten-Strukturen) exploriert.
Die hypothetico-deduktive Methodik vermischt in ihrer Ablehnung explorativer Forschung gegebener Datensätze oft die (physikalische) zeitliche Reihenfolge mit der logischen Ordnungsstruktur des syntaktischen Ableitens und des semantischen Überprüfens von Hypothesen. Logische Ordnungen brauchen jedoch nicht mit zeitlichen Ordnungen übereinzustimmen.
Auch in der Psychologie gibt es im Gegensatz zu unkontrollierten ex-post-Schlüssen genügend methodisch sinnvolle Beispiele der Hypothesen- bzw. der Theorienbildung *nach* Erhebung der zum Testen verwendeten Datensätze. So wird in den methodisch fortschrittlicheren Gebieten, z.B. in der Allgemeinen Psychologie und den ihr nahestehenden Gebieten, gegebenenfalls eine mathematische Theorie als Nullhypothese an historischen Datensätzen überprüft, die Jahrzehnte vorher von anderen Autoren unter anderen Fragestellungen erhoben wurden, so z.B. im Falle der Überprüfung der Luneburg-Theorie (Luneburg, R. K. (1947)) des subjektiven Raumes als "negativ gekrümmter Riemannscher Raum" mittels der Alleenexperimente von Hillebrand (1902) und Blumenfeld, W (1913) (zit. in Lehmann (1981a)). Die Ergebnisse von Hillebrand und Blumenfeld konnten von Luneburg "vorhergesagt" werden.
Hiergegen könnte nun jemand einwenden, jedes beliebige Datenmuster kann nachträglich als "überzufällig" deklariert werden. Es müßte nur eine Theorie entwickelt werden, zu der dieses Muster ein Modell ist. Die Anwort wäre: In der Tat würde man durch eine 1-1-Abbildung von n Daten in eine sie beschreibende Menge K aus n Basissätzen mit elementaren Relationsaussagen immer eine willkürliche Theorie bilden können, die durch diese Daten - die dann ein perfektes Modell zur Theorie darstellen würden - ex post facto gerechtfertigt wäre. Die notwendige Bedingung einer Überzufälligkeit der Datenstruktur erfordert jedoch, daß die Daten eine signifikante Menge an Restriktionen *(constraints)* erfüllen. Diese "Prägnanz" einer beobachteten Struktur beeinhaltet somit, daß die Relationen zwischen den Elementen dieser Struktur sich durch ein Regelsystem zusammenfassen (erkären, ableiten) lassen bzw. aus einem Kern von Axiomen "entfalten" lassen.
Dies soll im Folgenden am Beispiel F erläutert werden: In unserem Beispiel wären diese Restriktionen R die Monotonierelationen für die oben behandelte Maximum-Folge F sowie die Relation eines 3-Punkte-Maximums:

$R = \{(f_{i-1} < f_i < f_{i+1}) | i=2,6, \quad (f_{i-1} > f_i > f_{i+1}) | i=8,12, \quad (f_{7-1} < f_7 > f_{7+1})\}$

Setzen wir diese Relationen in eine entsprechende indizierte Menge K von Sätzen mit 3-stelligen Relationsaussagen

$K = \{[k_i(f_{i-1}, f_i, f_{i+1})] \mid i=2,12\}$

um, dann gibt es zwei mögliche Anforderungen an K:

a) K muß aus einer schon bekannten Theorie T_Ω folgen mit $T_\Omega \Rightarrow K$, aber nicht notwendig mit $K \Rightarrow T_\Omega$ (ein Beispiel wäre, daß die Theorie T_Ω hier einen Prozeß F der Leistungssteigerung mit anschließendem Leistungsabfall vorhersagt).
oder

b) K muß durch eine kleinere Menge von Sätzen axiomatisierbar sein, d.h. K muß aus einer Menge Ax_K von $m << n$ unabhängigen und entscheidbaren Sätzen bzw. Axiomen folgen, wobei $Ax_K \equiv K$, so z.B. aus folgendem Axiomensystem $Ax_K = \{Ax_1, Ax_2\}$ mit $m=2$:

Ax_1: $\exists j[f_{j-1} < f_j > f_{j+1}]$,

Ax_2: $\forall i[[f_{j-1} < f_j > f_{j+1}] \supset [[[1<i<j] \supset [f_{i-1} < f_i < f_{i+1}]] \wedge [[j<i<13] \supset [f_{i-1} > f_i > f_{i+1}]]]]$.

Hierbei müssen die folgenden zwei Bedingungen α) und β) gelten:

α) Die Anzahl h der relationalen Aussagen innerhalb der Hauptklammer *(Matrix der Normalform)* eines Axioms muß deutlich kleiner sein als die Anzahl der entsprechenden Relationen im Datensatz.
Andernfalls könnte man jeden Datensatz auf nur *ein* Axiom reduzieren, etwa indem man - z.B. in unserem Falle - alle paarweisen Relationen $\{..., f_i < f_j, ...\}$ der $n=13$ Daten in F durch eine 1-1-Abbildung in die Basissätze $k_{i+} = [f_i < f_{i+1}]$ $(i=1,6)$ bzw. $k_{i-} = [f_i > f_{i+1}]$ $(i=7,12)$ überführt und alle diese Sätze durch Konjunktion in dem Axiom $Ax_0 = [[f_1 < f_2] \wedge ... \wedge [f_6 < f_7] \wedge [f_7 > f_8] \wedge ... \wedge [f_{12} > f_{13}]]$ vereinigt. Dann wäre jeder Satz k_i allein aus Ax_0 unmittelbar ableitbar: $Ax_0 \rightarrow k_i$ $(i=1,12)$.

β) Keine der Aussagen der Matrix der Normalform darf identisch sein mit einer s-stelligen Relationsaussage über ein individuelles (festes) s-Tupel der Daten $(1 \leq s \leq 13)$.
Andernfalls wäre es zulässig, durch Hinzufügung eventueller weiterer lokaler Beobachtungen jede sonstige zufällige Einzelheit der Daten, z.B. auch jede denkbare Abweichung von den bisherigen Axiomen, aus Ax_K vorherzusagen:
Angenommen, man wollte z.B. die Aussage: Die "Datenfolge F hat *genau in der Mitte* ein Maximum" prüfen, dann wäre dieser Satz aus keinem der oberen Axiome ableitbar. Man müßte daher den Satz $K' = [$Anzahl der k_{i+} = Anzahl der $k_{i-}]$ als weiteres Axiom zu Ax_K hinzufügen oder per Konjunktion an eines der oberen Axiome anschließen. Dies kann dann allerdings als ein Beispiel einer unzulässigen ex-post-Entwicklung einer Theorie aufgefaßt werden.

Diese Überlegungen zeigen somit, daß es unter Berücksichtigung der modelltheoretischen Ergebnisse der Logik genügend weiterführbare methodische Ansätze gäbe, um den Gegensatz zwischen der hypothetico-deduktiven und der explorativen Datenanalyse als historisch bedingten Scheinwiderspruch zu lösen.

Kapitel VII. Elemente der Prozeßtheorie

7.1 Matrixalgebraische Grundlagen

7.1.1 Matrizen

Eine Matrix A ist eine rechteckige Anordnung von Elementen bzw. Zahlen:

$$\begin{pmatrix} a_{11} & a_{12} & a_{13} & \dots & a_{1n} \\ a_{21} & a_{22} & a_{23} & \dots & a_{2n} \\ & & \dots\dots & & \\ a_{m1} & a_{m2} & a_{m3} & \dots & a_{mn} \end{pmatrix}.$$

Eine Matrix wird allgemein durch große Buchstaben bezeichnet. Ihre Elemente a_{ij} ($i=1,\ m;\ j=1,n$) werden dagegen klein und im allgemeinen mit zwei Indizes geschrieben, wobei der erste Index die *Zeile* und der zweite Index die *Spalte* angibt, in der das Element steht. Die Anzahl der Zeilen und Spalten bezeichnet man als die *Ordnung einer Matrix* (Schreibweisen: $A_{m \times n}$, $A_{m,n}$ oder einfach A_{mn}).
Wichtige Typen von Matrizen: Eine Matrix mit nur einer Zeile ($m=1$) heißt auch *Zeilenvektor*; eine Matrix mit nur einer Spalte ($n=1$) heißt auch *Spaltenvektor*. Die Elemente eines einzelnen Zeilen- oder Spaltenvektors werden mit nur *einem* Index geschrieben, der Vektor selbst meist auch mit einem kleinen Buchstaben, z.B.

$$a = (a_1\ a_2\ \dots\ a_n) \qquad \text{bzw.} \qquad b = \begin{pmatrix} b_1 \\ \dots \\ b_m \end{pmatrix}.$$

Eine Matrix mit nur einem Element ($m=n=1$) heißt *Skalar*. Bei einer *quadratischen Matrix* gilt $m=n$. Bei einer quadratischen Matrix A heißen die Elemente mit gleichen Indizes $i=j$, d.h. die Elemente a_{ii} ($i=1,m$), auch *Diagonalelemente* bzw. *(Haupt-) Diagonale* der Matrix. Sie verläuft von links oben nach rechts unten. (Die selten benötigte *Nebendiagonale* verläuft von rechts oben nach links unten.) Gilt bei einer quadratischen Matrix A für alle i,j die Beziehung $a_{ij}=a_{ji}$, dann ist die Matrix *symmetrisch* (wobei die Diagonale beliebig ist), z.B.:

$$\begin{pmatrix} 1 & 0 & -3 & 2 \\ 0 & 2 & 1 & 7 \\ -3 & 1 & 0 & 4.1 \\ 2 & 7 & 4.1 & 5 \end{pmatrix} \quad \text{Diagonal-matrix:} \begin{pmatrix} 3 & 0 & 0 & 0 \\ 0 & -2 & 0 & 0 \\ 0 & 0 & 1 & 0 \\ 0 & 0 & 0 & 11 \end{pmatrix} \quad \text{Einheits-matrix I:} \begin{pmatrix} 1 & 0 & 0 & 0 \\ 0 & 1 & 0 & 0 \\ 0 & 0 & 1 & 0 \\ 0 & 0 & 0 & 1 \end{pmatrix}$$

Bei einer *Diagonalmatrix*, häufig mit D geschrieben, sind alle Elemente außerhalb der Diagonalen gleich 0. Eine *Einheitsmatrix*, geschrieben mit I, ist eine Diagonalmatrix, deren Diagonalelemente gleich 1 sind.

Beispiele für Matrizen: Rechteckige *Tabellen* sind Matrizen. Die Ergebnisse eines Tests von m Items an n Personen stellen eine *Datenmatrix* dar, geschrieben häufig als $X_{N,m}$ (N Personen mal m Items). Eindimensionale Prozesse können als *Vektoren* längs der Zeit registriert werden.

7.1.2 Operationen an Matrizen

Addition und Subtraktion

Zwei Matrizen A, B werden *addiert (subtrahiert)*, indem indexgleiche Elemente addiert (subtrahiert) werden, z.B. A+B=C, A−B=S (es können nur Matrizen gleicher Ordnung addiert bzw. subtrahiert werden), z.B.

$$\begin{pmatrix} 1 & 0 \\ -2 & 3 \end{pmatrix} + \begin{pmatrix} 2 & 5 \\ 3 & -4 \end{pmatrix} = \begin{pmatrix} 3 & 5 \\ 1 & -1 \end{pmatrix}.$$

Multiplikation

I. Als *Skalarprodukt* zweier Vektoren a und b der gleichen Ordnung m bezeichnet man die Summe der Produkte $\sum_{i=1}^{m} a_i \cdot b_i$ (in der Statistik auch *Kreuzprodukt* genannt). Es resultiert ein *Skalar.*

II. Das *Produkt* zweier Matrizen A · B=C bildet man, indem man für alle i,j den i-ten Zeilenvektor von A mit dem j-ten Spaltenvektor von B skalar multipliziert und das Ergebnis als Element c_{ij} in die Matrix C einträgt. Das Produkt A · B kann nur gebildet werden, wenn die Spaltenzahl von A gleich der Zeilenzahl von B ist, d.h. bei $A_{mn} \cdot B_{rs}$ muß n=r gelten, z.B.

$$\begin{pmatrix} 1 & 2 \\ 3 & 4 \end{pmatrix} \cdot \begin{pmatrix} 3 & 4 & 1 \\ 2 & 5 & -1 \end{pmatrix} = \begin{pmatrix} 1\cdot 3+2\cdot 2 & 1\cdot 4+2\cdot 5 & 1\cdot 1+2\cdot -1 \\ 3\cdot 3+4\cdot 2 & 3\cdot 4+4\cdot 5 & 3\cdot 1+4\cdot -1 \end{pmatrix} = \begin{pmatrix} 7 & 14 & -1 \\ 17 & 32 & -1 \end{pmatrix}.$$

Das Produkt A · x = B = x · A einer *Matrix* A *mit einem Skalar* x ergibt sich, indem man jedes Element von A mit x multipliziert.

III. Besondere Fälle der Multiplikation: Folgende Regeln ergeben sich aus der Definition der Matrixmultiplikation, wie man an Beispielen überprüfen kann:

Regeln a): "Matrix · Vektor = Vektor", "Vektor · Vektor = Skalar oder aber =*kartesische Matrix*":

$$(2\ \ 3) \cdot \begin{pmatrix} 1 & 2 \\ 3 & 4 \end{pmatrix} = (11\ \ 16), \qquad \begin{pmatrix} 1 & 2 \\ 3 & 4 \end{pmatrix} \cdot \begin{pmatrix} 2 \\ 3 \end{pmatrix} = \begin{pmatrix} 8 \\ 18 \end{pmatrix}, \qquad (2\ \ 3) \cdot \begin{pmatrix} 4 \\ 5 \end{pmatrix} = 23$$

Die Bildung kartesischer Matrizen aus zwei Vektoren:

$$\begin{pmatrix} 2 \\ 3 \end{pmatrix} \cdot (4\ \ 5) = \begin{pmatrix} 2\cdot 4 & 2\cdot 5 \\ 3\cdot 4 & 3\cdot 5 \end{pmatrix} = \begin{pmatrix} 8 & 10 \\ 12 & 15 \end{pmatrix}, \qquad \begin{pmatrix} 2 \\ 5 \end{pmatrix} \cdot (1\ \ 2\ \ 3) = \begin{pmatrix} 2 & 4 & 6 \\ 5 & 10 & 15 \end{pmatrix}$$

Regeln b): Bis auf Ausnahmen gilt das Kommutativgesetz nicht: A · B $\neq$ B · A. Daher sagt man auch: B wird mit A *prämultipliziert* bzw. A wird mit B *postmultipliziert.* Durch n-fache Multiplikation einer quadratischen Matrix mit sich selbst können

Potenzen A^n gebildet werden. Die n-te Potenz einer Diagonalmatrix D^n erhält man durch n-faches Potenzieren der Diagonalelemente von D.

Regel c): Vektor · Matrix · Vektor = Skalar:

$$(-2 \quad 3) \cdot \begin{pmatrix} 1 & 2 & 3 \\ 6 & 5 & 4 \end{pmatrix} \cdot \begin{pmatrix} 2 \\ 1 \\ 3 \end{pmatrix} = 61$$

Ist die in der Mitte stehende Matrix quadratisch, dann heißt der obige Ausdruck auch *quadratische Form.*

Regeln d): Gegeben sei eine Diagonalmatrix D: Dann erhält man $B = D \cdot A$ (bzw. $A \cdot D$), indem man jedes Element $a_{ij} \in A$ mit dem Element d_{ii} (bzw. d_{jj}) der entsprechenden Zeile i (bzw. j) von D multipliziert. Das Produkt zweier Diagonalmatrizen $D \cdot G$ ergibt eine Diagonalmatrix H mit den Diagonalelementen $h_{ii} = d_{ii} \cdot g_{ii}$. Das Produkt $A \cdot I = I \cdot A$ einer Matrix A mit der Einheitsmatrix I ergibt A.

IV. Die Darstellung der *linearen Abhängigkeit* (oder *Vorhersage)* einer Variablen y mit N Beobachtungswerten als Funktion von n Variablen $x_1,..,x_n$ mittels der konstanten Gewichte $b_1,...,b_n$ entspricht dem Matrixprodukt:

$$X_{N,n} \cdot b_{n,1} = y_{N,1} \quad \text{bzw. einfacher geschrieben} \quad Xb = y.$$

Der Vektor y ist dann eine *Linearkombination* der n Spalten von X.

Sonderfälle: a): Ist n gleich 1, dann hat X nur *eine* Spalte $x = x_1$, und y ist mit dem Faktor $b = b_1$ *proportional* zu x.

b) Eine *lineare Beziehung* $y = ux + v$ läßt sich mittels der Matrixmultiplikation $Xb = y$ durch eine Matrix X mit zwei Spalten darstellen, wobei die erste Spalte die Variable x enthält und die zweite Spalte nur Einsen. Der Vektor b hat dann die Elemente $b_1 = u$ und $b_2 = v$.

c) Sind in $Xb = y$ (mit $X = X_{N,n}$) alle Elemente von b gleich 1, dann ergibt $Xb = y$ die *Zeilensummen* und $bX = s$ die *Spaltensummen* von X, wobei b jeweils n bzw. N Elemente enthalten muß.

d) Die entsprechenden *Mittelwerte* erhält man, wenn man alle Elemente des Vektors b gleich $b_k = 1/n$ (bei $Xb = y$) bzw. gleich $b_k = 1/N$ (bei $bX = s$) setzt.

Wechselseitigkeit der linearen Beziehung: Ist eine bestimmte Spalte x_j $(j = 1,n)$ einer Matrix $X_{N,n}$ linear abhängig von den restlichen n-1 Spalten, dann ist jede der n Spalten von den jeweils restlichen n-1 Spalten linear abhängig. Dies ergibt die folgende einfache Umstellung:

$$\text{Aus} \quad \sum_{j \neq k}^{n} b_j x_{ij} = x_{ik} \quad \text{folgt} \quad \sum_{j \neq g, j \neq k}^{n} \left(\frac{b_j}{-b_g}\right) x_{ij} - \left(\frac{1}{-b_g}\right) x_{ik} = x_{ig} \quad (\text{für alle } i = 1,N),$$

bzw. die entsprechende Linearkombination mit den neuen Gewichten $-b_j/b_g$ bzw. $1/b_g$. Eine lineare Abhängigkeit ist also nicht gerichtet, d.h. im Fall $X_{N,n}b = y$ kann jede Spalte aus X aus den restlichen Spalten kombiniert mit y vorhergesagt werden.

V. Der *Rang* einer Matrix: Gegeben sei eine Matrix $X_{m,n}$, in der keine Spalte nur Nullen enthält. Man prüfe für jede der n Spalten x_j $(j = 1,n)$, ob es einen Gewichtungsvektor b mit g $(g < n)$ Elementen $b_k \neq 0$ $(k = 1,g)$ gibt, so daß man x_j als

Linearkombination g anderer Spalten von X linear vorhersagen kann, und registriere das maximale g, welches man bei der Untersuchung aller Spalten x_j findet. Dann heißt $r=r(X)=\max(g)$ *Rang* der Matrix X, wenn $g>0$ ist. Findet man keinen wie oben definierten Vektor b, dann gilt $r=\min(m,n)$. Im Falle $m \geq n$ ($m \leq n$) gilt dann: jede Spalte (Zeile) einer Matrix $X_{m,n}$ ist *linear unabhängig* von den restlichen Spalten (Zeilen). Hat eine Matrix spaltenweise den Rang r, dann hat sie ihn auch zeilenweise, d.h. die obige Rangermittelung gilt auch, wenn man das Wort "Spalte" durch "Zeile" ersetzt und m mit n vertauscht. Allgemein gilt für eine Matrix $A_{m,n}$ die Beziehung $0 \leq r \leq \min(m,n)$. Besteht die Matrix nur aus Nullen, gilt $r=0$. Gilt $r<\min(m,n)$, dann heißt die Matrix *singulär*. Bei $r = \min(m,n)$ hat sie den *vollen (maximalen) Rang.*

Sonderfälle: Jede Diagonalmatrix D_{nn} mit $d_{ii} \neq 0$ $(i=1,n)$ hat den vollen Rang $r(D_{nn})=n$. Eine kartesische Matrix hat den Rang $r=1$, da für je 2 Spalten (und auch Zeilen) x_j, x_k ein Proportionalitätsfaktor b(j,k) mit $x_j=b(j,k) \cdot x_k$ existiert.

VI. Für die Matrixmultiplikation gelten folgende Regeln:

$A \cdot B \neq B \cdot A$ (keine Kommutativität, außer in Sonderfällen),

$(A \cdot B) \cdot C = A \cdot (B \cdot C)$ (Assoziativität der Matrixoperation $\cdot$),

$A \cdot (B \pm C) = A \cdot B \pm A \cdot C$ (Distributivität von links),

$(A \pm B) \cdot C = A \cdot C \pm B \cdot C$ (Distributivität von rechts),

$r(A \cdot B) = \min(r(A),r(B))$, daher $r(A'A)=r(AA')=r(A)$.

Transposition

Eine Matrix A_{mn} wird *transponiert* (*gekippt*), indem man die Spalten 1 bis n als Zeilen 1 bis n schreibt, geschrieben $A_{mn}=A'_{nm}$, z.B.

$$A = \begin{pmatrix} 1 & 2 \\ 3 & 4 \end{pmatrix}, \quad A' = \begin{pmatrix} 1 & 3 \\ 2 & 4 \end{pmatrix},$$

wobei $A'' = A$. Diese Operation ist 1-stellig. In Verbindung mit den 2-stelligen Operationen gilt:

$$(A \pm B)' = A' \pm B', \quad (A \cdot B)' = B' \cdot A', \quad (A \cdot B \cdot C)' = C' \cdot B' \cdot A'.$$

Jede Matrix A_{mn} kann mit ihrer transponierten A' sowohl prä- als auch postmultipliziert werden. Es resultiert jeweils eine andere symmetrische Matriz

$$A' \cdot A = B_{nn}, \quad A \cdot A' = C_{mm} \quad \text{(B und C sind symmetrisch).}$$

Inversion

Die Einheitsmatrix I erfüllt in der Matrixalgebra die Funktion der Zahl 1, da $A \cdot I = I \cdot A = A$ (kommutativ) ist. Zu der Aufgabe "bestimme x aus $y=1/x$ bzw. x aus $y=x^{-1}$" gibt es ein Äquivalent in der Matrixalgebra: Gegeben sei die Matrix A. Bestimme X aus $A \cdot X = I$. Diese Aufgabe ist nur eindeutig lösbar, wenn A quadratisch ist und den vollen Rang hat. Die Lösung X bezeichnet man in Analogie zu den Zahlen mit A^{-1}, z.B.

$$\begin{pmatrix} 2 & 6 \\ 1 & 4 \end{pmatrix} \cdot A^{-1} = \begin{pmatrix} 1 & 0 \\ 0 & 1 \end{pmatrix}, \qquad \text{Lösung: } A^{-1} = \begin{pmatrix} 2 & -3 \\ -.5 & 1 \end{pmatrix}.$$

Die Lösung A^{-1} ist, wenn sie überhaupt existiert, eindeutig und kommutativ, d.h.

$$A^{-1} \cdot A = A \cdot A^{-1} = I.$$

Die Lösung erhält man z.B. durch Auflösung eines linearen Gleichungssystems mit n^2 Unbekannten: bezeichnet man die Elemente von A^{-1} mit x, y, z, t, d.h. $A^{-1} = \begin{pmatrix} x & y \\ z & t \end{pmatrix}$, dann entspricht die obige Matrixgleichung einem System von 4 Gleichungen mit den Unbekannten x, y, z, t:

$$\begin{pmatrix} 2 & 6 \\ 1 & 4 \end{pmatrix} \cdot \begin{pmatrix} x & y \\ z & t \end{pmatrix} = \begin{pmatrix} 1 & 0 \\ 0 & 1 \end{pmatrix} \qquad \begin{pmatrix} 2x+6z = \mathbf{1} & 2y+6t = \mathbf{0} \\ 1x+4z = \mathbf{0} & 1y+4t = \mathbf{1} \end{pmatrix}$$

Eine weitere wichtige Lösungsmethode setzt den Begriff der *Determinante* $|A| = \det(A)$ einer *quadratischen* Matrix A voraus: Man führt bei festgehaltenen ersten Indizes in dem Produkt der Hauptdiagonalelemente $a_{11} \cdot \ldots \cdot a_{nn}$ alle n! Permutationen $a_{1P_1} \cdot \ldots \cdot a_{nP_n}$ der zweiten Indizes aus. Entsteht eine Permutation durch eine gerade Anzahl paarweiser Indexvertauschungen, dann heißt die Permutation *gerade*, andernfalls *ungerade*. Wird die Summe der den ungeraden Permutationen entsprechenden Produkte von denjenigen der geraden subtrahiert, dann erhält man die Determinante $|A|$. Die Determinante einer Matrix A der Ordung 1x1 ist gleich dem Element a_{11} selbst. Die Determinante einer 2x2-Matrix A erhält man z.B. durch

$$A = \begin{pmatrix} a & b \\ c & d \end{pmatrix}, \qquad |A| = a \cdot d - c \cdot b.$$

Eine Matrix A ist *singulär* (siehe oben) genau dann, wenn $|A| = 0$.
Entfernt man aus einer Matrix A_{nn} die i-te Zeile und die j-te Spalte und berechnet aus der Restmatrix die Determinante $|A_{ij}|$, dann heißt das Produkt $|A_{ij}|(-1)^{i+j}$ *die dem Element a_{ij} adjungierte Unterdeterminante* $|\mathcal{A}_{ij}|$. Eine Lösungsmethode für die Inverse A^{-1} besteht nun darin, daß man für jedes Element a_{ij} die adjungierte Unterdeterminante $|\mathcal{A}_{ij}|$ bestimmt und sie durch die Determinante $|A|$ teilt. Danach wird A transponiert, d.h. wenn $a_{ij} \in A$ und $a^*_{ij} \in A^{-1}$, dann gilt $a^*_{ij} = |\mathcal{A}_{ji}|/|A|$.

Beispiel:

$$A = \begin{pmatrix} a & b & c \\ d & e & f \\ g & h & i \end{pmatrix}, \qquad A^{-1} = \begin{pmatrix} (ei - fh)/\delta & -(bi - ch)/\delta & (bf - ce)/\delta \\ -(di - fg)/\delta & (ai - cg)/\delta & -(af - cd)/\delta \\ (dh - eg)/\delta & -(ah - bg)/\delta & (ae - bd)/\delta \end{pmatrix}.$$

$$|A| = \det(A) = \delta = aei - afh - dbi + dch + gbf - gce .$$

Hier wird z.B. für das Element (1,2) von A^{-1} zunächst die Determinante bi-ch der adjungierten Untermatrix $\begin{pmatrix} b & c \\ h & i \end{pmatrix}$ des (wegen der Transposition gegenüberliegenden) Elementes $d = a_{21} \in A$ gebildet, mit dem Vorzeichen $(-1)^{1+2} = -1$ versehen und durch δ geteilt.

Algebra der Determinanten und der inversen Matrizen

$$\det(A \cdot B) = \det(A) \cdot \det(B), \qquad \det(A^{-1}) = \det(A)^{-1} = 1/\det(A).$$

Zur Auffindung der Inversen von Matrizen gibt es wesentlich effektivere Computerprogramme, so daß eine Inverse, sofern existent, sofort berechenbar ist.
Aus einer *Diagonalmatrix* D resultiert D^{-1} durch Inversion der Elemente $d_{ii} \rightarrow 1/d_{ii}$.
Die Inversenbildung ist eine einstellige Operation. Für sie gelten die Regeln:

$$(A \cdot B)^{-1} = B^{-1} \cdot A^{-1} \quad \text{bzw.} \quad (A \cdot B \cdot C)^{-1} = C^{-1} \cdot B^{-1} \cdot A^{-1}.$$

Beispiele: a) Auflösung eines linearen Gleichungssystems: Gegeben seien folgende n Gleichungen mit n Unbekannten (hier $n=2$): $x+2y=3$, $2x+8y=1$. Wir schreiben das System in Matrixform $Ab=c$, d.h.

$$\begin{pmatrix}1 & 2\\ 2 & 8\end{pmatrix} \cdot \begin{pmatrix}x\\ y\end{pmatrix} = \begin{pmatrix}3\\ 1\end{pmatrix}.$$

Bringt man A auf die andere Seite (prämultipliziert man beide Seiten der Gleichung mit A^{-1}, d.h. $A^{-1}Ab=A^{-1}c$ und $Ib=A^{-1}c$), dann folgt $b=A^{-1}c$ bzw. numerisch:

$$A^{-1} = \begin{pmatrix}2 & -.5\\ -.5 & 1/4\end{pmatrix} \quad \text{und} \quad \begin{pmatrix}2 & -.5\\ -.5 & 1/4\end{pmatrix} \cdot \begin{pmatrix}3\\ 1\end{pmatrix} = \begin{pmatrix}x\\ y\end{pmatrix} = \begin{pmatrix}5.5\\ -1.25\end{pmatrix}.$$

b) Auflösung eines überdeterminierten linearen Gleichungssystems: (kleinste Quadrate-Lösung, LS-(*least squares*)-Lösung). Gegeben seien m Variablen $X_1,...,X_m$, in der Form von N gemeinsam beobachteten nach Indizes geordneten m-Tupeln als Zeilen der Matrix $X_{N,m}$. Dann entsprechen die m Variablen den Spalten von X. Gemeinsam mit jedem m-Tupel sei zusätzlich ein Wert y_i $(i=1,N)$ beobachtet worden. Es soll ein (Gewichtungs-) Vektor b bestimmt werden, der die Variable y (Kriteriumsvariable) aus den Variablen X (Prädiktorvariablen) linear nach dem kleinste-Quadate-Prinzip vorhersagt. Da y im allgemeinen nur näherungsweise durch den Vektor $\hat{y}$ vorhergesagt wird, erhält man den Fehlervektor ε als Differenzvektor $\varepsilon = y-\hat{y}$, (wobei y_i, $\hat{y}_i$, ε_i, $i=1,N$). Somit gilt

$$Xb = \hat{y} + \varepsilon.$$

Die Aufgabe lautet: Bestimme b so, daß $\Sigma\varepsilon^2$ minimiert wird.

Beispiel: Ein Standardproblem der Psychologischen Diagnostik entspricht dem Regressionsproblem: Gegeben sei eine Testdatenmatrix X von N Personen über m Itemvariablen. Bestimme eine Gewichtung b für die Itemvariablen X so, daß die an denselben Personen erhobene Variable y nach dem kleinste-Quadrate-Prinzip vorhergesagt wird.

Hat X den vollen Rang ($r=m$, $N \geq m$), dann lautet die Lösung für b:

$$b=(X'X)^{-1}X'y \quad \textit{("Allgemeines Lineares Modell" bzw. Gaußsche Form).} \tag{7.1}$$

Im Falle einer nicht perfekten Abhängigkeit $X_{Nm}b \cong y$ erhält man durch die Gaußsche Form die dann erforderliche kleinste-Quadrate-Lösung für b, d.h. es gilt $Xb=\hat{y}$, wobei $\hat{y}$ der vorhergesagte Vektor ist und $\sum_{i=1}^{N}(y_i - \hat{y}_i)^2 = \Sigma\varepsilon^2 = \min$.

Beweis: Bestimme b so, daß $\Sigma_i(y_i-\hat{y}_i)^2 \to \min$. D.h.:
1) partielles Differenzieren nach jedem b_k ($b_k \in b$; $k=1,m$; m=Anzahl der Spalten von X) und Nullsetzen der erhaltenen m Gleichungen für b_k $(k=1,m)$: $\partial\Sigma_i(y_i-\hat{y}_i)^2/\partial b_k=0$;

$$\partial\Sigma_i(y_i-\Sigma_j x_{ij}b_j)^2/\partial b_k=0;\ 2\Sigma_i(y_i-\Sigma_j x_{ij}b_j)(-x_{ik})=0;\ \Sigma_i y_i(-x_{ik})-\Sigma_i\Sigma_j x_{ij}b_j(-x_{ik})=0;\ \Sigma_i y_i x_{ik}=\Sigma_i\Sigma_j x_{ij}x_{ik}b_j.$$

2) Zusammenfassen der erhaltenen m Gleichungen für b_k $(k=1,m)$ zu einem matrixalgebraischen Ausdruck und Explizitmachen des Vektors b: Aus dem fettgedruckten Ausdruck folgt dann:

$$y'X=b'X'X, \quad X'y=X'Xb, \quad b=(X'X)^{-1}X'y.$$

Besonderheiten: a) Eine Berechnung von b unter Vermeidung der direkten Matrix-Inversion $(X'X)^{-1}$ wird mittels einer Eigenvektorlösung in (7.7b) abgeleitet. b) Die kürzere Ableitung der LS-Lösung durch Differentiation von Matrizen ist im Beispiel b) zu Formel (7.9a) dargestellt.

Die Bestimmung des Anteils der erklärten Varianz von y: Aus (7.1) folgt durch Einsetzen:

$$\hat{y} = Xb = X(X'X)^{-1}X'y.$$

Die Fehlerquadratsumme bzw. die Summe der Quadrate (QS) des Fehlervektors ε ergibt sich aus

$$\begin{aligned}\Sigma\varepsilon^2 &= \varepsilon'\varepsilon = (y-\hat{y})' \cdot (y-\hat{y}) = y'y - y'\hat{y} - \hat{y}'y + \hat{y}'\hat{y}\\ &= y'y - y'X(X'X)^{-1}X'y - y'X(X'X)^{-1}X'y + y'[X(X'X)^{-1}X']'[X(X'X)^{-1}X']y\\ &= y'y - 2y'X(X'X)^{-1}X'y + y'X(X'X)^{-1}X'y = y'y - y'X(X'X)^{-1}X'y.\end{aligned}$$

Der Anteil der Fehler-QS $\Sigma\varepsilon^2 = \varepsilon'\varepsilon$ an der totalen QS $\Sigma y^2 = y'y$ ist gleich dem Quotienten

$$(\varepsilon'\varepsilon)/(y'y) = (y'y - y'X(X'X)^{-1}X'y)/(y'y) = 1 - y'X(X'X)^{-1}X'y/y'y = 1 - (\hat{y}'y)/(y'y).$$

Aus dem Komplement $(\hat{y}'y)/(y'y) = \hat{y}'y/y'y$, dem Anteil der vorhergesagten QS, ergibt sich:

$$\hat{y}'y/y'y = (y'X(X'X)^{-1}X'y)/(y'y) = \hat{y}'y/(\sqrt{y'y}\sqrt{\hat{y}'\hat{y}}) \cdot \sqrt{\hat{y}'\hat{y}}/\sqrt{y'y} = \cos(\hat{y},y) \cdot \sqrt{\Sigma\hat{y}^2/\Sigma y^2}. \quad (7.1a)$$

Wählt man für y statt der Rohwerte mittelwertstransformierte Werte, d.h. $\Sigma y = \Sigma\hat{y} = 0$, dann ändert sich $\Sigma\varepsilon^2$ nicht (vgl. Kap. III, (3.68b)). Aus (7.1a) resultiert jedoch der

Determinationskoeffizient: $r^2_{xy} = \cos^2(\hat{y},y)$, (7.1b)

denn dann gilt: $\cos(\hat{y},y) = r_{xy} = \sqrt{\hat{y}^2/\Sigma y^2}$ (vgl. auch $Cov(\hat{y},y) = Cov(\hat{y},\hat{y}) = Var(\hat{y})$, Kap. III, (3.69c)).

Bestimmung der Parameter eines Polynoms

Gegeben sei eine Folge von Wertepaaren $(X,Y) = (x_i,y_i, i = 1..n)$, wobei zumindest die Variable X nicht binär sein darf, sondern eine feinere Abstufung wie z.B. im Falle von Zeitmessungen oder aber von Faktorscores multivariater Verfahren (Kap. VIII, Teil 1) besitzen sollte. Plottet man die Variable Y als Funktion der Variablen X (vgl. Kap. III, Teil 3.11 zur polynomialen Regression), dann kann man den Plot durch eine eine Kurve y(x) annähern, die durch ein Polynom g-ten Grades beschrieben wird:

$$y = b_0x^0 + b_1x^1 + b_2x^2 + \ldots + b_gx^g.$$

Zur Näherung der Parameter b_i, $(i = 0,g)$ nach dem kleinste-Quadrate-Prinzip läßt sich die Gaußsche Form verwenden. Hierzu entwickelt man nach folgender Methode spaltenweise eine Prädiktormatrix X der Ordnung $n \times (g+1)$: Die erste Spalte enthält die n Werte von $x_i^0 = 1$, d.h. nur Einsen, die zweite Spalte enthält die Werte $x_i^1 = x_i$, die dritte Spalte die quadratischen Werte x_i^2 usw. Aus dieser Matrix wird mittels der Gaußschen Form (7.1) der Vektor b zur Vorhersage der Variablen Y bestimmt:

$$\begin{pmatrix} 1 & x_1 & x_1^2 \ldots x_1^g \\ 1 & x_2 & x_2^2 \ldots x_2^g \\ & \ldots\ldots\ldots\ldots & \\ 1 & x_n & x_n^g \ldots x_n^g \end{pmatrix} \times \begin{pmatrix} b_0 \\ \ldots \\ b_g \end{pmatrix} = \begin{pmatrix} y_1 \\ y_2 \\ \ldots \\ y_n \end{pmatrix}.$$

Der erhaltene Vektor b enthält dann die zu bestimmenden Polynomparameter $b_0, b_1, \ldots, b_g$. Entsprechende Polynomannäherungen sind in Kapitel III, Teil 3.11 mit realen Daten in Abb. 3.15a bis 3.19 dargestellt worden. Die dort beschriebene Bestimmung der Parameter b_i entspricht der Verwendung der Gaußschen Form.

7.1.3 Geometrische Interpretationen

Eine Matrix A_{mn} mit dem Rang r kann als Anordnung von m Zeilenvektoren in einem euklidischen Raum mit r senkrecht zueinander stehenden (*orthogonalen*) Koordinaten (= Achsen = Dimensionen) oder aber als eine davon verschiedene Anordnung von n Spaltenvektoren in einem anderen ebenfalls r-dimensionalen euklidischen Raum aufgefaßt werden. Hierbei entsprechen die Elemente a_{ij} den Projektionen der Vektoren auf den Achsen. Weiter gilt $r \leq \min(m,n)$. Die Länge eines Vektors $(a_1,...,a_n)$ ist nach dem verallgemeinerten Satz des Pythagoras gleich

$$|a| = \sqrt{a_1{}^2 + a_2{}^2 + \ldots + a_n{}^2}\ . \qquad (7.2a)$$

Teilt man jedes Element eines Vektors a durch |a|, dann wird seine Länge unter Beibehaltung seiner Raumrichtung auf 1 *normiert* bzw. *einheitsnormiert*, d.h.

$$\sum_{i=1}^{n} a_i^{*\,2} = 1, \text{ wenn } a_i^* = a_i / \sqrt{\Sigma_{i=1}^{n} a_i{}^2} \qquad (7.2b)$$

(wie man durch Einsetzen leicht überprüfen kann). Das Skalarprodukt zweier Vektoren a und b mit je n Elementen ist gleich dem Produkt der beiden Vektorlängen mit dem Kosinus des eingeschlossenen Winkels:

$$\sum_{i=1}^{n} a_i b_i = |a| \cdot |b| \cdot \cos_{ab}. \qquad (7.3a)$$

Hieraus ergibt sich durch Umformung der Kosinus zwischen a und b aus den Elementen a_i,b_i $(i=1,n)$:

$$\cos_{ab} = \sum_{i=1}^{n} a_i \cdot b_i \Big/ \Big(|a| \cdot |b| \Big). \qquad (7.3b)$$

Ist der Kosinus (oder das Skalarprodukt) zwischen zwei Vektoren gleich 0, dann beträgt der Winkel zwischen ihnen 90° (Orthogonalität),. Sind beide Größen positiv (negativ), dann ist der Winkel spitz (stumpf), wobei $\cos_{ab}=1$ (-1) einem Winkel von 0 (180°) entspricht. (Formel (7.2a) bis (7.3b) gilt auch analog für m anstatt n.)
Ist eine Matrix $A_{m,n}$ *singulär*, dann füllt ihre Zeilenvektor- sowie ihre Spaltenvektor-Anordnung *(Konstellation)* jeweils nur einen r-dimensionalen $(r<\min(m,n))$ *Unterraum* der jeweiligen euklidischen m bzw. n Dimensionen aus.

So gilt z.B. für die Zeilenvektor- als auch für die Spaltenvektorkonstellation folgender Matrix $A_{3,3}$, daß beide Konstellationen jeweils in eigenen Ebenen im 3-dimensionalen Raum liegen:

$$A_{3,3} = \begin{pmatrix} 1 & 2 & 3 \\ -1 & 3 & 2 \\ 2 & 5 & 7 \end{pmatrix}$$

Die lineare Abhängigkeit besteht darin, daß z.B. Spalte 3 (y) als Summe der beiden ersten Spalten (x_1,x_2) darstellbar ist:
$y = b_1x_1+b_2x_2$ $(b_1=b_2=1)$.

Die beiden Vektorkonstellationen einer kartesischen Matrix (siehe oben) sind sogar nur r=1-dimensional, da spalten- und zeilenweise jeweils $y=bx$ (b=jeweiliger Proportionaliätsfaktor) gilt.

Eine Matrix heißt spaltenweise (zeilenweise) *orthogonal*, wenn die Skalarprodukte aller Spaltenpaare (Zeilenpaare) 0 ergeben. Sind die Spalten orthogonal, dann ergibt

das Produkt $A' \cdot A = D$ eine Diagonalmatrix. Sind die Zeilen orthogonal, dann ergibt das Produkt $A \cdot A' = E$ eine Diagonalmatrix F, wobei allgemein $D \neq E$. Eine *nicht quadratische* Matrix kann - wenn sie überhaupt orthogonal ist - entweder nur spaltenweise (bei $m > n$) oder aber nur zeilenweise (bei $m < n$) orthogonal sein.
Sind die Spalten (Zeilen) einer Matrix einheitsnormiert und orthogonal, dann heißt die Matrix *orthonormal.* Es gilt dann bei spaltenweiser (zeilenweiser) Orthonormalität $A' \cdot A = I$ ($A \cdot A' = I$). Ist eine Matrix A quadratisch und orthonormal, z.B. die Matrix

$$A_{2,2} = \begin{pmatrix} .8 & .6 \\ -.6 & .8 \end{pmatrix}, \tag{7.3c}$$

dann gilt $A \cdot A' = A' \cdot A = I$ bzw. $A' = A^{-1}$, d.h. für eine quadratische Matrix A gilt: Ist A zeilenweise orthonormal, dann ist sie auch spaltenweise orthonormal (und umgekehrt), und die Inversion ist gleich der Transposition $A' = A^{-1}$.
Postmultipliziert man eine Matrix A mit einer orthonormalen Matrix T (d.h. $T'T = TT' = I$), dann entspricht dies geometrisch einer Drehung *(Rotation)* der Spaltenvektoren im Raum unter Beibehaltung ihrer Längen und ihrer Winkel zueinander: $AT = B$. Postmultipliziert man B wieder mit T', dann werden die Vektoren wieder in die alte Stellung zurückrotiert: $BT' = ATT' = AI = A$.

7.1.4 Orthogonale Zerlegungen

Im Rahmen der linearen Datenanalyse taucht häufig das Problem auf, eine Quadratsumme $Q = \Sigma y^2$ in linear unabhängige Bestandteile q_j ($j = 1,m$) zu zerlegen. Diese sollen dann z.B. im Falle der Varianzanalyse hinsichtlich ihrer Größenunterschiede statistisch gegeneinander getestet werden. Das Zerlegungsproblem läßt sich matrixalgebraisch darstellen. Gegeben sei eine orthonormale Matrix P mit $P'P = PP' = I$, die zeilenweise in m Untermatrizen P_1 bis P_m mit frei gewählten Zeilenanzahlen n_1 bis n_m partitioniert sei:

$$P = \begin{pmatrix} P_1 \\ P_2 \\ \ldots \\ P_m \end{pmatrix}.$$

Für diese Untermatrizen gilt dann jeweils

$$P_j'P_k = 0 \mid j \neq k \qquad \text{und} \qquad P_j'P_k = I \mid j = k.$$

Die Quadratsumme Q der Elemente eines gegebenen Vektors y mit n Elementen y_i läßt sich als Produkt von y' mit y und gleichzeitig mittels P als Produkt u'u des Vektors u mit den Elementen u_i ($i = 1,n$) darstellen:

$$Q = \sum_{i=1,n} y_i^2 = y'y = y'Iy = y'P'Py = (Py)'(Py) = u'u \quad \text{mit } u = Py.$$

Die Partitionierung von P überträgt sich auch auf den Vektor u, so daß dessen n Elemente in m Teilvektoren u_j mit den jeweils n_1 bis n_m Komponenten aufgeteilt werden. Entsprechend läßt sich die Quadratsumme Q in die m Anteile $y'P_j'P_jy = u_j'u_j$ $(j=1,m)$ zerlegen

$$Q = \sum_{j=1,m} y'P_j'P_jy = \sum_{j=1,m} u_j'u_j = \sum_{j=1,m} q_j.$$

Sind die n Komponenten y_i des Vektors y voneinander unabhängige normalverteilte Zufallsvariablen, dann gilt dies auch für die n Komponenten u_i von u. Die m Teilsummen q_j der Quadratsumme Q sind dann gammaverteilt mit je n_j $(j=1,m)$ Freiheitsgraden pro q_j.

Beispiel: Gegeben sei das Produkt $Py=u$ einer orthonormalen Matrix P der Ordnung 4x4 mit einem Vektor y:

$$\begin{pmatrix} 1/\sqrt{2} & 0 & 1/\sqrt{2} & 0 \\ 0 & 1/\sqrt{2} & 0 & 1/\sqrt{2} \\ \hdashline 1/\sqrt{2} & 0 & -1/\sqrt{2} & 0 \\ 0 & 1/\sqrt{2} & 0 & -1/\sqrt{2} \end{pmatrix} \times \begin{pmatrix} y_1 \\ y_2 \\ y_3 \\ y_4 \end{pmatrix} = \begin{pmatrix} (y_1+y_3)/\sqrt{2} \\ (y_2+y_4)/\sqrt{2} \\ \hdashline (y_1-y_3)/\sqrt{2} \\ (y_2-y_4)/\sqrt{2} \end{pmatrix}$$

Die Matrix P wurde in zwei gleich große Matrizen P_1 und P_2 partitioniert. Entsprechend wird der Vektor u in die beiden Teilvektoren mit je zwei Komponenten

$$u_1 = (y_1+y_3)/\sqrt{2},\ (y_2+y_4)/\sqrt{2} \quad \text{und} \quad u_2 = (y_1-y_3)/\sqrt{2},\ (y_2-y_4)/\sqrt{2}$$

aufgeteilt.

Durch die Partitionierung wird die Quadratsumme $Q=y'y=u'u$ in die beiden Teilsummen $q_1=(y_1+y_3)^2/2+(y_2+y_4)^2/2$ und $q_2=(y_1-y_3)^2/2+(y_2-y_4)^2/2$ zerlegt. Sind die y-Komponenten voneinander unabhängig und normalverteilt, dann sind die Teilsummen q_1 und q_2 gammaverteilt mit je 2 Freiheitsgraden.

Eine besondere Rolle spielt die orthogonale Zerlegung mittels einer Helmert-Matrix:

$$H = \begin{pmatrix} 1/\sqrt{2\cdot 1} & -1/\sqrt{2\cdot 1} & 0 & 0 & \dots & 0 \\ 1/\sqrt{3\cdot 2} & 1/\sqrt{3\cdot 2} & -2/\sqrt{3\cdot 2} & 0 & \dots & 0 \\ & & \dots & \dots & \dots & \\ 1/\sqrt{n(n-1)} & 1/\sqrt{n(n-1)} & 1/\sqrt{n(n-1)} & 1/\sqrt{n(n-1)} & \dots & -(n-1)/\sqrt{n(n-1)} \\ \hdashline 1/\sqrt{n} & 1/\sqrt{n} & 1/\sqrt{n} & 1/\sqrt{n} & \dots & 1/\sqrt{n} \end{pmatrix}$$

Partitioniert man die dargestellte Helmert-Matrix H der Ordnung n x n gemäß dem waagerechten Strich in die zwei Teilmatrizen H_1 und H_2 mit den Ordnungen $(n-1)\times n$ bzw. $1\times n$, dann stellt die Matrix H_2 einen Vektor dar, der bei der Multiplikation $u_2=H_2y$ mit einem Vektor y die mit dem Faktor $1/\sqrt{n}$ multiplizierte Summe der y-Elemente ergibt. Sind die y-Elemente voneinander unabhängig und normalverteilt, dann gilt dies auch für die Elemente von u $(=Hy)$. Wichtig ist hier das Ergebnis, daß u_2 und somit auch der Mittelwert der zufälligen y-Werte eine Zufallsvariable darstellt, die von den anderen u-Werten unabhängig ist. Da aufgrund der orthonormalen Transformation $u=Hy$ der Mittelwert der y-Werte gleich dem Mittelwert der u-Werte aus $u=Hy$ ist, folgt, daß der Mittelwert der n (Stichproben-) Werte y_i unabhängig von den einzelnen y-Werte ist. Dies gilt nur für normalverteilte y-Komponenten (!) (siehe die Herleitung in Kapitel V, Teil 5.2.4).

7.1.5 Weiterführende Matrixalgebra

Eigenvektoren und Eigenwerte

Gegeben sei eine reelle quadratische Matrix $A_{n,n}$ mit vollem Rang. Dann gibt es eine eindeutige quadratische Matrix $V_{n,n}$ mit einheitsnormierten Spalten und eine eindeutige Diagonalmatrix $\Lambda_{n,n}$, so daß die folgenden Gleichungen gelten (vgl. z.B. Auslander et al. (1974) oder Ayres, F. (1962)), Gantmacher (1966):

$$V^{-1}AV = \Lambda \quad \text{bzw.} \quad A = V\Lambda V^{-1} \quad \text{bzw.} \quad AV = V\Lambda. \tag{7.4}$$

V und Λ können komplexe Werte enthalten. V ist genau dann orthogonal (hier orthonormal: $V'V=I$), wenn A symmetrisch ist. Im Falle einer symmetrischen Matrix A gilt daher wegen $V^{-1}=V'$ auch $A=V\Lambda V'$. Die Diagonalelemente von Λ heißen *Eigenwerte* von A und die Spalten von V *Eigenvektoren* von A. Die Spalten von V und Λ können in gleicher Folge nach der abfallenden Größe der Beträge der Eigenwerte geordnet werden, ohne daß dadurch A verändert wird.
Die n-te Potenz von A kann durch die n-te Potenz der Diagonalmatrix Λ in folgender Form gebildet werden:

$$A^n = V\Lambda^n V^{-1}. \tag{7.5}$$

Beweis: Aus dem Assoziativgesetzes der Matrixmultiplikation und aus $V^{-1}V=I$ folgt

$$\begin{aligned} A^n &= (V \cdot \Lambda \cdot V^{-1}) \cdot (V \cdot \Lambda \cdot V^{-1}) \cdot \ldots \cdot (V \cdot \Lambda \cdot V^{-1}) \quad \text{(n mal)} \\ &= V \cdot \Lambda \cdot \Lambda \cdot \ldots \cdot \Lambda \cdot V^{-1} = V\Lambda^n V^{-1}. \end{aligned}$$

Ergänzung: Ist A gleich einer Diagonalmatrix D, dann gilt $V=V^{-1}=I$ und $\Lambda=D$.

Da Λ^{-1} die Diagonalmatrix mit den inversen Elementen von Λ ist, kann die Inverse von A in folgender Form gebildet werden:

$$A^{-1} = V\Lambda^{-1}V^{-1}. \tag{7.6}$$

Beweis: $A \cdot A^{-1} = V\Lambda V^{-1} \cdot V\Lambda^{-1}V^{-1} = V\Lambda\Lambda^{-1}V^{-1} = VIV^{-1} = I.$

Basiszerlegung

Jede Matrix $X_{m,n}$ $(m \geq n)$ kann folgendermaßen in zwei orthonormale Matrizen $P_{m,n}, Q_{n,n}$ und eine Diagonalmatrix $D_{n,n}$ (Eigenwerte von X) zerlegt werden:

$$X = PDQ', \qquad \text{wobei} \quad P'P=I \quad \text{und} \quad Q'Q=QQ'=I. \tag{7.7}$$

Hieraus folgt für die symmetrischen Matrizen X'X und XX':

$$\begin{aligned} X'X &= (PDQ')'(PDQ') = QD'P'PDQ' = QD'IDQ' = QD^2Q' = Q\Lambda Q' \\ XX' &= (PDQ')(PDQ')' = PDQ'QD'P' = PDID'P' = PD^2P' = P\Lambda P', \end{aligned} \tag{7.7a}$$

wobei QD^2Q' und PD^2P' die Eigenvektorzerlegungen der symmetrischen Matrizen X'X bzw. XX' darstellen. Die Berechnung der Eigenvektoren und Eigenwerte erfolgt z.B. nach der Hotellingschen Methode (Kap. VIII, Teil 8.1.2).

Hierbei müssen u.U. nach der Bestimmung der Eigenvektoren bei einigen dieser Vektoren gelegentlich die Vorzeichen vertauscht werden, damit die Gleichung (7.7) erfüllt wird.
Da DQ' zeilenweise orthogonal ist, gilt auch: Jede Matrix $X_{m,n}$ ($m \geq n$) mit vollem Rang n kann folgendermaßen in das Produkt einer orthonormalen Matrix $P_{m,n}$ mit einer zeilenweise *orthogonalen* Matrix $A_{n,n}$ (A=DQ') zerlegt werden: X=PA.

Beispiele für Basiszerlegungen: Regressionsanalyse: Nach vorheriger *z*-Transformation der Spalten der Prädiktormatrix X_{Nm} ($N >> m$) und der Kriteriumsvariablen y erhält man durch $\beta=(X'X)^{-1}X'y$ den Vektor der *Regressionsgewichte* β (vgl. Kap. III, Teil 3.8.1). Einsetzen von X=PDQ' in die Gaußsche Form $b=(X'X)^{-1}X'y$ (7.1) ergibt

$$b=[(PDQ')'PDQ']^{-1}(PDQ')'y= [QD^2Q']^{-1}QDP'y = QD^{-2}Q'QDP'y = QD^{-1}P'y.$$

Aus X=PDQ' und $XQD^{-1}=P$ folgt weiter $b=QD^{-1}P'y = QD^{-1}D^{-1}Q'X'y = QD^{-2}Q'X'y$, d.h.

$$b = QD^{-1}P'y = QD^{-2}Q'X'y = Q\Lambda^{-1}Q'X'y = R^{-1}X'y \quad \text{(wobei } R=X'X) \qquad (7.7b)$$

Faktorenanalyse: Führt man an einer Datenmatrix $X_{N,m}$ (z.B. Personen x Items) eine Mittelwertsnormierung und danach eine Einheitsnormierung $z^*_{ij} = x_{ij}/\sqrt{\Sigma_{i=1}^N x_{ij}^2} = x_{ij}/(\sqrt{N}\cdot\sigma_j)$ durch, dann ergibt die Basiszerlegung

$$Z^* = PDQ' = PF' \quad | \ F'=DQ' \qquad \text{(vgl. Kap. VIII, Teil 8.1)}$$

eine Faktormatrix $F_{m,r}$ (mit $r \leq m$ spaltenweisen Faktoren, r hängt ab vom *Abbruchkriterium* der Faktorextraktion) und eine Faktorwerte-Matrix $P_{N,r}$ (*factor-scores*). Die Spalten von P kann man als neu gewonnene orthogonale kontinuierliche (Faktor-) Variablen interpretieren, deren Mittelwerte gleich 0 und deren Streuungen - nach Multiplikation von P mit $\sqrt{N}$ - gleich 1 sind. Die Faktorscores p_{ij} (j=1,r) einer Zeile i, d.h. die *Ausprägungsgrade* der Faktoren bei einer Person i, entsprechen dem ("Begabungs-", "Persönlichkeits-") Profil der Person auf den r Faktoren (vgl. hierzu die empirische Verteilung von Faktorscores, Kap. III, Abb. 3.6a). Jedes $f_{jk} \in F$ ist die Korrelation (*loading*, "Ladung") des Items j mit ("auf") Faktor k, d.h. die Korrelation der j-ten Spalte von X mit der k-ten Spalte von P. Weiter gilt

$$F'F = DQ'(DQ')'=DQ'QD'=D^2 = \Lambda \quad \text{(= Eigenwerte bzw. Faktorstärken)}$$
$$FF' = (DQ')'DQ'=QD'DQ'=QD^2Q'=Q\Lambda Q' = R \quad (= R_{mm} = \text{(Item-) Interkorrelationsmatrix})$$

Die Faktormatrix F' und die Diagonalmatrix Λ stellen somit die Eigenvektorstruktur von R dar (*Hauptachsenlösung*), deren Lösung im symmetrischen Falle mittels der *Hotellingschen Methode* (Tatsuoka, M. (1971)) möglich ist. Nach Bestimmung der Eigenvektorstruktur von R kann man P im Falle r=m durch

$$P = Z^*QD^{-1} = Z^*F'^{-1}$$

berechnen bzw. im Falle $r<m$ als kleinste-Quadrate-Lösung über Z*F=PF'F durch

$$\hat{P} = Z^*F(F'F)^{-1}$$

schätzen, vgl. hierzu die Gaußsche Form (7.1).

Orthogonalisierungen diskreter Funktionen

Gegeben sei eine lineare Vorhersage des Vektors y durch die Matrix $X_{N,m}$ ($m \leq N$): Xb=y. Die Basiszerlegung (7.7) von X und die Verwendung des Vektors DQ'b=c als neuen Gewichtungsvektor ermöglicht dann die Vorhersage $P_{N,m} \rightarrow y$ aus der orthonormalen Matrix P, d.h. Xb=y; PDQ'b=y, bzw. zusammengefaßt:

$$Pc = y \qquad \text{(mit } y=Xb,\ X=PDQ',\ c=DQ'b,\ P'P=Q'Q=QQ'=I). \qquad (7.7c)$$

Der Vektor y kann ebensogut aus einer beliebigen anderen orthonormalen Matrix derselben Ordnung $V_{N,m}$ vorhergesagt werden: Wir transformieren ("rotieren") $P_{N,m}$ durch eine orthonormale Transformationsmatrix $T_{n,n}$ ($T'T=TT'=I$) in $V_{N,m}$, d.h. $PT=V$. Dann ist V orthonormal, da $V'V=(PT)'(PT)=T'P'PT=I$. Da $y = (y_1,y_2,...,y_N)$ eine Funktion der Indizes (i=1,N) darstellt, können wir sagen, wir haben die diskrete Funktion y im Intervall 1 bis N nach P zerlegt. Da die Spalten von P (und auch die von V) ebenfalls diskrete Funktionen derselben Indizes darstellen, kann man auch sagen, die Funktion y wurde (im Intervall 1 bis N) nach (irgendeinem) *orthogonalen Funktionensystem* P (oder V usw.) zerlegt, d.h. y wurde *orthogonalisiert*. Der Vektor c gibt dann die Gewichte an, mit denen sich y je nach Wahl von P,V usw. in unterschiedliche linear unabhängige Kurvenbestandteile zerlegen läßt, vgl. die Fourieranalyse, bei der Sinus- und Kosinus-Funktionen als orthogonale Bestandteile gewählt werden.
Gegeben sei eine beliebige orthonormale Matrix $P_{N,m}$ ($N \geq m$) und ein Vektor y. Dann bestimmt man c aus Pc=y durch Einsetzen von P in die Gaußsche Form (7.1):

$$(P'P)^{-1}P'\,y \;=\; c.$$

Wegen $P'P=I$ und $I^{-1}=I$ folgt, daß die Gewichte c einfach aus den Skalarprodukten der Spalten von P mit dem Vektor y resultieren, da P eine orthonormale Matrix ist:

$$c \;=\; P'y. \qquad (7.7d)$$

Angenommen eine Matrix P_o sei nur *orthogonal*, d.h. $P'_oP_o=D$, dann müßte sie durch Postmultiplikation mit der Diagonalmatrix $D^{-1/2}$, d.h. durch $P_oD^{-1/2}=P$ *normalisiert* werden, wobei für ein Diagonalelement d_i^* aus $D^*=D^{-1/2}$ gilt: $d_i^*=1/\sqrt{\Sigma_{i=1}^{N}p_{ij}^{*2}}$. Faßt man dies wieder in der obigen Gaußschen Form $(D^{*\prime}P'_oP_oD^*)^{-1}D^{*\prime}P'_oy=c$ zusammen, dann erhält man nach Kürzung den Ausdruck

$$c \;=\; D^*P'_oy \;=\; D^{-1/2}P'_oy. \qquad (7.7e)$$

Wählt man m genügend groß, wobei $m \leq N$, dann läßt sich jeder Vektor y durch $P^*c=y$ perfekt vorhersagen.

Exponentielle Matrizen

Aus der Definition von Λ und aus der Ergänzung zu (7.5) folgt, daß e^{Λ} eine Diagonalmatrix mit den Elementen e^{λ_i} (i=1,n) ist, wobei λ_i die Diagonalelemente aus Λ sind. Es seien a und t reelle Zahlen. Dann kann die exponentielle Zahl e^{at} durch die bekannte Reihe $e^{at} = 1+at + a^2t^2/2! + a^3t^3/3! + ...$ dargestellt werden (vgl. Kap I, (1.0)). Hiernach können die individuellen Reihenzerlegungen der Diagonalelemente e^{λ_i} (i=1,n) eindeutig in folgender Schreibweise zusammengefaßt werden

$$e^{\Lambda t} = I + \Lambda t + \Lambda^2t^2/2! + \Lambda^3t^3/3! + \ldots \quad . \qquad (7.8a)$$

Analog zu (7.8a) definieren wir für das Produkt At der oben gegebenen Matrix A mit dem Skalar t die entsprechende *exponentielle Matrix* durch folgende Serie

$$e^{At} = I + At + A^2t^2/2! + A^3t^3/3! + ... \tag{7.8b}$$

Dann gilt, wenn A den vollen Rang hat, folgende Gleichung

$$e^{At} = V \cdot e^{\Lambda t} \cdot V^{-1}. \tag{7.8c}$$

Beweis: Unter Verwendung von $A = V\Lambda V^{-1}$ (7.4) und $I = VIV^{-1}$ können die Potenzen in (7.8b) folgendermaßen ersetzt werden (vgl. (7.5)):

$$\begin{aligned} e^{At} &= VIV^{-1} + V\Lambda V^{-1}t + V\Lambda^2V^{-1}t^2/2! + \ldots \\ &= V(I + \Lambda t + \Lambda^2t^2/2! + ...)V^{-1}. \end{aligned} \tag{7.8d}$$

Der Klammerausdruck resultiert bei Anwendung der Distributivgesetze der Matrixmultiplikation (siehe oben). Nach (7.8a) kann die Klammer durch $e^{\Lambda t}$ ersetzt werden.

Man kann außerdem leicht nachprüfen, daß die matrixalgebraische Gleichung $e^0 = I$ gilt, wobei 0 eine quadratische Matrix mit Elementen gleich 0 ist.

Differentiation von Matrizen

Eine Matrix A beliebiger Ordnung wird nach dem Skalar t differenziert, geschrieben dA/dt, indem man jedes Element a_{ij} der Matrix einzeln nach t differenziert.

Differenziert man z.B. im Falle von Parameternäherungen nach einem bestimmten Element $t = a_{ij}$ und ist dieses a_{ij} von allen anderen Elementen unabhängig, dann resultiert eine Matrix, die außer dem Element $da_{ij}/da_{ij} = a'_{ij} = 1$ nur Nullen enthält.

Eine Matrix A wird nach einer Matrix B differenziert, indem man im Sinne einer *vollständigen Ableitung* A nach jedem Element von B differenziert und die erhaltenen Ausdrücke matrixalgebraisch aufsummiert. Das Produkt Ab einer Matrix A mit dem Vektor b wird daher in folgender Form differenziert: dAb/db = A.

Beispiel: Die Differentiation nach b sei durch $\overset{*}{b}$ abgekürzt: $dA/db = A^*_b$. A sei eine 2x2-Matrix:

$$(Ab)^*_b = \begin{pmatrix} a_{11} \cdot b_1 + a_{12} \cdot b_2 \\ a_{12} \cdot b_1 + a_{22} \cdot b_2 \end{pmatrix}^*_{b_1} + \begin{pmatrix} a_{11} & b_1 + a_{12} \cdot b_2 \\ a_{21} \cdot b_1 & a_{22} \cdot b_2 \end{pmatrix}^*_{b_2} = \begin{pmatrix} a_{11} & 0 \\ a_{21} & 0 \end{pmatrix} + \begin{pmatrix} 0 & a_{12} \\ 0 & a_{22} \end{pmatrix} = \begin{pmatrix} a_{11} & a_{12} \\ a_{21} & a_{22} \end{pmatrix}$$

Zusammengefaßt ergeben sich folgende Differentiationsregeln, wenn man dA/dt durch A* abkürzt und die Transposition weiter durch das Zeichen ' kennzeichnet:

$$\begin{aligned} d(A \cdot b)/db &= A & (7.9a)\\ d(b' \cdot A)/db &= A' \\ (A \cdot B)^* &= A^* \cdot B + A \cdot B^* \\ (A^2)^* &= (A \cdot A)^* = A^* \cdot A + A \cdot A^* \\ I^* &= 0 \quad \text{(wenn I die konstante Einheitsmatrix darstellt)} \\ (A^{-1})^* &= -A^{-1} \cdot A^* \cdot A^{-1} & (7.9b) \end{aligned}$$

Beweis zu (7.9b): Die Ableitung der invertierten Matrix läßt sich aus der Differentiation beider Seiten der Gleichung $A^{-1} \cdot A = I$ ableiten: $(A^{-1} \cdot A)^* = I^* = 0$, $(A^{-1})^* \cdot A + A^{-1} \cdot A^* = 0$,

$(A^{-1})^* \cdot A = -A^{-1} \cdot A^*$; Postmultiplikation beider Seiten dieser Gleichung mit A^{-1} ergibt (7.9b).

Zur Ableitung von e^A nach A $d(e^A)/dA$ ist im allgemeinen zunächst eine Reihenzerlegung von e^A im Sinne von (7.8b) erforderlich, um dann die Potenzen von A gemäß (7.9a) zu differenzieren. Danach muß man prüfen, ob die differenzierte Reihe sich nach (7.8b) oder nach einem anderen Reihenprinzip wieder zu einem geschlossenen Ausdruck zusammenfassen läßt.

Differentiationsbeispiele: a) Die Ableitung einer *quadratischen Form* b'X'Xb nach b (vgl. auch (7.9a)): $(b'X'Xb)^* = (X'Xb)' + b'X'X = 2b'X'X$.

b) Die Herleitung der *Gaußschen Form (7.1)* in Matrixschreibweise: $S = \Sigma_{i=1}^{N}(y_i - \hat{y}_i)^2 = (y-Xb)'(y-Xb) = y'y - y'Xb - b'X'y + b'X'Xb$; $dS/db = -y'X - (b'X'y)^* + (b'X'Xb)^* = -2y'X + 2b'X'X = 0$; $y'X = b'X'X$; $X'y = X'Xb$; $(X'X)^{-1}X'y = b$.

Integration exponentieller Matrizen

Das unbestimmte Integral der skalaren exponentiellen Funktion e^{at} ist

$$\int e^{at}dt = a^{-1}e^{at} + c_0 \qquad (c_0 = \text{beliebige Konstante}).$$

Das entsprechende Integral der Matrix e^{At} ist

$$\int e^{At}dt = A^{-1}e^{At} + C_0 \qquad (C_0 = \text{beliebige konstante Matrix}). \tag{7.10a}$$

$$\int e^{-At}dt = -A^{-1}e^{-At} + C_0 \tag{7.10b}$$

Beweis: Die Integration der Gleichung (7.8b) nach t ergibt

$$\int e^{At}dt = It + At^2/2! + A^2t^3/3! + \ldots$$

$$= A^{-1}(I + At + A^2t^2/2! + A^3t^3/3! + \ldots) - A^{-1}$$

Ersetzt man die Klammer durch (7.8b) und setzt $C_0 = -A^{-1} + C_1$ mit beliebigem C_1 dann folgt (7.10a). Ersetzt man ferner t in (7.8b) durch (-1)t, dann folgt aus (7.10a) die Gleichung (7.10b)

7.2 Prozesse

Definition: Eine Menge von Zufallsvariablen X_t, die von einem reellen Parameter t abhängen, heißt *stochastischer Prozeß* (Fisz, (1976)).

Folgende Gesichtspunkte spielen bei der Klassifikation von Prozessen eine Rolle:

a) *Diskrete* vs. *kontinuierliche* Prozesse (abhängig von einer kontinuierlichen oder diskreten Betrachtung der Zeit t).
b) Die Gesetzmäßigkeiten, nach denen die Zustände bzw. die Wahrscheinlichkeiten (die Dichtefunktion) der Zustände zum Zeitpunkt t von den bereits realisierten Zuständen vergangener Zeitpunkte abhängen.

c) Die Anzahl der vergangenen Zeitpunkte (bzw. die vergangene Dauer eines Prozesses), deren Einfluß auf den jeweiligen Zeitpunkt t einwirkt, d.h. die Länge des "Gedächtnisses" eines Prozesses.

7.2.1 Markovketten

Gegeben sei eine Folge diskreter Versuche $k=1,\ldots$. Als *Übergangswahrscheinlichkeit* bezeichnen wir die *bedingte WS,* daß beim Versuch k das Ereignis e_j eintritt, wenn beim vorangehenden Versuch k-1 das Ereignis e_i eintrat:

$$p_{ij}^{(k)} = P(e_j^{(k)} \mid e_i^{(k-1)}). \tag{7.11a}$$

Entsprechend bezeichnet z.B. $P(e_j^{(k)} \mid e_i^{(k-1)}, e_l^{(k-2)}, e_g^{(k-3)}, e_h^{(k-4)}, \ldots)$ die bedingte WS, daß zum Zeitpunkt k das Ereignis e_j eintritt, falls vorher die Ereigniskette $e_i, e_l, e_g, e_h, \ldots$ eintrat. Eine Versuchsfolge, bei der die WS des Ereignisses zum Zeitpunkt k nur von dem vorangehenden Ereignis abhängt, heißt *Markovkette* bzw. auch *diskreter Markovprozeß* (sein "Gedächtnis" wäre: lag=1, siehe unten). Hängen die Übergangswahrscheinlichkeiten nicht von k ab, dann heißt die Kette *homogen* und man schreibt vereinfacht $p_{ij}^{(k)} = p_{ij}$. Ein homogener Markovprozeß mit n möglichen Ereignissen pro Versuch wird also durch seine Übergangswahrscheinlichkeiten bestimmt, die man als Matrix schreiben kann:

$$P = \begin{pmatrix} p_{11} & \cdots & p_{1n} \\ & \cdots\cdots & \\ p_{n1} & \cdots & p_{nn} \end{pmatrix}. \tag{7.11b}$$

Die Zeilensummen dieser Matrix ergeben 1, da nach einem gegebenen Ereignis e_i mit Sicherheit eines der disjunkten Ereignisse e_j bzw. (e_1 *oder* e_2 *oder* . . . *oder* e_n) eintritt. Nach den und-oder-Regeln der WS-Algebra errechnet sich für einen homogenen Markovprozeß die WS des Verlaufs (e_i, e_j, e_k), d.h. daß nach einem Ereignis e_i das Ereignis e_j *und* danach e_k eintritt aus dem Produkt der bedingten Wahrscheinlichkeiten $p_{ij}p_{jk}$. Die WS $p_{ik}(2)$, daß nach e_i im übernächsten Versuch (d.h. 2 Versuche später) e_k eintritt, ist dann gleich dem Ereignis $\{(e_i, e_1, e_k)$ *oder* (e_i, e_2, e_k) *oder ... oder* $(e_i, e_n, e_k)\} = \{(e_i, e_j, e_k), j=1,n\}$. Daraus folgt für die Wahrscheinlichkeiten

$$p_{ik}(2) = \sum_{j=1}^{n} p_{ij}p_{jk}. \tag{7.11c}$$

Dieser Ausdruck entspricht jedoch dem Skalarprodukt der i-ten Zeile der ersten Matrix P mit der k-ten Spalte der zweiten Matrix P, wenn man $P \cdot P = P^2$ bildet. D.h. verallgemeinert, durch Potenzierung P^n der Übergangswahrscheinlichkeitsmatrix P erhält man alle Übergangswahrscheinlichkeiten zwischen den Ereignissen e_i $(i=1,n)$ vom 1-ten bis zum n-ten Versuch.

Markovprozesse lassen sich auch auf kontinuierliche Vorgänge verallgemeinern. Sie gehen dann z.B. in *Brownsche Bewegungsmodelle* über, die unsystematische Fortbewegungen aus normalverteilten Vor- und Rückwärtsschritten längs einer Linie oder im Raum beschreiben (vgl. das *autokinetische Phänomen* in der Wahrnehmung isolierter Punkte). Mit diesen Prozessen lassen sich z.B. auch die Streuungen *geometrisch-optischer Täuschungen* von Linienlängen modellieren (G. Lehmann (1981a)).

Beispiele: a) *Absorbtion, Reflektion:* Je nach Beschaffenheit der Matrix der Übergangswahrscheinlichkeiten P resultieren unterschiedlich verlaufende Prozesse, z.B.

$$\alpha)\ \begin{pmatrix} 1&0&0&0\\ q&0&p&0\\ 0&q&0&p\\ 0&0&0&1 \end{pmatrix} \quad \beta)\ \begin{pmatrix} 1&0&0&0\\ q&0&p&0\\ 0&q&0&p\\ 0&p&0&q \end{pmatrix} \quad \gamma)\ \begin{pmatrix} 1&0&0&0\\ a&b&c&d\\ e&f&g&h\\ p&q&0&0 \end{pmatrix} \quad \delta)\ \begin{pmatrix} q&p&0&0\\ q&0&p&0\\ 0&q&0&p\\ &\dots&& \end{pmatrix}$$

(p, q, a, b, c, d usw. sind Übergangswahrscheinlichkeiten mit den Zeilensummen gleich 1). Betrachtet man z.B. die Indizes der e_i (i=1,n) als Punktfolge auf einer Geraden, dann beschreibt α) die Zufallswanderung eines Teilchens zwischen zwei *Absorbtionsschirmen*, da die Randelemente e_1 und $e_n=e_4$ jeweils mit WS=1 nur in sich selbst übergehen können. β) beschreibt eine Wanderung mit *einem* Absorbtionsschirm links (e_1), γ) eine sprunghafte Bewegung zwischen zwei Absorbtionsschirmen und δ) eine Zufallswanderung mit einem *Reflektionsschirm* links (e_1).
b) *Input-Output-Struktur:* Durch eine *Basiszerlegung* (7.7) der Matrix P

$$P = \mathrm{P} \cdot \mathrm{D} \cdot \mathrm{Q}' \qquad | \ \mathrm{P'P} = \mathrm{Q'Q} = \mathrm{QQ'} = \mathrm{I},\ \mathrm{D} = \text{Diagonalmatrix} \tag{7.11e}$$

wird die Matrix P als Input-Output-System interpretiert. Die Spalten von P entsprechen dann einer Input-Faktorstruktur und die Spalten von Q einer Output-Faktorstruktur. D enthält die Input-Output-Übertragungsstärken von Faktor I zu I, II zu II usw. (vgl. Kap. VIII, Teil 8.5.2)
c) *Informationsstruktur:* Man kann die Matrix P hinsichtlich ihrer *Transinformation* von Zeilen zu Spalten über Ereignisketten der Länge n=1,... untersuchen (vgl. Kap. VI, Teil 6.5.8)

Ist eine Matrix P so beschaffen, daß P^n gegen eine Matrix mit $\lim_{(n\to\infty)} p_{ij}(n) = p_{j\cdot}$, d.h. mit gleichen Grenzverteilungen $(p_1,...p_n)$ pro Spalte konvergiert (d.h. hängen die Wahrscheinlichkeiten der Ereignisse in ferner Zukunft nur noch von diesen Ereignissen selbst, nicht aber von dem Ereignisverlauf "in die Zukunft" ab), dann heißt der Prozeß *ergodisch.* Sind die WS-Verteilungen der Ereignisse bei jedem Versuch gleich, dann heißt der Prozeß *stationär* (weiteres in Fisz (1976), Feller (1971)).

7.2.2 Auto-und Kreuzkorrelationen

Gegeben sei eine Folge X von intervallskalierten Zahlen $x_1,..., x_n$. Wir schreiben dieselbe Folge um k Werte nach links versetzt darunter und erhalten so zwei Folgen der Länge n−k einander paarweise zugeordneter Werte, so z.B. für den Fall n=6 und k=1:

$$\begin{array}{ccccccc} & x_1, & x_2, & x_3, & x_4, & x_5, & x_6 \\ x_1, & \underbrace{x_2, & x_3, & x_4, & x_5, & x_6} & \end{array} \qquad \begin{array}{cccccccc} & & x_1, & x_2, & x_3, & x_4, & x_5, & x_6 \\ x_1, & x_2, & \underbrace{x_3, & x_4, & x_5, & x_6} & & \end{array}$$

Autokorrelationsberechnung *zum lag 1* *zum lag 2*

Die Korrelation der links stehenden n-k=5 Wertepaare ergibt die Autokorrelation von X zum lag 1. Verschieben wir also die untere Reihe um k Einheiten nach links (bzw. nach rechts), dann erhalten wir die Autokorrelation zum lag k, geschrieben z.B. in den Formen $\rho(x,x_{+k})=\rho_k=\rho(k) = \rho(x,x_{-k})= \rho_{-k}=\rho(-k)$, vorausgesetzt es resultieren nach der Verschiebung mindestens drei Wertepaare.
Werden zwei *verschiedene* Wertefolgen X,Y gegeneinander um k Einheiten verschoben, dann spricht man von einer *Kreuzkorrelation* zum lag k und schreibt sie

in den Formen $\rho(x,y_{+k}) = \rho_{xy}(k)$, wobei allgemein die Asymmetrie besteht: $\rho_{xy}(k) \neq \rho_{yx}(k) \mid k \neq 0$.
Letztere Ungleichheit drückt aus, daß z.B. eine eventuelle Kausalwirkung von x auf y (zum Lag k) anders verläuft als eine entsprechende Wirkung von y auf x.

7.2.3 Stationäre Prozesse

Im Folgenden gehen wir von *stationären Prozessen* aus, d.h. von Prozessen, deren statistische Eigenschaften nicht im Verlaufe der Folge bzw. in der Zeit variieren. (Beispiel: Abb. 7.1, frontale, okzipitale und parietale EEG-Ableitungen). Die seriellen Abhängigkeiten der Wahrscheinlichkeiten der Zustände, d.h. die bedingte WS $P(X_t = x \mid X_{t-k} = y,\ k = 1,...)$ nennt man *stochastische* Abhängigkeit.

a) EEG-Kurven ohne Differenzenbildung (d=0)

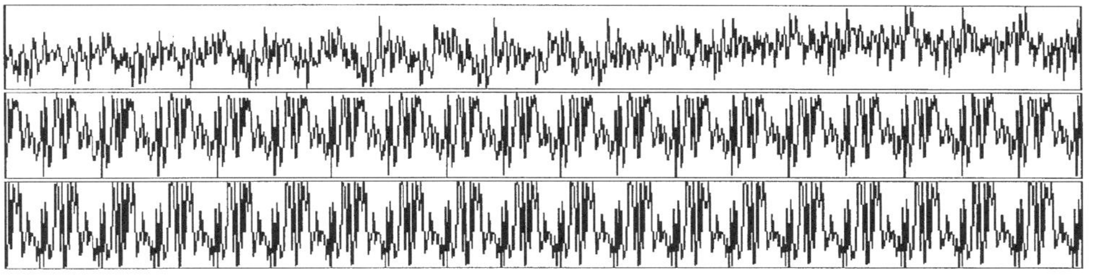

b) EEG-Kurven mit einer Differenzenbildung (d=1)

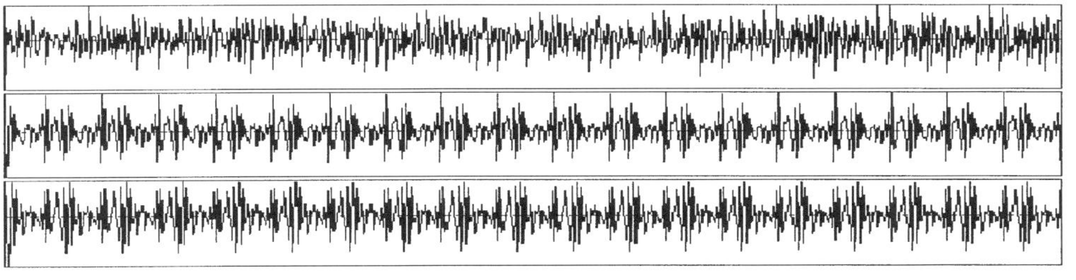

c) EEG-Kurven mit zwei Differenzenbildungen (d=2)

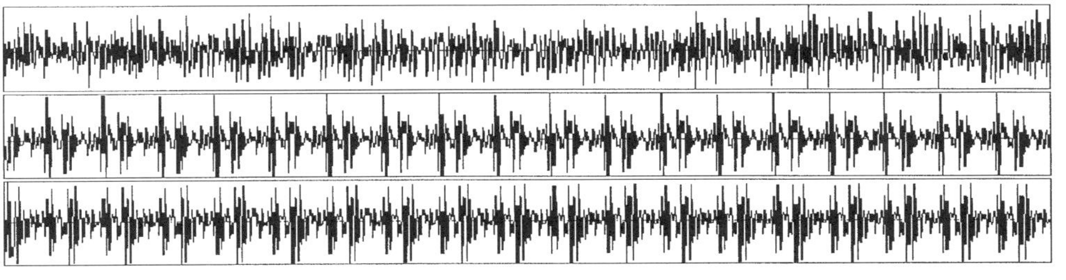

Abb. 7.1 EEG-Ableitungen von drei Punkten (frontal occipital, parietal) über 6 sek. bei einer normalen Versuchsperson, 100 Werte/sek., d.h. 600 Kurvenpunkte. (Für die Daten danke ich F. Schaefer, Universität Wuppertal, Fb3.)

Im Folgenden unterscheiden wir zumeist zwischen den Stichprobenparametern (lateinisch) und den Populationsparametern (meist griechisch):
Gegeben sei ein stationärer Prozeß X, d.h. eine zeitliche Folge von Zufallsvariablen

$$<\!\!-\!\!-\!\!- \; X_t \; X_{t-1} \; X_{t-2} \; X_{t-3} \ldots X_{t-k} \ldots \tag{7.12}$$

mit konstanten Mittelwerten und Varianzen. Wir normieren seinen Mittelwert auf 0:

$$x_{t-k} = X_{t-k} - E(X) \quad \text{für alle k} \tag{7.12a}$$

Dann gilt für Varianzen, Autokovarianzen und Autokorrelationen vom lag = k:

$$\sigma^2 = E(x^2), \qquad \gamma_k = E(x_t x_{t-k}) \quad \text{bzw.} \quad \rho_k = \gamma_k/\sigma^2. \tag{7.12b}$$

Wegen der Stationarität gilt für die Kovarianz γ_{jk} sowie für die Korrelation ρ_{jk} zwischen zwei Zufallsvariablen x_j und x_k:

$$\gamma_{jk} = \gamma_{j-k} = \gamma_{k-j} \quad \text{und} \quad \rho_{jk} = \rho_{j-k} = \rho_{k-j}. \tag{7.12c}$$

7.2.4 Stichproben-Autokovarianzen

Für empirische Datenfolgen $x_1..x_N$ über N Zeitpunkte ergibt sich die (Stichproben-) Autokovarianz c_k zum lag k aus der allgemeinen Kovarianzformel:

$$c_k = \sum_{t=1}^{n} x_t x_{t+k}/n, \qquad n = N-k. \tag{7.13}$$

Die Größe n=N-k entspricht der Anzahl der Wertepaare, die wegen das lag k aus N Zeitpunkten gebildet werden können. Die Stichprobenvarianz s^2 ergibt sich dann aus dem Sonderfall c_k (k=0)

$$s^2 = c_0. \tag{7.14}$$

7.2.5 Stichproben-Autokorrelationen

Wir erhalten die Autokorrelationen r_k zum lag k, indem wir nach der üblichen Definition die Kovarianz durch die Streuungen der beiden korrelierten Variablen dividieren. Dies führt unter den unter (2.1.2) eingeführten Vereinfachungen zu

$$r_k = c_k/s^2. \tag{7.15}$$

Den Plot der Autokorrelationenen r_k als Funktion von k nennt man *Korrelogramm.* Das Korrelogramm gibt Auskunft über korrelative Beziehungen zwischen zeitlich verschieden weit voneinander entfernten Stadien einer gegebenen Datenserie.
In Abbildung 7.2a ist das Korrelogramm von lag=1 bis 20 von 3 EEG-Ableitungen (frontal, okzipital, parietal) dargestellt. Die Korrelationen in Abb. 7.2a) zeigen eine maximale Autokorrelation etwa im Bereich von lag=8-10. Dies entspricht ≅ .8 bis .10 sek. Dieses Intervall, welches offenbar dem α-Rhythmus entspricht, ist gleichzeitig auch das subjektive "scanning-Intervall", innerhalb dessen eintreffende Reize im

Bewußtsein "summiert" werden bzw. fast als gleichzeitig wahrgenommen werden, sodaß ihre Reihenfolge nicht richtig unterschieden wird.

Noch instruktiver ist das unten behandelte *partielle Korrelogramm* (Abb. 7.2b).

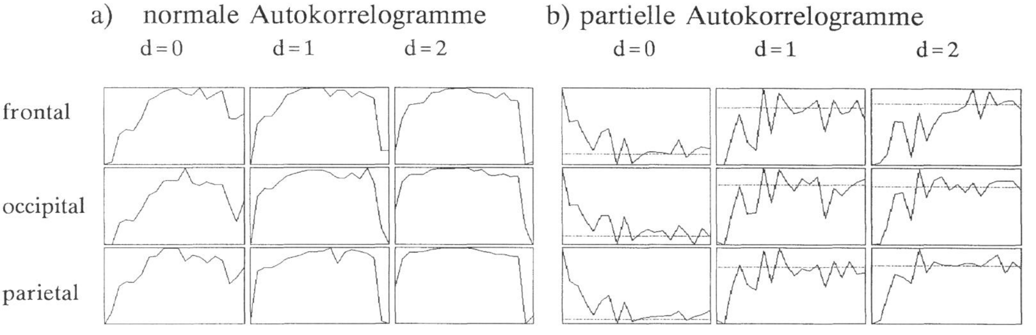

Abb. 7.2 (Fortsetzung von Abb. 7.1) Autokorrelationen von lag 1 bis 20 für die Differenzenbildungen d = 0 bis 2.

Während die Werte in a) sich von etwa .10 bis .35 aufbauen, fallen die Werte in b) bei d=0 von etwa .93 bis auf 0 und darunter ab.

7.3 Einführung in die Arima-Modelle

Die Arima-Modelle sind lineare Regressionsmodelle, in denen die Werte von numerischen (intervallskalierten) Prozeßverläufen linear aus zeitlich vorangehenden Werten des Prozesses oder aus äußeren Einflüssen auf den Prozeß vorhergesagt werden. Die Prozesse werden als *stationär* betrachtet, d.h., es wird angenommen, daß die genäherten Regressionskoeffizienten über alle Bereiche des genäherten Prozesses konstant sind.

Das Wort Arima ist eine Abkürzung des Begriffs *autoregressive integrative moving average*. Das Wort *integrative* kennzeichnet die Annahme, daß eventuelle Trends in empirischen Prozessen durch stationäre Prozesse (additiv) überlagert werden und rechnerisch durch das Gegenteil einer Integration, d.h. durch mehrfache Differenzenbildung benachbarter Werte, so abgebaut werden können, daß ein trendfreier stationärer Prozeß resultiert. Somit beinhaltet z.B. ein Arima-Modell vom Typ (p,q,r) = (3,1,2) die Anwendung eines autoregressiven Modells mit jeweils 3 vorangehenden Vorhersagepunkten (lag=1 bis 3) auf eine durch 1-fache Differenzenbildung geglättete Zeitreihe unter der Annahme von jeweils 2 vorangehenden "Zufallsimpulsen" auf jeden Punkt dieser Reihe. Entsprechende Modelle werden im Folgenden getrennt nach den drei Modellbestandteilen behandelt.

Die Theorie der Arima-Modelle wird noch erweitert durch Modelle der "Saisonbereinigung", die sog. *SARIMA*-Modelle (siehe z.B. Kendall & Stuart (1979), Band III), deren Behandlung jedoch unseren Rahmen überschreiten würde.

7.3.1 Autoregressive (AR-) Prozesse

Zu jedem Zeitpunkt t sei der Zufallsprozess von p vorangehenden Prozeßstadien bis auf einen Regressionsfehler linear abhängig. Er wird dann nach den Regeln der Regressionsrechnung geschätzt:

$$\hat{x}_t = \phi_1 x_{t-1} + \phi_2 x_{t-2} + \ldots + \phi_p x_{t-p} = \sum_{i=1}^{p} \phi_i x_{t-i}. \tag{7.16}$$

Die Regressionsgleichung (7.16) drückt aus: Die Zufallsvariable x_t zum Zeitpunkt t wird durch die Regressionsgewichte ϕ_1 bis ϕ_p aus den p Zufallsvariablen x_{t-1} bis x_{t-p} der vorangehenden Zeitpunkte t−1 bis t−p linear geschätzt. Der Regressionsfehler ε_t entspricht der Differenz zwischen der Schätzung $\hat{x}_t$ und der tatsächlichen Realisation x_t

$$x_t - \hat{x}_t = \varepsilon_t. \tag{7.16a}$$

Daher kann man das Modell auch in der Form schreiben:

$$x_t = \sum_{k=1}^{p} \phi_k x_{t-k} + \varepsilon_t. \tag{7.16b}$$

Wir haben damit einen AR-Prozeß der Ordnung p bzw. einen AR(p)-Prozeß definiert.

Beispiel: *Bei einer* Person werde täglich ein Meßwert x(t) erhoben, der Zufallsschwankungen unterliege, der aber keinen systematischen Trend aufweise (je ein medizinischer Wert, ein Wert in einem Persönlichkeits- bzw. Einstellungstest oder ein Leistungswert).
Wegen der vorausgesetzten Stationarität sollte im Falle eines Leistungswertes kein Trend im Sinne eines sich aufbauenden Lernprozesses bzw. im Sinne eines Vergessensprozesses vorliegen. Wir betrachten dabei eine asymptotisch "zu Ende gelernte" Fähigkeit, die sich durch die bestehende gleichbleibende Praxis nicht mehr eindeutig verbessern, aber auch nicht abbauen kann. Im AR(p)-Prozeß wird angenommen, daß die Leistung am Tag t bis auf einen Zufallsfehler ε_t durch die Leistungen der p vorangehenden Tage linear vorhergesagt werden kann.

Parameternäherung

Die Parameter ϕ in (7.16b) werden im Falle einer empirischen Folge von Prozeßwerten nach dem kleinste-Quadrate-Prinzip durch entsprechende Anwendung der Gaußschen Form berechnet: Gegeben sei die Datenfolge $x_t \ldots x_N$ über N Zeitpunkte $(N > 2p-1)$.
Zur Bildung der Prädiktor-Matrix X und des vorherzusagenden Vektors x entnehmen wir der Datenfolge alle Ketten der Länge p, die nach dem Modell den jeweils p+1-ten Wert vorhersagen. Wir bilden aus diesen Ketten die Zeilen der Matrix X und aus dem p+1-ten Wert zu jeder Kette das entsprechende Element des Vektors x. Dieser soll entsprechend dem Modell aus X durch den Gewichtungsvektor ϕ linear geschätzt werden, so daß die Quadratsumme der Elemente des Vektors ε (Fehlerquadratsumme) minimal wird, in Matrixschreibweise:

$$X\phi + \varepsilon = x. \tag{7.17}$$

Beispiel: Angenommen, es liegt eine Datenfolge $x_1...x_N$ vor, an die wir probeweise durch einen AR(p)-Prozeß mit p=3 nähern wollen. Wir bilden die Zeilen der Matrix X mit p=3 Spalten und die Elemente des Vektors x mit Werten x_j aus der Folge, deren Indizes j den Aufbau von X und x verdeutlichen: X . ϕ = x:

$$\text{Indizes} \quad \begin{pmatrix} 1 & 2 & 3 \\ 2 & 3 & 4 \\ 3 & 4 & 5 \\ 4 & 5 & 6 \end{pmatrix} \cdot \begin{pmatrix} \phi_1 \\ \phi_2 \\ \phi_3 \end{pmatrix} = \begin{pmatrix} 4 \\ 5 \\ 6 \\ 7 \end{pmatrix}$$

usw. ↓ usw. ↓

Die LS-Schätzung für ϕ lautet dann nach der bekannten Gaußschen Form (7.1):

$$\hat{\phi} = (X'X)^{-1}X'x. \tag{7.18}$$

Anstatt der Skalarproduktmatrix X'X kann man wegen der Annahme $E(x)=0$ auch die Autokovarianzmatrix (mit den Stichprobenkovarianzen c)

$$C = X'X/n \qquad (n = N-p) \tag{7.18a}$$

für die obige Form verwenden und für den Vektor der Kreuzprodukte X'x entsprechende (Stichproben-) Kovarianzen c zwischen den Spalten von X und dem Vektor x:

$$c = X'x/n. \tag{7.18b}$$

(n kürzt sich in (7.18) wieder weg).

Wir erhalten dann aus (7.18):

$$\hat{\phi} = C^{-1}c \tag{7.19}$$

und daraus durch Prämultiplikation mit C

$$C\hat{\phi} = c. \tag{7.19a}$$

Die Lösung (7.19) für $\hat{\phi}$ erhält man auch, wenn man anstelle der Autokovarianzen in C und c die entsprechenden Autokorrelationen einsetzt $R=C/s^2$ und $r=c/s^2$, da sich wiederum s^2 wegkürzt. Die Korrelationsmatrix R stellt dann die Stichprobenkorrelationsmatrix der Populations-Autokorrelationen dar (der *Laurent Matrix* P). Letztere enthält die Autokorrelationen ρ_k bis zum lag p-1 in folgender Anordnung, die sich nach (1c) aus den Indizes der Korrelationen ergibt:

$$P = \begin{pmatrix} 1 & \rho_1 & \rho_2 & \rho_3 & \cdots & \rho_{p-1} \\ \rho_1 & 1 & \rho_1 & \rho_2 & \cdots & \rho_{p-2} \\ \cdot & \cdot & \cdot & \cdot & \cdots & \cdot \\ \rho_{p-1} & \rho_{p-2} & \rho_{p-3} & \cdots & \rho_1 & 1 \end{pmatrix}.$$

Setzt man in (7.19a) die Populationskorrelationen ein, dann erhält man die *Yule-Walker-Gleichungen* (geschrieben in Matrixschreibweise):

$$P\hat{\phi} = \rho, \tag{7.20a}$$

wobei ρ der Vektor der (Populations-) Autokorrelationen ρ_1 bis ρ_p ist.

Faktorenanalyse der Laurent-Matrix: Eine Eigenvektor-Zerlegung der Korrelationsmatrix $P=V\Lambda V^{-1} = Q\Lambda Q'$ mit $D=\sqrt{\Lambda}$ ergibt eine Faktormatrix $F=QD$ sowie aus $\hat{U}=Z^*F(F'F)^{-1}$, vgl. (7.10h), eine Matrix der Faktorscores der Zeitpunkte, wobei Z^* die einheitsnormierte Datenmatrix X (7.17) darstellt, die durch fortlaufend um 1 versetztes Aneinanderlegen der Zeitreihe x(t) entsteht. $\hat{U}$ enthält spaltenweise eine orthogonale Zerlegung des Prozesses x(t) in die *stärksten Eigenvektoren* (vgl. dagegen die Zerlegung nach Fourier-Reihen, siehe unten).

Partialautokorrelationen

Da nach dem Modell jeweils p aufeinanderfolgende Zustände x_{t-p} ... x_{t-1} den folgenden Zustand zum Zeitpunkt x_t linear bestimmen, hängt jeder Zustand x_t mittelbar auch von allen früheren Zuständen x_{t-i} (i=1...) seit Beginn des Prozesses ab. Die Autokorrelation zu weiter zurückliegenden Zuständen werden jedoch bei AR-Prozessen monoton kleiner (was man im Korrelogramm graphisch testen kann).
Obwohl bei einem AR(p)-Prozeß p vorangehende Zustände genügen, um den jeweils p+1-ten Zustand vorherzusagen, bestehen daher mittelbare Zusammenhänge in Form von (Auto-) Korrelationen ρ_k (k > p) auch zu allen früheren Zuständen.

Dies kann man sich am Beispiel eines AR-Prozesses vom Typ p=1 (AR(1)) verdeutlichen, bei dem die Regressionsgleichung zwischen nur zwei Variablen erstellt wird. Für zwei mit ρ_{xy} korrelierende Zufallsvariablen X,Y lautet diese Gleichung in z-normierter Form (E(X)=E(Y)=0 und $\sigma_x^2=\sigma_y^2=1$) bekanntlich:

$$\hat{z}_y = \rho_{xy} z_x \qquad \text{bzw.} \qquad \frac{(\hat{Y}-E(Y))}{\sigma_y} = \rho_{xy}\frac{(X-E(X))}{\sigma_x}\ .$$

Bei der Anwendung dieser Regressionsgleichung auf einen AR(1)-Prozeß wird hieraus die Vorhersage von x_t aus x_{t-1}. Wegen der Stationarität kürzen sich die hier als gleich angenommenen Varianzen, und die Gleichung lautet vereinfacht zwischen den mittelwertsnormierten Variablen:

$$\hat{x}_t = \rho_1 \cdot x_{t-1} \ \text{bzw.}\ x_t = x_{t-1} + \varepsilon_t\ ,$$

wobei ρ_1 hier die Autokorrelation zum Lag 1 darstellt, die wir auch einfach ρ nennen. Hieraus ergibt sich die Autokovarianz $\gamma_1 = \gamma = E(x_t\, x_{t-1}) = \rho\sigma^2$.
Wir nehmen nun wie in der Testtheorie an, daß die Korrelation bzw. die Kovarianz zwischen Prädiktorvariable und Regressionsfehler gleich 0 ist:

$$E[x_{t-1}\varepsilon_t] = E[x_{t-1}(x_t - \rho x_{t-1})] = 0.$$

Gleiches gilt dann für die Kovarianz von x_t mit einen um k Zeitpunkte späteren Regressionsfehler (letzterer in den runden Klammern der folgenden Gleichung)

$$0 = E[x_t(x_{t+k} - \rho x_{t+k-1})] = E[x_t x_{t+k}] - \rho E[x_t x_{t+k-1}] = [\rho_k\sigma^2] - \rho[\rho_{k-1}\sigma^2].$$

Die rechte Seite der letzten Gleichung enthält die Autokovarianzen bzw. die Autokorrelationen zum lag k. Hieraus folgt unter Kürzen der Varianz die Gleichung

$$\rho_k = \rho\rho_{k-1}. \qquad (7.21)$$

und hieraus die wichtige Beziehung, daß die Autokorrelationen von AR(1)-Prozessen sich nach einer Potenzreihe als Funktion des zeitlichen Abstands k entwickeln:

$$\rho_k = \rho^k. \tag{7.21a}$$

Dies zeigt, daß sogar im Falle des einfachsten AR-Prozesses jeder Zustand, wenn auch monoton abnehmend, als Funktion des Lag k, mit allen vorangehenden Zuständen korreliert.

Die Korrelationen zwischen zwei Zuständen x_t und x_{t-2} werden somit auch durch die dazwischenliegende Variable x_{t-1} mitbeeinflußt. Um den unmittelbaren (linearen) Zusammenhang zwischen x_t und x_{t-2} zu bestimmen, muß man die beteiligten drei Autokorrelationen ρ_t, ρ_{t-1} und ρ_{t-2} in die Formel für Partialkorrelationen

$$r_{xy.z} = \frac{r_{xy} - r_{xz}\, r_{yz}}{\sqrt{[(1 - r_{xz}^2)(1 - r_{yz}^2)]}} \tag{7.22}$$

einsetzen und die Variable x_{t-1} auspartialisieren. Dabei ergibt sich die *Partialautokorrelation* β_{22}

$$\beta_{22} = \frac{\rho_{t,t-2} - \rho_{t,t-1}\, \rho_{t-1,t-2}}{\sqrt{[(1-\rho_{t,t-1}{}^2)(1-\rho_{t-1,t-2}{}^2)]}} = \frac{\rho_2 - \rho^2}{1 - \rho^2}. \tag{7.23}$$

Die rechte Vereinfachung der Formel folgt aus (7.21), (7.21a) und aus der Definition $\rho = \rho_1$. Wir können die Partialautokorrelationsformel (7.22) durch rekursive Anwendung verallgemeinern und z.B. aus der Korrelation r_{xy} gleichzeitig den Einfluß von z und u auspartialisieren (Bildung multipler Partialkorrelationen).

$$r_{xy.zu} = \frac{r_{xy.z} - r_{xu.z}\, r_{yu.z}}{[(1-r_{xu.z}^2)(1-r_{yu.z}^2)]^{1/2}}. \tag{7.24}$$

Durch wiederholte Anwendung des Übergangs von (7.22) zu (7.24) lassen sich immer "höhere" multiple Partialkorrelationen bilden (vgl. Kap. III, Teil 3.10)
Für stationäre Zeitreihenanalysen ist folgender Fall wichtig: Die Partialautokorrelation β_{kk} sei die Korrelation von x_t mit x_{t-k} unter gleichzeitiger Auspartialisierung aller dazwischen liegenden Variablen $x_{t-i}(i=1...k-1)$. Aus der Theorie der Matrixinversion, aus der allgemeinen Regressionsrechnung (vgl. Kendall II, Kap. 27.5) sowie aus den vereinfachenden Stationaritätsbeziehungen (7.16) bis (7.16b) ergibt sich für β_{kk} folgende alternative Möglichkeit zur Berechnung von Partialkorrelationen k-ten Grades:
Wir bilden die Laurent-Matrix $P_{(k)}$ der Ordnung k (indem wir in der Gleichung (7.20) p=k setzen) und setzen diese in Gleichung (7.20a) ein. Der dortige Vektor $\rho = \rho_{(k)}$ enthält dann entsprechend die ersten k Autokorrelationen. Wir prämultiplizieren nun in (7.20a) anlog zu (7.19) mit $P_{(k)}{}^{-1}$ und setzen den resultierenden Vektor $\hat{\phi} = \beta_{(k)}$:

$$\beta_{(k)} = P_{(k)}{}^{-1}\rho_{(k)}. \tag{7.25}$$

Das letzte Element $\beta_{(k)k}$ des Vektors $\beta_{(k)}$ entspricht dann, wie man ableiten kann, dem gesuchten β_{kk}:

$$\beta_{kk} = \beta_{(k)k}. \tag{7.26}$$

Dies gilt auch für den Fall, daß man in die Gleichung (7.25) die entsprechenden Stichprobenkorrelationen einsetzt.
Berechnet man so für verschieden groß gewählte empirische Laurent-Matrizen aus (7.26) fortlaufende β_{kk} und plottet diese als Funktion von k, dann erhält man das *partielle Korrelogramm* einer gegebenen empirischen Datenserie. Dieses ist informativer als das oben beschriebene Korrelogramm, da das partielle Autokorrelogramm nicht mittelbare und unmittelbare Autokorrelationsbeziehungen miteinander vermischt. Hat ein AR-Prozeß die Ordnung p, dann läßt sich dies anhand des partiellen Korrelogramms diagnostizieren: Ab $k > p$ müssen alle Partialautokorrelationen gleich 0 sein.

Dies gilt bestenfalls nur annähernd in empirischen Zeitreihen, denn es erfordert idealisierte Bedingungen: Alle eventuellen Abhängigkeiten zwischen den Prozeßvariablen müssen linear sein. Während des gesamten Prozeßverlaufs sollte p konstant sein. Dennoch lassen sich hiermit gegebene Datensätze danach untersuchen, welcher AR-Typ an ihnen sinnvollerweise genähert werden kann.

Der Plot der Elemente $\beta_{(k)}$ als Funktion von k gibt also weitere Auskunft über die inneren Abhängigkeiten einer zeitlichen Datenserie und ihre Modellierbarkeit durch einen AR-Prozeß, vgl. hierzu Abb. 7.2b, in der in der ersten Spalte die Autopartialkorrelationen über die EEG-Daten (Abb 7.2a) als Kurve dargestellt sind. Man sieht daran, daß die direkte (lineare) Abhängigkeit beim EEG schon in der ersten Hälfte des *scanning*-Intervalls endet.

Operatoren-Darstellung

Für eventuelle fortgeschrittene analytische Untersuchungen eines gegebenen Arima-Modells soll der Übergang zu einer Operatoren-Darstellung dieser und anderer Prozesse eingeführt werden:

Mengentheoretische Definition eines Operators: Eine n-stellige Operation in einer Menge M läßt sich als Teilmenge eines n+1-stelligen kartesischen Produktes von M mit sich selbst darstellen bzw. als linkstotale rechtseindeutige Abbildung $M^n \to M$. Die Menge aller n-stelligen Operationen, die so über eine Menge M definiert werden können, sei bijektiv auf eine Menge Ω_n abgebildet, so daß jedem Element $\omega \in \Omega_n$ eine der möglichen n-stelligen Operationen über M umkehrbar eindeutig entspreche. (Die Elemente ω werden als "Nummerierung" bzw. als Benennung der möglichen n-stelligen Operationen über M verwendet.) Dadurch wird ein n+1-stelliges kartesisches Produkt

$$\Omega_n \times M^n \quad \to \quad M$$

definiert. Die Elemente ω in Ω_n stellen dann *n-stellige Operatoren* dar, die aus den möglichen n-stelligen Operationen über M jeweils genau eine auswählen.
Wir definieren nun für die betrachteten Prozesse einen einstelligen *"Rückwärts-Verschiebe-Operator" (backward shift operator)* B, der jedem Zustand x_t den vorangehenden Zustand x_{t-1} zuweise (der diejenige Operation symbolisiere, die diese Berechnung ausführt):

$$Bx_t = x_{t-1}. \tag{7.27}$$

Die k-fache Anwendung von B (d.h. die k-fache zeitliche Rückverschiebung) schreiben wir

$$B^k x_t = x_{t-k}. \tag{7.28}$$

Wir drücken damit den Prozess (7.16b) $x_t = \Sigma_{k=1}^{p} \phi_k x_{t-k} + \varepsilon_t$ aus durch $x_t = \Sigma_{k=1}^{p} \phi_k B^k x_t + \varepsilon_t$. Symbolisches Ausklammern von x_t auf der rechten Seite ergibt dann $x_t = (\Sigma_{k=1}^{p} \phi_k B^k)\, x_t + \varepsilon_t$. Eine Umstellung ergibt $\varepsilon_t = x_t - (\Sigma_{k=1}^{p} \phi_k B^k)\, x_t$. Hieraus folgt $\varepsilon_t = (1-\Sigma_{k=1}^{p} \phi_k B^k) x_t$ bzw.

$$\varepsilon_t = \phi(B)x_t \quad \text{mit dem Operator} \quad \phi(B) = 1 - \Sigma_{k=1}^{p} \phi_k B^k. \tag{7.29}$$

Für die Umkehrung der Vorhersage $x_t = \{\phi(B)\}^{-1}\varepsilon_t$ folgt ein weiterer Operator $\theta(B)$

$$x_t = \theta(B)\varepsilon_t = \Sigma_{k=0}^{\infty} \theta_i \varepsilon_{t-i} \tag{7.30}$$

mit $\phi(B)\theta(B) = 1$, wobei - je nach Prozesstyp - für x_t die Möglichkeit einer lineare Zerlegung mit den Gewichten θ_k nach den "ε-Fehlern" (Zufallseinwirkungen, Schocks) vorausgesetzt wird, die sehr tief in die Vergangenheit (formal bis ∞) reicht. Wir sehen, daß auf diese Art ein AR-Prozess als ein MA-Prozess (siehe unten) mit unendlicher Vergangenheit bzw. mit $q = \infty$ interpretiert werden kann.

Diese Operatorendarstellungen von Prozessen ermöglichen die Analysen der Autokorrelationen bzw. Fourier- und Spektralanalysen der theoretischen Verläufe dieser diskreten Prozesse, um daraus Vorhersagen und Modelltests für empirische Prozeßdaten zu gewinnen (siehe Box, G. E. P. und Jenkins, G. M. (1976), Kendall et al. (1979) u.a.).

7.3.2 Moving Average (MA-) Prozesse

Der Wert x_t der Prozeßvariablen wird hier nicht wie bei AR-Prozessen aus seinen früheren Stadien vorhergesagt, sondern aus q vorangehenden Zufallsvariablen ε ("Schocks")

$$x_t = \varepsilon_t + \theta_1 \varepsilon_{t-1} + \theta_2 \varepsilon_{t-2} + \ldots + \theta_q \varepsilon_{t-q} = \sum_{k=0}^{q} \theta_k \varepsilon_{t-k} \quad (\theta_0 = 1). \tag{7.31}$$

Bei diesem Prozeß wird angenommen, daß der Zustand x_t des Prozesses zu jedem Zeitpunkt t das Ergebnis einer Zufallsvariablen ε_t zum Zeitpunkt t darstellt, auf die zusätzlich eine mit θ gewichtete Summe von nicht korrelierenden Zufallsvariablen ε_{t-k} (k = 1,q) ("weißes Rauschen") der q vorangehenden Zeitpunkte aufaddiert wird. Daher folgt die Bezeichnung MA(q)-Prozeß.

Beispiel: Die betrachteten psychologischen Verhaltensvariablen werden durch eine gegenwärtige sowie durch vorangehende "von außen" einwirkende Zufallsgrößen ε beeinflußt. Die Beeinflussungsgrade sind jedoch nicht an jedem vorangehenden Tage gleich. Vielmehr werden sie je nach der Länge des zurückliegenden Zeitintervalls durch die θ-Werte unterschiedlich gewichtet. So kann es Prozesse geben, bei denen jeweils z.B. das vorletzte Ereignis ein besonderes Gewicht in der Wirkung auf x_t besitzt. Solche Einflüsse sind auch bei Itemsequenzen in einem Test denkbar. Im Gegensatz zum AR-Modell wirken unter dem MA-Modell nicht die vorangehenden Antworten (*responses*) x_{t-k} (k = 1...) auf die jeweilige Anwort x_t ein, sondern andere Zufallseinflüsse ε_{t-k}, z.B. die Auswirkungen vorangehender Items (oder andere zufällige Umgebungs-Stimuli). Insgesamt sind je nach dem angenommenen Modell jedoch nur die Einflüsse der jeweils q zurückliegenden Zeitpunkte wirksam.

7.3.3 Autoregressive Moving Average (ARMA-) Prozesse.

In diesen Prozessen werden die Modelle des AR-Prozesses und des AM-Prozesses miteinander verbunden zu einem ARMA(p,q)-Prozeß:

$$x_t = \sum_{k=1}^{p} \phi_k x_{t-k} + \varepsilon_t + \sum_{k=1}^{q} \theta_k \varepsilon_{t-k}\,; \qquad \text{wobei } E(\varepsilon) = 0;\; \sigma^2 = \text{const.} \tag{7.32}$$

Hier wird angenommen, daß die Prozeßvariable zu jedem Zeitpunkt t von ihren letzten p Zuständen x_{t-k} (k=1...p) von einem gegenwärtigen "Schock"-Einfluß" ε_t und von q weiteren vorangehenden zufälligen Einflüssen abhängt.

Operatorendarstellung: Wir schreiben unter Verwendung von $x_{t-k}=B^k x_t$ (7.28) und der analogen Definition $\varepsilon_{t-k}=B^k\varepsilon_t$ Gleichung (7.32) in folgender Weise um:

$$x_t - \Sigma_{k=1}^{p} \phi_k x_{t-k} = \varepsilon_t - \Sigma_{k=1}^{p} \theta_k \varepsilon_{t-k} \quad \text{bzw.} \quad x_t - \Sigma_{k=1}^{p} \phi_k B^k x_t = \varepsilon_t - \Sigma_{k=1}^{p} \theta B^k \varepsilon_t$$

und danach

$$(1-\Sigma_{k=1}^{p} \phi_k B^k) x_t = (1-\Sigma_{k=1}^{q} \theta_k B^k) \varepsilon_t.$$

Unter Verwendung des in (7.29) definierten Operators resultiert aus der letzten Gleichung

$$\phi(B) x_t = \theta(B) \varepsilon_t. \tag{7.33}$$

7.3.4 ARIMA-Prozesse

Die bisher eingeführten AR-, MA- und ARMA-Modelle setzen die Gültigkeit von Stationaritätsbedingungen voraus. Es gibt jedoch bestimmte Abweichungen von der Stationarität, z.B. Trends von Erwartungswerten $E(x_t)$, die durch sog. *Differenzenfilter* eliminiert werden können, um Stationarität der Prozesse zu erreichen.

Iterative Differenzenbildung

Am deutlichsten lassen sich die Effekte der Differenzenbildung an polynomialen Verläufen demonstrieren: Nimmt man einen einfachen kubischen Trend an, dann erhält man durch 3fach wiederholte Differenzenbildung aller benachbarten Werte schließlich einen stationären Verlauf der (Erwartungs-) Werte:

Kubisch:	1		8		27		64		125		216		...
d=1:		7		19		37		61		91		...	
d=2:			12		18		24		30		...		
d=3:				6		6		6		...			

Man erkennt die Parallelität zur Differentiation: $d^3(x^3)/dx = 3 \cdot 2 = \text{const.}$ Dabei wird deutlich, daß man auch nicht-monotone, generelle polynomiale Trends $E(x)=\Sigma_{i=0} c_i t^i$ sowie Trends, die sich genügend genau durch Polynome annähern lassen, aber auch sprunghafte Niveauverschiebungen, z.B. bei Aktienkursen, durch die Differenzenfilterung eliminieren kann. Addiert man auf den obigen einfachen Trend einen stationären Fehlerprozeß ε_t, dann hat die Differenzenbildung z.B. bei ε_t folgenden Effekt:

Kubisch:	$1 + \varepsilon_t$		$8 + \varepsilon_{t-1}$		$27 + \varepsilon_{t-2}$		$64 + \varepsilon_{t-3}$	...
d=1:		$7 + \Delta\varepsilon_t$		$19 + \Delta\varepsilon_{t-1}$		$37 + \Delta\varepsilon_{t-2}$		...
d=2:			$12 + \Delta^2\varepsilon_t$		$18 + \Delta^2\varepsilon_{t-1}$			...

usw.

Hierbei bezeichnet $\Delta^d{}_{t+d-i}$ die d-te Differenzenbildung, deren Ergebnis per definitionem dem Zeitpunkt t+d-i zugeordnet wird. Unter den d Differenzenbildungen der angenommenen Zufallsvariablen x_t oder ε_t bleiben die Erwartungswerte $E(\Delta^d\varepsilon)$ jeweils gleich 0:

$$E(\Delta^d\varepsilon_t) = 0. \tag{7.34}$$

Für das Ergebnis der d-ten Differenzenbildung zwischen aufeinanderfolgenden Werten x_{t+k} wird eine detailliertere Darstellung des Operators Δ^d erforderlich. Dabei kann man den neuen Operator Δ^d durch Binomialkoeffizienten (Kap. I, Formel (1.4a)) ausdrücken:

$$\Delta^d x_t = x_{t+d} - \binom{d}{1} x_{t+d-1} + \binom{d}{2} x_{t+d-2} - \binom{d}{3} x_{t+d-3} + x_{t+d-i} \cdots = \sum_{i=0}^{d} \binom{d}{i} (-1)^i. \tag{7.35}$$

Herleitung: Man bildet aus einer Serie a, b, c, d nacheinander die Differenzenserien bis d=2 und faßt die resultierende Gesetzmäßigkeit in *einer* Formel zusammen:

Zeit →	t	t-1	t-2	t-3	
d=0:	a	b	c	d;	$a = \sum_{i=0}^{0} \binom{0}{0}(-1)^0 a_{(t+d-0)}$, b≡analog usw.
d=1:	a−b	b−c	c−d;		$a-b = \binom{1}{0}(-1)^0 a_{(t+d-0)} + \binom{1}{1}(-1)^1 b_{(t+d-1)}$
d=2:	a−b−(b−c)	b−c−(c−d)	.....		
=	a−2b+c	b−2c+d;			$a-2b+c = \binom{2}{0}(-1)^0 a_{(t+d-0)} + \binom{2}{1}(-1)^1 b_{(t+d-1)} + \binom{2}{2}(-1)^2 c_{(t+d-2)}$

Die Reihe für d=2 läßt sich in Analogie zum binomischen Prinzip (Kap. I, Formel (1.4a)) entwickeln, wenn man dieses Prinzip symbolisch zur Indexentwicklung verwendet:

$$[(A + (-B)]^d = \sum_{i=0}^{d} \binom{d}{i} A^{d-i} \cdot B^i \equiv \sum_{i=0}^{d} \binom{d}{i} (-1)^i x_{t+d-i} \quad \Big|\; A=1,\; B^i \equiv x_{t+d-i}\,. \tag{7.36}$$

Formel (7.36) definiert gleichzeitig den neuen Operator, den Differenzen-Operator **Δ**:

$$\Delta^d = (1 - B)^d\,. \tag{7.37}$$

Operatorendarstellung: Wendet man den Δ-Operator auf die x-Serie des ARMA-Prozesses bzw. auf die linke Seite der Gleichung (7.33) an und ersetzt dort das x_t unter dem Operator $\phi(B)$ durch seine d-fache Differenzenbildung, dann folgt

$$\phi(B)(1-B)^d x_t = \theta(B)\varepsilon_t \qquad \text{bzw.} \qquad \phi(B)\triangle^d x_t = \theta(B)\varepsilon_t. \tag{7.38}$$

Hierbei wird der Differenzen-Operator $\triangle^d$ nicht auf den Teilprozess ε_t angewandt, d.h. die Schocks werden hier als einfache Überlagerung behandelt, zumal wegen der Invarianz von $E(\triangle^d\varepsilon_t)=0$ und der stochastischen Unabhängigkeit aufeinanderfolgender Werte von ε_t die Serie $\triangle^d\varepsilon_t$ sich von der Serie ε_t nur durch die Varianz der ε_t-Variablen unterscheidet.

Beispiel einer nichtparametrischen Modellüberprüfung:

Besteht eine Serie x_t nur aus einem deterministischen Trend und einem darauf addierten unkorrelierten Zufallsprozeß ε_t, dann kann die Varianz des Differenz-Zustandes zum Zeitpunkt t als Summe der durch die Binomialkoeffizienten gewichteten Varianzen der zufälligen Anteile innerhalb jeder Differenz ausgedrückt werden (vgl. z.B. Kap. III, Formel (3.45a)):

$$\mathrm{Var}(\Delta^d\varepsilon_t) = \sum_{i=0}^{d}\binom{d}{i}^2 v_i = v\sum_{i=0}^{d}\binom{d}{i}^2 = v\binom{2d}{d} \qquad \Big|\ v_i = v = \text{const.} \tag{7.39}$$

Hierbei wird angenommen, daß die Varianz v für jedes ε_i bzw. ε_t gleich ist. Aus (7.39) läßt sich die Varianz v explizit machen:

$$v = \mathrm{Var}(\Delta^d\varepsilon_t)/\binom{2d}{d}. \tag{7.40}$$

Danach läßt sich die Konstanz von v für verschiedene Differenzenbildungen $\triangle^d$ eines Satzes von Prozeßdaten überprüfen.

Parameternäherung

Eine einfache Methode einer LS-Parameternäherung ohne die Annahme spezieller Verteilungsformen für die Prozessvariablen besteht in folgender Prozedur:
Nachdem man sich für ein bestimmtes (p,d,q)-Modell entschieden hat und bereits die d-te Differenzenbildung an den Daten durchgeführt hat, wendet man zunächst die Parameternäherung für einen AR-Prozess ohne MA-Anteil (Gaußsche Form, siehe oben (7.18)) an. Danach berechnet man mittels des erhaltenen Gewichtsvektors $\phi = (\phi_1,...,\phi_p)$ die vorhergesagten Prozeßwerte $\hat{x}_t$ (t=1,...) und daraus die Differenzen, d.h. die Regressionsfehler $\varepsilon_t = x-\hat{x}_t$ (t=1,...). Diese Regressionsfehler verwendet man nun in dem Arima-Prozess (7.3.2) zur Bildung einer kombinierten Prädiktormatrix aus x_t- und ε_t-Werten im Sinne der Gaußschen Form, so z.B. bei Anwendung des Modells $(p,d,q) \equiv (3,1,2)$ auf eine Datenfolge der Länge $n >> p+q$:

$$\begin{pmatrix} x_{n-3} & x_{n-2} & x_{n-1} & \varepsilon_{n-2} & \varepsilon_{n-1} \\ x_{n-4} & x_{n-3} & x_{n-2} & \varepsilon_{n-3} & \varepsilon_{n-2} \\ x_{n-5} & x_{n-4} & x_{n-3} & \varepsilon_{n-4} & \varepsilon_{n-3} \\ & & \cdot\ \cdot\ \cdot\ \cdot\ \cdot & & \\ x_3 & x_4 & x_5 & \varepsilon_4 & \varepsilon_5 \\ x_2 & x_3 & x_4 & 0 & \varepsilon_4 \\ x_1 & x_2 & x_3 & 0 & 0 \end{pmatrix} \cdot \begin{pmatrix} \phi_1 \\ \phi_2 \\ \phi_3 \\ \theta_1 \\ \theta_2 \end{pmatrix} = \begin{pmatrix} x_n \\ x_{n-1} \\ x_{n-2} \\ \cdot\ \cdot\ \cdot \\ x_6 \\ x_5 \\ x_4 \end{pmatrix} \qquad (7.41)$$

Die Nullen in der Prädiktormatrix von (7.41) sind erwartungstreue Schätzungen der unbekannten Schocks ε_t für die ersten Zeitpunkte der Reihe.

Nach der LS-Näherung des Prädiktorvektors $(\phi_1 ... \phi_p, \theta_1 ... \theta_q)$ mittels der Gaußschen Form (7.18) bestimmt man erneut die Differenzen $\varepsilon_t = \hat{x}_t - x_t$, setzt diese verbesserten Näherungen in (7.41) ein und errechnet wiederum eine neue Näherung für den Prädiktorvektor, usw. Bei einer genügenden Anzahl von Wiederholungen konvergieren die ε_t-Werte und der Prädiktorvektor erfahrungsgemäß relativ schnell. Diesen Prozess führt man für unterschiedliche Paare von p-q-Werten sowie für eine Reihe unterschiedlicher Differenzenbildungen durch und ermittelt so aus einer vorgegebenen Anzahl möglicher Modelle nach dem kleinste-Quadrate-Kriterium $\Sigma(x - \hat{x})^2 \rightarrow$ min. ein bestes LS-Modell für den gegebenen Datensatz.

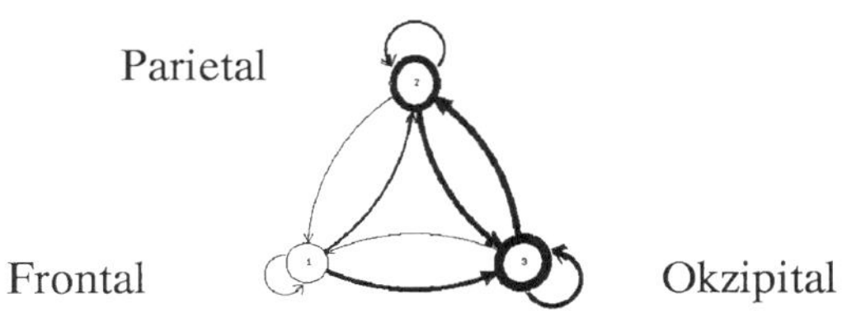

Abb. 7.3 Flußdiagram der Vorhersagegenauigkeiten (Pfeile unterschiedlicher Dicke), d.h. der multiplen Korrelationen (Kap. III, 3.9.1) der Auto- und Kreuzregressionen des am besten auf die EEG-Daten in Abb. 7.1c passenden ARIMA(2,2,2)-Modells.

Die Ergebnisse sind in Abb. 7.3 dargestellt: Das Bild zeigt eine starke wechselseitige Beeinflussung zwischen parietalen und okzipitalen Ableitungen sowie eine relative Isoliertheit des frontalen Bereiches: Allerdings beeinflußt der frontale Bereich mehr die anderen Bereiche, als er von ihnen beeinflußt wird.

Zur Abbildung 7.3: Die Pfeilrichtung entspricht der Zeitrichtung: Ein Pfeil von x zu y gibt die Korrelation *früherer* x-Werte mit *späteren* y-Werten an. Die Korrelationen liegen zwischen .70 und .92. Es wurden die Daten von drei Personen analysiert. Die Unterschiede zwischen den drei Personen bzgl. der Korrelationen waren so gering, d.h. die Korrelationen waren interpersonell so stabil (!), daß die drei Personen praktisch die gleichen Flußdiagramme aufwiesen. Unterschiede zwischen den Personen tauchten zumeist erst ab der zweiten Stelle hinter dem Komma auf.
Die anderen geprüften ARIMA-Modelle (2,0,2) und (2,1,2) für Ia), Ib) wiesen geringere Anpassungen auf.

7.4 Die Fouriertransformation

7.4.1 Orthogonale Funktionen

Auf der Grundlage der *Basiszerlegung* einer Matrix X_{Nm} ($N \geq m$) (7.7) konnte in wenigen Schritten gezeigt werden, daß eine Funktion y, die in Form von diskreten indizierten Werten y_i ($i=1,N$) gegeben ist, sich in der Form $Pc=y$ nach einer beliebigen orthonormalen Matrix P_{Nm} mit maximal $m=N$ Spalten bzw. nach m *orthogonalen Funktionen* zerlegen läßt. Der Gewichtungsvektor c ergibt sich dann aus $c=P'y$, sodaß

$$y_i = \sum_{j=1}^{m} p_{ij}c_j \quad \text{und} \quad m \leq N. \tag{7.42}$$

Die so beschriebene Orthogonalisierung soll hier auf die Zerlegung kontinuierlicher Funktionen g(x) nach kontinuierlichen orthogonalen Funktionen (Spalten von P) verallgemeinert werden. Aus dem Indexbereich 1 bis N wird nun ein kontinuierliches Intervall der Länge T. Aus den Summierungen in den Skalarprodukten im Ausdruck $P'y=c$ bzw. $\sqrt{D}P'_oy=c$ (7.7e) werden entsprechende Integrale über den Bereich T (siehe unten). Wegen der Relation $m \leq N$ muß zur Beibehaltung einer genügenden Anzahl von Prädiktoren bei $N \to \infty$ auch die Spaltenzahl m bis auf bestimmte Ausnahmen als (abzählbar) unendlich gewählt werden, d.h. aus P wird eine unendliche Matrix. (Beim Übergang von den Fourierreihen zur Fouriertransformation wird die Spaltenzahl sogar überabzählbar, siehe unten).

7.4.2 Fourierreihen

Für die orthogonale Zerlegung von Zeitreihen g(x) (bzw. f(t)) werden als orthogonale Funktionen generell die trigonometrischen (*harmonischen*) Funktionen

$$\cos(nx) \quad \text{und} \quad \sin(nx) \quad (x=-\pi \text{ bis } +\pi \text{ und } n=1,2,3 \text{ bis } \infty) \tag{7.42a}$$

gewählt, wobei n hier dem früheren Spaltenindex j in (7.42) entspricht und x wegen der Verwendung von Winkelfunktionen nur in dem Intervall von $-\pi$ bis $+\pi$ variiert. Das Produkt nx entspricht hier dem n-fachen des jeweiligen Winkels x. Angenommen, eine ursprüngliche Funktion f(t) sei im Intervall $t=-T/2$ bis $+T/2$ definiert, dann ergibt sich die Umskalierung von t zu x bzw. von f(t) zur entsprechenden Funktion g(x), und umgekehrt durch $x=t/(T/2)\cdot\pi$. Hierdurch und durch die Definition $\omega_n=(2\pi/T)\cdot n = \Delta\omega \cdot n$ ergeben sich einige sehr häufig verwendete Umrechnungsregeln:

$$x = \frac{2\pi t}{T}, \quad t=\frac{Tx}{2\pi}, \quad g(x)=g(\frac{2\pi t}{T}) = f(t) = f(\frac{Tx}{2\pi}), \quad nx=\omega_n t, \quad t=nx/\omega_n. \tag{7.42b}$$

Aus (7.42) wird dann in kontinuierlicher Verallgemeinerung

$$f(t) = g(\frac{2\pi t}{T}) = g(x) = \sum_{n=1}^{\infty} a_n \cos(nx) + \frac{1}{2}a_0 + \sum_{n=1}^{\infty} b_n \sin(nx). \qquad (7.43)$$

7.4.3 Orthogonalität der trigonometrischen Funktionen

Die $n=\infty$ Spalten der Matrix P_o bestehen hiernach aus jeweils nach n gepaarten Sinus- und Kosinus-Funktionen, die untereinander orthogonal sind (sowie einer Spalte mit der konstanten Funktion 1/2, die ebenfalls zu allen anderen Spalten orthogonal ist). Die Orthogonalität kann man durch die "kontinuierlichen Skalarprodukte" aller Spalten von P miteinander analog zu $P'P=D$, d.h. durch die entsprechenden Integrale der Produkte der Funktionen für alle $n=r$ bzw $=s$, nachweisen. Die Integration läuft dabei über das Intervall, in dem x variiert, d.h. von $-\pi$ bis π (→ *Trigonometrie*):

$$\int_{-\pi}^{\pi} \cos(rx) \cdot \cos(sx)dx = \begin{cases} =0, & r \neq s \\ =\pi, & r=s \end{cases}$$

$$\int_{-\pi}^{\pi} \sin(rx) \cdot \sin(sx)dx = \begin{cases} =0, & r \neq s \\ =\pi, & r=s \end{cases}$$

$$\int_{-\pi}^{\pi} \cos(rx) \cdot \sin(sx)\, dx = 0, \quad \text{für alle } r,s. \qquad (7.44)$$

In Analogie zu dem Ausdruck $c=\sqrt{D}P'y$ (7.7e) errechnen sich nun die Koeffizienten a_n und b_n aus g(x) oder aber aus f(t) aus integrierten Produkten von Funktionen:

$$a_n = \frac{1}{\pi} \int_{-\pi}^{\pi} g(x)\cos(nx)\, dx \quad \text{und} \quad b_n = \frac{1}{\pi} \int_{-\pi}^{\pi} g(x)\sin(nx)\, dx, \qquad (7.45a)$$

$$a_n = \frac{2}{T} \int_{-T/2}^{T/2} f(t)\cos(\omega_n t)dt \quad \text{und} \quad b_n = \frac{2}{T} \int_{-T/2}^{T/2} f(t)\sin(\omega_n t)dt. \qquad (7.45b)$$

a_0 erhält man für $n=0$ aus dem oberen Kosinus-Ausdruck (wobei wegen $n=0$ auch $b_0=0$).

Für die Schätzung der Koeffizienten aus N konkret vorliegenden Daten (x_k, $k=0, N-1$) zu den Zeiten $0 \cdot \Delta t$ bis $(N-1) \cdot \Delta t$ muß man anstatt der Integrale Summen verwenden, vgl. die FFT (*fast* (schnelle) Fourier Transform, Honerkamp, J. (1990)):

$$a_n = \frac{1}{N} \sum_{k=0}^{N-1} x_k \cos(2\pi nk/N) \quad \text{und} \quad b_n = \frac{1}{N} \sum_{k=0}^{N-1} x_k \sin(2\pi nk/N). \qquad (7.45c)$$

7.4.4 Übergang zur komplexen Darstellung

Berücksichtigt man, daß $\cos nx + i \cdot \sin nx = e^{i \cdot nx}$ $(i=\sqrt{-1})$ gilt (Kap. V, (5.28a)), dann läßt sich die Reihenzerlegung (7.43) unter einer Einführung von komplexen Koeffizienten, definiert durch $c_n=(a_n-ib_n)/2$ und $c_{-n}=(a_n+ib_n)/2$ kürzer schreiben:

$$g(x) = \sum_{n=-\infty}^{n=\infty} c_n e^{inx} = f(t) = \sum_{n=-\infty}^{n=\infty} c_n e^{i\omega_n t}, \tag{7.46}$$

$$c_n = \frac{1}{T} \int_{-T/2}^{T/2} f(t) e^{-i\omega_n t} dt. \tag{7.46a}$$

Die Beziehungen lassen sich herleiten, indem man zeigt, wie sich die Koeffizienten c_{-n} und c_n wieder auf die Koeffizienten a_n und b_n zurückführen lassen:

$$\begin{aligned} c_{-n}e^{-i\omega_n t} + c_n e^{i\omega_n t} &= 1/2(a_n + ib_n)e^{-i\omega_n t} + 1/2(a_n - ib_n)e^{i\omega_n t} \\ &= a_n \cos(\omega_n t) + b_n \sin(\omega_n t) = a_n \cos(nx) + b_n \sin(nx). \end{aligned}$$

Hieran sieht man, daß im Bereich der a_n, b_n die Größe n von 1 bis ∞ variiert und gleichzeitig im Bereich der c_n bzw. c_{-n} von $-\infty$ bis ∞. Die Größen c_n und c_{-n} sind zueinander *konjugiert komplex* (vgl. Kap. V, Formeln unter (5.28a)).

7.4.5 Das Frequenzspektrum einer Funktion f(t)

Die Beträge $|c_n| = \sqrt{c_n \cdot c_{-n}}$ lassen sich nun aus den c-Werten von (7.46a) bestimmen und als Funktion der Größen ω_n für $n = -...$ bis $n = +...$ graphisch darstellen. Die so erhaltene Graphik, das *Frequenzspektrum* von f(t), ergibt wegen der ganzzahligen Variation von n keine stetige Kurve, sondern eine Folge von Säulen bzw. *Linien,* die die Stärken bzw. die *Amplituden* der in f(t) im Bereich $t \in T$ enthaltenen Schwingungskomponenten darstellen.

7.4.6 Übergang zur Fouriertransformation von f(t)

Wegen $\omega_n = 2\pi n/T$ vermindern sich mit wachsendem T die Größen ω_n und damit die Abstände $\Delta\omega$ der Punkte auf der Abszisse des Frequenzspektrums. Dadurch verwandelt sich bei $T \to \infty$ das Frequenzspektrum in eine kontinuierliche Kurve, die als *Fouriertransformation* von f(t) bezeichnet wird, d.h. wegen $1/T = \omega_n/(2\pi n) = \Delta\omega/(2\pi)$ ergibt sich durch Einsetzen von (7.46a) in die Zerlegung von f(t) in (7.46):

$$f(t) = \sum_{n=-\infty}^{n=\infty} c_n \cdot e^{i\omega_n t} = \sum_{n=-\infty}^{n=\infty} \left[\frac{\Delta\omega}{2\pi} \int_{-T/2}^{T/2} f(t) e^{-i\omega_n t} dt\right] \cdot e^{i\omega_n t}$$

$$f(t) \quad ... \quad = \frac{1}{2\pi} \int_{-\infty}^{\infty} \left[\int_{-\infty}^{\infty} f(t) e^{-i\omega t} dt \right] \cdot e^{i\omega t} d\omega. \tag{7.47}$$

$$\lim T \to \infty$$

Der Ausdruck in der eckigen Klammer stellt dann die mit $F(\omega)$ bezeichnete *Fouriertransformierte* von f(t) dar. Da das Integral des Produktes des Klammerausdrucks mit $e^{i\omega t}$ wieder f(t) ergibt, folgt somit auch ein Ausdruck für die *Inverse*

Fouriertransformtion, so daß beide Transformationen lauten:

$$F(\omega) = \int_{-\infty}^{\infty} f(t)e^{-i\omega t}dt \qquad \text{und} \qquad f(t) = \frac{1}{2\pi}\int_{-\infty}^{\infty} F(\omega)e^{i\omega t}d\omega. \tag{7.48}$$

(Vgl. hierzu die Bildung der charakteristischen Funktion von Zufallsvariablen sowie der Beweis für die Formel der Inversen Kap. V, Teil 5.3.8 Formel (5.43a)-(534b)).

7.4.7 Autokorrelationsfunktionen

Bei der üblichen Korrelation r_{xy} sind die beiden Variablen x_i, y_i $(i=1,N)$ Funktionen eines diskreten Index i, ähnliches gilt für die Autokorrelation mit den beiden um lag=k versetzt laufenden Indizes i,i+k. Wir verwenden nun die Zeit t als kontinuierlichen Index (vgl. auch (7.12b)) und wählen auch anstelle des diskreten lag k die kontinuierliche zeitliche Versetzung τ. Die von t abhängige zufällige Prozeßvariable $x^*(t)$ sei innerhalb eines von uns jeweils ausgewählten Intervalls T mittelwertsnormiert: $E(x^*)=0$. Dann ergibt sich die zu (7.12b) analoge Kovarianz aus

$$\gamma(\tau) = \lim_{T\to\infty} \frac{1}{T} \int_{-T/2}^{T/2} x^*(t)x^*(t+\tau)dt. \tag{7.49}$$

Die Funktion $\gamma(\tau)$ heißt *Autokovarianzfunktion.* Für $\tau=0$ wird hieraus die Kovarianz der Reihe mit sich selbst, also die Varianz:

$$\gamma(0) = \lim_{T\to\infty} \frac{1}{T} \int_{-T/2}^{T/2} x^{*2}(t)dt. \tag{7.50}$$

Standardisieren wir die Zeitreihe X* durch Division durch die Streuung $x=x^*/\sqrt{\gamma(0)}$, dann erhalten wir die *Autokorrelationsfunktion* dargestellt in verschiedenen Schreibweisen:

$$\rho(\tau) = \lim_{T\to\infty} \frac{1}{T} \int_{-T/2}^{T/2} x(t)x(t+\tau)dt = \overline{x(t-\tau)x(\tau)} = \rho(-\tau)\,. \tag{7.51}$$

Für die Summe $x(t)+y(t)$ zweier Zeitreihen X und Y ergibt sich dann durch einfaches Einsetzen in (7.51)

$$\begin{aligned}\rho_{x+y}(\tau) = \overline{[x(t)+y(t)]\cdot[x(t+\tau)+y(t+\tau)]} &= \overline{x(t)x(t+\tau)} + \overline{x(t)y(t+\tau)} + \overline{y(t)x(t+\tau)} + \overline{y(t)y(t+\tau)}\\ &= \rho x(\tau) + \rho_y x(\tau) + \rho x_y(\tau) + \rho_y(\tau).\end{aligned}$$

Sind die beiden Zeitreihen für jedes τ voneinander linear unabhängig, dann vereinfacht sich der obige Ausdruck wegen des Verschwindens der Kreuzkorrelationen zu

$$\rho_{x+y}(\tau) = \rho_x(\tau) + \rho_y(\tau). \tag{7.51a}$$

7.4.8 Fouriertransformation der Autokorrelationsfunktion, Spektraldichte

Wir definieren eine neue Zufallsfunktion f(t), die innerhalb des Intervalls T gleich x(t) und außerhalb von T const=0 sei. Für diese Funktion können die Ausdrücke (7.49) bis (7.50) für die Autokovarianzen ohne Limes-Bildung direkt über Integrale zwischen $-\infty$ und $+\infty$ gebildet werden:

$$C_T(\tau) = \frac{1}{T} \int_{-\infty}^{+\infty} f(t) f(t+\tau) dt. \tag{7.52}$$

Die Fouriertransformation von (7.52) ergibt sich dann nach (7.48) zu

$$F[C_T(\tau)] = \frac{1}{T} \int_{-\infty}^{+\infty} \int_{-\infty}^{+\infty} f(t)\, f(t+\tau) e^{-i\omega\tau} dt d\tau. \tag{7.53}$$

Führt man die Variable $u = t+\tau$ ein, dann folgt aus $\tau = u-t$ bzw. $e^{-i\omega\tau} = e^{-i\omega(u-t)} = e^{i\omega t} e^{-i\omega u}$ und aus der Umordnung der beiden Integrale

$$F[C_T(\tau)] = \frac{1}{T} \int_{-\infty}^{+\infty} f(t) e^{i\omega t} dt \cdot \int_{-\infty}^{+\infty} f(u) e^{-i\omega u} du \cdot \tag{7.54}$$

Da hier t und u vertauschbar sind, besteht der einzige Unterschied zwischen den beiden Integralen im Vorzeichen. Daher kann man unter Verwendung von (7.48) und da $F(-\omega)$ und $F(\omega)$ konjugiert komplex sind (siehe Formel (5.28a)), auch schreiben

$$F[C_T(\tau)] = \frac{1}{T} F(\omega) \cdot F(-\omega) = \frac{1}{T} |F(\omega)|^2. \tag{7.55}$$

Für $T \to \infty$ wird wegen (7.51) aus der Autokovarianzfunktion C_T die Autokorrelationsfunktion. Für diesen Fall wird $1/T|F(\omega)|^2$ als *Spektraldichte* $G(\omega)$ bezeichnet:

$$G(\omega) = F[\rho(\tau)] = \lim_{T \to \infty} \frac{1}{T} |F(\omega)\ |. \tag{7.56}$$

Die Spektraldichte ist also die Fouriertransformierte der Autokorrelationsfunktion.

7.4.9 Spektraldichten für weißes und rotes Rauschen

Unterschiedliche Zufallsprozesse lassen sich oft durch den Typ ihrer Spektraldichte diagnostizieren:
Für ein ideales *weißes Rauschen*, das "in der Natur" nicht vorkommt, nimmt man an, daß in einem Zufallsprozeß alle Schwingungen mit gleichem Anteil vorkommen, d.h. daß das (*Frequenz-*) *Spektrum* (siehe oben (7.46a)) flach ist. Entsprechend wird auch die Spektraldichte als konstant vorhergesagt. Da in der Natur weißes Rauschen bestenfalls in gewissen Bandbereichen vorkommt, ist auch nur für diesen Bereich mit $(\omega_1 < |\omega| < \omega_2)$ die Funktion $G(\omega) = \text{const} > 0$, außerhalb gilt: $G(\omega)=0$.

Für *Markov-Prozesse* hat die Autokorrelations- (bzw. Autokovarianz)-Funktion die Form:

$$\gamma(\tau) = \sigma^2 e^{-\beta|\tau|}. \tag{7.57}$$

Beweis: Die Autokorrelation für einen AR(1)-Prozess, d.h. für einen (1-dimensionalen) Markovprozeß, lautet für lag k: $\rho_k = \rho^k$ (7.21a). Dies ist zunächst eine Autokorrelationsfunktion für diskretes k. Um daraus die kontinuierliche Version für $k \rightarrow \tau$ abzuleiten, berücksichtigen wir die Beziehung $\rho_k = \rho\rho_{k-1} = \rho_1\rho_{k-1}$ (7.21). Da bei stationären Prozessen diese Beziehungen zeitlich verschiebbar sind, kann (7.21) zu

$$\rho_{j+k} = \rho^j \cdot \rho^k \quad \text{bzw.} \quad \rho(j+k) = \rho(j)\cdot\rho(k) \quad | \; j,k \geq 0. \tag{7.58}$$

verallgemeinert werden. Dies stellt jedoch eine bekannte Funktionalgleichung dar, deren Lösung, wie man durch Einsetzen leicht nachprüfen kann, $\rho(\tau) = e^{-\beta|\tau|}$ beträgt. Die Multiplikation mit σ^2 ergibt dann die Autokovarianzfunktion (7.57) für $\sigma^2 \neq 1$ bzw. für $\sigma^2 = 1$.

Die Spektraldichte für (7.57) errechnet sich dann nach (7.56) zu:

$$G(\omega) = \frac{2\sigma^2 \beta}{\omega^2 + \beta^2} . \tag{7.59}$$

Eine Untersuchung dieser Dichte zeigt, daß sie eine fast glockenförmige Form mit einem Maximum über 0 besitzt. Da bei dieser Glockenform G(ω) gegen $\omega \rightarrow 0$ anwächst, so daß niedrige Frequenzen bzw. lange Wellen stärker vertreten sind, spricht man bei Markovprozessen auch von einem *roten Rauschen.*

7.5 Lineare dynamische Systeme

Die Theorie der *dynamischen Systeme* behandelt Relationen zwischen zeitabhängigen Variablensystemen x(t),y(t),... und deren zeitabhängigen Veränderungen $d^g x(t)/dt^g$, $d^h y(t)/dt^h$, ... (g,h = 1,2...). Die hier auftauchenden Beziehungen werden zunächst für deterministische Zeitfunktionen abgeleitet, können dann aber zumeist mit nur kleinen Änderungen auf Zufallsprozesse übertragen werden.

7.5.1 Eindimensionale lineare Systeme

Wir definieren $Dx(t) = dx(t)/dt$ und nehmen an, daß die Veränderung $Dx(t)$ der Variablen bzw. der Funktion x(t) zum Zeitpunkt t eine lineare Funktion sowohl ihres Zustands x(t) als auch eines *Inputs* u(t) zum Zeitpunkt t ist:

$$Dx(t) = a \cdot x(t) + b \cdot u(t). \tag{7.60}$$

Dies ist eine *lineare Differentialgleichung* mit der zunächst unbekannten Funktion x(t), deren *Lösung* lautet:

$$x(t) = e^{at}x(0) + e^{at}\int_0^t e^{-a\tau} bu(\tau)d\tau = e^{at}x(0) + b\int_0^t e^{a(t-\tau)}u(\tau)d\tau, \tag{7.61}$$

wobei $x(0)$ der *Anfangswert* für $x(t)$ zum Zeitpunkt $t=0$ ist und $x(t)=0$ für $t<0$ angenommen wird. (7.61) kann man leicht durch Einsetzen überprüfen. Für $b=0$, d.h. im Input-freien Fall, heißt das System *frei*, andernfalls *forciert* (*forced*). Die Lösung kann beschrieben werden als Exponentialfunktion, zu der mit dem Gewicht b ein *Faltungsintegral* (Kap. V, Formel (5.14)) einer Exponentialfunktion mit der Input-Funktion $u(t)$ addiert wird.

Beispiele: a) Als *freies System* in der Biologie kann ein Populationswachstum angesehen werden, bei dem der Zuwachs Dx eine positive lineare Funktion der schon vorhandenen Populationsgröße $x(t)$ ist. Der Proportionalitätsfaktor sei gleich $a = g-m$, d.h. gleich der Differenz zwischen der Geburtsrate g und der Mortalitätsrate m:

$$Dx = (g-m)x(t). \tag{7.62}$$

Die Lösung lautet dann nach (7.61):

$$x(t) = e^{(g-m)t}x(0).$$

b) *Forciertes System:* Werden von einem Züchter $u(t)$ Tiere zu den Zeiten t hinzugekauft ($b>0$) bzw. aus der Population herausgenommen ($b\leq 0$), dann handelt es sich um ein forciertes biologisches System.

c) Als weiteres Beispiel für ein *forciertes System* wählen wir den Wasserpegel $x(t)$ in einem Wassertank. Durch ein Leck am Boden laufe gleichzeitig Wasser ab (*freier* Anteil des Systems). Da der Druck im Tank mit fallendem Pegel geringer wird, ist auch der Ablauf mit fallendem Pegel geringer. Daher ist der Ablauf eine negative (lineare) Funktion des Pegels, d.h. $a<0$. Außerdem bestehe ein Wasserzulauf $u(t)$, durch den das System *forciert* wird. Wir erhalten dann die vollständige Gleichung (7.60) und ihre Lösung (7.61) mit den Konstanten $a < 0$ und $b>0$.

Parameternäherung

Der oben verwendete Begriff der Lösung bezieht sich nur auf die durch Integration gefundene Funktion $x(t)$, die Parameter a und b müssen jedoch im experimentellen Falle aus vorliegenden Daten erst bestimmt werden. Hierzu eignet sich besonders die lineare Gleichung (7.60): Angenommen, wir beobachten bei einem Lernprozeß (oder auch aus dem nicht leistungsbezogenen Verhaltensbereich, z.B. bei einem Therapieverlauf) über N Zeitpunkte die fortlaufenden "Leistungen" $x_t, x_{t-1}, x_{t-2}, \ldots, x_{t-N+1}$ sowie ihre Zuwächse, letztere am einfachsten gemessen durch die Differenzen benachbarter Werte $\delta_1 = x_t - x_{t-1}$, $\delta_2 = x_{t-2} - x_{t-1}$ ... usw. Außerdem beobachten wir gleichzeitig fortlaufende Inputs $u_t, u_{t-1}, \ldots$ (z.B. Medikamenteinnahmen der Größen u_t). Dann bilden wir aus den beiden Vektoren x und u die Prädiktormatrix X zur kleinste-Quadrate-Vorhersage des Vektors $Dx = (Dx_i(t), i=1,N)$ mittels der Gaußschen Form (7.1)

$$b = (X'X)^{-1}X' \cdot Dx.$$

Der gefundene Vektor b enthält dann als Elemente die beiden gesuchten Parameter a und b für (7.60) und für (7.61).

Anpassungstest

Wir wählen einen verteilungsfreien Randomisierungstest (siehe Kap. VI): D.h. wir randomisieren die Zuordnung der Elemente des Vektors Dx zur Matrix X, bestimmen für jede Randomisierung die Vektoren b und die zugeordneten Abweichungsquadratsummen aus $Xb = D\hat{x}$ bzw. $\sum_i (Dx_i - D\hat{x}_i)^2 = S$ und prüfen, ob unser ursprüngliches S innerhalb der gewonnenen Verteilung der S-Werte extrem (signifikant) liegt. Die *Nullhypothese* besteht hier, wie auch bei fast allen sonstigen Modelltests, in der *Gültigkeit des Modells*.

7.5.2 Mehrdimensionale lineare Systeme

Die Verallgemeinerung des Systems (7.60) auf zwei Dimensionen führt zu einem n=2-*dimensionalen linearen **Differentialgleichungssystem*** (zweidimensionales DGL):

$$\begin{aligned} Dx_1(t) &= \underbrace{a_{11}x_1(t) + a_{12}x_2(t)}_{\text{"Freier" Anteil}} + \underbrace{b_{11}u_1(t) + b_{12}u_2(t) + \ldots + b_{1v}u_v(t)}_{\text{Input ("forcierter" Anteil)}} \\ Dx_2(t) &= a_{21}x_1(t) + a_{22}x_2(t) + b_{21}u_1(t) + b_{22}u_2(t) + \ldots + b_{2v}u_v(t) \end{aligned} \tag{7.63}$$

Formal erkennt man die n freien Variablen im Gegensatz zu den v Input-Variablen daran, daß sie im Gleichungssystem noch mit Ableitungen $Dx_i(t)$ nach t vertreten sind und daß sie die unbekannten Funktionen darstellen, deren Bestimmung die "Lösung" des DGL darstellen.
Wir können das DGL (7.63) matrixalgebraisch formulieren und erhalten

$$Dx(t) = Ax(t) + Bu(t) \qquad \textit{(Zustandsgleichung)} \tag{7.64a}$$

mit den Matrizen A_{nn}, B_{nv} und den Vektoren $Dx(t) = (Dx_1(t), Dx_2(t))$ und $u(t) = (u_1(t), u_2(t))$.
Zur Vervollständigung eines Input-Outputsystems gehört eine Gleichung, die den Output y(t) des Systems als lineare Funktion der System-internen Zustände x(t) sowie des Input-Vektors u(t) darstellt:

$$y(t) = Cx(t) + Du(t) \qquad \textit{(Eingabe-Ausgabe-Gleichung).} \tag{7.64b}$$

Im Folgenden verzichten wir ohne wesentliche Einschränkung der Allgemeinheit auf die zusätzliche Ausgabegleichung, indem wir C=I und D=0 setzen.

Beispiel: *Mehrdimensionaler Lernprozeß:* $x_1(t), x_2(t)$ seien 2 Fähigkeiten, z.B. $x_1(t) \equiv$ *Abstraktionsvermögen* Ab. und $x_2(t) \equiv$ *räumliches Vorstellungsvermögen* R. Der Prozeß verlaufe so, daß die Zunahme $Dx_1(t)$ von Ab. mit dem Gewicht a_{11} von dem bereits erreichten Niveau in Ab. ($x_1(t)$) und mit a_{12} von dem bereits erreichten Niveau in R ($x_2(t)$) abhänge. Sollte ein Gewicht a_{ij} negativ sein, dann würde dies einen negativen Einfluß von $x_j(t)$ auf $Dx_i(t)$ ausdrücken, was zwischen Intelligenzvariablen allerdings unwahrscheinlich ist. Außerdem sollen auf $Dx_1(t)$ als Funktion von t variierende Input-Variablen mit unterschiedlichen Gewichten b_{11}, b_{12}, b_{13} einwirken, z.B. in Form von *massiertem Training* $u_1(t)$, *Schlafmangel* $u_2(t)$ und *Entspannungsübungen* $u_3(t)$. Dieselben Einflüsse, allerdings mit den Gewichten a_{21}, a_{22} bzw. b_{21}, b_{22}, b_{23} seien im Hinblick auf den *Zuwachs* $Dx_2(t)$, d.h. auf die Zu- bzw. Abnahme von $R \equiv x_2(t)$ wirksam.
In diesem System kommen somit *dynamische* Transferwirkungen zwischen psychologischen Variablen vor, derart daß in Form einer Interaktion die Variable Ab. gemeinsam mit R auf die Zunahme von R einwirkt und R gemeinsam mit Ab. auf die Zunahme von Ab. einwirkt.

Mittels der Regeln über die Differentiation bzw. die Integration von exponentieller matrizen (Formeln (7.8a)ff) läßt sich nun für das DGL in (7.64a) eine matrixalgebraische Lösung analog zu der Lösung in (7.60) formulieren

$$x(t) = e^{At}x(0) + \int_0^t e^{A(t-\tau)}Bu(\tau)d\tau \tag{7.65}$$

mit den Vektoren $x(t) = (x_1(t),x_2(t))$, $x(0) = (x_1(0),x_2(0))$ und den schon eingeführten Matrizen A und B.

Die Ausdrücke At und $A(t-\tau)$ drücken die Multiplikation der Matrix A mit dem Skalar t bzw. $t-\tau$ aus.

Das Faltungsintegral in (7.65) ist z.B. lösbar, wenn die Inputfunktion konstant ist oder aber auf K verschiedenen Niveaus von t_0 bis t_K in Form einer *Treppenfunktion* konstant gehalten wird. Mit dieser Funktion kann man bei feiner Abstufung der Abszisse t relativ komplizierte Inputfunktionen - auch in Matrizenform - annähern. Im zunächst betrachteten einfacheren Fall einer von $\tau=0$ bis t konstanten Inputfunktion $u(\tau)=\text{const}$ gilt für das unbestimmte Integral

$$\int e^{-A\tau}u(\tau)d\tau = u\int e^{-A\tau}d\tau = -uA^{-1}e^{-At}+C_0,$$

wobei C_0 einer Integrationskonstanten in Matrixform entspricht (vgl. (7.10b)).
Gehen wir vereinfachend von einem Prozeßanfang $x(0)=0$ aus, dann folgt aus dem Ausdruck (7.65) und der Bildung des bestimmten Integrals

$$x(t) = \int_0^t e^{A(t-\tau)}Bud\tau = e^{At}\int_0^t e^{-A\tau}d\tau \cdot Bu = e^{At}\,[-A^{-1}e^{-A\tau}]_0^t \cdot Bu$$

$$= -e^{At}A^{-1}[e^{-At} - e^{-A0}]Bu = -A^{-1}e^{At}[e^{-At} - I]Bu = -A^{-1}[I - e^{At}]Bu$$

$$x(t) = A^{-1}[e^{At} - I]Bu. \tag{7.66}$$

Die im 4. Schritt vorausgesetzte Kommutativität $e^{At}A^{-1}=A^{-1}e^{At}$ ergibt sich wie folgt:

$$e^{-At_j}\cdot A^{-1} = Ve^{-\Lambda t_j}V^{-1}\cdot V\Lambda^{-1}V^{-1} = Ve^{-\Lambda t_j}\cdot\Lambda^{-1}V^{-1} = V\Lambda^{-1}\cdot e^{-\Lambda t_j}V^{-1} = A^{-1}\cdot e^{-At_j}.$$

Die Annäherung des Faltungsintegrals durch eine *Treppenfunktion mit K Niveaus* erfolgt mittels der Ersetzung des Faltungsintegrals durch eine Summe von Integralen über K stückweise konstante Abschnitte (Treppenstufen) von u(t):

$$x(t) = \sum_{k=1}^{K}\int_{t_{k-1}}^{t_k} e^{A(t-\tau)}Bud\tau = -e^{At}A^{-1}\sum_{k=1}^{K}\left[e^{-At_k} - e^{-At_{k-1}}\right]Bu_k,$$

$$x(t) = e^{At}A^{-1}\sum_{k=1}^{K}\left[e^{-At_{k-1}} - e^{-At_k}\right]Bu_k. \tag{7.67}$$

Parameternäherung

Methode a): Eine einfache Form der Parameterbestimmung erfolgt analog zu Teil 7.5.1: Man sammelt für jeden von $t=1,N$ Zeitpunkten alle Daten $(x_i(t), i=1,n;\ t=t_1,...t_N)$, $(u_j,(t), j=1,v)$ und alle n Zuwächse pro Zeitpunkt $(Dx_i(t), i=1,n;\ t=t_1,...,t_N)$, sofern letztere beobachtbar sind. Es ergeben sich somit n Kriteriumsvektoren $Dx_{(j)}(j=1,n)$, deren Elemente von t_1 bis t_N abhängen. Nun bildet man aus den erhaltenen x- und u-Werten für jeden der n Kriteriumsvektoren eine eigene Prädiktormatrix $X_{(j)}$ und bestimmt mittels der Gaußschen Form (7.1) jeweils einen Gewichtungsvektor $w_{(j)}$ mit $n+v$ Elementen, der die numerischen Werte der $a_{jk}(k=1,n)$ und der $b_{jk}(k=1,v)$ enthält.

Methode b): In vielen Fällen liegen jedoch keine Daten mit Zuwächsen $Dx(t)$ vor, oder die Schätzung der $Dx(t)$ aus den Differenzen zeitlich benachbarter Werte ist im Falle großer Zeitabstände zu willkürlich. In diesen Fällen kann man die Parameter auch mittels der integrierten Form (7.65), in der keine gemessenen Zuwächse gefordert werden, bestimmen. Voraussetzung ist allerdings, daß das Faltungsintegral der Inputfunktionen explizit lösbar ist.

Beispiel zu b) (G. Lehmann, 25th European Mathematical Psychological Group Meeting, 1994, Madrid): Wir gehen von der zu testenden Annahme aus, daß sich innerhalb einer *Intelligenzaufgabe* ein $n=2$-dimensionaler Prozeß zwischen zwei latenten (!), auf Intervallskalenniveau definierten Verhaltensvariablen (z.B. Bearbeitungszeit $x_1(t)$ und Genauigkeit $x_2(t)$) abspiele. Die Zunahme $Dx_1(t)$ der latenten Bearbeitungszeit drückt dann im Falle $Dx_1(t)<0$ eine Verlangsamung und im Falle $Dx_1(t)>0$ eine entsprechende Beschleunigung des Lösungsprozesses innerhalb einer bestimmten Aufgabe (bei einer durchschnittlichen Person) aus. Die Input-Funktionen $u_j(j=1,v)$ können v beliebigen quantifiziert vorliegenden experimentellen Bedingungen entsprechen. Handelt es sich bei der betrachteten Intelligenzaufgabe um ein Item innerhalb einer Serie von Leistungsitems, dann liegt es nahe, hier auch Einflüsse, wie z.B. die Bearbeitungszeiten (sog. *Latenzzeiten)* oder die Korrektheiten *vorangehender* Items miteinzubeziehen.

Wir lassen nun N Personen jeweils die gleiche Serie von m ähnlichen (homogenen) Items lösen und registieren für jede Person l und jedes Item k die Bearbeitungszeit t_{lk} und die Korrektheit r_{lk} (z.B. $=0,1$), wobei $l=1,N$; $k=1,m$. Damit beobachten wir $M=Nxm$ Prozesse. Wir entnehmen nun unseren Daten für jeden Prozeß j den Vektor (x_{1j},x_{2j}) (d.h. Lösungszeit, Korrektheit) und den Vektor $(u_{j1},u_{j2},...,u_{jv})$, d.h. Input 1 bis v, z.B. als numerisch zu berechnende Einflußgrößen vorangehender Items, siehe unten, wobei $j=1,M$. Diese Daten beschreiben die M genannten Prozesse, wobei wir vereinfachend annehmen, daß die A- und B-Matrizen in allen Prozessen die gleichen sind.

Unter der vereinfachenden Annahme, daß alle Einflüsse (u-Werte) innerhalb jedes Prozesses von 0 bis t konstant sind, kann Gleichung (7.66) verwendet und folgendermaßen umgestellt werden:

$$\left[e^{At}-I\right]^{-1}Ax(t) = Bu. \tag{7.68}$$

Wenn wir für die 2x2-Matrix A Anfangsnäherungen einsetzen, dann ist in (7.68) nur noch die Matrix B unbekannt.

Für jeden Prozeß j ($j=1$, M) fällt nun eine mit j indizierbare Gleichung in der Form (7.68) $[e^{At}-I]^{-1}Ax_j = Bu_j$ an. Der links stehende Vektor, abgekürzt durch $[e^{At}-I]^{-1}Ax_j = \gamma_j$, ist wegen der Anfangsnäherung für A jeweils bekannt. Wir sammeln daher die Vektoren γ_j als Spalten einer Matrix Γ der Ordnung 2 x M und die Vektoren u_j $(j=1,v)$ als Spalten einer Matrix U der

Ordnung v x M, wobei B die Ordnung 2 x v hat (das hier vorliegende v=6 entspricht der Anzahl der gewählten Inputfunktionen in (7.63), siehe unten):

$$\Gamma = BU. \tag{7.69}$$

Hieraus ergibt sich über die Gaußsche Form $\Gamma U'(UU')^{-1} = \hat{B}$ eine kleinste-Quadrate-Schätzung für B bzw. eine vorhergesagte Matrix $\hat{\Gamma} = \hat{B}U$ für vorgegebenes A. Wir variieren nun die vier Anfangswerte der Matrix A durch eine beliebige "Probiermethode" (z.B. durch *Intervallschachtelungen*) solange, bis der kleinste-Quadrate-Fehler, d.h. die quadratische Abweichung zwischen den Elementen von Γ und $\hat{\Gamma}$, minimiert wird:

$$(\Gamma-\hat{\Gamma})^2 \underset{A}{\rightarrow} \min. \tag{7.70}$$

Nach dieser Methode können die Parametermatrizen A und B aus den Daten bestimmt werden. Die A-Matrix stellt diejenige Modellkomponente dar, aufgrund derer sich der betrachtete Prozeß am stärksten von einem entsprechenden Arima-Prozeß (mit p=6) unterscheidet.
Bei diesem Parameterlösungsprozeß werden die experimentellen Daten, d.h. die t- und r-Werte der einzelnen bearbeiteten Aufgaben, in *z*-transformierter Form (d.h. in der bekannten Normierung (Rohwert-Mittelwert)/Streuung, siehe Kap. II) verwendet, da der oben eingeführte Prozeß auch die Möglichkeit negativer Daten erfordert.
Ein *numerisches Beipiel* für eine an M=12000 Prozessen (etwa 300 Personen x 40 Intelligenz-Items) genäherte A-Matrix (Fortführung eines ehemaligen DFG-Projektes: *"Transfer")* lautet:

	Bearbeitungszeit $x_1(t)$	Korrektheit $x_2(t)$
$Dx_1(t)$:	-2.94	.38
$Dx_2(t)$:	.22	-1.12

$$A = \begin{pmatrix} -2.94 & .38 \\ .22 & -1.12 \end{pmatrix}$$

Man erkennt hier, daß die Berarbeitungszeit $x_1(t)$, aber auch die Genauigkeit bzw. die Korrektheit, Aufgaben-intern zur Abnahme tendieren (siehe die negativen Diagonaleinflüsse $x_1(t) \rightarrow Dx_1(t) = -.294$ bzw. $x_2(t) \rightarrow Dx_2(t) = -1.12$). Bearbeitungszeit und Korrektheit wirken sich jedoch wechselseitig leicht verstärkend aufeinander aus, wie es die außerhalb der Diagonalen liegenden Elemente .22 bzw. .38 angeben.
Aus derselben Näherung ergab sich folgende B-Matrix, die die aus den Daten errechneten Einflüsse der hier gewählten Inputvariablen u_1 bis u_6 auf die Zunahme der Bearbeitungszeit $Dx_1(t)$ bzw. der Korrektheit $Dx_2(t)$ der momentan bearbeiteten Aufgabe ausdrückt:

	u_1 $E(t_0)$	u_2 $E(r_0)$	u_3 $E(t_1)$	u_4 $E(r_1)$	u_5 t_1	u_6 r_1
$Dx_1(t)$:	.03	1.61	.04	1.58	.19	.24
$Dx_2(t)$:	.03	2.94	.02	2.75	.12	.26

(B = obige Matrix)

$E(t_0)$ und $E(r_0)$ entsprechen den über alle Personen gemittelten Bearbeitungsdauern bzw. der ebenso gemittelten Korrektheit (empirische gefundene Lösungswahrscheinlichkeit) der gerade bearbeiteten Aufgabe, innerhalb derer der Prozeß durch die Gleichungen (7.63) bzw. (7.65) usw. beschrieben wird. $E(t_1)$ und $E(r_1)$ drücken dagegen dasselbe für die vorangehende Aufgabe aus. Es handelt sich hier also um zwei Maße der mittleren Schwierigkeit der aktuellen bzw. der vorangehenden Aufgabe. t_1 und r_1 sind dagegen die konkreten Ergebnisse (Zeit, Korrektheit), die die bearbeitende Person in der vorangehenden Aufgabe hatte.
Die dargestellte Matrix B zeigt unter anderem, daß die genäherten Einflüsse der Bearbeitungszeiten (Spalte 1, 3 und 5) auf die anderen momentanen Größen geringer sind als

diejenigen der Korrektheit (Spalte 2, 4 und 6). Außerdem sind die Einflüsse aller Größen auf die Bearbeitungszeit geringer als auf die Korrektheit (1. Zeile vs. 2. Zeile). Plausibel ist, daß die Einflüsse der Schwierigkeit der vorangehenden Aufgabe leicht geringer sind als die der aktuellen Aufgabe (Spalte 1, 2 vs. Spalte 3, 4).

Anpassungstest

Auch hier kann man durch Übertragung des in Kapitel VI, Teil 6.5.11 beschriebenen Randomisierungsverfahrens einen nichtparametrischen Anpassungstest durchführen, z.B. in der Art, daß die Zuordnung der u-Vektoren zu den x-Vektoren permutiert wird.

7.5.3 Laplace-Transformationen

Die Laplace-Transformation L(f(t)) der Funktion f(t) ist definiert als

$$F(s) = \int_0^{\infty} f(t)e^{-st}dt. \tag{7.71}$$

Hierbei ist s eine beliebige komplexe Zahl (vgl. (5.14a)).

Berechnungsbeispiele: $L(e^{-\lambda t}) = \int_0^{\infty} e^{(-\lambda-s)t}dt = \left[e^{(-\lambda-s)t}/(-\lambda-s)\right]_0^{\infty} = 1/(s+\lambda)$.

Die Laplace-Transformation eines *Differentialquotienten* lautet

$$sF(s) - f(0). \tag{7.71a}$$

Herleitung: Aus (7.71) folgt $L(df(t)/dt) = \int_0^{\infty}(df(t)/dt)e^{-st}dt$. Wir definieren $v = f(t)$ und $u=e^{-st}$. Anwendung der *partiellen Integration* (definiert durch: $uv = \int d(uv) = \int (udv+vdu) = \int udv + \int vdu$ bzw. $uv - \int vdu = \int udv$) ergibt:

$$\int_0^{\infty} udv = \left[uv - \int vdu\right]_0^{\infty} = \left[f(t)e^{-st} - \int f(t)(-s)e^{-st}dt\right]_0^{\infty} = \left[f(t)e^{-st}\right]_0^{\infty} + sF(s)$$

$$= sF(s) + f(\infty)e^{-s\infty} - f(0)s^{-s\cdot 0} = sF(s) + 0 - f(0) = sF(s) - f(0).$$

Weitere Laplace-Transformationen lauten

$$L(a \cdot f(t)) = a \cdot L(f(t)), \qquad L(1)=1/s. \tag{7.71b}$$

Die *Rücktransformation* der Laplace-Transformation wird durch L^{-1} ausgedrückt und entspricht der Transformation $L^{-1}(F(s))=f(t)$.

Die Laplace-Transformation von *Matrizen* geschieht elementweise.

7.5.4. Laplace-Transformation des linearen Systems

Nach den oben eingeführten Regeln lautet die *Laplace-Transformation der Zustandsgleichung* (7.64a)

$$x(s) = (sI - A)^{-1}Bu(s), \tag{7.72a}$$

wobei sI die Multiplikation der Einheitsmatrix mit dem Skalar s ausdrückt.

Herleitung: Aus (7.64a) folgt: $s \cdot x(s) - x(0) = Ax(s) + Bu(s)$ und daraus durch Umstellungen: $sx(s) - Ax(s) = Bu(s) + x(0)$; $(sI - A)x(s) = Bu(s)+x(0)$. Setzt man den Anfangswert x(0) gleich 0, dann folgt aus $x(0)=0$ und mittels Inversion der Matrix (sI–A) schließlich (7.72a).

Die *Laplace-Transformation der Eingabe-Ausgabe-Gleichung* lautet:

$$y(s) = Cx(s) + Du(s). \tag{7.72b}$$

Setzt man (7.72a) in (7.72b) ein, dann erhält man

$$y(s) = C(sI - A)^{-1}Bu(s) + Du(s) = \left[C(sI - A)^{-1}B+D\right]u(s). \tag{7.72c}$$

Definiert man die eckige Klammer als G(s), dann läßt sich die letzte Gleichung schreiben als die *Systemgleichung,* die Zustands- und Eingabe-Ausgabe-Gleichung zusammenfaßt:

$$y(s) = G(s)u(s). \tag{7.73}$$

Hierbei wird G(s) als *Transferfunktion* bezeichnet, wobei $L^{-1}((sI-A)^{-1}) = e^{At}$ (siehe oben). Wir erwähnen drei Arten der Koppelungsarten von zwei Systemen zu einem neuen System, dessen Systemgleichung durch Laplace-Transformationen besonders leicht ausgedrückt werden kann:

Serielle Koppelung $\to\square_1\to\square_2\to$: $G(s) = G_1(s)G_2(s)$,

Parallele Koppelung $\to\left\{\begin{matrix}\to\square_1\to\\ \to\square_2\to\end{matrix}\right\}\to$: $G(s) = G_1(s)+G_2(s)$,

Rückkoppelung $\to\uparrow\begin{matrix}\to\square_1\to\\ \leftarrow\square_2\leftarrow\end{matrix}\downarrow\to$: $G(s) = G_1(s)/(1 - G_1(s)G_2(s)).$ (7.74)

Nach der "Montage" dieser Koppelungen können die erhaltenen Systeme wieder durch L^{-1} rückübersetzt werden. D.h. man leitet für das jeweilige System den Laplace- transformierten Transfer ab, stellt je nach Koppelung das neue System zusammen und bildet daraus je nach Bedarf (z.B. für Parameterbestimmungen aus Daten) wieder die inverse Laplace-Transformation. Für die inverse Laplace-Transformation gibt es ein ähnlich der inversen Fouriertransformation (7.48) (oder der charakteristischen Funktion Kap. V, Formel (5.28)) abgeleitetes Inversionsintegral. Praktisch ist es jedoch, das erhaltene System in zumeist lineare Anteile zu zerlegen und diese einfacheren Funktionen mittels entsprechend vorhandener Tabellen einzeln rückzuübersetzen (vgl. Brown, G. B. & Nilsson, J. W. (1962), Auslander, Takahashi et al., (1974); Wunsch, G. (1986) usw.).

Kapitel VIII. Multivariate Analysen

Als *multivariate* Analysen im Gegensatz zu univariaten Analysen bezeichnet man Verfahren, die die *Differenzen* und die *Kovariationen* der Verläufe von *mehr als einer abhängigen* experimentellen (bzw. empirischen) Variablen unter verschiedenen Bedingungen untersuchen. Der gemeinsame Verlauf von erhobenen Zufallsvariablen, die zumeist über Probanden, aber z.B. auch über Zeitpunkte usw. variieren, führt zu *Datenmatrizen*, deren Variablen durch diese Verfahren in jeweils unterschiedlicher Form auf wenige *latente Dimensionen* reduziert werden sollen. Gemeinsam ist daher diesen Verfahren, daß ihre Ergebnisse auf *Eigenvektoranalysen* von Matrizen basieren, die aus den jeweils vorliegenden Datenmatrizen abgeleitet werden. Dies führt zu Ergebnisstrukturen, die generell in Form von *Faktorladungen* und von *Faktorscores* definiert werden. Diese Basisbegriffe werden zusammenhängend im Rahmen der Faktorenanalyse (FA) eingeführt. Daher ist ein ausreichendes Verständnis der Ergebnisse der multivariaten Methoden nur bei Kenntnis der Faktorenanalyse möglich. Die multivariaten Verfahren lassen sich in folgender Form in je drei Abschnitten darstellen:

1. Die Operationalisierung einer datenbezogenen Fragestellung in Form einer *mathematischen Optimierungsaufgabe* (Maximierung bzw. Minimierung eines zusammenfassenden Koeffizienten, gegebenenfalls unter bestimmten Randbedingungen).
2. Mathematische *Ableitung* der Faktorstrukturen (Eigenvektorstrukturen).
3. Darstellung der formalen Vielfältigkeit der *strukturellen Ergebnisse*.

Innerhalb der FA gibt es im Vergleich zu den anderen Verfahren mehrere, teils sich gegenseitig bedingende Optimierungsaufgaben, so etwa die Hauptachsenlösung und z.B. eine anschließende Optimierung des Varimaxkriteriums. Das Hauptoptimierungskriterium der FA ist jedoch die Reduktion von Dimensionen durch die Hauptachsenlösung.

8.1 Ableitung der Faktorenanalyse

8.1.1 Basisableitungen

Formulierung des Modells am Beispiel von Intelligenzfaktoren

Jede Person i (i = 1,N) habe ein Begabungsprofil p_{ik} (k = 1,r) auf Intervallskalenniveau über r zunächst unbekannte Basis-Fähigkeiten, und jedes Item j habe ein entsprechendes (Anforderungs-) Profil f_{kj} (j = 1,m) über diese Fähigkeiten. Die beobachtete Leistung x_{ij} einer Person i im Item j sei gleich der aus beiden Profilen gebildeten *Bilinearform* (matrixalgebraisch: *Skalarprodukt*):

$$x_{ij} = p_{i1} \cdot f_{1j} + p_{i2} \cdot f_{2j} + \ldots + p_{ik} \cdot f_{kj} + \ldots + p_{ir} \cdot f_{rj} \quad \text{(Thurstone, L. L. (1957)).} \quad (8.1)$$

Interpretation als conjoint measurement structure

(vgl. Krantz et al. (1971), S. 328-353). Die in (8.1) enthaltene *Multiplikation* repräsentiert die Forderung, daß bei Fehlen eines Faktors k bei der Person i und/oder beim Item j ($p_{ik}=0$ bzw. $f_{kj}=0$) der gesamte Beitrag $p_{ik} \cdot f_{kj}$ des *Faktors* (hier des Summanden) k zur Summe (Leistung) x_{ij} verschwindet. Die *Addition* in (8.1) repräsentiert dagegen die Forderung, daß die Beiträge der Begabungen zum Ergebnis x_{ij} sich in der Summation wechselseitig kompensieren.

Matrixalgebraische Darstellung: Eigenvektorstrukturen

Das Modell (8.1) läßt sich auffassen als Zerlegung der Datenmatrix X_{Nm} in das Produkt zweier latenter (zunächst unbekannter) Matrizen P_{Nr} und $(F_{mr})' = F'_{rm}$ mit $r \leq m$, d.h.

$$X = P \cdot F' \tag{8.2}$$

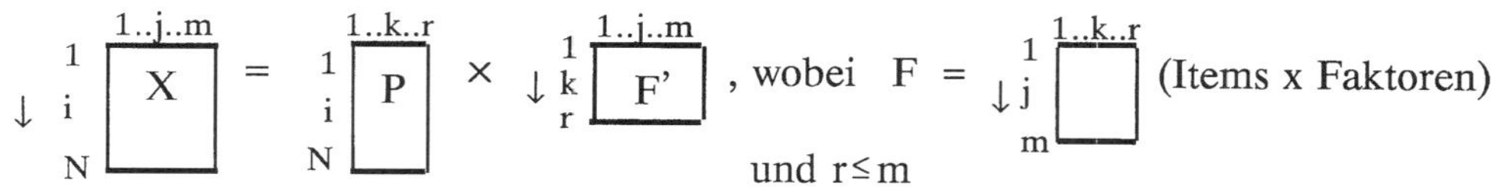

Bezeichnungen: X = Datenmatrix, P = Faktorwert-Matrix (Faktorscore-Matrix), F = Faktormatrix.

Interpretation der Vektoren des Modells

X: Zeile $x_{i.}$ ≡ Leistungsprofil der Versuchsperson i über die m Items; Spalte $x_{.j}$ ≡ Variation des Items j über die N Vpn. P: Zeile $p_{i.}$ ≡ Begabungsprofile der Vp i über die r Faktoren; Spalte $p_{.k}$ ≡ Variation des latenten Faktors k über die Vpn. F: Zeile $f_{j.}$ ≡ Anforderungsprofil des Items j; Spalte $f_{.k}$ ≡ Projektionen (Korrelationen) der m Items auf (mit) den r Faktoren.
Hierbei ist r = *Faktorenanzahl* = *Rang* von X = $r(X) \leq \min(m,N)$. Bei statistischen Daten gilt fast immer $r = \min(m,N)$, sodaß wir hier F zunächst als eine quadratische Matrix der Ordnung m x m auffassen. Da man allgemein nur die "stärksten" (weniger als m/10) Faktoren in X berechnet bzw. interpretiert, gilt später $r << \min(m,N)$.

Im Folgenden wird die *Matrix* X als *spaltenweise z*-transformiert* vorausgesetzt, d.h. jede der m Spalten von X wird erst *mittelwerts-* und danach *einheitsnormiert*: Sind $\overline{x}_j$ und σ_j der Mittelwert bzw. die Streuung der Spalte j in X, dann lautet die z^*-Transformation jedes Elementes x_{ij} aus X:

$$z^*_{ij} = (x_{ij}-\overline{x}_j)/|x^*_{.j}|, \qquad \text{wobei} \tag{8.3}$$

$$|x^*_{.j}| = \sqrt{\sum_{i=1}^N x^{*2}_{ij}} = \sqrt{\sum_{i=1}^N (x_{ij}-\overline{x}_j)^2} = \sqrt{N\sigma_j^2} = \sqrt{N} \cdot \sigma_j.$$

Das Skalarprodukt zweier z^*-transformierter Variablen g und h ist gleich ihrer Korrelation, vgl. die entsprechende Übereinstimmung mit der Personschen Korrelationsformel (3.50) aus Kap III:

$$r_{gh} = \sum_{i=1}^N z^*_{ig} z^*_{ih} = \sum_{i=1}^N (x_{ig}-\overline{x}_g)/|x^*_{.g}| \cdot (x_{ih}-\overline{x}_h)/|x^*_{.h}|$$

$$= \sum_{i=1}^{N}(x_{ig}-\bar{x}_g)\cdot(x_{ih}-\bar{x}_h)/\sqrt{N\sigma_g^2 N\sigma_g^2} = Cov(x_{.g}x_{.h})/(\sigma_g\sigma_h) \qquad (8.4a)$$

Wir nennen ab jetzt die z^*-transformierte Datenmatrix wieder X. Die Berechnung der Korrelationsmatrix R aller Items vereinfacht sich wegen (8.4a) zu einer Matrixmultiplikation:

$$X'X = R \qquad \text{(R=Korrelationsmatrix der m Items).} \qquad (8.4b)$$

Für die aus X zu bestimmenden Matrizen P und F existieren zunächst unendlich viele Lösungen. Eine eindeutige Lösung entsteht erst durch Hinzufügung folgender zwei Bedingungen zu Gleichung (8.2), wobei Λ eine Diagonalmatrix ist:

$P'P = I$ (spaltenweise *Orthonormalität* von P $\equiv$ lineare Unabhängigkeit der Faktoren, d.h. der entsprechenden latenten Faktorvariablen) (8.5a)

$F'F = \Lambda$ (spaltenweise *Orthogonalität* von F $\equiv$ *Eigenvektorbedingung* für F) (8.5b)

Beweis der Eindeutigkeit: Bei vollem Rang von X ist die Anzahl der Unbekannten gleich der Anzahl der Elemente von P und F, d.h. $Nm+m^2$. Die Produkte $X=PF'$, $P'P=I$ und $F'F=\Lambda$ liefern genau so viele Skalarprodukte (Gleichungen): $Nm+m(m+1)/2+m(m-1)/2 = Nm+m^2$.

Die Spalten in F heißen dann auch *Hauptkomponenten (principal components) von* R (bei Einheitsnormierung der Spalten von F resultiert die Matrix Q der *Eigenvektoren* von R). Die Werte $\lambda_k \in \Lambda$ heißen *Eigenwerte von* R. Aus (8.5b) folgt:

$$\lambda_k = \sum_{j=1}^{m} f_{jk}^2 \qquad \text{(Quadratsumme der k-ten Spalte von F).} \qquad (8.6a)$$

Außerdem folgt aus (8.4b) (wegen $R=X'X= (PF')'(PF') = FP'PF' = FF'$ (da $P'P=I$)):

$$FF'=R \qquad \text{("Fundamentaltheorem" der FA), so daß} \qquad (8.6b)$$

$$\Sigma_{k=1}^{r} f_{gk}\cdot f_{hk} = r_{gh} \qquad \text{(Skalarprodukt zweier Zeilen g, h von F),} \qquad (8.6c)$$

$$\Sigma_{k=1}^{r} f_{jk}\cdot f_{jk} = \Sigma_{k=1}^{r} f_{jk}^2 = r_{jj} = 1 \qquad \text{(Quadratsumme der j-ten Zeile von F),} \qquad (8.6d)$$

$$\Sigma_{j=1}^{m} r_{jj} = \Sigma_{j=1}^{m}\Sigma_{k=1}^{r} f_{jk}^2 = m \qquad \text{(Totale Quadratsumme } \boldsymbol{T} \text{ von F).} \qquad (8.6e)$$

Weiter folgt: P ist ebenfalls mittelwertsnormiert und wegen der Annahme (8.5a) somit auch z^*-transformiert:

$$\sum_{i=1}^{N} p_{ij} = 0 \qquad (j=1,r). \qquad (8.6f)$$

Beweis: Sind die Spaltenmittelwerte einer Matrix X gleich 0 (d.h. $E(x_{.j})=0$, $j=1,m$), dann überträgt sich dies bei einer Postmultiplikation $Y=XB$ auf Y, und zwar wegen $E(p_{.k}) = E(\Sigma_j^m x_{.j}b_{jk}) = \Sigma_j^m b_{jk}E(x_{.j}) = \Sigma_j^m b_{jk}\cdot 0$ für $k=1,r$. Aus $X=PF'$ (8.2) folgt daher bei Extraktion der maximalen Faktorenzahl $r=m$: $B=F'^{-1}$ und $Y=P$. Ist die Anzahl r der Faktoren kleiner als m, dann ergibt sich für P eine kleinste-Quadrate-Schätzung $\hat{P}=X\cdot F(F'F)^{-1}$, d.h. $B=F(F'F)^{-1}$.

Aus (8.4a) folgt daher: $X'P$ = Korrelationen der Items mit den Faktoren sowie

$$X'P = (PF')'P=FP'P=FI = F, \qquad (8.6g)$$

d.h. zusätzlich: Die *Faktorladungen* f_{jk} sind die Korrelationen der Items $j=1,m$ mit den Faktoren $k=1,r$. Dies ist wichtig für die Interpretation der Faktoren!

Varianzanalytische Interpretation der Faktormatrix F

Nach (8.6c) ergibt das Skalarprodukt zweier Zeilen g,h ($\equiv f_{g.}, f_{h.}$) in F die Korrelation r_{gh} der Items g,h. Werden $r=r_{max}$ Faktoren extrahiert, dann ist das Skalarprodukt der Zeile j mit sich selbst, d.h. die Zeilen-QS (wobei QS=Quadratsumme), nach (8.6d) gleich 1. Daher ist die maximale totale QS *T* aller Elemente in F gleich m (8.6e). Die QS λ_k der k-ten Spalte von F ergibt die *durch den Faktor k aufgeklärte Varianz* (*Stärke des Faktors* k). Die QS von Spalte 1...r innerhalb der Zeile j ergibt die *durch die ersten* r *Faktoren aufgeklärte (common) Varianz* des Items j. Sie heißt *Kommunalität h_j^2 von Item* j, Bei $r< r_{max}$ besteht die Rest-QS von Spalte r+1 bis r_{max} aus Faktoren, die zumeist *spezifische QS* einzelner Items repräsentieren und aus Faktoren allgemeiner *Fehler-QS* mit als "zufällig" angenommenen Ladungen.

8.1.2 Die Berechnung von Faktor- und Faktorscore-Matrizen

Die Hotellingsche Methode der Berechnung der Hauptachsenlösung F aus R

Es sei D eine Diagonalmatrix mit den Beträgen der Spaltenvektoren von F, d.h. $d_{kk}=d_k=\sqrt{\Sigma_{j=1}^{m} f_{jk}^2}$ ($=\sqrt{\lambda_k}$, siehe oben). Dann ergibt $FD^{-1}=Q$ die spaltenweise orthonormale Matrix Q (Eigenvektoren von R) mit Q'Q=I. Bei r=m ist Q quadratisch, und es gilt sogar Q'Q=QQ'=I. Durch Umstellung folgt F=QD. Mit (8.4b) und (8.5b) folgt dann

$$FF' = R = (QD)(QD)' = QDD'Q' = QD^2Q' \quad = \quad Q\Lambda Q' = R \quad \text{und}$$
$$F'F = \Lambda = (QD)'(QD) = D'Q'QD = D'ID = D'D \; = \; D^2 \; = \Lambda \; \text{ mit } d_k^2 = \Sigma_{j=1}^{m} f_{jk}^2 = \lambda_k. \qquad (8.7a)$$

Weiter folgt aus (8.7a) $RQ=(Q\Lambda Q')Q=Q\Lambda I=Q\Lambda$ die Gleichung $\mathbf{RQ=Q\Lambda}$. Entnehmen wir aus Q den ersten Spaltenvektor q_1 und aus Λ das erste Element λ_1, dann folgt aus der letzten Gleichung $RQ=Q\Lambda$

$$Rq_1=q_1 \cdot \lambda_1. \qquad (8.7b)$$

D.h. der gesuchte Vektor q_1 hat die Eigenschaft, daß Rq_1 einen Vektor $q_1 \cdot \lambda_1$ ergibt, der mit dem Proportionalitätsfaktor λ_1 (erster Eigenwert) dem Vektor q_1 proportional ist. Hotelling zeigte nun: Wählt man einen beliebigen Anfangsvektor $q_1^{(0)}$ (z.B. mit den Elementen $q_{j1}^{(0)}=1$, j=1,m) und iteriert $Rq_1^{(0)}=q_1^{(1)}$, $Rq_1^{(1)}=q_1^{(2)}$,..., $Rq_1^{(n)}=q_1^{(n+1)}$,... usw., dann gilt für wachsendes n: Die resultierenden q-Vektoren werden einander zunehmend proportional, d.h. $q_1^{(n+1)} \cong q_1^{(n)} \cdot k^{(n)}$, und der Faktor $k^{(n)}$ nähert sich λ_1. Nach $n=20\pm10$ Iterationen beträgt die Genauigkeit etwa 2 Stellen hinter dem Komma. Der Proportionalitätsfaktor λ_1 folgt dann aus dem Verhältnis $\lambda_1 = (\Sigma_{j=1,m} q_{j1}^{(n+1)})/(\Sigma_{j=1,m} q_{j1}^{(n)})$. Nach der Einheitsnormierung von $q_1^{(n+1)}$, d.h. nach

$$q_1=q_1^{(n+1)}/|q_1^{(n+1)}|$$

erhalten wir durch $q_1 \cdot d_1=f_{.1}$ den ersten Faktor, d.h. die erste Spalte aus F. Aus R=FF' (8.6b) folgt, daß R als Summe der *kartesischen Matrizen* $f_{.1} \cdot f_{.1}'$,

$f_{.2} \cdot f_{.2}'$,..., $f_{.r} \cdot f_{.r}'$ darstellbar ist:

$$R \; = \; f_{.1} \cdot f_{.1}' \; + \; f_{.2} \cdot f_{.2}' \; + \; f_{.3} \cdot f_{.3}' \; + \; \ldots \; + \; f_{.r} \cdot f_{.r}'. \qquad (8.7c)$$

Wir bilden hieraus die *Residualmatrix* $R_{res}^{(1)} = R - f_{.1} \cdot f_{.1}'$. Dies sind die Interkorrelationen der Items unter Auspartialisierung des ersten Faktors (d.h. der Variablen p_{i1} (i=1,N)). Aus $R_{res}^{(1)}$ bestimmen wir mit dem Anfangsvektor $q_2^{(0)}=1$ durch die gleiche Iterationsmethode $R_{res}^{(1)} q_2^{(n)} =$

$q_2^{(n+1)}$ den zweiten Eigenwert λ_2 und den zweiten Faktor $f_{.2}$ sowie $R_{res}^{(2)} = R_{res}^{(1)} - f_{.2} \cdot f_{.2}'$ und daraus durch Iteration den dritten Faktor $f_{.3}$ usw.

Die Hotellingsche Methode nähert die Faktoren geordnet nach abfallender Stärke λ_k. Die Faktorextraktion wird häufig nach einem der folgenden Kriterien abgebrochen:

1. bei $\lambda_k < 1$, da jeder folgende Faktor einen geringeren Varianzbeitrag $\lambda_k = d_k^2 < 1$ leistet als der maximale Varianzbeitrag 1 eines einzelnen Items (8.6d),
2. bei $\Sigma_{i=1}^{k} \lambda_i \cong \Sigma_{i=1}^{m} r_{ii}$ = vorausgeschätzte gemeinsame Varianz (wobei $r_{ii} \in R$).

Letzteres Abbruchkriterium ergibt oft etwa ein bis zwei Faktoren mehr. Wegen der Bestimmung der gemeinsamen Varianz ist es auch inhaltlich oft angemessener.

Nach der Extraktion der Faktoren resultiert die empirische Faktoranzahl r ($\leq$m). Setzt man in die Diagonale von R *vor* der Hotelling-Näherung "geschätzte Kommunalitäten" $r_{ii} \leq 1$ (i=1,m) ein (siehe unten), dann heißen die daraus resultierenden Faktoren auch *Hauptachsen (principal axes).*

Das Kommunalitäten-Schätzproblem: Oft ersetzt man vor der Hotelling-Näherung die Diagonale von R (deren Summe $\Sigma_{i=1}^{m} r_{ii}$ dann die *vorausgeschätzte gemeinsame Varianz* ergibt)

a) nach Thurstone durch die *geschätzten Reliabilitäten* r_{gg}' der Items (d.h. durch die maximalen Beträge $r_{gg}' = \max(|r_{gh}| \in R;\ h=1,m;\ h \neq g)$) oder
b) durch die m *multiplen Korrelationen* R_i *der Items i* (i=1,m) mit den restlichen m−1 Items.
c) Bei *iterativer Kommunalitätenschätzung* wird beginnend zumeist mit Kommunalitäten von $r_{gg}=1$ aus R die Faktormatrix $F^{(1)}$ nach Hotelling (siehe oben bestimmt. Deren Kommunalitäten $r_{gg} \leq 1$ werden wieder eingesetzt in R. Aus dem neuen R wird wieder mit Hotelling die Matrix $F^{(2)}$ bestimmt, danach $F^{(3)}$ usw. bis zur Konvergenz der F-Matrizen $F^{(n)}, F^{(n+1)}, \ldots$.

Die Bestimmung der Faktorscore-Matrix P aus F

Da man nicht alle Faktoren extrahiert hat, ist r < m, und F ist nicht quadratisch. Daher löst man (8.2) nach P über XF = PF'F auf und erhält daraus die (*LS*- bzw.) *kleinste-Quadrate-Schätzung* für P:

$$XF(F'F)^{-1} = \hat{P} \qquad \text{(vgl. hierzu die } \textit{Gaußsche Form} \text{ in der Regressionsanalyse).} \qquad (8.8)$$

Erläuterung: Trotz der Schätzung ist $\hat{P}$ in (8.8) perfekt orthonormal, wie man durch Ersetzen von X durch PF' überprüft:

$$\hat{P}'\hat{P} = ((XF(F'F)^{-1})'(XF(F'F)^{-1} = (F'F)^{-1}{}'F'X' \cdot XF(F'F)^{-1} = (F'F)^{-1}{}'F'FP'PF'F(F'F)^{-1} = I.$$

Bei r=m ist F quadratisch, und es gilt $F(F'F)^{-1} = (F')^{-1}$ bzw. $X(F')^{-1} = \hat{P} = P$.

Anschließend multiplizieren wir alle Elemente von $\hat{P}$ mit $\sqrt{N}$ (vgl. (8.3))

$$\hat{P}_{Faktorscores} = \hat{P}_S = \hat{P} \cdot \sqrt{N} \qquad (8.8.a)$$

und erhalten dann als Spalten von $\hat{P}_S$ zur besseren Interpretation anstatt der *z**- transformierten die *z*-transformierten *Faktorscores* (mit Mittelwert $\bar{x}_j = 0$, Streuung $\sigma_j = 1$ und $\hat{P}_S'\hat{P}_S$ = Diagonalmatrix mit den Werten $d_{kk} = N$). Wenn der Faktor $\sqrt{N}$ irrelevant ist, bezeichnen wir Faktorscore-Matrix vereinfacht ebenfalls mit $\hat{P}$. Der k-te Faktor in F gemeinsam mit der k-ten Faktorscorevariablen aus P_S heißt *k-tes Variat* der FA.

8.1.3 Die geometrische Interpretation der Faktorstruktur

Jede Zeile $f_{j.}$ (j=1,m) in F repräsentiert einen (Item-) Vektor j der Länge h_j (= Wurzel aus der Kommunalität h_j^2) mit den Projektionen f_{jk} (k=1,r) auf den Achsen (= Dimensionen = Faktoren = Koordinaten) k=1,r eines r-dimensionalen Raumes, den wir auch *Itemraum* nennen. Jeder Itemvektor j hat im Faktorraum F bei zunächst maximaler Faktorenanzahl $r=r_{max}$ die Länge 1. Die Vektorlänge verkürzt sich, wenn man nur $r < r_{max}$ Dimensionen extrahiert, d.h., wenn man den Vektor j in einen Unterraum projiziert. Dies entspricht der Verkleinerung der Quadratsumme h_j^2 der Zeile j in F, wenn man einige Spalten bzw. Faktoren wegläßt.

Bei statistischen Daten kann man den durch R beschriebenen Raum als m-dimensional annehmen, außer wenn die Anzahl N der Personen kleiner als m ist. Letzteres ist aufgrund der vorangehenden Ableitungen zulässig und würde bei statistischen Daten zu r = N führen.

Im Gegensatz zu F beschreibt die Matrix P einen r-dimensionalen *Versuchpersonenraum*, in dem jede Person durch ihren Zeilenvektor in P beschrieben wird. Die Länge dieser Vektoren kann 1 überschreiten, da Faktorscores keine Korrelationen darstellen.

Die geometrische Interpretation von Skalarprodukten

Allgemein gilt: Das Skalarprodukt s_{jk} zweier Vektoren j,k mit beliebigen Längen h_j,h_k ist gleich dem Kosinus des Winkels zwischen den beiden Vektoren j,k multipliziert mit dem Produkt der beiden Vektorlängen: $s_{jk} = |h_j| \cdot |h_k| \cdot \cos_{jk}$ (vgl. Formel 7.3a).
Entsprechend gelten auch für Korrelationen, d.h. für die aus FF'=R resultierenden Zeilenskalarprodukte von F, die Beziehungen: $r_{jk}=|h_j| \cdot |h_k| \cdot \cos_{jk}$, wobei h_j und h_k die Wurzeln aus den entsprechenden Kommunalitäten sind und das Vorzeichen von r_{jk} gleich dem Vorzeichen von $\cos_{jk}$ ist: Bei $r_{jk}=0$ stehen beide Itemvektoren orthogonal (im Winkel von 90^0) zueinander, bei $r_{jk}>0$ (<0) bilden sie einen spitzen (stumpfen) Winkel. Bei $r_{jk}=1$ (-1) bilden sie einen Winkel von 0^0 (180^0).
Für zwei Vektoren j und k der Länge 1 folgt $r_{jk}=\cos_{jk}$, wobei der Kosinus gemäß seiner Definition gleich der Projektion $p=r_{jk}=r_{kj}$ von j auf k sowie von k auf j ist.
Hat mindestens der Vektor k die Länge 1, dann gilt $r_{jk}=|f_{j.}| \cdot \cos_{jk}$. Die Korrelation ist dann gleich der Projektion des Vektors auf denjenigen Vektor, der die Länge 1 hat.

Erläuterung: Der Kosinus des Winkels zwischen zwei Vektoren j, k der Länge 1 wird als Projektion p des einen Vektors auf den anderen definiert: cos(j,k)=p. Aus dem Strahlensatz der Geometrie folgt nun: Wird der Vektor j mit dem Faktor h_j verlängert (verkürzt), dann wird auch seine Projektion p auf den Vektor k durch $p \cdot |h_j|$ verlängert (verkürzt). Somit gilt:

$$r_{jk} = \cos(j,k) \cdot |f_{j.}| \cdot |f_{k.}| = \cos(j,k) \cdot |h_j| \cdot |h_k| = p \cdot |h_j| \cdot |h_k| = p \cdot |h_j| \text{ wegen } |h_k| = |f_{k.}| = 1.$$

Hieraus folgt: Da man ohne Einschränkung der Allgemeinheit jede Achse k durch einen neuen Itemvektor der Länge 1 repräsentieren kann, ist die Projektion jedes Itemvektors j auf eine Achse k gleich dem Kosinus bzw. gleich der Korrelation des Items j mit dem Faktor k (siehe auch Ableitung (8.6g)).

8.1.4 Rotationen

Da die Faktorlösung F mittels der Hotellingschen Methode aus der Korrelationsmatrix R bestimmt wird, enthält R=FF' die gesamte Information des Itemraumes. Diese

besteht aus den $m(m-1)/2$ Winkeln zwischen den m Item-Vektoren (die bei Berücksichtigung aller Dimensionen die Länge 1 besitzen). Jeder dieser Winkel θ_{jk} wird durch seinen Kosinus (= Korrelation r_{jk}) in R repräsentiert.
Die *Vektorkonstellation* (Anordnung der Itemvektoren) im Raum kann aus *Clustern* (Gruppen untereinander hoch korrelierender Items), aus flacheren Fächern oder Trichtern sowie aus mit wachsender Dimensionszahl r immer reichhaltigeren Strukturen bestehen. (Trichter resultieren z.B., wenn bei Items, die im Sinne eines Prozesses zeitlich geordnet sind, die benachbarten Items sowie die in einem periodischen zeitlichen Abstand befindlichen Items besonders hoch miteinander korrelieren.)
Die Lage der m Achsen in diesem Raum ist zunächst beliebig. Jede Achsenanordnung (Faktorlösung F) wird durch die Projektionen der m Itemvektoren auf jeder der r Achsen beschrieben und ergibt damit eine eigene quadratische F-Matrix. Jede Achsenanordnung stellt daher relativ zu jeder anderen eine *Rotation* dar. Die Hauptachsenlösung zeichnet sich z.B. gegenüber den anderen Lösungen dadurch aus, daß sie auf den ersten Achsen jeweils die maximal mögliche Varianz des Restraumes "ausschöpft", siehe unten Teil 8.1.7 (Fall b)). Jede Lösung F_a kann durch eine geeignete spaltenweise normalisierte *Transformationsmatrix* T_{ab} in eine Lösung $F_b=F_aT_{ab}$ überführt werden. Die Beschränkung einer Lösung auf $r<m$ Achsen entspricht der Auswahl eines Unterraumes bzw. der *Projektion* der Itemkonstellation in diesen Unterraum. Innerhalb des jeweiligen Unterraumes können ebenfalls alle Lösungen durch Rotationen ineinander überführt werden.
Wir unterscheiden zwischen orthogonalen (rechtwinkligen) und schiefen (*oblique*) Lösungen. Orthogonale Lösungen sind durch geeignete orthonormale T-Matrizen ineinander überführbar. Eine Überführung von F in eine schiefe Faktorlösung F_s erfolgt durch eine spaltenweise normierte, aber nicht orthonormale Matrix T_s mit $F_s=FT_s$. Hierbei stellt $T_s'T_s=C_s$ die Korrelations- (=Kosinus-) Matrix der neuen Achsen untereinander dar (zur Faktorenanalyse 2-ter Ordnung über C_s, siehe unten).

Ergänzung: Postmultipliziert man dagegen die Matrix F mit einer beliebigen Transformationsmatrix T, so daß $FT=M$, dann entspricht M einer kaum interpretierbaren Drehung des Koordinatensystems mit Längen- und Winkeländerungen der Itemvektoren (*Streckdrehung*).

Wichtige Beziehungen

1. Jede Faktorlösung $F_{rot}=FT$ besitzt ihre eigene Faktorscore-Lösung P_{rot}:

$$X = P\cdot F' = P(T'^{-1}T')F' = (PT'^{-1})\cdot(T'F') = P_{rot}\cdot F'_{rot}\,, \tag{8.9}$$

   Bei orthogonalen Rotationen gilt vereinfacht $T^{-1}=T'$ und somit $T'^{-1}=T$.
2. Für jede orthogonale Lösung $H=FT$ gilt wie für F in Formel (8.6b):

$$R = HH' = FF' \quad (\text{da } HH' = FT(HT)' = FTT'F' = FF' = R).$$

   Folglich bleibt unter orthogonalen Rotationen die Quadratsumme QS aller Faktorladungen konstant. Im Falle der Extraktion aller Faktoren gilt $QS=m$.
3. Für schiefe Lösungen $F_s=FT_s$ mit $T_s'T_s=C_s \neq I$ gilt dagegen wegen $F=F_sT_s^{-1}$:

$$R = FF' = F_s\cdot C_s^{-1}\cdot F_s'. \quad \text{(Fundamentaltheorem für schiefe Rotationen)} \tag{8.10}$$

Herleitung: $FF' = F_sT_s^{-1}(F_sT_s^{-1})' = F_sT_s^{-1}T_s^{-1}{}'F_s' = F_s(T_s'T_s)^{-1}F_s' = F_sC_s^{-1}F_s'$.

4. Die Hauptachsenlösung ist die einzige orthogonale Lösung, bei der Formel (8.5b) bzw. $F'F=\Lambda$ gilt, d.h. bei der die Spalten der Faktormatrix Skalarprodukte von 0 ergeben. Für andere orthogonale Matrizen $H=FT$ mit $T \neq I$ gilt dagegen:

   $H'H = (FT)'FT = T'F'FT = T'\Lambda T \neq$ Diagonalmatrix.)

Simple Structures

Ziel der meisten Rotationen ist die Auffindung einer *simple structure* (als Ziel eingeführt 1931 von Thurstone), d.h. einer rotierten Faktormatrix F_{rot}, in der die Beträge der Ladungen zur besseren Interpretierbarkeit möglichst weit von der Gleichverteilung entfernt sind. Man kann diese Ziele in zwei Richtungen anstreben:
a) die einzelnen Items sollen möglichst durch für sie spezifische Faktorgruppen "erklärt" werden oder
b) die Faktoren sollen sich durch hohe Ladungsbeträge (Quadrate) unterschiedlicher Itemgruppen voneinander unterscheiden.
Das Ziel a) ist eher Zeilen- und das Ziel b) eher Spalten-orientiert. Beide Ziele können daher zu sehr unterschiedlichen Rotationsergebnissen führen. Sie fallen jedoch zusammen, wenn der Itemraum aus orthogonalen Clustern besteht.
Wir gehen daher vereinfachend von einer Rotation der Achsen auf der Suche nach Clustern aus, obwohl die Faktorenanalyse keine einfache Clusteranalyse darstellt (siehe unten: "Die strukturellen Ergebnisse der Faktorenanalyse"). Demnach soll aus R eine Faktorlösung bestimmt werden bzw. aus F eine Transformationsmatrix berechnet werden, so daß die Achsen sich optimal durch eventuell vorhandene Cluster legen.
Die Lösung dieses Problems ist nicht eindeutig. In Abb. 8.1 werden fünf verschiedene Lösungen zur Auffindung von zwei Clustern einander gegenübergestellt.

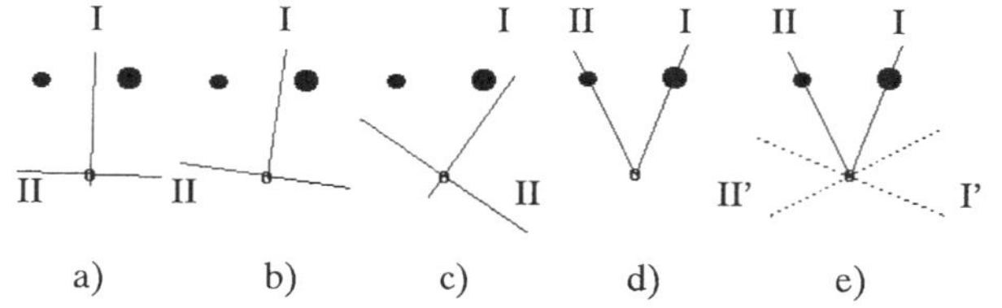

Abb. 8.1 Fünf 2-dimensionale Achsenstellungen für je zwei verschieden große Cluster in spitzem Winkel: a) Centroid, b) Hauptachsen, c) Varimax, d) Oblimax, e) invertierte Oblimax (I',II'). Zu e): Die zu I und II senkrechten Achsen I',II' liefern eine bessere schiefe *simple structure* als die Achsen I,II, da das große Cluster auf II' lädt und das kleine auf I', während auf I und II beide Cluster laden.

Die früher häufig berechnete Centroid-Lösung entspricht einer Maximierung der *Summe aller Ladungen* pro Faktor.

Eine *invertierte schiefe Lösung* (hier zur Oblimaxstruktur) errechnet sich numerisch folgendermaßen: Hat man die entsprechende Transformationsmatrix $T_{Oblimax}=T_o$ für $FT_o=F_o$ bestimmt, dann kann man $T_o^{-1'}$ spaltenweise einheitsnormieren $\rightarrow T_o^{-1'}{}_n$ und erhält dann aus $FT_o^{-1'}{}_n = F_{inv.Oblimax}$ die gesuchte Faktormatrix mit den zu F_o senkrechten Achsen I' und II'.

Graphische Rotationen

Gegeben sei eine Faktormatrix F mit m Items eines Tests in r=3 Dimensionen sowie die entsprechenden m Kommunalitäten h_j^2 (j=1,m). F sei als Item-Raum in Abb. 8.2 dargestellt.

Faktoren →	I	II	III	Com.
Item1	f_{11}	f_{12}	f_{13}	h_1^2
Item2	f_{21}	f_{22}	f_{23}	h_2^2
...	...		...	
Item m	f_{m1}	f_{m2}	f_{m3}	h_m^2
I'	t_{11}	t_{12}	t_{13}	1
II'	t_{21}	t_{22}	t_{23}	1
III'	t_{31}	t_{32}	t_{33}	1

T'

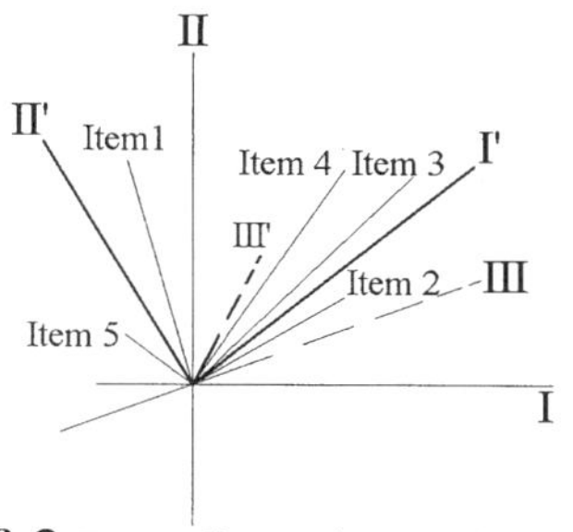

Abb. 8.2 Darstellung einer Faktormatrix als Vektorkonstellation in drei Dimensionen (Achse III gestrichelt)

Wir versuchen, innerhalb der Itemvektoren per Anschauung einige Cluster zu identifizieren und mittels Augenmaß durch diese Cluster orthogonal zueinander drei Vektoren I', II' und III' der Länge 1 (bzw. mit Kommunalitäten von 1) zu legen. Die Projektionen t_{11}, t_{12} und t_{13} des neuen Vektors I' auf den Achsen I, II und III tragen wir als zusätzliche Zeile m+1 in die Matrix F ein. Ebenso tragen wir die entsprechenden Projektionen der Vektoren II' und III' als zwei weitere Zeilen in F ein. Die drei neuen Vektoren I', II', III' repräsentieren potientelle Items des Tests, die durch ihre räumliche bzw. korrelative Anordnung zu den anderen Items auch inhaltlich definiert sind. Sie stellen gleichzeitig idealisierte Items dar, die nur auf den Dimensionen I, II und III Projektionen besitzen. Sie führen aber auch ein rotiertes orthogonales Koordinatensysten ein. Ihre 9 Ladungen t_{kl}, um die die Matrix F erweitert wurde, bilden offensichtlich eine orthonormale Matrix, die wir T' nennen.

Um z.B. die Korrelation f'_{j1} eines Items j mit dem neuen Item I' zu erhalten, bilden wir das Skalarprodukt der Zeile j der Matrix F mit der Zeile m+1 bzw. mit dem Vektor I':

$$f'_{j1} = f_{j1} \cdot t_{11} + f_{j2} \cdot t_{12} + f_{j3} \cdot t_{13}.$$

Da das Skalarprodukt eines Vektors j mit einem Vektor, der die Länge 1 hat, gleich der Projektion von j auf den Vektor der Länge 1 ist, stellt f'_{j1} gleichzeitig die Projektion des Itemvektors j auf die neue Achse I' dar. Durch eine entsprechende Berechnung aller Projektionen f'_{jk} (j=1,m; k=1,3) der m Items auf die drei Achsen I', II' und III' ergibt sich schließlich die gesamte Matrix F_{rot}. Die Berechnung aller dieser m x 3 Skalarprodukte läßt sich vereinfacht matrixalgebraisch zusammenfassen, indem man F mit der transponierten Form von T', d.h. mit T, multipliziert:

$$F_{rot} = FT.$$

Wir stellen fest, daß die Postmultiplikation von F mit einer orthonormalen Transformationsmatrix T eine *orthogonale Rotation* darstellt.

Analytische Rotationen

Zur Vermeidung der Subjektivität dieser visuellen Methode werden Rotationen *analytisch* durchgeführt. Dazu werden Transformationsmatrizen T berechnet, mit denen pragmatisch konstruierte Kriterien zur Auffindung von Clustern optimiert werden. Die Entwicklung von Rotationskriterien zur *simple structure*-Suche durch Kaiser, Carroll, Saunders, Ferguson u.a. (vgl. Harman, H. H. (1967)) führte zu hauptsächlich zwei Optimierungsansätzen, die mit wenigen

Abwandlungen, teilweise auch miteinander kombiniert, Verwendung finden:

1. Die Maximierung der Varianz $Q = \Sigma_{j=1,m;k=1,r} f_{jk}'^4/(m \cdot r) - (\Sigma_{j=1,m;k=1,r} f_{jk}'2/(m \cdot r))^2$ aller m x r quadrierten Ladungen $f_{jk}'^2$ der Matrix F_{rot} (*Quartimax*-Kriterium),
2. Die Minimierung der Summe C aller $r \cdot (r-1)/2$ Kovarianzen $C_{gh} = (\Sigma_{j=1,m} f_{jg}'^2 f_{jh}'^2)$ der Ladungsquadrate aller Spaltenpaare g,h der Matrix F_{rot} (*Covarimin*-Kriterium, siehen unten).

Während die Maximierung von Q die Profile aller Zeilen und Spalten in F_{rot} hervorhebt, führt die Minimierung von C zu linear unabhängigen Verläufen der (quadrierten) Spaltenprofile. Die Kriterien Q und C ergeben bei orthogonalen Rotationen identische Lösungen für F_{rot}. Sie führen jedoch im Falle schiefer Rotationen zu unterschiedlichen Lösungen, siehe unten.
Die Berechnung einer Transformationsmatrix T der Ordnung r x r für eine der angegebenen analytischen Rotationen ist für $r>2$ schwierig. Man rotiert daher nacheinander jedes der $r \cdot (r-1)/2$ Faktorpaare einer gegebenen Matrix F und erhält damit einen (Rotations-) *Zyklus*. Nach etwa 10 bis 30 solcher Zyklen konvergiert die Näherung über verschiedene Näherungsstufen $F^{(i)}, F^{(i+1)}, \ldots$ zur gesuchten Faktormatrix F_{rot} mit Q_{max} bzw. C_{min}. Beispiele für Kriterienerhöhungen bei aufeinander folgenden Zyklen findet man in Teil 8.6.1 für Varimax- und Oblimax-Rotationen. Die Rotation zweier gegebener Spalten g und h ($g,h \leq r$) innerhalb jedes Zyklus erfordert die Berechnung einer orthonormalen Transformationsmatrix T_{2x2} der Ordnung 2 x 2, die die Drehung eines zweidimensionalen Koordinatensystems innerhalb seiner Ebene beschreibt und die aus Kosinus und Sinus des entsprechenden Rotationswinkels ϕ gebildet wird:

$$T_{2x2} = \begin{pmatrix} t_{11} & t_{12} \\ t_{21} & t_{22} \end{pmatrix} = \begin{pmatrix} \cos\phi & -\sin\phi \\ \sin\phi & \cos\phi \end{pmatrix}.$$

Das Problem der Bestimmung einer optimalen Rotationsmatrix reduziert sich daher im Falle nur zweier orthogonaler Achsen auf die Optimierung nur eines Parameters ϕ. Nach der Durchführung aller Zyklen zur Näherung der Matrix F_{rot} erhält man die *vollständige Transformationmatrix* T (= $T_{r \times r}$) der direkten Transformation $FT = F_{rot}$ aus der Umstellung $T = (F'F)^{-1}F'F_{rot}$.

Die Varimax-Lösung (orthogonal)

Als Beispiel einer orthogonalen Rotation wählen wir die Varimax-Rotation. Ihr Kriterium V unterscheidet sich von Q dadurch, daß die Varianzen der Quadrate der Elemente für jede der Spalten von F einzeln berechnet und danach von 1 bis r aufsummiert werden. Außerdem werden die Zeilenvektoren in F vor der Quadrierung einheitsnormiert, da andernfalls die längeren der Itemvektoren zu dominant die neuen Achsen "anziehen" (siehe auch Harman, (1967)).
Bezeichnen wir mit h_j (Wurzel aus der Kommunalität) die Länge des Itemvektors j, dann lautet das über alle r Achsen zu maximierende Kriterium für die jeweils neuen Näherungswerte f_{ik}'

$$V = m \sum_{k=1}^{r} \sum_{j=1}^{m} (f_{jk}'/h_j)^4 - \sum_{k=1}^{r} \Big(\sum_{j=1}^{m} (f_{jk}'/h_j)^2\Big)^2.$$

Diese Formel wird nun mit $r=2$ auf das jeweils zu transformierende Spaltenpaar g,h für den Zyklus i einer gegebenen Matrix $F^{(i)}$ angewandt, wobei wir zur Vereinfachung $f_{jg}/h_j = x_j$ und $f_{jh}/h_j = y_j$ (für $j=1,m$ und $f_{jg}, f_{jh} \in F^{(i)}$) setzen. Somit optimieren wir V für je zwei neu zu bestimmende Spalten f_{jg}' und f_{jh}' aus $F^{(i+1)}$ und drücken diese durch die alten Spalten aus:

$$f_{jg}' = x_j t_{11} + y_j t_{12} = x_j \cos\phi - y_j \sin\phi \quad \text{und} \quad f_{jh}' = x_j t_{21} + y_j t_{22} = x_j \sin\phi + y_j \cos\phi.$$

Danach wird die Ableitung $dV/d\phi = 0$ gesetzt und man erhält für ϕ den Ausdruck:

$$\tan 4\phi = 2(\sum x_j y_j - \sum x_j \sum y_j/m)/[\sum (x_j^2 - y_j^2) - ((\sum x_j)^2 - (\sum y_j)^2)/m],$$ wobei über j summiert wird.

Nach weiterer trigonometrischer Auflösung nach ϕ lassen sich aus $\cos\phi$ und $\sin\phi$ die vier Elemente der obigenTransformationsmatrix T_{2x2} für das Spaltenpaar x,y aus $F^{(i)}$ bilden.

Schiefe Rotationen

Für schiefe Rotationen (*oblique rotations*) werden in den Kriterien Q,C und V die Orthogonalitätbedingungen aufgehoben. Die beiden Achsen können nun um zwei individuelle Winkel α und β rotieren, und die entsprechende 2x2-Transformationsmatrix T erhält die Struktur

$$T_{oblique} = \begin{pmatrix} \cos\alpha & -\sin\beta \\ \sin\alpha & \cos\beta \end{pmatrix}.$$

Die Kriterien Q,C und V führen hier zu unterschiedlichen Lösungen: Aus der Varianz-maximierenden Varimax-Lösung resultiert die Oblimax-Lösung (beschrieben in Harman, 1967, vgl. auch die entsprechenden numerischen Beispiele in Teil 8.6.1). Da die Oblimax-Lösung als mathematisch zu aufwendig kritisiert wird und andererseits die Kovarianz-minimierenden Kriterien häufig "zu schiefe" oder aber zu "wenig schiefe" Rotationen ergeben, hat man ein mit $\gamma \in [0,1]$ gewichtetes Kriterium der Kovarianzminimierung (*Oblimin*) entwickelt:

$$B = \sum_{x,y \in F} \left[\sum_j (x_j)^2 (y_j)^2 - \gamma \sum_j (x_j)^2 \sum_j (y_j)^2 \right].$$

Hierbei wird jede eckige Klammer über zwei Vektoren x und y gebildet, die ein Spaltenpaar aus der zeilenweise einheitsnormierten Matrix F repräsentieren. Für $\gamma = 1$ stellt die eckige Klammer die Kovarianz über die quadrierte Werte von x und y dar. Zur Bildung von B werden die eckigen Klammern aller r(r−1) Spaltenpaare von F aufsummiert.
Je nach Wahl des Gewichtes γ für B kann man eine extrem schiefe Lösung ($\gamma = 0$: *Quartimin*) oder eine extrem wenig schiefe Lösung ($\gamma = 1$: *Covarimin*) erreichen. Im Falle $\gamma = .5$ erhält man die sog. *Biquartimin*-Lösung.

8.1.5 Faktorenanalysen zweiter Ordnung

Eine Faktorenanalyse zweiter Ordnung FA2 besteht darin, daß man die Korrelationsmatrix C_S der Achsen einer gegebenen schiefen Faktorlösung nochmals faktorisiert: Gegeben sei eine schiefe Lösung $F_S = FT_S$ als Rotation einer orthogonalen Faktormatrix mit der spaltenweise normalisierten Transformationsmatrix T_S. Aus der Korrelationsmatrix $C_S = T_S' T_S$ zwischen den schiefen Achsen von F_S bestimmen wir durch "Hotelling" aus $C_S = UU'$ eine spaltenweise orthogonale Faktormatrix U, deren Zeilen die Ladungen der durch Einheitsvektoren repräsentierten schiefen Achsen auf den (jeweils von F_S abhängigen) neuen Hauptachsen der FA2 darstellen.
Um die Ungenauigkeiten einer geschachtelten Interpretation (Interpretation der Spalten von F_S mittels der Test-Items, danach Interpretation der Spalten von U mittels der Spalten von F_S) zu vermeiden, kann man die FA2 als eine *Rotation im ursprünglichen Itemraum* darstellen. Die Aufgabe lautet dann: Die Zeilen von T_S' seien die Ladungen der schiefen Achsen F_S auf den Achsen von F, vgl. Abb. 8.2. Finde für T_S' eine Transformationsmatrix T_u, so daß die Ladungen $T_S' T_u$ der schiefen Achsen auf den orthogonalen neuen Achsen gleich U sind. Die Matrix T_u folgt aus:

$$T_S' T_u = U, \qquad T_u = T_S'^{-1} U. \tag{8.11}$$

Wir stellen nun die Beziehung von T_u zur Basiszerlegung $T_s = ADB'$ mit $AA' = A'A = B'B = BB' = I$ und $D^2 = \Lambda_u$ her (vgl. die Formeln (7.7)ff). Dann folgt:

$$T_s'T_s = (ADB')'ADB' = BD'A'ADB' = BD \cdot (BD)' = U \cdot U' = BD^2B' = B\Lambda_uB',$$

so daß $U = BD$. Wir setzen die erhaltenen Ausdrücke in T_u ein:

$$T_u = T_s'^{-1}U = [(ADB')']^{-1}BD = [BDA']^{-1}BD = A'^{-1}D^{-1}B^{-1}BD = A'^{-1} = A$$

Die *Faktormatrix zweiter Ordnung* F_{su} für die m Items folgt somit als Rotation aus F:

$$F_{su} = F \cdot T_u = F \cdot T_s'^{-1}U = F \cdot A \tag{8.12}$$

Theorem 8.1. Gegeben sei eine schiefe Lösung F_s ($= FT_s$) als Rotation einer orthogonalen Lösung F mittels der Transformationsmatrix T_s ($= (F'F)^{-1}F'F_s$). Dann resultiert die zugeordnete Item-bezogene *Faktormatrix zweiter Ordnung* F_{su} als *orthogonale Rotation* von F durch die Transformation von F mit der Matrix A der Basiszerlegung $T_s = ADB'$.

8.1.6 Zur sprachlichen Interpretation der Faktoren

Unipolare und bipolare Faktoren

Man bildet über die Items mit den höchsten positiven bzw. negativen Ladungen von $f_{.k}$ zwei inhaltlich entgegengesetzte, nach den Ladungsbeträgen *gewichtete Oberbegriffe*. Hat ein Faktor fast nur positive Ladungen, dann heißt er *unipolar* (z.B. der erste Faktor in Intelligenztests, der wegen der positiven Korrelationsmatrix bzw. der spitzen Winkel zwischen den Itemvektoren nur ein *unipolares* Cluster hat), ansonsten nennt man ihn *bipolar*. Die Faktorscore-Variable $p_{.k}$ in P ist dagegen *immer bipolar*, da $\Sigma_{j=1}^{N} p_{jk} = 0$. Kennt man die Personen so gut wie die Items, dann kann man das k-te Variat auch mittels $p_{.k}$ interpretieren.

Umpolungen

Durch die *Umpolung* eines Faktors $f_{.k}$ aus F (d.h. $f_{jk} \to f_{jk} \cdot (-1)$; $j = 1,m$) polt man auch die zugeordnete Faktorscore-Variable $p_{.k}$ aus P um, die Matrizen $X = PF'$ und $R = X'X$ bleiben daher konstant. Durch die Umpolung einer Zeile $f_{j.}$ in F werden alle Korrelationen des Items j in R (außer r_{jj}) umgepolt. Das Item j erhält dann eine logisch entgegengesetzte Bedeutung.

Die strukturellen Ergebnisse der Faktorenanalyse

Die FA findet Dimensionen (Faktoren) *und* Cluster, wobei die Anzahl von relevanten Clustern die Anzahl der relevanten Dimensionen wesentlich unter- oder überschreiten kann. So kann z.B. ein Intelligenztest einen Itemraum mit 3 "starken" Intelligenzdimensionen (*general factor*, *speed*, *memory*) ergeben, in dem 5 Cluster untereinander sehr ähnlicher bzw. hoch korrelierender Items (Kopfrechnen, Gedächtnis, Abstraktion, räumliches Vorstellungsvermögen, Reihen Fortsetzen) enthalten sind. Andererseits könnte die FA eines sehr homogenen Intelligenztests nur *ein* Cluster untereinander

hoch korrelierender Items ergeben, das jedoch einen 3-dimensionalen Raum aufspannt und damit 3 Hintergrundbegabungen für die entsprechenden Items vermuten läßt.
Die Existenz von "Faktoren", die im Sinne systemtheoretischer kausaler Ursachenvariablen auf die Itemvariablen in den Spalten von X einwirken, kann mittels der FA nicht bewiesen werden, da bei der FA die für lineare Beziehungen typische Vorhersagesymmetrie gilt:

a) Die Variablen X werden als Linearkombination mittels der Gewichtsmatrix F' aus den Faktoren P (Variablen X) vorhergesagt: $P \cdot F' = X$.
b) Die Faktorvariablen $\hat{P}$ werden als Linearkombination mittels der Gewichtsmatrix $F(FF')^{-1}$ aus den Variablen der Spalten von X vorhergesagt: $X \cdot F(F'F)^{-1} = \hat{P}$ (oder $X(F')^{-1} = P$, falls $m = r$).

Die FA stellt auch keine Modellanpassung dar, sondern eine umkehrbare *Datentransformation*, die auch mit Zufallsdaten durchführbar wäre.
Dagegen stellen die Faktorstärken Λ (der Verlauf des Eigenwertabfalls, die Anzahl der "signifikanten" Faktoren) sowie evtl. überzufällige (signifikante, "prägnante", Theoriekompatible) *Profile* der gefundenen Variate das eigentliche Ergebnis der FA dar.

8.1.7 Weitere Ansätze zur Hauptachsenlösung

Die folgenden beiden Ansätze (a) und b) wurden bereits von Thurstone entwickelt:

a) Minimierung der Residualquadratsumme.
Wegen (8.7c) ist $r_{gh} - f_{g1}f_{h1} = r_{gh.I}$ gleich der Residualkorrelation r_{gh} unter Auspartialisierung des 1. Faktors. Bestimme aus R die Elemente f_{j1} ($j = 1,m$), so daß

$$S = \Sigma_{g=1}^{m} \Sigma_{h=1}^{m} (r_{gh} - f_{g1}f_{h1})^2 \quad \rightarrow \quad \text{min.}$$

Partielle Ableitung von S nach dem gesuchten f_{j1} und Nullsetzen des erhaltenen Ausdrucks ergibt für jedes j ($j = 1,m$): $\partial S/\partial f_{j1} = 2\Sigma_{h=1}^{m}(r_{jh} - f_{j1}f_{h1})(-f_{h1}) = 0 = -2(\Sigma_{h=1}^{m} r_{jh}f_{h1} - f_{j1}\Sigma_{h=1}^{m} f_{h1}^2)$. Bei der Definition $\Sigma_{h=1}^{m} f_{h1}^2 = \lambda_1$ erhält man daraus $\Sigma_{h=1}^{m} r_{jh}f_{h1} = f_{j1}\lambda_1$, ($j = 1,m$). Letzteres Gleichungssystem entspricht dem Hotelling-Ansatz für $F \equiv Q$, siehe oben (8.7a).

b) Maximierung des Varianzanteils des extrahierten Faktors
Gegeben sei eine beliebige Faktormatrix C (z.B. eine Centroid-Lösung). Wir suchen zunächst den ersten Spaltenvektor $t_{.1}$ aus einer zu bestimmenden Transformationsmatrix T, so daß $CT = F$ und

$$S = \Sigma_{j=1}^{m} f_1^2 = \Sigma_{j=1}^{m} (\Sigma_{k=1}^{r} c_{jk}t_{k1})^2 \rightarrow \text{max.}$$

(unter der Bedingung $CC' = FF' = R =$ const). Die Norm-Bedingung $\Sigma_{k=1}^{r} t_{k1}^2 - 1 = 0$ für $t_{.1}$ wird mit dem *Lagrange-Multiplikator* λ_1 zu S hinzugefügt und ergibt $S_L = S - \lambda_1(\Sigma_{k=1}^{r} t_{k1}^2 - 1)$. Partielles Ableiten von S_L nach t_{g1} ($g = 1,r$) sowie Nullsetzen ergibt r Gleichungen $\partial S/\partial t_{g1} = 2\Sigma_{j=1}^{m}(\Sigma_{k=1}^{r} c_{jk}t_{k1})c_{jg} - 2\lambda_1 t_{g1} = 0$ bzw. $\Sigma_{k=1}^{r}(\Sigma_{j=1}^{m} c_{jg}c_{jk})t_{k1} = \lambda_1 t_{g1}$. Letzterer Ausdruck entspricht einer Eigenvektorlösung $(C'C)T = T\Lambda$ der Skalarproduktmatrix C'C der Spalten von C. Die Diagonalmatrix Λ enthält dann die Eigenwerte $\lambda_1 ... \lambda_r$. Die einheitsnormierten Eigenvektoren ergeben als Spalten von T die gesamte Transformationsmatrix in $CT = F_{Hauptachsen}$. Wäre C selbst die Lösung, dann wäre $T = I$ und $C'C = \Lambda$ (siehe (8.5b)). Dies beweist auch, daß die Hauptachsenlösung unter allen *orthogonalen* Rotationen die einzige ist, bei der alle Paare unterschiedlicher Spalten von F Skalarprodukte von 0 ergeben.

Die Methode der Lagrange-Multiplikatoren

Gegeben sei ein Ausdruck F(a,b,...), der partiell nach a, b usw. differenziert und danach gleich 0 gesetzt werden soll, um einen Extremwert zu bestimmen. Die Lagrange-Methode kann man dann verwenden, wenn unter der Differentiation eventuelle Nebenbedingungen gelten sollen, z.B. so, daß eine Funktion $g(x_i,a,b,..)$ gleich einer bestimmten Konstanten c gesetzt wird, $\Sigma_i g(x_i,a,b)=c$. Eine oder auch mehrere Bedingungen dieser Art werden dann in Form gewichteter Ausdrücke, die selbst gleich 0 gesetzt sind (hier $\Sigma_i g(x_i,a,b)-c$), zu dem zu differenzierenden Ausdruck F(a,b,...) mit eigenen Gewichten $(\lambda,\mu,\nu,...)$ additv hinzugefügt, d.h. in diesem Beispiel:

$$F(a,b,...)+\lambda\cdot(\Sigma_i g(x_i,a,b)-c) + \mu\cdot(... = 0) + \nu\cdot(... = 0).$$

wobei die Gewichte bzw. die Lagrangeschen Multiplikatoren $\lambda,\mu,\nu,..$ selbst neue Optimierungsvariablen darstellen. Daher muß außer nach a, b usw. zusätzlich nach λ, μ, ν,... differenziert und die erhaltenen Ausdrücke gleich 0 gesetzt werden. In manchen Strukturen, so auch im Beispiel der Hauptachsenlösung, erweisen sich die Größen λ, μ, ν,... offensichtlich als Eigenwerte, so daß sich die entsprechende Differentiation im Rahmen der Lösung einer entsprechenden Eigenwertaufgabe erübrigt (vgl. die Ableitung der kanonische Analyse).

8.2 Ableitung der Diskriminanzanalyse

8.2.1 Basisableitungen

Die Diskriminanzanalyse (DA) prüft, in welcher Form (Faktorstruktur ≡ Eigenvektoren) und in welchem Grade (Faktorstärken ≡ Eigenwerte) eine Zusammenstellung von abhängigen Variablen (eine mehrdimensionale Zufallsveränderliche $(\mathbf{X}_1,...,\mathbf{X}_m)$) verschiedene Bedingungen (unabhängige Variablen) diskriminieren kann. In den meisten Anwendungen wird z.B. ein Test, der aus mehreren Variablen besteht, dahingehend überprüft, ob er zwischen mehreren vorher eingeteilten Probandengruppen unterscheiden kann.
Gegeben sei eine Datenmatrix X der Ordnung N x m (Probanden x Items), die entsprechend den G Probandengruppen zeilenweise in G Untermatrizen partitioniert sei. Wir bilden nun die Gleichung Xb=y, wobei b und y nach dem anschließend angegebenen Optimierungskriterium einer F-Maximierung aus X zu bestimmen sind:

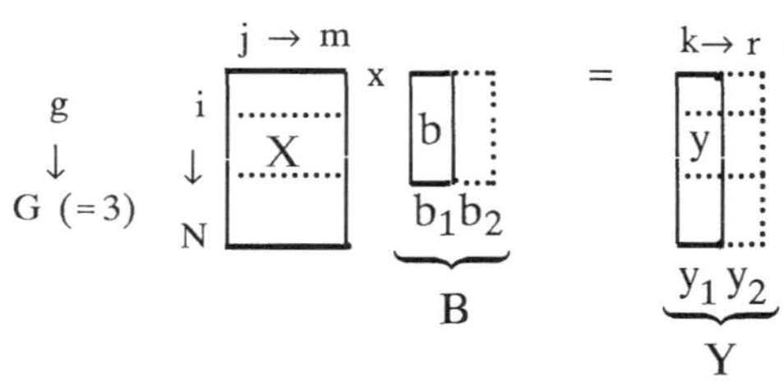

(max(r) = G−1)

$$Xb = y$$

$$\sum_{i=1}^{N} y_i^2 = y'y = (Xb)'(Xb) = b'X'Xb \tag{8.13}$$

Das Maximierungsproblem der DA

Bestimme aus X einen Vektor b, so daß der F-Wert der 1-dimensionalen

Varianzanalyse über den Vektor y (y=Xb) maximiert wird.

Die folgende Ableitung zeigt, daß die Anzahl der Lösungen für F_{max} maximal gleich G-1 (hier gleich 2) ist. Daher ist in der obigen Skizze eine mögliche zweite Lösung durch die punktierten Spaltenvektoren angegeben. Die multiple Lösung ergibt bei Zusammenfügen der resultierenden Vektoren und entsprechenden Normierungen (siehe die FA) eine der Matrix B entsprechende Matrix B*=F der Diskriminanzfaktoren und eine der Matrix Y = $\hat{P}$ entsprechende Faktorscore-Matrix Y*.
Der F-Wert einer eindimensionalen VA des Vektors y lautet (Kap. VI, Teil 6.5.3):

$$F = \left[\Sigma_{g=1,G}\,(\bar{y}_g-\bar{y})^2\cdot n_g\right]/\left[\Sigma_{h=1,n_g}(y_{gh}-\bar{y}_g)^2\right]\cdot(N-G)/(G-1),$$

wobei $\bar{y}$ = totaler Mittelwert von y, n_g=Anzahl der Probanden in der g-ten Gruppe, $\bar{y}_g$=Mittelwert der Gruppe g (g=1,G) sowie y_{gh}=y-Wert des h-ten Probanden in Gruppe g.

8.2.2 Matrixalgebraische Formulierung des F-Wertes

Gegeben sei die unnormierte Rohdatenmatrix X. Hieraus ergeben sich folgende Matrizen:

$\bar{X}$ = *totale Mittelwertmatrix* = Matrix, bei der innerhalb jeder Spalte alle Werte untereinander gleich sind, und zwar gleich dem entsprechenden Spaltenmittelwert m_j (j=1,m) : $\bar{x}_{ij}$ = m_j für alle i=1,N.

X = X-$\bar{X}$ (spaltenweise mittelwertsnormierte Datenmatrix, d.h. $\Sigma_{i=1}^{N}x_{ij}=0$ ($x_{ij}\in X$).

$\bar{X}_G$ = *Matrix der Gruppenmittelwerte*; es sei $\bar{x}_{gj}$ der Mittelwert der Spalte j der g-ten Gruppe, d.h. der g-ten Teilmatrix X_g aus X (g=1,G). Dann ist das Matrixelement $x_{ij}(g)\in\bar{X}_G$ gleich dem Mittelwert der Spalte j der g-ten Gruppe, d.h. $x_{ij}(g)=\bar{x}_{gj}$ für alle i, die zur Gruppe g gehören.

Es folgt: In dem Produkt Xb=y überträgt sich die Mittelwertsnormierung von X, so daß Σy_i = 0 (Ableitung, siehe oben FA (8.6f)). Weiter gilt:

$$X = X-\bar{X} = X-\bar{X}_G + \bar{X}_G-\bar{X},$$

$$y = Xb = (X-\bar{X}_G + \bar{X}_G-\bar{X})b = \underbrace{(X-\bar{X}_G)b}_{y_b\text{ (Binnendiff.)}} + \underbrace{(\bar{X}_G-\bar{X})b.}_{y_z\text{ (Zwischendiff.)}} \qquad (8.14)$$

Die zur Bildung des F-Quotienten erforderlichen Quadratsummen folgen dann aus der Aufsummierung der quadrierten Elemente der oben gebildeten Vektoren y_b und y_z der Binnen- bzw. der Zwischendifferenzen:

$$\sum\nolimits_{i=1,N} y_{bi}^2 = y_b'y_b = ((X-\bar{X}_G)b)'(X-\bar{X}_G)b = b'(X-\bar{X}_G)'(X-\bar{X}_G)b = b'S_bb,$$

$$\sum\nolimits_{i=1,N} y_{zi}^2 = y_z'y_z = ((\bar{X}_G-\bar{X})b)'(\bar{X}_G-\bar{X})b = b'(\bar{X}_G-\bar{X})'(\bar{X}_G-\bar{X})b = b'S_zb.$$

Hierbei gilt: S_b/N = *Binnenkovarianzmatrix* und S_z/N = *Zwischenkovarianzmatrix*. Die beiden (skalaren) *quadratischen Formen* (vgl. Teil 7.1.2), d.h. die Werte $b'S_zb$ und $b'S_bb$, stellen dann in Matrizen-Schreibweise den skalaren Zähler bzw. Nenner des zu maximierenden Anteils λ des F-Quotienten

$$F = \lambda \cdot (N-G)/(G-1)$$

dar.

Differentiation des λ-Wertes nach dem Vektor b

Für die Maximierung muß λ nach dem Vektor b differenziert und $d\lambda/db=0$ gesetzt werden (siehe *Differentiation von Matrizen*, Kap. VII, (7.9a)). Drückt man die Differentiation bei Matrizen durch das Symbol * aus und beachtet, daß S_z und S_b symmetrisch sind, dann folgt (vgl. (7.9a) bzw. das dazugehörige Differentiationsbeispiel a) in 7.1.5):

$$\begin{aligned} d\lambda/db &= \lambda^* = (b'S_zb/b'S_bb)^* = [\ (b'S_zb)^*(b'S_bb) - (b'S_bb)^*(b'S_zb)\ ]/(b'S_bb)^2 \\ &= [2b'S_z(b'S_bb) - 2b'S_b(b'S_zb)]/(b'S_bb)^2 \\ &= 2[S_zb(b'S_bb) - S_bb(b'S_zb)]/(b'S_bb)^2 = 0. \end{aligned}$$

Hieraus folgt wegen $\lambda=b'S_zb/b'S_bb$:

$$S_zb - S_bb\lambda = 0, \quad S_b^{-1}S_zb - b\lambda = 0 \quad \text{und daraus} \quad (S_b^{-1}S_z)b = b\lambda.$$

Der zuletzt erhaltene Ausdruck zeigt, daß zur Bestimmung des maximierten F-Wertes bzw. der maximierten Größe λ die Matrix $S_b^{-1}S_z$ in ihre Eigenvektorstruktur

$$(S_b^{-1}S_z)\ B = B\Lambda \tag{8.15}$$

zerlegt werden muß. Die Größe λ besitzt eine multiple Lösung, die gleich den resultierenden Eigenwerten $\lambda_1,...,\lambda_r$ ist. Man kann mittels Untersuchungen des Ranges der Matrix $S_b^{-1}S_z$ zeigen, daß die maximale Anzahl der Lösungen $r=G-1$ ist. Multipliziert man wie bei der Hauptachsenlösung der FA jeden der erhaltenen einheitsnormierten Eigenvektoren b_1 bis b_r mit der Wurzel seines Eigenwertes, dann stellen die resultierenden Vektoren eine Faktormatrix $B^*=F_{DA}$ dar. Die aus $XB=Y$ berechnete Matrix $Y=\hat{P}$ kann dann nach Multiplikation mit $\sqrt{N}$ als eine entsprechende z-transformierte Faktorscore-Matrix aufgefaßt werden.

8.2.3 Diskriminanzanalyse über Faktorscores

Bei mehr als 30 Variablen, d.h. bei einer Ordnung von 30 x 30 oder größer, ist die Matrix S_b aus statistischen Gründen oft nahe der Singularität und kann dann nicht mehr genau invertiert werden. In diesem Falle kann man mittels einer Faktorenanalyse die Faktoren der gemeinsamen Varianz und gegebenenfalls noch weitere Faktoren in Form der Faktorscore-Matrix $\hat{P}$ aus der Datenmatrix X herausfiltern. Die aus der Faktorenanalyse $X=PF'$ (8.2) resultierende *geschätzte* Matrix $\hat{P}$ der Ordnung N x p teilt man genauso wie X in G Gruppen ein und verwendet sie anstelle von X für die

Diskriminanzanalyse. Die aus $\hat{P}$ berechnete Binnen-Matrix S_{bp} der Ordnung p x p läßt sich leichter invertieren und ergibt mittels (8.15) zusammen mit der aus $\hat{P}$ berechneten Zwischen-Matrix S_{zp}

$$B_p^{-1}(S_{bp}^{-1}S_{zp})B_p = \Lambda_p. \tag{8.15a}$$

Aus B_p resultiert dann eine Faktormatrix F_p der Ordnung p x G−1. Hieraus lassen sich mittels (8.8) die *Faktorscores der Diskriminanzfaktoren* schätzen

$$\hat{P}_{Dis,p} = \hat{Y}_p = XF_p(F_p'F_p)^{-1}. \tag{8.15b}$$

Die Korrelationen zwischen den Spalten von X und den Spalten von $\hat{Y}_p$ ergeben dann aufgrund von (8.6g) eine Schätzung der *Diskriminanz-Faktormatrix* $F_{Dis,p}$ (Items x Gruppen−1 = m x G−1) mit den Ladungen der Items auf den Diskriminanzfaktoren.

8.2.4 Besonderheiten

a) Durch bestimmte (hier nicht behandelte) Umrechnungen der Eigenwerte erhält man Zufallsvariablen, die die Variable χ^2=chi^2 approximieren und die *Signifikanztests* der erhaltenen einzelnen Faktorstärken $\lambda_1,...,\lambda_r$ sowie auch der globalen Faktorstärke (der globalen Diskriminationsfähigkeit der Variablen in X bzgl. der vorliegenden Gruppeneinteilung) ermöglichen (Ableitung, vgl. Lehmann, 1981b).
b) Die DA stellt eine *multivariate Varianzanalyse* dar. Erfolgt die Gruppeneinteilung aufgrund von experimentell unabhängigen Variablen, dann kann man mittels der DA auch *kausale Einflüsse* der unabhängigen auf die abhängigen Variablen (X) testen.
c) Die Faktorscores eines Faktors k drücken die *Stärke der Zugehörigkeit einzelner Probanden zu jeweils denjenigen Gruppen* aus, die hinsichtlich der Faktorscores von k (y_{ik}, i=1,N) starke positive bzw. negative Mittelwerte besitzen. Hierdurch ermöglicht die DA als Sekundärergebnis auch eine *Klassifikation der einzelnen Probanden.*
d) Dennoch ist die DA *kein eigentliches Klassifikationsverfahren*. Beweis: Fügt man z.B. in einer Analyse von zwei Gruppen eine perfekt diskriminierende dichotome Klassifikationsvariable zu einer Gruppe von mindestens 50-100 gegebenen DA-Variablen hinzu, dann wird ein signifikanter bzw. nichtsignifikanter Diskriminanzfaktor kaum in seiner Stärke beeinflußt (vgl. die DA der zwei Gruppen männlich vs. weiblich in Teil 8.6.2 mit bzw. ohne die Hinzunahme der dichotomen Variablen *männlich-weiblich*). Begründung: Die DA maximiert das Verhältnis von Zwischen- zu Binnenvarianz, nicht jedoch einen Koeffizienten der Güte der Zuordnung von Probanden zu Gruppen. Hierzu dienen vielmehr eigentliche probabilistische Klassifikationsmethoden, die zumeist nach dem Bayesschen Prinzip verfahren. (Ein Beispiel eines probabilistischen Klassifikationsmodells von Emrick (1971) und Fricke (1974) wird in Lehmann, 1981b, S. 535-536 dargestellt.)
e) Da die Matrix $S_b^{-1}S_z$ im allgemeinen asymmetrisch ist, sind die erhaltenen Eigenvektoren B nicht orthogonal. Die DA kann demnach auch als eine *schiefe Rotation* der Faktoren (und der entsprechenden Faktorscores, z.B. Formel (8.8)), aufgefaßt werden, wobei im Gegensatz zur FA das Optimierungskriterium λ_{max} der Rotation im *Versuchspersonenraum* (Y-Matrix) definiert wird (und nicht im *Itemraum*,

wie z.B. bei der Hauptachsenlösung der FA und bei den anderen oben definierten FA-Rotationen).

8.3 Multivariate Varianzanalyse

Die multivariate Varianzanalyse (MVA) kann als *Verallgemeinerung* einer *univariaten ein-* oder *mehrdimensionalen Varianzanalyse* auf mehr als eine abhängige Variable hergeleitet werden. Sie kann auch als eine Verallgemeinerung der Diskriminanzanalyse (DA) auf mehr als eine Dimension der Gruppeneinteilung aufgefaßt werden.
Wir gehen zunächst im Sinne des ersten Ansatzes von einem beliebigen vollständigen varianzanalytischen Design aus. Erheben wir unter den varianzanalytischen Bedingungen bzw. Bedingungskombinationen (Zellen) nicht nur eine, sondern mindestens m=2 abhängige Variablen, dann liegt das Design einer MVA vor. In diesem Falle enthalten die üblichen Zellen der Analyse nicht mehr einzelne skalare Daten bzw. eventuelle zufällige Meßwiederholungen, sondern je eine Datenmatrix der Ordnung N x m (N=Anzahl der Probanden, Zeitpunkte usw.)

Beispiel: Ein Intelligenztest mit 10 Subtests wird unter verschiedenen Bedingungen oder Bedingungskombinationen an jeweils N Probanden durchgeführt. Beschränkt man sich bei der Datenanalyse auf den erhaltenen IQ jedes Probanden, dann liegt eine univariate VA vor. Analysiert man dagegen die Variation der einzelnen Subtests über die Bedingungskombinationen, dann resultiert für jede VA-Zelle eine Datenmatrix der Form Probanden x Subtests. Das Design ist dann multivariat.

Jeder F-Wert einer univariaten VA wird beim Übergang zum multivariaten Fall analog zur oben hergeleiteten DA an einer linearen Funktion Y der abhängigen Variablen berechnet, deren Gewichtung den jeweiligen F-Wert maximiert. Diese Gewichtung ist daher für jeden F-Wert verschieden. Da maximierte F-Werte andere Verteilungen besitzen als die F-Werte der univariaten VA, werden sie anders bezeichnet, so z.B. als λ-Werte, da sie wie bei der DA als Eigenwerte resultieren. Im Falle der Überprüfung ihrer Signifikanz werden diese λ-Werte z.B. auch in annähernde chi^2-Werte umgerechnet.
Für jede F-Wert-Maximierung aus den Haupteffekten sowie auch aus den Interaktionen einer MVA resultiert aufgrund dieser Gewichtungsaufgabe je eine Eigenvektorstruktur bzw. eine eigene Folge von Variaten:

1. je eine *Faktormatrix,* auf der die abhängigen Variablen laden,
2. je eine hinsichtlich ihrer Signifikanzen einzeln sowie insgesamt testbare *Eigenvektorfolge* (die errechnete multiple Lösung für den zu maximierenden F-Wert) sowie
3. je eine zugeordnete *Faktorscore-Matrix.*

Beim Übergang von einer VA zu einer MVA ergibt sich somit ein qualitativer Sprung in der strukturellen Reichhaltigkeit der Ergebnisse. Die maximale Anzahl der bestimmbaren Faktoren jeder Eigenvektorstruktur ist im Falle der Haupteffekte gleich der jeweiligen um 1 verminderten Anzahl der Stufen (*treatments*) der jeweiligen Dimension und im Falle der Interaktionen gleich der Faktorenzahl derjenigen an der

Interaktion beteiligten VA-Dimension, die die kleinste Anzahl von *treatments* besitzt. Gehen wir z.B. von einer dreifachen MVA mit p abhängigen Variablen aus, dann erhalten wir für jede Zelle (i,j,k) des Designs (i=1..m, j=1..n, k=1..r) je eine Datenmatrix der Ordnung n x p. Weiter gilt folgendes: *Die Eigenvektorstrukturen der Haupteffekte* I, II, III resultieren aus der entsprechenden Zerlegung jeder der drei unterschiedlichen Matrizen

$$S_{b(I,II,III)}^{-1} \cdot S_{zI}, \qquad S_{b(I,II,III)}^{-1} \cdot S_{zII} \quad \text{und} \quad S_{b(I,II,III)}^{-1} \cdot S_{zIII},$$

wobei S_{zI}, S_{zII} und S_{zIII} die Zwischenkovarianzmatrizen analog zur DA darstellen und $S_{b(I,II,II)}$ die Binnenkovarianzmatrix. Diese Zwischenkovarianzmatrizen werden für jede der Dimensionen I, II bzw. III einzeln berechnet so, als handele es sich um die Zwischenkovarianzmatrizen von drei entsprechenden Diskriminanzanalysen. Die Matrix $S_{b(I,II,III)}$ resultiert dagegen als Summe der Binnenkovarianzmatrizen, die über alle Zellen (i,j,k) des VA-Designs aufsummiert werden, analog zur univariaten VA.
Die Zusammenstellung der Matrizen $S_{z(IxII)}$, $S_{z(IxIII)}$, $S_{z(IIxIII)}$ und $S_{z(IxIIxIII)}$ für die *Interaktionen* resultiert aus einer matrixalgebraischen Interpretation der Ausdrücke für die Interaktionen, wie sie z.B. in Kap. VI, Teil 6.5.6 dargestellt sind. So ergibt sich z.B. im Falle der Interaktion zwischen den Dimensionen II und III eines 3-dimensionalen Designs auf den Stufen j und k die Zwischenkovarianzmatrix $S_{z\cdot jk}$ (bzw. Zwischenkreuzproduktmatrix) aus den auf Matrizen verallgemeinerten Gleichungen

$$\hat{\beta}_j = \overline{y}_{.j.} - \overline{y}, \qquad \hat{\gamma}_k = \overline{y}_{..k} - \overline{y},$$

$$\hat{\delta}_{\cdot jk} = \overline{y}_{.jk} - (\hat{\beta}_j + \hat{\gamma}_k + \overline{y}) = \overline{y}_{.jk} - y_{.j.} - y_{..k} + \overline{y},$$

$$S_{z\cdot jk} = S_{\delta\cdot jk\delta\cdot jk} = \hat{\delta}'_{\cdot jk} \cdot \hat{\delta}_{\cdot jk} \text{ (Matrixmultiplikation).}$$

Hierbei ist $\overline{y}$ die mittlere Datenmatrix aller Zellen (hier Quader), die Matrizen $\overline{y}_{.j.}$ und $\overline{y}_{..k}$ sind die gemittelten Datenmatrizen unter der Bedingung j = const. bzw. k = const., und $\overline{y}_{.jk}$ ist die mittlere aller Datenmatrizen unter der Bedingungskombination j=const. und k=const.

Die für die F-Maximierung erforderliche Matrix $S_{z(IIxIII)}$ ist gleich der Summe aller Matrizen $S_{z\cdot jk}$ über j und k (j=1,n; k=1,r). Die dem maximierten Interaktions-F-Wert entsprechende Eigenvektorstruktur ergibt sich dann aus der Matrix $S_{b(I,II,III)}^{-1}S_{z(IIxIII)}$. Entsprechend werden auch die Eigenvektorstrukturen der anderen Interaktionen berechnet.

8.4 Ableitung der kanonischen Analyse

Mittels der kanonischen Analyse (CA) soll der Zusammenhang zwischen zwei Variablenbereichen untersucht werden. Beide Bereiche seien durch zwei Datenmatrizen X und Y erfaßt worden, die über die gleichen Probanden variieren. Anders formuliert, jede Person habe auf die m Items des Tests *X* und die n Items des Tests *Y* je eine intervallskalierbare Antwort gegeben.

8.4.1 Basisableitungen

Die beiden Matrizen X und Y werden durch je einen Gewichtungsvektor u und v in die Vektoren t bzw. z transformiert. Die Korrelation r_{tz} heißt *kanonische Korrelation:*

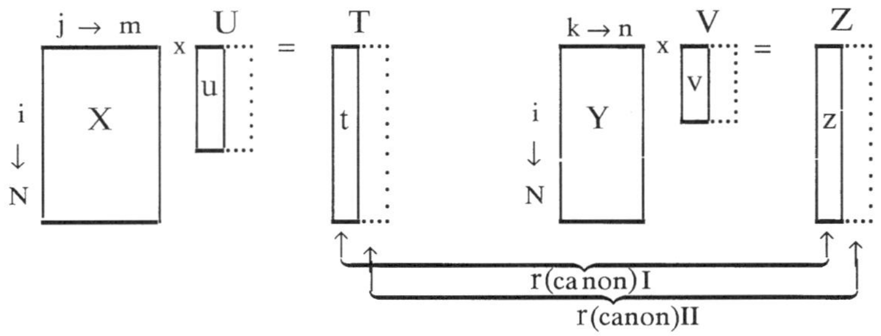

Das Maximierungsproblem der CA

Bestimme aus den Daten X und Y zwei Vektoren u und v so, daß die Vektoren t (=Xu) und z (=Yv) maximal miteinander korrelieren: $r_{tz} = r_{(canon)} \rightarrow$ max.

Dieser Ansatz zeigt, daß die kanonische Analyse im Gegensatz zur Regressionsanalyse keine Kriteriums- und keine Prädiktorvariablen besitzt, sondern symmetrisch in Bezug auf X und Y ist, so wie die Korrelation. Diese Symmetrie kann nur durch äußere *Kausalzusammenhänge* asymmetrisch werden, so z.B. im Falle einer kanonischen Analyse von Kindheits- und Erwachsenendaten innerhalb derselben Personen, wo potentielle kausale Einflüsse zeitliche Prädiktor-Kriteriums-Richtungen ergeben.

Die *Strichelung von Vektoren* im obigen Schema symbolisiert, daß die gestellte Aufgabe, wie unten gezeigt, im allgemeinen eine *multiple Lösung* besitzt: Durch Zusammenfügen der jeweils mehrfachen Lösungsvektoren für u und v sowie für t und z resultieren dann die Matrizen U und V, die nach Spaltentransformationen, siehe die FA, zu Faktormatrizen F_x bzw. F_y werden, sowie die Matrizen T und Z, die nach Multiplikation mit $\sqrt{N}$ die entsprechenden Faktorscore-Matrizen $\hat{P}_x$ bzw. $\hat{P}_y$ darstellen.

8.4.2 Die matrixalgebraische Formulierung des Problems

Wir gehen davon aus, daß die Spalten von X und Y bereits mittelwertstransformiert sind. Diese Transformation überträgt sich, wie schon bei der Faktorenanalyse gezeigt wurde (8.6f), auf die Linearkombinationen t und z. Aus den Skalarprodukten bzw. den Quadratsummen von t und z ergeben sich daher die erforderlichen Kreuzprodukte für die Kovarianzen und Varianzen der Korrelationsformel

$$t'z = (Xu)'(Yv) = u'X'Yv, \qquad t't = u'X'Xu, \qquad z'z = v'Y'Yv,$$

$$r_{(canon)} = \frac{t'z/N}{\sqrt{t't/N} \cdot \sqrt{z'z/N}} = \frac{u'X'Yv}{\sqrt{u'X'Xu} \cdot \sqrt{vY'Yv}} . \qquad (8.17)$$

Da eine Korrelation invariant gegenüber (positiven) linearen Transformationen bzw.

gegenüber Maßstabstransformationen der Variablen ist (Kap. III, (3.55)), bestimmen wir u und v so, daß t und z einheitsnormierte Vektoren ergeben, d.h. daß $t't = \Sigma_{i=1,N} t_i^2 = 1$ und $z'z = \Sigma_{i=1,N} z_i^2 = 1$. Die Maximierung von $r_{tz} = t'z$ unter den Nebenbedingungen $t't = z'z = 1$ läßt sich durch Lagrangesche Multiplikatoren (vgl. Teil 8.1.5) zu dem zu differenzierenden Ausdruck des Optimierungsproblems additiv hinzufügen. Der zu maximierende Korrelationsausdruck reduziert sich dann auf den Zähler des obigen Quotienten in (8.17) plus den beiden Lagrangeschen Bedingungen $u'X'Xu-1=0$ und $v'Y'Yv-1=0$, die additiv mit den Gewichten $-\lambda/2$ und $-\mu/2$ hinzugefügt werden. Aus technischen Gründen sind die zu bestimmenden Größen λ und μ hier mit $-1/2$ multipliziert worden. Somit ergibt sich die zu maximierende Funktion:

$$r_{tz} = r_{tz}(u,v) = u'X'Yv - (\lambda/2)(u'X'Xu-1) - (\mu/2)(v'Y'Yv-1).$$

Erläuterung: Da die Lagrangeschen Multiplikatoren Variablen sind, deren Anfangswerte vor ihrer Näherung frei sind, werden sie - wie hier - "technisch" manchmal so gewählt, daß sie später durch Kürzung zur Vereinfachung der resultierenden Ausdrücke beitragen.

8.4.3 Herleitung der Lösung

Leitet man diese Funktion von u und v einmal partiell nach u und dann nach v ab und setzt die resultierenden Gleichungen gleich 0, dann folgt - wenn man beachtet, daß wegen der Symmetrie von X'X und von Y'Y gilt $u'X'X = X'Xu$ und $v'Y'Y = Y'Yv$ -:

$$\frac{\partial r_{tz}}{\partial u} = X'Yv - (\lambda/2)(X'Xu + (u'X'X)') = X'Yv - \lambda X'Xu = 0,$$

$$\frac{\partial r_{tz}}{\partial v} = u'X'Y - (\mu/2)((Y'Yv)' + v'Y'Y) = u'X'Y - \mu v'Y'Y = 0. \tag{8.18}$$

Prämultiplikation der ersten Gleichung mit u' und Postmultiplikation der zweiten mit v ergibt

$$u'X'Yv = \lambda u'X'Xu \qquad \text{und} \qquad u'X'Yv = \mu v'Y'Yv.$$

Hieraus folgt wegen der Annahme $u'X'Xu = v'Y'Yv = 1$ die Gleichheit von λ und μ:

$$\lambda = \mu. \tag{8.19}$$

Umstellung der rechten Seiten von (8.18) unter Berücksichtigung von $\mu = \lambda$ ergibt

$$X'Yv = \lambda X'Xu, \tag{8.20a}$$

$$Y'Xu = \lambda Y'Yv. \tag{8.20b}$$

Die Prämultiplikation von (8.20b) mit $1/\lambda(Y'Y)^{-1}$ ergibt $1/\lambda(Y'Y)^{-1}Y'Xu = v$. Setzt man dies in (8.20a) für v ein und berücksichtigt, daß eine skalare Größe ($1/\lambda$ bzw. λ) im Produkt kommutativ ist, dann folgt $(X'Y)(Y'Y)^{-1}(Y'X)u(1/\lambda) = \lambda X'Xu$ und hieraus durch Umstellen von $1/\lambda$ und Prämultiplikation mit $(X'X)^{-1}$:

$$(X'X)^{-1}(X'Y)(Y'Y)^{-1}(Y'X)u = \lambda^2 u.$$

Vertauschen wir beim Übergang von (8.20a) und (8.20b) zu der letzten Gleichung systematisch X und Y und dementsprechend auch die beiden Gleichungen (8.20a) und (8.20b), dann erhalten wir die entsprechende Gleichung für v:

$$(Y'Y)^{-1}(Y'X)(X'X)^{-1}(X'Y)v = \lambda^2 v.$$

Da die Kreuzproduktmatrizen aufgrund der angenommenen Mittelwertstransformationen der Variablen in X und Y und der Streuungen von 1 (*z*-Transformation) den entsprechenden Korrelationsmatrizen proportional sind, können wir die letzten Gleichungen auch mittels entsprechender Korrelationsmatrizen formulieren:

$$R_{xx}^{-1}R_{xy}R_{yy}^{-1}R_{yx}u = \lambda^2 u \quad (8.21a)$$

$$R_{yy}^{-1}R_{yx}R_{xx}^{-1}R_{xy}v = \lambda^2 v \quad (8.21b)$$

Die erhaltenen Gleichungsstrukturen lassen erkennen, daß es sich bei der Bestimmung der Gewichtungsvektoren u und v um je eine Eigenvektorlösung für die Matrix $R_{xx}^{-1}R_{xy}R_{yy}^{-1}R_{yx}$ und für die Matrix $R_{yy}^{-1}R_{yx}R_{xx}^{-1}R_{xy}$ handelt, allerdings mit den gemeinsamen Eigenwerten λ^2, wobei λ gleich der ursprünglich angesetzten kanonischen Korrelation ist. Das Auftauchen von Eigenwertstrukturen impliziert, daß es im allgemeinen multiple Lösungen gibt, d.h. wir erhalten anstelle der Vektoren u und v und des Skalars λ die Eigenvektormatrizen U,V und eine entsprechende Eigenwertfolge λ_1, λ_2.... Die nach ihren Eigenvektoren zu zerlegenden Matrizen ergeben sich jeweils durch Multiplikation von 4 Matrizen, die Teilmatrizen einer alle Items in X und Y umfassenden (Hyper-) Korrelationsmatrix R sind, wie in Abb. 8.3 dargestellt. Diese Abbildung verdeutlicht, daß die Informationsquelle für die Eigenvektorstrukturen der kanonischen Analyse die Binnenkorrelationen und die Zwischenkorrelationen der beiden Variablengruppen X und Y darstellen.

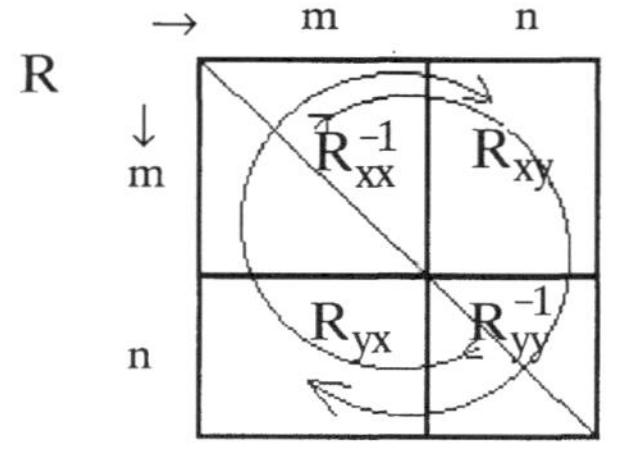

Abb. 8.3 Ausgangsmatrizen der kanonischen Analyse. Die Reihenfolgen, in der die vier Teilmatrizen aus der großen Matrix R miteinander zu multiplizieren sind, um die beiden Ausgangsmatrizen für die Eigenwertanalyse zu erhalten. Die Binnenkorrelationsmatrizen R_{xx} und R_{yy} werden im Gegensatz zu den im allgemeinen nicht quadratischen Zwischenkorrelationsmatrizen R_{xy} und R_{yx} invertiert.

Das strukturelle Ergebnis der kanonischen Analyse besteht somit aus zwei faktorenanalytisch interpretierbaren Variaten, d.h. zwei orthogonalen Faktormatrizen U und V,

zwei U und V zugeordneten Faktorscore-Matrizen T und Z sowie einer gemeinsamen Eigenwertfolge $\lambda_I = \mu_I$, $\lambda_{II} = \mu_{II}$, ... Letztere gibt einerseits die quadratischen kanonischen Korrelationen $r^2(t_I,z_I)$, $r^2(t_{II},z_{II})$, ... innerhalb der Paare von Faktorscore-Variablen (t_I,z_I), (t_{II},z_{II}), ... sowie andererseits die gemeinsamen Faktorstärken der Faktorpaare (u_I,v_I), (u_{II},v_{II}), ... an. Die Zwischenkorrelationen zwischen den Faktorscores mit unterschiedlichen Indizes $r(t_I,z_{II})$ usw. sind im Gegensatz zu den kanonischen Korrelationen $r(t_I,z_I)$, $r(t_{II},z_{II})$ ... gleich 0. Dies unterstützt eine Interpretation, nach der die kanonischen Faktormatrizen optimal "auf einander rotierte" orthogonale Faktorlösungen der Matrizen X und Y darstellen.
Sind die Korrelationsmatrizen R_{xx} und R_{yy} nahe der Singularität und somit nicht invertierbar, dann kann man die Faktor- und Faktorscore-Matrizen der kanonischen Analyse effektiver über die Faktorscore-Matrizen $\hat{P}_x$ und $\hat{P}_y$ der vorherigen Faktorenanalysen an den Matrizen X und Y durchführen, vgl. den ähnlichen Fall bei der Diskriminanzanalyse (8.15a), (8.15b).

8.5 Elemente der Kausaldominanzanalyse

Der multivariate Ansatz der Kausaldominanzanalyse (CDA) (siehe Lehmann, 1980, 1987) lautet in einer Formulierung für zunächst *zwei* Variablen: Gegeben seien zwei gemeinsam variierende Zufallsvariablen X und Y, d.h. eine zweidimensionale Zufallsvariable (X,Y). Wähle ein Verfahren, um aus Stichprobendaten der beiden Variablen zu erschließen, welche der folgenden kausalen Abhängigkeiten zwischen diesen Variablen vorliegt.

8.5.1 Typen paarweiser kausaler Abhängigkeiten

1. $X \rightarrow Y$, $Y \rightarrow X$ *einseitige kausale Beeinflussung von X zu Y (bzw. von Y zu X).*

2. $X \underset{<\cdots}{\overset{\rightarrow}{}} Y$, $Y \underset{<\cdots}{\overset{\rightarrow}{}} X$ *wechselseitige Beeinflussung (Feed back) mit Dominanz.*

3. $X \rightleftarrows Y$ *wechselseitige Beeinflussung ohne Dominanz.*

4. $Z \begin{matrix} \rightarrow X \\ \rightarrow Y \end{matrix}$ *keine Kausalbeziehung zwischen X,Y, aber Kovariation durch den Einfluß einer gemeinsamen latenten Variablen Z.*

Zwischen diesen vier Typen sind verschiedene weitere Abstufungen möglich. Wie an anderer Stelle gezeigt wurde (z.B. Lehmann, 1980, 1985), lassen sich fast alle diese elementaren kausalen Abhängigkeiten hinreichend durch den *Grad der funktionalen statistischen Abhängigkeit* zwischen X und Y repräsentieren:

$$Y = g(X), \qquad X = h(Y).$$

Die wechselseitigen statistischen Abhängigkeiten zwischen zwei gegebenen Zufallsvariablen können nur im *nichtlinearen* Fall in den beiden Richtungen unterschiedlich stark sein. Dies kann man bei einem gegebenen Plot Y(X) leicht durch Vergleich z.B. des unterschiedlichen *Grades der Vorhersagbarkeit* von Y aus X und von X aus Y überprüfen. Denn im Falle einer perfekt *homoscedastischen linearen Abhängigkeit* kann man zwischen den obigen vier Fällen nicht unterscheiden. In diesem Falle sind Unterschiede in der Genauigkeit der Vorhersage bzw. unterschiedliche Regressionsfehlervarianzen in den Richtungen X→Y und Y→X allein durch die Varianzen von X und von Y, d.h. also nicht durch Relationen *zwischen* X und Y, erklärbar. Dieses verdeutlicht hier noch einmal die Formel der Varianz des linearen Regressionsfehlers (Kap. III, z.B.(3.68a)ff), in der die Relation r_{xy} selbst bekanntlich symmetrisch ist:

$$\sigma^2_{yx} = \sigma^2_y (1 - r^2_{xy}) \qquad \text{bzw.} \qquad \sigma^2_{xy} = \sigma^2_x (1 - r^2_{xy})$$

Im einfachsten nichtlinearen Ansatz ließe sich die Richtung und der Grad der Dominanz zwischen X und Y durch die Differenz der entsprechenden eta-Koeffizienten $\delta_{xy} = \eta_{xy} - \eta_{yx}$ repräsentieren. (vgl. die Trendzerlegungen in Kap. III, Teil 3.7 oder Kap. VI, 6.5.4). Da die Berechnung eines eta-Koeffizienten eine gegebene Klasseneinteilung der Abszisse voraussetzt, ist seine Größe allerdings von der Wahl dieser Klasseneinteilung abhängig und daher nicht eindeutig.
Für alle nichtlinearen Beziehungen, die man bei erhobenen Daten ohne Einschränkung der Allgemeinheit voraussetzen kann, lassen sich dagegen neben den eta-Koeffizienten vielfältige *asymmetrische* Maße der Vorhersagbarkeit finden, so z.B. auch die beiden Anpassungskorrelationen bei der Vorhersage von Y und X durch Polynome g-ten Grades

$$\begin{aligned} \hat{y}_x &= a_0 + a_1 x + a_2 x^2 + \ldots + a_g x^g, \\ \hat{x}_y &= b_0 + b_1 y + b_2 y^2 + \ldots + b_g y^g. \end{aligned} \tag{8.22}$$

Die Stärke der funktionalen Abhängigkeit kann dann in beiden Richtungen unterschiedlich mittels der Anpassungskorrelationen $r_{y\hat{y}}$ und $r_{x\hat{x}}$ gemessen werden.
Bei der Interpretation dieser Abhängigkeitsasymmetrien zweier Variablen können anstelle des Begriffs *Stärke der kausalen Abhängigkeit* auch die Begriffspaare *Sende-* bzw. *Empfangsstärke* (Nachrichtentechnik), *input-* bzw. *output-*Stärke (Systemtheorie), Stärke von *Quellen* bzw. *Senken* (Feldtheorie) usw. verwendet werden.

Für die hier dargestellte einfachste Variante einer Kausaldominanzanalyse eignen sich Polynome eines für die jeweiligen Daten noch zu optimierenden Grades (Kap III, Teil 3.11). Hierbei erweisen sich die einfachsten nichtlinearen Polynome, d.h. die quadratischen Polynome, zumeist als die validesten.
Wir gehen somit von folgender Fragestellung und Datenerhebung aus:

Gegeben sei eine Datenmatrix $X_{N,m}$ von N Probanden über m Items. Bestimme eventuelle kausale Beeinflussungen in Form *asymmetrischer funktionaler Abhängigkeiten* zwischen den Itemvariablen, d.h. zwischen den Spalten von X.
Anstelle der Itemvariablen verwenden wir zunächst aus X berechenbare Faktorscores als Variablen der nichtlinearen Vorhersage, d.h. wir berechnen zunächst eine Hauptachsenlösung $X = \hat{P}F'$ (8.2) und verwenden die dabei resultierende Matrix $\hat{P}$ (8.8) der Faktorscores der extrahierten gemeinsamen Varianz zur Kausaldominanzanalyse.
Später werden die Ergebnisse wieder auf die Itemvariablen "zurückgerechnet", d.h. es

werden Sende- und Empfangs-Faktormatrizen für die Items bestimmt.
Die Verwendung von Faktorscores hat gegenüber den Itemvariablen folgende Vorteile:

1. Die Rohdaten sind oft dichotom und eignen sich damit aus rein mathematischen Gründen nicht zur nichtlinearen polynomialen Vorhersage.

2. Die Faktorscore-Variablen der orthogonalen Lösungen sind zwar voneinander linear unabhängig. Sie besitzen dagegen oft nichtlineare Abhängigkeiten untereinander. Die der CDA zugrundeliegende Bestimmung von asymmetrischen Graden der funktionalen Abhängigkeit zwischen Variablenpaaren (x,y) benötigt als Informationsquelle gerade diese rein nichtlinearen Abhängigkeiten möglichst ohne jede Vermischung mit linearen Abhängigkeiten.

3. Auch wenn die Itemvariablen nicht dichotom sind, besitzen sie dennoch oft sehr schiefe oder unstetige Verteilungen. Die Faktorscores zeigen dagegen innerhalb großer Intervalle relativ kontinuierlich variierenden Verläufe ihrer Verteilungsformen und enthalten somit längs dieser Bereiche gleichmäßigere empirische Information. Dies folgt wiederum aus der Tatsache, daß die Faktorscores Linearkombinationen der m Itemvariablen darstellen (8.8), deren Verteilungsunregelmäßigkeiten sich in der Summierung in der Tendenz wechselseitig aufheben.

8.5.2 Die Berechnung von Sender- und Empfänger-Matrizen

Die Anpassungskorrelationen $r_{y,\hat{y}}$ bzw. $r_{x,\hat{x}}$ zwischen den polynomial vorhergesagten und den tatsächlichen Spalten der Faktorscore-Matrix $\hat{P} = \hat{P}_{N,r}$ der Ordnung N x r stellen die Maße der funktionalen Abhängigkeit zwischen den Faktorscore-Variablen dar. Diese Korrelationen ergeben zusammengefaßt eine asymmetrische Korrelationsmatrix

$$R_{r,r} \neq R'_{r,r} \,, \tag{8.23}$$

die wir *Übertragungsmatrix* nennen und in der die Korrelation r_{ij} die polynomiale Vorhersagegenauigkeit der Zeilenvariablen i zur Spaltenvariablen j darstellt.
Die Zeilenmittel von $R = R_{r,r}$ ergeben einen (Sende-) Vektor u der durchschnittlichen Stärken, mit denen die Variablen andere Variablen vorhersagen *("Signalstärke", Aktivität)*. Die Spaltenmittel ergeben dagegen einen (Empfänger-) Vektor v der durchschnittlichen Stärken, mit der die Variablen vorhergesagt werden *("Empfangsstärke", Reaktivität)*. Die Mittelung beider Vektoren $(u+v)/2$ entspricht einem Vektor der *Involviertheit*, der angibt, inwiefern jede Variable sowohl selbst beeinflußt als auch beeinflußt wird. Variablen mit geringer Involviertheit heißen *isoliert.* Die Differenz u-v ergibt den Vektor der *Dominanz* der Variablen. Variablen mit positiver Dominanz beeinflussen im Durchschnitt andere Variablen stärker als sie durch diese beeinflußt werden. Die paarweisen Dominanzen $r_{ij}-r_{ji}$ der Variablen i über die Variablen j (i,j=1,r) werden durch die *Dominanzmatrix* R-R' zusammengefaßt (vgl. die Anwendung bei Räder, Schwibbe et al. (1982, 1983, 1986), Hübner (1985), Teichmann, Breull (1987), Hallner (1998), Hartmann, Schmitz (1999) u.a.).
Eine über die reine Zeilen- und Spaltensummenbildung hinausgehende Analyse besteht in der strukturellen Zerlegung von R (Lehmann, (1981b)): Die asymmetrische Matrix R wird mittels der *Basiszerlegung* (7.7) in Eigenvektor-Matrizen $U_{r,s}$ und $V_{s,s}$ und in eine Diagonalmatrix $D_{s,s}$ von gemeinsamen Eigenwerten zerlegt, wobei $r \geq s$.

$$\begin{aligned} R &= UDV', \text{ wobei} \\ U'U &= I \text{ und bedingt } UU' = I \text{ (wenn } r=s), \\ V'V &= VV' = I. \end{aligned} \tag{8.24}$$

Generell gilt $r=s$, da R nach Voraussetzung aus linear unabhängigen (Faktorscore-) Variablen berechnet wird.

Diese beiden Eigenvektorstrukturen ergeben sich mittels der Hotellingschen Methode (Teil 8.1) aus den symmetrischen Matrizen, die aus der Post- bzw. Prämultiplikation der Korrelationsmatrix R mit ihrem Transpositum bestimmt werden:

$$\begin{aligned} RR' &= (UDV')(UDV')' = UD(V'V)D'U' = UD^2U' = U\Lambda U' , \\ R'R &= (UDV')'(UDV') = VD'(U'U)DV' = VD^2V' = V\Lambda V' . \end{aligned} \tag{8.25}$$

Da in der Matrix R die Vorhersagestärke r_{ij} entsprechend der Konvention vom Zeilenindex i zum Spaltenindex j verläuft und daher die Zeilensummen einen Spaltenvektor u der mittleren *Vorhersagestärken* darstellen, entsprechen die Spalten von R eine lineare Zerlegung von u. D.h. die Eigenvektorzerlegung der Spalten von R stellt ein *Sendesystem* U dar, und die entsprechende Zeilenzerlegung von R ein *Empfangssystem* V.

Die Diagonalmatrix D enthält die Eigenwerte von R und die Diagonalmatrix Λ die Eigenwerte von RR' und von R'R. Da die Matrizen V und U orthonormal sind, können die Eigenwerte auch als Stärken der kausalen Übertragung (Stärke des Informationsflusses usw.) vom Faktor I in U zu Faktor I in V, von Faktor II in U zu Faktor II in V usw., etwa im Sinne der kanonischen Korrelationen bei der kanonischen Analyse, aufgefaßt werden. Allerdings besteht hier eine funktionale Richtung von U zu V. In der linearen Systemtheorie entspricht diese Zerlegung einem *entkoppelten System* (vgl. hierzu Teil 7.5.2 sowie die Eigenvektorstrukturen exponentieller Matrizen in Teil 7.1.5).

Die Fortführung der Analyse zur Rückrechnung der Ergebnisse auf die Items besteht aus *Rotationen der Faktorscore-Matrix* $\hat{P}$, d.h. wir beziehen die Zeilenvektoren von $\hat{P}$ auf die neu gewonnenen Achsen, die den Spalten von U bzw. V entsprechen:

$$\hat{P}\,U = \hat{P}_u \quad \text{und} \quad \hat{P}\,V = \hat{P}_v.$$

Da die Matrizen U und V orthonormal sind, gilt dies auch für die rotierten Faktorscore-Matrizen

$$\hat{P}_u'\hat{P}_u = (\hat{P}\,U)'\hat{P}U = U'U = I \quad \text{und} \quad \hat{P}_v'\hat{P}_v = (\hat{P}V)'\hat{P}V = V'V = I. \tag{8.25a}$$

Wegen (8.6f) wird auch die Mittelwertsnormierung von $\hat{P}$ auf $\hat{P}_u$ und auf $\hat{P}_v$ übertragen. Somit erhält man mit (8.6g) durch

$$\begin{aligned} F_u &= X'\hat{P}_u \quad \text{und} \\ F_v &= X'\hat{P}_v \end{aligned} \tag{8.25b}$$

die Korrelationen (Ladungen) der Itemvariablen mit (auf) den Faktorscore-Variablen, d.h. in diesem Falle je eine *Sender-* und eine *Empfänger-Faktormatrix* F_u bzw. F_v auf der Ebene der Items.

Die Berechnung der Dominanzfaktormatrix

Die Zerlegung nach Sende- und Empfangs-Matrizen gibt in explorativer Form Informationen bzw. Hypothesen für weiterführende Experimente darüber, inwieweit z.B. Persönlichkeits- oder Intelligenzvariablen andere dieser Variablen etwa im Sinne von *Transfer* beeinflussen. Zur Analyse der hierzu erforderlichen Differenzen zwischen Sendung und Empfang bietet sich die Bildung der *Dominanzfaktormatrix* F_D (siehe unten) an, deren unnormierte Form lautet:

$$F_d = F_u - F_v = X'(\hat{P}_u - \hat{P}_v) = X'(\hat{P}U - \hat{P}V) = X'\hat{P}(U-V).$$

Da die Matrizen U und V einheitsnormiert sind und daher noch keine Faktoren mit Information über die *Faktorstärken* bzw. über die Eigenwerte Λ der Übertragungsmatrix R darstellen, kann man unter Verwendung der Zerlegung $R = U\Lambda V' = (U\sqrt{\Lambda})(V\sqrt{\Lambda})'$ eine *normierte* Dominanzfaktormatrix berechnen, indem man - ähnlich wie bei der Umwandlung der nach den Hotellingschen Iterationen gewonnen Eigenvektoren zu Faktoren - die Differenzenmatrix mittels D^{*-1} einheitsnormiert und dann mittels der Diagonalmatrix $D=\sqrt{\Lambda}$ in eine *Dominanzfaktormatrix* umrechnet

$$F_D = (F_u - F_v) \cdot D^{*-1} \cdot D. \tag{8.26}$$

Die so erhaltene Matrix F_D kann dann nach denselben Methoden interpetiert werden wie die Faktormatrix einer Faktorenanalyse. D.h., man bildet zur Benennung der Dominanzfaktoren entgegengesetzte, nach der Höhe der Ladungen (Dominanzen) gewichtete Oberbegriffe für die Items des positiven bzw. des negativen Faktorpols.

8.5.3 Zusammenfassung der Rechenschritte der CDA

1. Berechnung der Faktorscore-Matrix $\hat{P}$ $(=\hat{P}_{N,r})$ der Hauptachsenlösung $X=PF'$
   $\hat{P} = XF(F'F)^{-1}$ für die r Faktoren der gemeinsamen Varianz.
2. Berechnung der asymmetrischen Matrix R der polynomialen Anpassungskorrelationen zwischen allen Spaltenpaaren von $\hat{P}$. Einsetzen der Maximalkorrelation jeder Spalte i und Zeile i in das Diagonalelement $r_{ii} \in R$ $(i=1,r)$.
3. Basiszerlegung von $R = UDV'$:
   a) Hotelling über $RR' \rightarrow U, D^2=\Lambda$, b) Hotelling über $R'R \rightarrow V, D^2=\Lambda$.
4. Bestimmung der Vorzeichen der Spaltenvektoren von U und V: Da die Vorzeichen von U und V zunächst nicht eindeutig sind, sollten in Übereinstimmung mit der Faktorenanalyse in U die Pole mit den größeren Quadratsummen positiv gewählt werden. Daraus ergeben sich eindeutig die Vorzeichen der Spalten von V, damit die Gleichung $R=UDV'$ gilt.
5. Berechnung der Sende- und der Empfangs-Faktorscore-Matrizen:
   a) $\hat{P}\,U = \hat{P}_u$, b) $\hat{P}\,V = \hat{P}_v$.
6. Berechnung der Sende- und Empfangs-Faktormatrizen:
   a) $X'\hat{P}_u = F_u$, b) $X'\hat{P}_v = F_v$.

7. Interpretation von F_u, F_v bzw. der Dominanzfaktormatrix (Differenzenmatrix)

   $(F_u - F_v) \cdot D^{*-1} \cdot D$,

   wobei D^* eine Diagonalmatrix zur Einheitsnormierung mit den Elementen

   $d_{ii} = \sum_{j=1}^{m}(f_{uji} - f_{vji})^2$ ist und $D = \sqrt{\Lambda}$.

8. Evtl. verteilungsfreie Überprüfung der Signifikanzen der Ergebnisse durch entsprechende Randomisierungstests.

Für den Fall einer direkten Kausal-Dominanzanalyse *binärer Daten* wurde eine Sender-Empfänger-Zerlegung über ein probabilistisches Modell vom logistischen Typ entwickelt (vgl. Lehmann (1982)).

8.6 Multivariate Anwendungsbeispiele

Die multivariaten Verfahren werden aufgrund geeigneter Software zunehmend von Benutzern angewandt und auch interpretiert, die diese Verfahren "nicht bis in alle mathematische Details" durchschauen und daher auf *schematische Anwendungs-Konventionen* angewiesen sind. Zwar kann man innerhalb eines Verfahrens je nach seiner Verwendung bestimmte Zwischenrechnungen als "technisch", d.h. als für die Interpretation der Ergebnisse irrelevant, abspalten, andere mathematische Details dagegen nicht.

So braucht man z.B. für die Interpretation einer kanonischen Analyse das Verfahren einer Matrixinversion nicht detailliert präsent zu haben. Im Falle einer invertierten schiefen Rotation stellt dieses jedoch gerade die Schlüsselidee dar. Außerdem sollte man bei allen multivariaten Verfahren die Struktur einer Eigenvektorlösung in einer ihrer möglichen Ableitungen kennengelernt haben, schon um den Begriff einer *multiplen* Lösung zu verstehen.

Die Fähigkeit zur Abspaltung technischer Bereiche setzt jedoch mathematische Kenntnisse voraus. Hier schließt sich der circulus vitiosus für mathematikferne Anwender.

Der Zunahme dieser Problematik in den datenverarbeitenden Wissenschaften kann auch nicht durch reine Anwender-Subkulturen mit eigenen Zeitschriften-Reservaten neutralisiert werden: Eine so geschützte Nur-Anwenderschaft entzieht sich oft durch interne Standards notwendigen mathematischen Kontrollen von außen und Vergleichen *zwischen* den Wissenschaften. Gleichzeitig erzeugt sie Normendruck mit unbegründeten Vorschriften: "Man dürfe keine FA an binären Daten oder mit mehr Items als Personen durchführen, die Diskriminanzanalyse sei ein Klassifikationsverfahren" usw. Sie grenzt sich dabei ein durch Berufung auf "ausgewiesene" eigene Autoritäten bzw. auf Gebrauchsanweisungsverfasser, die diese Verfahren nicht vollständig ableiten, sondern den Kunden entgegenkommend darin bestärken, daß er genaue Ableitungen nicht benötige.

8.6.1 Beispiel einer Faktorenanalyse (Faktoren eines projektiven Tests)

Eine der präventiv zu erwähnenden Überinterpretationen der FA besteht z.B. darin, Faktoren a priori als *funktionale Einheiten* mit kausalen Auswirkungen aufzufassen,

anstatt sie als deskriptive lineare Dimensionen zu sehen. Weiter gilt: *Starke Faktoren* stellen nicht etwa bei einer Probandengruppe stark ausgeprägte Eigenschaften dar, sondern diejenigen linearen Komponenten der Itemvariation, längs derer sich die Probanden am stärksten voneinander unterscheiden - als Grenzübergang zu einer Diskriminanzanalyse zwischen den *einzelnen* Versuchspersonen (Lehmann, 1981b) .
Im folgenden stellen wir eine FA mit mathematisch kontrollierter Interpretation dar:

Datenerhebung

Ziel dieser Untersuchung war eine dimensionale Analyse häufiger Antworttypen eines projektiven visuellen Tests (Rorschach-Test). (Obwohl projektive Verfahren wegen einer oft beobachtbaren hohen Subjektivität ihrer Kodierung und Interpretation früher ins wissenschaftliche Abseits geraten sind, werden sie z.B. bei Untersuchungen von Raschmodellen wieder häufiger verwendet. Dies geschieht ebenso wie hier, um zu verdeutlichen, daß nicht der Forschungsgegenstand, sondern die Objektivität der jeweils verwendete Methode die Wissenschaftlichkeit einer Untersuchung ausmacht.)
Das Design bestand darin, daß an 100 Versuchspersonen (50 weiblich, 50 männlich) zwei der *Rorschach-Farbtafeln* untersucht wurden (Hausarbeit Marfels & Kornek).

Versuchsanordnung: Jede Versuchsperson sollte nacheinander jede der beiden Farbtafel betrachten und sie dabei ohne jeden weitere Kommunikation mit dem Versuchsleiter verbal interpretieren. Diese Interpretationen wurden auf Tonband registriert. Von jeder Versuchsperson wurde nur die erste Minute der Aufnahme jeder Tafel ausgewertet und nach neun sprachlichen Rorschach-Kategorien kodiert. (Die Kodierung geschah zur Kontrolle durch zwei voneinander unabhängig arbeitende Auswerter, die jedoch kaum voneinander abwichen.) Dabei wurden die Anzahlen der entsprechenden Antworttypen ausgezählt.
Die Items der Tafel I (Tafel II) sind im Folgenden durch GROßBUCHSTABEN (Kleinbuchstaben) gekennzeichnet. Zu den so resultierenden 18 Items wurden "Alter" und "männlich" (=1, weibl.=0, siehe oben die Effekte von Umpolungen, Teil 8.1.4) sowie die "Anzahl der Antworten" (SUMME1, summe2) zu jeder Tafel und die Gesamtsumme (Summetotal = SUMME1+summe2) hinzugefügt, so daß bei dieser Analyse insgesamt 23 Items resultierten.
Vor der Faktorenanalyse wurden diejenigen 18 Items, die *Anzahlen* von bestimmten Rorschach-Anworten darstellen, durch die für die Tafel erhaltene Gesamtzahl SUMME1 bzw. summe2 der jeweiligen Versuchsperson dividiert. Durch diese Verwendung von *Antwortanteilen* anstatt von *Antwortanzahlen* innerhalb jeder Person wird ein trivialer *general factor* I vermieden, da anzunehmen ist, daß die meisten Antwortanzahlen - hoch mit den entsprechenden Summen sowie dadurch positiv beeinflußt - untereinander korrelieren.

Die Daten ergaben somit eine Matrix $X_{N,m}$ der Ordnung $N=100$, $m=23$, für die zunächst die Korrelationsmatrix R und daraus nach der Hotellingschen Methode die Faktormatrix F eine deterministische *principal components*-Lösung berechnet wurden.

Hauptkomponentennäherung nach der Hotellingschen Methode

Die *Kommunalitätenschätzung* aus der Korrelationsmatrix R erfolgte nach der *Thurstonesche Methode*. Hiernach wurde aus der Korrelationsmatrix für jedes Item die die höchste absolute Korrelation ausgewählt und als Vorausschätzung seiner Kommunalität in die Diagonale der Korrelationsmatrix eingesetzt. Die anschließende Hotellingsche Iteration ergab sukzessiv $r=7$ Faktoren mit folgenden Eigenwerten:

Faktor	Eigenwert	Varianzanteil	kumul. Varianz	(Eigenwertabfall)
1	3.85	.37	.37	
2	1.92	.19	.56	
3	1.32	.13	.69	
4	1.18	.11	.80	
5	.95	.09	.90	
6	.82	.08	.98	
7	.61	.06	1.04	

Der nach der Thurstone-Methode *vorausgeschätzte Anteil* p_{comm} der gemeinsamen Varianz an der Gesamtvarianz (=Summe der m maximalen absoluten Korrelationen pro Zeile der Korrelationsmatrix R, vgl. hierzu das *Kommunalitätenschätzproblem*, Teil 8.1.2 bei der Darstellung der Hotellingschen Methode der Faktorextraktion) beträgt hier:

$$\left[\sum_{i=1}^{m} \max(\text{abs}(r_{ij}) | j=1,m;\ j \neq i)\right]/m \;=\; p_{comm} \;=\; \sum_{i=1}^{m} r_{ii}/m \;=\; .45\ \%.$$

Der Anteil der extrahierten Varianz an der Gesamtvarianz erreichte nach der Näherung von r=7 extrahierten Faktoren etwa diese Größe:

$$p_{total} \;=\; \sum_{i=1}^{m} \sum_{j=1}^{r} f_{ij}^{2}/m \;=\; .46\ \%$$

(wobei $f_{ij} \in F_{m,r}$ = Faktormatrix der Hauptachsenlösung mit m=100 und r=7).

Interpretation des Eigenwertabfalls

Die echten empirischen bzw. die mathematisch nicht voraussehbaren Ergebnisse der Lösung, d.h. 1. die *Anzahl r=7 der gefundenen Faktoren* bis zur Ausschöpfung der (vorausgeschätzten) gemeinsamen Varianz, 2. das *Profil der Faktorstärken (Eigenwertabfall)*, sowie 3. der Anteil der extrahierten gemeinsamen Varianz an der *Gesamtvarianz* (46%) bewegen sich hier im Bereich der Erfahrungsnorm vieler eigener Faktorenanalysen und der Analysen von Kollegen.

Die Faktorstruktur der Hauptachsenlösung

Im Folgenden wurden die Items der beiden *Rorschach*-Tafeln nach der Höhe ihrer Kommunalitäten zusammengestellt (Tabelle 8.1):

Kommunalitäten über 50%

GANZ .73, DETAIL .67, FORM .66, SUMME1 .88;
ganz .72, detail .68, form .64, summe2 .85; Summetotal .94

Kommunalitäten unter 50%

FARBEPR. .49 FARBE .46 FARBF. .27 DDETAIL.17 BEWEG. .40 FORMF..18
farbeprimär .50 farbe .39 farbform .20 ddetail .21 bewegung .17 formfarb .09

Tabelle 8.1 Faktormatrix der Hauptachsenlösung

	I	II	III	IV	V	VI	VII	Kommunalitäten %
1 Alter	.22	.04	-.15	-.21	-.02	.24	.18	.21
2 männlich	.01	-.13	.25	.18	.05	.17	.02	.14
3 GANZ	-.57*	.11	-.30*	.48*	-.25	.04	-.05	.73+
4 DETAIL	.25	-.62*	.17	-.38*	.03	.23	.00	.67+
5 DDETAIL	.26	-.03	-.02	.04	-.02	.06	-.31*	.17
6 FORM	-.18	.42*	.65*	.16	-.02	.03	.01	.66+
7 BEWEGUNG	.44*	.28	-.09	.00	-.04	.04	-.35*	.40
8 FARBE	.07	.32*	-.02	-.14	.38*	-.37*	.23	.46
9 FORMFARB	.03	-.20	.09	-.03	.21	.26	.12	.18
10 FARBFORM	-.06	.13	.02	-.19	.11	-.43*	-.12	.27
11 FARBEPRIMÄR	.46	.46*	-.06	-.10	-.09	-.12	.18	.49
12 ganz	-.49	.27	-.06	-.45*	-.42*	.11	.01	.72+
13 detail	.15	-.64*	.11	.29	-.03	-.38*	-.09	.68+
14 ddetail	.24	-.26	.07	.15	-.08	.01	.24	.21
15 form	-.10	.27	.74#	.06	.04	.09	-.05	.64+
16 bewegung	.01	.20	-.16	.15	-.12	.06	.26	.17
17 farbe	.04	.02	-.16	-.07	.56*	.19	-.06	.39
18 formfarb	.12	-.18	.04	.01	.01	-.15	.15	.09
19 farbform	.20	.21	-.15	.11	.16	.10	-.23	.20
20 farbeprimär	.49*	.40*	-.15	.18	.19	.12	.01	.50+
21 SUMME1	.84#	.01	.09	-.31*	-.21	-.10	-.09	.88+
22 summe2	.82#	.02	-.01	.38*	-.11	.09	.12	.85+
23 Summetotal	.95#	.02	.05	.03	-.19	-.01	.01	.94+

Erläuterungen zu Tabelle 8.1: Höhere Ladungen sind abgestuft durch die Symbole *,+ bzw. # gekennzeichnet worden. Die Items GANZ und ganz beeinhalten die für projektive Tests typischen *Ganzantworten* für Tafel I bzw. II. Entsprechend beziehen sich die Items Detail auf *Detailantworten* (größere Details), die Items Ddetail auf *Kleindetail-Antworten* und die Antworten Farbform und Formfarb auf die jeweilige *Dominanz von Farbe bzw. Form.*

Interpretation der Kommunaliäten

Bemerkenswert ist, daß die Kommunalitäten derjenigen Items, deren Varianz zu über 50% durch die 7 gemeinsamen Faktoren aufgeklärt wird, *zwischen den beiden Tafeln (groß- bzw. klein geschriebene Items)* rangmäßig hochgradig übereinstimmen. Sie sichern damit eine gewisse logische Konsistenz und Reliabilität der Ergebnisse zwischen den beiden Tafeln (*Reproduzierbarkeitskriterium*, Kap. I, Teil 1).

Die Items mit geringeren Kommunalitäten haben dagegen weniger übereinstimmende Kommunalitäten-Profile. Hierbei müßte eventuell geprüft werden, wie die Ladungen dieser Items auf den nicht extrahierten Faktoren mit niedrigen Eigenwerten ausfallen, d.h. welche der Items mehr *Fehlervarianz* (Ladungen auf *Fehlerfaktoren* mit geringer Reliabilität) aufweisen oder mehr *spezifische Varianz* (d.h. für die Tafeln I und II unterschiedliche, aber hohe Ladungen auf *spezifischen Faktoren* mit hohen Meßgenauigkeiten).

Itemanalyse (Selektion): Die Analyse der Kommunalitäten stellt eine wesentlich informationshaltigere, die Möglichkeiten der multivariaten Methodik ausnutzende Methode der Itemsanalyse dar als etwa die Methode der Verwendung der *part-whole-Korrelation* (Korrelation der Itemvariablen mit den ungewichteten (d.h. mit 1 gewichteten) Testsummenwerten der Items). Die Kommunalitätenanalyse ist vergleichbar mit der ebenfalls möglichen Itemanalyse über *multiplen Korrelationen* (Korrelation der Itemvariablen mit den zur Korrelationsmaximierung optimal gewichteten Testsummenwerten). In der Kommunalitätenanalyse werden die Items nach ihrer Beziehung zur *gemeinsamen Varianz* aller Items des Tests sortiert, in der Methode der multiplen Korrelation dagegen nach ihrer Beziehung zur *Gesamtvarianz* aller Items.
Die *part-whole*-Korrelation dagegen ist ein Verfahren aus der "Vor-Computerzeit", in der numerische Matrizenrechnung in der vorliegenden Größenordnung technisch noch undurchführbar war.

Zur Erleichterung der Interpretation der einzelnen Faktoren werden die Items jetzt nach der Ladungshöhe bipolar geordnet. Durch diese Bevorzugung der Ordnung nach Spalten geht die Information der Zeilenprofile (z.B. über eine eventuell vorhandene *simple structure*, d.h. über eine eventuelle orthogonale Clusterung) verloren.

Tabelle 8.2 Geordnete Pole der Faktoren

	I		II		III
Summetotal	.95	FARBEPRIMÄR	.46	form	.74
summe1	.84	FORM	.42	FORM	.65
SUMME2	.82	farbeprimär	.40	männlich	.25
farbeprimär	.49	FARBE	.32	DETAIL	.17
FARBEPRIMÄR	.46	BEWEGUNG	.28	detail	.11
BEWEGUNG	.44	ganz	.27	summe1	.09
DDETAIL	.26	form	.27	FORMFARB	.09
DETAIL	.25	farbform	.21	ddetail	.07
ddetail	.24	bewegung	.20	Summetotal	.05
Alter	.22	FARBFORM	.13	formfarb	.04
farbform	.20	GANZ	.11	FARBFORM	.02
detail	.15	Alter	.04	SUMME2	-.01
formfarb	.12	farbe	.02	FARBE	-.02
FARBE	.07	SUMME2	.02	DDETAIL	-.02
farbe	.04	Summetotal	.02	FARBEPRIMÄR	-.06
FORMFARB	.03	summe1	.01	ganz	-.06
bewegung	.01	DDETAIL	-.03	BEWEGUNG	-.09
männlich	.01	männlich	-.13	farbform	-.15
FARBFORM	-.06	formfarb	-.18	farbeprimär	-.15
form	-.10	FORMFARB	-.20	Alter	-.15
FORM	-.18	ddetail	-.26	bewegung	-.16
ganz	-.49	DETAIL	-.62	farbe	-.16
GANZ	-.57	detail	-.64	GANZ	-.30

Interpretation der ersten drei Hauptachsen

Die höchsten Ladungen an den Polen jedes Faktors werden auch linguistisch so ausgewählt, daß eine optimale Oberbegriffsbildung über die entspechenden Items möglich wird (Tabelle 8.2). Nach dieser Begriffsbildung wird zur Kontrolle überprüft, ob die gefundene Interpretation auch auf die Inhalte der niedriger auf den Faktorpolen ladenden Items zutrifft (siehe oben, Teil 8.1.4). Diese Erweiterbarkeit des Oberbegriffs auf die weniger hoch ladenden Items ist hinreichend aber nicht notwendig für die Validität eines gefundenen Faktors.
Alle drei Faktoren erweisen sich als bipolar; ihre Pole werden in Tabelle 8.2 einander gegenübergestellt.

Faktor I (37%): Stärkster Faktor; Antwortsummen, d.h. hohe Anzahl von Antworten, Farbdominanz, Bewegung (Tafel I) und Detailorientiertheit
versus Ganzheit und Orientiertheit auf (größere) Formen.

Faktor II (19%): Farben, Bewegungen, Bezogenheit der Antworten auf größere Formen
versus Detailbezogenheit und Dominanz von Form- gegenüber Farbinterpretationen.

Faktor III (13%): Form- und Detailbezogenheit, männlich
versus ganzheitlich, farb- und bewegungsorientiert.

Die abschließende Benennung der Faktoren kann nur gemeinsam stattfinden, da sich neben den Faktor-internen polaren Gegensätzen auch die Unabhängigkeit zwischen den Faktoren sprachlich repräsentieren muß. In größerer Vereinfachung könnte man daher die latenten Faktoren der Rorschach-Antworten folgendermaßen benennen (wobei der Ausdruck versus durch vs. abgekürzt wurde):

Faktor I: Zahlreiche und vielfältige Antworten
vs. (wenige), ganzheitliche und an größeren Formen orientierte Antworten.

Faktor II: Farbigkeit und Bewegung
vs. Detail- und Formorientiertheit.

Faktor III: Form- und Detailorientiertheit, Männlichkeit
vs. Ganzheitlichkeit, Farb- und Bewegungsorientiertheit (weiblich).

Die in Klammern hinzugefügten Begriffe sind wegen der beliebigen Umpolungsmöglichkeiten (siehe oben, Teil 8.1.4) dann zulässig, wenn sie jeweils ein logisch konträres Pendant auf dem Gegenpol besitzen.

Die Reliabilitäten der Faktorscores bzw. der Faktoren

Die Split-Half-Reliabilitäten der Hauptachsenfaktoren betragen:

I: .78 II: .71 III: .78 IV: .08 V: .46 VI: .12 VII: .23

Erläuterung: Da die Berechnung der Faktorscores aufgrund der Multiplikation von X mit $F(F'F)^{-1}$ (vgl. (8.8)), einer gewichteten Summierung entspricht, kann man die Items nach der *odd-even* (gerade vs. ungerade Indizes)-Methode aufteilen und die nach der *Spearman-Brown*-Formel $r=2r_0/(1+r_0)$ (z.B. in Lehmann, G., 1981b) transformierte *split-half*-Korrelation r_0 der beiden mit $F(F'F)^{-1}$ gewichteten Teilsummen zur Schätzung der Reliabilität jedes Faktors verwenden.

Hierbei sollten jedoch die Itemanzahlen relativ groß sein.

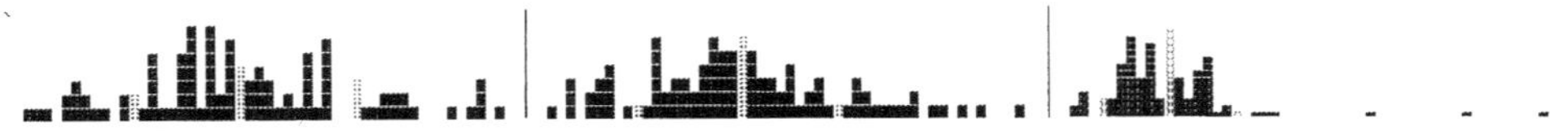

Abb. 8.4 Verteilung der Faktorscores der ersten drei Hauptachsen
Die z-transformierten (m=0, s=1) Verteilungen der ersten 3 Spalten der Matrix P (genauer: der kleinste-Quadrate-Schätzung $\hat{P}$) der Hauptachsenlösung ergeben zwei relativ symmetrische Verteilungen und eine rechtsschiefe Verteilung (Mittelwerte und Streuungen sind mit jeweils hellen Säulen markiert).

Die Varimaxrotation

Während die Hauptachsenlösung einen möglichst großen Varianzanteil des Faktorraumes (der *Vektorkonstellation)* auf möglichst wenige Dimensionen konzentriert, zerlegt die Varimaxrotation den Raum soweit wie möglich in orthogonale Cluster. Die Varimaxrotation konvergierte bei diesen Daten nach 10 Zyklen, deren Kriteriumsanstieg (Summe der r Varianzen der quadrierten Ladungen der r Faktoren innerhalb der zeilenweise einheitsnormierten Faktormatrix, siehe oben im theoretischen Teil) im Folgenden dargestellt ist:

Zyklus	Kriterium	Differenz	
0	131.14140	131.14145	⇐ Ausgangskriterium: Hauptachsenstellung
1	200.45240	69.31098	
2	204.94540	4.49298	
3	207.07590	2.13045	
4	208.72560	1.64976	
5	212.29870	3.57306	
6	212.59600	.29730	
7	212.63370	.03775	
8	212.64690	.01313	
9	212.64830	.00145	
10	212.64880	.00049	⇐ Endkriterium der Varimaxlösung

Die obigen Zahlen zeigen, wie sich bei der langsamen Rotation der Faktorstruktur von der Hauptachsenlösung bis zur Varimaxstellung in 10 Zyklen das Varimaxkriterium erhöht. Nach genügender Konvergenz des Kriteriums wurde die Näherung beendet (siehe "analytische Roationen" in Teil 8.1.3).

Der relativ hohe Anstieg des Varimaxkriteriums um 60% weist auf eine entsprechend starke Abweichung der Varimax-Struktur von der Hauptachsenstruktur hin. Dies zeigen auch die folgenden Zwischenkorrelationen der Hauptachsen- mit den Varimaxfaktoren, bei denen von den stärkeren Faktoren bestenfalls die 4. Hauptachse als Faktor III der Varimaxlösung erhalten bleibt ($r_{IV \to III}$)=.90.

Korrelationen Hauptachsen (Spalten) x Varimaxachsen (Zeilen)

	1	2	3	4	5	6	7	
1	-.67	-.32	.14	-.24	-.02	-.10	.61	
2	-.56	.14	-.25	.73	.06	-.15	-.22	
3	-.43	.53	-.17	-.50	-.10	.39	-.30	
4	-.07	.36	.90	.19	.07	.09	.00	
5	.22	.56	-.26	.22	-.14	.16	.70	
6	-.01	-.39	.05	.28	-.34	.81	.00	
7	.01	-.05	-.09	.01	.92	.37	.10	
	.21	.19	.17	.13	.12	.10	.09	(Varianzanteile der Varimaxfaktoren)

Tabelle 8.3 Varimaxlösung für Faktor I und II (mit .21% bzw. .19% Varianz)

	I		II
ganz	.35	GANZ	.75
GANZ	.16	FORM	.10
DETAIL	.12	bewegung	.10
FORMFARB	.11	detail	.08
formfarb	.09	farbform	.08
FARBE	.05	männlich	.02
ddetail	.04	FARBFORM	.01
FORM	.04	farbe	-.01
detail	.03	ganz	-.04
form	.03	form	-.05
FARBFORM	.01	FARBE	-.07
Alter	-.05	formfarb	-.10
farbe	-.11	BEWEGUNG	-.12
FARBEPRIMÄR	-.31	ddetail	-.13
DDETAIL	-.37	FORMFARB	-.14
farbform	-.39	summe2	-.23
SUMME1	-.52	FARBEPRIMÄR	-.28
farbeprimär	-.52	Alter	-.30
summe2	-.58	Summetotal	-.54
BEWEGUNG	-.61	DETAIL	-.58
Summetotal	-.63	SUMME1	-.70

Die Varimaxlösung ergab zwei überraschend prägnante Faktoren (Tabelle 8.3), deren erster Faktor den höchsten linguistischen Übereinstimmungsgrad zwischen den beiden Farbtafeln aufweist. Um zu viele gleichermaßen plausible Faktorstrukturen zu vermeiden, beschränken wir uns im Folgenden auf die nach Polen geordneten beiden stärksten Varimaxfaktoren unter Vernachlässigung von Items mit Ladungen nahe bei 0.

Interpretation der ersten beiden Varimax-Achsen (Tabelle 8.3)

Faktor I: Zahlreiche, bewegungs- und farborientierte (dominierender Pol) Antworten vs. formorientierte Antworten: Ganzantworten + große + kleine Details.

Faktor II: Viele reichhaltige Antworten (dominierender Pol) vs. Ganzantworten.

Split-Half-Reliabilitäten der sieben Varimaxfaktoren:

I: .59 II: .42 III: .36 IV: .77 V: .44 VI: .31 VII: .24

Die Oblimaxrotation

Die schiefe Rotation wurde ausgehend von der Varimax-Lösung V angenähert:

Zyklus	Kriterium	Differenz
0	1.38151	1.38151
1	1.61518	.23366
2	1.69666	.08148
3	1.88044	.18378

Die sieben Faktoren ergaben bei der Rotation von der Varimax- zur Oblimaxstruktur einen Kriteriumsanstieg von 36%. Entsprechend wenig zusätzliche Information ergab der Übergang von orthogonalen zu schiefen Clustern, auf deren Darstellung hier verzichtet wird.

Tabelle 8.4 Invertierte Oblimaxlösung: Geordnete Pole der Faktoren bzw. der Gewichte (zur invertierten Rotation, siehe Text unter Abb. 8.1):

	I			II	
Summetotal	.63		Alter	.16	
BEWEGUNG	.61		SUMME1	.14	
summe2	.58		Summetotal	.13	Alter,
farbeprimär	.53	Zahlreiche	DETAIL	.12	Zahlreiche Ant-
SUMME1	.51	Antw., Farb-	detail	.11	worten, Detail-
farbform	.39	Antworten	BEWEGUNG	.11	Antworten
DDETAIL	.37		farbe	.11	
FARBEPRIMÄR	.31		DDETAIL	.10	
versus			**versus**		
			männlich	-.23	
GANZ	-.16	Ganz-	FORM	-.78	Formantworten,
ganz	-.35	antworten	form	-.79	männlich

Die invertierte Oblimaxrotation

Die Faktoren der Oblimaxrotation (vgl. Tab 8.4) korrelieren teilweise so stark, daß die Transformationsmatrix T in $VT_{Oblimax}=F_{Oblimax}$ fast singulär ist. Um zur Berechnung der invertierten Oblimax-Lösung dennoch die Matrix $T_{Oblimax}$ invertieren zu können, mußten die sieben schiefen Faktoren bzw. Cluster (algorithmisch) zu zwei Faktoren zusammengefaßt werden.

Es resultierte eine inhaltliche 2-dimensionale Zusammenfassung, die hier nach geordneten Polen und nur hinsichtlich der höheren Ladungen dargestellt wird (Tabelle 8.4). Die beiden Faktoren korrelieren mit $r_{I,II} = .14$.

8.6.2 Beispiele für Diskriminanzanalysen

Ein Design mit 4 Gruppen (Transfer zwischen Intelligenz-Items)

Ziel war die Untersuchung möglicher *Transfereffekte* von vorher bearbeiteten Aufgaben unterschiedlichen Typs auf zeitlich direkt anschließend bearbeitete Aufgaben eines anderen Typs.

Experimentelles Design

100 Versuchspersonen sollten je 20 Würfelaufgaben (Räumliches Vorstellungsvermögen) lösen. Für jedes dieser Items wurde die *Korrektheit der Lösung* (1,0-Skala) sowie die Bearbeitungsdauer (*Latenzzeit*) registriert, so daß pro Vp 40 Items gemessen wurden und eine Datenmatrix X der Ordnung N x m = 100 x 40 resultierte.
Unterschiedliche experimentelle Bedingungen wurden dadurch eingeführt, daß die 100 Personen in 4 Gruppen zu 25 Vpn eingeteilt wurden, wobei jede Gruppe vor der Bearbeitung der Würfelaufgaben 20 Aufgaben eines anderen Typs bearbeiten mußte (1. Gemeinsamkeiten finden, 2. Kopfrechnen (addieren), 3. Zahlenreihen fortsetzen, 4. Zahlensymbolgleichungen lösen).

Die *Würfelaufgaben* wurden in der Form von Intelligenztestaufgaben entwickelt, in denen eine Versuchsperson einen einzeln dargestellten Würfel mit einem spezifischen Punktmuster aus einer Gruppe von ähnlichen Würfeln, innerhalb derer er sich in gedrehter Form befand, herausfinden mußte. Die *Zahlensymbolaufgaben* bestanden darin, daß in Gleichungen zwischen einfachen Zahlen die Ziffern durch Symbole ersetzt worden waren. Die Versuchsperson mußte anhand der Gleichungsstruktur aus den Symbolen wieder die Ziffern erschließen.

Vorbereitende Hauptachsenlösung

Zur Klärung der Dimensionalität der Daten wurde zunächst eine Hauptachsenanalyse der Datenmatrix X durchgeführt, die mit acht Faktoren 102% der vorher geschätzten gemeinsamen Varianz und 51% der Gesamtvarianz ausschöpfte.

Die acht Hauptachsen hatten vom stärksten bis zum schwächsten Faktor folgende Anteile an der gemeinsamen Varianz: .40, .24, .11, .08, .06, .05, .04, .04.

Die Tabelle 8.5 mit den Faktorladungen enthält die ersten drei Faktoren der 8-faktoriellen Hauptachsenlösung sowie die Matrix Y (fett) mit den G−1=3 Diskriminanzfaktoren (G = Anzahl der Experimentalgruppen). Die ersten 20 Variablen bestehen in

Tabelle 8.5 Diskriminanzanalyse

	Hauptachsenfaktoren $F_{I\text{-}III}$					Diskriminanzfaktoren $B^* = F_{Dis}$		
	I_h	II_h	III_h		Kommu-nalitäten	I_d	II_d	III_d
Varianz →	.40	.24	.11	...	1.02			
1 **Latenz-**	.51*	-.10	.22	...	.47	**.21**	**.13**	**-.20**
2 **zeiten**	.36	-.33	.42	...	.62*	**.38**	**-.20**	**-.14**
3 **der**	.60*	-.07	-.12	...	.53*	**.16**	**.26**	**-.05**
4 **Items**	.68*	-.30	-.24	...	.67*	**.11**	**.56***	**-.39**
5 Nr.1-20	.41	-.06	.05	...	.33	**.38**	**.29**	**-.14**
6 ↓	.67*	-.04	-.04	...	.66*	**.14**	**.39**	**-.19**
7	.67*	-.03	-.18	...	.66*	**-.06**	**.36**	**.06**
8	.47	.06	.30	...	.51*	**.15**	**.23**	**.05**
9	.64*	-.02	.07	...	.60*	**.01**	**.17**	**-.06**
10	.72#	-.04	-.09	...	.65*	**.05**	**.30**	**-.04**
11	.71#	.17	.01	...	.61*	**.20**	**.32**	**.13**
12	.66*	-.18	-.14	...	.58*	**.00**	**.44**	**-.20**
13	.55*	-.32	-.29	...	.70*	**.09**	**.52***	**-.25**
14	.71#	.02	-.24	...	.64*	**.06**	**.61***	**-.07**
15	.61*	-.18	-.33	...	.76*	**.15**	**.70#**	**-.18**
16	.60*	-.35	.26	...	.65*	**.22**	**.18**	**-.52***
17	.59*	-.16	.32	...	.60*	**.37**	**.21**	**-.26**
18	.60*	-.12	.16	...	.50*	**.18**	**.29**	**-.29**
19	.62*	-.27	-.13	...	.67*	**-.06**	**.60***	**-.23**
20	.57*	-.27	-.05	...	.50	**-.10**	**.26**	**-.11**
21 Dicho-	.32	.48	.02	...	.45	**.38**	**.31**	**.32.**
22 tome -	.05	.47	-.51*	...	.59*	**-.19**	**.48**	**.27**
23 **Korrekt-**	.32	.34	.00	...	.44	**.23**	**.30**	**.40**
24 **heits-**	.26	.28	.32	...	.32	**.45**	**.18**	**.06**
25 **grade**	.21	.44	.01	...	.43	**.19**	**.21**	**.53***
26 **der**	.22	.51*	.26	...	.45	**.43**	**.21**	**.32**
27 **Items**	.03	.37	.36	...	.38	**.45**	**-.11**	**.22**
28 Nr.1-20	.19	.17	.43	...	.36	**.46**	**.07**	**.07**
29 ↓	.29	.44	.23	...	.39	**.41**	**.07**	**.34**
30	.07	.46	.18	...	.37	**.47**	**.14**	**.33**
31	.14	.46	-.18	...	.41	**.15**	**.24**	**.22**
32	.10	.38	.30	...	.39	**.25**	**.12**	**.18**
33	.14	.48	.28	...	.47	**.19**	**.02**	**.32**
34	.10	.56*	-.05	...	.48	**.15**	**.09**	**.62***
35	.33	.44	.13	...	.35	**.41**	**.18**	**.24**
36	.01	.61*	-.22	...	.55*	**.02**	**.35**	**.53***
37	.27	.44	-.19	...	.43	**.20**	**.30**	**.19**
38	.26	.45	-.26	...	.52*	**.20**	**.41**	**.06**
39	.13	.56*	-.23	...	.46	**.13**	**.18**	**.46**
40	.07	.60*	-.23	...	.52*	**.08**	**.18**	**.33**

den Latenzzeiten der 20 Würfelaufgaben, die zweiten 20 Variablen sind dichotom und bestehen aus den Korrektheiten (1,0) der Lösungen derselben 20 Aufgaben.

Interpretation der Faktoren (Tabelle 8.5)

Der erste Hauptachsenfaktor ist unipolar, d.h. er entspricht einem *general factor*, bei dem korrekte Lösungen eher mit längeren Bearbeitungszeiten korrelieren. Er hat höhere Ladungen der ersten 20 Items im Vergleich zu den Items 21 bis 40 der dichotomen Itemlösungen, d.h. er repräsentiert stärker die Latenzzeiten als die Lösungen. Der zweite Faktor unterscheidet bipolar zwischen Latenzzeiten und Itemlösungen. Der dritte Faktor ist itemspezifisch und nur bei Vergleich der einzelnen Würfelaufgaben interpretierbar.
Da die 40 Items eine kaum invertierbare Binnenkovarianz-Matrix S_b (vgl. Formel (8.15)) ergaben, wurden die Diskriminanzfaktoren in Tabelle 8.5 über den Umweg der Faktorscores der acht Faktoren der Hauptachsenlösung berechnet (vgl. (8.15a), (8.15b)). Im Vergleich zum ersten Hauptachsenfaktor repräsentiert der 1. Diskriminanzfaktor stärker die Itemlösungen (Nr. 21-40) als die Lösungszeiten. Dies bedeutet, daß die gemessenen Transfereffekte vorangehender Aufgaben sich stärker auf die Korrektheit der nachfolgenden Würfelaufgaben als auf deren Latenzzeiten auswirkten.

Tabelle 8.6 Weitere Ergebnisse zur Diskriminanzanalyse

Korrelationen der Hauptachsen mit den Diskriminanzfaktoren

	I_d	II_d	III_d
I_h	.31	.60	-.10
II_h	.35	.20	.73
III_h	.57	-.51	-.03

Interkorrelationen der Diskriminanzfaktoren

	I_d	II_d	III_d
I_d	1.00	.04	.06
II_d	.04	1.00	.01
III_d	.06	.01	1.00

Experimentalgruppen	Mittelwerte der Faktorscores I_d	II_d	III_d	
1. Gruppe: Gemeinsamkeiten finden (Buchstabengruppen)	-.31	-.54	-.08	
2. Gruppe: Kopfrechnen (Addieren)	-.37	.15	.27	
3. Gruppe: Zahlenreihen fortsetzen	1.01	.00	.01	
4. Gruppe: Zahlensymbolgleichungen	-.30	.40	-.20	
Chi^2 der Dis.-Faktoren:	26.01**	9.73	2.14	p<.01(**)
df:	10	8	6	
Chi^2 (Total):	37.88* (df=24)			p<.05(*)

Die anderen Diskriminanzfaktoren sind besser durch Vergleich einzelner Items, aber auch über ihre Faktorscores interpretierbar.

Interpretation der Diskriminanz-Faktorscores (Tabelle 8.6)

Der Vergleich der in Tabelle 8.6 dargestellten Gruppen-Mittelwerte der für die Vpn berechneten Faktorscores zeigt, daß der erste Diskriminanzfaktor stark einen auf die Würfelaufgaben positiv wirkenden Transfer der Items Zahlenreihen gegenüber den anderen Itemtypen hervorhebt. Die gegensätzlichen Effekte von Buchstabengruppen und Zahlensymbole sind auffällig, zumal hier offenbar noch ein weiterer mit Zahlen operierender Aufgabentyp positiv auf die Würfelaufgaben einwirkt (→ DA als Hypothesengenerierung). Das Ergebnis ist in dieser Untersuchung jedoch nicht signifikant.
Die Stärke des ersten Diskriminanzfaktors, d.h. der Einfluß der Aufgaben "Zahlenreihen fortsetzen" auf die Würfelaufgaben, ist hochsignifikant ($p<.01$). Die gemeinsame Stärke aller drei Diskriminanzfaktoren ist nur signifikant ($p<.05$).

Ein Design mit zwei Gruppen (weiblich, männlich)

Das Ziel der Datenerhebung bestand in einer gemeinsamen Untersuchung von Rorschach- und Persönlichkeits-Items einer FPI-Kurzform (siehe unten die kanonische Analyse). Die Analyse von Geschlechtsunterschieden ergab sich als die hier darzustellende Zusatzuntersuchung. Da diese Untersuchung unter Einbeziehung der Variable *Alter* und der Rorschach-Items (siehe Teil 8.6.1 oben) 100 Items umfaßte, wurde die Diskriminanzanalyse ähnlich der vorangehenden Untersuchung mittels der Faktorscores der Hauptachsenanalyse durchgeführt (vgl. hierzu die Formeln (8.15a), (8.15b)).
Die 100 Vpn bestanden je zur Hälfte aus Frauen bzw. Männern. Die FPI-Antworten sind als Anteile der Antwortsummen verwendet worden.
Die als erstes durchgeführte Hauptachsenlösung ergab eine Ausschöpfung von 100% der gemeinsamen Varianz durch 13 Faktoren (40% der Gesamtvarianz) mit folgenden Varianzanteilen:

.22 .11 .10 .08 .07 .07 .06 .06 .05 .05 .05 .05 .04

Die ersten drei Faktoren hatten folgende Pole, deren Items hier nur in verkürzter Form genannt werden (wobei dahinter die Ladungen ohne Komma angegeben sind):

Faktor I:
matt (59), elend (57), lästige Gedanken (56), ängstlich (56), innere Leere (55), traurig (51)
vs.
positiv zum Leben (-49), Zuversicht (-47), Enttäuschung überwinden (-32), schlagfertige Antworten (-31)

Faktor II:
männlich (49), gelegentlich lügen (45), angeben (44), Führung übernehmen (43), Streiche (37)
vs.
Lampenfieber (-42), Ganz-Antw. (Rorsch. I) (-36), zittern (-35), Herzversagen (-33), Ärger, Wut (-32)

Faktor III:
Ärger, Wut (49), Aufregung (46), Wut über Ungerecht. (42), schlagfertig (39), Strafe (38), Ohrfeige (38)
vs.
Kontaktmangel (-37), alles satt (-31), Form-Antw. (Rorsch. II) (-30), niemanden ansprechen (-27)

Ergebnisse der Diskriminanzanalyse

nach Rückrechnung des Diskriminanzfaktors aus der DA der Hauptachsen-Faktorscore-Matrix (vgl. Tabelle 8.7) folgt:

1. Korrelation des Diskriminanzfaktors mit den ersten drei der 13 Hauptachsen:
   Faktor I: .07 Faktor II: .80 Faktor III: -.37,
   Korrelationen mit den restlichen Faktoren 4 bis 13:
   -.29, -.26, -.18, -.03, -.04, -.01, .01, .14, -.05, .04.
2. Mittelwerte der Diskriminanzfaktorscores ($\hat{y} \equiv \hat{P}_{Dis}$):
   männl. Gruppe: .95 weibl. Gruppe: -.95.
3. Interpretation (Tabelle 8.7): Die wichtigsten Items der Diskriminanzfaktorpole sind:
   männlich: offensiv, Freude an Aggressionen, Formdominanz (Rorsch.),
   weiblich: defensiv, reaktive Aggression: bei Wut körperliche Reaktions-Phantasie, emotional, Farbdominanz (Rorschach).

Tabelle 8.7 Darstellung der beiden Pole des Diskriminanzfaktors

männlicher Pol:	**positiv → 0**	**weiblicher Pol:**	**0 → negativ**
männlich (als 0-1-Item)	.61	Luft bleibt weg	-.11
anderen Fehler beweisen	.41	bereue Sachen	-.13
gerne angeben	.38	Herzjagen	-.15
Führung übernehmen	.36	Erröten	-.16
ab und zu lügen	.36	habe Mut	-.17
Wahrheit nicht so genau	.35	verlegen	-.18
unternehmungslustig	.29	Wut	-.18
form	.28	Leben positiv	-.19
FORM	.27	FARBE	-.19
Gesellschaft aufsuchen	.27	Zuversicht	-.22
Anderen Streich spielen	.26	FARBEPRIMÄR	-.22
Manieren negativ	.25	Alter	-.22
gedankenverloren	.24	ganz (Rorschach)	-.23
Spaß am Quälen	.24	verlegen	-.23
innere Leere	.22	FARBFORM	-.24
launisch	.20	Herz bis Hals	-.26
übel nehmen, wenn Unrecht	.19	zittern	-.31
Blähungen	.19	schon mal Ohrfeige ausgeteilt	-.34
grübeln	.18	gute Laune	-.35
ddetail	.17	Wut über Ungerecht.	-.37
in Raum mit Leuten gehen	.16	Lampenfieber	-.38
DDETAIL	.15	Nase einschlagen, wenn...	-.38
FORMFARB	.15	Ärger, Wut	-.41

Chi2 = 53.1 (df = 14) ($p < .001$) (unter Auslassung des Items "männlich")

Bemerkenswert ist das Ergebnis, daß die männlichen Aggressionen sich mehr als Angriff aus dem Übermut heraus darstellen, während die weiblichen Aggressionen eher "wütenden" Reaktionen auf Angriffe bzw. auf Unrecht zu entsprechen scheinen.

Das Auftauchen von Aggressions-Items auf dem weiblichen Pol ist in unterschiedlichen Wiederholungen dieser Analyse seit etwa 1985 zu beobachten.

Erläuterung: Die Einbeziehung der Daten des dichotomen Items *männlich (=1, weiblich=0)* in die Berechnungen der DA erhöht das chi^2 nur unwesentlich von 53.09 auf 53.16.

Nebenergebnis: Güte der Klassifikation

Da der positive Teil der Diskriminanzfaktorscores den Pol *männlich* repräsentiert, entspricht die Klassifikationsstärke des Faktors dem Grad, in dem *Männer positive* und *Frauen negative* Faktorscores besitzen. Zählt man die Vorzeichen der Faktorscores aus, dann folgt:

	Ladungen auf positivem Pol	auf negativem Pol	(Anzahlen)
Männer:	47+	3-	
Frauen:	6+	44-	

Demnach haben nur 3 von 50 Männern ein eher weibliches Testprofil und 6 von 50 Frauen ein eher männliches Testprofil.
Diese Form des FPI, angewandt überwiegend auf Personen unter 30 Jahren, besitzt somit eine hochsignifikante Diskriminationsfähigkeit zwischen *weiblich* und *männlich*. Hierbei zeigen sich immer noch historische Rollenstereotype im Antwortverhalten der Personen. Der Faktor *weiblich-männlich* taucht übrigens auch in ähnlicher Form als 2. Faktor der Hauptachsenlösung auf (Korrelation mit dem DA-Faktor: .80, siehe oben).

8.6.3 Beispiel einer multivariaten Varianzanalyse (MVA)

Folgendes fiktive Beispiel verdeutlicht die strukturelle Reichhaltigkeit der MVA sowie ihre Fähigkeit, vermittels ihrer Faktoren eigene abhängige Variablen (als Faktorscores) aus den ursprünglich gegebenen abhängigen Variablen herauszufiltern.
Gegeben sei ein 3x3-Design AxB mit drei Medikamenten (A: zwei Wirkstoffe sowie ein Placebo) sowie drei Tageszeiten (B: morgens, mittags, abends). Die entsprechenden 3x3=9 Bedingungskombinationen werden an 9 Gruppen zu je 20 Personen geprüft. Die *multivariate abhängige Variable* bestehe aus den Antworten der Vpn auf 50 Items (Offensivität, Labilität, Aggressivität usw.) eines Persönlichkeitsfragebogens. Wegen der jeweils drei Treatments pro experimenteller Dimension resultieren pro Effekt (zwei Haupeffekte A und B, eine Interaktion AxB) maximal je zwei Faktoren (mit Item-Ladungen) sowie die jedem Faktor zugeordneten Faktorscores der Personen.

Ergebnisse (Faktoren)

Haupteffekt A: Medikamente.
Faktor I_a: Konzentriertheit (+) vs. Unkonzentriertheit (-)
Faktor II_a: Labilisierung (+) vs. Stabilität (-)

Haupteffekt B: Tageszeiten.
Faktor I_b: Aktivierung (+) vs. Entspannung (-)
Faktor II_b: psychosomatische Beschwerden (+) vs. positive Empfindungen (-)

Die Zuordnung der drei Medikamente zu den Faktorpolen von A folgt wie bei der

DA aus der Zuordnung der Vorzeichen der mittleren Faktorscores von I_a und II_a der drei Medikamentgruppen zu den Vorzeichen der Faktorpole von I_a und II_a. Das Analoge gilt für die drei Tageszeiten und deren Faktoren I_b und II_b.

Interaktion AxB: Medikamente x Tageszeiten
Faktor I_{axb}: Aggressivität (+) (unipolar)
Faktor II_{axb}: Zurückgezogenheit (+) vs. Geselligkeit (-)

Auch hier gilt: Die Zuordnung der Faktorpole folgt aus der Korrespondenz der Vorzeichen der mittleren Faktorscores (der Faktoren I_{axb} und II_{axb}) der 9 Experimentalgruppen zu den Vorzeichen der Pole der beiden Interaktionsfaktoren.

8.6.4 Beispiel einer kanonischen Analyse (Fragebogen und projektiver Test)

An insgesamt 100 Vpn (zur Hälfte Männer bzw. Frauen) wurden projektive Testergebnisse (21 Items) mittels des Rorschach-Tests sowie Persönlichkeitsdaten aus einer FPI-Kurzform (79 Items, inklusive Alter) untersucht. Die resultierenden Faktormatrizen F_x und F_y sind in den Tabellen nur für Ladungen über .25 dargestellt (Tabelle 8.8 u. 8.9). Die groß geschriebenen Items entsprechen der Rorschach-Farbtafel I, die klein geschriebenen der Tafel II, siehe oben die FA (Teil 8.1).

Interpretation der Faktoren

Die gefundenen beiden ersten Faktoren in Tabelle 8.8 scheinen trotz ihrer Orthogonalität zu den beiden zweiten Faktoren in Tabelle 8.9 zu diesen inhaltlich ähnliche

Tabelle 8.8 Faktor I beider Datensätze einer kanonischen Analyse

Faktor I	FPI (F_x)	Rorschach (F_y)	
Herz schlägt bis Hals	.47	FARBE	.63
schon mal Ohrfeige ausgeteilt	.43	FARBFORM	.45
Lampenfieber	.43	FARBEPRIMÄR	.31
Ärger, Wut	.42		
Nase einschlagen, wenn...	.40		
Wut über Ungerechtigkeit	.38		
zittern	.36		
Strafe	.32		
erröten	.26		
elend	.25		
Benehmen gut	-.26	DDETAIL	-.27
alles satt	-.27	FORMFARB	-.28
unternehmungslustig	-.27	form	-.32
Führung übernehmen	-.29	DETAIL	-.43
Fassung behalten	-.31		
negative Umgangsmanieren	-.34		
Manieren negativ	-.41		
männlich	-.45		

Pole zu besitzen, Die Geometrie der multivariaten Methoden läßt es jedoch zu, daß ein Begriff, wie hier z.B. Farbantworten, durch unterschiedliche gemeinsame Clusterung mit anderen Items, etwa mit den Antwortsummen, jeweils eine andere Bedeutung und damit andere Gegenpole erhält:
So paart sich der erste Faktor des Rorschachtests, die *Farbantworten* (Gegenpol: *Form* und *Detail*) mit dem ersten Faktor des FPI, *emotionale Impulsivität* (Gegenpol *männlich, offensiv, ungeniert*). Die *Farbantworten* des zweiten Rorschach-Faktors, verbunden mit hoher *Antwortzahl* (Gegenpol: *Form*, allerdings ohne *Details*) entsprechen im Bereich des FPI einer eher *negativen Emotionalität* mit dem Gegenpol *Geselligkeit, abends Ausgehen* usw.

Tabelle 8.9 Faktor II beider Datensätze einer kanonischen Analyse

Faktor II	FPI (F_x)		Rorschach (F_y)
Benehmen gut	.48	FARBFORM	.27
kein Kontakt	.43	sumtot	.29
bereue Sachen	.37	farbform	.31
meide Raum mit Leuten	.34	sum1	.38
habe Leute verletzt	.34	DDTAIL	.39
taugen nichts	.34	BEWEGUNG	.53
verlegen	.33		
schlechte Manieren	.33		
zittern	.33		
Alter	.32		
Heimzahlen	.31		
Ohrfeige	.31		
niemanden ansprechen	.30		
gerne Streiche	.30		
Lampenfieber	.30		
Schlafstörungen	.30		
Unrecht bestrafen	.29		
fühle mich beobachtet	.29		
Tagträume	.27		
übel gegen Unrecht	.27		
Wut bei Ungerechtigkeit	.26		
kein Umgang	.26		
gewinne Leute nicht	.25		
---	---	---	---
gelegentlich angeben	-.24		
Abends ausgehen	-.31	FORM	-.60
liebe Geselligkeit	-.35	form	-.54

Kanonische Korrelationen zwischen den Faktorscores

Diese entsprechen den Korrelationen zwischen den Spalten der Matrizen $\hat{P}_x$ und $\hat{P}_y$ mit den Ordnungen N x 2:

	1	2
1	.51	-.01
2	.02	.36

Die *kanonische Korrelation* zwischen den beiden ersten Faktoren der beiden Tests, genau genommen ihrer Faktorscores, beträgt .51, die der beiden zweiten Faktoren, die in Tabelle 8.9 gezeigt werden, beträgt .36.

8.6.5 Beispiele für Kausal-Dominanzanalysen

Die CDA wurde an den bereits in vorangehenden Beispielen verwendeten Datenmatrizen eines FPI-Fragebogens und einer Rorschach-Untersuchung an 100 Vpn durchgeführt. Anschließend an diese Unterssuchung folgt eine *experimentelle* CDA an den Daten von Subtests eines Intelligenztests unter Vertauschung der zeitlichen Richtung der Testdurchführung.

Analyse der Datenmatrix eines projektiven Tests (Rorschach)

Wie oben schon erwähnt, wurden die ausgewählten 21 Rorschach-Variablen sowie die Variable *Alter* und die dichotome Variable *Geschlecht* (genau formuliert die Variable *männlich*=1 bei (1,0)) an 100 Vpn erhoben. Die Itemvariablen der Antworttypen wurden als *Anteile an den Antwortsummen* für die beiden verwendeten farbigen Rorschach-Tafeln I und II in der Datenmatrix X verwendet (vgl. die FA, Teil 8.6.1).
An der so erhaltenen Matrix $X_{N=100,\ m=23}$ wurde zunächst eine Faktorenanalyse $X = P \cdot F'$ ausgeführt, wobei sieben Faktoren resultierten, auf die sich die *gemeinsame* Varianz verteilte. Zunächst wurde die den *gemeinsamen Faktoren* entsprechende Faktorscore-Matrix $\hat{P}$ als Ausgangsmatrix einer Kausaldominanzanalyse verwendet.
Hierzu wurde von jeder Spalte in $\hat{P}$ zu jeder anderen Spalte in $\hat{P}$ ein Polynom g-ten Grades angenähert (siehe hierzu Kap. III, Teil 3.11). Die Korrelationen der durch die Polynome vorhergesagten Werte mit den beobachteten Werten aus $\hat{P}$ ergaben für jeden Polynomgrad g=1...7 je eine *asymmetrische Korrelationsmatrix* bzw. eine *Übertragungsmatrix* R_g, von denen diejenigen mit g=2, g=3 und g=7 in Tabelle 8.10 dargestellt sind. Außerdem wurden von jeder der sechs erhaltenen Matrizen die Dominanzvektoren (Vektor der Zeilenmittelwerte minus Vektor der Spaltenmittelwerte) berechnet und in Tabelle 8.10 rechts unten gemeinsam als Matrix mit sechs Spalten zusammengestellt.
Bei dem Vergleich der für die verschiedenen Polynomgrade g=2...7 ähnlich strukturierten Übertragungsmatrizen R_g und deren Dominanzvektoren sowie der entsprechenden inhaltlichen Ergebnisse (siehe unten) zeigten sich keine bedeutsamen Unterschiede, wie man auch aus den (senkrechten) Dominanzvektoren der Tabelle 8.10 ersieht. Daher soll sich die weitere Analyse auf die Matrix mit dem Polynomgrad g=2 beschränken, zumal die niedrigen Polynomgrade reliablere Kurvenverläufe besitzen.

An der Matrix $R_{g=2}$ des Polynomgrades 2 (Tabelle 8.10 links oben) wurde nun eine

Tabelle 8.10 Polynomiale Vorhersagekorrelationen zwischen Faktorscore-Variablen, zusammengestellt in Übertragungsmatrizen R_g von Zeilen- zu Spaltenindizes sowie deren Dominanzen für verschiedene Polynomgrade g=1,3,7 berechnet aus den Faktorscores, d.h. aus den 7 Spalten der Matrix $\hat{P}$)

	Polynomgrad = 2							*Polynomgrad=3*						
	1	2	3	4	5	6	7	1	2	3	4	5	6	7
1	.42	.34	.03	.25	.42	.11	.23	.46	.34	.04	.29	.43	.11	.25
2	.11	.55	.38	.21	.04	.04	.11	.12	.57	.40	.24	.14	.10	.12
3	.31	.55	.55	.20	.03	.21	.05	.32	.57	.57	.22	.07	.21	.06
4	.36	.13	.14	.36	.16	.12	.04	.39	.13	.14	.39	.22	.15	.18
5	.13	.02	.10	.11	.42	.17	.09	.13	.18	.21	.11	.43	.21	.10
6	.21	.11	.03	.17	.30	.30	.07	.25	.19	.03	.17	.36	.36	.11
7	.42	.23	.21	.18	.06	.05	.42	.46	.23	.22	.39	.06	.09	.46

	Polynomgrad = 7							***Dominanzvektoren*** *(Zeilenmittel - Spaltenmittel)*					
	1	2	3	4	5	6	7	***Grad:*** 2	3	4	5	6	7
1	.51	.37	.16	.34	.45	.23	.26	-.17	-.21	-.29	-.24	-.23	-.32
2	.40	.59	.54	.28	.15	.19	.15	-.48	-.51	-.52	-.44	-.42	-.32
3	.35	.59	.59	.36	.08	.26	.14	.48	.40	.41	.34	.30	.19
4	.42	.24	.25	.45	.34	.29	.21	-.19	-.21	-.20	-.23	-.25	-.16
5	.17	.30	.28	.17	.45	.31	.22	-.38	-.33	-.29	-.30	-.29	-.22
6	.27	.23	.11	.30	.37	.37	.13	.19	.23	.08	.05	.05	-.02
7	.51	.30	.24	.45	.29	.15	.51	.55	.64	.81	.82	.85	.84

Erläuterung zur Tabelle 8.10: In der Tabelle sind drei R_g-Matrizen mit polynomialen Vorhersagekorrelationen unterschiedlichen Grades (g=2, 3 und 7) zwischen den sieben Faktorscore-Variablen dargestellt (oben und links unten). Die Tabelle rechts unten enthält als Spaltenvektoren die Dominanzvektoren (Vektor der Zeilenmittelwerte minus Vektor der Spaltenmittelwerte) der R_g-Matrizen für die Polynomgrade g=2 bis 7. In der Diagonalen jeder Matrix R_g stehen die für das jeweilige Item höchsten Korrelationen der entsprechenden Spalte und Zeile (analog der Methode der Schätzung der Kommunalitäten nach Thurstone, vgl. Teil 8.1.1).

Tabelle 8.11 Faktormatrizen der ersten drei Faktoren aus der Basiszerlegung von R (Polynomgrad 2) sowie in der unteren Zeile die Eigenwerte 1 bis 7

Sendematrix $U\sqrt{\Lambda}$				Empfangsmatrix $V\sqrt{\Lambda}$			
1	.76	.17	-.16	1	.70	.29	-.05
2	.82	-.32	.05	2	.62	-.34	.06
3	.60	-.35	.08	3	.80	-.36	.12
4	.55	.08	.00	4	.51	.14	-.01
5	.46	.45	.17	5	.34	.30	.16
6	.34	.12	.18	6	.40	.27	.14
7	.39	.10	-.27	7	.61	.02	-.33

λ = 2.426 .507 .175 .082 .055 .022 .011

Basiszerlegung nach den ersten drei Basisvektoren durchgeführt, aus der sich die Sender- und die Empfängermatrix der Tabelle 8.11 ergaben.
Die Basiszerlegung ergibt Faktorstrukturen, auf denen die Faktoren der Hauptachsenlösung als Items laden (siehe oben unter "Rotationen" in Teil 8.1.3: *Faktoren 2. Ordung).* Wir verzichten hier auf eine Benennung dieser Faktoren in Tabelle 8.11 (die mittels der in der Faktorenanalyse (Teil 6.1.4) benannten Faktoren interpretierbar wären), da die Matrizen U und V hier nur Zwischenergebnisse darstellen. Außerdem weisen die Sende- und die Empfangs-Matrizen polynomialer Faktorscore-Analysen häufig ähnlich verlaufende Faktorprofile auf. D.h. die *Involviertheit* überwiegt dann gegenüber der *Dominanz*, was die unterschiedliche Interpretation der vorliegenden Sende- und Empfänger-Matrix erschwert. Stattdessen gehen wir zur Berechnung entsprechender Sender-Empfänger-Matrizen der *Items* über:
Wir verwenden hierzu die spaltenweise orthonormalen Matrizen U und V: Durch Rotation der Faktorscore-Matrix $\hat{P}$ auf die neuen Achsen U und V ($F_u = \hat{P}U$ und $F_v = \hat{P}V$) ergeben sich die gewünschten Sende- und Empfängerfaktormatrizen F_u und F_v der Items. Da auch diese Matrizen bei unseren Daten noch ähnliche Strukturen aufwiesen, bildeten wir aus ihnen die mit den Eigenwerten der asymmetrischen Übertragungsmatrix R normierte Differenzmatrix (8.26):

$$F_D = F_{Dominanz} = (F_u - F_v) \cdot D^{*-1} \cdot \sqrt{\Lambda}$$

und stellten aus dieser F_D-Matrix der Ladungsdifferenzen von Sendung-Empfang die ersten drei Faktoren in einer bereits nach Polen geordneten Form dar (Tabelle 8.12, 8.13).

Tabelle 8.12 1. Faktor der Dominanzfaktormatrix bzw. der normierten Sender-Empfänger-Differenzen-Matrix $F_u - F_v$

Faktor I Sendedominanzen (positiver Pol der Differenzen)		Faktor I Empfangsdominanzen (negativer Pol der Differenzen)	
BEWEGUNG	.63	DETAIL	-.51
farbform	.61	ddetail	-.41
farbeprimär	.54	FORMFARB	-.26
farbe	.43	formfarb	-.25
DDETAIL	.36	männlich	-.24
FARBFORM	.30	detail	-.24
FARBE	.26	ganz	-.21
FARBEPRIMÄR	.23	form	-.19
summe2	.13	Alter	-.12
Summetotal	.12	FORM	-.11
GANZ	.11	bewegung	-.08
SUMME1	.08		

Interpretation

Die ausführlich dargestellten Pole der Sende-Empfangs-Differenzen für Faktor I der 23 Variablen in Tab. 8.12 zeigen, daß die Dominanz in der Vorhersagefähigkeit *("beeinflussend", "aktiv")* von denjenigen Variablen ausgeht, die in früheren Analysen eher dem *weiblichen (hier dynamischen)* Pol entsprachen (Bewegung, Farbe) im Gegensatz zum eher männlichen Pol (Form vor Farbe, Details). Auf dem negativen Pol (*"beeinflußt", "reaktiv"*) sammeln sich dagegen auffällig einheitlich die Antwortsummen und die Farbantworten, d.h. die oben als eher *männlich (hier konservativ, statisch)* besetzten Variablen (DA).

Bemerkenswert für Tabelle 8.13 ist, daß bei den wesentlich schwächeren Differenzen-Faktoren II und III die Items "Antwortsummen" jeweils auf dem *reaktiven (beeinflußten)* Pol laden (Tabelle 8.13). Diese Summen werden demnach bei dem Faktor II bzw. bei dem *"Übertragungskanal"* II *"verursacht"* durch die Erhöhung der Anteile der Farbantworten, bei Faktor I II dagegen durch die Erhöhung des Anteils der Ganzantworten.

Tabelle 8.13 Pole der Differenzen $F_D = F_u - F_v$ der Sender-Empfängerfaktoren II und III

	Faktordifferenzen II		Faktordifferenzen III	
positiver	FARBE	.40	GANZ	.13
Pol	FARBFORM	.25	ganz	.08
→	farbe	.14		
	Summetotal	-.23	SUMME1	-.19
	summe2	-.23	Summetotal	-.19
negativer	BEWEGUNG	-.20	summe2	-.13
Pol	DDETAIL	-.18	BEWEGUNG	-.13
→	SUMME1	-.18	DDTAIL	-.09
	DETAIL	-.10	FARBEPRIMÄR	-.09

Die Tabelle enthält nur die größten der gefundenen Differenzen.

Die folgende Kosinusmatrix der Dominanzvektoren zeigt, daß die ersten beiden Faktoren relativ unabhängig voneinander variieren.

Kosinusmatrix der Spaltenvektoren der Dominanzfaktormatrix F_D

	I	II	III
I	1.00	-.05	-.33
II	-.05	1.00	.47
III	-.33	.47	1.00

Experimentelle Transferuntersuchungen an Intelligenz-Items

In einer *Kausal-Dominanzanalyse an Intelligenz-Items* wurden Reihenfolgeeffekte unter Vertauschung von zwei dargebotenen Aufgabentypen untersucht, wobei trotz der geringen Anzahlen von Vpn die gefundenen Effekte relativ konsistent waren:

Experiment I: (Symbol bu→wu) Es wurden 25 Personen 20 Aufgaben eines *Abstraktionstests* bu zur Lösung dargeboten und sofort danach 20 Aufgaben eines

Tests des *räumlichen Vorstellungsvermögens* wu.

Experiment II: (Symbol wu→bu) In dieser Untersuchung wurden 25 anderen Personen dieselben Aufgabenblöcke in vertauschter Reihenfolge dargeboten.

Item-Beschreibung

bu ≡ *Buchstaben-Gemeinsamkeiten-Finden*, z.B.: Es werden die Buchstaben a, u, e, o, b, i gezeigt. Danach wird gefragt: Welcher Buchstabe paßt nicht hinein? Anwort: b. Die Vp muß erkennen, daß es sich hier um eine Menge von Vokalen handelt, (Gemeinsamkeiten erkennen), zu der ein b hinzugefügt wurde.

wu ≡ *Würfel umdrehen:* Es wird ein Würfel gezeigt, dessen drei sichtbare Flächen drei unterschiedliche Symbole enthalten. Gleichzeitig werden fünf weitere Würfel gezeigt, die dieselben oder ähnliche Symbole aufweisen. Nur bei einem der fünf Würfel sind die Symbole so angeordnet, daß er durch Drehung aus dem ersten Würfel entstanden sein kann. Dieser Würfel muß gefunden werden.

Daten

Registriert wurde für jede Aufgabe das binäre Resultat *Korrektheit* bzw. *falsch, richtig* (R: 0,1) sowie die kontinuierliche Bearbeitungszeit (T: *Latenzzeit*). Da somit für jede Aufgabe zwei Ergebnisse registriert wurden, erhielt man je Experiment über die beiden Blöcke insgesamt 80 Variablen. Somit resultierten zwei Datenmatrizen X der Ordnung 25 x 80.
Fragestellung: Es sollte die Dominanzstruktur (→"Transfer") untersucht werden, bzw. es sollte festgestellt werden, welcher der jeweils vorangehenden Blöcke bu bzw. wu den stärkeren Effekt auf den nachfolgenden Block ausübte.

Auswertung

Die beiden experimentell unabhängigen Matrizen X ≡ Vpn x Variablen (25 x 80) wurden nach der oben beschriebenen Methode mit je einer eigenen CDA untersucht. (Faktorenanalyse mit Faktorextraktion von 8 bzw. 9 Faktoren bis zur Erschöpfung der *gemeinsamen Varianz* (vorausgeschätzt nach dem Thurstoneschen Kriterium, siehe Teil 8.1.2)), Bildung von asymetrischen Prädiktormatrizen R_g zwischen den Faktorscores innerhalb jeder der beiden Hauptachsenlösung mit Polynomen des Grades g=2, Basiszerlegung von R und Zurückrechnung der Sende- bzw. Empfänger-Matrix F_u bzw. F_v für die Itemvariablen sowie der Dominanzfaktormatrix $F_D \equiv F_u - F_v$, siehe Tabelle 8.16).

Tabelle 8.16 Dominanz-Faktor I der Fälle bu → wu und wu → bu

bu → wu $\lambda = 4.43$

buTI	3	.58
buTI	19	.48
buTI	15	.44
buRI	12	.42
buTI	9	.39
buRI	16	.38
buTI	17	.36
wuRII	1	.34
buRI	14	.34
buRI	1	.32
buRI	17	.30
buRI	4	.30
buTI	6	.29
buRI	18	.28
buRI	6	.28
buTI	7	.28
wuRII	10	.27
buTI	5	.27
buRI	2	.26
buRI	15	.25
wuRII	6	.24
buTI	12	.24
wuRII	15	.23
buRI	13	.22
buTI	2	.21
buTI	4	.20
buRI	8	.20
buRI	10	.20
wuRII	3	.19
buRI	11	.18
buRI	3	.17
wuTII	8	.15
wuRII	4	.15
buRI	7	.14
wuRII	8	.13
buRI	5	.12
buTI	20	.11
buTI	8	.10
buRI	9	.09
wuRII	12	.07
buTI	14	.07
wuRII	20	.06
buRI	20	.06
wuRII	11	.05
wuTII	17	.05
buTI	18	.04
wuRII	7	.03
buRI	19	.03
buTI	11	.03
buTI	16	.02
wuTII	11	-.00
wuTII	13	-.00
wuTII	18	-.00
wuTII	4	-.00
wuTII	6	-.00
wuRII	13	-.04
wuRII	9	-.07
buTI	13	-.08
wuRII	14	-.08
wuRII	5	-.08
wuRII	19	-.09
wuRII	17	-.09
wuRII	18	-.10
wuTII	10	-.12
wuRII	2	-.14
wuTII	5	-.14
buTI	1	-.14
buTI	10	-.15
wuTII	2	-.18
wuRII	16	-.19
wuTII	20	-.20
wuTII	1	-.21
wuTII	12	-.22
wuTII	15	-.28
wuTII	16	-.29
wuTII	14	-.31
wuTII	7	-.31
wuTII	3	-.34
wuTII	19	-.50
wuTII	9	-.50

wu → bu $\lambda = 4.52$

wuTI	14	.57
buRII	6	.52
wuRI	1	.46
wuRI	14	.45
wuTI	7	.44
buRII	20	.43
wuRI	13	.43
wuTI	19	.42
wuTI	16	.40
buRII	15	.38
wuRI	10	.34
wuTI	10	.34
buRII	17	.32
wuTI	3	.31
wuTI	9	.29
buRII	8	.29
wuTI	5	.27
wuRI	17	.26
buRII	16	.26
buRII	12	.26
buTII	17	.25
buTII	2	.25
wuTI	13	.25
wuTI	15	.25
buTII	20	.23
wuTI	12	.23
buRII	7	.22
wuTI	4	.21
buRII	2	.18
wuRI	3	.18
wuRI	12	.17
buTII	1	.17
wuRI	15	.16
buRII	5	.15
wuTI	18	.14
wuRI	16	.14
buTII	15	.14
wuRI	2	.14
wuRI	4	.13
wuTI	8	.13
wuTI	20	.13
buRII	19	.12
wuTI	1	.12
buTII	16	.11
buTII	18	.10
wuRI	7	.08
buTII	6	.07
wuRI	8	.04
buRII	10	.04
buRII	14	.03
buTII	8	.03
wuRI	20	.02
wuRI	18	.02
buTII	19	.01
wuRI	5	.01
wuTI	11	.00
buTII	10	.00
buRII	4	-.00
buRII	9	-.00
buRII	11	-.00
buRII	13	-.00
buTII	12	-.00
buTII	14	-.02
wuTI	2	-.03
buTII	13	-.05
wuTI	6	-.07
wuRI	9	-.07
wuTI	17	-.08
buTII	3	-.10
buTII	9	-.14
wuRI	11	-.16
buRII	3	-.19
buTII	11	-.19
buTII	7	-.23
buTII	4	-.25
buRII	18	-.26
buRII	1	-.28
wuRI	19	-.29
wuRI	6	-.32
buTII	5	-.44

Für jede der beiden Vorhersagerichtungen (bu → wu) und (wu → bu) wird in Tabelle 8.16 nur der jeweils erste Faktor der Dominanzmatrizen F_D beider Experimente gezeigt. Wegen der vielen Items wurden die beiden Pole jedes Faktors samt einiger noch schwach positiver Items für jeden Faktor nebeneinander dargestellt.

Itembezeichnungen in Tabelle 8.16

Die Tabelle enthält die in beiden CDAs erhaltenen jeweils ersten Dominanzfaktoren für Experiment I (bu→wu) bzw. Experiment II (wu→bu). Wegen der großen Anzahl von je 80 Items wird jeder Faktor verteilt auf je zwei Spalten der Tabelle dargestellt. Hierbei bedeutet z.B. buRI 16 .38, daß das bu-Item Nr. 16 in Block I bezüglich der Variablen *Korrektheit* R(0,1) die Dominanz (Ladungsdifferenz) .38 auf dem Faktor aufwies, und wuTII 8 .15 bedeutet, daß das Item Nr. 8 des Würfelblocks in Position II bezüglich der Variablen *Latenzzeit* T dort die Dominanz .15 besaß, usw.

Hypothesen

Aus verschiedenen früheren Untersuchungen mit anderen Items und anderen Personen (Lehmann, 1980, 1982, 1987) war bekannt, daß jeweils die Items bzw. die Faktorscores des Abstraktionsvermögens besser die Items des räumlichen Vorstellungsvermögens vorhersagten, als umgekehrt. Ähnliches trat auch hier wieder ein:

Ergebnisse

1. Die Eigenwerte der ersten drei Hauptachsenfaktoren der beiden Experimente betrugen 4.43, .86, .43 bzw. 4.52, 1.06, .51.
2. Betrachtet man die Verteilung der Itemtypen bu und wu auf die Pole des jeweils ersten Dominanzfaktors beider Experimente in Tab. 8.16, dann fallen folgende Tendenzen auf, die in Tab. 8.17 zusammengefaßt werden.

a) Hinsichtlich der *Vorzeichen* der Dominanzladungen dominiert im Experiment bu→wu der Aufgabentyp bu über dem Typ wu, wie Tab. 8.17 zeigt. Im Experiment wu→bu bleibt dieser Effekt tendentiell erhalten, wird aber etwas abgeschwächt.
Hieraus läßt sich schließen, daß die Transfereffekte von bu zu wu, d.h. vom Abstraktionsvermögen zum räumlichen Vorstellungsvermögen, in beiden Experimenten auftauchen. Diese werden im Fall bu→wu durch stochastische Effekte des ersten auf den zweiten Block verstärkt, im zweiten Experiment dagegen abgeschwächt.

Tabelle 8.17 Anzahlen positiver und negativer Dominanzen:

	Experiment I		Experiment II		
	bu →	wu	wu →	bu	
positive Differenzen:	37	13	33	24	Dominanzen
negative " :	3	27	7	16	Reaktivitäten
	Quadratsummen positiver und negativer Dominanzen				
positive Differenzen:	.33	.37	.54	.29	Dominanzen
negative " :	.01	.29	.05	.12	Reaktivitäten

b) Hinsichtlich der *Quadratsummen* der Dominanzladungen zeigt sich ein eindeutiges Überwiegen der stochastischen Effekte, d.h. eine Dominanz des jeweils ersten Aufgabenblocks über den zweiten Block. Dies ergibt sich aus der fast konstanten Übertragung der Quadratsummenverhältnisse von Experiment bu→wu auf Experiment wu→bu in Tabelle 8.17).

Schlußfolgerungen

Die Vorzeichenanalyse findet eher die bekannten Transfereffekte des Abstraktionsvermögens (bu) über das räumliche Vorstellungsvermögen (wu) wieder. Die stochastischen Effekte des früheren Blocks auf den nachfolgenden Block erweisen sich als schwächer als die Transfereffekte.
Die Quadratsummenanalyse findet dagegen ein eindeutiges Übergewicht des stochastischen Effektes des vorangehenden auf den folgenden Aufgabenblock. Dieser scheinbare Widerspruch läßt sich durch folgende zukünftig zu prüfende Hypothesen lösen:

1. Die Quadratsummenanalyse und die Vorzeichenanalyse der Dominanzen der CDA lassen sich generell zur Trennung zwischen itemspezifischen Transfereffekten und stochastischen Effekten verwenden.

2. Die Verwendung beider Analysen ermöglicht es, zwischen *Intensität* (≡ *Quadratsummen)* und *Masse (Vorzeichen)* zu unterscheiden, analog zu den physikalischen Unterscheidungen zwischen Flußgeschwindigkeit und Flußmasse *oder zwischen Volt* und *Ampere* oder anderen vergleichbaren Doppelmaßen.

IX. Tabellen

9.1 Tabellen I

Standardnormalverteilung

z	Fläche 0 - *z*	Dichte (y-Wert)
.00	.00000	.3989
.05	.01994	.3984
.10	.03983	.3970
.15	.05962	.3945
.20	.07926	.3910
.25	.09871	.3867
.30	.11791	.3814
.35	.13683	.3752
.40	.15542	.3683
.45	.17364	.3605
.50	.19146	.3521
.55	.20884	.3429
.60	.22575	.3332
.65	.24215	.3230
.70	.25804	.3123
.75	.27337	.3011
.80	.28814	.2897
.85	.30234	.2780
.90	.31594	.2661
.95	.32894	.2541
1.00	.34134	.2420
1.05	.35314	.2299
1.10	.36433	.2179
1.15	.37493	.2059
1.20	.38493	.1942
1.25	.39435	.1826
1.30	.40320	.1714
1.35	.41149	.1604
1.40	.41924	.1497
1.45	.42647	.1394
1.50	.43319	.1295
1.55	.43943	.1200
1.60	.44520	.1109
1.65	.45053	.1023
1.70	.45543	.0940

z	Fläche 0 - *z*	Dichte (y-Wert)
1.75	.45994	.0863
1.80	.46407	.0790
1.85	.46784	.0721
1.90	.47128	.0656
1.95	.47441	.0596
2.00	.47725	.0540
2.05	.47982	.0488
2.10	.48214	.0440
2.15	.48422	.0396
2.20	.48610	.0355
2.25	.48778	.0317
2.30	.48928	.0283
2.35	.49061	.0252
2.40	.49180	.0224
2.45	.49286	.0198
2.50	.49379	.0175
2.55	.49461	.0154
2.60	.49534	.0136
2.65	.49598	.0119
2.70	.49653	.0104
2.75	.49702	.0091
2.80	.49744	.0079
2.85	.49781	.0069
2.90	.49813	.0060
2.95	.49841	.0051
3.00	.49865	.0044
3.25	.49942	.0020
3.50	.49977	.0009
3.75	.49991	.0004
4.00	.49997	.0001

Kritische t-Werte

	zweiseitig	
df	$p \leq .05$	$p \leq .01$
1	12.706	63.657
2	4.303	9.925
3	3.182	5.841
4	2.776	4.604
5	2.571	4.032
6	2.447	3.707
7	2.365	3.499
8	2.306	3.355
9	2.262	3.250
10	2.228	3.169
11	2.201	3.106
12	2.179	3.055
13	2.160	3.012
14	2.145	2.977
15	2.131	2.947
16	2.120	2.921
17	2.110	2.898
18	2.101	2.878
19	2.093	2.861
20	2.086	2.845
21	2.080	2.831
22	2.074	2.819
23	2.069	2.807
24	2.064	2.797
25	2.060	2.787
25	2.056	2.779
27	2.052	2.771
28	2.048	2.763
29	2.045	2.756
30	2.042	2.750
35	2.030	2.724
40	2.021	2.704
45	2.014	2.690
50	2.008	2.678
60	2.000	2.660
70	1.994	2.648
80	1.990	2.638
90	1.987	2.632
100	1.984	2.626
125	1.979	2.616
∞	1.962	2.581

Verteilungsgrenzen für chi2

↓ df / p→	.10	.05	.02	.01	.001
1	2.71	3.84	5.41	6.64	10.83
2	4.60	5.99	7.82	9.21	13.82
3	6.25	7.82	9.84	11.34	16.27
4	7.78	9.49	11.67	13.28	18.46
5	9.24	11.07	13.39	15.09	20.52
6	10.64	12.59	15.03	16.81	22.46
7	12.02	14.07	16.62	18.48	24.32
8	13.36	15.51	18.17	20.09	26.12
9	14.68	16.92	19.68	21.67	27.88
10	15.99	18.31	21.16	23.21	29.59
11	17.28	19.68	22.62	24.72	31.26
12	18.55	21.03	24.05	26.22	32.91
13	19.81	22.36	25.47	27.69	34.53
14	21.06	23.68	26.87	29.14	36.12
15	22.31	25.00	28.26	30.58	37.70
16	23.54	26.30	29.63	32.00	39.25
17	24.77	27.59	31.00	33.41	40.79
18	25.99	28.87	32.35	34.80	42.31
19	27.20	30.14	33.69	36.19	43.82
20	28.41	31.41	35.02	37.57	45.32
21	29.62	32.67	36.34	38.93	48.80
22	30.81	33.92	37.66	40.29	48.27
23	32.01	35.17	38.97	41.64	49.73
24	33.20	36.42	40.27	42.98	51.18
25	34.38	37.65	41.57	44.31	52.62
26	35.56	38.88	42.86	45.64	54.05
27	36.74	40.11	44.14	46.96	55.48
28	37.92	41.34	45.42	48.28	56.89
29	39.09	42.56	46.69	49.59	58.30
30	40.26	43.77	47.96	50.89	59.70

F-Werte (je 3 Werte untereinander: $p \leq .05, .01, .001$)

$\downarrow df_2$ \ $df_1 \rightarrow$	1	2	3	4	5	6	8	12	24	∞
	161	200	216	225	230	234	239	244	249	254
1	4052	4999	5403	5625	5724	5859	5981	6106	6234	6366
	405284	500000	540379	562500	576405	585937	598144	610667	623497	636619
	18.51	19.00	19.16	19.25	19.30	19.33	19.37	19.41	19.45	19.50
2	98.49	99.01	99.17	99.25	99.30	99.33	99.36	99.42	99.46	99.50
	998.5	999.0	999.2	999.2	999.3	999.3	999.4	999.4	999.5	999.5
	10.13	9.55	9.28	9.12	9.01	8.94	8.84	8.74	8.64	8.53
3	34.12	30.81	29.46	28.71	28.24	27.91	27.49	27.05	26.60	26.12
	167.5	148.5	141.1	137.1	134.6	132.8	130.6	128.3	125.9	123.5
	7.71	6.94	6.59	6.39	6.26	6.16	6.04	5.91	5.77	5.63
4	21.20	18.00	16.69	15.98	15.52	15.21	14.80	14.37	13.93	13.46
	74.14	61.25	56.18	53.44	51.71	50.53	49.00	47.41	45.77	44.05
	6.61	5.79	5.41	5.19	5.05	4.95	4.82	4.68	4.53	4.36
5	16.26	13.27	12.06	11.39	10.97	10.67	10.27	9.89	9.47	9.02
	47.04	36.61	33.20	31.09	29.75	28.84	27.64	26.42	25.14	23.78
	5.99	5.14	4.76	4.53	4.39	4.28	4.15	4.00	3.84	3.67
6	13.74	10.92	9.78	9.15	8.75	8.47	8.10	7.72	7.31	6.88
	35.51	27.00	23.70	21.90	20.81	20.03	19.03	17.99	16.89	15.75
	5.59	4.74	4.35	4.12	3.97	3.87	3.73	3.57	3.41	3.23
7	12.25	9.55	8.45	7.85	7.46	7.19	6.84	6.47	6.07	5.65
	29.22	21.69	18.77	17.19	16.21	15.52	14.63	13.71	12.73	11.69
	5.32	4.46	4.07	3.84	3.69	3.58	3.44	3.28	3.12	2.93
8	11.26	8.65	7.59	7.01	6.63	6.37	6.03	5.67	5.28	4.86
	25.42	18.49	15.83	14.39	13.49	12.86	12.04	11.19	10.30	9.34
	5.12	4.26	3.86	3.63	3.48	3.37	3.23	3.07	2.90	2.71
9	10.56	8.02	6.99	6.42	6.06	5.80	5.47	5.11	4.73	4.31
	22.86	16.39	13.90	12.56	11.71	11.13	10.37	9.57	8.72	7.81
	4.96	4.10	3.71	3.48	3.33	3.22	3.07	2.91	2.74	2.54
10	10.04	7.56	6.55	5.99	5.64	5.39	5.06	4.71	4.33	3.91
	21.04	14.91	12.55	11.28	10.48	9.92	9.20	8.45	7.64	6.76
	4.84	3.98	3.59	3.36	3.20	3.09	2.95	2.79	2.61	2.40
11	9.65	7.20	6.22	5.67	5.32	5.07	4.74	4.40	4.02	3.60
	19.69	13.81	11.56	10.35	9.58	9.05	8.35	7.63	6.85	6.00

↓ df_2 \ df_1 →	1	2	3	4	5	6	8	12	24	∞
	4.75	3.88	3.49	3.26	3.11	3.00	2.85	2.69	2.50	2.30
12	9.33	6.93	5.95	5.41	5.06	4.82	4.50	4.16	3.78	3.36
	18.64	12.97	10.80	9.63	8.89	8.38	7.71	7.00	6.25	5.42
	4.67	3.80	3.41	3.18	3.02	2.92	2.77	2.60	2.42	2.21
13	9.07	6.70	5.74	5.20	4.86	4.62	4.30	3.96	3.59	3.16
	17.81	12.31	10.21	9.07	8.35	7.86	7.21	6.52	5.78	4.97
	4.60	3.74	3.34	3.11	2.96	2.85	2.70	2.53	2.35	2.13
14	8.86	6.51	5.56	5.03	4.69	4.46	4.14	3.80	3.43	3.00
	17.14	11.78	9.73	8.62	7.92	7.43	6.80	6.13	5.41	4.60
	4.54	3.68	3.29	3.06	2.90	2.79	2.64	2.48	2.29	2.07
15	8.68	6.36	5.42	4.89	4.56	4.32	4.00	3.67	3.29	2.87
	16.59	11.34	9.34	8.25	7.57	7.09	6.47	5.81	5.10	4.31
	4.49	3.63	3.24	3.01	2.85	2.74	2.59	2.42	2.24	2.01
16	8.53	6.23	5.29	4.77	4.44	4.20	3.89	3.55	3.18	2.75
	16.12	10.97	9.00	7.94	7.27	6.81	6.19	5.55	4.85	4.06
	4.45	3.59	3.20	2.96	2.81	2.70	2.55	2.38	2.19	1.96
17	8.40	6.11	5.18	4.67	4.34	4.10	3.79	3.45	3.08	2.65
	15.72	10.66	8.73	7.68	7.02	6.56	5.96	5.32	4.63	3.85
	4.41	3.55	3.16	2.93	2.77	2.66	2.51	2.34	2.15	1.92
18	8.28	6.01	5.09	4.58	4.25	4.01	3.71	3.37	3.00	2.57
	15.38	10.39	8.49	7.46	6.81	6.35	5.76	5.13	4.45	3.67
	4.38	3.52	3.13	2.90	2.74	2.63	2.48	2.31	2.11	1.88
19	8.18	5.93	5.01	4.50	4.17	3.94	3.63	3.30	2.92	2.49
	15.08	10.16	8.28	7.26	6.61	6.18	5.59	4.97	4.29	3.52
	4.35	3.49	3.10	2.87	2.71	2.60	2.45	2.28	2.08	1.84
20	8.10	5.85	4.94	4.43	4.10	3.87	3.56	3.23	2.86	2.42
	14.82	9.95	8.10	7.10	6.46	6.02	5.44	4.82	4.15	3.38
	4.32	3.47	3.07	2.84	2.68	2.57	2.42	2.25	2.05	1.81
21	8.02	5.78	4.87	4.37	4.04	3.81	3.51	3.17	2.80	2.36
	14.59	9.77	7.94	6.95	6.32	5.88	5.31	4.70	4.03	3.26
	4.30	3.44	3.05	2.82	2.66	2.55	2.40	2.23	2.03	1.78
22	7.94	5.72	4.82	4.31	3.99	3.76	3.45	3.12	2.75	2.31
	14.38	9.61	7.80	6.81	6.19	5.76	5.19	4.58	3.92	3.15

↓ df_2 \ df_1 →	1	2	3	4	5	6	8	12	24	∞
	4.28	3.42	3.03	2.80	2.64	2.53	2.38	2.20	2.00	1.76
23	7.88	5.66	4.76	4.26	3.94	3.71	3.41	3.07	2.70	2.26
	14.19	9.47	7.67	6.69	6.08	5.65	5.09	4.48	3.82	3.05
	4.26	3.40	3.01	2.78	2.62	2.51	2.36	2.18	1.98	1.73
24	7.82	5.61	4.72	4.22	3.90	3.67	3.36	3.03	2.66	2.21
	14.03	9.34	7.55	6.59	5.98	5.55	4.99	4.39	3.74	2.97
	4.24	3.38	2.99	2.76	2.60	2.49	2.34	2.16	1.96	1.71
25	7.77	5.57	4.68	4.18	3.86	3.63	3.32	2.99	2.62	2.17
	13.88	9.22	7.45	6.49	5.88	5.46	4.91	4.31	3.66	2.89
	4.22	3.37	2.98	2.74	2.59	2.47	2.32	2.15	1.95	1.69
26	7.22	5.53	4.64	4.14	3.82	3.59	3.29	2.96	2.58	2.13
	13.74	9.12	7.36	6.41	5.80	5.38	4.83	4.24	3.59	2.82
	4.21	3.35	2.96	2.73	2.57	2.46	2.30	2.13	1.93	1.67
27	7.68	5.49	4.60	4.11	3.78	3.56	3.26	2.93	2.55	2.10
	13.61	9.02	7.27	6.33	5.73	5.31	4.76	4.17	3.52	2.75
	4.20	3.34	2.95	2.71	2.56	2.44	2.29	2.12	1.91	1.65
28	7.64	5.45	4.57	4.07	3.75	3.53	3.23	2.90	2.52	2.06
	13.50	8.93	7.19	6.25	5.66	5.24	4.69	4.11	3.46	2.70
	4.18	3.33	2.93	2.70	2.54	2.43	2.28	2.10	1.90	1.64
29	7.60	5.42	4.54	4.04	3.73	3.50	3.20	2.87	2.49	2.03
	13.39	8.85	7.12	6.19	5.59	5.18	4.64	4.05	3.41	2.64
	4.17	3.32	2.92	2.69	2.53	2.42	2.27	2.09	1.89	1.62
30	7.56	5.39	4.51	4.02	3.70	3.47	3.17	2.84	2.47	2.01
	13.29	8.77	7.05	6.12	5.53	5.12	4.58	4.00	3.36	2.59
	4.08	3.23	2.84	2.61	2.45	2.34	2.18	2.00	1.79	1.51
40	7.31	5.18	4.31	3.83	3.51	3.29	2.99	2.66	2.29	1.80
	12.61	8.25	6.60	5.70	5.13	4.73	4.21	3.64	3.01	2.23
	4.00	3.15	2.76	2.52	2.37	2.25	2.10	1.92	1.70	1.39
60	7.08	4.98	4.13	3.65	3.34	3.12	2.82	2.50	2.12	1.60
	11.97	7.76	6.17	5.31	4.76	4.37	3.87	3.31	2.69	1.90
	3.92	3.07	2.68	2.45	2.29	2.17	2.02	1.83	1.61	1.25
120	6.85	4.79	3.95	3.48	3.17	2.96	2.66	2.34	1.95	1.38
	11.38	7.31	5.79	4.95	4.42	4.04	3.55	3.02	2.40	1.56
	3.84	2.99	2.60	2.37	2.21	2.09	1.94	1.75	1.52	1.00
∞	6.64	4.60	3.78	3.32	3.02	2.80	2.51	2.18	1.79	1.00
	10.83	6.91	5.42	4.62	4.10	3.74	3.27	2.74	2.13	1.00

9.2 Tabellen II

Das Zeichen / symbolisiert, daß bei den geringen Stichprobengrößen keine signifikante Werte resultieren.

Tabelle A. Mann-Whitney U-Test

Es werden die Grenzen angegeben, die der jeweils kleinere der zwei U-Werte erreichen bzw. unterschreiten muß, um bei zweiseitiger Fragestellung auf dem 5%-Niveau signifikant zu sein. Für die Stichprobengrößen wird die Beziehung $n_2 \geq n_1$ vorausgesetzt. Demnach ist z.B. im Falle der Gruppengrößen $n_1 = 4$ und $n_2 = 6$ eine U-Wert kleiner oder gleich 3 auf dem 5%-Niveau signifikant.

$n_2 \uparrow$	$n_1 \rightarrow$ 2	3	4	5	6	7	8	9	10
3	/	0							
4	/	0	1						
5	0	1	2	4					
6	0	2	3	5	7				
7	1	2	4	6	8	11			
8	1	3	5	8	10	13	15		
9	0	2	4	7	10	12	15	17	
10	0	3	5	8	11	14	17	20	23

Tabelle B. Wilcoxon Test

Es werden für verschiedene Stichprobengrößen n die Grenzen angeben, die die Statistik *T* erreichen oder unterschreiten muß, damit die Nullhypothese des Tests auf dem 5%-Niveau bzw. auf dem 1%-Niveau (fett) verworfen werden kann.

n:	6	7	8	9	10	11	12	13	14	15
T:	0	2	4	6	8	11	14	17	21	25
T:	**/**	**/**	**0**	**2**	**3**	**5**	**7**	**10**	**13**	**16**

Tabelle C. Kolmogorov-Smirnov-Test

Es werden für verschiedene Stichprobengrößen n, aus denen empirische bzw. experimentelle Wahrscheinlichkeitsverteilungen berechnet wurden, die Grenzen angegeben, bei deren Überschreiten *D* auf dem 5%-Niveau bzw. dem 1%-Niveau (fett) signifikant wird.

n:	5	6	7	8	9	10	11	12	13	14	15	18	20	25	30	35
D:	.57	.52	.49	.46	.43	.41	.39	.38	.36	.35	.34	.31	.29	.27	.24	.23
***D*:**	**.67**	**.62**	**.58**	**.54**	**.51**	**.49**	**.47**	**.45**	**.43**	**.42**	**.40**	**.37**	**.36**	**.32**	**.29**	**.27**

Für n > 35 gilt $D = 1.36/\sqrt{n}$ bzw. $\boldsymbol{D} = 1.63/\sqrt{n}$.

X. Literaturverzeichnis

Auslander, M. Takahashi, Y., Rabins, M.J. (1974) Introduction to Systems and Control. Tokyo: Mc Graw-Hill.

Ayres, F. (1962) Matrices. New York: Schaum Publishing Co.

Bell, E. T., Machover, M. (1977) A Course in Mathematical Logic. Amsterdam, New York: North-Holland.

Box, G. E. P., Jenkins, G.M. (1976) Time Series Analysis. San Francisco: Holden-Day.

Blumenfeld, W. (1913) Untersuchungen über die scheinbare Größe im Sehraum. Zeitschrift für Psychologie, 65, 241-404.

Brown, G. B., Nilsson, J.W. (1962) Introduction to linear Systems. New York: Wiley.

Chintschin, A. J., Faddejew, D. K., Kolmogorov, A. N., Renyi, A., Balatoni, J. (1961-63) Arbeiten zur Informationstheorie I-V. Berlin. VEB Deutscher Verlag der Wissenschaften.

Cohen, J. (1988) Statistical Power Analysis for the Behavioural Sciences. New York: Wiley.

Colonius, H. (1995) The instance theory of automaticity: Why the Weibull? Psychological Review, 102, 744-750.

Colonius, H. (1999) A theory on parallel processing models with a generalized stopping rule. Mathematical Social Sciences, 38, 247-258.

Davis, M. (1977) Applied Nonstandard Analysis. New York: Wiley & Sons.

Falmagne, J. (1985) Elements of Psychophysical Theory. New York: Oxford University Press.

Feller, W. (1971) An Introduction to Probability Theory and its Applications, Band I, II. New York, London, Sidney: John Wiley & Sons, Inc.

Fisher, R. A., Tippett, L. H. C. (1928) Limiting forms of the frequency distribution of the largest or smallest member of a sample. Proc. Cambridge Philos. Soc. 24, 180-190.

Fisz, M. (1976) Wahrscheinlichkeitstheorie und Mathematische Statistik. Berlin: VEB Deutscher Verlag der Wissenschaften.

Ford, L. R. (1957) Solution of a ranking problem from binary comparisons. American Mathematical Monthly 64, 28.

Fraenkel A. A. (1973) Foundations of Set Theory. Amsterdam: North-Holland.

Galambos, J. (1978) The asymptotic theory of extreme order statistics. New York: Wiley.

Gantmacher, F. R. (1966) Matrizentheorie. Berlin VEB Deutscher Verlag der Wissenschaften.

Gnedenko, B. V. (1943) Sur la distribution limite du terme maximum d'une serie aleatoire, Ann. Math. (2), 44, 423.

Guilford, J. P. (1956) Fundamental Statistics in Psychology and Education. New York, London, Toronto: McGraw-Hill.

Haan L. de , Resnick, S. I. (1977) Limit theory for multivariate sample extremes. Zeitschrift für Wahrsch. verw. Gebiete. 40, 317-337.

Hallner, D. (1998). Systemtheoretische Modelle transfer- und aufgabeninduzierter hirnelektrischer Aktivität. Regensburg: Roderer Verlag.

Harman, H. H. (1967) Factor Analysis. Chicago: The University of Chicago Press.

Hartkamp, N., Schmitz, N. (1999) Structures of Introject and Therapist-patient Interaction in a Single Case Study of Inpatient Psychotherapy. Psychotherapy Research, 9(2), 199-215.

Hays, W. L., Winkler, R. L. (1971) Statistics. New York, Chicago, London: Holt, Rinehart and Winston, Inc.

Hillebrand, F. (1902) Theorie der scheinbaren Größe bei binokularem Sehen. Abh. der Wiener Akademie, math.-naturw. Klasse, 72, 255-307.

Honerkamp, J. (1990) Stochastische Systeme. Weinheim: VCH.

Hübner, R. (1985) Simulierte kritische F-Werte zur Kausal-Dominanz-Analyse. Psychol. Beiträge, 27, 224-230.

Kendall, M. & Stuart, A. (1979) The Advanced Theory of Statistics, Band I-III. London: Charles Griffin & Company Ltd.

Krantz, D.H., Luce, R.D., Suppes, P., Tversky, A. (1971) Foundations of Measurement, Band I, Band II (1989), Band 3 (1990). San Diego: Academic Press.

Lehmann, G. (1980) Nichtlineare Kausal- und Dominanzanalysen in psychologischen Variablensystemen. Z. Exp. u. Angew. Psychol., 27, 257-276.

Lehmann, G. (1981a) Figurale Wechelwirkungen im Gesichtsfeld. Göttingen, Toronto, Zürich: Hogrefe Verlag.

Lehmann, G. (1981b) Testtheorie, eine systematische Übersicht. Band 3 der Serie Forschungsmethoden der Psychologie der Enzyklopädie der Psychologie. New York, Toronto. Hogrefe Verlag.

Lehmann, G. (1982) Ein Modell latenten Transfers in binären Intelligenzitems, Z. Exp. u. Angew. Psychol., 29, 112-136.

Lehmann, G. (1985) Modell- und Rekursionstheoretische Grundlagen Psychologischer Theorienbildung. Berlin, Heidelberg, New York, Tokio: Springer Verlag.

Lehmann, G. (1987) Die Vorhersage kausaler Effekte aus funktionalen Abhängigkeiten überprüft durch ein multivariates Transferexperiment an Intelligenzdaten. Z. Exp. u. Angew. Psychol., 34, 402-415.

Leadbetter, M. R., Lindren, G., Rootzen, H. (1983) Extremes and Related Properties of Random Sequences and Processes. New York: Springer-Verlag.

Luce, D. (1986) Response Times. New York: Oxford University.

Luneburg, R. K. (1947) Mathematical Analysis of Binocular Visison. Princeton, New York: Princeton Univ. Press.

Mal'cev, A. I. (1973) Algebraic Systems. New York: Springer Verlag.

Lütkepohl, H. (1990) Introduction to Multiple Time Series Analysis. Berlin: Springer.

McNemar, Q. (1962) Psychological Statistics. New York, London: J. Wiley and Sons Inc.

Mendelson, E (1979) Introduction to Mathematical Logic. New York: Van Nostrand Comp.

Monk, J. D. (1976) Mathematical Logic. New York: Springer.

Pfanzagl, J. (1971) Theory of Measurement. Würzburg, Wien: Physica-Verlag.

Quenouille, M. (1956) Notes on bias estimation. Biometrika, 43, 333.

Räder, K., Schwibbe, M. W. (1982) Nonlineare Beziehungsanalyse zum Polyanna-Prinzip in der Sprache. Psychologische Beiträge, 24, 286-295.

Räder, K., Schwibbe, M. W. (1983) Die Bedeutung des Polyanna-Prinzips bei der Attribuierung von Familiennamen. Z. Exp. u. Angew. Psychol., 30, 448-457.

Raschewski, P. K. (1959) Riemannsche Geometrie und Tensoranalysis. Berlin: VEB Deutscher Verlag der Wissenschaften.

Renyi, A. (1973) Wahrscheinlichkeitsrechnung. Berlin: VEB Deutscher Verlag der Wissenschaften.

Resnick, S. I. (1987) Extreme Values, Regular Variation and Point Processes, New York, London, Paris, Berlin: Springer-Verlag.

Russel, B., Whitehead (1910-1913) Principia Mathematica, Band I-III. Cambridge: University Press.

Scheffé, H. (1959) The Analysis of Variance. New York: Wiley.

Schwibbe, M. H., Kaumanns, W. (1986). First Experiences with the "Analysis of Causal Dominanz" whithin the Behavioral Sciences. The German Journal of Psychology.

Searle, S. R. (1971) Linear Models. New York, London: John Wiley and Sons Inc.

Siegel, S. (1956) Nonparametric Statistics for the behavioral sciences. New York: McGraw-Hill Book Company, Inc.

Siegel, S. (1976) Nichtparametrische Statistische Methoden. Frankfurt a.M.: Fachbuchhandlung für Psychologie (Verlagsabteilung).

Smirnow, W. I. (1972) Lehrgang der höheren Mathematik, Band II. Berlin: VEB Deutscher Verlag der Wissenschaften.

Tatsuoka, M. (1971) Multivariate Analysis. Illinois: J. Wiley and Sons Inc.

Teichmann, A.T., Breull, A. (1987) Premature labor - A model of psychosomatic research. In: Dennerstein, L., Fraser, A. (ed): Advances in psychosomatic obstetics and gynaecology. Berlin: Springer.

Thurstone, L. L. (1957) Multiple-Factor Analysis. Chicago: University Press.

Wunsch, G. (1986) Handbuch der Systemtheorie. München: Oldenbourg Verlag.

XI. Sachindex

11.1 Verzeichnis der Verteilungen

11.2 Stichwortverzeichnis